Labirintos do fascismo
A teia dos fascismos

VOLUME 1

copyright João Bernardo
edição brasileira© Hedra 2022

edição Jorge Sallum
coedição Felipe Musetti
assistência editorial Paulo Henrique Pompermaier
revisão Luca Jinkings
projeto gráfico Ronaldo Alves
imagem da capa Hitler durante o *4º Reichsparteitag der* NSDAP em Nurembergue, entre 1–4 de agosto de 1929 (Crédito: National Archives Collection of Foreign Records Seized, Heinrich Hoffmann collection. Domínio Público)

ISBN 978-65-89705-56-7

conselho editorial Adriano Scatolin,
Antonio Valverde,
Caio Gagliardi,
Jorge Sallum,
Ricardo Valle,
Tales Ab'Saber,
Tâmis Parron

A primeira versão desta obra foi publicada no Porto,
pelas Edições Afrontamento, em 2003.

Uma segunda versão foi colocada na internet em 2015
e em 2018 foi colocada na internet a terceira versão.

A Editora Hedra publica agora a versão definitiva da obra,
que, além de completamente revista, inclui numerosas
remodelações e desenvolvimentos.

O autor agradece a Philippe Bihouée, do Musée des Beaux-Arts
de Chartres, uma informação que lhe permitiu corrigir
um erro relativo a uma obra de Maurice de Vlaminck,
que constava nas versões de 2003 e 2015 desta obra.

Direitos reservados em língua
portuguesa somente para o Brasil

EDITORA HEDRA LTDA.
Av. São Luís, 187, Piso 3, Loja 8 (Galeria Metrópole)
01046-912 São Paulo SP Brasil
Telefone/Fax +55 11 3097 8304
editora@hedra.com.br

www.hedra.com.br
Foi feito o depósito legal.

Labirintos do fascismo
A teia dos fascismos

João Bernardo

1ª edição

São Paulo 2022

A teia dos fascismos, primeiro volume da obra *Labirintos do fascismo*, concentra-se no esforço teórico para definir o fascismo como uma "revolta na ordem", no momento em que a classe trabalhadora — incapaz de levar adiante seu interesse pela auto-organização —, é mobilizada por um movimento insurrecional conservador que, paradoxalmente, reforça a ordem capitalista e a restabelece novamente. O livro está dividido em cinco partes dedicadas à discussão teórica sobre a definição de conceitos, formas e variantes, condições históricas e linhas críticas tradicionais.

Labirintos do fascismo, escrito ao longo de quase duas décadas e publicado pela primeira vez no Brasil, em seis volumes, pretende se apresentar como um processo de reflexão — interminável, segundo o próprio autor — sobre fascismo, entendido como fenômeno que ocupou o centro nervoso das contradições não apenas das classes dominantes do capitalismo, mas também dos movimentos operários. O primeiro volume contém os pressupostos teóricos para a compreensão do fascismo como paradoxal revolta dentro da ordem estabelecida. O objeto do segundo volume são as relações entre movimentos fascistas e economia capitalista. As contradições que levaram à derrota da esquerda revolucionária são avaliadas no terceiro volume. No quarto, o objeto de estudo é a dimensão racial do fascismo. A hipótese do fascismo como arte — isto é, a tese de que o fascismo foi a mais artística de todas as formas políticas — é o destaque do quinto volume. O sexto e último, finalmente, tem os olhos no presente: nele, o autor se dedica à apreensão das metamorfoses do fascismo, suas expressões terceiro-mundistas e seus desdobramentos em elementos culturais do presente.

João Bernardo nasceu em Porto, Portugal, em 1946. Começou a estudar História na Universidade de Lisboa mas acabou expulso por seu posicionamento político. Foi perseguido por sua filiação ao Partido Comunista Português, viveu exilado em Paris de 1968 até 1974, onde se aproximou do maoísmo, e em 1984 veio ao Brasil, já afastado desta corrente, agora, ligado a visão crítica do capitalismo e da experiência comunista soviética, "um capitalismo de Estado". Cientista social autodidata, é convidado frequente a lecionar cursos de pós-graduação no país. Entre suas obras estão *Marx crítico de Marx, Capital, sindicatos, gestores* e *Economia dos conflitos sociais*.

Adverte-se aos leitores que, por desejo do autor, o livro reproduz a grafia da língua portuguesa adotada em Portugal anteriormente ao último acordo ortográfico.

Sumário

Introdução 9
Cap. 1 Definição de fascismo 17
Cap. 2 Os dois eixos do fascismo 57
Cap. 3 Variantes do fascismo 91
Cap. 4 As condições históricas dos fascismos 273
Cap. 5 Perspectivas de crítica ao fascismo 337

Siglas e nomes 399
Referências bibliográficas 405
Lista dos personagens 427

*À memória de
Maurício Tragtenberg
e Artur Castro Neves*

*Para o Tiago,
para que não esqueça
que perguntar é mais
importante do que responder*

Introdução
Um mapa do labirinto

Esta é uma obra interminável, e permanecerá tão inacabada como nas três versões anteriores. Não porque o assunto seja extenso. Outros há de dimensões superiores e, de toda a maneira, a função, ou pelo menos o privilégio, do historiador é cortar onde quiser e seguir o caminho mais curto se achar melhor. São outras as razões que levam esta obra, apesar de tantos anos de trabalho, a nunca ter fim.

Antes de mais, não é meu objectivo proceder a uma história descritiva do fascismo nem compilar os acontecimentos que preencheram os vários regimes fascistas. Não faltam obras nesse domínio, não vejo razão para lhes acrescentar outra. Pressuponho que o leitor tenha ouvido falar dos principais factos a que aqui faço referência e que para ele não sejam epitáfios obscuros os nomes de alguns daqueles muitos personagens que entre as duas guerras mundiais se agitaram e tentaram encontrar sentido numa convulsão social profunda. Será pedir demasiado? Quando iniciei a minha actividade política, as farsas e tragédias dessas figuras, as suas vilezas e heroísmos, as suas traições ou o seu martírio, os seus destinos perduravam ainda na memória colectiva de numerosos interessados. Mas depois os anseios ideológicos mudaram de temas e cortou-se o fio ténue das recordações, sepultando-as no silêncio. Não foram só os personagens a sumirem-se da memória, mas as palavras também, que se banalizaram e ficaram portanto desprovidas de sentido preciso. Como saber quais os nomes a dar às coisas ou, mais difícil ainda, que coisas colocar sob os nomes? Afinal, desde a primeira palavra do título a leitura desta obra não se anuncia fácil e mover-se no labirinto requer um exercício de decifração.

Por isso as descrições ocupar-me-ão apenas enquanto forma de interpretação. Nem se trata de descrições, mas de percursos pelos factos, escolhendo caminhos mais sinuosos do que directos, como quem deambula pelas ruas para pensar enquanto anda, e o trajecto inclui os textos, que não são menos factuais. Assim, ao apresentar-se como um processo de reflexão esta obra não encontra nenhuma razão intrínseca para se encerrar, como não a tinha também a coluna de Kurt Schwitters. Um leitor atento — mas existirá ainda quem leia com atenção mais de duas mil páginas? — perceberá talvez que entre a primeira edição, que forma aqui o alicerce e o esqueleto, e esta derradeira versão, inseri o traço de outras reflexões, novas abordagens, o nascimento de dúvidas. Seria fácil, com uma limagem na revisão, tornar tudo isto imperceptível, mas preferi não o fazer. Um texto vive como o autor, e as suas circunvoluções acrescentam-se ao labirinto.

Previno que construí a obra como um mosaico de ensaios ou talvez como um *puzzle* a que faltam peças e onde outras parecem repetidas, sem que o estejam, porém. À primeira vista as sucessões de variantes seriam apenas exercícios de verificação de modelos teóricos, indispensáveis na história comparada. Não dispondo de laboratórios onde proceda a experiências para certificar hipóteses, o historiador tem de confrontar conjuntos factuais claramente definidos. É também isto que faço, mas é algo mais, porque na passagem de uma variante para outra irei deslocando um pouco a perspectiva ou regulando a focagem e alterando os ritmos. A história comparada confunde-se aqui com a multiplicação de percursos. Um labirinto exclui a progressão linear e exige digressões, terei por vezes de regressar ao mesmo lugar para encará-lo sob uma nova luz. Dito de maneira simples, se mudo para cada peça do mosaico o ângulo de visão, então a estrutura da obra assemelha-se à arte cubista.

Numa época em que verosimilmente nenhuma faceta inédita do fascismo pode já ser descoberta e em que a consulta dos arquivos se limita a acumular detalhes, esta obra justifica-se na medida em que propuser uma perspectiva diferente de análise ou, pelo menos, na medida em que lançar outros olhares numa perspectiva que poucos têm adoptado. Só assim poderão, com algum fundamento, surgir novas dúvidas e questões e abrirem-se campos a esclarecer. O que deveras me interessa é, rememorando antigas experiências e seguindo o fio de leituras de muitos anos, alinhar reflexões francamente contrárias a certos lugares-comuns que, à força de serem repetidos, se apresentam como evidências. Esta não é uma história do fascismo, mas a apresentação histórica de problemas que o fascismo revelou plenamente como tais e que continuam hoje por resolver. É outro, porém, o principal motivo que leva a obra a ser interminável.

A história do fascismo não está concluída porque o fascismo é uma realidade em suspenso. Ele foi destruído militarmente sem estar política e ideologicamente esgotado. O que resta, ao analisarmos uma época definitivamente morta, senão a piedade? Que outro olhar podemos lançar, que não seja o de uma ironia carregada de compaixão, ao seguirmos com minúcia as agitações de sociedades defuntas? Mas não se pode analisar o nosso tempo sem interferir nele, porque a intervenção é motivada pelo mero facto de vivermos agora, e aliás a própria análise é uma intromissão. Os labirintos do fascismo não são só os meandros que o derrotaram, mas ainda aqueles em que o fascismo aprisionou tantos dos que haviam começado por ser seus inimigos. Quando chegar às últimas palavras desta obra, o leitor terá percorrido o labirinto, mas ao encontrar a porta de saída, verá que ela é também a porta de entrada. Neste sentido o labirinto é uma teia.

O objectivo da história não se refere fundamentalmente ao passado. É o presente que nos deve interessar, porque é só dele que a nossa prática se ocupa. O inquietante é que apenas o futuro iluminará o sentido do que fazemos hoje, e imploramos à história que disperse o nevoeiro, pois no presente em que vivemos nós somos o indubitável futuro do passado que estudamos. Isto significa, dito de maneira simples, que o presente não existe, que é uma conjugação episódica entre o passado que se arrasta e um futuro que desponta. Para um animal racional não poderia haver ironia mais pesada, a de estarmos condenados a construir às cegas o nosso mundo, porque só os desenvolvimentos posteriores esclarecerão as contradições actuais. Conhecemos, sem dúvida, a nossa prática, mas depois de a termos praticado, e talvez estejamos agora, sem o sabermos, a ocasionar paradoxos não menos macabros do que os ocorridos entre as duas guerras mundiais.

O fascismo ocupou o ponto nevrálgico das contradições internas das classes dominantes e, ao mesmo tempo, das contradições do movimento operário. Ele não tem uma genealogia própria e exclusiva, como se encontra para o conservadorismo, o liberalismo ou o socialismo, mas formou-se pelo cruzamento destas três grandes correntes políticas. Não se pode estudar o fascismo sem olhar para os lados e sem seguir percursos em diagonal, já que o labirinto começou por ser uma encruzilhada. O fascismo situou-se também de modo muito contraditório nos vários planos a que é habitual remeter os comportamentos na sociedade moderna. Os fascistas actuaram politicamente no âmbito económico, pretenderam fazer política como se fosse uma arte, admitiram para a arte uma inspiração estritamente política, remeteram a filosofia para o mundo da acção, reduziram a acção à vontade do espírito. A única coisa que me move a estudar o fascismo é a ambição de esclarecer, a partir deste amontoado de contradições, as ambiguidades mais íntimas do capitalismo, aquelas que produziram efeitos mais trágicos. Decidi, então, abordar o fascismo não a partir de fora, do campo claro das minhas certezas, mas desde o seu interior, nas encruzilhadas sociais e políticas em que se gerou e nos percursos paradoxais, ou mesmo delirantes, em que concretizou a sua ideologia. E verifiquei que é muitíssimo difícil relacionar as consequências do fascismo, vistas *a posteriori*, com o contexto em que surgiu e primeiro se desenvolveu, quando conhecido apenas *a priori*. Esta desarticulação na estrutura das causas e efeitos é para mim o grande mistério do fascismo, e lança uma sombra funesta sobre o fascismo pós-fascista.

A questão é mais complexa ainda, porque é mais genérica. Em cada quadro de determinações, bem circunscrito, há uma quantidade ilimitada de formas de realização possíveis, e nesta dissociação entre uma determinante e as modalidades como pode efectivar-se reside um dos maiores obstáculos que tem impedido a história de alcançar o estatuto de ciência. Se, com Leibniz, admitirmos que o possível tem uma pretensão à existência e por isso é já uma realidade, teremos de explicar o motivo por que, de cada vez, só uma possibilidade, entre todas, se efectivou como real. Uma história do *sim* terá de ser completada por uma história do *não*, e nesta obra preocupei-me tanto em explicar por que certos caminhos chegaram ao objectivo como em explicar por que houve becos a permanecer sem saída. Tê-lo-ei conseguido? Ou ficaram os obstáculos intransponíveis acrescentando peças ao labirinto?

Tudo somado, talvez as páginas desta obra pareçam estranhas. Talvez não seja este o fascismo que as pessoas julgam conhecer e é muito possível que as outras forças políticas surjam de maneira igualmente inusitada. Mas não escrevo para conforto do leitor, nem meu. É claro que se pusermos de lado tudo o que é incómodo podemos dormir descansados e apresentar como impolutas as paisagens da nossa predilecção. Mas quando se somam os contra-sensos, os paradoxos, os impasses, chega-se a uma altura em que é impossível continuar a usar modelos explicativos que deixam o fundamental por explicar. Orientar-se no labirinto implica uma arqueologia do saber, a descoberta de velhas passagens ocultas, de portas tapadas por paredes, de esconderijos, de escadarias e corredores cujo acesso se mantinha secreto. Sejamos prosaicos, porque tudo tem uma expressão tipográfica. Esta arqueologia do saber faz-se olhando para a parte de baixo das páginas, para as notas de rodapé, e também entre as linhas, destacando o que é afirmado no corpo do texto e esquecido nas conclusões. Em matéria de ideologia o silêncio é uma parte do discurso — para a visão crítica é mesmo a componente fundamental — por isso quanto mais exactamente se definir o lugar do silêncio, tanto mais gritante ele será e mais o abafarão numa pletora de palavras. Tal como, na arqueologia dos objectos materiais, os acúmulos de terra podem indicar que haja ali tesouros escondidos.

Para o historiador, descobrir não é simplesmente assinalar factos, mas rasgar as camadas do discurso proferido sobre factos. Os factos estão onde sempre estiveram, temos os seus efeitos incorporados em cada um de nós, independentemente de lhes sabermos da existência ou lhes conhecermos os processos. Por isso eles são factos. Mas não é com meros factos que a história se tece, embora seja a mais enganadora das formas ideológicas, porque oculta a sua prosa por detrás da máscara empírica. Não pouparei nas citações, sobretudo de autores daquela época, porque são factos também. Orientarmo-nos na história é passar, mediante palavras, para além de outras palavras. E descobrimos então que muito do que tem sido dito se destina a silenciar o que não se quer dizer, com um tal grau de sistematicidade que, segundo uma lógica rigorosa, deveríamos afirmar que nestes assuntos o único e verdadeiro dito é o não dito. O que podem ser, no caso do fascismo, os silêncios da historiografia? O que a política do fascismo teve de propriamente fascista não foi a criação de factos, mas a emissão de discursos sobre os factos. O fascismo foi sempre um exercício de *travestissement* numa estética de *trompe-l'œil*. Como se conseguirá, então, sair do labirinto, se depois de rasgarmos os discursos da história e desvendarmos as suas perversidades chegarmos, como destino último, a um mero discurso, e o mais perverso de todos, o que teve como exclusiva razão de ser o revestimento dos factos numa cerimónia de máscaras?

E vou adicionando as contradições sociais e políticas e estéticas daqueles anos entre as duas guerras mundiais, para ficar sempre com a certeza de que em vez de resolver as questões as desdobro em dúvidas ainda maiores, num labor que jamais poderá ter fim. Como alguém que fechado numa casa procura a saída para a rua, o jardim, o sol, mas que a cada porta que abre só entra em novas salas e quartos, com outras portas, que dão para outros quartos e salas. É um pesadelo, evidentemente. Se «o sono da razão gera monstros», não devemos afinal espantar-nos de viver um interminável pesadelo quando penetramos na desrazão alheia.

Talvez, afinal, o labirinto seja o único modo de existência real do irracionalismo fascista, possível de ser destruído materialmente, mas não dissecado intelectualmente. Se o segredo do irracionalismo consiste em convocar a acção para introduzir a coerência que falta no plano racional, só através de uma acção contrária se pode liquidar um tal artifício. Mas este confronto entre acções ocorre ainda no plano exterior à razão, por isso reforça o irracionalismo. E, se assim for, não será esta uma das ciladas menores do labirinto.

«El sueño de la razón produce monstruos»
FRANCISCO DE GOYA

Capítulo 1
Definição de fascismo

1. REVOLTA NA ORDEM

Durante um curso que ministrei em 1994 na Universidade Estadual de Campinas, Unicamp, um dos alunos pediu-me que definisse o fascismo em três palavras. «Literalmente? Três palavras?» «Sim, em três». O curso versava a tensão existente entre a coesão social do capitalismo e a sua ruptura: as contradições de uma coesão social assente na exploração; os movimentos de ruptura e a constituição de novos princípios de organização da sociedade; os limites com que estas novas formas de organização têm até agora deparado e a sua recuperação pelas classes dominantes, que reestruturam assim a coesão social. Defini então o fascismo, em três palavras, como a revolta no interior da coesão, chamando a atenção para a sua ambivalência, ao mesmo tempo radical e conservador.

1

O fascismo foi uma revolta na ordem. «A revolução, quando é bem feita», escreveu José Antonio Primo de Rivera, «tem como característica formal "a ordem"»[1]. Já em 1914 Wyndham Lewis e Ezra Pound, que em Londres se contaram entre os primeiros a gerar o que em breve seria o fascismo, haviam anunciado na abertura do primeiro manifesto do vorticismo: «Para lá da Acção e da Reacção havemos de nos situar»[2]. E enquanto Hitler se apresentava como

---

[1]. José Antonio em *La Nación*, 28 de Abril de 1934, reproduzido em A. Río Cisneros et al. (orgs. 1945) 478.
[2]. Este manifesto encontra-se em A. Danchev (org. 2011) 76–80. A frase citada vem na pág. 76.

«o revolucionário mais conservador do mundo»[3], Ernst von Salomon, que no fascismo alemão se situava numa área rival, depositava as esperanças «numa renovação da ideia de Estado, que seria revolucionária nos métodos mas conservadora na sua natureza»[4]. A igual inspiração obedecera Corradini ao saudar o fascismo italiano como «uma revolução que se efectua no interior da ordem estabelecida»[5]. Alfredo Rocco, ministro da Justiça de Mussolini, defendeu uma ideia semelhante, escrevendo que «a revolução se tornou — permitam-me a antítese — conservadora»[6]. O fascismo mobilizou os trabalhadores para efectuar uma revolução capitalista contra a burguesia ou, talvez mais exactamente, apesar da burguesia.

Um tão grande paradoxo explica que o sentido do processo se invertesse consoante as preferências do orador ou as expectativas do auditório, e a mesmíssima revolução que com o tempo se havia tornado conservadora podia tornar-se revolucionária. Assim, num discurso comemorativo do segundo aniversário da Marcha sobre Roma, depois de evocar «dois anos de governação que visaram uma reorganização essencialmente conservadora», o filósofo do fascismo italiano, Giovanni Gentile, preveniu que, para resolver os problemas «nos seus termos fundamentais», «será necessário realizar uma revolução»[7]. Com a sua habitual desenvoltura, Mussolini proclamara já em Março de 1921: «Nós damo-nos ao luxo de ser aristocratas e

---

3. Citado em J.-P. Faye (1972) 68 e (1974) 28. Hitler, observou J. C. Fest (1974) 379, «tinha de se apresentar simultaneamente como um revolucionário e como um defensor da situação existente, ao mesmo tempo radical e moderado»; ver ainda a pág. 1301. «O fascismo é inteiramente revolucionário [...] o fascismo é inteiramente conservador», escreveu em 1923 Karl Anton, príncipe de Rohan, apologista alemão do regime de Mussolini e futuro membro dos ss, citado em J.-P. Faye (1972) 67. A participação do príncipe de Rohan nos ss foi indicada por id., ibid., 135 e id. (1980) 286. Que o enorme estudo de Jean Pierre Faye, uma obra-prima da historiografia, seja unanimemente ignorado pelos historiadores revela a situação a que chegámos.
4. E. Salomon (1993) 618.
5. Esta passagem de um artigo de Enrico Corradini, publicado em *Gerarchia*, Janeiro de 1925, vem citada em P. Milza (1999) 588. E nove anos mais tarde Guido Bortolotto, historiador fascista do fascismo, explicou ao público alemão que «o fascismo é uma revolução conservadora». Ver J. P. Faye (1972) 68.
6. Esta passagem da introdução a um relatório apresentado por Alfredo Rocco à Câmara dos Deputados em Junho de 1925, publicado dois anos mais tarde, encontra-se citada em J. P. Faye (1972) 63. Ver igualmente id. (1976) I 291.
7. Estas frases do discurso pronunciado por Giovanni Gentile a 28 de Outubro de 1924 encontram-se em id. (1972) 63.

democratas, conservadores e progressistas, reaccionários e revolucionários»[8]. Também Salazar, quando era ainda ministro das Finanças e mal começara a implantar em Portugal a sua versão bisonha do fascismo, advertiu um jornalista de que «é necessário fazer neste país uma grande revolução *na ordem* para evitar a que outros fatalmente fariam *na desordem*»[9], o que ajuda a compreender que Pequito Rebelo, um dos doutrinadores do Integralismo Lusitano, invocasse no mesmo fôlego e em maiúsculas «a Revolução Nacional» e «a Contra-Revolução»[10] e que Rolão Preto, pretendendo chegar mais longe, anunciasse «a Contra-Revolução que para além de si própria se torna Revolução»[11]. Aprendida a lição salazarista, Benoist-Méchin resumiu o principal objectivo dos fascistas conservadores de Vichy dizendo que «em vez de esperar que o povo impusesse a *sua* revolução ao governo, era necessário que o governo se antecipasse e impusesse a *sua* revolução ao povo»[12]. Vindo após todos os outros, na cauda do cortejo, o coronel Perón haveria de declarar em Agosto de 1945: «Se não formos nós a fazer a revolução pacífica, há-de ser o povo a fazer a revolução violenta»[13]... Mais tarde, já general, ele censurou a oligarquia do seu país por não ter entendido uma verdade fundamental: «O que havia de verdadeiramente conservador a fazer

---

8. Citado em A. Lyttelton (1982) 71, P. C. Masini (1999) 69, J. Ploncard d'Assac (1971) 121 e C. T. Schmidt (1939) 73. Ver também M. D. Irish (1946) 88 e D. Sassoon (2012) 59. Num eco distante Gioacchino Volpe, secretário-geral da Academia de Itália, considerou que uma das funções desta instituição era «representar e reconciliar o espírito tanto da revolução como do conservadorismo». Ver G. Volpe (1931) 166.
9. Entrevista de Salazar ao *Novidades*, 1 de Maio de 1929, citada em J. Ameal (org. 1956) II 283 (subs. orig.) e F. Nogueira [1977–1985] II 36. Num artigo publicado no *Novidades*, 13 de Abril de 1928, Salazar escrevera que «certas reformas que na nossa sociedade o *tempo* tornou *fatais*, convém mais que as façam as *direitas* do que sejam chamadas a fazê-las as *esquerdas*». No mês seguinte, já membro do governo, Salazar repetiu que «há uma grave revolução a fazer em Portugal [...] O problema de momento é saber se os que reputam necessária e inevitável essa revolução preferem apoiar-nos, para que o Governo a faça na ordem, ou preferem desinteressar-se, para que o País a sofra na anarquia». Ver João Ameal, op. cit., II 204 (subs. orig.) e 226.
10. Estes brados de Pequito Rebelo em *A Cartilha do Lavrador* encontram-se citados em J. M. Pais et al. (1976–1978) XIV 356.
11. Citado em J. Medina (1978) 214–215.
12. Citado em O. Dard (1998) 101 (subs. orig.).
13. Esta passagem do discurso de Perón em 7 de Agosto de 1945 no Colégio Militar encontra-se em R. Puiggrós (1988) 165.

incessantemente e os seus efeitos são sempre observáveis, quaisquer que sejam as ilusões que as pessoas possam ter acerca da classe em que se inserem ou mesmo a respeito da divisão da sociedade em classes. Todavia, além de ser uma entidade económica, cada classe começa a assumir também uma realidade sociológica quando os seus membros tomam consciência da posição que ocupam, adoptando então algumas formas de vida comuns e ostentando traços culturais destinados a proclamar a sua inserção nessa classe e, ao mesmo tempo, a sua distinção relativamente às outras classes. Os conceitos *em si* e *para si* esclarecem tal transformação. O reforço da sua posição prática nas lutas sociais permite que uma classe definida em si, no plano económico da produção ou da apropriação da mais-valia, adquira identidade cultural e política e assuma uma realidade sociológica para si, afirmando-se como classe perante os seus próprios membros e os membros das outras classes. A longo prazo, nos movimentos amplos e mais profundos, a luta de classes consiste na oscilação da classe trabalhadora entre as fases da dissolução da sua existência para si e as fases em que, depois de uma reorganização interna mais ou menos demorada, apresenta novos tipos de existência para si. Nas rupturas revolucionárias a classe trabalhadora surge com uma grande coesão política e uma consciência forte da sua identidade sociológica e cultural, enquanto a burguesia e os gestores se mostram fragmentados e inseguros quanto aos padrões culturais e políticos que devem seguir. Reciprocamente, durante os seus longos períodos de apatia a classe trabalhadora limita-se a uma existência económica e, deixando de gerar referências políticas e culturais próprias, os seus membros procuram, em vão, imitar formas de comportamento dos membros das classes dominantes.

Nesta dialéctica ininterrupta os trabalhadores não levam uma vida única, mas duas vidas. Isto explica a diferença fundamental entre a cultura proletária, com todas as ambiguidades que a têm caracterizado, e a cultura dos capitalistas, que por comparação quase parece desprovida de equívocos. Ao mesmo tempo que se inserem no capital e o fazem funcionar, os trabalhadores entram em choque com ele, e esta dualidade é tão sistemática que os administradores de empresa, situados no cerne dos antagonismos sociais, sabem que gerir a actividade produtiva consiste acima de tudo em administrar conflitos. Com frequência a insatisfação dos trabalhadores não ultrapassa os limites da iniciativa individual, e mesmo a mobilização conjunta de um bom número de pessoas manifesta-se em grande parte dos casos de maneira passiva, sendo a condução do processo entregue a dirigentes sindicais ou políticos. Enquanto os trabalhadores circunscreverem os movimentos de luta ao quadro das burocracias já existentes, ou quando deixarem burocratizar as lutas, não conseguirão assumir o controle das suas formas de organização. Neste caso continuam hetero-organizados e a sua realidade enquanto classe no plano económico não se manifesta no plano sociológico. Por isso, em vez de romperem com o Estado, reproduzem-no em novas modalidades. Todavia, quando os trabalhadores, além de se mobilizarem colectivamente, põem em causa os princípios de organização hegemónicos e criam modelos novos, derivados do próprio contexto da luta e reflectindo as necessidades aí sentidas, então eles combatem activamente o capital, porque começam a auto-organizar-se, tecendo relações de solidariedade num plano que já não é o do Estado capitalista.

3

E quando numerosos trabalhadores se deixam mover e conduzir, tantas vezes em episódios de incrível violência, para restabelecer o capitalismo numa nova modalidade, e neste processo se confrontam com outros trabalhadores, desejosos de se oporem a todas as formas do capital, e contribuem para os dispersar e liquidar?

Foi isso o fascismo, sustentado por uma convulsão da classe trabalhadora, que jogou uma das suas vidas contra a outra, e neste exacerbamento da sua contradição interna os trabalhadores agravaram a hetero-organização que os vitimava. O trabalhador fascista caracterizou-se por possuir um profundo ódio aos ricos, aliado a uma estreiteza de horizontes que o impedia de se inserir nas redes de solidariedade da sua classe e ascender a uma compreensão do processo histórico. Céline, um anarquista[17] que foi um dos melhores

---

17. Numa carta de 24 de Março de 1938, citada em A. Duraffour et al. (2017) 637, Céline mencionou «o meu anarquismo fundamental», mas Annick Duraffour et al. pretenderam (págs. 637–638) que ele não era anarquista no sentido político e apenas no sentido psicológico ou (págs. 758–759) que se tratava de uma mistificação.

prosadores do fascismo, se não o melhor[18], pretendeu que «a consciência de classe é uma balela, uma demagógica convenção. O que cada operário quer é sair da sua classe operária, tornar-se burguês, o mais individualmente possível, burguês com todos os privilégios»[19]. Por isso ele afirmou em 1935 que «o proletário é um burguês que não foi bem-sucedido»[20]. Sempre que a hostilidade aos ricos não é acompanhada por nenhum sentimento de classe, o fascismo não anda longe[21].

As massas populares assentam a existência, enquanto massas, na desorganização da classe trabalhadora. A perda de consciência sociológica da classe trabalhadora e a sua redução a uma entidade meramente económica são caracterizadas, no plano político, pela conversão da classe em massas. Foi esta uma das condições básicas do fascismo. A revolução, entendida como destruição da ordem capitalista e sua substituição, ou tentativa de substituição, por outro sistema, é feita pela classe trabalhadora. Mas a revolta no interior da ordem deveu-se às massas populares. Os horizontes estreitos que confinam cada elemento das massas e o impedem de imaginar outra coisa além da possibilidade de ascensão no interior da hierarquia vigente devem-se à fragmentação da classe, com o consequente isolamento recíproco dos seus membros. Nas massas os trabalhadores dispõem apenas da individualidade que lhes foi forjada pelo capitalismo, enquanto na classe cada trabalhador alcança a sua projecção histórica. E nos elos estruturantes da classe, constituídos pelos me-

---

Porém, tanto o anarco-sindicalismo de tipo italiano como o anarquismo individualista contribuíram para a gestação do fascismo. O anarquismo individualista de Céline ficou patente, por exemplo, numa carta para Élie Faure, de 18 de Março de 1934, citada em id., ibid., 677, onde escreveu «Sou anarquista até aos pêlos» para justificar a sua recusa de entrar em agremiações.
18. M.-A. Macciocchi (1976 b) 1 253 e 255 classificou Céline como «o mais genial escritor nazi-fascista» e «o maior escritor fascista que houve na Europa».
19. L.-F. Céline (1942) 120. «As vítimas da fome de um lado, os burgueses do outro, têm, no fundo, uma única ambição», escreveu ainda Céline. «É tudo estômago e companhia. Tudo para a pança». Ver id. (1941) 65. Seguindo o hábito, traduzi «*damnés de la Terre*» por «vítimas da fome».
20. Carta de Céline para Élie Faure, de 22 ou 23 de Julho de 1935, citada em A. Duraffour et al. (2017) 677.
21. G. Seldes (1935) 25 detectou no jovem Mussolini o ressentimento e não o sentido de classe. Também Tim Mason em J. Caplan (org. 1995) 259 mencionou a utilização do ressentimento social pelos nacionais-socialistas.

canismos de solidariedade, os trabalhadores encontram uma razão de ser oposta à do capitalismo.

Se cada trabalhador vive simultaneamente duas vidas, uma que o insere no capital e outra em que manifesta o seu descontentamento, isto significa que cada trabalhador oscila entre as massas e a classe. É a partir daqui que podemos analisar as formas específicas de organização que os fascistas implantaram nas suas milícias, nos seus sindicatos e nos seus partidos, em que a ausência de qualquer capacidade de iniciativa da base correspondia à sua fragmentação e à sua redução aos indivíduos, assegurando o prevalecimento incontestado das hierarquias. Do mesmo modo, nos festivais e desfiles que desempenharam um tão grande papel no exercício fascista da política, cada indivíduo não era mais do que um figurante, um espelho do modelo geral, multiplicando todos eles, até ao infinito, essa imagem singular, enquanto a coreografia do conjunto se dispunha em função da figura central e exclusiva do chefe. Este foi um dos aspectos em que o fascismo esteve mais próximo dos liberais do que dos conservadores. Com efeito, para os conservadores o povo constitui uma totalidade orgânica, irredutível à soma de individualidades equivalentes que forma a massa. Aliás, esta noção de totalidade social orgânica inspirou a noção de classe de Marx, que a deslocou da globalidade do povo para uma sua fracção. Decorrente de pressupostos muito diferentes, o modelo liberal do cidadão — o indivíduo consumidor da economia ou o indivíduo eleitor da política — presidiu à noção fascista de massas.

O objectivo do trabalhador fascista não era substituir a sociedade capitalista por uma sociedade baseada noutros princípios, o que seria possível apenas através do desenvolvimento da solidariedade de classe. O trabalhador fascista desejava simplesmente ascender no interior das estruturas existentes, desalojar os patrões e tornar-se ele próprio patrão ou, se não o conseguisse, pelo menos ter junto de outros como ele, nas milícias de arruaceiros, a ilusão do poder, reduzido à brutalidade da força física. Um desejo de ascensão que não punha em causa o fundamento das estruturas prevalecentes era uma revolta dentro da ordem, e esta conjugação entre a estreiteza de horizontes e os sonhos de grandeza explica a miséria grandiloquente da cultura fascista, as roupagens megalómanas e os acessórios de teatro com que se adornaram banais lugares-comuns. «A banalidade é a contra-revolução», prevenira o escritor Isaac Babel na jovem Rússia soviética[22], e anos mais tarde, na Alemanha nas vésperas do triunfo do nacional-socialismo, Thomas Mann diagnosticou, numa tumultuosa conferência, que «já não se erguem obstáculos no caminho para a vulgaridade»[23].

4

O mundo moderno sustenta-se numa tensão permanente entre a esfera do Estado, que corresponde para os trabalhadores a formas de hetero-organização e que reproduz e avoluma o capital, e a esfera da auto-organização dos trabalhadores, em que se processam as lutas colectivas e activas contra o capital e onde existe em gérmen o modelo de uma sociedade diferente e de um novo modo de produção. Estas duas vidas dos trabalhadores supõem os princípios antagónicos de duas totalidades opostas, uma assente na desigualdade e na exploração, e outra onde se reproduzem e amplificam os elos de solidariedade, de igualitarismo e de espírito colectivo que presidem às manifestações de luta mais avançadas. Aquilo que a linguagem corrente denomina *conquistas dos trabalhadores* não ocorre na esfera do Estado nem se preserva mediante a criação de novas instituições burocráticas, a adicionar às muitas mais de que o Estado dispõe. Houve uma época em que, nalguns países, um certo liberalismo pareceu oferecer o antídoto eficaz à invasão de todos os aspectos da vida pelo capitalismo. Mas tratava-se do liberalismo de aristocratas em declínio, de artesãos, de pequenos comerciantes e camponeses independentes, herança de formas económicas arcaicas e de relações sociais de *Ancien Régime*. Só por uma ilusão compre-

---

22. Citado por Ernst Bloch num artigo em *Das Tagebuch*, 12 de Abril de 1924, reproduzido em A. Kaes et al. (orgs. 1995) 149. Também M. Mann (2004) 280 salientou o papel dos fascismos como divulgadores de banalidades.
23. A conferência de Thomas Mann, *Appell an die Vernunft (Um Apelo à Razão)*, pronunciada em Outubro de 1930, encontra-se antologiada em A. Kaes et al. (orgs. 1995) 150–159. A passagem citada vem na pág. 154. Penso que deve ser entendido neste contexto o célebre subtítulo de uma obra de Hannah Arendt, *A Banalidade do Mal*. A origem da frase, aliás, encontra-se numa carta que lhe enviou Karl Jaspers, a crer em W. Lepenies (2006) 192.

ensível, mas funesta, os trabalhadores procuraram proteger-se da exploração invocando valores que estavam condenados devido ao seu carácter obsoleto.

Os avanços dos trabalhadores verificam-se unicamente na esfera alheia ao Estado e são sinónimo de auto-organização. O Estado não constitui um terreno neutro, não é uma arena onde exploradores e explorados possam medir forças e definir espaços, somando avanços e recuos e traçando demarcações, nem uma balança que a cada instante ajuste os equilíbrios entre o capital e o trabalho. A luta entre ambos consiste no antagonismo fundamental — e inconciliável — entre a hetero-organização dos trabalhadores e a sua auto-organização, entre a redução dos trabalhadores a uma existência económica e a aquisição de uma identidade sociológica. Nenhuma instituição pode conjugar de maneira duradoura a subordinação dos trabalhadores às formas de enquadramento capitalistas e a invenção pelos trabalhadores de outras modalidades de organização, no interior das quais o capital não se reproduza. A luta, declarada ou latente, é o modo de articular ambas as esferas institucionais. O trabalhador leva duas vidas, e jamais as pode integrar num comportamento único.

Quando os trabalhadores detêm a iniciativa, o crescimento das suas formas de organização colectivas e activas implica uma crise do capital, que vê comprometidas as possibilidades de reprodução. Em última análise, são os critérios de organização a decidir o destino destes confrontos. Triunfa a classe que atinge um grau superior de coerência interna e, apesar dos interesses contraditórios que os dividem e da concorrência que os opõe, os capitalistas têm-se revelado cada vez mais estreitamente unidos pela concentração económica, desenvolvida hoje no plano transnacional. Por seu lado, os trabalhadores, embora com frequência consigam pôr de parte a concorrência que os separa no mercado de trabalho, só muito raramente deram mostras de ultrapassar as distinções de nacionalidade, de língua, de religião, de tradições culturais, de sexo, da própria cor da pele, que hoje proliferam em incontáveis identidades. Esta incapacidade tem sido a causa última a comprometer o progresso da esfera de auto-organização e a restabelecer a hetero-organização em modalidades sempre mais avassaladoras. O vaivém entre aqueles dois princípios organizativos define os ciclos longos da reprodução do capital.

Nos confrontos sociais, porém, as instituições não se extinguem bruscamente. Transformam-se e acabam por assumir uma realidade contrária àquela que presidira ao seu nascimento. De cada vez a esfera do Estado tem conseguido assimilar e recuperar em seu benefício instituições criadas na esfera da auto-organização dos trabalhadores durante as épocas em que estes se haviam mostrado colectivamente capazes de iniciativa própria. A passagem de uma para outra esfera corresponde a uma burocratização dessas instituições e consiste na inversão do seu funcionamento e dos seus objectivos sociais. A história do movimento operário tem sido feita de inspirações emancipadoras que, mal começaram a ser realizadas, depararam com os obstáculos erguidos à generalização da luta, definharam e degeneraram, para serem reconvertidas pelo capitalismo em novos quadros de opressão e de valorização do capital. Desde a reivindicação da igualdade jurídica e o reconhecimento do direito de coligação no mercado de trabalho, desde as cooperativas e outras formas de solidariedade, passando pelo sufrágio universal, a instrução para todos e a colectivização da propriedade, até às mais recentes manifestações práticas de autonomia e de capacidade para gerir directamente a produção e a vida social, todos estes grandes temas da emancipação dos trabalhadores e do fim da exploração, depois de verem um esboço de realização enquanto modalidades de auto-organização, foram absorvidos pelo capitalismo, que lhes deu um carácter de hetero-organização e os transformou num sustentáculo, ou tentáculo, do Estado. Os capitalistas não são exploradores apenas no plano económico, mas na plena dimensão histórica, já que se esforçam por adaptar à sua imagem quaisquer instituições que comecem por se manifestar em sentido contrário. A história da luta de classes no capitalismo consiste na miríade de vias e modalidades que permitem a passagem da auto-organização para o seu oposto, a hetero-organização.

5

Todavia, para que este processo seja eficaz ele tem de alterar — ou, mais exactamente, adulterar — a substância das instituições enquanto lhes conserva a aparência, dando outra elasticidade à dicotomia entre forma e conteúdo. Durante algum tempo oculta-se a transformação do conteúdo através da continuidade mistificadora da forma, erigindo-se a forma em critério decisivo. Mas não é este o lugar da arte? Na arte a forma é o verdadeiro conteúdo, ou antes, o conteúdo é cada espectador, que sente e interpreta o objecto artístico exclusivamente enquanto forma, para nele projectar a sua experiência própria e as suas expectativas. Enquanto pretendermos aplicar-lhe um critério objectivo a arte é ambígua, só atingindo rigor na dimensão subjectiva, em relação com cada espectador, em cada instante. Por isso a linguagem, veículo da arte, é equívoca. A comunicação nunca é uma relação directa entre pessoas, mas sempre uma relação mediada pela linguagem e, portanto, pela forma artística. A comunicação não pressupõe a univocidade, mas exige o seu contrário, a ambiguidade, de modo que uma identidade formal sustenta a ficção das aparências e permite a coexistência de realidades antagónicas e a conversão das instituições no seu oposto.

O processo de recuperação institucional que tem assegurado ao capitalismo não só a sobrevivência mas uma colossal expansão opera-se nos termos da actividade artística. Ao abandonar a esfera da auto-organização e ao assumir nova realidade na esfera da hetero-organização, uma instituição mantém o seu nome e é esta persistência formal que, ocultando a degenerescência sob um véu de continuidade, lhe garante a eficácia prática. «Nunca se deve começar pela direita», observou um sagaz político francês, Pierre Laval, já maduro e experiente — mas também poderiam ter sido Aristide Briand ou tantos outros — aconselhando um jovem colega que se candidatara ao parlamento numa lista de direita. «Deve começar-se pela esquerda, pela esquerda mais extrema, e progredir-se depois para a direita, lentamente»[24]. Referindo-se a Mussolini, o fascista Giuseppe Bottai chegou a igual conclusão, mas através de um percurso inverso, afirmando perante a Câmara dos Deputados, em Dezembro de 1929, que os ambiciosos começam revolucionários

---

24. Este conselho de Laval a Debû-Bridel encontra-se citado em E. Weber (1965 a) 112. O certo é que Laval foi condenado à morte na Libertação e Debû-Bridel não se saiu mal, porque, começando por militar em várias organizações fascistas, pertenceu depois ao comando supremo da Resistência, foi senador na Quarta República e acabou como uma das figuras cimeiras do gaullismo de esquerda. Ver id. (1964) 134. E assim se conclui que para ir para a esquerda não é necessário abandonar a direita.

e os melhores se tornam com o tempo ainda mais revolucionários, mesmo que a opinião pública possa julgar o contrário, porque os vê abandonar os métodos de intervenção convencionais[25]. Entre a fórmula do político francês e a do italiano há toda a diferença que separa as democracias parlamentares do fascismo. Mas elas têm em comum o fundamental, a necessidade de recuperar os temas e os métodos da revolução e usá-los para fins opostos. A passagem contínua de pessoas do campo da revolução para o campo da ordem explica-se porque as palavras não existem desencarnadamente e têm de ser proferidas. Os saltimbancos da política são emissores de discursos, e a isto se reduz a sua função. Denominar da mesma maneira instituições que adquiriram uma realidade social antagónica e atribuir a uma instituição uma função oposta à originária são operações que apenas se podem entender e definir com os utensílios conceptuais da estética. No seu processo histórico, a luta de classes, enquanto tensão permanente entre a esfera da hetero-organização e a esfera da auto-organização, constitui a suprema actividade artística e sustenta todas as modalidades específicas de arte.

Nestes termos, o fascismo define-se como a mais ambígua das formas políticas e, portanto, como a mais artística de todas elas. O fascismo não se limitou a desnaturar instituições criadas pelas lutas colectivas e activas e a transferi-las para a esfera do Estado, mas transportou para o quadro genérico da opressão o próprio tema da revolução. A revolta no interior da coesão social pressupunha que se tivesse levado a um ponto extremo a dissolução de quaisquer formas de auto-organização, mas se os meios clássicos da política burguesa se revelavam insuficientes para completar a recuperação das instituições criadas pelos trabalhadores no seu âmbito próprio, então surgiam os fascistas. Em Novembro de 1921, discursando em Roma no congresso que transformou o seu movimento em Partido Nacional Fascista, Mussolini colocou as alternativas com clareza: «Estaremos com o Estado e a favor do Estado sempre que ele se mostrar um guarda intransigente, um defensor e um propagandista das tradições nacionais; substituir-nos-emos ao Estado sempre que ele se revelar incapaz de enfrentar e combater as causas e os elementos de desagregação interna dos princípios da solidariedade nacional;

---

25. G. Bottai (1933) 69.

mobilizar-nos-emos contra o Estado se ele vier a cair nas mãos de quem ameaça a vida do país e atenta contra ela»[26]. E, como um eco, proclamou em Julho de 1922 o antigo sindicalista revolucionário Michele Bianchi, agora secretário-geral do PNF e um dos seus dirigentes mais poderosos: «Estamos com o Estado e ao lado do Estado quando ele é capaz de se impor, mas quando é incapaz, então a própria lógica das coisas torna necessário que nos substituamos ao Estado»[27].

Todavia, para que aquela estratégia pudesse completar-se na prática era indispensável encobrir ideologicamente a renovada opressão com a referência às palavras emancipadoras. «Não só o fascismo se apodera de *slogans* [...] mas, nas suas modalidades mais radicais, todos os seus processos de pensamento sofrem, consciente ou inconscientemente, a influência do campo revolucionário», escreveu um estudioso arguto, concluindo que «o fascismo se mascara frequentemente com a imagem dos seus inimigos»[28]. Nesta perspectiva, a revolta dentro da ordem foi a sombra da luta anticapitalista projectada no âmbito do capital, a nostalgia da auto-organização nos limites da hetero-organização. Situada no culminar dos paradoxos, nenhuma outra corrente política precisou tanto como o fascismo de recorrer à magia do artista e nenhuma manipulou com tal mestria a versatilidade das palavras. O fascismo não foi uma política, no sentido tradicional do termo, mas uma ficção política. Em política «tudo o que parece é», proclamou Salazar[29]. O fascismo criou ficções e apresentou-as como se fossem a única realidade e só assim, num nível estritamente vocabular e estético, pôde ocorrer a revolta no interior da coesão social, que de outro modo teria sido um insustentável contra-senso. Recordando um passado em que já não acreditava, Dionisio Ridruejo, que fora um dos mais activos propagandistas do fascismo espanhol, confessou com amarga ironia

---

26. Citado em G. Bortolotto (1938) 384.
27. Citado em E. Santarelli (1981) I 303.
28. M. Maruyama (1963) 165–166.
29. Esta frase encontra-se no discurso pronunciado por Salazar aquando da tomada de posse dos novos dirigentes da União Nacional, em 1938, e vem citada em J. Ameal (org. 1956) IV 222 e F. Nogueira [1977–1985] III 150. Do mesmo modo, em 1933 ele afirmara que «politicamente, só existe o que o público sabe que existe». Ver João Ameal, op. cit., III 263 e Franco Nogueira, op. cit., II 242.

que ele e os seus correligionários haviam chamado «revolução» a uma operação de polícia e a tinham vivido espiritualmente como se o fosse[30]. Menos lúcido, ou talvez mais cínico, mantendo-se até ao final da vida apegado às suas convicções, observou Georges Oltramare, um fascista suíço que desempenhara um certo papel nos bastidores, que «pode-se ser rebelde desde que não se ponha em causa o património sagrado, as verdades fundamentais»[31].

Conservadores na prática e radicais no espírito? Sem dúvida. Mas o espírito alimenta-se também, e as instituições do fascismo tiveram um radicalismo próprio, que cumpre analisar.

2. O FASCISMO SÓ ASCENDEU DEPOIS DA DESAGREGAÇÃO DO MOVIMENTO OPERÁRIO

A crer numa versão ainda hoje muito divulgada, o fascismo teria constituído o último recurso do grande capital ameaçado pelas acções vitoriosas do proletariado. Já num dos artigos de uma colectânea publicada em Moscovo em 1923 o autor explicara o aparecimento do fascismo pelo perigo que a revolução representava para a sociedade burguesa[32]. E nos meados da década de 1920 a oposição trotskista no interior do Partido Comunista russo defendia, contra a absurda identificação entre social-democracia e fascismo, inventada por Zinoviev e prosseguida durante algum tempo por Stalin, a tese de que a burguesia apelava para a intervenção dos fascistas quando os órgãos repressivos normais eram incapazes de suster uma arremetida proletária iminente, enquanto a social-democracia constituía o recurso político da burguesia nos períodos que precediam o exacerbamento da luta de classes e nos períodos posteriores às derrotas mais graves das tentativas insurreccionais da classe trabalhadora[33].

---

30. Citado por H. R. Southworth (1967) 13. Desde o começo da guerra civil Ridruejo fora um personagem central na propaganda falangista e desde Fevereiro de 1938 até 1940 ocupara o cargo de director do Serviço Nacional de Propaganda do regime franquista. Ver J. Mendelson (2007) 164, 166 e 170.
31. G. Oltramare (1956) 10.
32. O artigo de Nikolai Leonidovitch Mechtcheriakov encontra-se resumido em B. R. Lopukhov (1965) 242.
33. L. Trotsky (1969 b) 216–217.

Esta interpretação dos acontecimentos foi usada em diversos quadrantes ideológicos, mas não corresponde aos factos.

Quando os fascistas conquistaram as ruas e os campos, para se apoderarem em seguida da governação, eles jamais conseguiram ascender em confronto directo com as movimentações revolucionárias dos trabalhadores, mas somente após essas movimentações terem sido desarticuladas pelas suas contradições internas[34]. Como várias vezes lhe sucedeu, a lucidez demonstrada por Clara Zetkin deixou-a isolada na 3ª sessão plenária do Komintern, em Junho de 1923, ao advertir: «O fascismo não é de modo nenhum a vingança da burguesia contra um proletariado que se tivesse insurreccionado de maneira combativa. Sob um ponto de vista histórico e objectivo, o fascismo ocorre sobretudo porque o proletariado não foi capaz de prosseguir a sua revolução»[35].

Foi esta tese que Trotsky defendeu pelo menos desde 1932, quando passou a chamar a atenção para o facto de o fascismo entrar em cena depois, e apenas depois, de o movimento insurreccional dos trabalhadores ter sido desactivado a partir do seu interior em virtude das hesitações dos chefes revolucionários e do reformismo da social-democracia[36]. Num esboço de artigo que ditou pouco

---

34. M. V. Cabral (1976) 878, 885 e 904-905 constatou este facto nomeadamente no caso português, que não vou analisar neste capítulo. Também A. J. Telo (1980-1984) I 154, 161, 162, 311-313, II 102, 105-110, 112-116, 120-121, 125-126, 130, 155, 200 e 211 mostrou que em Portugal o fascismo só ascendeu quando o sindicalismo declinou. «Como resultado», concluiu António José Telo (vol. II, pág. 183), «o 28 de Maio vem encontrar um movimento operário fraco, dividido e muito pouco disposto a sair em defesa da República».

35. Citada em N. Poulantzas (1976) I 106. Segundo P. Broué (2006) 726, Clara Zetkin declarara também no mesmo discurso: «O fascismo não é a resposta da burguesia a um ataque do proletariado; é o castigo infligido ao proletariado por não ter prosseguido a revolução iniciada na Rússia».

36. Em *What Next? Vital Questions for the German Proletariat*, publicado em 1932 e antologiado em *The Rise of German Fascism*..., Leon Trotsky escreveu (pág. 225): «O fascismo italiano foi a consequência imediata da traição pelos reformistas da sublevação do proletariado italiano [...] A desarticulação do movimento revolucionário [de Setembro de 1920] tornou-se o factor mais importante do crescimento do fascismo». Esta passagem está reproduzida em G. L. Weissman (org. 1970) 6. «Não há excepções a esta regra», voltou Trotsky a afirmar em «Some Questions on American Problems», *Internal Bulletin*, Socialist Workers Party, Setembro de 1940, reproduzido em G. Breitman et al. (orgs. 1969) 69. «O fascismo só surge quando a classe operária se mostra completamente incapaz de tomar nas suas próprias mãos o destino da sociedade».

antes de ter sido assassinado, ele descreveu a sequência dos acontecimentos: «[...] de cada vez o fascismo é o elo final de um ciclo político específico que inclui as fases seguintes: a crise mais grave da sociedade capitalista; o aumento da radicalização da classe trabalhadora; o aumento da simpatia para com a classe trabalhadora e o anseio de mudança por parte da pequena burguesia rural e urbana; a indecisão extrema da grande burguesia; as suas manobras cobardes e traiçoeiras, com o intuito de evitar que a revolução chegue ao apogeu; a exaustão do proletariado; uma indecisão e uma indiferença crescentes; o agravamento da crise social; o desespero da pequena burguesia, o seu anseio de mudança; a neurose colectiva da pequena burguesia, a sua propensão a acreditar em milagres, a sua propensão a medidas violentas; o aumento da hostilidade para com o proletariado, que não correspondeu às suas esperanças. Estas são as premissas da formação rápida de um partido fascista e da sua vitória»[37].

Todavia, a relação entre o fascismo e as contradições internas do movimento operário não parece ter ocupado a generalidade dos historiadores e dos teóricos da política, o que é pena. A manutenção de alguns mitos e, ao mesmo tempo, o apego a certas indecisões fatais dependem de se apresentar o fascismo e o movimento operário como dois mundos separados, em vez de se desvendar o mecanismo que levou a dissolução de um a gerar a ascensão do outro. Sempre

---

Esta passagem encontra-se igualmente em George Lavan Weissman, op. cit., 27-28. Em 1936 Otto Bauer defendeu uma perspectiva semelhante, como se vê pela passagem citada em M. Mann (2004) 125-126. Também August Thalheimer sustentou que uma condição do bonapartismo, forma política que considerava estreitamente aparentada ao fascismo, era que a classe trabalhadora tivesse lançado um movimento revolucionário contra a burguesia, mas tivesse sido derrotada. «Uma derrota séria do proletariado numa crise social profunda é uma das condições prévias do bonapartismo», lê-se em A. Thalheimer (1930). Porém, Thalheimer acrescentou que o bonapartismo surgiu «no estádio em que a sociedade burguesa deparou com o perigo gravíssimo de uma investida revolucionária do proletariado e quando a burguesia esgotou as forças a desbaratar essa investida, quando todas as classes estão enfraquecidas e jazem prostradas [...]», o que atenua a perspicácia da sua observação anterior.
37. L. Trotsky, «Bonapartism, Fascism and War (His Last Article)», *Fourth International*, Outubro de 1940, reproduzido em G. Breitman et al. (orgs. 1969) 120-123 e em *The Rise of German Fascism...*, 609-623. A passagem citada vem nas págs. 121-122 e 614-615, respectivamente, e encontra-se também antologiada em G. L. Weissman (org. 1970) 29.

que se confrontou com o movimento operário organizado, o fascismo só alcançou a hegemonia depois de haver desaparecido do horizonte a alternativa social incorporada nas lutas colectivas e activas, e desde que, por outro lado, persistissem entre os trabalhadores todos os motivos de insatisfação. Com o abandono da esperança revolucionária, a hostilidade de classe passava a assumir a forma degenerada do ressentimento. Diluídas as redes de solidariedade, os trabalhadores já não apareciam como membros de uma classe e apresentavam-se como elementos das massas. Uma massa agitada pelo descontentamento, mas sem nenhuma expectativa que não se cingisse à sociedade existente — eis a base popular da revolta dentro da ordem. Foi nessa gente que o fascismo se apoiou para eliminar as chefias operárias tradicionais, isolar as vanguardas combativas e reorganizar o Estado consoante um novo modelo ditatorial. E fê-lo tanto mais facilmente quanto o refluxo do movimento revolucionário havia fragilizado a base de sustentação de socialistas e comunistas, e a repressão conduzida contra os trabalhadores mais ousados comprometera qualquer prestígio de que os governos liberais tivessem podido gozar entre a população humilde. O triunfo do fascismo só é compreensível se recordarmos que nessa ocasião as formas sociais inovadoras criadas pelo movimento operário haviam já sido derrotadas e tinham degenerado. Esta foi uma regra sem excepções e encontra uma perfeita ilustração nos dois fascismos mais conhecidos.

3. ITÁLIA: «HOJE A VOSSA VEZ JÁ PASSOU!»

Em Itália os fascistas lançaram as milícias contra um proletariado que estava já desorganizado pela dissolução das relações de solidariedade criadas na luta e contra uma vanguarda revolucionária que o recuo da base tornara independente e, por isso, condenara à burocratização[38]. Logo em 1923 Clara Zetkin percebera que «antes de o fascismo ter derrotado o proletariado através da violência, já

---

38. R. De Felice (1978) 207 n. 8 comentou «o facto de apenas poucos observadores políticos [...] terem posto o problema de saber porque é que a reacção fascista só se desencadeou depois de o movimento socialista ter entrado na sua fase decrescente [...]». Ver igualmente: A. J. Gregor (1979) 178, 180, 185, 189; M. D. Irish (1946) 101-102; A. Lyttelton (1982) 61; C. T. Schmidt (1939) 33; G. Seldes (1935) 276-277.

tinha obtido uma vitória ideológica e política sobre o movimento da classe trabalhadora»[39] e Palme Dutt, o principal ideólogo do Partido Comunista britânico, escreveu que «o fascismo não foi a arma defensiva da burguesia contra o proletariado em marcha, mas, pelo contrário, o meio usado pela burguesia para se vingar do proletariado que batia em retirada»[40]. À mesma conclusão chegou Paul Marion, antigo comunista que se tornara fascista, considerando que «após o fracasso das ocupações de fábricas» o fascismo «compreende a mudança da psicologia operária (desânimo), burguesa e camponesa (desejo de vingança) e lança os seus *fasci* na luta física contra os vermelhos»[41]. Outro trânsfuga, o romancista português Manuel Ribeiro, que antes de se converter ao corporativismo cristão fora um activo sindicalista e tivera um papel preponderante na génese do Partido Comunista do seu país, diagnosticou em 1929: «Nos fins de 1920 a situação era esta: dum lado o Socialismo que frustrara a Revolução e não se decidia por coisa nenhuma; do outro o país em terror a tremer dum furacão que ulula ainda, mas que vai já longe. Mussolini aproveita o pânico, corre a matar um morto e é acolhido como salvador. Eis o singelo esquema do triunfo mussoliniano»[42]. É impossível ser mais exacto.

O levantamento da classe trabalhadora dos campos e das cidades, que começara a esboçar-se em meados de Junho de 1919 e no mês seguinte incendiara toda a Itália, revelou que as direcções sindicais e a chefia do Partido Socialista não estavam, no melhor dos casos, preparadas para o confronto directo com o capital ou, na pior alternativa, eram francamente avessas a qualquer agudização da luta de classes[43]. Um historiador descreveu a situação observando que «faltavam horizontes e perspectivas, forças e instrumentos, para dar uma saída política a uma luta de princípios»[44]. E assim a insurreição do proletariado agrícola e dos operários da indústria, que se reproduziu em novos surtos durante a segunda metade daquele ano e ao

---

39. Citada em A. J. Gregor (1979) 185.
40. R. P. Dutt (1936) 161–162.
41. P. Marion (1939) 330.
42. M. Ribeiro [1930] 118–119. Ver igualmente a pág. 122.
43. G. Bortolotto (1938) 346–350, 356–357; E. Santarelli (1981) I 127–131, 190–191, 196, 198, 199, 204–205.
44. E. Santarelli (1981) I 199.

longo do ano seguinte, ultrapassou os quadros partidários e sindicais e gerou as suas próprias formas de organização, comités locais e assembleias de empresa, onde se manifestavam princípios de igualitarismo e democracia de base opostos ao modelo hierarquizado e autoritário que inspira os sindicatos e as instituições políticas centralizadas. Não espanta a perplexidade dos dirigentes tradicionais da classe trabalhadora, relutantes, por um lado, em perder o prestígio junto da base, mas que, por outro lado, não podiam consentir a destruição do sistema burocrático, de onde lhes vinha a autoridade de que gozavam.

Tal como ensinou o lucidíssimo Jean-Paul Marat, e ao contrário do que muitas vezes se pensa, a burocratização é gerada sempre pela base de um movimento, nunca pelo topo. Por mais que os dirigentes queiram assumir uma postura independente e consagrar os seus privilégios episódicos como um direito próprio, jamais o poderão fazer se a luta mantiver um dinamismo colectivo e os trabalhadores comuns se conservarem activos e vigilantes. Mas se os obstáculos que forem surgindo, as desilusões e o desânimo contribuírem para dissolver os elos colectivos da base e para transformar a actividade em passividade, então manifesta-se e desenvolve-se a burocratização, que constitui uma forma de independência dos dirigentes. Este modelo de análise esclarece o que se passou em Itália.

A agitação contra a carestia em Junho e Julho de 1919 não se limitou ao saque de milhares de estabelecimentos comerciais, e os insurrectos determinaram que as Câmaras do Trabalho procedessem à distribuição dos bens de consumo, consoante preços tabelados[45]. Em Agosto, durante as greves que alastraram nas regiões industrializadas do norte da península, os metalúrgicos de Turim pretenderam converter em *sovietes*, conselhos operários, as comissões internas de empresa[46], num movimento que assumiu dimensões mais consideráveis nos primeiros meses de 1920, sobretudo em Março e Abril, abrangendo todo o Piemonte. Como observou um historiador, «trabalhadores sindicalizados procuraram mostrar-se capazes de dirigir eles próprios a produção e aptos para administrar a fábrica de maneira mais eficiente do que os proprietários, conseguindo ao mesmo

---

45. Id., ibid., I 129.
46. Ch. S. Maier (1988) 188; E. Santarelli (1981) I 133.

tempo uma distribuição mais equitativa dos lucros»[47]. O que estava então em jogo era a disciplina dentro das empresas, que no capitalismo constitui o fundamento não só da economia mas de toda a ordem social. Ao reivindicar o direito de auto-organização o operariado lançava aos patrões um repto a que eles ficavam obrigados a responder[48]. Gino Olivetti, secretário-geral da Confindustria, a organização central do patronato industrial, não podia ser mais claro ao declarar que «durante as horas de trabalho há que trabalhar e não falar, e a autoridade nas fábricas deve continuar a ser indivisível»[49]. Para os capitalistas a ameaça era tanto mais grave quanto simultaneamente os trabalhadores rurais haviam começado a pôr em causa o estatuto dos grandes proprietários da terra. De 1919 para 1920 o número de grevistas nos campos mais do que duplicou, ultrapassando um milhão. Ao mesmo tempo que se estendia, o movimento radicalizava-se, quadruplicando a quantidade de jornadas perdidas por greve; e enquanto em algumas províncias meridionais os camponeses ocuparam sistematicamente os latifúndios, também em certas regiões do vale do Pó manifestaram uma clara tendência expropriadora[50].

Estas formas de auto-organização, cujo enorme significado social está na razão inversa da sua escassa duração, dissolveram-se sem terem encontrado entre os principais dirigentes socialistas e sindicalistas nem entusiastas nem continuadores. A política agrária defendida pelo Partido Socialista mostrou-se inadequada às novas circunstâncias[51]. E nos meios industriais foi especialmente notório o caso de Turim, onde o operariado do ramo automóvel enfrentou directamente os capitalistas a propósito da questão crucial do poder no interior das empresas e da disciplina no trabalho, sem receber o apoio da direcção do Partido Socialista e sem que as organizações sindicais se tivessem esforçado por mobilizar o auxílio das outras categorias profissionais nas restantes regiões fabris ou por articular

---

47. Z. Sternhell et al. (1994) 141.
48. A. Lyttelton (1982) 336–337; Ch. S. Maier (1988) 224–225; E. Santarelli (1981) I 165, 171, 187–188.
49. Citado em Ch. S. Maier (1988) 225.
50. A. J. Gregor (1979) 176; Ch. S. Maier (1988) 222; P. Milza (1999) 225; E. Santarelli (1981) I 174, 196, 199.
51. E. Santarelli (1981) I 196.

a agitação industrial com as lutas agrárias, então activíssimas[52]. Em Agosto e Setembro de 1920, ao iniciar a ocupação sistemática de fábricas, o operariado revelou já ambições menos profundas e o movimento não atingiu a dimensão a que havia chegado em Março e Abril, quando colocara o problema do poder no interior das empresas[53]. É certo que durante as greves de Agosto e Setembro centenas de milhares de trabalhadores mantiveram em funcionamento as fábricas ocupadas, puseram os produtos à venda no mercado e recorreram às cooperativas para se abastecer. Mas apesar disto não se encontrava entre os grevistas uma autonomia de decisão e de relacionamento interno, pois desta vez as cúpulas sindicais não haviam perdido a iniciativa e, após aquele ensaio de controle directo das empresas, esperavam obter uma participação na gestão económica corrente[54]. Era «o reconhecimento por parte dos empresários do princípio do controle sindical dos estabelecimentos» que a CGL reivindicava, ou seja, em vez de fomentarem conselhos operários capazes de subverter a disciplina interna das fábricas, os dirigentes sindicais pediam a instalação de comissões paritárias onde pudessem sentar-se ao lado dos patrões. «A classe operária», resumiu um arguto comentador deste processo de dissolução do movimento contestatário, «havia renunciado ao seu poder potencialmente revolucionário de controle sobre a indústria a troco apenas de vagas promessas de participação dos trabalhadores na gestão das empresas»[55].

Em Setembro de 1920 o movimento começou a declinar. Os quase dezanove milhões de dias de trabalho que a indústria perdera em 1919 por motivo de greve e os dezasseis milhões e quatrocentos mil perdidos em 1920 reduziram-se em 1921 a menos de oito milhões e em 1922 mal ultrapassaram os seis milhões e meio[56]. A indiferença ou a hostilidade que os dirigentes socialistas e sindicais haviam manifestado desde início perante as aspirações mais inovado-

---

52. Ch. S. Maier (1988) 189, 225; E. Santarelli (1981) I 188, 198.
53. E. Santarelli (1981) I 188–189, 200–201.
54. É assim que interpreto a descrição a que procedeu id., ibid., I 202–204.
55. Ch. S. Maier (1988) 237–238, 241, 245. As passagens citadas encontram-se nas págs. 237 e 241.
56. P. Melograni (1980) 52. Porém, A. J. Gregor (1979) 176 indicou cerca de doze milhões de dias de trabalho perdidos por greve em 1919 e quase trinta milhões em 1920.

ras da vanguarda anónima levara-os a adoptar moldes inteiramente convencionais na condução do surto revolucionário, embotando-lhe o radicalismo e destruindo-lhe a dinâmica motriz. Quer-se maior paradoxo do que o ocorrido nos primeiros dias de Dezembro de 1919, quando uma onda de protestos contra a agressão de que haviam sido vítimas alguns dirigentes e deputados socialistas originou em certos lugares, como em Mântua, formas de auto-organização insurreccional, e apesar disto o Partido Socialista revelou-se sem capacidade, ou sem desejo, para se pôr à frente da agitação ou sequer se aproveitar dela[57]? E, no entanto, poder-se-ia julgar que este partido se sentisse fortalecido pelo êxito colossal que obtivera nas eleições parlamentares do mês anterior, cerca de um terço dos votos e quase um terço dos lugares no parlamento[58].

Mussolini usou com habilidade essas hesitações e denunciou-as publicamente[59], ele que havia sido um dos mais destacados e radicais dirigentes do psi e tão bem conhecera por dentro os mecanismos daquela contradição. Apercebeu-se desde a primeira hora da inversão de tendências e já em Julho de 1921 declarara no seu jornal que «sustentar que o perigo bolchevista ainda existe em Itália é confundir o medo com a realidade»[60]. Exactamente dois anos depois, com lúcido sarcasmo invectivou no parlamento os seus antigos correligionários: «O que é que vos aconteceu? Tivestes resultados tácticos brilhantes, mas não tivestes depois a coragem de vos lançar na acção para alcançar o objectivo final! Conquistastes um grande número de municípios, de províncias, de instituições periféricas, mas não compreendestes que tudo isto era completamente inútil se numa dada altura não vos apoderásseis do cérebro e do coração da nação, se não tivésseis a coragem de empreender uma estratégia política. Hoje a vossa vez já passou, e não tenhais ilusões — há momentos que a história não repete»[61].

---

57. E. Santarelli (1981) I 153-154.
58. A. J. Gregor (1979) 173.
59. E. Santarelli (1981) I 129, 203.
60. Esta passagem de um artigo de Mussolini em *Il Popolo d'Italia*, 2 de Julho de 1921, encontra-se citada em W. Laqueur (1996) 16. «Em Outubro de 1920», observou A. J. Gregor (1979) 180, «Mussolini admitiu que o movimento revolucionário da classe trabalhadora havia começado a decompor-se».
61. Citado em G. Bortolotto (1938) 413.

Sem as insuficiências que travaram internamente o movimento revolucionário de 1919 e 1920 e desnortearam os seus participantes, seriam incompreensíveis as acrobacias oratórias e os malabarismos tácticos de Mussolini e dos outros chefes fascistas, atacando os grevistas como perigosíssimos extremistas, expondo a demagogia dos dirigentes sindicais e socialistas, prevenindo contra as alegadas debilidades do governo liberal e, ao mesmo tempo, encontrando alguma justiça nas queixas dos trabalhadores. Os primeiros ensaios de violência contra-revolucionária dos *squadristi* foram inseparáveis da denúncia do reformismo socialista. Aqueles meses em que os trabalhadores ultrapassaram a direcção do PSI e dos sindicatos sem conseguirem, por outro lado, organizar de maneira estável a sua iniciativa própria serviram, afinal, para reforçar a penetração social do fascismo e o seu radicalismo de actuação. Foi este o terreno da vitória de Mussolini.

A agitação nos campos em 1919 e 1920 levara em muitos lugares à ocupação dos latifúndios, enquanto noutros se colocara na ordem do dia a expropriação dos donos da terra. Mas, uma vez travado o desenvolvimento da luta, degeneraram as formas organizativas inovadoras e pouco tempo depois tudo o que delas restava era o fortalecimento da burocracia sindical. A solidariedade que a mão-de-obra agrícola manifestara, quando se havia coligado para impor as suas condições no mercado de trabalho, assegurou afinal o monopólio às agências de emprego sindicais e desta maneira «conduziu depois ao controle completo e absoluto dos chefes sindicais sobre a massa trabalhadora», observou um historiador. «Não foi por acaso que a conquista sindical-fascista de Ferrara e Bolonha se inseriu no desenvolvimento negativo das lutas agrárias de 1920 e na retomada por Mussolini, em Março de 1921, da palavra de ordem "terra para os camponeses"»[62].

Do mesmo modo, aproveitando a incompreensão, o alheamento ou a franca aversão que os dirigentes socialistas mostravam perante as experiências de controle da produção pelos trabalhadores, os fascistas começaram a exigir a presença de representantes dos operários

---

62. E. Santarelli (1981) I 279–280. A respeito da utilização desta palavra de ordem ver igualmente D. Guérin (1969) II 51 e 100–101.

na administração das empresas⁶³. Aliás, os fascistas haviam intuído muito cedo a maneira como poderiam beneficiar das ocupações de fábrica. Em Março de 1919, antes de se ter iniciado o movimento de ocupações, os operários de uma empresa metalúrgica situada em Dalmine, perto de Bérgamo, entraram em greve e, desafiando o *lock-out* patronal, fecharam-se dentro do estabelecimento e continuaram a produzir, com o argumento de que estavam a servir a economia do país. A bandeira nacional que hastearam na fábrica ilustrava-lhes os propósitos patrióticos. Enquanto as ocupações fabris que haveriam de se iniciar cinco meses mais tarde pretenderam subverter o fundamento da ordem capitalista, alterando as relações sociais de trabalho, a greve em Dalmine propôs-se reforçar a ordem reinante, ou não fosse ela organizada pela UIL, uma central sindical fundada no ano anterior por pessoas que participaram na génese do fascismo. Aqui a hostilidade ao patrão não se projectava numa luta contra a globalidade dos capitalistas, mas, pelo contrário, servia de pretexto para promover a conciliação de classes a nível nacional⁶⁴, e Mussolini precipitou-se para entusiasmar aqueles operários com a sua oratória. «Não vos lançastes numa greve segundo o velho estilo, uma greve negativa e destruidora. Pensando nos interesses do povo, inaugurastes a greve criadora, que não interrompe a produção. Era-vos impossível negar a nação depois de terdes combatido por ela», proclamou Mussolini em Dalmine a 20 de Março de 1919. «Vós sois os produtores, e é a este título, reivindicado por vós, que reivindicais o direito de tratar com os industriais num plano de igualdade»⁶⁵. Estavam enunciados os princípios que em breve serviriam de pretexto, se não de argumento, ao corporativismo nacionalista. Três dias depois, num dos seus discursos na reunião fundadora dos Fasci Italiani di Combattimento, Mussolini defendeu que se apoiasse a reivindicação do controle operário sobre as indústrias; mas

---

63. Z. Sternhell et al. (1994) 141–142.
64. G. Bortolotto (1938) 388–389; P. Milza (1999) 236; G. Volpe (1941) 30. Não me parece que Z. Sternhell et al. (1994) 141 tivessem razão ao atribuir à greve de Dalmine preocupações que só caracterizariam o movimento de ocupação de fábricas iniciado em Agosto daquele ano. Acerca da fundação da UIL ver Pierre Milza, op. cit., 169–170. Este autor indicou (pág. 211) que por ocasião do armistício a UIL contava duzentos mil aderentes, mas A. J. Gregor (1979) 175 atribuiu-lhe metade disso em 1919.
65. Citado em P. Milza (1999) 236. Ver igualmente A. J. Gregor (1979) 179, C. T. Schmidt (1939) 38 e G. Volpe (1941) 30–31.

como necessitava de atrair os trabalhadores sem indispor os patrões, não hesitou em desvendar os motivos da sua demagogia: «[...] queremos habituar os operários às responsabilidades administrativas para convencê-los de que não é fácil dirigir um estabelecimento industrial ou comercial»[66].

Assim, quando os fascistas viram chegado o momento de recuperar em seu proveito o surto revolucionário das ocupações, dispunham já do modelo que lhes havia sido fornecido em Dalmine. No programa que o movimento de Mussolini difundiu no Verão de 1919 considerava-se necessária a «participação dos representantes dos trabalhadores na gestão técnica da indústria» e a «transferência da responsabilidade pela gestão das indústrias e dos serviços públicos para aquelas organizações proletárias que forem moral e tecnicamente qualificadas»[67]. Com estes critérios, as organizações de esquerda ficariam decerto excluídas e, por outro lado, restringindo aos problemas técnicos a possibilidade de interferência dos representantes do operariado, os fascistas reservavam aos patrões o exclusivo da orientação superior da economia. Mas as ressalvas devem ter parecido insuficientes, porque o programa aceite pelo 2º Congresso dos Fasci, em Maio de 1920, apesar de repetir nas mesmas palavras a última reivindicação mencionada, passou a formular a primeira de um modo que lhe atenuava mais ainda as implicações, invocando agora a «representação dos trabalhadores no funcionamento de todas as indústrias, limitada ao que diz respeito aos empregados»[68]. E foi nestes termos que a questão voltou a ser

---

66. Antologiado em Ch. F. Delzell (org. 1971) 9 e citado em B. Mussolini (1935) 19. Ver igualmente Charles Delzell, op. cit., 97. Em Julho de 1923 Mussolini escreveu, com veia similar: «Terei proximamente o prazer de incluir no meu governo os representantes directos das massas operárias organizadas. Quero tê-los comigo [...] para que se convençam de que a administração do Estado é algo extraordinariamente difícil e complexo [...]». Ver G. S. Spinetti (org. 1938) 185. É interessante verificar que o primeiro-ministro Giolitti, num discurso perante o parlamento em Fevereiro de 1921, quando pretendeu justificar a aparente inacção do seu governo durante as ocupações de fábricas no ano anterior, usou o argumento a que Mussolini havia recorrido, dizendo que «a ocupação das fábricas mostrou à classe operária que, nas actuais circunstâncias, não podia dirigir uma fábrica. E assim o proletariado perdeu as ilusões». Ver J. Alazard (1922) 74.
67. Antologiado em Ch. F. Delzell (org. 1971) 13. Ver G. Bortolotto (1938) 342 e F. L. Carsten (1967) 50.
68. Antologiado em Ch. F. Delzell (org. 1971) 16.

referida no último mês de 1921, numa das secções do programa do recém-constituído Partido Nacional Fascista[69].

Na indústria, portanto, a sequência cronológica não foi menos esclarecedora do que no meio rural. Primeiro, encontramos uma acção profundamente subversiva, destruidora das hierarquias patronais e capaz de pôr em causa as relações sociais de produção. Depois assistimos à burocratização deste processo e à conversão gradual do ataque às hierarquias dentro das fábricas num ensaio de ascensão de novas elites no interior das velhas hierarquias; já não se tratava de mudar as relações de produção, mas de permitir que os dirigentes sindicais se sentassem em algumas reuniões da direcção das empresas. Finalmente, numa terceira fase, os fascistas apresentaram-se como o movimento político capaz de consagrar legalmente a substituição das elites, com a condição, evidentemente, de a nova elite ser constituída por eles e não pela burocracia sindical marxista. Posta a questão nestes termos, pouco interessava aos trabalhadores que fossem uns ou outros, invocando a qualidade mítica de seus representantes, a ingressar nas administrações das fábricas. E os fascistas puderam prosseguir o ciclo de recuperação das instituições nascidas nas lutas, através da inversão dos objectivos destas lutas. Com a violência das milícias, começaram então a conquistar as massas trabalhadoras aos seus dirigentes tradicionais.

Os *squadristi* nunca passaram de pequeníssimos grupos e depararam com a hostilidade da enorme maioria do proletariado. O tipo de terror a que recorreram foi expressão daquele isolamento, lançando-se em brigadas coesas e disciplinadas, compostas por poucos homens e empregando um grau de violência muitíssimo superior à capacidade de resposta do inimigo[70]. Mas estes métodos nunca surtiriam efeito se do outro lado não se houvesse rompido já a teia de relações que pode tornar imbatíveis os trabalhadores, a solidariedade e o igualitarismo forjados nas grandes lutas directas. Abandonado este quadro social, só resta ao proletariado a inserção no outro quadro, cuja estrutura é determinada pelo capitalismo e que tem como regra primordial o estímulo das rivalidades entre trabalhadores e a sujeição de cada um à disciplina da empresa. Numa dicotomia

---

69. Id., ibid., 29; G. S. Spinetti (org. 1938) 160.
70. D. Guérin (1969) II 104–105.

simplificada, ou prevalecem as relações de luta, dando consistência aos vínculos que ligam os trabalhadores, ou prevalece a hierarquização capitalista da sociedade, e debilitam-se neste caso as relações dos trabalhadores enquanto classe. Pequenas minorias coesas e bem organizadas podem apavorar um inimigo incomparavelmente mais numeroso se ele estiver socialmente disperso. Só então o terror sistemático se torna uma arma decisiva nos conflitos. Os episódios desses anos críticos da história italiana parecem-me demasiado conhecidos na sua forma e pouco investigados nos seus fundamentos, apesar de Mussolini não ter mentido a este respeito. «Em 1919», recordou ele alguns anos mais tarde, «não pode falar-se da existência de sindicalismo fascista, nem sequer embrionariamente. [...] A situação sindical não melhorou em 1920 [...] Foi só em 1921 que o fascismo irrompeu [...] pelo vale do Pó e submergiu uma a uma todas as fortalezas materiais e morais das organizações socialistas [...] Reconheço que o rápido declínio da força dos vermelhos se deveu em primeiro lugar à acção bélica do fascismo [...] e também a dois factos, quase contemporâneos, e que tiveram uma vasta repercussão política e moral: o fracasso das ocupações de fábrica em Itália nos finais de 1920 e a fome na Rússia»[71]. O assalto lançado pelos *squadristi* contra os organismos partidários, sindicais e cooperativos da classe trabalhadora e o isolamento a que se remeteu a vanguarda proletária foram dois aspectos de um mesmo processo. No primeiro semestre de 1921 as *squadre* devastaram 119 Câmaras do Trabalho, 107 cooperativas, 83 sedes de sindicatos camponeses, 59 centros culturais socialistas, além de tipografias socialistas, bibliotecas, associações mutualistas, num total de 726 destruições[72].

Não me parece possível compreender verdadeiramente os acontecimentos sem analisar os mecanismos básicos do terror. Porém, não creio que os modelos sociológicos disponíveis permitam um estudo deste tipo. Seria necessária a imaginação fértil mas rigorosa de um Elias Canetti para conceber do princípio ao fim uma sociologia do medo, aquela que as milícias fascistas puseram em prática com uma mestria sem par. Talvez o jovem jurista alemão Sebastian Haffner,

---

71. B. Mussolini, «Fascismo e Sindacalismo», *Gerarchia*, Maio de 1925, antologiado em G. S. Spinetti (org. 1938) 158–159.
72. D. Sassoon (2012) 98.

burguês liberal hostil aos nacionais-socialistas, tivesse exposto um dos mecanismos centrais do pavor generalizado ao recordar os dias em que, obrigado a participar junto com os colegas numa das muitas organizações cívicas do Terceiro Reich, desfilava uniformizado e de suástica hasteada e via esconder-se discretamente num portal quem não queria esticar o braço e saudar a bandeira, exactamente o que ele fazia quando, vestido com roupa normal, deparava na rua com cortejos idênticos[73]. Inspirar aos outros o mesmo medo que os outros nos inspiram parece-me ser um dos princípios constitutivos de uma sociedade baseada no terror.

Do congresso socialista de Livorno, em Janeiro de 1921, poderia ter saído uma política audaciosa se a ala reformista tivesse sido expulsa e fosse alcançada a unidade entre os maximalistas de Serrati e os partidários do bolchevismo. No congresso realizado dois anos antes os reformistas haviam obtido menos de quinze mil votos, contra os quarenta e oito mil conseguidos pelos maximalistas e os cerca de quatro mil dispensados à tendência de extrema-esquerda encabeçada por Bordiga[74]. Mas em Livorno a ala extremista, em vez de estimular os maximalistas a radicalizarem-se e romperem com o sector reformista, fez o contrário e condenou-se ao isolamento. Quase cem mil maximalistas foram abandonados ao marasmo de uma aliança com catorze mil reformistas, e os cinquenta e oito mil comunistas fundaram sozinhos o seu novo partido, em situação de debilidade, afastados de grande parte da base combativa, cujo estado de espírito continuou a ser reflectido pela ala maximalista do PSIF[75]. Se a cisão ocorreu demasiado à esquerda, como Gramsci reconheceria dois anos mais tarde[76], isto não se deveu a quaisquer erros tácticos ou a manobras canhestras nos bastidores do congresso, nem sequer às pressões exercidas pelo Komintern ou pela direcção do Partido Comunista Russo. O isolamento político da vanguarda exprimia a sua situação numa época em que era já pronunciado o refluxo das lutas, o que levou os elementos proletários mais aguerridos a adoptarem o modelo leninista de hetero-organização, contrário à auto-organização que havia incutido ao movimento de 1919 e 1920

---

73. S. Haffner (2003) 380–381.
74. P. Milza (1999) 228; E. Santarelli (1981) I 153.
75. P. Broué (2006) 477; R. P. Dutt (1936) 156; E. Santarelli (1981) I 215.
76. E. Santarelli (1981) I 215 n. 1.

o dinamismo e o carácter inovador. Nos processos revolucionários o autoritarismo e o centralismo são sempre um sintoma de recuo, justificados pelo facto de a base se ter tornado incapaz de assumir autonomia.

Esta situação comprometeu mais ainda quaisquer possibilidades de unificação combativa da classe trabalhadora. Uma vanguarda comunista autoritária e condenada ao isolamento não podia opor-se eficazmente à violência com que as milícias do fascismo se abatiam sobre todas as instituições proletárias. Por seu lado, os dirigentes reformistas, tanto partidários como sindicais, conhecendo só o terreno da legalidade, apelavam para a intervenção do governo e das autoridades, quando esse mesmo governo e estas mesmas autoridades eram os primeiros a fechar os olhos às truculências e aos assassinatos dos *squadristi* ou até os patrocinavam. Com a sua usual habilidade táctica, foi Mussolini quem teve razão contra os chefes das milícias ao assinar em Agosto de 1921 o Pacto de Pacificação com os dirigentes socialistas e sindicais. As hostilidades ficaram suspensas durante algum tempo, estando prevista a formação de comissões arbitrais, que nunca chegaram a existir, mas cuja mera estipulação mostra até onde se dispunham a ir os dirigentes do PSI e dos sindicatos para sossegarem os fascistas. Por um lado, Mussolini estendeu assim novas pontes em direcção à esquerda e renovou o aparente equilíbrio entre os extremos, que constituía a única razão de ser do fascismo e sem o qual ele não podia prosseguir a elaboração de ficções políticas. Por outro lado, Mussolini evitou que se concluísse uma unidade antifascista e que o seu movimento ficasse isolado[77]. O Pacto de Pacificação, observou um historiador, «contribuía para enfraquecer e desorientar amplos estratos populares»[78], atenuando as linhas de divisão quando convinha salientá-las e dissimulando um inimigo que haveria todo o interesse em manter bem visível. E assim os fascistas puderam agudizar as contradições manifestadas pelo movimento revolucionário de 1919 e 1920, desnorteando definitivamente a classe trabalhadora e agravando-lhe a inércia. Só os Arditi del Popolo, uma organização de resistência criada espontaneamente entre militantes

---

77. Acerca do Pacto de Pacificação e dos seus efeitos ver: G. Bortolotto (1938) 377, 378, 400; Ch. S. Maier (1988) 423; P. Milza (1999) 284–285, 287–289; E. Santarelli (1981) I 253–258, 260, 270.
78. E. Santarelli (1981) I 260.

de base vindos de horizontes diversos, continuavam com coragem a opor a violência revolucionária à violência dos *squadristi*. Mas eles eram em número reduzido e enfraquecia-os o facto de serem rejeitados tanto pela confederação sindical como pelo PSI e mesmo pelo Partido Comunista, apesar de o Pacto de Pacificação não ter sido assinado pelos comunistas[79]. O Pacto agravou o isolamento e o desespero dos trabalhadores mais combativos, e quando Mussolini lhe pôs termo, em Novembro de 1921, o mal estava feito. As *squadre* retomaram a ofensiva com uma eficácia acrescida, e ao longo de 1922 observa-se não só um aumento da violência, mas ainda o carácter cada vez mais organizado das expedições punitivas. As milícias fascistas haviam adquirido o controle da situação.

Mortos, estropiados ou intimidados os dirigentes camponeses e operários, assaltados e ocupados alguns milhares de sedes das organizações da classe trabalhadora, destruídos os órgãos de informação dos partidos proletários e dos sindicatos[80], os chefes fascistas tinham enfim o terreno livre para arrebanhar à sua maneira as massas populares. Tratou-se de uma luta entre elites burocráticas pelo controle de um aparelho económico, organizativo, assistencial e cultural bastante considerável, e os organismos económicos do PSI foram desde início um dos alvos preferidos das milícias[81]. Sem ânimo para oporem qualquer resistência drástica à violência dos *squadristi* e apegados aos seus pequenos privilégios, não foram poucos os membros das camadas inferiores da burocracia sindical e cooperativa que acabaram por se colocar à disposição dos ocupantes fascistas. Por fim, um proletariado descontente, mas tornado em grande medida apático, permitiu a operação de troca das burocracias, e se obedecia de má vontade aos novos chefes, também é certo que havia passado a olhar os anteriores com pouco afecto.

---

79. G. Bortolotto (1938) 375–378, 400; D. Guérin (1969) II 110–111; Ch. S. Maier (1988) 421–422; P. Milza (1999) 283; E. Santarelli (1981) I 258. Todavia, num curso ministrado em Moscovo em 1935, P. Togliatti (1971) 20–21 elogiou a actuação dos Arditi del Popolo e atribuiu-lhes o mérito de terem feito frustrar o Pacto de Pacificação. Numa perspectiva oposta, Pierre Milza, op. cit., 289 considerou que aquele acordo ficara sem efeito devido às violências cometidas pelas *squadre* fascistas.
80. E. Santarelli (1981) I 229 n. 1.
81. Id., ibid., I 229 n. 1, 285 n. 1.

Esta análise é comprovada pela forma como decorreu a greve geral de protesto contra o fascismo realizada nos três primeiros dias de Agosto de 1922 por iniciativa da Aliança do Trabalho. Aparentemente, nunca na história italiana houvera uma tão vasta concentração de forças proletárias como a que levou à fundação daquela Aliança, em Fevereiro de 1922, em que convergiram, além da CGL, da USI e de vários sindicatos autónomos, a própria UIL, bem como os socialistas, os anarquistas e os republicanos[82]. E a greve geral recebeu o apoio do Partido Comunista e dos socialistas, tanto maximalistas como reformistas[83]. Se um movimento com tais dimensões não conseguiu impedir o triunfo de Mussolini, isto confirma que a mola real do dinamismo revolucionário estava quebrada. Já não se tratava, como havia sucedido em 1919 e 1920, de opor ao Estado capitalista e às relações capitalistas de trabalho outro modelo social, decorrente da solidariedade na luta. Pelo contrário, o objectivo explícito dessa greve consistiu na defesa daquelas mesmas instituições do Estado liberal que haviam desde sempre concitado a repressão contra os trabalhadores e à sombra das quais o fascismo ascendia[84]. O quadro não podia ser mais favorável ao contra-ataque dos *squadristi*, que através de uma violência generalizada e bem dirigida, e contando com a benevolência das autoridades, desbarataram rapidamente o movimento grevista[85].

A partir de então os acontecimentos precipitaram-se em ambos os campos. De um lado, ficava aberto o caminho que permitiria aos chefes fascistas encenarem em Outubro a Marcha sobre Roma. A direita liberal continuava a desejar a participação de Mussolini no governo e as milícias dominavam as cidades e as aldeias. O governo formado por Mussolini viria, no final de contas, oficializar uma situação de facto[86]. Do outro lado, no congresso de Outubro do PSI ocorreu uma nova cisão, separando-se os reformistas dos

---

82. P. Milza (1999) 296; E. Santarelli (1981) I 300–301.
83. P. Milza (1999) 296.
84. D. Guérin (1969) II 120; S. G. Payne (2003 b) 107; E. Santarelli (1981) I 302.
85. G. Bortolotto (1938) 421–422; D. Guérin (1969) II 120–121; Ch. S. Maier (1988) 410, 430; P. Milza (1999) 297–298; E. Santarelli (1981) I 303–306; G. Volpe (1941) 91.
86. Depois da derrota da greve geral, observou P. Milza (1999) 298, já ninguém duvidava que o caminho do governo estava aberto para Mussolini.

antigos maximalistas[87], e em consequência disto rompeu-se a ligação orgânica que até então se havia mantido entre os socialistas e a grande confederação sindical, enquanto ao mesmo tempo se desagregava a Aliança do Trabalho[88]. Estavam paralisados os inimigos do fascismo.

4. ALEMANHA: «AGORA OS PATRÕES VÃO SER DE NOVO OS DONOS DA CASA»

Levantamento de marinheiros e soldados contra a guerra e as autoridades militares, revolta de trabalhadores contra a exploração e as ordens dadas pelos dirigentes dos sindicatos, agitação dos militantes políticos de base contra a estratégia definida pelos chefes dos dois grandes partidos socialistas, a revolução alemã iniciada em Novembro de 1918 impôs como tema central a auto-organização. Os conselhos criados pelos marinheiros, pelos soldados e pelos trabalhadores não foram apenas uma instituição política e tiveram como vocação remodelar todos os níveis da vida social, nas empresas e nas forças armadas, nos lugares de habitação, na produção artística. Para uma visão apressada, os primeiros anos da república de Weimar parecem caracterizar-se pela luta entre os princípios clássicos de disciplina, baseados na hetero-organização e na hierarquia, e os novos princípios revolucionários, assentes na auto-organização e no igualitarismo e disseminados através do sistema de conselhos. Todavia, a realidade foi mais subtil. Só em algumas peripécias, cuja violência concentrou as atenções, é que o confronto entre os dois princípios antagónicos ocorreu de modo explícito. O que sobretudo se verificou foi a progressiva desnaturação dos conselhos, graças a modalidades de recuperação que mantinham os nomes das instituições revolucionárias e lhes alteravam o funcionamento, escondendo, como sempre, a degenerescência do conteúdo por detrás de uma ilusória continuidade formal.

---

87. A. Lyttelton (1982) 130; P. Milza (1999) 296; E. Santarelli (1981) I 308. Os reformistas formaram o Partido Socialista Unitário.
88. E. Santarelli (1981) I 308–309.

Antes de mais, essa desnaturação ocorreu no âmbito militar. Perante a desagregação das forças armadas, devida à proliferação dos conselhos de soldados e de marinheiros, haviam sido criados corpos francos, batalhões de mercenários que, sem se integrarem formalmente no exército, obedeciam aos comandos militares e estavam ligados ao estado-maior. Mas ao mesmo tempo que se destinavam a reorganizar um exército batido pelo inimigo exterior e a lançá-lo contra o inimigo interno[89], os corpos francos assimilaram alguns aspectos dos conselhos e aceitaram que os soldados elegessem delegados. «[…] nós próprios tínhamos escolhido os nossos chefes», contou mais tarde Ernst von Salomon, recordando a sua participação num corpo franco na Alta Silésia. «Por vezes a discussão, que eu chamava "reunião do conselho de soldados", terminava por verdadeiros motins. Substituíamos uns chefes por outros, que agiam exactamente como os primeiros»[90]. No entanto, ao contrário do que sucedia entre os revolucionários, os comandantes dos corpos francos não admitiam que os delegados exercessem funções de chefia e reduziam-nos a auxiliares para a manutenção da disciplina. Tratava-se, como elucidou um historiador fascista, de «anular a autoridade dos conselhos de soldados, colocando-os perante um organismo que, embora lhes fosse aparentado, resultava na verdade de princípios inteiramente distintos»[91].

É conhecida a linha de continuidade entre os corpos francos, que derrotaram militarmente os conselhos revolucionários de 1919 e desbarataram as tentativas insurreccionais do proletariado nos anos seguintes, e as milícias nacional-socialistas, as SA e os SS, em que Hitler assentou o seu poder. Mas o sucedido numa cervejaria de Munique mostrou que na Alemanha uma ditadura fascista era prematura em 1923. A linha de continuidade precisou de ser distendida e foram necessários mais dez anos para que se consolidasse a derrota interna da classe trabalhadora. O regime de Weimar não poderia ter cumprido esta função histórica se desde início o sistema de conselhos não fosse minado por contradições no próprio âmbito militar em que se havia gerado. Ora, a mesma ambiguidade veri-

---

89. Benoist-Méchin (1964–1966) I 119.
90. E. Salomon (1993) 158.
91. Benoist-Méchin (1964–1966) I 174. Ver igualmente no vol. I as págs. 117, 161–162 e 173–174.

ficou-se no âmbito das empresas, onde um historiador observou que «os projectos dos conselhos não tinham obrigatoriamente de ser radicais. Podiam converter-se em simples meios de angariação de novos membros e de aumento da autoridade empresarial»[92]. A resolução deste aparente paradoxo constituiu o objectivo da república de Weimar, e enquanto o prosseguiu ela manteve a sua razão de ser. Só depois de ter recuperado com êxito as instituições nascidas da insurreição que pusera cobro à guerra e de as ter esvaziado de todo o conteúdo primitivo é que o regime de Weimar entrou em crise e, após uma sucessão de governos cada vez mais francamente autoritários, cedeu por fim o lugar ao nacional-socialismo[93].

Em 1919 a revolução alemã deparara com os seus limites, não conseguindo reestruturar o centro do poder e vendo-se obrigada a admitir o acasalamento espúrio entre os conselhos e o parlamento. Equilíbrios deste tipo são sempre instáveis e significam que um dos lados, sem aniquilar de imediato o outro, se prepara para o minar e transformar por dentro. Quais eram os termos do confronto? Manifestamente incapazes de se expandirem até absorver a totalidade social, as instituições da democracia directa não estavam em condições de assimilar os órgãos da democracia representativa nem de os liquidar. Mas ao consagrar a conjugação do sistema dos conselhos com o parlamentarismo, a constituição de Weimar assinalava às forças capitalistas a preparação de uma ofensiva e pressagiava aos revolucionários o começo da fase defensiva.

Numa situação em que a luta pelo poder global ficara para além do horizonte prático dos revolucionários, eles concentraram a atenção nos conselhos de fábrica. Porém, ao proporem a criação de uma hierarquia de conselhos regionais de trabalhadores que arbitrassem os conflitos surgidos entre os conselhos de fábrica e os patrões e empresários[94], os próprios defensores do sistema de conselhos abri-

---

92. Ch. S. Maier (1988) 177.
93. Tim Mason considerou que o autoritarismo paternalista da legislação laboral promulgada no Terceiro Reich, incluindo as medidas de bem-estar social destinadas a promover a harmonia entre as classes, esteve na sequência da organização tecnocrática do trabalho adoptada na república de Weimar. Ver «The Origins of the Law on the Organization of National Labour of 20 January 1934. An Investigation into the Relationship between "Archaic" and "Modern" Elements in Recent German History», em J. Caplan (org. 1995) 77–103, sobretudo as págs. 88, 91–92 e 102.
94. Ch. S. Maier (1988) 178, 205; H. A. Turner Jr. (1985) 8.

ram o caminho para a sua recuperação. Com efeito, os homens de negócios mais esclarecidos e a tecnocracia modernizadora estavam, paralelamente, a elaborar projectos que davam um novo impulso às experiências de organização da produção e do mercado prosseguidas durante a guerra. Na óptica destes inovadores, o controle da economia exercido por comissões de industriais e administradores, num regime em que se conjugavam empresas privadas e empresas estatais, podia facilmente admitir delegados das burocracias oriundas da classe trabalhadora[95]. E deste modo os dirigentes dos sindicatos, cujo papel no movimento operário fora contestado pelo sistema dos conselhos, eram de novo chamados a exercer as suas funções conciliatórias. Por outro lado, a socialização da economia, a que os conselhos haviam dado o sentido prático de uma remodelação das relações de trabalho, ficava reduzida a uma reorganização dos sistemas de propriedade, que correspondia aos interesses vitais dos gestores. «Onde os teóricos de esquerda desejavam conselhos de fábrica e conselhos regionais a que coubesse o papel principal na tomada de decisões», registou um historiador que analisou esta evolução com perspicácia, o projecto empresarial e governamental «implicava uma representação paritária, em que existiam delegados da administração a todos os níveis. E, assim, a ideia de um poder dos trabalhadores exercido a partir da fábrica — que constituía o núcleo da ideia de conselhos — cedeu o lugar a uma concepção tecnocrática, e neutra no que dizia respeito às classes sociais»[96]. Liquidando a tentativa de afirmar um outro poder de classe, o processo de recuperação insuflou novo fôlego ao mito de uma eficácia alheada das clivagens sociais.

Não espanta, por isso, que de 1922 até 1924 a desilusão dos trabalhadores se tivesse manifestado nas eleições para os conselhos de fábrica, levando, por um lado, ao aumento das abstenções, ao adiamento dos escrutínios e por vezes até ao seu cancelamento e, por outro lado, reforçando o peso relativo das minorias radicais animadas pelo Partido Comunista[97]. Mas este segundo aspecto, que representaria uma inflexão revolucionária numa situação de

---
95. Ch. S. Maier (1988) 181–183; K. H. Roth et al. (2011) 112–114, 119, 153–155.
96. Ch. S. Maier (1988) 183.
97. Id., ibid., 560.

entusiasmo e de participação massiva dos trabalhadores, num contexto de indiferença e apatia crescente implicava, pelo contrário, o isolamento das minorias mais activas. Foi assim que os conselhos perderam as características originárias.

No final, as esperanças emancipadoras a que os conselhos haviam, durante algum tempo, conferido uma plausibilidade prática ficaram transformadas no seu exacto oposto, o corporativismo. A democracia representativa, depois de ter sido posta em causa pela democracia directa, acabou por ser superada pelo autoritarismo empresarial. De 1928 até Fevereiro de 1933 a propaganda nacional-socialista ajudou a levar este processo ao seu termo, sabendo que contava com o apoio de muitos trabalhadores quando denunciava a burocracia sindical[98], não para restabelecer o poder dos conselhos, mas para acabar com os próprios sindicatos. Foi esta a lógica de um processo que, começando pelo desejo de emancipar os trabalhadores da disciplina vigente nas empresas, abriu o caminho ao poder discricionário dos patrões.

As ambiguidades desta desnaturação reflectem-se na Lei Reguladora do Trabalho Nacional, promulgada em Janeiro de 1934, um ano depois de os nacionais-socialistas terem chegado ao governo[99]. Ao definir-se a empresa, segundo a terminologia habitual do fascismo alemão, como uma «comunidade de trabalho» onde patrões e trabalhadores deviam colaborar «não só para a consecução do fim particular prosseguido pelas empresas, mas também para a utilidade pública do Povo e do Estado»[100], ficava reafirmada a autoridade patronal. «Da atribuição à empresa do carácter de comunidade de trabalho não resulta prejuízo para o princípio inquestionável da direcção superior», escreveu o autor de uma obra de propaganda[101].

---

98. J. Caplan (org. 1995) 257; D. Lerner (1951) 36.
99. J. Noakes et al. (orgs. 2008-2010) II 145-148. Ver também A. Norden (1943) 22 e D. Welch (2002) 66-67.
100. Citada em W. Fritzsche (1941) 37 e J. Noakes et al. (orgs. 2008-2010) II 145. Em 1930 o doutrinador oficial Alfred Rosenberg anunciou o que sucederia quando os nacionais-socialistas chegassem ao poder: «Patrões e operários não são individualidades em si, mas partes de um todo orgânico, sem o qual nada significariam. Por isso a liberdade de acção tanto do patrão como do trabalhador é necessariamente limitada de acordo com as exigências raciais». Ver A. Rosenberg (1986) 549 ou id. [s. d. 2] 398.
101. W. Fritzsche (1941) 38. «O nacional-socialismo alemão conseguiu criar uma forma muito eficaz e ajustada às necessidades do serviço obrigatório de trabalho e

Com efeito, a Lei Reguladora do Trabalho Nacional enunciou em termos políticos as hierarquias profissionais, considerando o patrão como Führer da «comunidade de empresa» e os empregados como seus seguidores, *Gefolgschaft*, na acepção medievalizante de uma corte de vassalos em torno do senhor. Ao patrão cabia tomar as decisões, responsabilizando-se pelo bem-estar dos assalariados, que por seu lado lhe deviam fidelidade e obediência[102], numa modernização da dualidade *mundium* e *bannum*. Enquanto Führer, o patrão podia decretar uma constituição interna, «a carta orgânica da vida interna da empresa, promulgada pelo seu próprio dirigente», nas palavras do propagandista[103], que devia ser previamente aprovada pelos representantes do Estado, os Curadores do Trabalho[104]. A recuperação capitalista do sistema de conselhos atingiu aqui o auge, porque o reforço da hierarquia correspondeu a um agravamento da exploração. «Sem ilusões nem esperanças utópicas de vir a realizar novo paraíso económico», explicou aquele propagandista, competia «ao conselho confidencial, formado por representantes do pessoal, sob a presidência do gerente da empresa», «obter de cada um o máximo de rendimento e, quando preciso fôr, o sacrifício imposto pelas circunstâncias»[105]. «Sem ilusões nem esperanças utópicas», com efeito, porque numa força de trabalho de mais de vinte milhões de pessoas, de 1934 até 1936 apenas foram postos em tribunal 516

---

produção, que abrange por igual o operário e o patrão», explicou uma *rara avis*, o fascista e colaboracionista checo Emanuel Moravec. «Neste exército da produção, o trabalhador é um soldado regular, o engenheiro e o patrão um oficial, segundo a escala de serviço, que corresponde à sua capacidade e responsabilidade». Ver E. Moravec (1941) 68. Com efeito, a melhor maneira de reforçar a autoridade no interior das empresas consistia em lhes aplicar o modelo da hierarquia militar.
102. J. Billig (2000) 90; J. Caplan (org. 1995) 80; W. Fritzsche (1941) 38; F. Neumann (1943) 265, 277, 463; J. Noakes et al. (orgs. 2008–2010) II 145; L. Rougier (1938) 122; D. Schoenbaum (1979) 117; W. L. Shirer (1995) I 287. Porém, Franz Neumann, op. cit., 305 chamou a atenção para o facto de que «o *Führerprinzip* não prevalece nas organizações de cartéis, nos *trusts*, nas associações e nas sociedades por acções. É a maioria quem decide em todas estas organizações».
103. W. Fritzsche (1941) 41.
104. Id., ibid., 42.
105. Id., ibid., 38.

casos de violação das normas laborais, dos quais só pouco mais de 300 levaram à condenação dos patrões[106].

Ao anunciar que o Terceiro Reich havia quebrado a espinha dorsal do sindicalismo, o Reichsleiter Robert Ley, chefe da Frente Alemã do Trabalho, prometeu que seria concedida a «autoridade absoluta ao dirigente natural da fábrica, quer dizer, ao patrão [...] Só o patrão pode tomar decisões. Durante anos muitos patrões tiveram de pedir licença ao "dono da casa". Agora vão ser eles de novo os "donos da casa"»[107]. Ao mesmo tempo, porém, que as clivagens sociais assumiam uma expressão pública tanto mais rigorosa quanto era formulada politicamente, ficavam obnubiladas mediante a codificação de um comportamento comum. O tema da destruição das hierarquias, que inspirara o sistema de conselhos, foi limitado às encenações simbólicas de que o fascismo era mestre e em que marchavam lado a lado, com o mesmo passo e os mesmos uniformes, por umas horas apenas, aqueles que no resto da vida tudo distinguia. Neste «socialismo de alfaiate», como alguém lhe chamou, a forma, reduzida aqui a um simulacro da forma, cobria uma vez mais a inversão do conteúdo.

---

106. J. Noakes et al. (orgs. 2008–2010) II 149. A. Norden (1943) 23 escreveu que só num caso em cada cem os curadores decidiam a favor dos trabalhadores, mas ainda assim a estimativa parece-me demasiado optimista.
107. Citado em W. L. Shirer (1995) I 220. Ver também A. Norden (1943) 23.

Capítulo 2
Os dois eixos do fascismo

1. OS CONTORNOS DO FASCISMO

«O fascismo é em quase todos os pontos o contrário daquilo a que os antifascistas chamam fascismo», leio numa revista fundada e dirigida por Maurice Bardèche, um dos mais lúcidos intelectuais fascistas do pós-guerra[1]. E se esta advertência foi em grande parte proferida como um álibi, não é menos certo que o historiador deve assumi-la por contra própria. Que perfil, então, convém traçar do fascismo?

1

A violência foi uma das características mais constantes do fascismo, e no entanto numerosos governos que exerceram violentamente o poder não foram fascistas. Aliás, durante a época em que os regimes fascistas nasceram e atingiram a plenitude, as democracias recorriam a medidas não menos repressivas contra a classe trabalhadora e invejavam publicamente ao fascismo o seu sentido de ordem e a sua propensão ao exercício musculado da autoridade.

Os contornos na organização da economia também não ficam claros. Todos os fascismos adoptaram uma estrutura corporativa, com a condição de entendermos o conceito numa acepção lata, enquanto institucionalização das relações entre o governo e as empresas num quadro dividido por ramos de actividade, entrando neste jogo os sindicatos, ou quaisquer outros representantes dos trabalhadores, como parceiro menor. Mesmo tendo em conta o caso extremo do Reichsleiter Robert Ley, chefe da Frente Alemã do Trabalho, que num discurso durante o 5º Congresso daquela instituição, em 11 de

---

1. Artigo de Outubro de 1957 em Défense de l'Occident (1977–1978) 98.

Setembro de 1937, considerou o corporativismo uma noção judaica e negou que ele tivesse qualquer afinidade com o nacional-socialismo[2], o facto de a Frente do Trabalho ter sido pensada para englobar tanto os trabalhadores como os patrões convertia-a numa espécie de enorme corporação única[3]. Do mesmo modo, a concepção nacional-socialista da empresa como uma comunidade de trabalho, onde a hierarquia entre patrão e empregados era entendida na perspectiva da reciprocidade de deveres, tem afinidade com as aspirações medievalizantes do corporativismo, tal como os vários tipos de equilíbrio estabelecidos ao longo do regime nacional-socialista entre as burocracias do partido e do Estado e os chefes de empresa se inserem numa concepção ampla de corporativismo. Aliás, Julius Evola considerou que o Terceiro Reich atingira uma forma de corporativismo mais perfeita do que a atingida pelo fascismo italiano, porque estabelecera a solidariedade orgânica entre os patrões e os trabalhadores no interior de cada empresa[4].

Ora, num sentido genérico a república de Weimar não foi menos corporativa do que o Terceiro Reich[5], o que significa que o corporativismo teve uma latitude demasiado vasta para ser de qualquer utilidade na definição do fascismo. Embora reconhecendo que «na sua forma exclusivamente económica» o corporativismo se desenvolvera sobretudo nos regimes fascistas, um dos seus melhores teóricos,

---

2. J. Noakes et al. (orgs. 2008–2010) II 143–144.
3. Id., ibid., II 144.
4. J. Evola (2002) 226.
5. Adepto de uma visão demasiado jurídica e constitucional do poder e da organização da sociedade, F. Neumann (1943) 263 negou que o sistema corporativo tivesse existido durante a república de Weimar e considerou igualmente (págs. 264–265, 458, 460–461) que, após a liquidação da ala populista, Hitler rejeitara o corporativismo. No entanto, este autor mostrou abundantemente (págs. 26–29, 267–272) que o sistema corporativo, na acepção lata que aqui uso, constituíra o próprio fundamento das instituições de Weimar e perdurara no Terceiro Reich, mesmo depois de terem sido postos de lado, em 1934, os elementos mais francamente corporativistas (págs. 272 e segs.). «A estrutura nacional-socialista da organização alemã dos negócios não é muito diferente daquela que existia na época da república de Weimar», afirmou Franz Neumann, op. cit., 272. Quanto ao carácter corporativo da república de Weimar ver igualmente Ch. S. Maier (1988) 73–91, 176, 457, 490 e 634. Aliás, na Itália fascista, por ocasião da promulgação da *Carta del Lavoro*, ocorrida em Abril de 1927, o órgão oficial do Ministério das Corporações publicou para fins comparativos uma série de documentos, entre os quais a lei alemã de 28 de Dezembro de 1926 sobre a magistratura do trabalho. Ver a este respeito E. Santarelli (1981) I 435.

Mihail Manoilescu, que Evola classificou como «o principal teórico romeno do Estado»[6], admitiu que esse sistema não se confundia com o fascismo e que, na modalidade pura e integral, iria além do fascismo[7]. Manoilescu afirmou que o projecto corporativista só se realizara na Itália, em Portugal e na Áustria[8], mas, se o apreciarmos numa acepção lata e no contexto da época, ele deve ser considerado como o quadro comum de tendências bastante distintas, definíveis consoante o aspecto em que se colocava o acento tónico. O corporativismo podia servir para efectuar a concentração entre grandes empresas, que legitimasse e ordenasse a sua hegemonia sobre o mundo dos negócios, mas podia igualmente sustentar, mediante o apoio do Estado, as empresas pequenas e médias, limitando o escopo da concentração. Do mesmo modo, o corporativismo podia servir para entregar ao patronato a organização do trabalho, mas podia também amparar no plano político a burocracia sindical, encarregando-a da gestão do mercado de trabalho. Finalmente, se o corporativismo podia servir os projectos de redução do âmbito do Estado político, na modalidade que Manoilescu designava como «corporativismo puro», em sentido contrário podia ainda constituir um quadro para a tutela do Estado, no caso da Economia Dirigida.

A noção de Economia Dirigida nasceu da constatação de que o mercado, ao contrário do que pretendiam as teorias clássicas, não agia adequadamente em todo os casos, ou seja, que os preços nem sempre transmitiam sinais certos. Na década de 1930, com o sistema financeiro em colapso, a indústria em crise e o comércio internacional em retracção, havia apenas dois lugares onde a economia prosperava, a União Soviética e a Palestina judaica. O caso da Palestina era pouco conhecido e o seu desenvolvimento económico devia-se a motivos de carácter estritamente político, como mostrarei adiante[9]. As atenções mundiais concentravam-se nos planos quinquenais soviéticos, entendidos como demonstração de que a

---

6. J. Evola (2004). Também S. G. Payne (2003 b) 206 considerou que Manoilescu foi «provavelmente o principal teórico europeu do corporativismo na década de 1930». Ver uma formulação equivalente na pág. 279.
7. M. Manoïlesco (1936) 10, 13, 17, 92–94, 152, 158, 167, 224, 289. A frase citada encontra-se na pág. 10.
8. Id., ibid., 13.
9. Ver capítulo 3 do volume *Do racismo democrático ao racismo fascista*.

organização centralizada da economia ultrapassava os problemas que o livre mercado era incapaz de solucionar. Enquanto os especuladores se punham em fuga ou se suicidavam e os patrões abriam falência, os burocratas e a tecnocracia mostravam que podia dirigir-se com êxito a vida económica.

Mas os políticos e os gestores preocupados com a salvação do capitalismo hesitavam. Valeria a pena incorrer nos custos sociais de uma revolução — com o risco suplementar de ela vir a ser verdadeiramente revolucionária — para organizar centralizadamente a economia? Tal como era discutida nos países da Europa central, a noção de Economia Dirigida derivou menos da experiência soviética do que da *Kriegswirtschaft* alemã e ainda da economia de guerra de outros países beligerantes, mas existiu aqui uma certa circularidade, porque a experiência alemã também influenciou as concepções de Lenin no começo da Rússia soviética. Por outro lado, quanto aos Estados Unidos há quem defenda que a economia dirigida da administração Wilson durante a primeira guerra mundial constituiu uma experiência fascista ou similar ao fascismo[10]. Com efeito, as circunstâncias económicas da guerra de 1914–1918 foram parcialmente reproduzidas na crise mundial iniciada em 1929, e em ambos os casos a autarcia exigiu a Economia Dirigida. Os partidários deste sistema defendiam o controle do comércio externo e a sua redução, substituindo-se o multilateralismo pelo bilateralismo e formando-se grupos de países em torno de potências imperialistas. Assim, enquanto Keynes pretendia resolver os problemas decorrentes da crise económica fazendo os governos intervirem para aumentar os rendimentos das camadas sociais com maior propensão marginal ao consumo e diminuindo os obstáculos ao comércio internacional, os partidários da Economia Dirigida defendiam uma reorganização das instituições económicas e a formação de conjuntos de países enquanto grandes unidades autárcicas.

Por detrás desta divergência aparentemente técnica estava uma questão ideológica de fundo, a aceitação ou a rejeição do postulado básico do liberalismo, de que a utilidade geral resulte do cruzamento das utilidades particulares, ou seja, de que o prosseguimento do interesse próprio corresponda ao interesse colectivo. Ora, por um

---

10. J. Goldberg (2009) 78–120, mas sobretudo as págs. 106–120.

lado a Economia Dirigida situava-se na direita, já que se aliava às grandes empresas enquanto instituições planificadoras, e devido a essa aliança sofria os ataques dos liberais antimonopolistas; mas por outro lado, devido à sua crítica ao liberalismo económico e devido ao seu carácter planificatório, a Economia Dirigida era considerada de esquerda e por isso incorria na aversão dos conservadores. Um defensor do liberalismo queixou-se desta ambiguidade da Economia Dirigida: «Se o termo constitui um slogan eleitoral que opera maravilhas, é difícil definir a concepção muito proteica que ele cobre e que vai desde o intervencionismo tradicional até ao planismo em regime colectivista, passando por toda uma gama de soluções intermédias»[11]. Constituindo um programa tanto de certa extrema-direita ou de algum fascismo como de meios democráticos ou socialistas, a Economia Dirigida seduzia os tecnocratas, que procuravam implementá-la através do autoritarismo, independentemente da cor. Havia e há na tecnocracia um acentuado apoliticismo, sendo considerada mais importante a obtenção de resultados do que as modalidades políticas que permitam alcançá-los. Trata-se de um meio social discreto, e a vocação de obscuridade correponde à forma de exercício do poder pelos gestores. Conviria estudar esses personagens dos bastidores, deslindar-lhes os percursos. Situados entre os grandes pólos políticos, quando não em todos ao mesmo tempo, qualquer que fosse o rumo dos acontecimentos tinham representantes no lado vitorioso. Depois de 1945, foram eles quem refez o mundo.

Esta versatilidade, em vez de minar a Economia Dirigida, fez com que proliferassem elementos intermédios, veiculando influências recíprocas. Foi neste ambiente que se gerou a noção de Economia Organizada, defendida por Manoilescu, que criticava a noção de Economia Dirigida por lhe estar subjacente a existência de um poder exterior e superior às instituições económicas, o que não se passaria no corporativismo puro[12], onde as corporações seriam «*a única base legítima*» do poder. «Segundo esta concepção, as corporações não estão *subordinadas* a um poder político supremo, que tenha uma

---

11. L. Rougier (1938) 89. A importância do *planisme* em França e na Bélgica leva-me a adoptar um galicismo.
12. M. Manoïlesco (1936) 47-49.

origem diferente e exterior a elas próprias, mas constituem a única fonte do poder de Estado»[13]. Para Manoilescu *«não é o Estado que tem de conquistar a vida económica, mas a vida económica que deve conquistar parcialmente o Estado»*[14]

2

As monografias, essa invenção da preguiça académica, não servem só para tornar menos cansativo o trabalho de pesquisa, mas também para proporcionar aos autores uma certa tranquilidade de espírito, já que a adição de estudos especializados jamais resulta numa visão de conjunto. A explicação de cada fascismo em particular não explica, afinal, mais do que a particularidade desses casos de fascismo, sem nada nos adiantar a respeito do fascismo enquanto caso geral. E a pretensão de definir o fascismo alinhando uma sucessão de adjectivos correspondentes a certos traços específicos tem por detrás a esperança de que a soma de todos nos faça esquecer o facto de cada um ter sido partilhado por outros regimes políticos. O fascismo só deve ser estudado na perspectiva da história comparada.

Mas é curioso que tantos autores recusem o carácter de fascista a numerosos fascismos com o pretexto de que eles não se assemelhavam aos regimes de Mussolini e de Hitler, e neste passo da argumentação esqueçam que também entre aqueles dois regimes as diferenças foram notáveis. Esses historiadores estão a provar o contrário do que pretendem, pois o fascismo italiano distinguia-se a tal ponto do nacional-socialismo germânico que no espaço compreendido entre eles cabem todas as outras variedades de fascismo. Seria igualmente bom recordar que de 1932 até 1938 se travou na Áustria uma luta mortal, no sentido exacto da palavra, entre a secção austríaca do partido nacional-socialista alemão e um regime fascista que se inspirava no modelo italiano. Será que o mussoliniano Dollfuss, assassinado pelos nacionais-socialistas, e o seu continuador Schuschnigg, deposto pelos nacionais-socialistas e preso num campo de concentração, não haviam sido chefes de um regime fascista? No Terceiro Reich não foram poucos os fascistas presos ou

---

13. Id., ibid., 17 (subs. orig.). Ver também as págs. 92–93.
14. Id., ibid., 49 n. cont. (sub. orig.).

assassinados por não serem hitlerianos, sem que por isso deixassem de ser fascistas, assim como são numerosos também os traços de fascismo na oposição predominantemente nacional-conservadora que promoveu a frustrada tentativa de golpe de Estado em Julho de 1944, e alguém observou «até que ponto a cultura política alemã — mesmo entre convictos opositores ao nazismo — se afastara das tradições do liberalismo e do socialismo democrático e mostrava algumas afinidades com as estruturas fascistas»[15]. O facto de terem querido matar Hitler será suficiente para definir como antifascistas muitos dos conspiradores? Mais cruel ainda, e muitíssimo mais mortífera, foi a rivalidade que opôs na Roménia um projecto fascista assente numa base social conservadora e encabeçado pela coroa, e o fascismo radical e místico da Legião do Arcanjo São Miguel e da sua Guarda de Ferro, fundadas e comandadas por Corneliu Zelea Codreanu. Numa espiral de violência e terror, estas duas vertentes de um fascismo autófago cancelaram-se mutuamente, e por qual das soluções optarão os amantes de modelos singulares, a de afirmar que Codreanu e Horia Sima eram fascistas e por isso não o eram o rei Carol II e o general Antonescu, ou a de sustentar que, como o monarca e o general eram fascistas, Codreanu e o seu continuador seriam decerto outra coisa?

Não menos improcedente é a atitude de vários historiadores que recusam a classificação de fascista a um ou outro regime com o argumento de que o seu chefe não tinha um corpo de ideias claro e sistemático e a sua doutrina não era mais do que uma sucessão ecléctica de enunciados, copiados aqui e ali. Ora, o fascismo caracterizou-se no plano ideológico pela apologia da intuição do chefe, ao qual se reservava a capacidade de mudar de orientação e de opiniões sempre que assim o decidisse. Por isso a retórica foi a única forma possível do discurso fascista. Quando os fascistas proclamavam — e todos o fizeram — que o chefe nunca se engana, não queriam com isto dizer que o chefe jamais mudava de posição, mas, pelo contrário, que todas as posições adoptadas pelo chefe eram certas, em cada momento. Não é catando as diferenças entre a ideologia de Salazar e

---

15. H. Mommsen (2009) *passim*. A passagem citada encontra-se na pág. 216. Este autor detectou igualmente (pág. 19) «a estreita afinidade entre os objectivos de alguns dos conspiradores e os do regime nazi».

a de Mussolini, por exemplo, ou entre a de Franco e a de Hitler que se pode definir quem foi ou não fascista, porque não era menor a distância doutrinária entre qualquer deles num dia e no dia seguinte.

Cada fascismo não se limitava a copiar alguns aspectos dos outros, mas trazia formas novas, organizativas e ideológicas, que se acrescentavam à série. Estaremos condenados de antemão ao insucesso se quisermos definir o fascismo através da acumulação de características particulares, porque a especificidade de um caso concreto provém precisamente do facto de ele incluir certos traços que não se encontram em mais nenhum, enquanto lhe faltam elementos que existem noutros. Por contraste com esses vãos exercícios de exclusão, é sem dúvida mais operativo o tipo ideal weberiano, ou com justiça deveria dizer balzaquiano, porque foi Balzac quem se apresentou «compondo tipos pela reunião dos traços de vários caracteres homogéneos»[16]. Todavia, desagrada-me metodologicamente a construção de uma espécie de falso empírico, que para as necessidades da análise tem sobre os verdadeiros casos concretos a vantagem de reunir a totalidade dos traços relevantes, mas com o inconveniente de fingir aquilo que não é e apresentar a sua coerência como se ela lhe adviesse da realidade dos factos. Em vez de construir um tipo ideal prefiro demarcar um campo, cujos limites são definidos pelas oposições extremas que se encontram entre os elementos componentes dos múltiplos fascismos. Caracterizo como fascistas todos os regimes que se situaram no interior deste campo. O estudo comparativo de onze variantes servirá[17] para definir a amplitude do campo e testar a sua validade. Para já, quatro instituições demarcaram o campo do fascismo, numa dupla bipolaridade.

---

16. Balzac (1976–1981) I 11.
17. Ver capítulo 3 deste livro.

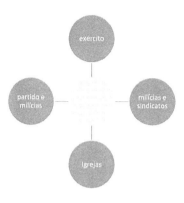

Nesta encruzilhada existiam dois pólos institucionais exógenos ao movimento fascista, o exército e as Igrejas (no plural, porque tanto a Igreja católica como a luterana fizeram parte do Terceiro Reich), que representavam o peso conservador da sociedade, e dois pólos endógenos, o conjunto do partido com as milícias e a articulação entre milícias e sindicatos, que representavam o factor de radicalismo introduzido pelos fascistas na tradição conservadora. «Em qualquer análise do fascismo», preveniu um notável ensaísta, «devemos distinguir entre o fascismo enquanto estrutura de Estado e o fascismo enquanto movimento»[18]. Para definir a existência de um movimento basta o eixo endógeno, mas a sua conversão em estrutura estatal só era possível mediante a articulação com o eixo exógeno. A especificidade de cada fascismo consistiu no carácter que imprimiu às instituições endógenas e na forma como se ligou às instituições exógenas. Muitos debates estéreis derivam da confusão entre movimentos e regimes e de comparações indevidas entre regimes globalmente considerados e movimentos em sentido restrito, que têm levado alguns autores a recusar a classificação de fascista a um regime pelo facto de diferir de um movimento.

Há uma infinidade de posições possíveis dentro do campo marcado pelos quatro pontos cardeais da topografia fascista, o que permite analisar a especificidade de cada um dos movimentos e regimes, até as grandes diferenças que entre eles se verificaram, e ao mesmo tempo explicá-los na sua unidade fundamental. O eixo constituído

---

18. M. Maruyama (1963) 25.

pelo partido, as milícias e os sindicatos representou a revolta, e o eixo das Igrejas e do exército representou a coesão social, tendo os fascismos mais radicais a aproximar-se do primeiro, enquanto o segundo atraiu os fascismos mais conservadores. Para empregar os termos do ensaísta que mencionei há pouco, o fascismo instaurado «a partir de baixo» correspondeu à hegemonia do eixo endógeno, e o eixo exógeno teve a preponderância nos casos em que o fascismo foi implantado «a partir de cima»[19]. Todavia, como o fascismo jamais deixou de ser uma revolta realizada dentro dos limites da ordem e teve a finalidade expressa de tornar a sociedade mais coesa, ele visou sempre a conjugação de ambos os eixos. «[…] no sentido estrito da palavra, não pode existir nenhum fascismo "a partir de baixo"»[20]. A inevitabilidade da junção entre as instituições exógenas e as endógenas define um quadro geral, que permite situar cada caso concreto. E a permanente tensão em que essas instituições se articulavam explica tanto as grandes crises políticas internas como o dia-a-dia das manobras de corredor.

O que há de peculiar no fascismo é o seu carácter ao mesmo tempo simétrico e *a posteriori*. Simétrico porque, embora afirmasse que superava os extremos, colocou-se num ponto mediano entre eles. E *a posteriori* porque este equilíbrio foi realizado entre terrenos políticos já existentes, o da ordem e o da revolução. Não se tratava, como para os adeptos da tradição, de prolongar e transformar internamente aquilo que existia nem, como para os agentes da revolução, de criar uma nova realidade, mas de superar o existente sem romper com o quadro dessa existência. Por isso defino o fascismo como uma revolta que não comprometeu a coesão social.

Assim, se é possível traçar a história do socialismo ou do liberalismo ou do pensamento conservador dentro de limites claramente definidos, isto não sucede no caso do fascismo, que não teve uma genealogia própria e resultou de um cruzamento dinâmico entre estas três grandes correntes políticas[21]. O quadro formado pela articulação entre os dois eixos, endógeno e exógeno, indica só uma parte do problema, porque o próprio eixo endógeno foi gerado pelo

---

19. Id., ibid., 165–167. Ver ainda as págs. 27, 32, 33, 65, 67, 72 e 76.
20. Id., ibid., 165.
21. Ver neste sentido R. Strayer (2015) 446.

cruzamento do liberalismo, do socialismo e da tradição conservadora. Por isso não foi apenas nos fascismos convertidos em regimes que esse cruzamento se operou, mas igualmente nos fascismos enquanto simples movimentos. E o cruzamento não se efectuou de uma vez para sempre, mas repetiu-se ao longo do tempo, pelo que o fascismo pode definir-se como um cruzamento em acto.

Esta precisão conceptual obriga-me a certos cuidados terminológicos, pois *fascismo* e *direita* não são sinónimos, nem a direita abarcou a integralidade da dinâmica fascista. Era esta distinção que os fascistas exprimiam quando empregavam a palavra *reaccionário*. A ideia de que existe um *continuum* de uma ponta a outra do quadro político restringe-se à coreografia dos hemiciclos. O fascismo extravasou a direita, na medida em que resultou de um eco dos temas socialistas no interior da direita e de um eco dos temas da direita no interior do socialismo. Além disso, a direita, enquanto categoria ampla, inclui a *direita liberal*, a *direita conservadora* e a *extrema-direita*, cujos limites se sobrepõem, e no interior da extrema-direita devemos distinguir uma *extrema-direita conservadora* e uma *extrema-direita radical*. Ora, não existem razões para inclinar o fascismo mais para a extrema-direita do que para qualquer das outras duas modalidades da direita. E se em certas situações é difícil separar o fascismo da extrema-direita radical, por vezes ele pareceu confundir-se com a direita liberal ou com a conservadora. É de articulações, de cruzamentos, de ecos e influências práticas e circulações ideológicas que aqui se trata. O fascismo nunca deixou de ser um jogo de espelhos.

2. O EIXO RADICAL DO FASCISMO

Detenhamo-nos um pouco nos dois pontos cardeais especificamente fascistas desta topografia política.

1

Na época entre as duas guerras mundiais os velhos partidos com representação parlamentar, tanto liberais como conservadores ou de tradição legitimista, reduziam-se a redes de interesses. Eram agrupamentos de associações dispersas, e por isto mesmo amplamente enraizados em toda a classe dominante, reunindo em cada localidade as pessoas a quem os franceses, na sequência de Daniel Halévy, chamam *les notables*[22], mas desprovidos de estrutura centralizada, de hierarquia e de direcção efectiva. Os seus objectivos eram quase exclusivamente eleitorais e as concessões recíprocas constituíam a regra básica do seu funcionamento interno. Tratava-se de uma mescla de clientelismo e comités eleitorais. Pelo contrário, a disciplina e a coesão caracterizaram tanto a forma marxista de partido como a sua forma fascista, mas esta semelhança orgânica não deve esconder diferenças muito profundas.

Além de prosseguirem uma vocação pedagógica, os partidos marxistas pretendiam igualmente desempenhar uma função científica, que consistiria na elaboração de uma análise correcta, de onde resultaria uma intervenção prática adequada. A vertente científica legitimava perante os simples militantes a posição dos dirigentes, pretensos detentores do conhecimento rigoroso da sociedade, enquanto a vertente pedagógica justificava a acção do partido junto à classe trabalhadora. Resultava daqui a necessidade de coesão ideológica sentida pelos partidos marxistas. Tanto a hierarquia interna como a actividade exterior dependeriam de um estudo científico da realidade, e a verdade científica não poderia ser senão uma só. Os comunistas levaram esta propensão muito mais longe do que os socialistas, ainda que as suas análises num dado momento pudessem ser opostas às que haviam prevalecido no momento anterior, todas elas sucessivamente científicas, claro. Mas também nos partidos socialistas de tradição marxista vigorou uma certa necessidade de exclusivismo ideológico, que só se foi perdendo à medida que adoptaram gradualmente a forma dos velhos partidos parlamentares e se converteram em agrupamentos de notabilidades burocráticas.

Entre os fascistas, porém, tudo se passava num plano muito diferente, porque a mobilização que levavam a cabo constituía ela própria o objectivo último. Para os fascistas a coesão partidária não resultava de um projecto ideológico, mas da participação física num movimento de massas. O lugar ocupado nos partidos marxistas pela elaboração de ideologia e pela sua divulgação cabia nos partidos fascistas ao exercício nu da autoridade e, de maneira extrema,

---

22. M. Reclus (1945) 56 atribuiu a Daniel Halévy a paternidade do termo.

à pancadaria na rua. Por isso os dois tipos de partido diferiram na noção de propaganda[23]. Não se sustentando numa ideologia sistemática, os partidos fascistas reduziram o seu quadro doutrinário a meia dúzia de formulações genéricas. Desde que as admitissem e incorporassem, todas as orientações ideológicas eram aceites se não colocassem obstáculos à função essencial do partido, instrumento de violência para impor uma política prática.

As diferenças entre estes três tipos de organização foram bem sistematizadas por Paul Marion, que depois de ter pertencido ao comité central do Partido Comunista Francês desempenhou funções dirigentes no partido fascista chefiado por Doriot e veio mais tarde a encarregar-se da propaganda no governo de Vichy. Ele definiu como «federações de comités» os velhos partidos eleitorais da burguesia, em que «as coisas começam na ideologia e acabam nos lugares de deputados», e estabeleceu uma afinidade entre o partido bolchevista e o partido fascista, ambos de «tipo totalitário» e voltados para «as necessidades da acção». Mas enquanto para Lenin a propaganda fazia parte da sua «actividade de educador», para os fascistas a violência, considerada indispensável à acção, diluía a fronteira entre partido e milícias e Marion considerava «a força física» como «mais educativa do que a melhor das canetas»[24]. «A milícia de Lenin, tal como depois as milícias dos partidos comunistas», explicou ele, «não têm a mesma organização nem os mesmos móbiles estratégicos e psicológicos que as milícias fascistas ou falangistas, as SA ou os SS»[25].

Esta diferença crucial entre as organizações marxistas e as fascistas tem inspirado a vários autores, desde o termo da segunda guerra mundial, o argumento de que só os regimes de tipo soviético foram verdadeiramente totalitários, por imporem à população uma determinada visão do mundo, o que não sucedera com os regimes fascistas. Sem dúvida que se seleccionarmos esse aspecto como critério exclusivo devemos admitir que os fascismos permitiam uma apreciável latitude de opiniões, mas o problema é que o totalitarismo fascista incidia noutro plano. A verdade dos fascistas

---

23. D. Welch (2002) 12.
24. P. Marion (1939) XX, 127, 131, 141 e segs., 174, 188, 221 e segs. As frases e expressões citadas encontram-se respectivamente nas págs. XX, 127, 131, 174 e 188.
25. Id., ibid., 215. Nas págs. 218–219 Paul Marion insistiu na «divergência das concepções paramilitares do marxismo e do fascismo».

não consistia numa ideia verdadeira mas numa acção verdadeira, e seria verdadeira a acção que fosse eficaz. Os partidos marxistas, regidos internamente pelas exigências de uma ideologia que se pretendia científica e abrindo-se externamente a um pendor didáctico, caracterizaram-se pelo racionalismo, se bem que fizessem acessoriamente apelo a técnicas de mobilização irracionais. Pelo contrário, a concepção fascista de partido exigia uma atitude exclusivamente irracionalista, porque se virava apenas para a acção, entendida sempre como violência. O fascismo, forma absoluta de idealismo, encontrava corpo no partido, que era a emanação da vontade do chefe. A propaganda era o enunciado dessa vontade, e neste plano ela era sempre verdadeira. «Na propaganda tal como no amor», afirmou Goebbels, mestre pelo menos de propaganda, «tudo é permitido desde que tenha êxito»[26]. Se as declarações da propaganda não se efectivassem, a culpa caberia às massas, que não haviam estado à altura do ânimo do chefe. Seriam elas, e não a propaganda, quem falseava a verdade. Por isso a hierarquia, consubstanciada no rigor da disciplina, devia considerar-se como uma condição necessária para que a vontade do chefe se convertesse em realidade prática, e a violência era a expressão imediata da adequação das massas à verdade da propaganda.

2

As milícias eram indispensáveis à concepção de acção que constituía a razão de ser dos partidos fascistas. Para os antifascistas, o fascismo foi um grosseiro materialismo de submissão, óleo de rícino e paulada, prisões e campos de concentração e, para culminar, genocídio; e a dialéctica de Hitler não parece muito sofisticada ao escrever em *Mein Kampf* que «o espírito mais elevado pode ser eliminado quando o seu portador é derrubado por uma matraca»[27]. Já o ouvíamos

---

26. Citado em D. Welch (2002) 25. No mesmo sentido ver na pág. 175 uma passagem do discurso de Goebbels em 15 de Março de 1933.
27. A. Hitler (1995) 488. Mas também Spengler, um sofisticado intelectual de extrema-direita, considerou que «neste mundo uma boa paulada vale mais do que um bom raciocínio». Ver O. Spengler (1942-1944) III 33. Devo acrescentar, no entanto, que Hitler, em op. cit., 158, considerou que a violência só teria efeitos se por detrás dela estivesse uma filosofia, lutando contra outra filosofia.

profetizar no começo da carreira, em 1921: «[...] chegará um dia em que um cérebro de ferro, calçando talvez botas sujas, mas possuidor de uma consciência pura e de um punho sólido [...]»[28]. Era o «punho sólido» que as vítimas sentiam. Para os fascistas, porém, a disciplina e a violência eram meros corolários da «consciência pura» do idealismo absoluto. Ninguém foi mais conciso do que Vasile Marin, um dos seguidores de Codreanu, que haveria de morrer como voluntário na guerra civil de Espanha, ao declarar que «nós acreditamos no valor ético da força»[29].

As milícias tiveram ainda outra vertente, voltada para o mundo do trabalho. Sempre que os chefes fascistas dispensaram os sindicatos ou os relegaram para um plano secundário, puderam fazê-lo porque as milícias lhes serviram para enquadrar os trabalhadores na actividade do partido. Os sindicatos e as milícias constituíram aspectos diferentes de uma mesma esfera institucional, e sob este ponto de vista os fascismos situaram-se entre duas situações extremas. De um lado, Juan Perón, embora chefiasse um regime iniciado por um golpe militar, sustentou a sua ascensão exaltando o papel dos sindicatos e concedendo uma considerável autonomia à burocracia sindical. De outro lado, Hitler tomou como base as milícias e reduziu ao mínimo o lugar atribuído às organizações especificamente operárias. O melhor exemplo de uma posição intermédia, resultante de uma fusão entre milícias e sindicatos, encontra-se no movimento fascista japonês. A Kokusuikai e o Dai Nippon Seigidon constituíam ao mesmo tempo corpos militarizados e sindicatos patronais, cujas chefias eram entregues a capatazes e empresários, a quem cabia conduzir pessoalmente os seus próprios empregados. Durante a década de 1920 e parte da década seguinte, até à instauração de um regime fascista conservador em 1936, estas duas milícias laborais enquadraram muitas dezenas de milhares de trabalhadores e executaram a função de exércitos dos patrões na luta de classes nas fábricas[30].

A relação estabelecida pelos fascistas entre sindicatos e milícias tinha precedentes, e os homens de mão que no século XIX e no co-

---

28. Citado por J. C. Fest (1974) 266 e K. Heiden (1934) 49-50.
29. Citado por E. Weber (1965 c) 537. Marin fazia parte do que A. E. Ronnett et al. (1986) 11 chamaram «um grupo simbólico de sete Comandantes Legionários» e também Ch. Thorpe [s. d. 1] 8 lhes chamou «um grupo simbólico».
30. R. Storry (1957) 27-30.

meço do século XX se haviam posto ao serviço dos chefes de empresa, desde maltrapilhos convertidos em pistoleiros ocasionais até profissionais da provocação e da repressão, foram os antecessores das milícias fascistas. É talvez em Espanha que o nexo se torna mais evidente, devido à industrialização tardia desse país. Os *pistoleros de la Patronal*, cujas truculências apavoravam os militantes da CNT antes da guerra civil, estiveram ligados à génese das milícias falangistas e à acção que o partido de José Antonio tentou prosseguir no meio operário. Por detrás dos arruaceiros, ou quem sabe se muitas vezes confundindo-se com eles, estavam os beatos. Navarro y Monzó, antigo anarquista convertido ao catolicismo, reconheceu num artigo publicado em 1906 que «a criação dos círculos católicos de operários obedeceu quase exclusivamente, nas duas nações hispânicas, não à necessidade de remediar a situação precária das classes populares, mas à necessidade, que entre as classes conservadoras se fazia sentir, de levantar um insuperável obstáculo contra os progressos sempre constantes do socialismo». Este «pecado de origem», acrescentou o autor de uma tão sincera confissão, «dá-nos a chave da inanidade dos esforços e da nula influência que nas coisas públicas têm tantos milhares de homens»[31]. Vestindo um uniforme e fornecendo uma ideologia moderna aos auxiliares devotos e musculados dos patrões, o fascismo abriu-lhes oportunidades de intervenção sem precedentes, fazendo com que não se limitassem a erguer «um obstáculo contra os progressos do socialismo» e passassem a ter uma decisiva «influência nas coisas públicas». Mas é difícil prosseguir neste rumo de análise porque geralmente os historiadores, por motivos que desconheço e não consigo sequer imaginar, não se têm interessado pela acção dos fura-greves nem pelo sindicalismo de inspiração patronal. Todavia, é possível adiantar algumas sugestões e esboçar hipóteses.

Foi nos Estados Unidos que pela primeira vez os bandos de pistoleiros ao serviço dos patrões geraram negócios bem organizados. A inovação deveu-se a Allan Pinkerton, que depois de ter pertencido à polícia fundou em 1850 uma agência de detectives e passados oito anos criou uma firma especializada na segurança das instalações

---

31. Esta passagem de um artigo de Julio Navarro y Monzó, publicado na revista coimbrã *Estudos Sociais*, Janeiro de 1906, encontra-se citada em M. B. Cruz (1978) 276, que forneceu (págs. 547–548 n. 104) uma biografia sumária deste curioso personagem.

de empresas. A verdadeira mudança, todavia, ocorreu quando um mero serviço de guardas-nocturnos se transformou num corpo de mercenários destinado a atacar os grevistas e proteger os fura-greves durante os conflitos laborais[32]. Como nessa época as polícias municipais norte-americanas reflectiam em grande medida a opinião pública local e havia portanto o risco de que simpatizassem com a população pobre, os patrões preferiam confiar em agentes privados[33]. Foi decerto em virtude do seu interesse pelas questões políticas e sociais que Puccini, na *Madama Butterfly*, deu o nome de Pinkerton ao homem que seduziu a japonesa, ligando o expansionismo externo dos Estados Unidos ao seu carácter internamente repressivo. Houve ainda outras agências, menos célebres, a desempenhar funções idênticas, e sucedeu também que os donos de empresas recrutassem alguns valentões para espancarem numa esquina de rua um trabalhador rebelde ou tentarem dispersar os piquetes de greve.

Por seu lado, os grevistas reagiam, e embora os homens de Pinkerton e das outras firmas estivessem bem armados, num país em que era fácil adquirir armas os operários municiavam-se também e a intervenção dos mercenários ocasionava confrontos brutais, por vezes verdadeiras batalhas campais, de que nem sempre os grevistas saíam derrotados[34]. Chegou-se assim a uma situação paradoxal, pois em vez de impedirem a desordem os homens de mão dos patrões contribuíam para amplificar a violência, o que em 1892 preocupou seriamente os membros do Congresso, que voltaram a abordar o assunto em 1915. Nem as sucessivas comissões de inquérito nem as iniciativas legislativas contestaram, porém, o direito dos patrões de recorrer a empresas dedicadas à actividade anti-sindical[35].

As firmas de mercenários não só se multiplicaram e continuaram a prosperar[36] como aumentaram o escopo da sua actividade, e a partir da transição do século XIX para o século XX passaram elas mesmas a angariar fura-greves e a transportá-los sob enquadramento militar[37]. Foi este o passo decisivo que converteu os corpos de

---

32. R. M. Smith (2003) 5-7.
33. Id., ibid., XIV, 3, 7-8, 14.
34. F. R. Dulles (1966) 117, 167, 209; R. M. Smith (2003) 7 e segs.
35. R. M. Smith (2003) 17-19, 62-63.
36. Id., ibid., 21 e segs.
37. Id., ibid., 39 e segs.

mercenários em organizações operárias anti-sindicais, e em várias ocasiões houve firmas que mobilizaram milhares de fura-greves[38]. Ora, como estas firmas empregavam frequentemente *gangsters*, à medida que o banditismo se foi organizando e concentrando, foram-se também ampliando e tornando mais sistemáticos os serviços que os *gangsters* puderam prestar aos chefes de empresa. Quem não leu *Red Harvest*, de Dashiell Hammett, devia ler. Data de então a penetração do crime organizado em certos meios sindicais norte-americanos.

Surgiu entretanto outro campo de actividade, que acabou por se tornar predominante, e as empresas anti-sindicais passaram a interessar-se pela espionagem e pela provocação, recolhendo informações acerca do que se dizia entre os trabalhadores e do que se combinava entre os activistas e disseminando boatos e calúnias. Já aqui a Pinkerton National Detective Agency se havia notabilizado desde a década de 1870, mas não faltaram depois firmas concorrentes[39]. Em 1917, com a entrada dos Estados Unidos na guerra mundial, a espionagem no interior das fábricas tornou-se oficial, já que o próprio procurador-geral instalou uma vasta rede de agentes secretos nas indústrias relacionadas com o esforço de guerra, o que incluía a totalidade das fábricas importantes e muitas de menores dimensões. Além de vigiarem os operários de origem alemã ou provenientes do Império Austro-Húngaro e de detectarem as simpatias que pudessem manifestar pelas Potências Centrais, aqueles agentes identificavam os trabalhadores mais combativos, os socialistas, os sindicalistas radicais e os anarquistas, e para isto contavam oficialmente com o auxílio de um serviço secreto privado, a American Protective League, além de outras polícias particulares. Pouco depois do final da guerra o procurador-geral prescindiu da colaboração dos serviços privados de segurança, mas muitos chefes de empresa mantiveram os organismos de espionagem interna e os informadores remunerados[40].

Analisando em 1925 os problemas que a repressão e a ilegalidade suscitavam aos militantes anticapitalistas, Victor Serge escreveu

---

38. Id., ibid., 41.
39. Id., ibid., XVI, 75 e segs.
40. Acerca da espionagem no interior das empresas norte-americanas durante a primeira guerra mundial e da sua continuação nos anos seguintes ver A. Nevins et al. (1957) 537–538.

num manual que não perdeu a actualidade: «Nos Estados Unidos a participação das polícias privadas nos conflitos entre o capital e o trabalho alcançou uma dimensão temível. As agências de famosos detectives privados fornecem à vontade aos capitalistas espiões discretos, peritos em provocação, *riflemen* (bons atiradores), guardas, contramestres e também "militantes sindicais" em conveniente estado de corrupção. As firmas Pinkerton, Burns e Thiel têm cem agências e perto de dez mil sucursais e ocupam, ao que parece, cento e trinta e cinco mil pessoas. A sua receita anual chega a sessenta e cinco milhões de dólares. Estas firmas instauraram a espionagem industrial, a espionagem nas fábricas, nas oficinas, nas obras, nos escritórios, em qualquer lugar onde trabalhem assalariados. Elas criaram o tipo do operário-espião»[41].

Durante o *New Deal*, quando a tecnocracia rooseveltiana se esforçou por regulamentar as relações entre patrões e trabalhadores, muitos donos e administradores de empresa mostraram-se receosos da negociação com organizações reivindicativas e recorreram às agências de espionagem para os ajudarem a fundar sindicatos inteiramente domesticados[42]. Completou-se assim nos Estados Unidos a relação das milícias de pistoleiros com o sindicalismo de inspiração patronal. Na década de 1930 existiam nesse país mais de duzentas agências especializadas em espionagem no interior das empresas, com 40.000 a 50.000 funcionários[43], cuja actividade passara a ser aceite como parte integrante da disciplina fabril[44]. Segundo um membro do departamento federal encarregado de administrar as relações de trabalho, nos meados da década de 1930 as empresas industriais norte-americanas gastavam mais de oitenta milhões de dólares por ano para espiar os seus operários[45]. E em 1937 o relatório da comissão do Congresso presidida pelo senador Robert La Follette Jr. anunciou que durante os três anos anteriores cerca de

---

41. O livro de Victor Serge, *Les Coulisses d'une Sûreté Générale. Ce que tout Révolutionnaire Devrait Savoir sur la Répression*, foi publicado pela primeira vez em 1925 e encontra-se incluído em J. Rière et al. (orgs. 2001) 217–289. A passagem citada vem na pág. 263.
42. R. M. Smith (2003) 89–90.
43. G. Seldes (1943) 124; R. M. Smith (2003) 75.
44. R. M. Smith (2003) 82.
45. G. Seldes (1943) 124; R. M. Smith (2003) 85.

duas mil e quinhentas empresas, incluindo as mais importantes do país, tinham obtido, só das cinco principais firmas do ramo, 3.871 espiões, encarregados nomeadamente de penetrar nos sindicatos. A crer nesse relatório, noventa e três sindicatos haviam sido infiltrados durante aquele período e um terço dos espiões fornecidos pela Pinkerton tinha conseguido ocupar cargos em direcções sindicais[46]. Como a vigilância dissimulada se fazia acompanhar pela acção truculenta, as grandes empresas adquiriram gás lacrimogéneo, com o respectivo equipamento, em quantidade muito superior à obtida pela polícia oficial. Segundo a comissão presidida por La Follette Jr., só a Republic Steel Corp. comprara quatro vezes mais gás lacrimogéneo do que o maior comprador pertencente às forças repressivas públicas[47].

Desde então o desenvolvimento dos serviços de segurança das empresas tem acompanhado a evolução das técnicas de gestão da força de trabalho, e nesta perspectiva não deixa de ser interessante o pudor dos estudiosos que analisam com minúcia as inovações do fordismo, enquanto aplicação do taylorismo à produção em massa de bens de consumo, mas esquecem que Henry Ford organizou um policiamento privado de dimensão sem precedentes, recorrendo a alguns elementos oriundos dos serviços secretos do seu país e alistando também russos emigrados, ex-oficiais ou antigos membros da polícia política do czarismo, que durante a guerra civil haviam combatido os bolchevistas. Sempre apavorado com qualquer manifestação operária e socialista e obsessivamente anti-semita, Henry Ford deu instruções à sua organização de espionagem não só para seguir os passos dos militantes políticos e sindicais no interior das fábricas da companhia, mas igualmente para se infiltrar nos meios da grande imprensa, nas principais universidades, noutras empresas e até nas esferas governativas. Ford contou ainda com a colaboração de Sidney Reilly, um aventureiro de origem russa que na primeira guerra mundial trabalhara para o Intelligence Service e parece que dirigira as suas operações na Rússia durante a guerra civil, quando o governo britânico fora um dos principais apoiantes das forças anti-bolchevistas. Reilly mantivera-se em contacto com os meios russos

---

46. F. R. Dulles (1966) 277; R. M. Smith (2003) 92.
47. G. Seldes (1943) 282.

emigrados e graças a ele Henry Ford conseguiu a ajuda de numerosas personalidades anticomunistas, tanto nos Estados Unidos como noutros países, e pôde ampliar o âmbito internacional das suas actividades de espionagem[48]. As informações recolhidas ajudavam Ford a sustentar, no jornal de que era proprietário, as campanhas contra o perigo vermelho e contra a alegada infiltração dos judeus no governo norte-americano e na sociedade em geral, e permitiam-lhe também proceder, no interior da sua empresa, a uma gestão da força de trabalho ainda mais... científica. Assim, foi na continuidade de um processo desenvolvido sem interrupções nos Estados Unidos desde 1850 que os serviços secretos da Ford se destacaram pela truculência durante a grande depressão da década de 1930, quando o departamento de pessoal e a segurança interna eram dirigidos com enorme brutalidade pelo homem de confiança de Henry Ford, o antigo boxeur Harry Bennett, que não fazia segredo das suas ligações aos *gangsters* de Detroit e se tornara na prática a segunda figura mais importante na administração da companhia[49].

Talvez possa parecer surpreendente que a ligação das milícias patronais ao sindicalismo, que constituiu uma das bases dos movimentos fascistas, tivesse atingido enorme amplitude nos Estados Unidos, um país apresentado como modelo da democracia representativa. Mas este foi um dos vários aspectos em que o liberalismo e o fascismo se cruzaram e se influenciaram.

3

O terreno comum existente entre o liberalismo e o fascismo permitiu também que a articulação do meio operário com os regimes fascistas pudesse ocorrer de forma indirecta, quando estes regimes, em vez de fundarem sindicatos ou desenvolverem os organismos sindicais que haviam criado, estabeleceram acordos com partidos de base operária, que lhes forneceram os necessários instrumentos de manipulação

---

48. M. Sayers et al. (1947) 48-50, 149-167, 170-172, 174-178. Ver ainda A. Duraffour et al. (2017) 126-127.
49. Acerca da ascensão de Harry Bennett na administração da Ford ver A. Nevins et al. (1957) 591. Acerca da forma como ele dirigia o departamento de pessoal e o serviço de segurança ver as págs. 519, 524 e 592. Quanto às suas ligações ao crime organizado ver as págs. 320 e 592.

do movimento laboral. Nestes casos a maior latitude da vida política não deve confundir-se com qualquer democraticidade. Tratava-se, pelo contrário, da inclusão do liberalismo e da social-democracia no quadro institucional do fascismo.

Foi o que sucedeu na Hungria, no regime fascista pluripartidário encabeçado pelo regente Miklós Horthy, em que o Partido Social-Democrata e os sindicatos socialistas foram autorizados a ter uma certa presença no meio urbano, desde que não pusessem em causa o controle indisputado das forças conservadoras sobre a sociedade rural. «Mediante um acordo secreto, o governo restituiu aos dirigentes social-democratas e aos sindicatos o direito de se organizarem e o direito de negociação colectiva», esclareceu um historiador. «Em troca, os sociais-democratas comprometeram-se a restringir a sua actividade às cidades e os sindicatos abstiveram-se de organizar os funcionários públicos, os empregados dos caminhos-de-ferro e dos correios, bem como os trabalhadores agrícolas»[50]. Mesmo na indústria a presença dos sindicatos socialistas limitou-se praticamente aos operários mais qualificados das grandes fábricas[51]. Na verdade, as restrições impostas à actuação dos socialistas tornaram-se ainda maiores do que pode parecer, porque o direito de voto foi concedido apenas a pouco mais de um quarto da população adulta e, além disso, as fraudes eleitorais eram abundantes e muito frequentes[52]. Aquele pacto definiu uma das linhas de continuidade do fascismo húngaro, tendo sido respeitado por ambas as partes desde 1921 até à prisão de Horthy pelas tropas do Terceiro Reich e à instalação de Ferenc Szálasi no poder, em Outubro de 1944, quando o regime chegara aos últimos estertores.

Ilegalizados e severamente perseguidos os comunistas, enredados os socialistas na colaboração com os elementos menos extremistas do regime e sem que os sindicatos cristãos e os próprios organismos sindicais criados pelo governo tivessem alguma vez conseguido atin-

---

50. I. Deák (1965) 375. Ver ainda G. Barany (1971) 75 e F. L. Carsten (1967) 172. Segundo S. G. Payne (2003 b) 120, em 1929 Mussolini encarou a possibilidade de admitir a existência legal de um partido oposicionista com uma orientação de esquerda moderada, mas a social-democracia recusou-se a cooperar e o projecto abortou.
51. I. Deák (1965) 397; S. G. Payne (2003 b) 276.
52. I. Deák (1965) 375.

gir uma dimensão significativa[53], foram certos grupos de fascistas radicais, anti-semitas sujeitos à inspiração directa do nacional-socialismo germânico, quem prosseguiu na Hungria uma agitação de massas em torno das questões sociais[54]. Este foi um dos casos de substituição dos sindicatos por milícias. Mas mesmo entre Outubro de 1932 e Outubro de 1936, quando a chefia do governo coube ao ministro da Defesa, Gyula Gömbös, ligado às alas populistas, as forças conservadoras, beneficiando da simpatia constante do regente, conseguiram impedir que os aspectos radicais do programa de Gömbös passassem das palavras aos actos, e o regime não mudou sensivelmente de orientação[55]. Ou, se adoptar outra perspectiva, concluo que os radicais se tornavam moderados ao assumirem responsabilidades governativas e só quando condenados à oposição mantinham uma atitude intransigente. Até ser ilegalizado e disperso pela repressão entre 1936 e 1938, o partido nacional-socialista chefiado por Zoltán Böszörmény procurou organizar os camponeses pobres e o proletariado agrícola na luta contra os grandes donos da terra[56]. E o movimento nacional-socialista reunido em torno de Szálasi, o mais importante na área do fascismo radical, além de mobilizar a gente humilde dos campos, conseguiu cativar a simpatia de uma parte crescente do operariado industrial, sobretudo entre os profissionais menos qualificados e os trabalhadores das pequenas empresas, que estavam excluídos do sindicalismo social-democrata[57].

A luta de tendências, que nos outros regimes fascistas se processou no interior do partido único, ocorreu na Hungria entre organizações distintas. Numa atitude paradoxal, a social-democracia apoiou repetidamente as facções do fascismo conservador, ajudando-as a promover a estabilidade e a ordem interna, quando elas sentiram a necessidade de refrear as pretensões sociais, ou pelo menos a dema-

---

53. Quanto à insignificância do sindicalismo cristão e do sindicalismo governamental ver id., ibid., 397.
54. M. Bardèche et al. (1969) 30; F. L. Carsten (1967) 175.
55. M. Bardèche et al. (1969) 18; F. L. Carsten (1967) 173; E. Weber (1964) 90; M. Zeidler (2011) 126-135.
56. M. Bardèche et al. (1969) 19; F. L. Carsten (1967) 174; I. Deák (1965) 385-386.
57. G. Barany (1971) 78; M. Bardèche et al. (1969) 20-21, 30; F. L. Carsten (1967) 177-178; I. Deák (1965) 392, 396-397; M. Mann (2004) 248, 258; M. Rady (2011) 265; G. Ránki (1971) 70, 71; E. Weber (1964) 54-55.

gogia, dos fascistas radicais[58]. Do outro lado, nas eleições de Maio de 1939 o Partido Comunista clandestino aconselhou os seus fiéis a votarem no movimento nacional-socialista de Szálasi, contribuindo para que, apesar das perseguições policiais, ele alcançasse cerca de 37% dos sufrágios, com resultados superiores nos bairros operários da capital[59]. «A história política da Hungria na época de Horthy caracterizou-se pelo conflito entre as diferentes facções de um movimento contra-revolucionário», resumiu um historiador. «Os seus elementos moderados constituíam uma "esquerda" […] A esquerda era conservadora […] e desprovida de aspirações democráticas ou socialistas. No entanto, inevitavelmente, beneficiou do apoio das depauperadas forças liberais e socialistas do país. É muito curioso que tivesse sido a direita a abrir o caminho às transformações sociais drásticas»[60]. Se parece bizarro caracterizar como «esquerda» um fascismo que recebia o apoio da direita do socialismo e chamar «direita» a um fascismo apoiado pelos comunistas, isto mostra que haviam sido demolidas as classificações convencionais.

Uma versão incipiente da mesma experiência ocorreu em Espanha da década de 1920, quando o general Primo de Rivera — chefe de um governo que sob muitos aspectos deve ser considerado fascizante ou, pelo menos, protofascista[61] — utilizou a UGT, a central sindical socialista, para ampliar o apoio popular da ditadura. A UGT multiplicou assim o número de membros, nomeadamente entre os trabalhadores rurais, e beneficiou também da participação nos Comités Paritários destinados a arbitrar os conflitos laborais e das redobradas perseguições sofridas pelos sectores militantes do proletariado, mobilizados em torno da confederação sindical

---

58. I. Deák (1965) 380–381, 383, 398, 401.
59. F. L. Carsten (1967) 178; W. Laqueur (1996) 85; M. Rady (2011) 267; E. Weber (1964) 93–94. Todavia, M. Mann (2004) 255, 238, S. G. Payne (2003 b) 275, Martyn Rady, op. cit., 267 e G. Ránki (1971) 71 indicaram que este movimento teria obtido apenas 25% dos votos. Segundo Walter Laqueur, op. cit., 49, entre 40% e 50% dos filiados no movimento de Szálasi eram operários e, segundo Michael Mann, op. cit., 256, o embaixador britânico considerou que 60% dos seguidores de Szálasi haviam sido partidários de Béla Kun.
60. I. Deák (1965) 405.
61. A tese de que a ditadura do general Primo de Rivera não teve um carácter fascista encontra-se, por exemplo, em P. C. González Cuevas (2016) 96 e segs., nomeadamente nas págs. 100 e 104.

anarquista[62]. Ao mesmo tempo, os efectivos do PSOE duplicaram, passando de seis mil membros para doze mil, e a situação agradou a tal ponto aos socialistas que Largo Caballero, por determinação do seu próprio partido, aceitou o lugar de conselheiro de Estado da ditadura[63]. Entretanto, em Janeiro de 1927, o comité executivo do Komintern deliberou que o Partido Comunista espanhol participasse na Assembleia Nacional convocada pelo general Primo de Rivera, um órgão não eleito em que todos os membros eram nomeados pelo ditador, e só a oposição da base do partido evitou que esta singular decisão fosse implementada[64].

O fascismo sustentou-se sempre no cruzamento de correntes políticas opostas, recebendo a sua força precisamente desta oposição.

3. O EIXO CONSERVADOR DO FASCISMO

Convém agora apreciar a função exercida pelos dois pólos institucionais exógenos na génese e na ascensão dos fascismos. Na literatura política e nas exortações oratórias era comum os fascistas evocarem a conquista do poder, o assalto ao Estado, a violação dos desejos da burguesia, como se o partido e as milícias se tivessem sempre imposto às forças conservadoras. A realidade foi outra, porém, e desde há algum tempo vinham a multiplicar-se as iniciativas tanto no interior das Igrejas como do exército para abrir estes dois bastiões da sociedade tradicionalista a uma dinâmica política que lhes assegurasse uma audiência mais ampla graças a um certo radicalismo de actuação. Um autor perspicaz caracterizou o fascismo como uma tentativa de contrabalançar aparentemente as desigualdades económicas pela atribuição de símbolos de status a todas as classes e categorias sociais, construindo uma sociedade industrial de base não-económica. Neste contexto ele ponderou que na época moderna as Igrejas e o exército de recrutamento geral são as únicas instituições em que a função desempenhada e a hierarquia ocupada não estão obrigatoriamente dependentes da situação económica[65]. E um notável ensaísta escreveu também que, apesar de o exército

---

62. P. Broué et al. (1961) 48; G. Jackson (1967) 29.
63. V. Alba (2000) 42.
64. Id., ibid., 30–31.
65. P. F. Drucker (1943) 103 e segs., 112.

ter uma estrutura antidemocrática, o recrutamento geral obrigatório permite-lhe obter uma base popular e uma ilusória aparência de democracia. Por isso, «os partidos e as organizações propriamente fascistas constituem uma espécie de exército não oficial e, reciprocamente, o exército constitui uma espécie de partido fascista não oficial»[66]. Compreende-se que tivesse sido precisamente com o exército e as Igrejas que o fascismo articulou as suas instituições próprias e que desta conjugação resultasse um quadro coerente.

1

Entre os literatos do nacionalismo romântico alemão Franz Xaver von Baader destacou-se pela sua profissão de engenheiro de minas, que decerto contribuiu para o aproximar dos problemas do operariado industrial. «É indispensável», escreveu ele nos anos inaugurais do século XIX, «dar aos proletários uma representação, sob a forma de uma tutela, a qual será concedida aos padres. Com isto a sociedade ficará duplamente beneficiada. Por um lado, afastar-se-á o proletariado da influência nefasta dos demagogos e dos homens de leis. Por outro lado, será restaurada a dignidade social do clero […]»[67]. Numa época e numa nação em que os gestores mal haviam iniciado o seu desenvolvimento como classe, Baader atribuiu aos eclesiásticos funções de tecnocracia e pretendeu conferir-lhes a condução do movimento operário organizado. Balzac, um conservador sempre atento às questões sociais e aos seus perigos, e que em *Massimilla Doni* mostrou um certo conhecimento das ideias filosóficas de Baader, usou este tema para fazer a trama de *L'Envers de l'Histoire Contemporaine*, um dos seus romances mais surpreendentes.

Não se trata apenas de uma curiosa antecipação do que viria a ser o sindicalismo cristão, mas sobretudo de um entendimento precoce do carácter triangular das lutas sociais no capitalismo, em que a burguesia não pode conter satisfatoriamente os trabalhadores sem a intervenção dos gestores. Apresentando a sociedade como um

---

66. M. Maruyama (1963) 166.
67. Citado por J. Droz (1966) 286. Traduzo por *tutela* o que na versão francesa aparece como *avocatie*. Com efeito, é este o sentido arcaico da palavra, tal como se vê pela função desempenhada pelos *advocati* relativamente aos estabelecimentos religiosos durante o regime senhorial.

organismo e considerando que os problemas de uma colectividade são diferentes dos que resultariam de uma mera soma de indivíduos, os nacionalistas românticos alemães, e Balzac, que os leu e meditou, estavam bem situados para compreender que qualquer legislação impeditiva das associações operárias ficava condenada à ineficácia. Como os proprietários privados das empresas não conseguiriam controlar por dentro um movimento que os tinha como alvo, as reivindicações do proletariado só poderiam processar-se nos limites da ordem se as chefiassem e enquadrassem pessoas que, embora capitalistas, não fossem directamente proprietários. Se tal não sucedesse, os trabalhadores ou seguiriam os seus próprios chefes, os «demagogos», ou apoiariam os «homens de leis», decerto suspeitos de jacobinismo e contra os quais Baader manifestou a mesma aversão que entretanto norteava o pensamento político de Saint-Simon.

Se a teoria política e o romance parecem por vezes antecipar a realidade, é porque ela está inscrita como uma possibilidade em certo plano dos acontecimentos e só motivos de outra ordem a impedem de se efectivar. Em 1878, várias décadas depois de Baader ter exposto as suas teses acerca do papel social e político que deveria ser atribuído ao clero e de Balzac, com o poder da sua ficção, ter evocado a importância e a urgência de uma tal actividade, o pastor Adolf Stöcker, um dos capelães da corte imperial da Alemanha, fundou o Partido dos Trabalhadores Cristão Social. A nova organização destinava-se a promover reformas que atraíssem as massas laboriosas e permitissem à direita rivalizar com os socialistas num campo de que eles haviam até então conservado o exclusivo. Mas em vez de mobilizar os operários, o capelão e os seus acólitos despertaram apenas o interesse de artesãos e lojistas, uma camada social a que então podia ainda chamar-se, com propriedade de termos, pequena burguesia. Apagando os «Trabalhadores» do seu nome, o Partido Cristão Social passou a recorrer ao anti-semitismo como instrumento de agitação, eficaz em certos meios, mas que não lhe permitiu disputar o lugar do socialismo. Afinal, o pastor Stöcker viu-se obrigado a escolher entre a vocação de chefe político e o cargo eclesiástico e decidiu retirar-se da vida partidária, deixando cair na obscuridade a organização que criara[68].

Talvez a esquerda da época pensasse que Stöcker viera demasiado tarde, propondo-se realizar aquilo que deveriam ter sido os conservadores laicos a efectuar algum tempo antes, se não lhes tivesse faltado inspiração para tanto. Mas pôde depois ver-se que fora cedo demais que Stöcker chegara, e sem dúvida na Igreja errada, porque desde início os luteranos aprenderam a subordinar-se ao príncipe e é difícil imaginá-los a tomarem uma iniciativa radical. A Igreja católica, porém, com a sua estrutura teocrática, possuía ela mesma um príncipe, o pontífice romano, e contava dois milénios de experiência política. Abandonando as ilusões dos seus predecessores durante os cem anos que se sucederam à Revolução Francesa, o papa Leão XIII traçou as novas directivas temporais da Igreja, propondo o ideal de um Estado autoritário mas de base popular, em que a hostilidade ao socialismo, em vez de se limitar à apologia dos direitos dos proprietários, promovesse também um sistema corporativo. Não havia neste programa traços do radicalismo na mobilização das massas que veio depois a ser o contributo mais importante trazido pelo fascismo, mas já se encontrava claramente assinalado o lugar que uma tal mobilização poderia ocupar. É decerto possível interpretar a orientação definida por Leão XIII como uma resignação ao triunfo da democracia, pois o papa aceitava, no plano dos factos, a convivência da Igreja com as novas instituições e definia os termos em que devia prosseguir-se uma política católica na sociedade laica. Ao reconhecer, porém, que o *Ancien Régime* estava definitivamente morto e enterrado, o pontífice abriu à Igreja uma perspectiva de superação da democracia — o autoritarismo corporativo. Na sua célebre encíclica de 1891, *Rerum Novarum*, o papa admitiu a intervenção legislativa do Estado em auxílio daqueles sindicatos e associações operárias que recusassem a luta entre as classes e tivessem como objectivo a

---

68. M. Baumont (1949) 479, 532; E. Nolte (1965) 287–290; A. Quinchon-Caudal (2013) 39; K. A. Schleunes (1990) 27–28. Por seu lado, R. D'O. Butler (1943) 224 defendeu uma interpretação diferente, pretendendo que o pastor Stöcker decidira concentrar a sua acção política na corte para preparar o reinado do novo imperador. Com efeito, Maurice Baumont, op. cit., 179, escreveu que na sua juventude Guilherme II fora profundamente influenciado por Stöcker.

cooperação com o patronato⁶⁹. Contrariamente ao jacobinismo e ao vulgar conservadorismo burguês, que se revelaram sempre hostis a qualquer forma de sindicalismo e procuraram manter os trabalhadores dispersos e, portanto, em posição de completa inferioridade no mercado de trabalho, Leão XIII assumiu uma postura francamente tecnocrática, aceitando que os assalariados tivessem formas de organização próprias, desde que elas se subordinassem ao capital, e defendendo que não só as empresas, mas também os governantes e as associações operárias interviessem no mercado de trabalho.

Embora a maioria dos partidos situados no novo espaço político aberto pelo papa não se notabilizasse por quaisquer esforços de mobilização dos trabalhadores, limitando-se a aceitar os sindicatos e as cooperativas de orientação católica à medida que iam sendo formados, desde cedo apareceram também facções, ou mesmo movimentos, ambicionando arrastar as massas no quadro definido por aquela encíclica. No Império Austro-Húngaro, por exemplo, recorrendo à demagogia populista e anti-semita para ampliar o recrutamento de trabalhadores e artesãos, Karl Lueger levou o Partido Cristão Social a tornar-se o segundo maior no país e converteu-o num traço de união histórico entre o corporativismo pontifício e o fascismo[70]. Este «intrépido campião do anti-semitismo», para usar os termos com que o elogiou uma história oficiosa da Igreja católica[71], foi considerado por Hitler como um dos seus raros mestres[72]. Lueger contribuiu poderosamente para difundir na direita conservadora temas que até então haviam apenas circulado na esquerda, e assim, antes ainda de terem começado a delinear-se os primeiros esboços do fascismo, já a Igreja católica efectuara remodelações institucionais que no futuro a tornariam apta a aceitar a colaboração dos partidos, das milícias e dos sindicatos fascistas.

Foi no âmbito da Igreja católica que o fascismo encontrou uma participação conservadora mais activa, a tal ponto que podem men-

---

69. J. B. Whisker (1983) 16 considerou que o fascismo pensara encontrar justificação nesta encíclica e, com efeito, a crer em D. Orlow (2009) 5-6, Emile Verviers, ensaísta católico e fascista holandês, classificou Leão XIII e Pio X como os «dois maiores papas fascistas».
70. A. Whiteside (1965) 323-326.
71. H. M. Premoli (1930) 189.
72. A. Hitler (1995) 89 e segs.

cionar-se três casos de um verdadeiro fascismo clerical: o de Salazar em Portugal, o de Dollfuss na Áustria e o do doutor em teologia monsenhor Jozef Tiso na Eslováquia. Os dois primeiros mostram que por iniciativa da direita católica puderam ser gerados regimes fascistas, como terei oportunidade de analisar com algum detalhe[73]. A situação da Eslováquia apresenta-se mais complexa. É certo que a intervenção directa do Reich hitleriano foi ali decisiva desde a proclamação da independência até à entrada das tropas soviéticas, mas não devemos presumir que este fascismo fosse uma invenção alheia, porque resultou da evolução do mais forte partido autonomista da região, o Partido Popular Eslovaco, fundado e chefiado pelo padre Andrej Hlinka e, depois da sua morte em Agosto de 1938, por monsenhor Tiso. Já na década de 1920 o Partido Popular simpatizava com o fascismo, e ao longo da década seguinte foi-se convertendo abertamente num partido fascista[74], o que parece ter-lhe garantido o sucesso, porque passou a alcançar entre 30% e 40% dos votos na parte eslovaca do país[75]. Quando os acordos de Munique precipitaram o fraccionamento da Checoslováquia o Partido Popular conseguiu tutelar, e depois absorver, as organizações da direita eslovaca, passando a denominar-se Partido da Unidade Nacional Eslovaca, e monsenhor Tiso assumiu a presidência do novo país, além de ser chefe do partido e comandante supremo das milícias[76]. O clero foi o principal sustentáculo do regime e não conheço nenhum outro caso em que os sacerdotes desempenhassem um papel político tão activo, encarregando-se de um quarto das chefias distritais das milícias e de um terço das chefias provinciais do partido[77], o que ajuda a compreender que o Vaticano tivesse invariavelmente defendido monsenhor

---

73. Ver capítulo 3 deste livro.
74. M. Hájek (1965) 105–106; J. Havránek (1971) 52; J. F. Zacek (1971) 59.
75. J. Havránek (1971) 52. Segundo S. G. Payne (2003 b) 310 e J. F. Zacek (1971) 59, o Partido Popular obteve entre 25% e 40% dos votos. Stanley Payne, op. cit., 402 indicou que nas eleições de 1935 o movimento político chefiado pelo padre Hlinka obtivera 30% dos votos na Eslováquia e M. Baumont (1951) 817 especificou que nas eleições de Maio e Junho de 1938 esse partido conquistara cerca de um terço dos sufrágios eslovacos. Não entendo como M. Mann (2004) 41, aparentemente referindo-se às eleições de 1935, pôde atribuir só 10% dos votos eslovacos ao partido de Hlinka.
76. M. Hájek (1965) 116; J. F. Zacek (1971) 59.
77. M. Hájek (1965) 118. No entanto, J. Havránek (1971) 52 pretendeu que «seria um erro identificar a Igreja católica com o partido de Hlinka. Alguns padres [...] e os mais importantes sacerdotes eslovacos não eram membros do partido e até se opuseram

Tiso, mesmo durante o processo que levou à sua execução em 1947. Mas não vou neste livro deslindar o fascismo clerical eslovaco. Antes de prosseguir, no entanto, vale a pena registar que monsenhor Tiso, um homem imenso, uma espécie de bola, sempre que desejava acalmar o enervamento, comum naqueles anos difíceis, engolia duzentos e cinquenta gramas de toucinho[78], enquanto Hitler, por seu lado, pretendia alcançar o mesmo efeito comendo pralinês[79], o que os fez deixarem um traço indelével não só no fascismo prático mas igualmente na neurologia empírica.

2

Em França não foi a Igreja, mas sobretudo o exército, que começou a abrir espaço a objectivos políticos e modalidades de acção que mais tarde se classificariam como fascistas, talvez porque neste país o clero fosse especialmente débil, sem nunca ter conseguido recuperar-se dos ataques certeiros e persistentes do jacobinismo. Deve reavaliar-se nesta perspectiva o Segundo Império, mas a transformação que vinha a operar-se no relacionamento entre os meios militares e os civis evidenciou-se sobretudo nos entusiasmos que o general Boulanger reuniu em seu redor. Enquanto foi ministro da Guerra, em 1886 e 1887, este general, pelas suas declarações e pelo seu estilo de actuação, situou-se na ala esquerda das persuasões republicanas e obteve uma enorme popularidade[80]. Usou-a para ser eleito deputado em 1888, e a partir de então, continuando a favorecer a melhoria das condições de vida e de trabalho da gente humilde, adoptou as posturas autoritárias e os temas ultranacionalistas e antiparlamentares que vigoravam na direita e tinham eco em certa esquerda.

---

a ele. Mas não pode negar-se que eram padres os membros mais importantes do partido, os seus melhores agitadores e os chefes das secções locais do partido».
78. W. L. Shirer (1995) I 483 n.
79. H. Eberle et al. (org. 2005) 117.
80. M. Baumont (1949) 139; M. Reclus (1945) 112-117; A. Zévaès (1930) 29-34, 38-39, 48-49.

O general Boulanger, escreveu um historiador arguto, «consoante as circunstâncias, consoante as horas, será Monk para os monárquicos, César para os plebiscitários, Cromwell para os revolucionários, general Vingança para os patriotas; enganará uns, fará chicana com outros, mentirá a todos, não procurando afinal senão satisfazer os seus próprios interesses, mesmo que não soubesse exactamente o que pretendia nem como o podia alcançar»[81]. Monárquicos orleanistas, temendo a cada dia que passava os efeitos da consolidação da república e receando que os seus correligionários mais oportunistas se adaptassem às instituições, depositavam num golpe de Estado militar a única esperança de derrubar a democracia. Bonapartistas viam nas veleidades autoritárias do general o ensejo de implantar um regime plebiscitário que desse novo fôlego a uma política imperial. Irredentistas consideravam que a guerra contra a Alemanha era a única possibilidade de recuperar a Alsácia e a Lorena e temiam acima de tudo a diplomacia conciliatória dos moderados e dos conservadores. Certos socialistas, inspirados pela tradição conspirativa do blanquismo, e anarquistas, para quem as instituições poderiam ser destroçadas graças às façanhas de um punhado de corajosos, pensavam que, se dispersasse o parlamento e anulasse a expressão política mais directa da ditadura económica da burguesia, o general daria o impulso decisivo a um movimento anticapitalista. Nem faltaram os anti-semitas no cortejo, esperando que uma vitória militar contra a Alemanha restaurasse o orgulho da raça. Uns adiantaram o dinheiro e moveram influências furtivas, outros conquistaram a rua e animaram manifestações barulhentas. É difícil não detectar nesta reunião de interesses tão variados e aparentemente divergentes o primeiro ensaio sério de fascismo em França. E quando vemos unirem-se, para barrar o caminho à ameaça de ditadura militar, republicanos moderados ou radicais e socialistas de vários matizes, é difícil também não reconhecer um primeiro esboço de frente antifascista. Tal como o fascismo faria mais tarde, a aventura do general Boulanger originou uma linha de clivagem que não correspondia à tradicional divisão em direita e esquerda e fracturava ambos estes campos[82].

---
81. A. Zévaès (1930) 80.
82. J. Barzun (1965) 146; M. Baumont (1949) 161–162; A. Milhaud [s. d.] 104–107; S. G. Payne (2003 b) 43–44; M. Reclus (1945) 119–125, 128, 133; Z. Sternhell (1978)

Graças à sua campanha a favor de uma revisão constitucional, Boulanger apresentou-se como o homem capaz de remodelar de cima a baixo as instituições, reuniu em seu redor «os descontentes de todos os partidos»[83], beneficiou de uma enorme popularidade desde as minas do norte do país e os bairros operários da capital até aos salões da aristocracia, uma popularidade que em certo dia de Janeiro de 1889 contagiou Paris numa onda de entusiasmo colectivo, e depois... nada sucedeu. «*Napoléon, à votre âge, était mort*», cantava-se num *cabaret*[84], e toda a fraqueza do candidato a homem forte ficava exposta naquele sarcasmo, que o cançonetista prosseguia impiedosamente em estrofes sucessivas, contrastando o vencido glorioso de Waterloo com quem jamais seria vencedor. O mote deveu-se ao primeiro-ministro, que no parlamento interpelara o aspirante a ditador recordando-lhe: «Com a sua idade, general Boulanger, já Napoleão tinha morrido, e o senhor nunca será mais do que o Sieyès de uma constituição abortada»[85]. O irado guerreiro provocou em duelo o seu sexagenário opositor, para afinal se deixar ferir gravemente por ele, e com uma gravidade política ainda maior do que física.

Quando se conhece a figura que deu o nome ao movimento boulangista, o mais implausível dos chefes políticos, o mais hesitante dos homens de acção, o mais doce dos autoritários, o revolucionário que fugiu do país mal o governo se preparou para requerer a suspensão da sua imunidade parlamentar, o exilado que em Bruxelas se suicidou sobre o túmulo da amada, quando se avalia o dinamismo e a capacidade de atracção emanados de um personagem nulo, não podemos senão constatar que o boulangismo deveu a sua importância apenas às forças históricas que o condicionaram. Depois de observar que o general «teria encontrado, se quisesse, cem mil homens prontos a morrerem pela sua causa», Gustave Le Bon exclamou: «Que lugar teria conquistado na história se o seu carácter tivesse

---

36, 39–40, 115; A. Zévaès (1930) 102–107, 124, 175–177. Ofuscado pela sua aversão aos eslavos, Engels reduziu Boulanger a um mero peão da diplomacia russa, usado para preparar a restauração dos Orléans, e condenou-se assim a ignorar o complexo jogo das forças sociais e políticas que sustentavam o general. Ver P. W. Blackstock et al. (orgs. 1952) 50.
83. A. Zévaès (1930) 115. Ver no mesmo sentido M. Reclus (1945) 126.
84. A. Zévaès (1930) 109–110 n. 1.
85. Citado em id., ibid., 109.

correspondido à lenda!»[86]. Mas, em vez de revelar qualquer debilidade do movimento, a vacuidade do chefe indica, pelo contrário, que eram directamente as forças armadas a congraçar o radicalismo de uma certa esquerda com os desejos de acção da extrema-direita. Poucos anos depois o *affaire Dreyfus* serviria para comprovar aquilo mesmo que o boulangismo inscrevera já nos factos possíveis e que em Vichy, meio século mais tarde, haveria de passar aos factos reais.

---

86. G. Le Bon (1980) 38, 75.

Capítulo 3
Variantes do fascismo

1. ITÁLIA: A CONJUGAÇÃO GRADUAL DO
EIXO RADICAL COM O EIXO CONSERVADOR

Durante a fase da conquista das massas, ou pelo menos da conquista dos campos e das ruas, Mussolini nunca atribuiu a primazia à fundação de sindicatos, apesar de tudo o que escreveu e discursou sobre o assunto e malgrado a importância decisiva do sindicalismo revolucionário na génese do movimento. Palmiro Togliatti afirmou, numa fórmula lapidar, que no início o fascismo «*não organizou, mas desorganizou* as massas»[1]. A ala sindical foi sempre marginalizada e não teve peso nas grandes decisões. Em Junho de 1922 as corporações fascistas anunciavam um número de filiados inferior ao meio milhão, que se tornariam setecentos mil dois meses depois[2], ao passo que em 1921 estariam inscritos na confederação sindical

---

[1]. P. Togliatti (1971) 26 (sub. orig.). De maneira menos concisa, Trotsky, em *What Next? Vital Questions for the German Proletariat*, publicado em 1932 e antologiado em G. L. Weissman (org. 1970) 6, observou que a instauração do fascismo «significa principalmente, e antes de mais, a liquidação das organizações operárias, a redução do proletariado a um estado amorfo e a criação de um sistema administrativo que penetra profundamente nas massas e serve para impedir a cristalização independente do proletariado. Nisto consiste precisamente o aspecto fundamental do fascismo».

[2]. G. Bortolotto (1938) 528; A. J. Gregor (1979) 189; E. Santarelli (1981) I 286, 313. A crer em James Gregor, op. cit., 189 e P. Melograni (1980) 143, os sindicatos fascistas contariam 504.000 filiados nos finais de 1922 e, sem precisar datas, P. Togliatti (1971) 57 indicou que «antes de tomar o poder o fascismo contava 558.000 inscritos nas suas organizações sindicais [...]». C. T. Schmidt (1939) 42 escreveu que no Verão de 1922 a organização sindical fascista anunciava 800.000 membros, «sem dúvida com um exagero considerável».

socialista mais de três milhões e meio de trabalhadores[3]. Mesmo após terem chegado ao poder, e enquanto as restantes forças políticas conseguiram manter-se actuantes, os seguidores do Duce jamais deixaram de ser minoritários no meio sindical[4]. Referindo-se ao período em que ainda eram autorizadas eleições para as comissões internas de fábrica, Togliatti observou: «Não me recordo de um único caso em que os sindicatos fascistas tivessem obtido a maioria»[5]. Em 1923 os fascistas não alcançaram mais de 10% ou 15% dos votos nas empresas onde houve sufrágio livre para as comissões internas e para outros organismos operários; e nas eleições de 1924 para as comissões internas da Fiat a CGL conseguiu 86% dos votos e só 14% escolheram o sindicato fascista, repetindo-se a derrota dos fascistas da Fiat no ano seguinte, quando os comunistas obtiveram uma expressiva maioria na comissão interna[6]. O regime dispôs-se então a dar alguns safanões em sectores do patronato mais renitentes e, ao mesmo tempo, pareceu interessado em seduzir com um pouco de demagogia a classe trabalhadora. Intervindo numa reunião das corporações em Maio de 1924, Mussolini admitiu a convocação de greves destinadas a exigir aumentos salariais onde as condições da indústria o consentissem[7]. Esta radicalização atingiu o auge em Março de 1925, quando os sindicatos fascistas paralisaram o trabalho no sector metalúrgico. Mas era demasiado tarde para o regime mudar de figura e o Duce enviou um telegrama ao chefe dos sindicatos dando-lhe ordem para suspender o movimento. «É inútil fazer esta espécie de corrida para ver quem é mais vermelho»,

---

3. P. Togliatti (1971) 56. Segundo D. Sassoon (2012) 84, em 1919 a CGL contava 2.150.000 inscritos. A. J. Gregor (1979) 173 contabilizou cerca de 250.000 filiados em 1918 e 2.200.000 em 1920, mas S. G. Payne (2003 b) 89 indicou que a CGL tinha cerca de dois milhões de filiados em meados de 1920, uma cifra que F. L. Carsten (1967) 54 subiu para mais de dois milhões no final do ano, enquanto C. T. Schmidt (1939) mencionou 2.300.000 membros em 1920 e P. Melograni (1980) 143 atribuiu-lhe 2.200.000 inscritos em 1921.
4. D. Guérin (1969) II 170-171; E. Santarelli (1981) I 365-366, 406, 411.
5. P. Togliatti (1971) 58. Em P. Melograni (1980) 120 e 123-124 encontram-se vários exemplos da posição extremamente minoritária a que os fascistas se viram reduzidos nas eleições de 1925 para as comissões internas.
6. A. Lyttelton (1982) 371, 500, 514; P. Milza (1999) 341.
7. A. Lyttelton (1982) 501.

afirmou ele, «porque na minha opinião as massas urbanas são, na sua esmagadora maioria, refractárias ao fascismo»[8].

Nesta situação foram as milícias que enquadraram trabalhadores e outros elementos populares e os lançaram contra socialistas, anarquistas e comunistas. Por detrás dos sindicatos fascistas, nomeadamente no meio rural, onde primeiro se desenvolveram, estavam as *squadre d'azione* que haviam ocupado as sedes dos organismos de esquerda e perseguido os seus militantes, e sem esta protecção musculada os novos chefes sindicais não teriam podido permanecer um minuto sequer nos seus postos[9]. A partir de 1921, explicou um historiador, «qualquer destruição de uma Câmara do Trabalho ou de uma organização sindical da província deu lugar à formação de um sindicato fascista»[10]. A sustentar o sindicalismo fascista estavam também, mas em posição muitíssimo mais discreta, os donos da terra, que o financiavam e garantiam que as autoridades fechassem os olhos às violências cometidas[11]. Os sindicatos, porém, quaisquer que sejam, não se criam só com patrões e requerem uma base, que foi assegurada pelas *squadre*. Esta intervenção das *squadre* conferiu-lhes uma redobrada importância, pois ao mesmo tempo que secundarizavam os sindicatos e muitas vezes os substituíam no que dizia respeito à mobilização dos trabalhadores, elas eram também o braço armado do partido, indispensáveis a uma política que se definia exclusivamente como acção e confundia acção com violência.

Já que as milícias contavam com uma base própria, a sua conjugação com o partido não era desprovida de atritos. No plano pessoal estas rivalidades exprimiram-se na relação conflituosa entre Mussolini, por um lado, e, do lado das *squadre*, Dino Grandi e Italo Balbo. Também Farinacci ligou o seu destino à insatisfação sentida pelas milícias, mas ele acabaria por favorecer soluções políticas contrárias às dos outros dois. É elucidativo considerar que na segunda metade

---

8. Citado em P. Melograni (1980) 194-195. Segundo id., ibid., 195, também no discurso de 26 de Maio de 1927 perante a Câmara dos Deputados o Duce reconheceu que o operariado urbano não tinha simpatia pelo fascismo. Ver ainda a n. 13 do capítulo 2 do livro *Entre o nacional e o social*.
9. A. Lyttelton (1982) 349; Ch. S. Maier (1988) 402-403; P. Milza (1999) 287; E. Santarelli (1981) I 279-283. Adrian Lyttelton, op. cit., 118 referiu «a simbiose entre terrorismo e recrutamento de massas».
10. P. Milza (1999) 288.
11. Id., ibid., 272-273.

de 1921, quando Grandi e muitos chefes *squadristi*, sobretudo aqueles que actuavam nas zonas rurais, tomaram posição pública contra Mussolini a propósito do Pacto de Pacificação, eles acusaram-no de se ter deixado seduzir pelas manobras parlamentares e pelo jogo democrático e defenderam a implantação de um regime corporativo de inflexão acentuadamente sindicalista[12]. Ora, apesar de as milícias contestatárias agitarem a bandeira sindical, nesta contenda não se vê traço dos sindicatos. Parece que as *squadre* rurais se consideravam a si mesmas como sindicatos, e tinham razão, porque a sua submissão aos donos da terra as convertia em verdadeiros sindicatos patronais. O congresso fundador do Partido Nacional Fascista, reunido em Novembro de 1921, selou a conciliação entre as duas correntes, reconhecendo a Mussolini a posição de Duce ao mesmo tempo que convertia a organização política numa entidade de novo tipo, um partido-milícia, o que logicamente levaria a actividade política a ser entendida como uma acção de *squadre*[13]. Isto confirmou o carácter musculado dos sindicatos, porque no discurso proferido durante esse congresso Grandi defendeu o sindicalismo nacionalista enquanto base do futuro regime e no mês seguinte, reconciliado já com Mussolini, as suas teses acerca do corporativismo sindicalista foram aceites e incluídas no programa do recém-constituído partido[14]. Em Janeiro de 1922, quando o PNF decidiu criar uma União das Corporações, foram ainda Grandi e Balbo a apresentar uma proposta, derrotada, que insistia sobretudo na vertente sindical[15].

Nas polémicas internas do movimento fascista, e também nas discussões públicas, o jogo de espelhos da demagogia pôde desenhar estranhas figuras, porque a ala populista e o próprio Mussolini

---

12. A. Lyttelton (1982) 117–118; P. Marion (1939) 145–146; P. Milza (1999) 287–288; E. Santarelli (1981) I 258.
13. E. Gentile (2010) 50, 52. Segundo P. Milza (1999) 202, Mussolini foi pela primeira vez tratado como Duce num artigo publicado em 26 de Fevereiro de 1917 por Giuseppe De Falco em *Il Popolo d'Italia*. No entanto, já em 1904 um jornal socialista havia aplicado o termo àquele que ainda era então um obscuro militante; sete anos mais tarde um importante dirigente socialista proclamou-o, se bem que usando minúscula, «o *duce* de todos os socialistas revolucionários da Itália»; e em 22 de Outubro de 1915 Filippo Corridoni chamou-lhe, ainda sem maiúscula, «nosso *duce* espiritual». Ver P. Goldberg (2009) 35 e P. C. Masini (1999) 34. Aliás, segundo E. Gentile (2010) 42, o termo *duce* pertencia à tradição republicana e fora usado para designar Garibaldi.
14. P. Milza (1999) 290–291; E. Santarelli (1981) I 270.
15. E. Santarelli (1981) I 285–286.

situavam-se à esquerda e acusavam as milícias rurais de estarem ao serviço dos senhores da terra[16], enquanto os chefes destas milícias, Grandi à frente de todos, se pretendiam mais à esquerda ainda ao defenderem um Estado sindicalista. Mas, num contexto em que os termos «radicalismo», «acção» e «violência» tinham o mesmo significado, sem dúvida que as *squadre* estipendiadas pelos latifundiários eram radicais, expoentes de um radicalismo conservador. Vemos o efeito vertiginoso destas ficções vocabulares, em que as posições mais extremas do fascismo, precisamente em virtude deste extremismo, se classificavam à esquerda.

Chegado ao poder no final de Outubro de 1922, e apesar de tantas proclamações, Mussolini não conferiu aos sindicatos nenhum papel de primeiro plano na reorganização política, muito menos na gestão da economia. Anunciara-se, é certo, que graças à estrutura sindical as massas seriam rigorosamente enquadradas no novo Estado totalitário. Mas o Duce, que durante algum tempo admitiu a possibilidade de utilizar a burocracia da velha CGL para constituir um sindicalismo de Estado, acabou por rejeitar esta hipótese no final de 1923[17]. Por outro lado, os sindicatos fascistas permaneceram sempre hesitantes na prática e o sistema corporativo nunca alcançou o grau de integração entre organismos patronais e sindicais que alguns doutrinadores haviam concebido e proposto[18]. Chamando a atenção para o facto de no sistema italiano cada corporação compreender dois sindicatos juridicamente iguais, um de patrões e outro de empregados, Manoilescu, o conhecido teórico romeno do corporativismo, lamentou que o 2º Congresso de estudos corporativos, reunido em Ferrara em 1932, se tivesse concentrado nas questões

---

16. Id., ibid., I 261. Observou P. Milza (1999) 272–273 que nos campos o fascismo teve um carácter menos autónomo do que nas grandes cidades, surgindo desde início organizado e estipendiado pelos donos da terra.
17. A. Lyttelton (1982) 351, 364–365, 374–379.
18. «[…] os ex-sindicalistas revolucionários», observou E. Santarelli (1981) I 412, «e especialmente os teóricos do sindicalismo puro ou integral, apesar de haverem dado a sua adesão ao fascismo e continuarem a dá-la, como sucedia com Sergio Panunzio e Angelo Oliviero Olivetti, foram depois projectados para a periferia do sistema, numa espécie de oposição intelectual». Ver igualmente D. Guérin (1969) II 189–192 e Z. Sternhell et al. (1994) 142–143, 191–192. Em sentido contrário, A. J. Gregor (1979) *passim* presumiu erradamente que os escritos dos ex-sindicalistas revolucionários posteriores a 1922 teriam representado a orientação prática do regime.

jurídicas em detrimento do problema da coordenação das actividades económicas mediante contratos colectivos entre corporações[19]. Se os sindicatos e as confederações patronais se tivessem fundido em instituições únicas, dando lugar a um corporativismo integral, as burocracias sindicais poderiam sem dúvida participar ao lado dos chefes de empresa na supervisão global da economia. Mas não foi isto que sucedeu, e patrões e trabalhadores ficaram confinados em organizações distintas[20]. Um historiador resumiu a situação afirmando que «no plano da luta política a Carta do Trabalho representou a derrota do sindicalismo fascista»[21].

Nesta nova ordem as massas trabalhadoras figuraram sobretudo como tema de tiradas oratórias e celebrações plásticas, e se o sistema de contratos colectivos e a planificação centralizada do mercado de trabalho puderam atenuar a instabilidade de emprego de muitos operários e jornaleiros agrícolas[22], não parece que consoante critérios estritamente pecuniários a sua situação média tivesse melhorado. A marginalização do movimento sindical avalia-se quando verificamos a descida dos salários reais após a conquista do poder pelos fascistas[23], o que é significativo porque a economia italiana registou entre 1922 e 1925 uma das suas mais elevadas taxas de crescimento[24]. E em 1927, exactamente o ano da publicação da *Carta del Lavoro*, o governo decretou uma redução generalizada das remunerações, que oscilou entre 10% e 20%, continuando nos anos seguintes a prevalecer a tendência para a queda dos salários. Quanto aos assalariados agrícolas, entre 1926 e 1934 as suas remunerações reais baixaram de 50% a 70%; e ao sabermos que o declínio foi de 13% entre 1930 e 1937, e bastante maior no caso dos jornaleiros,

---

19. M. Manoïlesco (1936) 199, 251–252.
20. E. Santarelli (1981) I 349, 395–396.
21. Id., ibid., I 434.
22. G. Bortolotto (1938) 528–529; G. Bottai (1933) 97, 189–190; E. Santarelli (1981) I 411–412. «*O contrato colectivo generalizado e a arbitragem automática pelas corporações* são os dois pilares da nova legislação social corporativa», explicou M. Manoïlesco (1936) 277 (subs. orig.).
23. A. J. Gregor (1979) 198; A. Lyttelton (1982) 372; E. Santarelli (1981) I 350–351. É certo que P. Togliatti (1971) 23–24 afirmou que durante os primeiros anos o regime não atacara os salários, mas talvez não tivesse em conta a diferença entre as remunerações nominais e as reais.
24. A. J. Gregor (1979) 143, 198; P. Melograni (1980) 49–50. Ver também C. T. Schmidt (1939) 80.

dificilmente podemos imaginar a situação de pessoas cujo nível de vida era já miserável aquando da chegada de Mussolini ao poder[25]. Como no final de 1927 o governo decretara a estabilização da lira num nível cambial demasiado elevado, provocando uma reacção deflacionista, a promulgação da *Carta del Lavoro* em Abril daquele ano definia o contexto que tornava possível descer o preço do trabalho mais do que o preço dos restantes bens[26]. O subsecretário das Corporações, Giuseppe Bottai, num discurso proferido perante os deputados em Dezembro de 1929, regozijou-se porque «o Estado fascista, [...] com uma ordem seca, precisa como um comando

---

25. Ch. F. Delzell (org. 1971) 136, 137; D. Guérin (1969) II 185; A. Lyttelton (1982) 556; Ch. S. Maier (1988) 696; P. Melograni (1980) 225-226; P. Milza (1999) 393, 600, 929 n. 84; E. Santarelli (1981) I 438; G. Seldes (1935) 285-286. Segundo C. T. Schmidt (1939) 80-81, os salários nominais dos trabalhadores agrícolas masculinos desceram 37% de 1927 para 1935. Pierre Milza, op. cit., 604 pretendeu que, tendo em conta a evolução do custo da vida, os salários médios reais dos trabalhadores da indústria e dos serviços se mantiveram mais ou menos estáveis de 1922 até 1934, baixando em seguida progressivamente e declinando depois muito com a economia de guerra. Segundo este historiador, se atribuirmos aos salários médios reais em 1913 o índice 100, eles teriam atingido o índice 123 em 1922, 113,6 em 1924, 121 em 1928 e 125 em 1934. Mesmo aceitando estes números, eles implicam que o crescimento económico não foi acompanhado por uma melhoria da situação material dos trabalhadores. Neste contexto deve ler-se a crítica de Piero Melograni, op. cit., 226-228 à tese defendida oficialmente pelo regime fascista, segundo a qual a baixa dos preços de consumo teria provocado um acentuado aumento dos salários reais no período compreendido entre 1926 e 1928. Por seu lado, S. J. Woolf (1968) 133, atribuindo igualmente o índice 100 ao salário real médio diário em 1913, informou que ele se situaria em 116 no ano de 1929; as baixas de preços devidas à grande depressão económica mundial levaram-no a subir até um máximo de 123,2 em 1934, mas de novo desceu rapidamente durante os anos de expansão industrial, sendo de 100,5 em 1938. É sensivelmente idêntica a estimativa dos salários médios reais indicada por A. J. Gregor (1979) 198 e 204, para quem, partindo do índice 100 em 1913, eles teriam atingido 127,01 em 1921 e 123,61 em 1922, descendo a partir de então para 116,05 em 1923, 112,62 em 1924 e 111,48 em 1926; como em 1935 chegaram a 120, mas caíram para 105,7 em 1939, isto significa que os salários estavam então praticamente no mesmo nível em que haviam estado vinte e seis anos antes. Referindo-se ao período entre 1936 e 1940, Pierre Milza, op. cit., 729 considerou que «os numerosos aumentos de salários [...] não foram suficientes para compensar a grande subida dos preços de retalho [...]». Uma perspectiva certamente realista foi dada por uma obra publicada em Itália em 1944 e citada por Enzo Santarelli, op. cit., II 293 n. 1, onde se afirmou que após duas décadas de regime fascista as remunerações de todas as categorias de operários e dos assalariados rurais tinham chegado a níveis entre 10% e 25% inferiores aos registados em 1921.
26. C. T. Schmidt (1939) 81.

militar, atingiu a economia individual dos trabalhadores italianos, diminuindo-lhes os salários até uma amplitude de 20%». E Bottai recorreu a um cinismo sem par — ou seria a inconsciência trazida pelo desgaste no uso do poder? — ao apresentar-se perante o Senado em Maio de 1931, quando proclamou que «defendemos o salário mesmo através da sua diminuição, impedindo uma diminuição desorganizada e procurando harmonizar as várias categorias»[27]. No ano seguinte o novo subsecretário das Corporações, Bruno Biagi, depois de recordar que «de Junho de 1927 até Dezembro de 1928 os salários caíram cerca de 20%», acrescentou que «houve uma nova redução de 10% em 1929, e em Novembro de 1930 houve uma descida geral, nalguns casos não ultrapassando 18%, mas chegando noutros casos a 25%». E Biagi disse ainda que «muitas outras rectificações foram efectuadas em 1931»[28]. A guerra de conquista da Abissínia, durante os últimos meses de 1935 e os primeiros meses do ano seguinte, levou à subida dos salários em 1936 e 1937; mas, como a subida do custo de vida foi superior, os salários reais continuaram prejudicados[29]. Feitas as contas de duas décadas, desde 1921 até 1939 a Itália foi o único país industrial a padecer de uma tendência declinante dos salários reais[30].

Com a sua arte de virar as coisas do avesso e transmutar a realidade nas palavras contrárias, Mussolini, ao discursar no 1º Congresso da Confederação Fascista da Indústria, em Junho de 1928, elogiou os trabalhadores do seu país por terem aceitado uma diminuição dos salários[31]. E como a recusariam? Foi certamente aquela a expressão do «amor severo» pelos trabalhadores, que o Duce várias vezes invocou[32]. No programa que acompanhou a sua fundação, no

---

27. G. Bottai (1933) 64, 151.
28. Citado em C. T. Schmidt (1939) 80. Ver ainda G. Seldes (1935) 284.
29. C. T. Schmidt (1939) 81-82.
30. A. Pennacchi (2010) 252.
31. E. Santarelli (1981) I 566. Mussolini, no entanto, preveniu os capitalistas de que, em situação de crescimento económico, não seria aconselhável prosseguir a política de baixos salários. Ver id., ibid., I 567.
32. O «amor severo» de Mussolini pelos trabalhadores ocupou-o pelo menos nos seus discursos ou artigos de 27 e 29 de Outubro de 1924, Maio de 1926 e 24 de Outubro de 1936, consoante leio em G. S. Spinetti (org. 1938) 188, 189 e 203. Mas não foi o Duce quem pretendeu, numa conhecida entrevista, que «as massas amam os homens fortes, as massas são uma mulher»? Ver id., ibid., 302. Já Gabriel Tarde havia defendido que

final de 1921, o Partido Nacional Fascista anunciara a intenção de «disciplinar as greves» e proibi-las completamente nos serviços públicos[33]. Todos sabiam o que os esperava. Em Dezembro de 1923 os sindicatos fascistas comprometeram-se, perante os representantes dos empresários industriais e na presença de Mussolini, a evitar os prejuízos provocados por greves[34]. Para os patrões, todavia, a própria greve era o verdadeiro prejuízo, pela oportunidade que dava aos participantes de desenvolverem relações solidárias e igualitárias. Em Abril de 1925 o Grande Conselho colocou tantas e tais restrições às greves que praticamente as ilegalizou[35], e um decreto publicado um ano mais tarde forneceu as armas jurídicas necessárias para prender e condenar os grevistas[36]. A supressão do direito à greve implicou a liquidação de um dos aspectos fundamentais da organização colectiva dos trabalhadores, enquanto os patrões continuavam coligados. Mesmo que se tome à letra a *Carta del Lavoro*, publicada em 1927, a igualdade de direitos que aí se estabelecia entre capitalistas e trabalhadores não se verificava no âmbito das empresas e dizia apenas respeito às relações com o governo. Comentando a *Carta*, o subsecretário das Corporações, Giuseppe Bottai, a quem se deveu em grande parte a elaboração do documento, escreveu que «paridade de direitos significa igualdade perante a lei, igual colaboração das classes na actividade legislativa e na administração das questões públicas [...] A paridade de direitos jamais poderá ser entendida no sentido de que o trabalhador possa pretender substituir-se ao patrão ou de qualquer maneira imiscuir-se nas funções de direcção das

---

as multidões, mesmo compostas por homens, são sempre femininas. Ver R. Bellamy (2003) 78. E Gustave Le Bon, essa musa dos fascismos, escrevera em (1980) 39 e 54: «As multidões são em todo o lado femininas, mas as latinas são de todas as mais femininas. [... ... ...] Sempre pronta a revoltar-se contra uma autoridade fraca, a multidão curva-se servilmente perante uma autoridade forte». O que não impediu Malaparte, propenso ao paradoxo, de descobrir uma psicologia de mulher sob o físico de Mussolini; mas é verdade que para ele o «lado feminino» existiria no carácter de todos os ditadores e, além do Duce, deu como exemplos Hitler, Cromwell e Lenin. Ver C. Malaparte (1998) 217-220. Ainda quanto ao carácter feminino de Hitler ver no capítulo 2 do livro *Entre o nacional e o social* a n. 600.
33. Antologiado em Ch. F. Delzell (org. 1971) 33-34.
34. Id., ibid., 109; E. Santarelli (1981) I 349.
35. D. Guérin (1969) II 97; E. Santarelli (1981) I 408.
36. Ch. F. Delzell (org. 1971) 118-120; P. Milza (1999) 394; E. Santarelli (1981) I 412-413.

empresas [...]»[37]. Aliás, o texto da *Carta del Lavoro* não se prestava a confusões, afirmando explicitamente que a direcção da empresa «cabe ao patrão, que dela assume a responsabilidade»[38]. A autoridade discricionária reconhecida aos chefes de empresa no exercício das suas funções assegurava-lhes uma incontestada hegemonia nas relações laborais e, a partir daí, em toda a estrutura social, subalternizando os vínculos que ligavam os sindicatos fascistas ao aparelho governativo e ao mesmo tempo reforçando os elos que prendiam o governo às confederações patronais.

O assentimento dos trabalhadores à fascização do regime não se obteve mediante nenhuma mobilização sindical, mas graças aos peculiares métodos de persuasão das milícias. Nos primeiros meses após a Marcha sobre Roma, ao mesmo tempo que Mussolini se apresentava como um conciliador, as *squadre d'azione* continuavam as expedições punitivas e os assassinatos[39], e a sua importância não diminuiu a partir de Janeiro de 1923, quando foram convertidas em Milícia Voluntária de Segurança Nacional[40]. Sem as refregas na rua e um sistema de violência exterior ao texto da lei o novo regime não teria conseguido implantar-se e consolidar-se, porque em Novembro de 1922 Mussolini não ousara solicitar plenos poderes ao parlamento, mas apenas autorização para governar por decreto durante um ano num número restrito de assuntos, sobretudo de carácter económico[41]. A truculência continuava a ser indispensável e, por isso, dos mais de meio milhão de membros com que o PNF contava em Maio de 1923, duzentos mil eram milicianos[42]. «A presença da MVSN foi um dos factores-chave que permitiu a Mussolini

---

37. Citado em E. Santarelli (1981) I 433. Quanto ao papel desempenhado por Bottai na preparação da Carta do Trabalho ver id., ibid., I 430–431.
38. G. S. Spinetti (org. 1938) 164.
39. A. Lyttelton (1982) 371; P. Milza (1999) 310–315, 327–332.
40. G. Bortolotto (1938) 468; F. L. Carsten (1967) 67; Ch. F. Delzell (org. 1971) 52–53; A. Lyttelton (1982) 168; P. Milza (1999) 316. Segundo Pierre Milza, op. cit., 316, ao mesmo tempo que o Grande Conselho institucionalizou as milícias, convertendo-as em MVSN, decidiu também dissolver a guarda real, criada durante as grandes greves do Outono de 1919, e que se havia destinado à repressão da actividade subversiva. Acerca da criação da guarda real ver Ch. S. Maier (1988) 227.
41. F. L. Carsten (1967) 65–66.
42. P. Milza (1999) 314.

permanecer no poder durante a grande crise de 1924», comentou um especialista[43].

No final de 1924 e no começo de 1925 as milícias endureceram a sua atitude para com os opositores e procuraram pressionar Mussolini a fazer o mesmo[44]. No discurso que pronunciou perante os deputados em 3 de Janeiro de 1925 a propósito do assassinato de Matteotti, o Duce chamou a atenção para o facto de que era ele, e só ele, quem moderava o ímpeto dos seus homens de mão: «Não vos iludais, meus senhores! Julgastes que o fascismo estava acabado, porque eu o refreava, que ele estava morto, porque eu o corrigia, e tivestes sobretudo a crueldade de o dizer. Mas se eu empregasse a desencadeá-lo a centésima parte da energia que gastei para o refrear, haveríeis então de ver»[45]. Das palavras aos actos, e a demonstração fez-se na rua. Nos dias seguintes a este discurso a milícia foi lançada sistematicamente contra a oposição[46]. Ao mesmo tempo que manteve no Ministério do Interior o antigo nacionalista Luigi Federzoni, que, embora partidário de um reforço da repressão, pretendia conduzi-la exclusivamente dentro do quadro legal, Mussolini nomeou secretário-geral do partido, em Fevereiro de 1925, Roberto Farinacci, o mais truculento dos chefes de milícias, cujo programa, naquelas circunstâncias, se resumia na expressão «legalizar a ilegalidade»[47]. Na prática Federzoni e Farinacci completaram-se, usando um todos os meios legais para destroçar os inimigos do regime, en-

---

43. Ch. F. Delzell (org. 1971) 53.
44. A. Lyttelton (1982) 397 e segs.; Ch. S. Maier (1988) 677-678; P. Milza (1999) 352-353.
45. Citado em P. Milza (1999) 354.
46. Id., ibid., 354-355.
47. Id., ibid., 357-359. Pierre Milza, op. cit., 537-539 narrou com detalhe uma história curiosa. Em Dezembro de 1923 Farinacci obteve o título de doutor em Direito graças a uma tese integralmente copiada de outra que alguém havia escrito dois anos antes, e em 1930, numa época em que enfrentava a oposição de Farinacci, o Duce ordenou que fosse feito um inquérito discreto sobre o assunto. Sem negar o conteúdo da acusação, o antigo secretário-geral do PNF desculpou-se com o facto de ter inicialmente redigido uma tese acerca do tema «a administração de óleo de rícino aos subversivos por parte dos fascistas não pode ser considerada como uma violência privada, mas como uma simples injúria ou, na pior das hipóteses, como uma ameaça ligeira». Prevenindo à última hora de que um dos professores do júri era contrário a esta perspectiva do emprego de óleo de rícino, Farinacci não tivera outro recurso senão o de lançar mão a um texto já existente. E assim se licenciou fraudulentamente em leis este especialista de sevícias, mostrando a sua vocação de «legalizar a ilegalidade».

quanto o outro cobria com a lei o recurso sistemático à ilegalidade[48].
Farinacci esteve quinze meses à frente do partido, presidindo a uma
época de pauladas e homicídios.

Já então os oficiais do exército mostravam ciúme e ressentimento
perante umas milícias politicamente fortes e cada vez mais bem armadas[49]. E uma década depois do assassinato de Matteotti, quando
a prosápia imperial inspirou a conquista da Etiópia, a participação da Milícia nas campanhas africanas forneceu-lhe uma ocasião
para tornar públicas as rivalidades que a opunham ao exército[50].
As fricções entre a Milícia e os militares reproduziram-se nos anos
seguintes, com repercussões talvez mais graves ainda[51], quando a
solidariedade dos interesses imediatos e, a longo prazo, as ambições de uma estratégia mediterrânica levaram o Duce a intervir em
Espanha ao lado dos generais rebeldes. Até ao fim as milícias mantiveram um considerável grau de autonomia, assumindo um grande
peso em ambos os pólos do eixo endógeno do fascismo italiano. A
conjugação deste eixo endógeno com o exógeno, composto pelas
chefias militares e pelos prelados, realizou-se gradualmente, e os
seus progressos marcaram para Mussolini as etapas da aproximação
do poder e, em seguida, da fascização completa do Estado.

Para quem refizera a sua roupagem política com o tema da intervenção na guerra mundial, para quem se apresentava como o
porta-voz dos antigos combatentes e transpunha para a vida civil os
métodos de actuação comuns nos campos de batalha, para quem
defendia o expansionismo bélico como uma das soluções para os
problemas do país, a relação com os altos postos do exército deveria
por certo ser bastante estreita[52]. Já em 1917 encontramos Mussolini
entre as figuras que rodeavam o general Cadorna, então comandante-chefe das forças italianas, tentando convencê-lo a encabeçar
um golpe de Estado militar que substituísse o regime democrático

---

48. Id., ibid., 359.
49. A. Lyttelton (1982) 394-395; Ch. S. Maier (1988) 676.
50. E. Santarelli (1981) II 200 n. 1, 203.
51. Id., ibid., II 277-278.
52. «O fascismo», escreveu G. Bortolotto (1938) 394-395, «é o movimento que, por comparação com todos os outros movimentos que existiram outrora em Itália, reuniu e reúne o maior número de medalhas de ouro, de combatentes, de condecorados, de mutilados [...]».

por uma ditadura provisória, até ser alcançada a vitória na guerra. Cadorna, favorável de início ao projecto, acabou por recusar[53], mas este episódio mostra que a intimidade de Mussolini com os generais era anterior à fundação do fascismo. «As revoluções fazem-se com o exército e não contra o exército», ensinou ele em 1920, criticando a aventura dannunziana[54]. E como nos últimos tempos da guerra os serviços de propaganda militares haviam formado um grupo de jovens oficiais politizados, que tiveram depois uma participação importante na constituição do fascismo[55], o Ministério da Guerra sabia com quem podia contar quando, em 1920, encarregou um oficial superior de estabelecer ligações com as várias milícias existentes e preparar um relatório sobre a táctica a adoptar nas acções violentas dirigidas contra a classe trabalhadora[56]. A partir desse ano muitos oficiais desmobilizados chefiaram as *squadre*, e as autoridades militares e policiais fecharam de bom grado os olhos à sua truculência ou encorajaram-na directamente e forneceram material[57]. O fascismo conseguiu entretanto recolher algumas adesões nos altos comandos[58], e aquando da transformação do movimento em partido, no congresso de Novembro de 1921, as *squadre* converteram-se num corpo militarizado e dispondo de armas de guerra, cuja chefia foi entregue a dois dirigentes partidários, Italo Balbo e De Vecchi, e dois generais no serviço activo, Gandolfo e De Bono, enquanto oficiais na reserva ou mesmo em actividade se encarregavam de outros níveis da hierarquia[59].

Mas o meio militar era estritamente monárquico, e o Mussolini republicano dos primeiros tempos foi progressivamente levado a

---

53. A. Lyttelton (1982) 44–45; P. Milza (1999) 209.
54. Citado em G. Bortolotto (1938) 393 e P. Marion (1939) 302.
55. A. Lyttelton (1982) 47.
56. D. Guérin (1969) II 103.
57. G. Bortolotto (1938) 357, 439, 504–505; F. L. Carsten (1967) 55 e segs.; R. P. Dutt (1936) 165–167; D. Guérin (1969) II 105–106; A. Lyttelton (1982) 63–65, 84–85, 93; Ch. S. Maier (1988) 405–406, 409; M. Mann (2004) 127; P. Marion (1939) 232, 233; P. Milza (1999) 267, 271, 276; E. Santarelli (1981) I 232 n. 1, 265, 293 n. 1; D. Sassoon (2012) 95, 102–103. Todavia, depois de referir (pág. 276) a conivência da polícia e dos tribunais com a acção das *squadre*, Pierre Milza, op. cit., mencionou (págs. 283–284) duas excepções. Ver igualmente Charles Maier, op. cit., 406, 421, 423 e P. Marion, op. cit., 231–232.
58. E. Santarelli (1981) I 310, 334 n. 1.
59. P. Milza (1999) 293.

abster-se quanto à forma do regime. Em 23 de Março de 1919, na reunião que fundou os Fasci Italiani di Combattimento, Mussolini declarara-se contrário à monarquia e em meados de 1921 explicou que o fascismo era «tendencialmente republicano», para incómodo, aliás, de muitos outros chefes do movimento[60]. Todavia, ainda em Maio de 1920 o 2º Congresso dos Fasci passara a defender acerca da questão do regime uma posição desprovida de «preconceitos»[61], inspirando, sem dúvida, aquela que o Duce dos fascistas manifestaria no seu primeiro discurso parlamentar, em 21 de Junho de 1921, quando, depois de afirmar que «não pretendemos substituir-nos ao partido republicano», preveniu que «também não temos a intenção de nos ajoelhar perante o trono»[62]. E na preparação do congresso de Novembro desse ano, que transformou o movimento em partido, Mussolini patrocinou igualmente uma atitude de abstenção na polémica entre monarquia e república[63]. Solto de peias, ele podia começar então a seduzir a coroa nos seus discursos e nas suas manobras práticas, explicando que defendera a república — olhe-se bem! — só enquanto vira em Vítor Emanuel III «um monarca não suficientemente monarca»[64]. Por fim, num discurso de Setembro de 1922, Mussolini estabeleceu as condições de um acordo, apoiando ele a monarquia se ela apoiasse o fascismo, e um mês depois, nas vésperas da Marcha sobre Roma, sentiu-se suficientemente seguro para proclamar que a unidade do país encontrava alicerces sólidos na dinastia de Sabóia, embora sem se esquecer de prevenir que a coroa nada ganharia se se opusesse ao fascismo[65]. Nesta transformação

---

60. Ch. F. Delzell (org. 1971) 10; E. Santarelli (1981) I 144, 177, 250-251; G. Volpe (1941) 54. A citação encontra-se em Gioacchino Volpe, op. cit., 54.
61. Antologiado em Ch. F. Delzell (org. 1971) 15.
62. Citado em P. Milza (1999) 282.
63. E. Santarelli (1981) I 266.
64. Id., ibid., I 309-310. A frase vem citada no vol. I, pág. 312.
65. Ch. F. Delzell (org. 1971) 40, 42; G. Volpe (1941) 102. No entanto, P. Milza (1999) 302 relatou uma circunstância em que, também nas vésperas de tomar o poder, Mussolini se recusara a acompanhar os gritos de «viva o rei!». Uma década e meia depois, o Duce recordaria: «[...] o fascismo, mesmo tendo assumido em 1922 — forçado pelas circunstâncias — uma atitude de tendência republicana, renunciou a ela antes da Marcha sobre Roma, convencido de que a questão das formas políticas de um Estado não é hoje proeminente [...]». Ver B. Mussolini (1935) 26, reproduzido em Charles Delzell, op. cit., 101. Também no seu derradeiro grande discurso, proferido em Milão em Dezembro de 1944, Mussolini considerou 1922 como o ano que teria

deve ter desempenhado um papel de relevo o duque de Aosta, primo do rei e um dos principais comandantes do exército, que já em 1919 parece ter conspirado com Mussolini e outros chefes dos Fasci di Combattimento[66]. O duque exerceu a sua influência num duplo sentido, por um lado facilitando a Mussolini a aproximação da monarquia, enquanto, por outro lado, com o prestígio de que gozava entre as tropas, fazia pairar sobre o palácio a ameaça de um golpe dinástico[67], tanto mais verosímil quanto algumas célebres personalidades militares apoiaram Mussolini em Outubro de 1922[68]. Até que por fim o timorato soberano decidiu entregar o governo ao demagogo e à sua súcia. De então em diante Mussolini pôde penetrar por dentro na monarquia e, sem lhe alterar a epiderme, absorveu-lhe os poderes e usou-os na edificação do Estado totalitário. Quando, de 1925 até 1929 e de 1933 até à sua queda dez anos mais tarde, o Duce juntou às pastas ministeriais de que era titular as correspondentes aos três ramos das forças armadas, não podia assinalar melhor, de uma forma simultaneamente simbólica e burocrática, o destaque do pólo militar e da sua matriz, a coroa, na geografia política do regime.

O mesmo caminho de Damasco que percorrera até se abeirar do monarca, Mussolini seguiu-o em direcção ao sumo pontífice. Em 1919 o programa inicial dos Fasci di Combattimento previa a expropriação de todos os bens das congregações religiosas e a abolição das rendas e patrimónios episcopais, sendo o tema retomado durante a campanha eleitoral desse ano[69]. No programa emanado do 2º Congresso dos Fasci, em Maio de 1920, aquela reivindicação apareceu nos mesmos termos[70], mas durante as sessões do encontro o antigo Mussolini anticlerical começou a avaliar de maneira positiva a acção das sotainas: «O Vaticano representa quatrocentos milhões de homens espalhados por todo o mundo, e uma política

---

marcado a adaptação do fascismo à monarquia: «Está historicamente documentado que antes de 1922 o fascismo tinha tendências republicanas [...]». Ver Charles Delzell, op. cit., 245. Mas, como mostrei, a conversão iniciara-se numa data anterior.
66. Ch. S. Maier (1988) 147; E. Santarelli (1981) I 113–114. Ver também P. Marion (1939) 341.
67. Ch. F. Delzell (org. 1971) 44; A. Lyttelton (1982) 148.
68. A. Lyttelton (1982) 147–148; P. Milza (1999) 305.
69. G. Bortolotto (1938) 342; Ch. F. Delzell (org. 1971) 13; P. Milza (1999) 396; E. Santarelli (1981) I 142, 150.
70. Ch. F. Delzell (org. 1971) 16.

inteligente deveria aproveitar para os seus próprios fins expansionistas esta força colossal»[71]. Alguns meses depois, em Setembro, discursando em Trieste, Mussolini considerou que o catolicismo fazia parte integrante da civilização romana[72] e repetiu a ideia no ano seguinte, quando falou pela primeira vez no parlamento: «Afirmo que a tradição latina e imperial de Roma é representada hoje pelo catolicismo»[73]. E noutro passo do mesmo discurso garantiu que «o fascismo não faz propaganda do anticlericalismo nem o pratica»[74]. Também no congresso de Novembro de 1921, por ocasião da fundação do Partido, Mussolini se mostrou conciliatório relativamente ao Vaticano e insistiu na possibilidade de usar a religião católica para promover uma política de expansão nacional[75]. Chegara a ocasião de propor a resolução do conflito que até então havia oposto o Estado italiano e a Igreja[76].

Para isso era necessário explorar as contradições internas do Partito Popolare Italiano, de orientação católica. Uma obra que exprimiu as posições do papado, a ponto de ter beneficiado de dois *nihil obstat* e um *imprimatur*, mencionou a existência de «uma ala direita, que teria desejado que o Partido Popular tomasse uma iniciativa decidida relativamente à liberdade e à independência da Santa Sé» e «uma ala esquerda, que desde logo tinha manifestado preocupações excessivas a respeito das questões económicas e que, esperançada em conquistar as massas socialistas, servia-se dos métodos e da linguagem do socialismo e recorria, para as reivindicações dos direitos dos trabalhadores, aos mesmos meios violentos que o ódio de classe havia inspirado aos socialistas»[77]. Mussolini agravou estas contradições até as romper, pois enquanto os sindicalistas católicos eram perseguidos e espancados e conquistadas as suas organizações[78], a

---

71. Citado em E. Santarelli (1981) I 181–182. Mussolini repetiu esta ideia numa carta para D'Annunzio nesse mesmo ano, segundo J. F. Pollard (2005) 22.
72. E. Gentile (2010) 47.
73. Citado em G. Bortolotto (1938) 519, P. Milza (1999) 282 e H. M. Premoli (1930) 128 e antologiado em Ch. F. Delzell (org. 1971) 24–25 e G. S. Spinetti (org. 1938) 264. Ver igualmente E. Santarelli (1981) I 251–252 e G. Volpe (1941) 55.
74. Citado em A. Lyttelton (1982) 668 e J. F. Pollard (2005) 22.
75. P. Milza (1999) 290; E. Santarelli (1981) I 268; G. S. Spinetti (org. 1938) 264.
76. E. Santarelli (1981) I 267.
77. H. M. Premoli (1930) 121.
78. Id., ibid., 136.

ala conservadora dos populares estreitava os contactos com o chefe do fascismo[79]. A ambiguidade da dupla política, de violência e conciliação, incidiu de maneira concentrada sobre os católicos. Pouco depois de ter chegado ao governo, o Duce optou por deteriorar definitivamente as relações com o Partito Popolare, quando este tentou distanciar-se do novo regime, mas ao mesmo tempo aproximou-se da alta hierarquia eclesiástica e da Acção Católica e pôde contar com a benevolência do papa Pio XI[80]. Multiplicaram-se as iniciativas em benefício da Igreja, não só gestos simbólicos, como os crucifixos pendurados nas paredes das escolas, dos tribunais e dos hospitais, mas também medidas substanciais, por exemplo a obrigatoriedade do ensino religioso na instrução primária, o restabelecimento do lugar de capelão das forças armadas e o agravamento das penas judiciárias por ofensas à religião católica e ao clero, sem desprezar algumas benesses sonantes, como a promessa de subsídios para a reconstrução dos edifícios religiosos destruídos durante a guerra[81]. A perseguição à Maçonaria, começada no início de 1923 e completada pela sua ilegalização dois anos depois, foi igualmente apreciada pelo Vaticano, tanto mais que durante o período em que se aproximara do poder o fascismo havia beneficiado da aprovação da Maçonaria e esta reviravolta indicava os novos caminhos[82].

Em contrapartida a Igreja acabou por sacrificar o Partito Popolare e o seu chefe, o padre Luigi Sturzo, à possibilidade de resolver os litígios com o Estado italiano[83]. Já por ocasião da Marcha sobre Roma Mussolini mandara prevenir o papa de que a Igreja nada

---

79. J. F. Pollard (2005) 8–9, 26–27.
80. A. Lyttelton (1982) 390, 668; H. M. Premoli (1930) 136–137; E. Santarelli (1981) I 351–354, 356–357, 431–432, 554.
81. P. Milza (1999) 328–329, 396; J. F. Pollard (2005) 27–28; H. M. Premoli (1930) 87, 132–133.
82. J. F. Pollard (2005) 40–41. Em Janeiro de 1923 o Grande Conselho declarou que os fascistas não podiam pertencer à Maçonaria e em Maio de 1925 foram encerradas todas as lojas maçónicas. Ver a este respeito P. Milza (1999) 328, 361 e G. Volpe (1941) 120, 139–140. Gioacchino Volpe, op. cit., 120 afirmou que foi no mês de Fevereiro que o Grande Conselho tomou posição contra a Maçonaria. Quanto ao apoio que a Maçonaria havia prestado à ascensão do fascismo ver adiante a n. 103.
83. F. L. Carsten (1967) 68; A. Lyttelton (1982) 155–156, 210 e segs., 390; Ch. S. Maier (1988) 445; P. Milza (1999) 330; J. F. Pollard (2005) 5, 15–16, 28–30, 31; E. Santarelli (1981) I 353–356, 358. Como observou John Pollard, op. cit., 6, «a anuência à extinção do PPI implicou implicitamente a aceitação da extinção da democracia italiana».

tinha a recear e no começo do ano seguinte encontrara-se secretamente com o secretário de Estado do Vaticano[84]. O seu passado anticlerical tornou-se demasiado incómodo para o Duce, que fez retirar de circulação as obras onde defendera o ateísmo[85]. Como deixaria a Igreja de acalentar este novo filho pródigo? Quando o assassinato de Matteotti colocou Mussolini perante a primeira crise verdadeiramente grave, o Vaticano continuou a apoiá-lo e lembrou aos católicos que a obediência ao poder constituído era a principal virtude política[86]. Estava-se no bom caminho, e a partir de então aqueles fascistas que se mantinham apegados ao anticlericalismo originário perderam muita da sua influência[87]. Depois de demoradas e exaustivas conversações, a solução surgiu em Fevereiro de 1929 com a assinatura, no palácio de Latrão, de um tratado e uma concordata, reconhecendo com plena soberania a cidade-Estado do Vaticano e permitindo à Igreja católica uma enorme latitude de acção[88]. O cristianismo romano tem o sentido da eternidade e foi este o resultado mais duradouro do regime fascista[89]. «Um homem enviado pela Providência», eis como o papa classificou publicamente Mussolini, dois dias depois de assinados os acordos de Latrão[90].

É certo que surgiram ocasiões de conflito, alimentado de um lado por fascistas anticlericais, que nunca viram com bons olhos a concordata, e de outro lado por membros da Acção Católica provenientes do antigo PPI, renitentes à plena integração política no regime[91]. O Duce e o papa endureceram as posições e o antagonismo precipitou-se em 1931, quando se desencadeou uma campanha contra a Acção Católica e a Milícia exerceu as usuais violências contra um

---

84. P. Milza (1999) 396.
85. Id., ibid., 397.
86. A. Lyttelton (1982) 669. Ver também J. F. Pollard (2005) 30 e H. M. Premoli (1930) 137.
87. J. F. Pollard (2005) 10.
88. Id., ibid., *passim*. Ver igualmente: G. Bortolotto (1938) 519–520; Ch. F. Delzell (org. 1971) 157–164; A. Giannini (1931) 46–52; P. Milza (1999) 398–399; E. Santarelli (1981) I 535 e segs., 569–573.
89. Ch. F. Delzell (org. 1971) 255.
90. Citado em P. Milza (1999) 400, J. F. Pollard (2005) 50 e D. Sassoon (2012) 143. Ver igualmente A. Lyttelton (1982) 672.
91. J. F. Pollard (2005) 10–12, 32, 53–57, 62–64, 116–122, 125. Segundo id., ibid., 67, em Maio de 1929, durante a discussão no Senado acerca da concordata, Benedetto Croce previu que em breve os fascistas anticlericais reagiriam com ataques à Igreja.

bom número de centros diocesanos e paroquiais. Pio XI replicou com a publicação de uma encíclica fortemente reprovadora, e em resposta a secretaria do PNF decidiu que quem continuasse a ser membro da Acção Católica não podia estar inscrito em nenhuma organização fascista. Mas, quando parecia que se tinha entrado num confronto sem solução, ambas as partes decidiram abrandar as tensões e redefinir os respectivos espaços. O papa comprometeu-se a afastar dos quadros da Acção Católica os antigos membros do PPI; e o Duce aceitou que, desde que se remetesse a uma actividade exclusivamente espiritual, a Acção Católica ficasse preservada de novos ataques e os seus membros pudessem continuar filiados no partido fascista e nos demais organismos políticos do regime[92]. Esta crise serviu, afinal, para consolidar a aliança entre o fascismo e o Vaticano, e quatro anos depois a Igreja prestou um apoio vociferante à conquista da Abissínia[93], uma «cruzada cristã», como a classificaram muitos membros do clero[94].

A articulação dos dois eixos do fascismo representou a conjugação da ilegalidade com a legalidade, tendo ambas as modalidades de acção política sido indispensáveis tanto para a conquista do poder como, em seguida, para a remodelação do Estado e a conservação da ditadura. Ao mesmo tempo que, por um lado, as violências e os homicídios dos *squadristi* haviam aberto ao fascismo os campos e as ruas, por outro lado a benevolência da direita liberal, as simpatias de uma porção crescente da família real e uma bem entendida noção das conveniências por parte do aparelho eclesiástico tinham permitido a Mussolini tecer uma vasta rede de apoios entre as autoridades. Mas a penetração do fascismo nos meios liberais não se deveu apenas ao facto de Salandra e Giolitti terem tentado, sem sucesso, aprisionar Mussolini na teia dos interesses constituídos, e o Duce pôde receber aplausos desse campo porque uma multiplici-

---

92. Ch. F. Delzell (org. 1971) 165–166, 169–173; A. Lyttelton (1982) 672; P. Milza (1999) 592–598; S. G. Payne (2003 b) 216–217; J. F. Pollard (2005) 133–166, 182–187; E. Santarelli (1981) II 40–48.
93. M. Baumont (1951) 694; E. Gentile (2010) 137–138; P. Milza (1999) 677–678; S. G. Payne (2003 b) 217; J. F. Pollard (2005) 188, 190; E. Santarelli (1981) II 188 e segs. Segundo P. A. Oliveira (2000) 142, em Outubro de 1935 o representante diplomático do Vaticano em Lisboa pediu que o governo português apoiasse a Itália na Sociedade das Nações a respeito da guerra contra a Abissínia.
94. Citados em J. F. Pollard (2005) 89.

dade de elos históricos ligava o fascismo ao liberalismo. A política inaugurada por Mussolini insuflou no conservadorismo liberal a capacidade de violência que lhe faltava, enquanto usou o lastro conservador para compensar as formas primitivas de radicalismo plebeu empregues pelos *squadristi*. Sem esta permanente articulação o fascismo é inexplicável[95].

A relação entre o liberalismo conservador e o fascismo detecta-se logo na génese do movimento. Começada a guerra mundial, quando a Itália se mantinha ainda afastada do conflito, a acção dos partidários da intervenção no grande massacre, entre os quais se contava Mussolini, decorreu com o beneplácito do governo presidido por Salandra, que estava vinculado a uma posição de neutralidade, embora ansiasse por combater ao lado da *Entente*[96]. Assim, por mais desrespeitadoras da legalidade que pudessem ser, as iniciativas que levaram à formação dos Fasci di Combattimento geraram-se e de-

---

95. «A continuidade entre Giolitti e Mussolini sublinha a convergência do fascismo e do liberalismo», observou Ch. S. Maier (1988) 412, e o mesmo autor afirmou (pág. 433) que «existiu uma continuidade entre o liberalismo e o fascismo durante o período compreendido entre 1920 e 1925 [...]». Por seu lado, A. Lyttelton (1982) 184 considerou que «a maioria dos fascistas tinha os mesmos ideais dos liberais e só diferia nos métodos empregues». É um tanto ingénuo o subterfúgio de G. Bortolotto (1938) 113-114 e 136 e segs., distinguindo o liberalismo estrangeiro, que seria individualista, materialista e céptico, do liberalismo italiano do *Risorgimento*, a que atribuiu uma vocação autoritária e colectivista. Com este artifício pretendeu justificar o facto de se encontrar na génese do fascismo uma vertente liberal. A iguais acrobacias procedeu G. Volpe (1941) 14 quando classificou como «falsamente liberal» a «Itália burguesa, [...] parlamentar ou giolittiana». Assim, contra os liberais da sua época, equiparados às correntes similares dos outros países, os fascistas ufanavam-se de representar a verdadeira tradição do liberalismo italiano. Só ao liberal Francesco Crispi, duas vezes primeiro-ministro nos finais do século XIX, Guido Bortolotto reconheceu, em op. cit., 159-161, o ânimo autoritário e agressivamente nacionalista que caracterizara os liberais do *Risorgimento*. Segundo Gioacchino Volpe, op. cit., 64, no discurso que proferiu durante o congresso fascista de Novembro de 1921 Mussolini destacou Crispi como um dos raros homens de Estado italianos. Acerca do grande apreço que os nacionalistas radicais manifestavam por Crispi e das razões que tinham para isso, deve consultar-se S. Saladino (1965) 219-223 e 232. É curioso que M. Baumont (1949) 144 escrevesse que Crispi «chegou à ordem através da desordem» e o classificasse como «o ministro mais autoritário que a Itália conheceu», o que deixa prever os temas do fascismo. Mas o certo é que as manobras de Giovanni Giolitti, que em vida de Crispi havia sido o seu principal inimigo no interior da corrente liberal, foram decisivas para levar Mussolini ao poder, como mostrarei em seguida.
96. P. Milza (1999) 191-194; E. Santarelli (1981) I 63-64.

senvolveram-se à sombra da lei, protegidas pelas instituições da ordem. Após o final da guerra, no período crucial decorrido entre meados de 1920 e meados de 1921, foi o primeiro-ministro Giolitti, o principal representante da tradição liberal, quem proporcionou aos fascistas o reconhecimento pelas pessoas bem-pensantes e a impunidade com que prosseguiram os seus assaltos[97]. A grande maioria da imprensa liberal passou então a exaltar as milícias pelas violências exercidas contra as organizações da classe trabalhadora[98]. E em troca do apoio prestado por Mussolini na questão de Fiume — apoio duplamente interessado, porque a intervenção governamental em Fiume liquidou o enorme prestígio político de que D'Annunzio havia até então beneficiado e libertou Mussolini do seu mais imediato concorrente — Giolitti permitiu que os fascistas se instalassem comodamente em listas unitárias formadas pelos partidos governamentais, sem terem de se apresentar sozinhos ao escrutínio[99]. Foi o que sucedeu nas eleições autárquicas de Outubro de 1920 e nas eleições parlamentares de Maio do ano seguinte[100], conseguindo então os fascistas obter trinta e cinco deputados[101], quando nas eleições parlamentares de Novembro de 1919, as primeiras em que se aplicou o sufrágio universal com representação proporcional e as únicas que disputaram isolados, eles haviam obtido um resultado ridículo e em Milão a lista chefiada por Mussolini não alcançara sequer 2% dos votos expressos[102].

De então em diante, enquanto aumentava a violência dos ataques contra as organizações proletárias, o fascismo tecia ligações sempre

---

97. Ch. S. Maier (1988) 233–234, 394 e segs., 412 e segs.; P. Milza (1999) 264, 268–270; E. Santarelli (1981) I 231–234, 247; C. T. Schmidt (1939) 43, 45.
98. A. Lyttelton (1982) 62.
99. S. Saladino (1965) 252.
100. Ch. F. Delzell (org. 1971) 21; Ch. S. Maier (1988) 416–417; P. Milza (1999) 270; E. Santarelli (1981) I 216, 239–242; D. Sassoon (2012) 102–105. Dando outro verniz à coligação eleitoral de Maio de 1921, G. Volpe (1941) 53 pretendeu que «em vez de uma associação de iguais, foi antes um agrupamento de forças em torno do fascismo», embora reconhecesse logo em seguida que a coligação apresentava «um programa que era o do fascismo, posto que um tanto atenuado». Note-se que Pierre Milza situou as eleições autárquicas em Outubro de 1920 e Enzo Santarelli em Novembro.
101. F. L. Carsten (1967) 57; Ch. S. Maier (1988) 418; P. Milza (1999) 281; D. Sassoon (2012) 16; C. T. Schmidt (1939) 45.
102. F. L. Carsten (1967) 53; P. Milza (1999) 252; S. G. Payne (2003 b) 93; C. T. Schmidt (1939) 39.

mais estreitas com as autoridades e com as figuras políticas do liberalismo, beneficiando do apoio não só de Salandra e de Giolitti, mas gozando também da calorosa aprovação da Maçonaria[103]. Não se tratou aqui de pessoas nem de interesses momentâneos no jogo mutável das alianças parlamentares. Derrubado Giolitti, o novo governo liberal presidido por um socialista reformista independente, Ivanoe Bonomi, apesar de hesitações e medidas contraditórias, continuou a encarar com benevolência os fascistas[104]. E quando, em Dezembro de 1921, Bonomi decretou a proibição das organizações paramilitares, Mussolini ordenou, em resposta, que a totalidade dos 320.000 membros do Partido Nacional Fascista se filiasse nas *squadre*, o que aliás correspondia ao formato de partido-milícia adoptado no congresso de Novembro. A aplicação da lei teria por consequência a dissolução do PNF e, não ousando dar este passo, Bonomi expôs os limites da ala esquerda do liberalismo[105].

Estava aberto a Mussolini o caminho do poder. A Marcha sobre Roma foi apenas a encenação de um mito e representou o auge desta dupla política — de um lado a acção criminosa dos *squadristi* nos campos e nas cidades, do outro a simpatia que continuava a ser demonstrada a Mussolini por numerosas correntes liberais e que dava resultados tanto mais consistentes quanto se assistia à desagregação do velho liberalismo[106]. Mussolini não pretendeu derrubar a estrutura estatal edificada pelos liberais. Pelo contrário, usou a violência das milícias e a ameaça de um golpe de força para assumir o poder no quadro da constituição[107] e foram os liberais quem colocou ao

---

103. A. Lyttelton (1982) 177 e segs.; P. Marion (1939) 341; P. Milza (1999) 327-328; G. Seldes (1935) 185. J. Evola (2002) 191 escreveu que a Maçonaria financiara o partido fascista na época da Marcha sobre Roma, contando aproveitar-se do movimento. Adrian Lyttelton, op. cit., 223 afirmou que em 1924 as lojas maçónicas tinham-se tornado hostis ao fascismo, mas G. Volpe (1941) 140 indicou que em 1925, no momento da dissolução das lojas, «havia numerosos maçons» no partido fascista. Ver no mesmo sentido H. T. Hansen (2002) 35. Por seu lado, A. Pennacchi (2010) 172 pretendeu que Italo Balbo e Bottai eram maçons.
104. E. Santarelli (1981) I 272-274.
105. A. Lyttelton (1982) 125-126; P. Milza (1999) 292; G. Volpe (1941) 69.
106. Ch. F. Delzell (org. 1971) 44; P. Milza (1999) 299; E. Santarelli (1981) I 308, 309, 317-321; D. Sassoon (2012) 9-11, 18. «Perante a militarização do movimento fascista», sintetizou Pierre Milza, op. cit., 293, «presenciou-se uma verdadeira decomposição do Estado liberal».
107. P. Milza (1999) 300, 304; S. G. Payne (2003 b) 110; D. Sassoon (2012) 4, 6.

dispor do Duce os meios constitucionais de que ele necessitava para agir[108]. Com um deliberado simbolismo, o sistema constitucional fascista, assente na lei de 24 de Dezembro de 1925, deixou formalmente em vigor o estatuto de 1848, que havia presidido à formação e ao desenvolvimento do Estado liberal[109]. De Outubro de 1922 em diante o Duce esforçou-se por integrar o conservadorismo liberal no âmbito das novas instituições. E quando se observa que as primeiras vagas da emigração política não se deveram a personalidades conhecidas, mas a trabalhadores comuns[110], confirma-se que uma grande parte dos dirigentes partidários continuava presa à esperança de chegar a um qualquer entendimento com Mussolini.

Com efeito, em 1923 Giolitti ajudou o Duce a obter a aprovação dos liberais e a abstenção do Partido Popular para a adopção da nova lei eleitoral, que atribuía dois terços dos assentos parlamentares à lista situada em primeiro lugar, desde que ela tivesse conseguido pelo menos um quarto dos votos, e reservava o restante para ser distribuído proporcionalmente entre as outras listas[111]. A coligação que garantiu a passagem das novas disposições eleitorais surtiu efeitos imediatos, já que no escrutínio de Abril de 1924 as listas fascistas incluíram nomes soantes da ala direita dos liberais e um grande número de personagens menores, além de vários católicos, antigos membros do Partido Popular[112]. E embora Giolitti e alguns dos seus amigos políticos tivessem decidido apresentar uma lista própria, e o mesmo fizessem os sociais-democratas e o que restava dos populares, na campanha eleitoral todos eles foram de facto aliados do fascismo[113]. As violências da Milícia durante os meses que precederam o voto não impediram vários candidatos e intelectuais liberais de

---

108. G. Bortolotto (1938) 463-464; Ch. F. Delzell (org. 1971) 52; A. Lyttelton (1982) 161, 178-179; P. Milza (1999) 313; E. Santarelli (1981) I 325.
109. P. Milza (1999) 379.
110. E. Santarelli (1981) I 329 n. 1.
111. F. L. Carsten (1967) 68; A. Lyttelton (1982) 215-216; Ch. S. Maier (1988) 444-445; S. G. Payne (2003 b) 113; E. Santarelli (1981) I 358-359. Note-se que em várias democracias contemporâneas as distorções introduzidas na proporcionalidade não são menores do que as resultantes daquela lei em que se fundamentou a ditadura do Partido Nacional Fascista.
112. F. L. Carsten (1967) 69; A. Lyttelton (1982) 222 e segs.; P. Milza (1999) 331; E. Santarelli (1981) I 362, 363; D. Sassoon (2012) 140.
113. Ch. S. Maier (1988) 540-543; P. Milza (1999) 331.

aprovarem publicamente o regime[114]. Mesmo depois do assassinato de Matteoti, em Junho de 1924, quando a política de contemporizações parecia destinada ao fracasso definitivo, Mussolini recusou-se a proceder a uma segunda Marcha sobre Roma, como lhe propunham os chefes *squadristi* mais radicais, afastou a opção de alicerçar o regime exclusivamente na Milícia e manteve a abertura aos liberais[115], a ponto de ter convidado o filósofo Benedetto Croce, o mais ilustre dos intelectuais do liberalismo italiano, para substituir o filósofo fascista Giovanni Gentile na pasta da Instrução Pública e, perante a recusa de Croce, ter nomeado outra personalidade também da área liberal[116]. Aliás, havia quem acusasse Gentile de não ser suficientemente fascista, argumentando que se filiava na filosofia de Hegel, um estrangeiro e não num pensador nacional[117]. No fundo, este nacionalismo exacerbado serviu para arrumar Gentile entre os liberais. «Não tinha a maior parte dos liberais», exclamou um escritor do fascismo, «sido constituída por hegelianos convictos?»[118].

Finalmente, após o discurso de Mussolini em 3 de Janeiro de 1925 anunciando a fascização completa do Estado, o que restava da

---

114. P. Milza (1999) 332.
115. A. Lyttelton (1982) 402; Ch. S. Maier (1988) 672-673, 677; P. Milza (1999) 348-349.
116. P. Milza (1999) 349.
117. A. Aniante (1933) 41-44. Todavia, R. W. Holmes (1937) 4, 6, 16-17 e 31 considerou, com razão, que a filosofia de Gentile estava mais próxima de Fichte do que de Hegel, mas é certo que isto em nada atenuava a questão da influência estrangeira. Segundo J. F. Pollard (2005) 39-40 e 63-64, Gentile foi afastado do Ministério da Instrução Pública por se opor à aproximação ao Vaticano e à influência do clero nas escolas. Ver ainda id., ibid., 70-71. Mas John Pollard pretendeu (pág. 173) que «a reforma educacional de Gentile em 1924 não fora particularmente "fascista" tanto no espírito como nos objectivos […]». Também P. Milza (1999) 744-745 defendeu que as medidas educacionais de Gentile seriam estritamente liberais, não fascistas, e acrescentou que uma reorganização verdadeiramente fascista do sistema de ensino só teria começado a efectuar-se a partir de 1935, com De Vecchi e depois com Bottai no Ministério da Educação Nacional. Não me parece que esta seja uma perspectiva correcta, porque corta os elos que uniram estreitamente o elitismo liberal e o elitismo fascista. Aliás, Mussolini, que nestas questões continua a ser uma autoridade mais fidedigna do que Pierre Milza ou John Pollard, considerou a reforma escolar de Gentile como «fascista por excelência». Citado em G. Volpe (1941) 126. Ver também M.-A. Macciocchi (1976 b) I 257. A. J. Gregor (2005) 289 escreveu que «em 1932, contra as objecções explícitas do Vaticano, Mussolini encarregou Gentile de articular os princípios filosóficos fundamentais do fascismo».
118. A. Aniante (1933) 43.

direcção dos liberais retirou-lhe o apoio[119], mas não deve pensar-se que o liberalismo tivesse readquirido qualquer autonomia, pois foi o contrário que se passou. Os anos de estreita proximidade haviam servido ao fascismo para esvaziar o liberalismo da sua substância, absorvendo-lhe clientelas e redes de contactos, concepções e até métodos de governação. A maioria dos liberais transferiu-se, afinal, para a esfera do fascismo[120], consolidando a vertente da ordem tradicional no Estado totalitário. «Os liberais ou se tornaram fascistas ou abandonaram a vida política», resumiu o antigo nacionalista-liberal Gioacchino Volpe[121]. E em 1935, por ocasião da conquista da Etiópia, quando, como em nenhum outro momento, a violência fascista se confundiu com a tradição do imperialismo, os últimos remanescentes da direita liberal voltaram a apoiar publicamente Mussolini, e até Benedetto Croce doou a sua medalha de senador para abastecer as reservas de ouro do regime, com o mesmo entusiasmo que levou muitas esposas a oferecerem os anéis[122]. Compreende-se, assim, que o ex-liberal Giovanni Gentile, *alter ego* filosófico do Duce, considerasse que no corporativismo convergiam o nacionalismo, o antigo sindicalismo «e o próprio liberalismo, que na sua doutrina havia criticado longamente as velhas formas representativas do Estado liberal e exigido um sistema de representação orgânica [...]»[123].

Vemos até que ponto foi deliberadamente artificiosa a tese de Benedetto Croce, sustentando que o fascismo constituíra apenas «um parêntesis» na história contemporânea[124]. Mediante um substantivo

---

119. A. Lyttelton (1982) 427–428; E. Santarelli (1981) I 387–388.
120. R. De Felice (1978) 182 n. 13; A. Lyttelton (1982) 170–171, 222; Ch. S. Maier (1988) 670; E. Santarelli (1981) I 388, 399–400, 462; P. Togliatti (1971) 35. Para Renzo De Felice, op. cit., 183 n. cont. esta situação teria comprometido o carácter fascista do Estado, reforçando a vertente conservadora do regime e tornando Mussolini prisioneiro dos velhos políticos de tradição liberal.
121. Citado em D. Guérin (1969) II 133.
122. E. Gentile (2010) 122; P. Milza (1999) 676; E. Santarelli (1981) II 179–180.
123. G. Gentile (1929) 50.
124. Citado em R. De Felice (1978) 36, A. Lyttelton (1982) 6 e Z. Sternhell et al. (1994) 3. Deveram-se a Croce a tradução italiana e o prefácio da obra de Sorel *Réflexions sur la Violence*. Aliás, segundo M. Lane (2003) 325, Croce tornara-se amigo de Sorel. Ora, é curioso recordar que, numa recensão escrita em 1909, Mussolini afirmou que autor e tradutor possuíam a mesma originalidade de pensamento, o mesmo desprezo pelo meio-termo e pelos jogos de palavras, a mesma honestidade na pesquisa. Ver B. Mussolini (1951) 163–164. Mas tanto Mussolini como Croce se mostraram depois

tão simples, aquele mestre do pensamento — que se pronunciara favoravelmente ao novo regime logo após a Marcha sobre Roma[125], que inspirara a primeira reforma educacional do fascismo[126] e que, do seu lugar de senador, se solidarizara com Mussolini numa das alturas mais críticas, quando ele era atacado em virtude do assassinato de Matteotti[127], além de voltar a apoiá-lo por ocasião da guerra contra a Etiópia[128] — desnaturou duplamente os acontecimentos, ilibando o liberalismo do apoio prestado à ascensão de Mussolini e à implantação do Estado totalitário, de maneira a que, encerrado o parêntesis, esse mesmo liberalismo pudesse retomar os seus caminhos. Curiosamente, numa entrevista concedida em 1924, Croce, depois de afirmar que era necessário dar tempo ao fascismo para desenvolver as suas virtualidades positivas, caracterizara-o como «uma via de passagem para a restauração de um regime liberal mais severo no quadro de um Estado mais forte»[129]. O que fora definido como uma «via de passagem», ou seja, algo que liga, transformou-se depois, na memória incómoda do filósofo, num «parêntesis», quer dizer, algo que interrompe. E assim, remetendo o fascismo para o domínio do circunstancial ou do inexplicável, se suprimiu o tecido da história.

---

interessados em esquecer a convergência inicial. «Tenho uma confissão a fazer-vos», declarou o Duce em Junho de 1925. «Nunca li uma página sequer de Benedetto Croce». Ver G. S. Spinetti (org. 1938) 269 e também Adrian Lyttelton, op. cit., 617. Parece que se colocavam entre parêntesis um ao outro, tanto mais que em Maio de 1929, segundo J. F. Pollard (2005) 67, o Duce classificou Croce como «um desertor da história». Renzo De Felice, op. cit., 50 esclareceu que «o primeiro a ter falado do fascismo como um *parêntesis* tinha sido, em 1924, I. Bonomi, na última página do seu livro *Dal Socialismo al Fascismo*». A informação é importante porque mostra, da parte dos liberais, a vontade de abrirem parêntesis mal Mussolini chegara ao poder e assim se absolverem de quaisquer responsabilidades históricas relativamente ao novo regime, mesmo quando se tratava de alguém, como Ivanoe Bonomi, que contribuíra para entregar o aparelho de Estado aos fascistas.

125. P. Milza (1999) 312. Ver também S. G. Payne (2003 b) 107.
126. P. Milza (1999) 581; E. Santarelli (1981) I 354.
127. Segundo Ch. S. Maier (1988) 672, deveu-se a Croce o texto da moção de confiança votada pelo Senado em apoio ao regime fascista. Acerca da posição adoptada por Croce nesta ocasião ver igualmente A. Lyttelton (1982) 391 e Z. Sternhell et al. (1994) 226-227. Só em Abril de 1925 Croce tomou abertamente posição contra o regime, assumindo a iniciativa de um contramanifesto onde se atacava a proclamação emanada de um congresso de intelectuais fascistas realizado pouco antes, como indicou P. Milza (1999) 360 e 580.
128. E. Gentile (2010) 122; P. Milza (1999) 676, 677; E. Santarelli (1981) II 180.
129. Citado em Ch. S. Maier (1988) 673 n. 161 cont.

Deparando com esta inclusão de tantas concepções e figuras do velho liberalismo no âmbito do novo regime, alguns fascistas que haviam acompanhado Mussolini no início do movimento arrepelavam os cabelos e gritavam traição[130]. Mas não tinham razão, porque a conjugação entre os dois eixos políticos, que permitira ao fascismo conquistar as massas e subir ao poder, não deixou de caracterizá-lo depois de ter hegemonizado a vida governamental. Os meios constitucionais postos à disposição do Duce com o beneplácito liberal, sem esquecer as medidas de excepção a que ele recorreu, não teriam sido suficientes para conferir ao Estado o arcaboiço totalitário se os governantes não continuassem a dispor das milícias, para as quais a ilegalidade não era um obstáculo e a legalidade não tinha limites. «Quando faltar o consenso, há a força», declarou despudoradamente Mussolini em Março de 1923[131]. Não bastaram as leis, as antigas e as novas, foi necessário complementá-las com a acção ilegal[132], e ainda em 1937 se insistia em conselho de ministros na conveniência de recorrer à política musculada dos *squadristi*[133]. «Unir as represálias legais [...] às represálias ilegais [...] eis a essência de toda a "sabedoria" política do fascismo italiano», escreveu um historiador anarquista soviético[134]. E Giuseppe Bottai, que pretendera enca-

---

130. G. Bortolotto (1938) 458; G. Bottai (1949) 20; D. Guérin (1969) II 139; Ch. S. Maier (1988) 668; P. Milza (1999) 329, 352–353.
131. Antologiado em G. Spinetti (org. 1938) 70.
132. D. Guérin (1969) II 123; E. Santarelli (1981) I 327–329, 363, 371, 372 n.1, 382–385, 400–401, II 43.
133. G. Bottai (1949) 110.
134. Esta passagem de um livro de Guermann Sandomirski, publicado em Moscovo em 1929, encontra-se citada em B. R. Lopukhov (1965) 251. Sandomirski, que durante o czarismo havia sido preso e condenado à morte por terrorismo e conseguira evadir-se, foi um dos muitos anarquistas que apoiaram a revolução bolchevista e colaborou activamente com as instituições soviéticas em cargos de responsabilidade, até ser preso e deportado em 1935. Victor Serge, que forneceu estes detalhes biográficos e admitiu que ele tivesse sido fuzilado em 1937, considerou-o «autor de Memórias interessantes e de úteis monografias acerca do fascismo italiano». Ver Victor Serge, *Destin d'une Révolution. URSS 1917–1937*, em J. Rière et al. (orgs. 2001) 370. Nas *Mémoires d'un Révolutionnaire, 1905–1941*, em Jean Rière et al., op.cit., 728, Serge, depois de classificar Sandomirski como um «anarquista que se tornou infinitamente bem comportado», voltou a mencionar «os seus belos estudos sobre o fascismo italiano». Adoptando a mesma perspectiva de Guermann Sandomirski, escreveu P. C. Masini (1999) 63: «A *normalização* deixava os opositores entre a espada e a parede: no centro, a repressão de Estado (detenções, tribunal especial, condenações severas

beçar uma institucionalização do fascismo radical, reflectiu depois com amargura sobre «o fenómeno absurdo de uma legitimidade ilegítima, de normas caídas em desuso antes mesmo de serem usadas [...]»[135]. Mas nunca têm razão os que choram a história, e o que neste caso caracterizou a legalidade fascista foi o facto de não conseguir manter-se sem o recurso a meios que, nos seus próprios termos, eram considerados ilegais. «Os violentos, os violentos!», teria Mussolini exclamado durante uma conversa privada em Abril de 1924. «Pois bem, também eles me são necessários»[136]. Neste contexto o assassinato de Matteotti, em Junho desse ano, não se destacou apenas pela importância política da vítima e pela campanha que estava a conduzir na altura, mas converteu-se no símbolo de todo um tipo de actuação, esclarecendo o verdadeiro sentido das palavras do Duce quando proclamou dois meses depois, no conselho nacional do partido, que «procuramos apresentar-nos com o nosso aspecto guerreiro, mas humano»[137]. Foi esta a revolta dentro da ordem.

E assim, de uma maneira paradoxal na aparência mas muito sólida na realidade, o fascismo empregou sempre as armas da desordem para defender e sustentar a ordem. Esta ordem dos fascistas afigurava-se tanto mais necessária quanto se revelava serem eles os únicos a poderem pôr cobro às desordens de que eles próprios — ninguém duvidava disso! — eram os verdadeiros fomentadores. O *racket* de protecção, inventado pelos *gangsters*, passara a ser aplicado na vida política. Foi esta a mais considerável inovação do fascismo italiano.

2. REPÚBLICA SOCIAL ITALIANA: A DISSOLUÇÃO DO CAMPO INSTITUCIONAL DO FASCISMO

Sucessivas catástrofes militares e enormes greves operárias, iniciadas em Março de 1943 em Turim e prolongadas por outros surtos de contestação em várias regiões do norte e do centro da península

---

e até o restabelecimento da pena de morte) e, na periferia, a represália das milícias, efectuada com implacável presteza».
135. G. Bottai (1949) 22.
136. Citado em E. Santarelli (1981) I 368 n. 1.
137. Citado em id., ibid., I 377.

durante os meses seguintes[138], mostraram a muitos dirigentes do Partido Nacional Fascista e das estruturas repressivas que a única solução consistia em apoiar-se na monarquia para derrubar Mussolini e desembaraçar o país da aliança germânica. A preparação deste golpe de Estado reflectiu, dentro do regime, a insatisfação crescente da classe trabalhadora[139], e por fim, na memorável sessão do Grande Conselho de 24 para 25 de Julho de 1943, Dino Grandi apresentou uma moção que procurava instaurar uma monarquia conservadora, dotada de formas moderadas de pluripartidarismo e assente na burocracia desenvolvida pelo fascismo, mas desprovida do radicalismo fascista e, sobretudo, sem Mussolini no lugar de comando. A orientação política do governo e a condução militar da guerra seriam entregues ao rei, o que naquele caso significava o abandono da aliança com o Reich e a passagem para o campo dos Aliados[140]. O Duce foi destituído, mas também Grandi viu o poder escapar-se-lhe das mãos, ainda que o lastro político e social do novo governo, chefiado pelo marechal Badoglio, tivesse sido o mesmo que ele havia projectado para si próprio.

Naquela derradeira reunião do Grande Conselho o fascismo italiano desmoronou-se e jamais conseguiu reconstituir a conjugação de forças que fora a condição da sua existência. De um lado, as instituições do eixo conservador prescindiram da ligação ao eixo radical, que tão funesta lhes estava a ser, e confiaram-se à tutela britânica e norte-americana. Do outro lado, Mussolini retomou os temas republicanos da sua juventude, porque os restos do fascismo não dependiam já das armas italianas, mas da Wehrmacht. «[…] não foi o regime que traiu a monarquia, mas a monarquia que traiu o regime», declarou o Duce no discurso de 18 de Setembro de 1943, o primeiro que pronunciou após ter sido libertado pelos ss seis dias antes. «Quanto às nossas tradições, elas são muito mais republicanas

---

138. J. Caplan (org. 1995) 274-294; Ch. F. Delzell (org. 1971) 221; P. Milza (1999) 805; E. Santarelli (1981) II 462 e segs.
139. R. Overy (2015) 317.
140. Acerca da última sessão do Grande Conselho e das manobras políticas que a precederam ver: G. Bottai (1949) 265 e segs.; Ch. F. Delzell (org. 1971) 222; P. Milza (1999) 813 e segs.; E. Santarelli (1981) II 493 e segs.

do que monárquicas»[141]. Mas, como em tudo o que diz respeito à República Social, também aqui é difícil diferenciar entre o que teria ainda algum fundamento e as meras ilusões com que um regime defunto pretendeu enganar os outros ou entreter-se a si mesmo. O radicalismo serôdio adoptado por Mussolini no norte da península sob a tutela germânica nunca alcançaria efeitos práticos sem uma base conservadora a que pudesse aderir. O fascismo era uma revolta dentro da ordem, e se a ordem dispensara os plebeus e as suas péssimas maneiras, isto não convertia a revolta em revolução, mas condenava-a a ser apenas uma revolta frustrada.

A República Social não sobreviveu graças a qualquer dinamismo próprio e teria sido inexplicável sem a presença das tropas do Terceiro Reich, que exerceram sempre um completo controle sobre o território nominalmente atribuído ao novo regime fascista, emitindo moeda, requisitando fábricas e outras instalações económicas, superintendendo o sistema de comunicações — tanto os transportes como a rede telefónica — e, em geral, dando um sem número de instruções às autoridades administrativas italianas[142]. Desde cedo que Mussolini protestou contra este estado de coisas, em carta endereçada a Hitler a 27 de Setembro de 1943: «O governo da República, que eu tenho a honra de dirigir, tem só um desejo e um objectivo — que a Itália retome quanto antes o seu lugar na guerra. Mas, para atingir este resultado supremo, é essencial que as autoridades militares alemãs limitem a sua actividade à esfera puramente militar e que no demais permitam o funcionamento das autoridades civis italianas. Se isto não for feito, tanto a opinião pública italiana como a mundial considerarão este governo incapaz de funcionar, e o próprio governo será atingido pela desorganização e, pior ainda, pelo ridículo»[143]. Com efeito, para um regime que concebia a política como arte da encenação, que ameaça podia ser mais grave do que o drama revelar-se uma farsa? Seis dias depois Mussolini escreveu de novo a Hitler: «Os comandos militares alemães emitem uma série contínua de ordens em assuntos que dizem respeito à vida civil.

---

141. Antologiado em Ch. F. Delzell (org. 1971) 236. Em conversas íntimas, em 31 de Janeiro e 17 de Fevereiro de 1942, Hitler lastimara a subordinação do fascismo italiano à monarquia. Ver *Hitler's Table Talk*..., 268 e 313.
142. F. W. Deakin (1966) 64, 108.
143. Citado em id., ibid., 70.

[...] As autoridades civis italianas são desprezadas e a população tem a impressão de que o governo republicano fascista é absolutamente desprovido de autoridade, mesmo em questões totalmente alheias à esfera militar»[144]. Mussolini regressaria repetidamente a este tema, sempre sem êxito. Em Agosto de 1944, numa carta dirigida a Goebbels, ele reclamou pelo facto de o exército do Reich continuar a organizar directamente a vida económica, política e cultural no território formalmente atribuído à República Social, e no final desse mês ameaçou demitir-se se as autoridades nacional-socialistas não colocassem o seu governo em condições de funcionar[145]. Não sucedeu uma coisa nem a outra, e em Dezembro, quando tudo se aproximava do fim, Mussolini escrevia ainda ao embaixador germânico, recordando-lhe que «aquilo que eu lhe comuniquei não é de molde a convencer o povo italiano de que a República seja independente, pelo menos no que diz respeito à política interna, e por isso é absolutamente necessário que as autoridades militares e políticas alemãs deixem ao governo da República aliada o poder e a responsabilidade de governar realmente»[146].

Estes protestos encontraram eco noutros provenientes dos representantes germânicos na Itália, até do embaixador e do próprio comandante-chefe das tropas do Reich[147], mas sem resultados. Os comandos da Wehrmacht chegaram ao ponto de determinar os lugares de residência do Duce e dos membros do seu governo[148], e se no começo de 1944 as autoridades militares do Reich impediam a instauração de uma administração civil italiana dotada de qualquer independência, no final do ano a situação não se alterara[149]. Diversos órgãos governamentais do Reich haviam passado a intervir normalmente na Itália centro-setentrional, organizando a produção de guerra e controlando a mão-de-obra, na realidade determinando inteiramente a organização industrial[150]. Por outro lado, um número crescente de italianos foi requisitado para laborar nas fábricas

---

144. Citado em id., ibid., 83.
145. Id., ibid., 223, 224.
146. Citado em id., ibid., 229.
147. Id., ibid., 72–74; P. Milza (1999) 858, 859.
148. F. W. Deakin (1966) 81; S. G. Payne (2003 b) 412.
149. F. W. Deakin (1966) 162, 237.
150. Id., ibid., 71–72, 237.

alemãs ou na construção de fortificações, em regime compulsório[151]. Igualmente desprestigiante para o governo da República Social era o destino das centenas de milhares de soldados italianos que a Wehrmacht detivera como prisioneiros de guerra após a inversão de alianças operada pelo governo do marechal Badoglio[152]. Pior ainda, os territórios do Trieste e da Dalmácia foram ocupados pelos nacionais-socialistas e ficaram na prática convertidos em dependências do Reich[153]. A tanto havia chegado o Império e com ele a pretensa legitimidade histórica do fascismo italiano. O memorando apresentado ao Duce no final de Junho de 1944 pelo seu ministro da Defesa e chefe do estado-maior, marechal Graziani, resumiu sem ilusões a situação: «Todos estão convencidos de que o governo não vale nada e de que são os alemães quem na realidade dá ordens»[154].

Faltava a esta sombra de fascismo o eixo exógeno. A primeira das preocupações de Mussolini quando retomou a actividade política, após a sua libertação pelos ss, foi a reconstituição das forças armadas. As anteriores ou se haviam pura e simplesmente volatilizado pela fuga e pela deserção ou combatiam agora ao lado dos Aliados ou estavam em campos de prisioneiros de guerra, detidas pelos nacionais-socialistas, que não depositavam nelas a mínima confiança. Na primeira metade de 1944 o exército republicano e nacional continuava a não existir, excepto nos planos do Duce e do seu chefe de estado-maior[155]. «Este Exército é uma realidade ou uma ilusão?» — perguntou Graziani, mais uma vez com insuperável acuidade, no memorando apresentado em Junho de 1944[156]. Quando finalmente, na segunda metade desse ano, a República Social recebeu algumas tropas italianas que haviam sido treinadas no Reich, a Wehrmacht nem as armou convenientemente nem as empregou no combate contra os Aliados[157]. Nestas circunstâncias a taxa de deserção, que

---

151. Id., ibid., 72. Acerca do mau tratamento sofrido por estes trabalhadores ver A. Beevor (2017) 155.
152. F. W. Deakin (1966) 72, 84-85, 90-91, 215, 218.
153. Id., ibid., 109-114, 237.
154. Citado em id., ibid., 202.
155. Id., ibid., 162-163, 193, 199; P. Milza (1999) 859.
156. Citado em F. W. Deakin (1966) 202.
157. Id., ibid., 229-232, 244-245; P. Milza (1999) 844-845.

seria naturalmente elevada devido às condições políticas, tornou-se maior ainda[158].

No outro pólo do eixo exógeno o regime de Salò não teve maior felicidade. O Vaticano iniciara um distanciamento prudente e preparava-se para receber o apoio de novos protectores, recusando-se a reconhecer formalmente a República Social[159]. E se nos derradeiros dias do regime, caóticos, desesperados, quando o Duce não era já *duce* de coisa nenhuma, foi o cardeal-arcebispo de Milão a tentar uma mediação entre as várias partes em luta, que arranjasse para Mussolini e os seus últimos fiéis uma via de saída[160], isto indica apenas que a Igreja católica estava, como sempre, a acautelar-se para todas as eventualidades. Aquele prelado, por ocasião da assinatura dos acordos de Latrão, declarara que «desde o começo a Itália católica e até o próprio papa abençoaram o fascismo»[161]. Depois contara-se entre os que mais haviam exaltado a missão civilizadora e apostólica da conquista da Abissínia e referira-se a Mussolini como «o Homem providencial de génio, que salvou o Estado, fundou o Império e deu à consciência dos italianos a mais perfeita unidade nacional graças à paz religiosa»[162]. Mas o cardeal-arcebispo soubera depois distanciar-se. Em duas alocuções feitas secretamente ao clero em Janeiro de 1939 ele considerou o fascismo «uma doutrina cada vez mais paganizante» e opôs-se a «um credo fascista e um Estado totalitário que, exactamente como o hegeliano, reivindica para si atributos divinos»[163]. Não espanta que mais tarde um papa o tivesse beatificado. No momento decisivo a Igreja já tinha expelido agilmente da sua teia o que restava do fascismo e desembaraçara-se de alianças incómodas, para oferecer o conforto espiritual aos vencedores.

A República Social não conseguiu também reconstituir o eixo endógeno. Inicialmente, na sua proclamação de 18 de Setembro de 1943, Mussolini considerara que o exército da República deveria

---

158. F. W. Deakin (1966) 230, 232; P. Milza (1999) 845.
159. F. W. Deakin (1966) 70; Ch. F. Delzell (org. 1971) 184.
160. F. W. Deakin (1966) 275, 280–281, 316–320, 322; P. Milza (1999) 870–872; E. Santarelli (1981) II 579–580.
161. Esta citação do cardeal Schuster encontra-se em J. F. Pollard (2005) 60.
162. E. Gentile (2010) 138–140. A citação encontra-se na pág. 139. Ver também C. T. Schmidt (1939) 72.
163. Citado em E. Gentile (2010) 156.

formar-se em torno da Milícia fascista[164]. Rapidamente, porém, foi decidido atribuir às forças armadas um carácter nacional e não partidário[165], o que certifica que elas se situavam obrigatoriamente num plano exógeno em relação ao fascismo. Ao mesmo tempo, fracassaram as tentativas da suprema autoridade militar da nova República de incorporar a Milícia no exército, e ela conservou a autonomia e a conotação partidária sob o nome de Guarda Nacional Republicana[166], revelando uma vez mais que era forçosamente endógena ao fascismo. Esta dupla confirmação da necessária inserção do exército e das milícias em eixos diferentes é tanto mais elucidativa no plano teórico quanto nem um nem as outras chegaram jamais a adquirir aqui uma substância prática. As milícias obedeciam à iniciativa de políticos rivais e actuavam cada uma por seu lado, recusando qualquer coordenação ou tutela superior[167]. «A luta interna pelo controle das forças armadas de que dispunha o governo de Salò», relatou um historiador, «levou na prática à criação de uma série de exércitos privados e de forças policiais privadas, que só muito vagamente respeitavam qualquer autoridade central. [... ... ...] Além disso, cada organização militar tendia a recrutar os seus próprios serviços de policiamento e de informação [...]»[168]. Se é certo que a identidade das milícias foi preservada, o seu funcionamento desordenado revelava mais o pânico do que a determinação. Nem pode sequer falar-se de desagregação da República Social, já que o regime nunca chegou a constituir-se de maneira coerente. Quando, em Junho de 1944, reconhecendo-se incapaz de reunir um exército nacional, Mussolini decidiu militarizar o Partido Fascista Republicano[169], não estava a tomar uma medida de autoridade, mas de desespero. Nesta versão tratar-se-ia de confundir milícias e partido, mostrando, afinal, que não havia instituições disponíveis, além do vago conjunto de fascistas que exercitavam os seus despeitos numa área cada vez mais exígua. Esta soma heteróclita de nomes conhecidos e *squadristi* anónimos era desprovida de uma estrutura efectiva e de qualquer co-

---

164. F. W. Deakin (1966) 58, 93; Ch. F. Delzell (org. 1971) 236.
165. F. W. Deakin (1966) 82, 87.
166. Id., ibid., 82, 89, 92–96; P. Milza (1999) 844.
167. F. W. Deakin (1966) 158, 240–241; S. G. Payne (2003 b) 413.
168. F. W. Deakin (1966) 97, 98.
169. Id., ibid., 199, 203–204, 219; P. Milza (1999) 844.

esão orgânica. Nada se podia fazer com tal gente, a não ser deixá-la cumprir o que fora a sua vocação inicial, armar-se para liquidar os inimigos políticos. O fascismo italiano terminou como começara, bandos de energúmenos ao serviço de chefes concorrentes.

Também no pólo dos sindicatos o regime se revelou desprovido de substância. A 26 de Setembro de 1943 o governo de Mussolini proclamara a intenção de criar um corporativismo integral, publicando-se mais tarde um decreto neste sentido[170]. Anunciou-se igualmente a reorganização global da economia, incluindo a nacionalização de vários ramos da indústria, e a constituição de um sistema de co-gestão que assegurasse na administração das empresas a presença de representantes dos investidores, da burocracia e da tecnocracia, e dos trabalhadores. Mas embora os assalariados pudessem eleger os seus representantes, só seria nomeado quem estivesse incluído em listas cuja composição era determinada por comissários do governo, o que significava simplesmente que os dirigentes profissionais dos sindicatos teriam acesso aos postos superiores da economia[171]. Assim, o novo sistema subalternizaria a burguesia privada, composta pelos investidores, e reforçaria a classe dos gestores, formada pela burocracia das empresas, pelos tecnocratas e pela burocracia sindical.

Estes planos, como tudo o resto na República Social, permaneceram no papel, sem execução prática, para uso e reflexão dos historiadores. Parece que alguns tecnocratas os aprovaram, mas os principais dirigentes industriais declararam-se adversos[172]. Por seu lado, as forças da Wehrmacht que ocupavam a Itália centro-setentrional não mostraram interesse em admitir qualquer interferência no controle que exercem sobre a vida económica do território[173]. E os capitais de origem suíça, tão importantes na indústria do norte da península, opuseram-se àquelas disposições[174]. Não foi menor nem menos veemente a discordância da classe operária. Em Novembro de 1943, apesar da impressionante presença militar alemã, várias de-

---

170. F. W. Deakin (1966) 168, 169.
171. Id., ibid., 169 e segs.; Ch. F. Delzell (org. 1971) 240, 242; S. G. Payne (2003 b) 413.
172. F. W. Deakin (1966) 174, 178; P. Milza (1999) 847.
173. F. W. Deakin (1966) 169–170, 175, 178–179, 247; A. J. Gregor (2005) 438; S. G. Payne (2003 b) 413.
174. F. W. Deakin (1966) 177–178; A. J. Gregor (2005) 438; P. Milza (1999) 847.

zenas de milhares de trabalhadores entraram em greve na indústria automobilística de Turim e as paralisações repetiram-se no norte do país em Março do ano seguinte, numa escala bastante mais ampla e em conjugação com acções de sabotagem devidas à Resistência. Estes dois surtos de contestação mobilizaram mais de meio milhão de trabalhadores, e de novo em Junho dezenas de milhares de operários de Turim suspenderam o trabalho[175]. «As massas recusam-se a aceitar tudo o que venha de nós», lastimou-se um dirigente sindical fascista num relatório dirigido a Mussolini em Junho de 1944, e concluiu: «Em suma, os operários consideram as nacionalizações como uma ratoeira e mantêm-se bem afastados de nós e da ratoeira»[176]. Ninguém se entusiasmava com a reorganização do sistema económico e com o corporativismo integral prometidos pelo Duce, nem o regime dispunha de órgãos que lhe permitissem impor a sua vontade. Depois de muitas hesitações e adiamentos, Mussolini limitou-se, em Setembro de 1944, a nacionalizar um grupo de quatro empresas controladas pela Federação Industrial, e no mês seguinte foram nacionalizadas as indústrias do papel e da impressão, bem como a actividade editorial[177]. O que se anunciara como um vastíssimo programa de reformas acabou, afinal, por se reduzir a uma medida destinada a consolidar o totalitarismo ideológico exercido pelo regime.

A República Social não chegou a existir. Sem um exército próprio, sem o apoio do aparelho eclesiástico, sem um partido e umas milícias que funcionassem de maneira conveniente, sem ser capaz de tomar medidas de carácter social que justificassem o nome atribuído à sua república, o fascismo dos últimos dias não teve força nem legitimidade. Aquele que noutros tempos, agora tão distantes, havia escrito: «Durar dia após dia, mês após mês, ano após ano»[178] — será que desejaria ainda durar? A demagogia desiludida de Mus-

---

175. L. Ceva, «Italy», em I. C. B. Dear et al. (orgs. 1995) 589; F. W. Deakin (1966) 155, 175-177, 205-206.
176. Citado em F. W. Deakin (1966) 180. Ver igualmente a este respeito Ch. F. Delzell (org. 1971) 251.
177. F. W. Deakin (1966) 175, 177-179, 247-248. Todavia, A. J. Gregor (2005) 438 pretendeu que essas nacionalizações tiveram um âmbito mais vasto.
178. Citado em G. Bortolotto (1938) 465 n. 2.

solini em Salò serve apenas de contraponto, para revelar aquilo que o fascismo não pôde ser e jamais teria podido.

3. PORTUGAL: UM FASCISMO SURGIDO DO EIXO CONSERVADOR REDUZIU AMBOS OS EIXOS A UMA EXPRESSÃO MÍNIMA

Talvez o exemplo mais cabalmente oposto ao italiano tivesse sido o Estado Novo português, com um ditador que temia o aplauso directo das massas e manteve durante toda a vida uma profunda aversão ao populismo, tanto político como económico.

A melhor forma de abordar o salazarismo é na perspectiva da Action Française. Não sei se já no seminário, mas pelo menos desde os tempos de estudante na Universidade de Coimbra, Salazar mostrou uma acentuada predilecção por Charles Maurras e estudou atentamente a sua doutrina, seguindo-lhe de então em diante com ininterrupto interesse os escritos e a prática e continuando a procurar ali inspiração[179]. Chegaram mesmo a trocar correspondência[180] e várias vezes os artigos de *L'Action Française*, pelo menos numa ocasião com a assinatura do próprio Maurras, fizeram o elogio da governação de Salazar[181]. Depois da guerra, numa das amenas conversas que teve com uma escritora francesa, Salazar lastimou «as verdadeiras amputações que o vosso país a si próprio causou, como nos casos de Pétain e de Maurras»[182]. Pela mesma ocasião, em 1951, Maurras remeteu a Salazar uma longa carta escrita na prisão, onde exprimiu com palavras entusiásticas a admiração que sentia pelo Estado Novo e a confiança que depositava no presidente do Conselho[183]. E no ano seguinte, já muito doente, o decano da extrema-direita europeia enviou nova mensagem a Salazar, de congratulações

---

179. F. Nogueira [1977-1985] I 70-71, 155, 248, 291. Se já nos seus tempos de estudante Salazar lia a obra de Maurras, concluo que António Sardinha exagerava ao pretender que a doutrina da *Action Française* era «completamente desconhecida» em Portugal antes de o Integralismo Lusitano a ter divulgado. Ver a citação de Sardinha em M. B. Cruz (1982 a) 150.
180. J. Medina (1978) 203 n. 24 cont.
181. J. S. Saraiva (1953) 41-43.
182. Citado em Ch. Garnier (1952) 168.
183. Id., ibid., 168; F. Nogueira [1977-1985] IV 224-225.

e incitamento[184]. Seis meses depois, por ocasião da sua morte, teve lugar o derradeiro agradecimento do fascismo português àquele seu génio tutelar, quando a Assembleia Nacional lhe prestou uma homenagem oficial[185].

Em França, e muito ao contrário dos desejos do seu fundador, a Action Française funcionou como um patamar que possibilitava o acesso ao fascismo, sem ser inteiramente fascista, e a peculiaridade de Maurras consistiu em manter, no equilíbrio instável que caracterizou todo o fascismo, uma inclinação exclusiva para o campo conservador, ou talvez em manter, no conservadorismo, uma propensão permanente para o fascismo. Salazar, em contrapartida, deu o pequeno passo — quantitativamente pequeno, mas decisivo qualitativamente — que permitiu converter a doutrina de Maurras numa ideologia fascista. O Estado Novo português mostra-nos o que seria a Action Française se Maurras tivesse abdicado na prática do seu amor pela monarquia e, assim, tivesse sido capaz de mobilizar a extrema-direita mais radical e os fascistas, em vez de os repelir. Foi em Portugal que a Action Française teve êxito e foi na versão incolor de Salazar, nem republicana nem monárquica, que a doutrina de Maurras revelou um carácter plenamente fascista.

«Para Maurras e seus discípulos o fenómeno político é o fenómeno social por excelência», censurou Salazar numa entrevista concedida em 1932. «Certamente a política tem o seu lugar [...] Mas a vida dum país é mais complexa, mais larga, escapa mais aos órgãos e à acção do poder do que muitos o poderiam julgar: a história duma nação não é apenas a história dos seus conquistadores, dos seus grandes reis; ela é, sobretudo, a resultante do trabalho que o meio impõe aos homens, e das qualidades e defeitos dos homens que vivem nesse meio»[186]. Passados vinte anos, o presidente do Conselho referia ainda «o princípio maurrassiano, mas desprovido do carácter absoluto que, sem razão, lhe atribuem»[187]. Apegado à imagem que tinha do povo entre quem havia nascido — «excessivamente sentimental, com horror à disciplina, individualista sem dar por isso,

---

184. F. Nogueira [1977–1985] IV 262.
185. P. Sérant (1959) 123.
186. A. Ferro (1933) 145–146.
187. Citado em Ch. Garnier (1952) 107.

falho de espírito de continuidade e de tenacidade na acção»[188] — Salazar não via outra alternativa senão prosseguir uma orientação desprovida de anseios de heroísmo e limitada por uma persistente modéstia de horizontes. O certo é que foi assim que aquele ditador conseguiu governar ferreamente o seu país e se esforçou por construir, em muitos casos com êxito, a imagem de «um grande homem servido por um povo pequeno»[189].

Em Portugal o fascismo desenvolveu-se a partir do eixo exógeno, no quadro de um golpe conduzido em 28 de Maio de 1926 pelas forças armadas, com a benção dos mais altos dignitários eclesiásticos. Esclarecida a confusão dos primeiros dias do pronunciamento, em que haviam convergido, desde a extrema-direita até à extrema-esquerda, todos os sectores contrários à hegemonia do Partido Democrático[190], o governo da ditadura procurou, além do óbvio apoio dos oficiais afectos à direita republicana, o aplauso também dos católicos e dos monárquicos conservadores. Em Junho de 1926, a nomeação de um ex-seminarista, antigo dirigente do Centro Académico de Democracia Cristã e membro proeminente do Centro Católico Português, o Prof. Doutor António de Oliveira Salazar, como ministro das Finanças do governo militar revelou a conjugação dos dois pólos do eixo exógeno do fascismo. Politicamente, Salazar nunca fora senão um dirigente católico, e no rigoroso limite desta esfera cedo se tornara uma personalidade destacada[191]. Um dos princi-

---

188. Este trecho de uma entrevista de Salazar a António Ferro, publicada no *Diário de Notícias*, 16 de Outubro de 1938, vem transcrita em F. Nogueira [1977–1985] III 175. Já num artigo publicado no *Novidades*, 10 de Fevereiro de 1928, Salazar evocara «a própria natureza que nos doseou mal o sentimentalismo, com o que nos deu firmeza de menos e mobilidade de mais». Ver J. Ameal (org. 1956) II 173.
189. A frase encontra-se num relatório de Março de 1940 enviado ao governo de Londres pelo embaixador britânico em Portugal, citado em F. Nogueira [1977–1985] III 252. Não se tratava, contudo, de uma ideia original, pois vejo-a já mencionada como de uso corrente por A. Aguiar (1934) 181–182, que atribuiu a sua origem a uma exclamação do ministro dos Estados Unidos em Lisboa perante o cadáver de Sidónio Pais.
190. J. Ameal (org. 1956) I 36–37, 64–69; F. Rosas et al. [s. d.] 151 e segs. Partido Democrático era a designação corrente do Partido Republicano Português depois das cisões que afastaram os elementos afectos a Brito Camacho e a António José de Almeida.
191. «Salazar passa a ser considerado o mais importante teórico católico», escreveu A. J. Telo (1980–1984) I 93.

pais diários da capital classificou-o em Julho de 1927, quando não desempenhava nenhuma função governativa, como «uma das figuras de maior relevo da sociedade portuguesa»[192]. O grande público podia ignorá-lo, já que Salazar, eleito deputado em 1921 numa lista católica, só passara fugazmente pelo parlamento; mas nenhuma pessoa bem informada o desconhecia, e as suas opiniões sobre a necessidade de reduzir as despesas do Estado e lhe remodelar o funcionamento contavam com a simpatia das associações patronais[193].

Poucos dias depois de nomeado ministro, porém, Salazar abandonou o cargo, por considerar que o regime militar não tinha alcançado um grau de estabilidade que permitisse uma acção governativa sistemática. Mas nessa posição recuada foi tecendo uma rede de contactos com os meios governamentais, já que as novas autoridades lhe atribuíram a presidência de uma comissão destinada a estudar a remodelação das contribuições e impostos e depois se encarregou da reforma de uma importante instituição bancária. E em Novembro e Dezembro de 1927 publicou num órgão da imprensa diária uma série de sete artigos onde divulgou o seu programa financeiro e económico[194]. Por si só, o carácter técnico dos artigos era um chamariz, pois numa época em que tanto se comentava o dia-a-dia da política, aquela afirmação de competência ajudou a criar em torno de Salazar uma aura providencial. Na frieza dos números, a análise era assaz crítica de um ano de administração da ditadura militar. Para concluir, depois de mostrar que tinha havido um aumento das despesas com o funcionalismo público, mais numeroso e mais bem pago, e um aumento dos gastos nos dois ministérios das forças armadas, Salazar chamou a atenção para uma «política de fomento nula ou extraordinariamente reduzida». E como se este balanço não fosse suficiente, encerrou a série de artigos com a irónica frieza a que depois os seus discursos habituariam o país, recordando que há anos

---

192. Esta frase do *Diário de Notícias*, 14 de Julho de 1927, vem citada em J. Ameal (org. 1956) II 136.
193. É curioso observar que a participação de Salazar no Congresso das Associações Comerciais e Industriais, realizado em Dezembro de 1923, que encontro mencionada em Ch. Garnier (1952) 199–200, J. F. Silveira (1982) 352 e A. J. Telo (1982) 322, não recebeu nenhuma menção em F. Nogueira [1977–1985] I 258–259 e 266, onde se relatam os episódios da vida de Salazar na passagem de 1923 para 1924.
194. Os artigos de Salazar, publicados no *Novidades*, 30 de Novembro – 21 de Dezembro de 1927, estão transcritos em J. Ameal (org. 1956) II 137–158.

atrás alguém lhe pedira que cortasse uma frase numa comunicação a um congresso: «Havia quem a julgasse pouco patriótica ou pelo menos pessimista, desalentadora para tantos que queriam trabalhar com entusiasmo e com fé. Mandei que se cortassem as palavras do reparo. Diziam: "a redução das despesas públicas é um problema *politicamente* insolúvel". A frase desapareceu, mas a verdade... a verdade ficou»[195].

Observo, no entanto, uma curiosa discrepância. No segundo artigo Salazar lamentou o facto de o sistema de impostos desfavorecer os empresários e investidores, beneficiando os agentes económicos passivos: «É de temer que o sistema fiscal [...] proteja de preferência os preguiçosos e os inferiores, e o fisco só tenha olhos de inquisidor, em vez de simpatia, para os elementos mais hábeis que pela sua inteligência e pelo seu trabalho elevam acima do vulgar os rendimentos da sua indústria»[196]. No artigo seguinte, porém, Salazar pareceu agradado pelo facto de a sobrevalorização do escudo, dificultando as exportações e facilitando as importações, acrescer as receitas aduaneiras em benefício do Estado. «A crise que a indústria tem atravessado fez aqui a fortuna do Estado», comentou ele[197], e esta oscilação entre uma política de fomento económico e uma política de receitas financeiras do Estado viria a caracterizar toda a governação de Salazar. Noutros artigos igualmente técnicos publicados em Janeiro e Fevereiro de 1928 Salazar criticou minuciosamente várias reformas decididas pelo governo e continuou a insistir na necessidade de equilibrar o orçamento.

A indiferença manifestada na série de artigos do final de 1927 relativamente ao grande empréstimo externo em que o governo depositava então tantas esperanças revelou perspicácia[198], porque as condições do empréstimo haveriam de ser inaceitáveis, mas decorreu de razões mais profundas. «[...] se paralelamente à operação do empréstimo», afirmou Salazar num artigo de Janeiro de 1928, «se não tenta conquistar, à custa dos maiores sacrifícios, o equilíbrio

---

195. Transcrito em id., ibid., II 158 (sub. orig.).
196. Esta passagem encontra-se transcrita em id., ibid., II 141.
197. Transcrito em id., ibid., II 144.
198. «Não entrando em linha de conta o grande empréstimo externo, em cuja realização tanto se tem falado [...]» — foi tudo o que Salazar escreveu a esse respeito. Esta passagem do sexto artigo encontra-se em id., ibid., II 154.

orçamental, os milhões que venham a ceder-nos não serão mais que um alívio momentâneo, a ocasião de alguns negociozinhos privados e uma causa de maiores ruínas para todos nós — mas não um princípio de regeneração económica e financeira»[199]. Salazar assentava o regresso à pasta das Finanças no insucesso daquela operação. «O fracasso do pedido de empréstimo intentado junto da Sociedade das Nações antes da sua entrada no Governo fora verdadeiramente providencial», recordou uma das principais personalidades do Estado Novo[200], e em Abril de 1928, alguns dias depois do malogro das negociações, Salazar encetou uma nova série de artigos onde deixou claro o seu triunfo. Começando por recordar que havia previsto aquele resultado negativo e que «em artigos sucessivos advoguei, com a clareza que me foi possível, esta tese — que o problema fundamental das nossas finanças era o equilíbrio do orçamento», Salazar fingiu espantar-se com o facto de, gorado o empréstimo, «ver por aí repetidas frases que me parecem minhas»[201]. O terreno passara a ser dele e, com a soberba a que habituaria os portugueses, nos artigos seguintes censurou o governo por não ter seguido à risca as indicações da comissão a que presidira, encarregada de estudar a remodelação do sistema fiscal. Este conjunto de diligências revelou os seus frutos nesse mês de Abril, quando a ditadura militar, possivelmente pressionada pelo episcopado[202], convidou de novo Salazar para a chefia do Ministério das Finanças, onde se manteve, como é sobejamente conhecido, de pedra e cal. «Está», escreveu,

---

199. Esta passagem de um artigo no *Novidades*, 3 de Janeiro de 1928, encontra-se em id., ibid., II 164-165.
200. P. Th. Pereira (1973) I 317.
201. Estas duas passagens do artigo publicado no *Novidades*, 4 de Abril de 1928, encontram-se em J. Ameal (org. 1956) II 198 e 199.
202. «Não deparei com documentação que o permita afirmar», preveniu F. Nogueira [1977-1985] II 3 n. 1, «mas à escolha de Salazar para as Finanças, naquele momento histórico, não deve ter sido indiferente o episcopado português, aconselhado decerto pela Santa Sé [...] Mas não encontrei documentação ou testemunho que autorizem na matéria uma afirmação peremptória. É uma simples hipótese». Numa das suas entrevistas a Salazar, insinuou António Ferro: «Tendo sido o sr. Presidente um dos fundadores do Centro Católico, havendo até quem diga que foi essa organização que o levou ao poder [...]». Mas Salazar replicou: «Os católicos foram absolutamente estranhos à minha entrada no governo [...] os católicos foram sempre estranhos à minha carreira política». Ver A. Ferro (1933) 34 e 35-36.

referindo-se a si mesmo, «e há tanto tempo e tão tranquilamente como se ameaçasse nunca mais deixar de estar»[203].

Salazar sustentou-se numa dupla conjugação de interesses. Por um lado, obteve a aprovação unânime dos conservadores reunidos em torno do Centro Católico Português, uma organização fundada em 1917 por iniciativa do episcopado[204], que tivera nele o seu chefe de facto e o contara como principal doutrinador[205], escutando-lhe palestras tão aliciantes como seria decerto uma que se intitulou «A Paz de Cristo na Classe Operária pela Santíssima Eucaristia»[206]. Diz-se que Maria Antonieta propusera distribuir *brioches* à plebe faminta, embora Rousseau já tivesse contado esta história nas *Confessions* e não creio que a raínha parafraseasse o filósofo. Salazar, mais modestamente, preparava-se para alimentar o proletariado a hóstias. Por esta e outras razões, um cónego de prestígio, habituado a exercitar-se em ocasiões solenes, entoou num sermão, anos mais tarde: «Surgiu um homem, segredo da Providência, revelado subitamente à nossa terra talvez como recompensa da fé que ela teve algum dia»[207]. A consagração de Salazar pela opinião católica, apresentando-o como um milagre, tornou-se comum e uma biografia entusiástica publicada na mesma ocasião afirmou sem hesitar que «há quem aponte Oliveira Salazar como tendo nascido predestinado para alcançar na história pátria um lugar de orientador do

---

203. Prefácio de Salazar em A. Ferro (1933) XV. As suas últimas palavras nesta série de entrevistas foram: «[...] enquanto estiver aqui [...] estou!» (pág. 154). E ali esteve por mais trinta e cinco anos.
204. F. Nogueira [1977–1985] I 229; F. Rosas et al. [s. d.] 170, 185.
205. É o que afirmou Marcello Caetano, mencionado por J. S. Saraiva (1953) 46. Por seu lado, M. B. Cruz (1978) 267 indicou que o Centro Católico assumiu praticamente como suas as teses que Salazar expôs em 1922 no 2º Congresso dessa organização.
206. Acerca desta conferência, proferida por Salazar em Julho de 1924 no Congresso Eucarístico Nacional, ver F. Nogueira [1977–1985] I 266 e segs. e J. S. Saraiva (1953) 48–49. Outro fascista clerical, o chanceler Dollfuss, pretendia eliminar a luta de classes pondo os patrões e os trabalhadores a rezar o rosário juntos. Ver o seu discurso de 11 de Setembro de 1933 em J. Messner (2004) 153.
207. Sermão do cónego Correia Pinto no ofício litúrgico de 26 de Maio de 1934 com que se inaugurou o 1º Congresso da União Nacional, citado em A. B. Parreira et al. (1982) 216. O cónego Correia Pinto foi classificado por F. Nogueira [1977–1985] II 156 como «orador sagrado de marca» e o autor acrescentou (vol. III, pág. 424) que ele era «muito chegado ao chefe do governo desde os tempos do CADC, e orador sagrado quase oficioso».

povo, feito novo Messias [...]»[208]. E numa carta privada dirigida a Salazar a propósito do projecto de concordata com o Vaticano, escreveu com abundância de maiúsculas o seu amigo de sempre, o cardeal-patriarca de Lisboa: «Deus escolheu-te a ti, para Lhe dares Portugal e O dares a Portugal»[209]. A passagem dos anos aumentou a familiaridade do presidente do Conselho com a corte dos céus, já que o cardeal o preveniu: «Tens sido o mimalho da Providência»[210]. E este menino querido do Todo-Poderoso, que mal passara um mês depois da sua entrada definitiva no governo e já se referia como a um «milagre» ao exercício das suas funções[211], beneficiava, além da legitimidade divina[212], da força operosa dos quartéis.

---

208. A. Aguiar (1934) 72. Adiante (pág. 89) o autor mencionou «uma inteligência lúcida, conduzida e amparada pela mão invisível da Providência, de quem certamente se considera obreiro [...]» e acrescentou (pág. 177) que «para os que punham acima de convicções políticas o ideal da Pátria [...] Salazar era o Messias [...]» (nas duas primeiras passagens modernizei a ortografia e a pontuação).
209. Carta de 6 de Julho de 1937 citada em F. Nogueira [1977-1985] III 118. Acerca da datação desta carta ver o vol. III, pág. 117 n. cont. Os problemas surgidos na ultimação da concordata encolerizaram de tal modo o núncio que, segundo id., ibid., III 263, ele teria dito a Mário de Figueiredo, encarregado de conduzir as negociações em nome do governo português: «Salazar é a encarnação viva do Demónio». Mas decerto o núncio não estava ao corrente dos desígnios celestes, e numa carta privada com data de 28 de Abril de 1941, transcrita em id., ibid., III 317 n. 1, o cardeal-patriarca repisou: «Não tenho a menor dúvida (como sabes) de que Deus te escolheu para fazeres grandes coisas em Portugal». Noutra carta, datada de 8 de Maio de 1946, escrevia o cardeal Cerejeira: «Foste tu o escolhido pela Providência para realizares tão grandes coisas quase miraculosamente». Ver id., ibid., IV 49 n. cont. Em Maio de 1954, numa carta reproduzida em id., ibid., IV 365, a ideia foi repetida praticamente nos mesmos termos.
210. Carta de 28 de Outubro de 1943 citada em id., ibid., III 474.
211. Discurso de Salazar a oficiais no Quartel-General, a 9 de Junho de 1928, citado em id., ibid., II 12.
212. Logo depois do atentado de Julho de 1937, de que Salazar saiu ileso, lê-se em id., ibid., III 98 que «pelos meios católicos, com a aprovação dos Prelados, correm pagelas com preces, e concedendo "cinquenta dias de indulgência a quem devotamente as recitar" em homenagem ao "salvador da nação portuguesa"». E escreveu o cardeal Cerejeira numa carta de Abril de 1940, congratulando o seu «caro António» pela ultimação da concordata e do acordo missionário com o Vaticano: «Já uma vez te disse aquela palavra que certa alma, que predisse o atentado contra ti, atribuía a Deus: "guardo-o e guardá-lo-ei, enquanto governar com justiça e verdade"». Na frase seguinte Cerejeira deu claramente a entender que a tal «alma» seria Lúcia, a suposta vidente de Fátima. Esta carta encontra-se transcrita em id., ibid., III 263-264 e a passagem citada vem na pág. 264 (actualizei a ortografia da palavra divina, embora,

Porque Salazar, por outro lado, procurou ainda o apoio da direita liberal, especialmente influente, através das redes maçónicas, nas altas esferas militares[213], embora tivesse sido algumas vezes contra a vontade dos seus representantes que o liberalismo efectuou a transição para o fascismo. O general Vicente de Freitas, por exemplo, que um historiador classificou como «notório representante da ala liberal das chefias militares»[214], tomou a iniciativa fatídica de convidar Salazar para se encarregar da pasta das Finanças no governo a que presidia. O seu sucessor, o general Ivens Ferraz, foi primeiro-ministro de um gabinete que, enquanto se aproximava dos parlamentaristas moderados[215], continuava a contar com Salazar nas Finanças. Este governo ficou condenado quando Salazar momentaneamente se demitiu, e Ivens Ferraz declarou mais tarde que «um abismo nos separava» do futuro ditador[216], o que mostra que as determinantes estruturais eram demasiado poderosas para que a elas pudessem opor-se vontades individuais. Assim como sucedeu com a base católica do regime, que ia muito mais longe do que as meras organizações políticas ou clericais e se fundava na sociedade rural, sobretudo do centro e do norte do país, também a base liberal se ancorava em estruturas sociais que restringiam a autonomia dos antigos políticos da Primeira República[217]. Aliás, quando me esforço vãmente por deslindar as confusas manobras da direita liberal entre a participação crítica na ditadura militar e as tentativas de conciliação com a oposição moderada[218], só posso concluir que todas as *nuances* do liberalismo se ligavam umas às

---

pensando bem, talvez lhe tivesse sido mais conveniente o tom arcaico). Noutra carta, com data de 8 de Maio de 1946, o cardeal voltou a relacionar Salazar com o pretenso milagre de Fátima, como se lê em id., ibid., IV 49 n. cont.
213. F. Rosas et al. [s. d.] 152, 164 e segs. O próprio general Carmona era, ou fora, membro da Maçonaria, como indicou F. Nogueira [1977-1985] IV 128.
214. F. Rosas et al. [s. d.] 168. Ver J. Ameal (org. 1956) III 225-226 e F. Nogueira [1977-1985] II 190-191.
215. A. Aguiar (1934) 157.
216. Citado em F. Rosas et al. [s. d.] 165.
217. M. Lucena (1984) 425 comentou o «embaraço extremo que de uma análise objectiva e aprofundada do salazarismo teria resultado para as principais forças oposicionistas», porque «essa análise, revelando a íntima inserção do regime nos tecidos sociais portugueses, teria do mesmo passo denunciado a impotência do velho liberalismo, ainda cultivado por muitos».
218. F. Rosas et al. [s. d.] 168, 171 e segs.

outras como elos de uma cadeia e que, por mais distante do regime que um dos elos julgasse estar, ele havia alienado a sua capacidade de iniciativa e contribuía para reforçar o centro do poder. Nos anos finais da década de 1920 e na abertura da década seguinte, o último chefe de governo do Partido Democrático, António Maria da Silva, acreditava que exercia pressão sobre o seu velho rival Cunha Leal, antigo chefe da União Liberal Republicana, que flutuava então entre o situacionismo e o oposicionismo, e este sobre os antigos primeiros-ministros da ditadura Ivens Ferraz e Vicente de Freitas, e estes sobre o presidente Carmona, e este sobre Salazar, mas foi inversa a dinâmica política e era o ministro das Finanças a levá-los todos pela mesma arreata e a arrebatar-lhes as clientelas[219].

Entre os dois pólos do eixo conservador Salazar manteve-se como mediador indispensável, mas os principais pontos de articulação foram durante bastante tempo ocupados pelo presidente da República, o general Carmona, no que se referia às forças armadas e à direita de tradição liberal[220], e, no que dizia respeito à Igreja e à direita de tradição monárquica, por Gonçalves Cerejeira, de início enquanto arcebispo de Mitilene, pouco depois enquanto cardeal-patriarca de Lisboa[221]. As episódicas desavenças entre Carmona e Salazar eram conhecidas na época em sectores bem informados[222] e hoje não se ignoram também os atritos que ocasionalmente ensombraram a amizade de Salazar com Cerejeira[223]. Estas discordâncias, contudo, em vez de implicarem qualquer fragilidade do fascismo, reforça-

---

219. Escreveram id., ibid., 172: «A elite da União Liberal Republicana, do Partido [Republicano] Nacionalista, de muitos "técnicos" e políticos independentes, sem excluir um ou outro dirigente do Partido Republicano Português [o Partido Democrático], tanto a nível nacional como a nível local, vai ser maioritariamente engolida pela União Nacional e pelas instituições do regime». Quanto à adesão dos antigos membros da União Liberal Republicana ver igualmente id., ibid., 166, 180, 181 e 186.
220. F. Nogueira [1977-1985] IV 215-216; F. Rosas et al. [s. d.] 187-188; J. F. Silveira (1982) 364 e n. 51. Em 1950, quando a Assembleia Nacional revogou a lei que bania do país os membros da família dos Bragança, que aliás desde há vários anos deixara de ser respeitada na prática, o já octogenário Carmona pensou em vetar a revogação e só as pressões de Salazar o demoveram. Ver Franco Nogueira, op. cit., IV 179.
221. F. Nogueira [1977-1985] II 101.
222. Id., ibid., II 259-262, 284-286, III 140, 142, 369, 514, 517; F. Rosas et al. [s. d.] 171-173, 373, 377, 395, 407.
223. F. Nogueira [1977-1985] II 94-97, 152-153, 197, III 21, 475 n. 1, IV 48-50, V 35-48.

ram-no, porque serviam de engodo aos oposicionistas moderados de um e outro lado e imobilizavam-nos numa teia de ilusões, convertendo-os afinal em suportes passivos do Estado Novo. A maneira contraditória como o presidente da República e o cardeal-patriarca cumpriam a sua função articuladora teve como efeito dominante veicular o discurso salazarista para as margens do regime e como efeito acessório diluir nos equilíbrios do regime algumas aspirações da oposição. De tudo isto Salazar saía consolidado e via confirmada a sua posição central.

«O problema do regime embaraça e envenena a marcha dos governos em Portugal, dos governos de direita, principalmente. Há que pô-lo de lado», disse Salazar alguns meses depois de ter assumido a chefia do governo, e concluiu: «Para equilíbrio da situação e do País preciso, portanto, dos republicanos e dos monárquicos, mas todos integrados, sem inquietações e sem ideias reservadas, dentro do regime [...]»[224]. A abstenção relativamente à forma do regime foi uma condição necessária ao funcionamento da aliança entre os partidários da direita liberal e os nostálgicos da monarquia que formavam a base mais sólida do catolicismo. Aliás, pouco depois da implantação da república já o Centro Académico de Democracia Cristã declarara que «o ideal democrático que perfilhamos não enfeuda a regime ou partido algum»[225] e desde a sua fundação o Centro Católico Português havia indisposto uma boa parte da opinião tradicionalista ao seguir a nova doutrina papal, recusando-se a assumir a defesa da monarquia e aceitando que a política da Igreja pudesse prosseguir no quadro institucional inaugurado em Outubro de 1910[226]. «Eu fui [...] um dos fundadores do Centro Católico na sua forma actual», declarou Salazar em 1932, «porque senti a necessidade de colocar a Igreja, como sinto hoje a necessidade de colocar

---

224. A. Ferro (1933) 22, 24. A. J. Telo (1980–1984) II 75 observou que «o período de ditadura militar vem mostrar, sem margem para dúvidas, que a unidade conservadora só se podia fazer acima da questão do regime [...]».
225. Citado em M. B. Cruz (1978) 554 n. 124. A revista *Estudos Sociais* onde este artigo veio publicado tem a data de Agosto-Setembro de 1910, mas Manuel Braga da Cruz, op. cit., 559 n. 147 esclareceu que esse número saíra após a revolução republicana de 5 de Outubro.
226. M. V. Cabral (1976) 900–901; M. B. Cruz (1978) 271 e segs.; J. Medina (1978) 99–100, 148 n. 39; F. Nogueira [1977–1985] I 237–238; A. J. Telo (1980–1984) I 70, 82–94.

a Nação, fora da preocupação de regime»[227]. As vantagens desta atitude tinham sido reconhecidas pelos capitalistas mais esclarecidos, e a União dos Interesses Económicos, durante a campanha eleitoral de 1925, quando pretendeu representar politicamente as associações patronais, decidira também abster-se quanto à forma do regime[228]. Dentro desta orientação, o Estado Novo, sem nunca se proclamar republicano, jamais deixou de ser uma república[229]. Havia, no entanto, algo de monárquico nessa república, precisamente na posição que o chefe de Estado ocupava relativamente a Salazar, tal como nas monarquias de outrora um rei dotado de todos os poderes os alienava praticamente no seu valido. «Sinto que a minha vocação é a de ser primeiro-ministro de um rei absoluto», confidenciara uma noite o jovem professor de Coimbra a um dos seus íntimos[230]. A unidade de todas aquelas correntes, liberais e antiliberais, católicos e

---

227. A. Ferro (1933) 34.
228. M. V. Cabral (1976) 901; A. J. Telo (1982) 336.
229. M. B. Cruz (1982 a) 174, 177; F. Rosas et al. [s. d.] 185, 195; J. S. Saraiva (1953) 184-189. «Uma das maiores linhas do pensamento salazariano está na constante, mil vezes afirmada, de que as formas de governo, monarquia ou república, são de importância secundária», escreveu Silva Saraiva, op. cit., 56. Durante os seus anos de estudante em Coimbra, quando começara a notabilizar-se no CADC, e depois, já professor universitário, quando aparecia como um dos doutrinadores do Centro Católico, Salazar evitou sempre tomar publicamente partido entre a república e a monarquia e defendeu que uma política católica tanto podia ser prosseguida num destes regimes como no outro. Ver F. Nogueira [1977-1985] I 89-91, 108, 155, 206 n. 1, 228-229, 242 e segs. e Silva Saraiva, op. cit., 35-36, 248-249. A crer em Fernando Rosas et al., op. cit., 371 e 510-511, Salazar teria admitido em 1942 a hipótese da restauração da monarquia, abandonando definitivamente esta solução nove anos depois, quando decidiu apresentar Craveiro Lopes como candidato à sucessão de Carmona. Todavia, Franco Nogueira, op. cit., III 526-527, 542 e 558 esclareceu que durante a guerra mundial Salazar nunca pretendeu restaurar a monarquia. Segundo este autor (vol. IV, págs. 135-138), só nos anos seguintes ao fim do conflito Salazar teria pensado na possibilidade de restabelecer o trono. No seu discurso de 20 de Outubro de 1949, porém, Salazar reafirmou que «a questão do regime não está posta e não tem por isso que ser discutida» e retomou o problema nos mesmos termos no discurso de 22 de Novembro de 1951. Ver id., ibid., IV 162 e 245.
230. Considerando absolutamente indiscutível a autenticidade desta confidência de Salazar, F. Nogueira [1977-1985] I 169 recusou a opinião de Braga da Cruz, segundo quem o desabafo fora dito a Joaquim Diniz da Fonseca. Na opinião de Franco Nogueira, só o padre Gonçalves Cerejeira tinha com Salazar o grau de intimidade que lhe permitiria ouvir segredos daquele tipo. Todavia, Rolão Preto, entrevistado em J. Medina (1978) 158, afirmou que Salazar dissera exactamente o mesmo ao antigo integralista, e depois secretário-geral do movimento nacional-sindicalista, Alberto

maçons, tornara-se possível porque o salazarismo alterara o quadro político e eram já outras as questões fundamentais que estavam em jogo e que definiam as linhas de clivagem.

A estabilização do Estado Novo, a partir de 1933, não substituiu a primazia do eixo exógeno pela do eixo endógeno, e não foram os integralistas radicais nem os entusiastas da moda mussoliniana quem ajudou Salazar a converter-se de perene ministro das Finanças em inamovível presidente do Conselho. Muitos integralistas — tradicionalistas que, sob inspiração maurrasiana, confundiam monarquia e corporativismo — mostravam-se descontentes com uma governação que consideravam demasiado tímida e avessa a rupturas, e haviam evoluído para um estilo bombástico, que em Portugal adoptou a denominação de nacional-sindicalismo[231]. «O Nacional-Sindicalismo é, na verdade, o Integralismo Lusitano que se ultrapassa em todos os seus aspectos formais. É a Contra-Revolução que para além de si própria se torna Revolução», proclamou Rolão Preto[232], o chefe

---

de Monsaraz, numa época mais tardia, cerca de 1932. Aliás, nada impede que ambas as versões sejam exactas.
231. J. Medina (1978) 36; F. Rosas et al. [s. d.] 158, 162-164, 174 e segs. Em Espanha, Ledesma Ramos e Onésimo Redondo tinham fundado em 1931 as Juntas de Ofensiva Nacional Sindicalista, e Redondo esteve refugiado em Portugal após o malogro do golpe militar dirigido em 1932 contra a república espanhola, só regressando ao seu país em Outubro de 1933. Mas não é necessário invocar esta possível influência para explicar a adopção do nome «nacionais-sindicalistas» pelos integralistas radicais portugueses. Com efeito, as *Instruções de Organização* do Integralismo Lusitano, citadas em M. B. Cruz (1982 a) 144 (subs. orig.), e que haviam sido publicadas em 1921, proclamavam que este movimento era «*nacionalista* por princípio, *sindicalista* (corporativista) por meio, *monárquico* por conclusão». E dois anos depois Pequito Rebelo, uma das figuras cimeiras do Integralismo, reclamando-se do exemplo do mais notório discípulo de Sorel no interior da Action Française, afirmava a necessidade de conduzir «duas grandes campanhas nacionais: uma, de carácter *sindicalista*, de organização profissional segundo os critérios contra-revolucionários das escolas de Georges Valois e do catolicismo social; e outra, de carácter *nacionalista*, organizando militantemente contra os partidos, a plutocracia, as sociedades secretas, o bolchevismo e a intervenção estrangeira — acima das opiniões dinásticas ou de regime — todos os portugueses que tenham uma profissão conhecida». Citado em id., ibid., 147 (subs. orig.). Para conferir a esta declaração as devidas proporções convém saber que Pequito Rebelo era também «um dos mais autorizados porta-vozes da grande agricultura capitalista do Alentejo», como esclareceram J. M. Pais et al. (1976-1978) XIV 349.
232. Citado em J. Medina (1978) 214-215; com uma pequena diferença, a mesma passagem encontra-se na pág. 36. A. C. Pinto (1992) 578-579 insistiu na relação de

deste movimento, transpondo para os jogos verbais uma acrobacia que lhe estava vedada na prática. Sem romper totalmente com Salazar, o chefe dos nacionais-sindicalistas ia-lhe ratando o pedestal. «Salazar não está dentro da Revolução, não comunga dos seus ideais fundamentais», escreveu Rolão Preto nos primeiros dias de 1933[233], lançando no mês seguinte um desafio público ao presidente do Ministério: «Sr. Doutor Oliveira Salazar, oiça V. Ex.ª a alma nacional que vibra, escute os votos da mocidade portuguesa e, se quer, *alea jacta est!*»[234]. Todavia, apesar das suas milícias, uniformizadas de camisa azul, e do proclamado desejo de alicerçar a economia em sindicatos corporativos, os nacionais-sindicalistas não eram adeptos de soluções exclusivas. Tal como Salazar fazia no aparelho de Estado, também Rolão Preto e os seus colegas vindos do integralismo monárquico anunciaram que o nacional-sindicalismo havia superado a questão do regime[235]. Por outro lado, não negavam a importância do catolicismo, apenas desejavam afastar a Igreja da intervenção política directa[236]. E como era substancial a presença dos militares entre os nacionais-sindicalistas, sobretudo tenentes e capitães[237], este movimento não podia deixar de reconhecer a supremacia das forças armadas, a ponto de deixar os filiados civis sem outras armas

---

continuidade entre o integralismo e o nacional-sindicalismo. Note-se que já em 1922 os integralistas se haviam repetidamente denominado a si próprios «bolchevistas azuis e brancos», como se lê em M. B. Cruz (1982 a) 169. Rolão Preto fora um integralista da primeira hora. Participou nas incursões tentadas pelos monárquicos, a partir de Espanha, contra a jovem república e exerceu as funções de secretário de redacção da *Alma Portuguesa*, a efémera revista com que em 1913, no exílio belga, foi fundado o Integralismo Lusitano. Comprova-se a postura radical que Rolão Preto adoptava no interior do movimento integralista quando se sabe que passou a fazer parte da sua Junta Central em substituição de um dos membros afastados por terem aderido ao pacto assinado em 1922 pelos dois ramos pretendentes à coroa portuguesa. Com efeito, dois anos antes a Junta Central do Integralismo, coerente com a sua orientação anticonstitucionalista, passara a reconhecer apenas o descendente de Miguel I. A respeito de algumas facetas biográficas de Rolão Preto ver Manuel Braga da Cruz, op. cit., 138 n. 5, 140 n. 11 e João Medina, op. cit., 8, 36, 213.

233. Rolão Preto, «Salazar e a Questão Social», *Revolução*, 6 de Janeiro de 1933, citado por J. Medina (1978) 17 e 151 n. 54.
234. Discurso de Rolão Preto no banquete em sua homenagem, que reuniu cerca de setecentos e trinta convivas em 18 de Fevereiro de 1933, citado em id., ibid., 22.
235. A. C. Pinto (1992) 591.
236. F. Rosas et al. [s. d.] 178.
237. A. C. Pinto (1992) 580–581.

mais eficazes do que os murros, os pontapés e talvez as bengaladas. Não se tratava neste confronto, como não se tratou nunca nas polémicas no seio do fascismo, de negar a necessidade de qualquer dos eixos, mas apenas de pender mais para um lado ou para o outro.

Todavia, ao se apresentar perante a figura tímida do professor de Coimbra como um viril condutor da plebe, Rolão Preto viu-se afinal a gesticular no vazio. O confronto entre a política declamatória e arruaceira que ele propunha e a política ponderada e de gabinete seguida por Salazar constituiu uma disputa entre duas modalidades de fascismo, assente a primeira num embrião de milícias, num devaneio de sindicatos e no sonho de um partido de massas e dando a segunda a primazia a uma Igreja representada pelas autoridades eclesiásticas e a umas forças armadas representadas pelos seus oficiais superiores. «O aspecto da constituição de uma milícia para defesa da situação política também não podia deixar de causar preocupações, além de ser desnecessária, dadas as responsabilidades do Exército no movimento de 28 de Maio e a sua firme vontade [...] de que seja levada ao fim a obra da Revolução», assinalou Salazar na nota oficiosa de 29 de Julho de 1934, que ditou o fim do nacional-sindicalismo como movimento autónomo[238]. Porém, antes mesmo de serem adoptadas por Salazar algumas medidas de polícia, as medidas administrativas bastaram para desorganizar o nacional-sindicalismo. Um número considerável de membros deste movimento, perdidas as veleidades iniciais, foi-se integrando — modestamente uns, outros em situações de destaque — ao lado dos devotos católicos e dos antigos liberais nas instituições acolhedoras do Estado Novo[239]. «Na idade em que esses rapazes estavam todos, nos vinte e tantos anos, o que queriam era casar-se, ganhar a vida. E Salazar

---

238. Transcrita em J. Ameal (org. 1956) III 318.
239. A. M. Caldeira (1986) 969; J. Medina (1978) 10–11, 16–18, 37–42, 103, 176, 243; A. B. Parreira et al. (1982) 209; A. C. Pinto et al. (1982) 229, 231; F. Rosas et al. [s. d.] 175, 176, 182–184, 186, 376; A. J. Telo (1980–1984) II 67–68. Fernando Rosas et al., op. cit., 184 afirmaram que os antigos partidários de Rolão Preto «raramente lograrão chegar ao governo» e mencionaram como uma excepção (pág. 409 n. 25) o caso de Castro Fernandes, que haveria de ser subsecretário de Estado das Corporações e ministro da Economia. No entanto, João Medina, op. cit., 15, 20, 24, 26 e 28 referiu também a participação no movimento nacional-sindicalista de Eusébio Tamagnini, Costa Leite (Lumbrales), Pedro Theotónio Pereira, Fernando Pires de Lima, Gonçalves Rodrigues, Teófilo Duarte ou ainda Manuel Rodrigues — «talvez o homem mais

oferecia-lhes empregos», reconheceu, desiludido, o velho chefe dos Camisas Azuis, muito tempo depois, deixando-nos um interessante retrato dos seus antigos seguidores[240]. E durante quase dois anos e meio, até esgotar as suas funções, a Acção Escolar Vanguarda, criada por iniciativa do governo e na sombra discreta do Secretariado da Propaganda Nacional, serviu para receber os nacionais-sindicalistas mais jovens, para domesticá-los, para os habituar a venerarem Salazar como chefe único e para os lançar, já amansados, pelos caminhos da vida[241]. A prosápia de Rolão Preto teve como resultado último a sua participação, ao lado de alguns democratas e de elementos da esquerda moderada, na fracassada intentona militar de Setembro de 1935[242], perdendo a credibilidade ao aliar-se precisamente àqueles sectores que antes denunciara à animosidade dos Camisas Azuis.

---

inteligente e mais cínico do Estado Novo», observou F. Nogueira [1977-1985] III 186 — e todos eles ornaram a lista dos altos dignitários do salazarismo.
240. Palavras de Rolão Preto em entrevista com J. Medina (1978) 176.
241. J. Ameal (org. 1956) III 319; S. Kuin (1993) 559-562; J. Medina (1978) 63-67 n. 34, 243; A. C. Pinto et al. (1982) 231 e segs.
242. J. Medina (1978) 46, 164-165, 177, 192-193 n. 3; F. Nogueira [1977-1985] II 338-339; F. Rosas et al. [s. d.] 184, 227-228. Segundo A. C. Pinto (1992) 582, «após a ilegalização» do movimento nacional-sindicalista um «reduzido grupo clandestino [...] sobreviveu até aos anos da Segunda Guerra mundial». Pasmo ao ler na intervenção de um dos representantes do Partido Comunista Português no 7º Congresso do Komintern, transcrita em J. A. Nunes (1982) 68-71, que o movimento nacional-sindicalista fora fundado pela própria ditadura com o objectivo de criar uma base entre os trabalhadores e que uma campanha de desmascaramento conduzida pelos comunistas forçara o governo a desistir do seu intento, o que teria constituído um grande êxito e demonstrado que o fascismo tinha os dias contados. Segundo João Arsénio Nunes (pág. 68), o autor desta assombrosa intervenção seria Francisco Paula de Oliveira, conhecido por Pavel, que veio a estar à frente do partido desde Junho de 1936 até ser preso em Janeiro de 1938. Para ajudar a encher a folha de serviços, o representante de uma secção do Komintern situada num país obscuro atribuiu a si e aos seus camaradas os méritos que neste caso se deverão apenas a Salazar e aos salazaristas. Mal sabiam então Rolão Preto e o Partido Comunista Português que ambos haveriam de se encontrar lado a lado, um quarto de século mais tarde, no apoio à candidatura presidencial do general Humberto Delgado — que também ele, enquanto jovem tenente, andara pelas margens do nacional-sindicalismo e uns anos depois ajudara a fundar e organizar a Legião Portuguesa e combatera em seguida ao lado dos fascistas espanhóis na guerra civil, como se lê em J. Medina (1978) 178 n., 208 n. 34 e F. Nogueira [1977-1985] III 49. Mas entretanto Pavel, esse preclaro destroçador de Camisas Azuis, fora desde há muito expulso do PCP por suspeitas ignominiosas, que haviam contribuído para a dissolução pelo Komintern da sua secção portuguesa em 1939. A respeito da expulsão de Pavel ver Fernando Rosas et al., op. cit., 240.

Contrariamente ao que os nacionais-sindicalistas pensavam, eles não ofereciam uma alternativa ao salazarismo. O seu único papel histórico foi o de confirmar que em Portugal o fascismo apenas podia vingar na versão conservadora, e os Camisas Azuis limitaram-se a demonstrar a frivolidade das suas próprias aspirações. Em Itália, até Julho de 1943 Mussolini equilibrou ambos os eixos do fascismo, o conservador e o radical, e a sua arte consistiu em fazer o fiel da balança pender ora um pouco mais para um lado ora um pouco mais para o outro. Na Alemanha, Hitler esmagou em sangue as SA, que até Junho de 1934 haviam sido a componente essencial do eixo endógeno, para logo em seguida reconstituir esse eixo com os SS, numa base não social mas racial. Em Portugal, porém, o iludível fiasco dos nacionais-sindicalistas confirmou a impossibilidade de tomar como alicerce principal do fascismo as instituições por ele criadas. Quando Salazar, em 1932, caracterizou Mussolini como «um admirável oportunista da acção» e logo em seguida acrescentou que «o Estado Novo Português, ao contrário, não pode fugir, nem pensa em fugir, a certas limitações de ordem moral que julga indispensável manter, como balizas, à sua acção reformadora»[243], ele indicou com toda a clareza que neste caso as duas grandes instituições conservadoras exógenas limitavam o âmbito das instituições radicais endógenas. O conservadorismo liberal afecto às direitas republicanas, o catolicismo e o conservadorismo monárquico constituíram, malgrado as vociferações dos Camisas Azuis, a grande via de passagem para o fascismo, e essas três correntes, que haviam impulsionado a formação do Estado Novo, continuaram a sustentá-lo[244].

A estrutura constitucional híbrida erigida em 1933 só não era contraditória na prática porque permitia uma convergência de forças e interesses que lhe assegurava a coesão. O paradoxo de um Estado que, embora proclamando-se «orgânico», remetia a um lugar meramente consultivo a Câmara Corporativa, cujos membros eram

---

243. A. Ferro (1933) 74. Pode aplicar-se a Salazar o que Malaparte escreveu acerca de Piłsudski, que se mostrava «preocupado em conceber e executar os objectivos mais audaciosos dentro dos limites da moral histórica e civilizada do seu tempo e do seu povo, e respeitoso de uma legalidade que tinha a intenção de violar, sem, no entanto, se colocar fora da lei». Ver C. Malaparte (1998) 78.
244. F. Nogueira [1977–1985] II 91, 98, 101, 138–139, 146, 155, 167, 169, 171–172, 225, 292–293, 297, III 97, 179, 558–559; F. Rosas et al. [s. d.] 180, 181.

nomeados pelos grupos de interesses económicos, profissionais e locais, e atribuía ao mesmo tempo alguma capacidade legislativa à Assembleia Nacional, onde os deputados, apesar dos estreitos limites em que deliberavam, eram eleitos por sufrágio directo, explica-se pelo facto de o sindicalismo nacionalista e corporativo ser mantido em segundo plano relativamente ao conservadorismo de linhagem liberal, que via nas eleições um dos actos legitimadores do poder. Tratava-se, nas palavras de Quirino de Jesus, conselheiro íntimo de Salazar e um dos principais inspiradores do texto constitucional, se não mesmo o seu verdadeiro autor, de um «liberalismo depurado»[245]. E o mesmo afirmou o integralista Hipólito Raposo, só que com sentido político inverso, quando criticou o projecto constitucional por «realizar a conciliação do individualismo do Estado com o Estado corporativo, do liberalismo com a nação organizada [...]»[246]. Um jovem daquela época observou que «se obteve um misto de corporativismo católico-social e de tradicionalismo idealista coimbrão»[247]. A aparente disformidade de um Estado corporativo que subalternizava as corporações fornece-nos a chave das demais anomalias, num regime que criou o fascismo exclusivamente de cima para baixo, uma «revolução de cima», como Salazar adequadamente a denominou[248].

A União Nacional, o partido único, não se destinou a conquistar o Estado, mas emanou do próprio Estado, sendo criada em Julho de 1930 por um decreto da ditadura militar[249]. E se é certo que já

---

245. Citado em F. Rosas et al. [s. d.] 202. Para F. Nogueira [1977–1985] II 211 (subs. orig.) «o Estado Novo surge como um *compromisso* [...] Destrói a substância da democracia parlamentar [...] Mas conserva o *aparato* exterior e formal de um regime democrático [...]». Segundo M. B. Cruz (1982 b) 777, Quirino de Jesus foi «um dos principais inspiradores» da constituição de 1933, mas F. Lucena (1984) 424 n. 4 informou que ele foi «por alguns considerado o autor» dessa constituição. Sobre a já antiga ligação de Quirino de Jesus à corrente política que Salazar viria a encabeçar, ver A. J. Telo (1980–1984) I 80.
246. Citado em M. B. Cruz (1982 a) 180.
247. A. M. V. Soares (1942–1943) 92.
248. Numa alocução em 19 de Outubro de 1936 citada em F. Nogueira [1977–1985] III 47. Recorde-se a terminologia proposta por M. Maruyama (1963) 165–167 para distinguir o fascismo instaurado «a partir de cima» e o instaurado «a partir de baixo».
249. Foi sem razão que F. P. Santos (1982) 15 supôs que a criação do partido único por decreto governamental tivesse constituído um «caso, talvez, único do mundo». O mesmo sucedeu em 1933 na Áustria de Dollfuss com a formação da Frente Patriótica,

antes da sua fundação, e mesmo antes de Maio de 1926, as funções de um movimento fascista haviam sido preenchidas por «múltiplos grupúsculos político-militares e organizações de interesses económicos, bem como [por] incessantes movimentações de índole fascizante», como observou com pertinência um historiador[250], também não é menos exacto que só a fusão de todos estes elementos numa mesma instituição os poderia ter convertido de meros instrumentos de pressão numa força propulsora. Um primeiro impulso fora dado logo após a derrota das insurreições de Fevereiro de 1927 no Porto e em Lisboa, quando a participação activa de muitos populares e operários ao lado dos militares sublevados deixou o novo regime seriamente apreensivo. Considerou-se então necessário formar uma organização civil que apoiasse a ditadura militar e fundou-se a Confederação Académica da União Nacional[251]. Mesmo sem que este agrupamento se tivesse consolidado, o nome do futuro partido ficara lançado, e em Outubro daquele ano o governo anunciou as linhas mestras da União Nacional[252]. Ao mesmo tempo que fez parte da vasta reorganização institucional destinada a retirar os militares da vida política activa, demonstrando assim inequivocamente que pertencia ao eixo endógeno do fascismo, a União Nacional serviu também a Salazar para arrebanhar bom número de antigos adeptos do nacional-sindicalismo e embotar o gume ao fascismo radical, confirmando portanto a primazia do eixo conservador[253]. Esta conjugação de funções determinou as características do partido único do Estado Novo e ditou o ritmo da sua constituição. Depois de progredir mais ou menos rapidamente no âmbito distrital e concelhio,

---

e na Roménia foi por iniciativa do rei que o governo de Călinescu organizou em 1938 a Frente de Renascimento Nacional, tal como no Japão, em 1940, foi também o governo militar a decretar a criação do partido único, de modo a evitar que a ala mais radical monopolizasse o activismo fascista, o que apresenta curiosas semelhanças com o caso português.
250. M. V. Cabral (1982) 26. Com uma singular franqueza, o integralista Pequito Rebelo reconheceu ter sido «muito significativa a parte que tomaram na preparação desse movimento [de 28 de Maio de 1926] as velhas associações profissionais da Agricultura, Industrial e Comercial, através das campanhas de Trindade Coelho no jornal *O Século*». Citado em M. B. Cruz (1982 a) 171. Ver também A. J. Telo (1980-1984) I 72-76, 99-103, 252-255, 296-297, 307-310 e II 67, 71, 75-78.
251. J. Ameal (org. 1956) II 96-97.
252. Id., ibid., II 108.
253. A. M. Caldeira (1986) 955, 969, 974.

graças à intervenção directa do Ministério do Interior, a União Nacional viu protelada a formação dos seus órgãos centrais, porque se destinava em primeiro lugar a reunir elites locais[254]. Também na Áustria o partido fascista haveria de ser criado exclusivamente por acção do governo, mas enquanto a Frente Patriótica do chanceler Dollfuss integraria sobretudo funcionários públicos, Salazar recorreu à União Nacional para enquadrar antes de mais as figuras notáveis das vilórias e cidades de província[255]. Algumas personalidades de primeiro plano, Salazar entre elas, anunciaram claramente que a nova organização não se destinava a recrutar massas, mas a escolher elites[256]. Em vez de monopolizar a vida política portuguesa, o partido único serviu para alhear Portugal da vida política[257].

Por outro lado, aos sindicatos corporativos foi vedada qualquer iniciativa, mesmo meramente demagógica, que os afastasse da estrita função de instrumentos reguladores do mercado de trabalho, ficando reduzidos a órgãos repressivos auxiliares. Disperso o movimento nacional-sindicalista, não era nos sindicatos que os elementos radicais do fascismo depariam com um terreno favorável. Julgaram ter encontrado um segundo fôlego na Legião Portuguesa, a milícia do Estado Novo, criada tardiamente no último dia de Setembro de 1936, quando Salazar temia as repercussões da guerra civil travada do outro lado da fronteira[258], mas a Legião serviu para os encerrar num beco sem saída. As quimeras de autonomia relativamente ao exército foram cortadas cerce, e no final de 1937 e em 1938 as chefias da Legião foram mudadas e demitidos cerca de nove-

---

254. Id., ibid., 956, 958-959, 961, 963, 965; A. B. Parreira et al. (1982) 207; A. C. Pinto (1992) 594-595, 597, 599; F. P. Santos (1982) 15. António Costa Pinto, op. cit., 613 chamou à União Nacional «agência estatal de "integração" das elites locais».
255. A. M. Caldeira (1986) 972. Este autor chamou a atenção (pág. 960) para «a escassa representação de funcionários públicos» na União Nacional.
256. Id., ibid., 970-971.
257. A. C. Pinto (1992) 613. Numa entrevista concedida no final de 1945 e citada em F. Nogueira [1977-1985] IV 27, Salazar evocou o «bom povo português das nossas cidades, vilas e aldeias [...] que [...] não tem tempo para fazer política».
258. L. N. Rodrigues (1995) 93-94, 100-108, 117. É deveras extraordinário que nas suas *Memórias* Pedro Theotónio Pereira tivesse considerado o atentado contra Salazar, ocorrido em 4 de Julho de 1937, como «a causa preponderante da criação, poucas semanas depois, da força de voluntários Legião Portuguesa». Ver P. Th. Pereira (1973) I 329.

centos membros, suspeitos de radicalismo[259]. Destinada a colaborar com as forças militares e policiais na manutenção da ordem e a ajudar a polícia política na espionagem e na delação[260], esta milícia não se prestou aos intuitos arruaceiros do fascismo populista e foi afinal aproveitada pelo presidente do Conselho como um auxiliar secundário do fascismo conservador. Mesmo em circunstâncias extremas, o salazarismo negava-se a patrocinar agitações de rua e preferia torturar discretamente nas instituições oficiais destinadas a tal fim[261].

Esse desejo de pacatez retirou qualquer capacidade séria de mobilização à Organização Nacional Mocidade Portuguesa, que em Julho de 1933 conhecera um primeiro esboço na Liga Nacional da Mocidade Portuguesa[262] e foi instituída oficialmente em Maio de 1936, mas que só a partir de Outubro desse ano começou a ser formada na prática. Se recordarmos que a Mocidade Portuguesa foi precedida pela Acção Escolar Vanguarda, lançada dois anos antes para absorver os jovens nacional-sindicalistas que voltavam costas às veleidades de Rolão Preto, concluímos que desde o início a nova organização se destinou a eliminar nos seus filiados qualquer indício de radicalismo ou sequer de entusiasmo, entretendo-os com actividades inócuas. Bem podia um dos seus dirigentes exultar, mal a Mocidade Portuguesa acabara de ser criada: «Enganam-se os que pensarem que combateremos o comunismo opondo, somente, a uma aberração um ideal. Se tanto for necessário, imitaremos as heróicas juventudes da Itália, da Alemanha e da Espanha; se tanto for necessário, lutaremos de armas na mão!»[263]. Este fervor marcial pa-

---

259. F. Rosas (2001) 1047, 1049.
260. I. F. Pimentel (2006) 266; L. N. Rodrigues (1995) 118.
261. «Não é à pancada que se consegue adeptos», escreveu um dirigente da AEV em Março de 1934, num artigo sugestivamente intitulado «Disciplina», citado em A. C. Pinto et al. (1982) 250. Na verdade, Salazar de modo nenhum desprezava as vantagens da bordoada e em A. Ferro (1933) 82 fez a apologia de «meia dúzia de safanões a tempo», só que pretendia ver esses métodos aplicados, como se dizia na época, pelas autoridades legitimamente constituídas. Tal como ele afirmara no seu discurso de 30 de Julho de 1930, «deve o Estado ser tão forte» nas instituições «que não precise de ser violento» na rua. Acerca deste discurso ver J. Medina (1978) 56 n. 8 e F. Nogueira [1977–1985] II 80. Salazar desenvolveu esta tese ao discursar em 28 de Maio de 1932, tal como pode ler-se em Franco Nogueira, op. cit., II 143.
262. J. Ameal (org. 1956) III 252.
263. Discurso de Luís Pinto Coelho em Agosto de 1936 citado em L. Arriaga (1976) 56.

recia confirmado pelo regulamento, ao atribuir preferencialmente a oficiais das forças armadas os cargos de chefia regionais[264]. Além disso, foi criada no âmbito da Mocidade Portuguesa uma milícia destinada a dar instrução pré-militar aos elementos mais velhos e cujo regulamento estipulava que «estará sempre pronta a colaborar com a Legião Portuguesa»[265].

Mas já em 1937, na primeira reunião conjunta de dirigentes, o comissário nacional da Mocidade pusera água na fervura: «[…] a Mocidade Portuguesa não constitui um partido político incipiente. Não tem combatividade política imediata, propósitos de luta política»[266]. E numa carta endereçada a Salazar em Setembro do ano seguinte o comissário nacional opunha-se à atribuição de qualquer carácter militar à Mocidade Portuguesa[267]. Numa obra publicada em 1943 o seu sucessor no Comissariado Nacional fixou limites igualmente claros: «A Mocidade Portuguesa não é uma organização militar. Embora vá recrutar grande parte dos seus dirigentes no Exército, na Armada e na Legião Portuguesa e possua uma milícia, não se confunde com qualquer sociedade de instrução militar preparatória. […] limita-se a ir buscar às instituições militares quanto elas tenham de sólidos elementos educativos — aquelas virtudes de sacrifício, de abnegação, de decisão, de disciplina e de aprumo sem as quais não pode compor-se um tipo de homem verdadeiramente viril»[268]. Não existindo interesse em promover a milícia da Mocidade Portuguesa e copiando-se das forças armadas apenas a cadeia de comando e as ordens dadas aos berros, a preparação bélica das crianças acabou por se limitar a entediantes marchas e meias-voltas e o seu enquadramento militarizado não se prolongou de facto até à idade adulta. Compreende-se que, se entre os participantes no 1º

---

264. L. Viana (2001) 26.
265. S. Kuin (1993) 574, 578–580. A passagem citada encontra-se em L. Arriaga (1976) 24 e 138.
266. Francisco Nobre Guedes citado em L. Arriaga (1976) 52. Num texto explicativo do regulamento da Mocidade Portuguesa, datado provavelmente de 1936, afirmava-se que ela devia recusar a actuação política e prosseguir a sua vocação nacionalista e imperial fora do ambiente de luta política. Ver L. Viana (2001) 22–23.
267. A carta de Nobre Guedes a Salazar, com data de 12 de Setembro de 1938, é mencionada por L. Viana (2001) 108.
268. Este excerto da obra de Marcello Caetano, *A Missão dos Dirigentes*, encontra-se em id., ibid., 108.

Congresso da Mocidade Portuguesa, realizado em 1939, o número de militares fora muito superior ao de professores, a proporção se encontrasse invertida dezassete anos depois, no 2º Congresso[269].

Entretanto, a ala radical do regime, partidária da inclusão efectiva na Mocidade de todos os jovens entre os sete e os catorze anos, fossem ou não estudantes, deparou com fortes resistências da ala conservadora, e do presidente do Conselho em primeiro lugar, adversos à mobilização de massas e defensores de um recrutamento vocacionado para a elite que, num país extensamente analfabeto, predominava nos estabelecimentos de ensino secundário[270]. Logo nos primeiros anos de existência da nova organização o seu comissário nacional declarara que ela devia encontrar nas escolas secundárias o principal campo de actividade[271]. A Mocidade Portuguesa «permaneceria um fenómeno essencialmente escolar», comentou um historiador, acrescentando que «muito poucos patrões mostraram vontade de colaborar no programa de enquadramento obrigatório da juventude não escolar»[272]. Depois de um ano de actividade, 80% dos membros oficialmente registados na Mocidade Portuguesa eram estudantes, representando quase 80% dos alunos dos cursos secundários[273], e vinte anos mais tarde a filiação, apesar de obrigatória, abrangia apenas um quarto da juventude[274].

Os generais e os prelados nunca deixaram de dar o tom a este regime beato e timorato, mas o próprio facto de as instituições endógenas do fascismo subsistirem no caso português, apesar de estarem quase resumidas a funções decorativas, revela a sua necessidade es-

---

269. Num total de 85 participantes no 1º Congresso, id., ibid., 31 identificou 34 militares e 6 professores do ensino secundário, enquanto identificou entre os mais de mil participantes no 2º Congresso 39 militares e cerca de 100 professores. Para dados complementares ver id., ibid., 88 e 112. E em 1955, de acordo com números oficiais reproduzidos por Luís Viana, op. cit., 31, 34,7% dos cargos directivos de maior responsabilidade eram ocupados por professores e só 16,8% cabiam a militares.
270. S. Kuin (1993) 557, 563, 588.
271. Estas declarações de Nobre Guedes encontram-se mencionadas em L. Viana (2001) 31.
272. S. Kuin (1993) 563, 588. Por seu lado, L. Viana (2001) 31 salientou que a redução da Mocidade Portuguesa aos estabelecimentos de ensino secundário indicava «muito mais a falência do extra-escolar do que a pujança da Mocidade Portuguesa no sector escolar [...]».
273. S. Kuin (1993) 567.
274. L. Arriaga (1976) 95-96.

trutural. Salazar não pôde dispensá-las e equilibrou-as com um comando militar e uma hierarquia religiosa que no decorrer do tempo haviam sido igualmente afastados da intervenção política activa[275]. Afinal, talvez este fascismo desprovido de entusiasmos, a que Salazar conseguiu imprimir os traços da sua mentalidade bisonha, se caracterizasse não tanto pelo prevalecimento do eixo conservador como sobretudo pela palidez a que condenou qualquer dos quatro pólos componentes. Num discurso de 1938, ao mesmo tempo que reafirmou a intenção de dar aos portugueses «consciência da grandeza e da missão providencial da Nação», o presidente do Conselho nada viu de paradoxal em descrever o seu país como «a nossa casa sem dúvida modesta mas tranquila, arrumada e digna»[276]. É a conjugação da modéstia e da grandeza que melhor define a especificidade do fascismo salazarista. E Salazar apresentara um insuperado retrato da mediocridade que pretendia para «esta pequena casa portuguesa»[277] quando exortara a plateia do Centro Católico do Funchal, em Abril de 1925, exactamente três anos antes de se tornar o ocupante perene da pasta das Finanças: «Ensinai aos vossos filhos o trabalho, ensinai às vossas filhas a modéstia, ensinai a todos a virtude da economia»[278].

4. ALEMANHA: O EIXO RADICAL NUNCA DISPENSOU O EIXO CONSERVADOR

Já antes da fracassada intentona de Munique Hitler considerava que a tomada do poder só teria êxito se contasse com o apoio dos militares, da polícia e das instituições políticas conservadoras[279], o que

---

275. Acerca do progressivo afastamento dos militares da cena política e do seu regresso aos quartéis ver F. Nogueira [1977–1985] II 341, 364–366, III 532, A. B. Parreira et al. (1982) 227 e F. Rosas et al. [s. d.] 173, 186–187, 244. Acerca do afastamento dos católicos, a começar pela dissolução do próprio Centro Católico, ver J. Medina (1978) 100, 148–149 n. 39, Franco Nogueira, op. cit., II 171–172 e Fernando Rosas et al., op. cit., 195, 244.
276. Esta passagem do discurso de Salazar em 22 de Março de 1938 encontra-se citada em J. Ameal (org. 1956) IV 223 e F. Nogueira [1977–1985] III 150–151.
277. A expressão encontra-se no discurso proferido por Salazar a 16 de Março de 1933, citado em F. Nogueira [1977–1985] II 194.
278. Citado em id., ibid., I 285.
279. W. L. Shirer (1995) I 80.

não espanta, pois devera-se aos serviços de formação ideológica do exército a inscrição do futuro Führer no partido que viria a ser o seu[280]. Ele confessou-o com candura: «Um dia recebi ordens do meu comandante para averiguar o que estava por detrás de uma organização aparentemente política que planeava convocar uma assembleia num dos dias seguintes [...] Mandaram-me ir e dar uma vista de olhos na organização e apresentar depois um relatório»[281]. Foi através desta actividade de espionagem ao serviço das chefias militares que Hitler conheceu o partido de que em breve se apoderaria. «A Reichswehr e a polícia constituíram, até 1923, a espinha dorsal do movimento nacional-socialista», escreveu um autor daquela época, especialmente bem informado[282].

A importância das forças armadas no desenvolvimento do fascismo alemão observa-se ainda noutro aspecto, não menos decisivo. Para iludir os limites impostos pelo tratado de Versailles o exército mantinha relações ocultas, mas muito estreitas, com os corpos francos, e foram estes que estiveram na origem directa das milícias nacional-socialistas. «[...] as SA foram simplesmente as sucessoras da brigada Ehrhardt», esclareceu o autor que mencionei há pouco, e acrescentou: «O corpo franco Oberland mostrou a sua combatividade em 1921 na Alta Silésia [...]; a brigada Ehrhardt, dissolvida na Prússia, continuou a existir em Munique sob o nome de Organização Consul; a ela se juntaram alguns restos do corpo franco de Rossbach. O corpo franco Oberland [...] manteve-se independente. Pelo contrário, os homens de Ehrhardt passaram-se quase todos para Hitler. Foi assim que se formaram as SA»[283]. Alfred Rosenberg reconheceria mais tarde, já preso em Nuremberga, que as SA haviam

---

280. K. Heiden (1934) 14–15; D. C. Watt (1995) XX–XXI.
281. A. Hitler (1995) 197. No segundo volume do seu livro, depois de perorar contra as crianças que denunciam os colegas aos professores, o ex-informador escreveu (pág. 378): «Tem sucedido muitas vezes que um pequeno informador se torne, quando adulto, num grande malandro!». A avaliarmos pelo seu exemplo, são as únicas palavras justas em tantas centenas de páginas.
282. K. Heiden (1934) 8. Consultar igualmente J. Droz [s. d.] 9–10.
283. K. Heiden (1934) 86, 89. Ver também: Benoist-Méchin (1964–1966) II 252; J. Billig (2000) 127; A. Bullock (1972) 67, 73; F. L. Carsten (1967) 99. Por seu lado, E. Salomon (1993) 91–92, 316 e 321–322 pretendeu que a Organização Consul se manteve distanciada de Hitler.

sido treinadas por oficiais da brigada Ehrhardt[284]. Nem Hitler pretendeu deixar no segredo esta filiação, pois, segundo um historiador, ele próprio «chamou a atenção, no seu julgamento, para os conluios muito íntimos que existiam entre a Reichswehr e as Secções de Assalto»[285]. O reconhecimento deste terreno comum seria mais tarde consagrado oficialmente. «Após 1933», escreveu outro historiador, «os nazis estavam tão confiantes na estabilidade do regime que eles mesmos revelaram as relações entre os antigos corpos francos e a ascensão do movimento nazi»[286]. Aliás, o exército fez mais do que fornecer os quadros das milícias nacional-socialistas e inspirou-lhes igualmente os métodos de actuação, que se resumiram, numa síntese se não original pelo menos eficaz, à paulada e ao homicídio. Os 354 assassinatos políticos cometidos pela direita na Alemanha durante os quatro anos que se seguiram ao dia 9 de Novembro de 1918, deveram-se todos eles a oficiais e soldados[287].

Através das truculências que patrocinava e dos bandos de mercenários que tolerava e ocultamente fomentava, talvez também fornecendo os seus próprios homens, o exército, instituição exógena ao nacional-socialismo, desdobrou-se numa instituição endógena, as SA. A tal ponto que nos primeiros anos a Reichswehr, além de pagar discretamente o soldo dos membros das milícias nacionalistas, incluindo as nacional-socialistas, orientava o seu treinamento e fornecia-lhes armas. Em 1923, na Baviera, o comando militar procurou mesmo submeter as milícias a um controle político directo, e Hitler, sentindo que as SA lhe escapavam, criou uma guarda pretoriana, os SS. As sementes do futuro antagonismo entre as duas milícias estavam lançadas desde início. Hitler teve consideráveis dificuldades em impedir os desígnios das altas esferas do exército[288],

---

284. A. Rosenberg [s. d. 1] 27.
285. J. Droz [s. d.] 10.
286. E. K. Bramstedt (1945) 227.
287. Foi este um dos factos estabelecidos por Emil Julius Gumbel em *Vier Jahre politischer Mord*, um estudo completo dos assassinatos políticos cometidos pela esquerda e pela direita nos quatro primeiros anos da república de Weimar, antologiado em A. Kaes et al. (orgs. 1995) 101–102.
288. O relato dos confrontos entre Hitler e as altas esferas militares relativamente ao controle das SA encontra-se em K. Heiden (1934) 128–133 e 138. Ver igualmente A. Bullock (1972) 93–94, J. C. Fest (1974) 286–287 e J. Noakes et al. (orgs. 2008–2010) I 26. Quanto aos subsídios recebidos da Reichswehr ver Konrad Heiden, op. cit.,

mas apesar disto a aliança com a Reichswehr jamais deixou de o nortear na estratégia de conquista do Estado.

Esse pendor respeitoso do nacional-socialismo reduz a intentona da cervejaria àquilo que realmente foi, uma vulgar manobra circunscrita ao campo da ordem, e embora os objectivos últimos prosseguidos pelo governo da Baviera não correspondessem aos desejos de Hitler, naquela conjuntura eram convergentes. As hesitações, ou até a aparente inépcia, dos conspiradores esclarecem-se quando sabemos que de modo nenhum pretendiam entrar em confronto com o exército, procurando apenas, com uns empurrões, insuflar à direita conservadora a audácia que julgavam faltar-lhe[289]. «Jamais pensámos levar a cabo uma revolta contra o exército», recordaria Hitler dez anos mais tarde. «Era *com ele* que tínhamos a convicção de que havíamos de vencer»[290]. A reverência por certas instituições, manifestada já pelo futuro Führer, acentuou-se depois do fiasco da tentativa insurreccional. Meditando na experiência, ele pôs definitivamente de parte quaisquer veleidades de conspiração e resolveu daí em diante utilizar apenas os mecanismos legais para chegar ao governo, uma decisão que manteve mesmo em circunstâncias especialmente adversas e contrariando por vezes fortes pressões da base do partido[291]. E se a sua veneração pelo estado-maior do exército esmoreceu depois, isto deveu-se às circunstâncias gerais, que com a estabilização económica e o novo quadro diplomático deixaram os militares nos bastidores e precipitaram para o primeiro plano os políticos civis. Cortejar a benevolência da legalidade burguesa tornou-se a preocupação principal de Hitler, que até então havia acima de tudo procurado pôr-se às ordens dos generais[292]. Como observou sagazmente um dos seus biógrafos, «Hitler pretendia sem

---

143. Por seu lado, J. P. Faye (1980) 39 referiu o fornecimento de armas. D. C. Watt (1995) XXI apresentou a participação de soldados nas SA como mais segura do que o financiamento desta milícia pelos altos comandos militares.
289. A. Bullock (1972) 89, 101–114; J. Droz [s. d.] 7–8; J. C. Fest (1974) 293–323, 331–332.
290. Hitler no discurso de 8 de Novembro de 1933, em Munique, citado por A. Bullock (1972) 114 (sub. orig.).
291. Id., ibid., 118–119, 177, 223–224; J. C. Fest (1974) 331–332; *Hitler's Table Talk...*, 287, 497; W. L. Shirer (1995) I 99 n., 129, 147, 152–153, 184; D. C. Watt (1995) XXV. Ver igualmente C. Malaparte (1998) 145 e 208 e segs.
292. K. Heiden (1934) 192; J. Noakes et al. (orgs. 2008–2010) I 37.

dúvida fazer a sua revolução, mas pretendia fazê-la depois — e não antes — de ter alcançado o poder»[293]. Aliás, após a sua entrada na Chancelaria o Führer não precisou de abolir a constituição de Weimar nem de extravasar formalmente os quadros legais definidos pelos «traidores de Novembro» para prosseguir a conquista total do Estado[294]. Os nacionais-socialistas preferiram recorrer a artimanhas e mesmo a descarados artifícios a alterar explicitamente a constituição.

Quando decidiu liquidar fisicamente os chefes da ala populista do seu partido, na noite de Junho para Julho de 1934, o Führer guiou-se por uma conjugação de preocupações muito variadas, mas entre elas é bem conhecida a decisão de impedir que as SA se substituíssem às forças armadas, como Röhm pretendia[295]. Nesta perspectiva, deve recordar-se que já em 1929 Hitler tivera de usar grande energia ao combater a tendência dos chefes das SA para entrarem em concorrência com a Reichswehr[296]. O assassinato de Röhm e a marginalização das SA selaram a ligação dos generais ao novo regime, a um ponto tal que eles não reagiram quando o Führer começou a pô-los directamente em causa. Vejamos o exemplo do comandante-chefe do exército, general barão Werner von Fritsch, um belo espécimen do estado-maior de formação tradicional, luterana e prussiana, caindo em Janeiro de 1938 numa armadilha orquestrada pelos SS e pela

---

293. A. Bullock (1972) 162. Ver também J. C. Fest (1974) 331. Escreveu Scheubner-Richter num memorando datado de 24 de Setembro de 1923, duas semanas antes da malograda intentona em que haveria de cair morto: «A revolução nacionalista não deve preceder a tomada do poder político; pelo contrário, o controle sobre a polícia da nação é a condição prévia da revolução nacionalista». Mas Joachim Fest, op. cit., 663 não teve razão quando pretendeu que se deve a Hitler «a invenção do método clássico pelo qual as instituições democráticas são esmagadas a partir de dentro e o regime totalitário é imposto com a plena ajuda do Estado pré-existente», porque esta foi a invenção global do fascismo.

294. «A constituição de Weimar nunca foi substituída», esclareceu A. Bullock (1972) 403, «ela foi simplesmente suspensa pela Lei de Plenos Poderes, que era renovada periodicamente e depositara todo o poder nas mãos de Hitler». Ver igualmente: id., ibid., 266; W. Laqueur (1996) 36; J. Noakes et al. (orgs. 2008–2010) I 125, 141–142, 155–156, 161; W. L. Shirer (1995) I 299. Referindo-se à constituição de Weimar, F. Neuman em R. Laudani (org. 2013) 688 observou que «se bem que nenhuma lei nazi a tenha revogado formalmente, os nazis efectivamente destruíram toda a estrutura institucional da república de Weimar».

295. A. Bullock (1972) 289 e segs.; J. Noakes et al. (orgs. 2008–2010) I 173.

296. K. Heiden (1934) 258–261.

Gestapo e demitido sob a acusação de homossexualismo. Pouco importou que os testemunhos apresentados se tivessem depois revelado falsos. O general barão permaneceu afastado dos comandos[297]. Poderemos imaginar a amargura deste homem, o seu rancor? Mas assim como o eixo radical do nacional-socialismo só se impusera graças à ajuda do eixo conservador, este necessitava também do impulso que apenas as instituições radicais pareciam capazes de lhe dar, o que explica que von Fritsch, já depois de humilhado e demitido, tivesse escrito em Dezembro de 1938, numa carta a uma amiga baronesa: «É deveras estranho que tanta gente encare apreensivamente o futuro, apesar dos êxitos inegáveis obtidos pelo Führer durante os últimos anos [...] Pouco depois da guerra cheguei à conclusão de que devíamos triunfar em três batalhas, se queríamos que a Alemanha se tornasse poderosa de novo: 1) A batalha contra a classe trabalhadora — Hitler já a ganhou. 2) Contra a Igreja católica ou, talvez mais exactamente, contra o ultramontanismo e 3) contra os judeus. Estamos no meio destas batalhas, e a que se trava contra os judeus é a mais difícil. Espero que todos se dêem conta da complexidade desta campanha»[298]. Mesmo quando eram vítimas das ciladas do nacional-socialismo, os generais não podiam dispensá-lo. O conjunto de iniciativas prosseguido pelo Führer no final de 1937 e nos primeiros meses de 1938 subalternizou o exército e as figuras conservadoras que lhe estavam ligadas, mas nem por isso a Wehrmacht deixou de constituir um dos eixos do regime.

Só quando os chefes militares viram a guerra perdida é que conspiraram contra o Führer e tentaram assassiná-lo, em 20 de Julho de 1944. Mas nenhumas divergências haviam surgido quanto à política interna, que fora para os generais a razão de ser da instalação do Terceiro Reich. Como observou justamente um historiador fascista, os generais não se opuseram a Hitler nem devido ao seu racismo

---

297. A. Bullock (1972) 417–420; W. L. Shirer (1995) I 344–351, 388. O general von Fritsch morreu no começo da segunda guerra mundial, em Setembro de 1939, às portas de Varsóvia, e Victor Klemperer contou no seu diário que em certos meios era muito difundida a convicção de que não fora polaca a bala que o matara. Ver M. Chalmers (org. 2006 a) 378. Também um jornalista comentou o facto no seu diário: «Um pouco estranho». Ver W. L. Shirer (2011) 231. Ver ainda as págs. 232–233.
298. Citado em W. L. Shirer (1995) I 389. Ver igualmente H. Mommsen (2009) 250, 256 e M. Roseman (2012) 19.

nem devido ao carácter totalitário do regime que implantara[299]. «O que os altos comandos do exército não previram foi que, passados menos de dez anos sobre o assassinato de Röhm, os SS conseguiriam realizar aquilo que as SA se haviam mostrado incapazes de fazer, estabelecendo um exército do partido, rival declarado do exército dos generais», comentou outro historiador[300]. A repressão subsequente à tentativa de golpe de Julho de 1944 anulou finalmente quaisquer resquícios de autonomia política que os comandos da Wehrmacht ainda pudessem ter e expandiu o campo de acção dos Waffen-SS[301]. Mas embora estes corpos militares fossem endógenos ao nacional-socialismo, para tudo o que dizia respeito às operações de guerra os generais SS jamais deixaram de estar subordinados à autoridade suprema da Wehrmacht[302]. O pólo das milícias obteve a hegemonia política sobre o pólo do exército, sem no entanto o eliminar[303].

Esta necessidade de não romper a aliança com a instituição militar ajuda a compreender a táctica seguida pelo Reichsführer-SS Himmler nos últimos anos da guerra. Não obstante comandar poderosíssimas milícias, a partir de 1943 Himmler manteve ligações com a oposição conservadora, que preparava o que veio a ser a malograda tentativa de golpe militar[304]. Usando o seu cargo de chefe supremo dos órgãos de polícia e de espionagem, ele não só ficava ao corrente dos conluios e podia impedir-lhes o desenvolvimento, mas igualmente reservava a possibilidade de contactos futuros com os Aliados. É certo que entre os conjurados prevaleceu a intenção de o assassinarem junto com Hitler e Göring — um plano frustrado, como os demais. Mas um dos conspiradores, Johannes Popitz, ministro das

---

299. Benoist-Méchin (1964-1966) IV 325-326.
300. A. Bullock (1972) 307-308. Como escreveu J. C. Fest (1974) 1229, «o 20 de Julho [de 1944] e as execuções posteriores consumaram a revolução nacional-socialista».
301. A. Bullock (1972) 734, 752.
302. J. Billig (2000) 268.
303. E. K. Bramstedt (1945) 91-92.
304. Acerca das relações entre Himmler e a oposição conservadora ver W. L. Shirer (1995) II 430, 437, 461-462, 491 e 492. Consultar ainda: H. Arendt (1994) 100; J. C. Fest (1974) 1202-1203; H. Mommsen (2009) 72, 99; J. Noakes et al. (orgs. 2008-2010) IV 611; E. Salomon (1993) 387. Um relatório enviado em Maio de 1942 ao governo britânico pelo bispo protestante de Chichester, acerca dos contactos que acabara de ter em Estocolmo com dois pastores ligados à oposição conservadora, revelou que aquela oposição estava convencida de que Himmler e os SS preparavam um golpe de Estado contra Hitler. Ver a este respeito Jeremy Noakes et al., op. cit., IV 608-609.

Finanças da Prússia, via em Himmler um substituto conveniente de Hitler e neste sentido procurava sondar-lhe as ambições[305]; e Goerdeler, antigo Comissário do Reich para o Controle dos Preços e que era a personalidade civil mais importante da conspiração, considerava Himmler um aliado potencial, tanto mais compreensivelmente quanto todos eles partilhavam um profundo anti-semitismo[306].

Mesmo após o fim miserável da tentativa de golpe de Julho de 1944 Himmler conseguiu protelar a execução de numerosos condenados à morte, para os utilizar no caso de tomar o poder e encetar negociações com as potências ocidentais[307]. O facto de o Reichsführer-ss, o principal representante das instituições radicais, se revelar tão preocupado em não cortar os elos com as instituições conservadoras confirma que o fascismo não podia subsistir fora desta articulação. Chegados os derradeiros estertores do nacional-socialismo, Himmler confiava ainda na possibilidade de uma cisão entre os Aliados, quando o próprio Führer, que durante tanto tempo se embalara com esta ilusão, deixara já de acreditar nela. A 23 de Abril de 1945, em Lübeck, Himmler recorreu a um mediador sueco para anunciar ao general Eisenhower que estava pronto a assumir a chefia do Reich e para lhe propor a paz na frente ocidental se os norte-americanos substituíssem os alemães na condução da guerra contra a União Soviética[308]. Algumas horas antes, na cidade de Berlim pouco a pouco conquistada pelo Exército Vermelho, quando a Gestapo transfe-

---

305. J. C. Fest (1974) 1203–1204. Popitz «manteve o seu cargo de ministro das Finanças da Prússia mesmo depois de a Prússia ter sido completamente absorvida pelo Reich», explicou H. Mommsen (2009) 255.

306. Quanto ao anti-semitismo da oposição conservadora ver S. Friedländer (2008) 758–759 e 935–936. H. Arendt (1994) 102–103 e H. Mommsen (2009) 257–260, 262 mostraram o profundo anti-semitismo que animava Goerdeler. Ver ainda Saul Friedländer, op. cit., 105. O anti-semitismo de Popitz é visível em Friedländer, op. cit., 935, Hans Mommsen, op. cit., 97, 255, 267–268 e J. Noakes et al. (orgs. 2008–2010) IV 633. Aliás, Goerdeler não se limitava a ser anti-semita, já que, segundo J. Caplan (org. 1995) 85, num relatório de 7 de Setembro de 1933 ele aprovara a destruição dos sindicatos e considerara *contra naturam* a jornada de trabalho de oito horas e a fixação de salários mediante negociações ou greves. Da ausência de referências às ss enquanto instrumento do racismo biológico em Hans Mommsen, op. cit., pode deduzir-se que a percepção do problema escapava à oposição conservadora.

307. Ver por exemplo A. Beevor (2017) 77.

308. Sobre a tentativa de Himmler de chegar a uma paz separada com as potências ocidentais ver id., ibid., 248, 288, 291–292, 339–340, M. Gilbert (2011 b) II 777 e W. L. Shirer (1995) II 540.

ria para uma cadeia mais segura duas dezenas de condenados que Himmler mantivera em vida para os empregar nesta ocasião, surgiu um destacamento dos ss que fuzilou todos, excepto dois que escaparam. Quem ordenara a execução? Himmler, para apagar os traços? Aqueles que se lhe opunham, para lhe prejudicar as manobras? Ou seria apenas uma entre tantas decisões caóticas e iniciativas desesperadas, num Reich que deixava de existir? Pouco importa. Para o nacional-socialismo nada valia já. Em tal ponto da história, a única coisa a considerar é que estes membros da oposição conservadora duraram tanto como durou o chefe neopagão das milícias, suspensos todos eles da mesma teia de instituições.

E assim como, até à desagregação final do Reich, as forças armadas nunca perderam a função de sustentáculo conservador do regime, também as Igrejas não deixaram de contribuir para a solidez dos alicerces do nacional-socialismo, malgrado os ataques a que foram submetidas pelo partido e pelos ss e o declínio do seu prestígio. Aliás, a divisão entre protestantes e católicos talvez minasse a firmeza do cristianismo no país[309]. O nacional-socialismo alemão é frequentemente apresentado como um neopaganismo. Sem dúvida que o foi nas ambições políticas e rácicas a longo prazo de alguns dos seus mais rigorosos doutrinadores, como Alfred Rosenberg, que na sua obra de maior vulto condenou sem remissão o catolicismo romano por se ter submetido à inspiração judaica e o protestantismo por se ter judaizado ao aceitar o Antigo Testamento. Era uma religião sem clero nem quaisquer intermediários entre os homens e Deus que Rosenberg propunha, situando-se na linhagem de um misticismo germânico que, originário dos cultos pagãos, atingira no cristianismo o ápice com Mestre Eckhart. A grande obra filosófica do nacional-socialismo, *O Mito do Século XX*, é acima de tudo um livro místico sobre o misticismo, e Rosenberg via na fundação de uma religião do sangue o culminar de um movimento que não devia limitar-se a ser político. «A aspiração de conferir ao espírito da raça nórdica a forma de uma Igreja germânica sob o signo do Mito racial», escreveu ele, «esta é para mim a maior missão do nosso

---

309. Todavia, em 7 de Abril de 1942 Hitler declarou numa roda de íntimos: «É uma pena que no seu conflito com a Igreja Católica a Igreja Evangélica não possa ser considerada como um adversário de peso». Ver *Hitler's Table Talk...*, 412.

século»[310]. Numa carta de 6 de Março de 1943 Rosenberg insistiu: «Parece-me necessário, especialmente tendo em vista a luta contra a Igreja, que o Partido desenvolva formas cerimoniais que atraiam os alemães ao Partido e lhes permitam dispensarem aquilo que a Igreja até agora lhes deu»[311]. Mas ele era um ideólogo marginalizado das decisões políticas durante os últimos anos da guerra, e foi o Reichsführer-ss Himmler o mais poderoso promotor da forma modernizada de paganismo — os *Gottgläubige*, Crentes em Deus, que erigiram a raça e o solo em objecto de um culto anticristão[312]. Em 1937 um documento emanado da direcção dos ss considerou que «faz parte da missão dos ss dar ao povo alemão, durante os próximos cinquenta anos, os fundamentos ideológicos não-cristãos de um modo de vida adequado ao seu carácter próprio»[313].

Num indubitável tom de desolação, Rosenberg constatou que «em nenhuma região germânica surgiu um génio religioso» e «devemos repetir uma e outra vez que precisamos de ter um novo génio que nos revele o novo Mito»[314]. Mas Hitler distanciou-se da polémica anticristã. «Tenho de insistir que *O Mito do Século XX*, de Rosenberg, não deve ser considerado como expressão da doutrina oficial do Partido», declarou o Führer em Abril de 1942[315], e contrariamente aos desejos de Rosenberg, aos esforços de Himmler e às intenções expressas ou veladas de outros colaboradores muito

---

310. Sigo a versão de A. Rosenberg [s. d. 2] 416, que me parece preferível à de id. (1986) 575. Quanto à tradução de «racial» ver o Anexo 4. Também Walther Darré, que, segundo R. Cecil (1973) 130–131, 156 e 177–178, era íntimo amigo de Rosenberg, defendia um neopaganismo panteísta, anticristão e pré-cristão. Ver A. Bramwell (1985) 60–62.
311. Citado em J. Noakes et al. (orgs. 2008–2010) IV 109.
312. E. Conte et al. (1995) 22 e segs., 47 e segs.; P. Watson (2011) 687. Segundo A. Bramwell (1985) 61, Rosenberg escreveu em 1934 que «os ss, juntamente com o Führer dos camponeses [Darré], estão a educar abertamente os seus membros de uma maneira germânica, ou seja, anticristã».
313. Citado em J. Noakes et al. (orgs. 2008–2010) II 303.
314. Novamente preferi a versão de A. Rosenberg [s. d. 2] 406, 407 à de id. (1986) 561, 563.
315. *Hitler's Table Talk…*, 422. Ver também ibid., 555. A maioria dos historiadores não compreende o motivo que levou Hitler a distanciar-se de Rosenberg, decorrente apenas da necessidade de não romper com as Igrejas. Convém não esquecer que em Maio de 1930, a propósito da questão racial, Hitler dissera a Otto Strasser que *O Mito do Século XX* era melhor ainda do que os *Fundamentos do Século XIX*, de Chamberlain. Ver O. Strasser (1940) 107.

próximos, opôs-se sempre à transformação do nacional-socialismo em religião e dele mesmo em profeta[316]. Restava a Rosenberg anunciar que «esforçar-nos-emos por que um dia um segundo Mestre Eckhart liberte as tensões e dê corpo, vida e forma a esta comunidade espiritual germânica»[317]. O desinteresse que Hitler aparentava publicamente pelas polémicas religiosas, embora sem corresponder às suas convicções íntimas, resultava de uma indispensável neutralidade táctica[318]. «Proceder a qualquer tipo de reforma religiosa foi algo em que ele nunca se empenhou», escreveu Rosenberg após o final do Reich. «Ele insistiu sempre que a política e a fundação de organizações religiosas eram duas coisas completamente diferentes»[319]. Podia suceder que em privado o Führer expressasse ódio ao clero e um desprezo nietzschiano pelo cristianismo e previsse o dia em que o nacional-socialismo haveria de condenar todas as religiões à extinção[320]. Mas nunca converteu estes anseios em medidas práticas efectivas, e ainda que em certas ocasiões admitisse que a conclusão da guerra criaria o contexto propício para liquidar as Igrejas[321], noutras ocasiões considerou que a lenta evolução das mentalidades seria suficiente para que o cristianismo desaparecesse sem necessidade de perseguições[322]. Já ao ditar *Mein Kampf* ele mencionara «uma sensação desagradável que sempre se apodera de mim quando ocorrem disputas religiosas na minha presença» e fora ao ponto de confessar que da primeira vez que deparara com a questão judaica sentira uma instintiva simpatia por esse povo, pre-

---

316. *Hitler's Table Talk*…, 61, 203-204, 463. Apesar disso, segundo J. C. Fest (1974) 561, a irmã de Nietzsche, depois de receber a visita do Führer, considerou-o mais como um chefe religioso do que como um chefe político.
317. A. Rosenberg (1986) 569-570; id. [s. d. 2] 412.
318. R. Cecil (1973) 112-114, 122; E. Conte et al. (1995) 34-40, 45-47, 54, 58; K. Heiden (1934) 244; P. Watson (2011) 684.
319. A. Rosenberg [s. d. 1] 40-41.
320. A. Bullock (1972) 389, 672-673; *Hitler's Table Talk*…, 81, 122, 145, 304, 419-420, 607; H. Rauschning (1939) 65-69. Na página do seu diário correspondente a 20 de Setembro de 1933, Walther Darré anotou que numa reunião de dignitários nacional-socialistas Hitler classificara o cristianismo como uma religião de sub-homens. Ver A. Bramwell (1985) 61.
321. *Hitler's Table Talk*…, 142-143, 304, 411, 553.
322. Ibid., 6, 59, 125, 143, 336, 342, 343-344.

cisamente por sabê-lo vítima da perseguição religiosa[323]. Quando reorganizou o NSDAP em Fevereiro de 1925, depois de ter saído da prisão, Hitler escreveu no principal órgão do partido que se opunha às tentativas de «trazer disputas religiosas para dentro do movimento», prevenindo: «Considero o esforço de várias pessoas por converter o movimento racista numa luta acerca da religião como o princípio do fim desse movimento»[324].

Não foi no plano da religião que Hitler interveio. «[...] o destino do nosso povo», advertiu ele em 1928 numa carta a um dos principais promotores do cristianismo nacional-socialista, «pelo menos no que diz respeito ao problema racial, decidir-se-á num período mais curto do que aquele que seria necessário para efectuar uma reforma religiosa»[325]. Hitler nunca se desviou desta orientação. Num discurso em 23 de Março de 1933 proclamou que «o Governo Nacional considera ambas as confissões cristãs como os factores mais importantes para a sustentação da nossa sociedade»[326]. Passados cinco anos e meio, no congresso do partido, Hitler repetiu que o nacional-socialismo «não é, em caso nenhum, um culto»[327] e, insistindo no que já havia afirmado em Fevereiro de 1925, avisou: «A intromissão de ocultistas de propensão mística no nosso movimento não pode, por isso, ser tolerada»[328]. Obedecendo às suas instruções, Bormann preveniu Rosenberg em 29 de Maio de 1941: «Sob nenhum pretexto, como o Führer tem repetidamente sublinhado, poderá o nacional-socialismo representar ou ajudar a criar um substituto para as actividades eclesiásticas ou religiosas»[329]. Com efeito, o nacional-socialismo jamais prescindiu do apoio dos

---

323. A. Hitler (1995) 48. Quanto à necessidade de tolerância nas questões estritamente religiosas, desde que não estivessem em causa interesses rácicos, ver ainda id., ibid., 104–107, 313–314, 328 e 511–515.
324. O artigo de Hitler no *Völkischer Beobachter*, 26 de Fevereiro de 1925, encontra-se antologiado em J. Noakes et al. (orgs. 2008–2010) I 38–40. As passagens citadas vêm na pág. 39. Hitler referia-se certamente a Ludendorff e é interessante saber que as obras do círculo esotérico formado em torno das ideias religiosas do general foram proibidas pela censura do Terceiro Reich. Ver id., ibid., II 211. Acerca da oposição de Hitler à polémica anticristã de Ludendorff ver *Hitler's Table Talk...*, 286.
325. Citado em E. Conte et al. (1995) 38.
326. Citado em J. Noakes et al. (orgs. 2008–2010) I 157.
327. Citado em J. Billig (2000) 146 e J. Noakes et al. (orgs. 2008–2010) IV 108.
328. Citado em J. Noakes et al. (orgs. 2008–2010) IV 108.
329. Citado em id., ibid., IV 107.

eclesiásticos. E se lhes limitou o poder, lhes dissolveu vários organismos e enviou para campos de concentração alguns dignitários expressivos e várias centenas de religiosos menos timoratos, sobretudo entre os protestantes[330], não aboliu as Igrejas nem pretendeu sequer fazê-lo[331]. Censurando a política de confronto com a Igreja católica que Bismarck havia prosseguido durante a década de 1870, Hitler declarou: «Quanto a mim, não me lançarei numa nova *Kulturkampf*. Isso seria uma completa estupidez»[332].

Entre os protestantes a autoridade do Führer exerceu-se primeiro através da criação de um movimento religioso nacional-socialista. Mas, perante a impossibilidade de assegurar rapidamente a partir do interior o controle de um corpo de crenças e ritos com vários séculos de existência, e para mais muito diversificado, Hitler pre-

---

330. «Nos meios católicos a resistência ao regime limitou-se a um certo número de membros do baixo clero», escreveu J. Droz [s. d.] 68. Pelo contrário, foram bastante numerosos os pastores protestantes detidos pela polícia, como se vê em id., ibid., 75-77. «[…] a resistência à ideologia nazi foi infinitamente mais vigorosa no protestantismo do que no catolicismo», concluiu este historiador (pág. 79). Ver igualmente R. Cecil (1973) 123. Este facto é tanto mais relevante quanto, a crer em J. Noakes et al. (orgs. 2008-2010) I 81, o apoio eleitoral dos nacionais-socialistas fora maior entre os protestantes do que entre os católicos, e também H. F. Ziegler (1989) 89-91 considerou que o regime nacional-socialista hostilizou mais a Igreja católica do que os protestantes. Duvido que, em coragem e em clareza, tivesse então emanado dos meios católicos algum documento equivalente às *Dez Teses* publicadas em 1932 pelo teólogo luterano Paul Tillich, antologiadas em A. Kaes et al. (org. 1995) 171-172. Em termos religiosos, trata-se de uma vigorosa afirmação antinacionalista e anti-racista. No entanto, Sh. Fitzpatrick et al. (2009) 298 pretenderam que o clero católico sofrera mais perseguições do que o protestante e E. Kogon (2002) 40 sustentou que o clero católico fora muito mais abundante nos campos de concentração do que o clero protestante, mas incluiu o período da guerra e explicou que a maior parte dos padres presos era constituída por polacos.

331. E. K. Bramstedt (1945) 200-204; E. Conte et al. (1995) 57; J. Droz [s. d.] 77; K. Heiden (1934) 298-299; W. L. Shirer (1995) I 255-262; A. Speer (1979) 130-131, 167.

332. Citado em H. Rauschning (1939) 68. Note-se que Rauschning mencionou a frase do Führer num capítulo onde pretendeu que a eliminação do cristianismo seria o seu propósito último. Também E. Conte et al. (1995) 29 afirmaram que «tudo leva a crer que depois da "vitória final" o ritual nazi haveria de ser pregado através de métodos coercivos». Mas, na medida em que a história não é um processo de intenções, devemos atribuir uma validade superior ao que sucedeu até à derradeira derrota. Ver também *Hitler's Table Talk*…, 61 e D. Welch (2002) 88. Para uma análise da credibilidade da obra de Rauschning ver o Anexo 1.

feriu submeter o protestantismo a partir do exterior[333]. Quanto à outra confissão cristã, o anticomunismo do Führer parecia ao papado uma credencial suficientemente atractiva. Karl Bachem, talvez o principal ideólogo do Partido do Centro, a organização política católica, considerou que assim como em 1919 este partido se tinha associado à social-democracia para impedir a revolução comunista, pelo mesmo motivo devia agora associar-se ao nacional-socialismo. Aliás, não se tratava de se associar mas de se anular, e Bachem viu na dissolução do seu partido, em Julho de 1933, uma «decisão da Divina Providência»[334]. Sendo assim, nada impedia que o Vaticano assinasse nesse mesmo mês uma concordata que serviu os desígnios imediatos do Führer. Ao aceitar a liquidação do partido católico e dos sindicatos católicos, a hierarquia de obediência romana contribuiu para consolidar o nacional-socialismo[335]. «Foi a primeira grande confirmação do regime hitleriano, um enorme acréscimo de prestígio para Hitler», observou Karl Jaspers. «De início isto pareceu-nos impossível. Mas era um facto. Ficámos horrorizados»[336]. O Führer, explicou um historiador, «viu na concordata duas vantagens essenciais: primeiro, a possibilidade de expulsar completamente os católicos da vida política [...] e, por outro lado, a possibilidade de obter para o novo regime um enorme êxito na política externa»[337]. De 1934 em diante a Igreja católica oscilou entre o despeito pelas violações da concordata e a esperança de que ela voltasse no futuro a servir de referência[338]. Renitente muitas vezes, criticando algumas das manifestações ideológicas do nacional-socialismo, mas, apesar

---

333. R. Cecil (1973) 123; E. Conte et al. (1995) 45–47, 56; J. Droz [s. d.] 70–74; J. Noakes et al. (orgs. 2008–2010) II 388–391; A. Quinchon-Caudal (2013) 50–51; W. L. Shirer (1995) I 257–262. Em conversas com os íntimos, o Führer considerou que o facto de não ter conseguido criar entre os protestantes um Bispo do Reich revertera em seu benefício, porque um protestantismo descentralizado era um adversário menos poderoso. Ver *Hitler's Table Talk*..., 521 e 671.
334. J. Noakes et al. (orgs. 2008–2010) I 157–158, 164–166. A frase citada encontra-se na pág. 164.
335. Id., ibid., I 166.
336. K. Jaspers (1948) 173.
337. J. Droz [s. d.] 51. Falando aos íntimos, o Führer considerou que a utilidade da concordata era reduzida, além de limitada no tempo e condenada a ficar rapidamente obsoleta. Ver *Hitler's Table Talk*..., 58–59 e 551–552. Ver também a pág. 145.
338. E. Conte et al. (1995) 44–45, 56–58. Ver ainda E. K. Bramstedt (1945) 201 e J. Noakes et al. (orgs. 2008–2010) II 393.

disto, fundamentalmente de acordo com a política interna do Reich, incluindo os campos de concentração e a perseguição aos judeus, e, pelo menos até 1939, aplaudindo também as orientações seguidas na política externa, o episcopado católico nunca deixou de constituir um suporte da ordem hitleriana[339], tanto mais que de Junho de 1941 em diante apoiou a guerra contra a União Soviética[340].

Desde meados de 1944 até Maio de 1945, durante o último ano de existência do Terceiro Reich, o círculo do legalismo hitleriano completou-se. Respeitador do exército e das Igrejas até ser nomeado para a Chancelaria em 1933, esforçando-se nos anos seguintes por manter o equilíbrio entre as instituições do nacional-socialismo e as da sociedade conservadora, o Führer finalmente impôs a hegemonia das milícias sobre o exército e do partido sobre as Igrejas. A revolução nacional-socialista operou-se primeiro no âmbito da ordem, para acabar integrando a ordem no quadro das novas instituições. A mudança foi importante, mas mais significativo ainda foi o facto de terem perdurado ambos os eixos desta dialéctica política.

Para entender o tipo de radicalismo próprio do fascismo germânico é necessário observar que as instituições equivalentes aos sindicatos foram relegadas a um lugar mínimo, em virtude das preocupações estritamente raciais de Hitler, que se opunha a quaisquer referências a uma remodelação social, considerando-as um desvio da tarefa única. A criação de uma Raça de Senhores permitiria um enquadramento muito mais efectivo de toda a população trabalhadora do que aquele que seria conseguido pelas burocracias sindicais. Como recordou Wilhelm Keppler, conselheiro do Führer

---

339. Acerca das relações entre o regime nacional-socialista e a Igreja católica ver, em geral, J. Droz [s. d.] 6 e 47-68. Este autor mencionou (pág. 67) «a completa ausência de protestos contra os campos de concentração, apesar de desde cedo estar aí detido um certo número de padres católicos. [...] o bispo de Osnabrück, monsenhor Berning, que era membro do Conselho de Estado prussiano, visitou os campos de concentração da sua diocese em 1936 e aplaudiu a sua instalação». Quanto ao apoio prestado pelo episcopado católico à política anti-semita consultar as págs. 58-59. Acerca da aprovação manifestada relativamente à política externa do nacional-socialismo até 1939 ver as págs. 61-64. Mesmo «a luta contra o neopaganismo foi conduzida pela Igreja católica com uma notável ambiguidade», como se lê na pág. 59. «A eleição de Pio XII em 2 de Março de 1939», considerou S. Friedländer (2008) 110, «deu início a uma nova fase de apaziguamento dos católicos com o regime de Hitler». Ver também as págs. 130-133.
340. J. Noakes et al. (orgs. 2008-2010) IV 581.

para as questões de economia, «durante os seus anos de luta, nunca o partido se permitiu [...] pôr [...] os problemas económicos em primeiro plano nem emitir vastos programas económicos oficiais de partido»[341].

Hitler dedicou a este assunto um capítulo de *Mein Kampf* e vale a pena seguir-lhe o fio do raciocínio. Começou por afirmar que numa situação em que a grande maioria dos patrões se caracterizava pelo egoísmo e a estreiteza de vistas eram necessários os sindicatos e, portanto, os nacionais-socialistas deviam possuir um movimento sindical próprio, desde que se tratasse exclusivamente de defender interesses profissionais, pois não reconhecia a divisão do povo em classes sociais. O grande problema provinha de os operários estarem já agrupados em sindicatos e, dada a sua vocação estritamente totalitária, o nacional-socialismo não poderia aceitar concorrentes. Porém, a tarefa de fundar sindicatos e levá-los a suplantarem gradualmente os rivais marxistas parecia impossível, tanto pela escassez de recursos financeiros como pela ausência de quadros habilitados. Mas havia outra objecção, a mais poderosa de todas: «Eu tinha nessa época a convicção inabalável, e ainda hoje a tenho, de que é perigoso ligar prematuramente uma grande luta político-filosófica a questões económicas [...] Porque neste caso a luta económica roubará imediatamente as energias à luta política». E Hitler concluiu que os trabalhadores nacional-socialistas deviam permanecer nos sindicatos marxistas para tentar desagregá-los por dentro[342]. Dificilmente se encontra um melhor exemplo de duplo discurso, pois Hitler começara por reconhecer a necessidade do sindicalismo para apelar, uma dezena de páginas depois, à destruição dos sindicatos existentes.

Foi a ala populista do partido, encabeçada por Gregor Strasser até ao final de 1932, a defender a actuação no meio sindical. No entanto, apesar de o congresso do NSDAP de 1927 ter recomendado a convocação de outro congresso destinado a debater a questão sindical, a direcção do partido considerou em Agosto do ano seguinte que não tinha chegado ainda o momento de fundar sindicatos próprios[343]. Em 1930, de 156.145 operários eleitos pelos trabalhadores

---
341. Citado em F. Neumann (1943) 264.
342. A. Hitler (1995) 544-553. A passagem citada encontra-se na pág. 551.
343. K. Heiden (1934) 249-250. Ver ainda D. Orlow (2010) 141-143, 155, 176, 183-184 e 216-217.

da indústria para participarem nos órgãos de co-gestão, nenhum era nacional-socialista, e no ano seguinte registavam-se apenas 710 nacionais-socialistas entre 138.418 eleitos, uma percentagem de 0,5%[344]. Em 1932 a organização operária nacional-socialista, a NSBO, criada tardiamente, contava 221.000 filiados perante os cinco milhões de aderentes dos sindicatos social-democratas[345] e obteve apenas 4% dos votos, em média, nas eleições para as comissões de empresa[346]. A indiferença do operariado fabril pelo programa económico dos nacionais-socialistas confirma-se ao vermos que eles obtiveram 3% dos votos nas eleições parciais para a composição dos conselhos de empresa realizadas em Março de 1933, já após a nomeação de Hitler para a Chancelaria[347]. Nas eleições realizadas na Primavera de 1934 os candidatos da NSBO recolheram apenas 26% dos votos[348] e mesmo em Abril de 1935 a documentação disponível indica que em várias empresas os nacionais-socialistas não conseguiram mais de 30% ou 40% dos votos[349].

Até à conquista do poder, a generalidade dos trabalhadores nacional-socialistas encontrara lugar sobretudo nas milícias, atraída verosimilmente pelo soldo de mercenários[350]. Mas as SA eram uma instituição de ginástica militar e gangsteresca, de modo nenhum propensa a exigências de carácter salarial. A situação não se alterou significativamente de Fevereiro de 1933 em diante. Depois de afirmar que «não há dúvida que após 1933 as organizações nazis aumentaram o número de aderentes entre os assalariados», um historiador preveniu que «a presença nazi entre os trabalhadores de base da indústria nunca foi muito robusta ou fiável», mas acrescen-

---

344. D. Guérin (1969) II 175; F. Neumann (1943) 467.
345. J. P. Faye (1980) 448. Porém, D. Orlow (2010) 332 e 439 indicou que a NSBO contava cerca de 18.000 membros em 1931, 43.793 em Janeiro de 1932, 106.158 em Maio desse ano e quase 400.000 em Janeiro do ano seguinte. Ver ainda J. Noakes et al. (orgs. 2008–2010) I 81.
346. J. C. Fest (1974) 741.
347. D. Guérin (1969) II 175. Todavia, J. Noakes et al. (orgs. 2008–2010) II 135 atribuíram à NSBO 25% dos votos e, em sentido contrário, J. P. Faye (1980) 556 n. e 708 mencionou menos de 1% dos votos. Consultar também J. Droz [s. d.] 110.
348. K. H. Roth et al. (2011) 185.
349. J. C. Fest (1974) 741.
350. J. P. Faye (1980) 482.

tou que «um número considerável de operários da indústria aderiu ao partido ou às SA após 1933»[351].

Nestas circunstâncias, depois de ter destruído os sindicatos marxistas em Maio de 1933 e enquanto se preparava para liquidar no mês seguinte os sindicatos cristãos, o Führer deparou com a impossibilidade de deixar o mercado laboral sem uma intervenção adequada. Os Curadores do Trabalho encarregavam-se de questões técnicas no interior das empresas, mas eram pálidos burocratas e para as vastas encenações foi criada a Frente Alemã do Trabalho, numa operação estritamente administrativa de transferência de edifícios, arquivos e meios financeiros, executada graças aos argumentos musculados das milícias[352]. Como explicou um historiador, «Hitler evitou deliberadamente subordinar os sindicatos à NSBO, que estava influenciada pelas ideias socialistas e pelo strasserismo. Ele atribuiu o controle da Frente do Trabalho a Robert Ley, que já desde 1925 se opunha a Gregor Strasser [...]»[353]. Com efeito, num discurso de 11 de Setembro de 1937, no 5º Congresso da Frente do Trabalho, Ley acusaria Gregor Strasser de haver pretendido introduzir no partido nacional-socialista o sindicalismo e a luta de classes através da NSBO[354].

Embora nos últimos anos da república de Weimar e durante o Terceiro Reich um terço dos membros do NSDAP fosse proveniente da classe operária[355], esta participação política não se reflectiu em nenhumas modalidades de activismo sindical. Observando a es-

---

351. Tim Mason em J. Caplan (org. 1995) 246.
352. A. Bullock (1972) 272-273; K. Heiden (1934) 366-367; F. Neumann (1943) 457-458.
353. A. Bullock (1972) 273. Ver no mesmo sentido: D. Guérin (1969) II 182-183; J. Noakes et al. (orgs. 2008-2010) II 139 e segs.; D. Orlow (2010) 439; D. Schoenbaum (1979) 113-115; A. Tooze (2006) 40.
354. J. Noakes et al. (orgs. 2008-2010) II 143-144.
355. F. Neumann (1943) 441 e n.; J. Noakes et al. (orgs. 2008-2010) I 81, 86-87, II 122; H. F. Ziegler (1989) 103, 106. Em 1930, segundo G. Eley (1989) 83, o NSDAP tinha 26,3% de operários, e 32,5% em 1933. S. G. Payne (2003 b) 168-169 considerou que no final de 1932, 25% dos filiados do NSDAP eram operários, mas acrescentou (pág. 182) que os trabalhadores constituíam 1/3 dos filiados quando Hitler foi nomeado chanceler, chegando a 40% em 1939 e 43% em 1942-1944. Por seu lado, D. Schoenbaum (1979) 61 e 94-95 indicou que o NSDAP tinha 31,5% de filiados operários aquando da nomeação de Hitler para a Chancelaria e 30,3% em 1935. Todavia, G. W. Remmling (1989) 218 indicou que no final de 1933, entre os quatro milhões de membros do NSDAP, havia 750.000 operários, o que corresponde a menos de 20%.

tagnação dos salários nos anos que decorreram entre a chegada de Hitler à Chancelaria e as vésperas da guerra[356], um economista escreveu que «o facto de um período de arranque económico, de multiplicação do número de empregos, de elevação do custo de vida e de acréscimo dos lucros não ter sido acompanhado por nenhum aumento dos salários é um fenómeno único na história do assalariamento»[357]. A situação começou a alterar-se em 1938 e 1939, ou mesmo antes, quando a preparação económica da guerra ocasionou estrangulamentos no mercado de trabalho, com a inevitável pressão para a subida dos salários[358]. «Entre Dezembro de 1935 e Junho de 1939 o salário médio horário na indústria aumentou 10%», indicou uma historiadora. «Devido ao prolongamento por vezes considerável das horas de trabalho, o salário semanal aumentou 17,4%, com a taxa de crescimento subindo permanentemente»[359]. Porém, não deve exagerar-se a avaliação e se atribuirmos o índice 100 a 1932, os salários horários reais atingiram apenas o índice 107 em 1939 e neste ano os salários semanais reais atingiram o índice 123[360]. Mesmo

---

356. A. Tooze (2006) 65 e 206 indicou que em 1935 o consumo privado era 7% inferior ao nível anterior à grande depressão de 1929 e foi responsável apenas por 25% do crescimento económico entre 1935 e 1938. Segundo S. J. Woolf (1968) 133, se atribuirmos o índice 100 ao salário real médio semanal em 1936, ele fora 102,2 em 1928 e descera até 88,5 em 1932, nas vésperas da chegada de Hitler ao poder. Mas em 1937 era ainda 103,0, e 107,5 no ano seguinte. Benoist-Méchin (1964-1966) VI 104 n. 1 indicou que os salários horários aumentaram 10% entre 1932 e 1938 e os salários semanais aumentaram 20%, ao mesmo tempo que o índice do custo de vida passou de 116 para 126. Por seu lado, atribuindo o índice 100 aos valores de 1932, D. Schoenbaum (1979) 128 considerou que em 1938 o salário horário médio era de 97 e o custo de vida de 104, mas deduzindo a carga fiscal a remuneração semanal bruta seria de 114. Entretanto, a crer em J. Noakes et al. (orgs. 2008-2010) II 174, os lucros não distribuídos das empresas privadas, que em 1933 representaram 0,5% do rendimento nacional, subiram em 1938 para 4,9%.
357. Ch. Bettelheim (1971) II 87-88. Também D. Schoenbaum (1979) 130 indicou que «se agravava a tensão criada pelo aumento manifesto dos lucros e a invariabilidade evidente dos salários» e J. Noakes et al. (orgs. 2008-2010) I 122 consideraram que Hitler oferecera aos capitalistas «a possibilidade de revigorarem a economia sem precisarem de fazer concessões ao trabalho»; estes autores, em op. cit., II 174, escreveram que «levando em conta a escassez na oferta de trabalho, o governo, tudo somado, teve um êxito surpreendente na limitação do aumento dos salários».
358. J. Caplan (org. 1995) 111-114, 178-179, 296, 318; K. H. Roth et al. (2011) 189-190, 194-195; A. Sohn-Rethel (1987) 95. Ver ainda A. Tooze (2006) 260-262.
359. J. Caplan (org. 1995) 114.
360. J. Noakes et al. (orgs. 2008-2010) II 174.

esta subida verificada nos salários reais foi em boa medida ilusória, porque as restrições impostas à produção e à importação de bens de consumo mantiveram baixo o nível de vida dos trabalhadores[361]. De 1932 até Julho de 1939 a produção de bens de investimento cresceu 332%, mas a de bens de consumo limitou-se a um aumento de 58%[362]. Os números podem variar consoante os critérios adoptados, mas o sentido geral é idêntico. Lemos num relatório confidencial apresentado em 16 de Outubro de 1944 na Research and Analysis Branch do OSS que desde 1933 até 1938 o rendimento nacional total aumentara 70%, enquanto os rendimentos do trabalho subiram apenas 64% e o crescimento da produção de bens de consumo ficara nos 30%[363]. Assim, em 1938 só se destinaram ao consumo pessoal 63% do produto nacional líquido do Terceiro Reich, sendo as percentagens equivalentes de cerca de 79% na Grã-Bretanha e de 85% nos Estados Unidos[364]. Ao mesmo tempo — e esta é uma avaliação que raramente se considera — a taxa de acidentes de trabalho passou de 34‰ em 1932 para 60‰ em 1938[365]. Para chegar a tais resultados fora necessário não só destruir o sindicalismo clássico, mas enquadrar a classe trabalhadora numa organização que se opunha declaradamente à formulação de reivindicações tanto de ordem salarial como nas condições de trabalho. O arremedo de sindicalismo nacional-socialista nunca serviu para a conquista do Estado e jamais teve, portanto, uma conotação radical.

O radicalismo plebeu fora conferido pelas SA, e a consolidação do poder permitiu a liquidação das veleidades destas milícias e a extinção da NSBO, ficando a intervenção política no plano laboral entregue à Frente do Trabalho. Mas como, a partir de uma lei de Dezembro de 1933, a Frente do Trabalho era considerada um ramo do NSDAP[366], isto significa que as milícias, o substituto dos sindicatos e o partido foram formalmente reunidos num quadro institucional

---

361. Id., ibid., II 177; S. J. Woolf (1968) 133. Ver J. Caplan (org. 1995) 115 e A. Tooze (2006) 94. Segundo Adam Tooze, op. cit., 254, em 1938, apesar do crescimento económico, o consumo familiar permanecia estagnado.
362. J. Kuczynski et al. (1942) 15.
363. F. Neumann em R. Laudani (org. 2013) 602.
364. J. Caplan (org. 1995) 47.
365. J. Kuczynski et al. (1942) 24.
366. J. Noakes et al. (orgs. 2008–2010) II 150.

único. A ser assim, o eixo endógeno do fascismo ter-se-ia concentrado num só pólo. A realidade, porém, foi diferente e o Terceiro Reich caracterizou-se não pela unificação das instituições políticas mas pela sua proliferação e pela multiplicação de centros de poder concorrentes[367].

5. ESPANHA: A FORMAÇÃO DO CAMPO INSTITUCIONAL DO FASCISMO

A encerrar um dos seus mais importantes discursos, José Antonio anunciou aos espanhóis que céu havia de lhes abrir nesta terra: «[...] o Paraíso não é o repouso. O Paraíso está contra o repouso. No Paraíso não se pode estar reclinado; está-se verticalmente, como os anjos. [...] nós [...] queremos um Paraíso difícil, erecto, implacável; um Paraíso onde não se descanse nunca e que tenha, junto aos umbrais das portas, anjos com espadas»[368]. Implacável e em perene vigília, como o conseguiria o Chefe Nacional da Falange? Não possuía ainda senão uns toscos rudimentos de sindicalismo nacionalista, já que a CONS estava praticamente desprovida de filiados[369]. É certo que as milícias do seu partido, treinadas nas refregas de rua, não se cansavam de adicionar mortos, mas apesar de tudo eram insuficientes. Tornava-se necessária uma ajuda exterior, presente mesmo que sem intervir, e que melhor guarda-portão do que esses «anjos com espadas», a Igreja e o seu braço secular? Transfigurada em vestes celestiais, eis ali a exacta geografia política do fascismo, uma revolta caucionada pelo Senhor Deus dos Exércitos.

Para delimitar o perímetro onde se movia, José Antonio pensou num prazo longo, no futuro necessário à instauração dos seus ideais. De imediato, o artigo 25 do programa da Falange, propondo a exclusão da Igreja dos assuntos seculares, criara animosidade nos meios tradicionalistas, e a relutância com que o chefe do movimento encarava a eventualidade de conspirar com os generais era, por este lado também, um augúrio de tempos difíceis. Mas José Antonio nunca

---

367. Ver no capítulo 5 deste livro as nn. 99 a 103.
368. A passagem citada do discurso de 19 de Maio de 1935 encontra-se em A. Río Cisneros et al. (orgs. 1945) 87. Como ignorar nesta retórica os ecos da prosa de Unamuno?
369. S. G. Payne (1961) 63-64.

confundiu os atritos momentâneos com as bases da sua política, e quando dizia que «só existem duas maneiras sérias de viver, a religiosa e a militar, ou, se preferirdes, uma maneira única, porque não existe religião que não seja uma milícia, nem milícia que não esteja permeada de sentimento religioso»[370], estava a situar-se no ponto exacto em que os dois eixos do fascismo se cruzavam.

Nas Astúrias a Falange participou activamente na supressão da revolta operária de Outubro de 1934. Os socialistas haviam sido vítimas das suas hesitações e a extrema-esquerda encontrava-se desorganizada pela ferocidade da polícia e dos militares, que ocupavam a província como um exército ocupa uma terra conquistada. E uma vez mais a direita tradicional se mostrara incapaz de tomar a iniciativa junto às camadas populares. Só a Falange soube aproveitar-se das circunstâncias, recorrendo à persuasão musculada das milícias para arrebanhar trabalhadores que haviam perdido o enquadramento político habitual. O método deu resultado e nos dois últimos meses de 1934 a Falange aumentou muito o número de filiados e ampliou a sua base social de apoio, prefigurando uma estratégia a que haveria de recorrer em grande escala durante a guerra civil[371]. Num discurso de Janeiro de 1936 José Antonio criticou o governo de centro-direita pela forma como liquidara a insurreição asturiana: «Nós teríamos sido mais severos para com os chefes e muito menos duros para com os mineiros iludidos, cujo ímpeto magnífico, que agora se desviou por um caminho errado, pode, sob outra bandeira, fornecer jornadas gloriosas à revolução nacional da Espanha»[372]. Várias vezes nas suas manifestações públicas ele insistiu que as perseguições deveriam ter-se restringido aos dirigentes e poupado a base, de modo a que os fascistas mobilizassem em proveito próprio o descontentamento e a agressividade social do proletariado[373].

A percepção era justa, mas seria José Antonio capaz de a aplicar na prática e de levar o seu movimento à conquista do Estado e das

---

370. O trecho citado do discurso proferido no parlamento a 6 de Novembro de 1934 encontra-se em A. Río Cisneros et al. (orgs. 1945) 311.
371. É assim que interpreto a narração dos acontecimentos feita por S. G. Payne (1961) 67–72.
372. A passagem transcrita do discurso proferido em Cáceres a 19 de Janeiro de 1936 encontra-se em A. Río Cisneros et al. (orgs. 1945) 162.
373. Id., ibid., 196, 302, 599, 661.

massas? Jurista de formação e advogado de profissão, as suas intervenções como deputado caracterizavam-se por um grau absurdo de legalismo e sempre que possível convertia os discursos em prelecções de direito. O mais chocante na actividade parlamentar do chefe da Falange é o à-vontade com que circulava pelos meandros jurídicos de um sistema que, por outro lado, ele dizia repudiar em bloco. Na tribuna José Antonio só conseguia brilhar em questões de técnica jurídica, manipulando artifícios como se fossem realidades. E nos seus artigos de análise política para a imprensa do movimento aquele antiparlamentarista deleitava-se a comentar futilidades parlamentares. Talvez os anjos erectos guardassem nos dois sentidos as portas do jardim celestial, e José Antonio, que tanto falava em rupturas, foi incapaz de nos fazer vislumbrar qualquer horizonte pelas brechas que se esforçava em abrir. A vacuidade dos seus artigos e da sua oratória revelava-se pateticamente, porque José Antonio possuía um estilo elegante e límpido — que lhe serviu para nada dizer. Se fossem apopléticos e declamatórios estariam adequados à indigência do conteúdo. Assim, tal como foram escritos e pronunciados, a transparência só mostrava que nada existia por detrás. Deveremos admitir que, subterrâneo e revelando-se apenas na prática, José Antonio tivesse algum talento político, que não lhe animava as páginas escritas? Porém, quem respondia seriamente a um entrevistador que era «inimigo dos improvisos» e que «o improviso é uma atitude da escola romântica, que não me agrada»[374], como podia dedicar-se com êxito a uma actividade em que só a meta final se conhece e todos os caminhos têm de ser cada vez inventados de novo? Seria o primogénito do general Primo de Rivera, segundo marquês de Estella, vigésimo segundo conde de Sobremonte e defunto ditador, um nome apenas, estimado por alguns, conhecido de todos, em primeiro lugar na coluna do *haver* de um movimento que tão pobre era em tudo o resto? Com um chefe assim, anunciava-se difícil a conjugação num sistema coerente dos dois grandes eixos indispensáveis à instauração de um regime fascista. Só na guerra civil isso viria a conseguir-se, e apenas *manu militari*.

A fusão das várias correntes do nacionalismo durante a guerra civil fornece talvez o exemplo mais perfeito de disposição dos quatro

---

374. Entrevista ao *ABC*, 11 de Abril de 1934, reproduzida em id., ibid., 754.

pólos da topografia fascista. A habilidade de Franco consistiu em articulá-los de uma maneira tanto quanto possível equilibrada e as etapas da entronização do Caudillo corresponderam ao progresso desta estratégia. Inicialmente excluído da Junta formada em Burgos em 24 de Julho de 1936, admitido na Junta no início de Agosto, titular a partir de Setembro do comando unificado das tropas revoltosas e aclamado Generalíssimo nos últimos dias desse mês, nomeado Chefe de Estado da Espanha nacionalista em 1 de Outubro, acumulando desde 19 de Abril de 1937 a direcção suprema da Falange, tornando-se no final de Janeiro do ano seguinte presidente do Conselho de Ministros no primeiro governo nacionalista regularmente organizado e recebendo em Julho o título de capitão-geral, outrora reservado aos reis, esta transformação do general em Caudillo só se tornou possível porque Franco se colocara num ponto equidistante das grandes forças em jogo, e em seguida conseguiu aproximá-las e uni-las num campo institucional único, que nunca deixou de confundir consigo próprio.

A 6 de Outubro de 1936, recebendo em Salamanca um diplomata da embaixada do Reich em Lisboa que lhe trazia as felicitações oficiais de Hitler, o recém-nomeado Chefe de Estado confidenciou-lhe, durante o jantar, que uma restauração da monarquia estava por enquanto posta de parte e que era fundamental criar uma ideologia comum que juntasse o exército, a Falange, os carlistas, os monárquicos ortodoxos e a CEDA[375]. Não se podia ser mais preciso na enunciação dos extremos do quadrilátero. Na Falange incluía-se uma embrionária organização sindical e um partido com as respectivas milícias, encontrando-se as outras milícias entre os Requetés do carlismo. Os partidários da dinastia de Afonso XIII compunham boa parte dos generais e da Igreja. Mas a hierarquia eclesiástica, consciente de que a coroa perdera o apoio popular, era representada pela CEDA, que lhe servira para actuar pragmaticamente no regime republicano e fora «o primeiro partido de massas da direita espanhola»[376], mas que precisamente por isso se desprestigiara perante as formações

---

375. H. Thomas (1965) 371.
376. P. C. González Cuevas (2016) 27. Este autor acrescentou que «a CEDA foi um conglomerado mal articulado de grupos e tendências díspares […] onde o carisma de Gil Robles desempenhou um papel fundamental».

anti-parlamentares[377]. Por seu lado, os carlistas conjugavam com o sonho da restauração de uma monarquia absoluta o apelo a uma religião inquisitorial e intolerante, de modo que o catolicismo espanhol definia-se numa tensão entre a Igreja burocrática e a Igreja militante.

A contraditoriedade das opiniões a respeito do Caudillo é esclarecedora da sua posição singular, antipático aos representantes de cada um dos eixos precisamente por encontrar apoio no eixo rival, e necessário a ambos porque separadamente não conseguiriam triunfar, como não poderiam depois manter sozinhos o poder. No começo da guerra civil os emissários do nacional-socialismo germânico temiam que Franco estivesse demasiado próximo da aristocracia latifundiária e da Igreja e suspeitavam que procurasse apenas o restabelecimento do antigo sistema social[378]. Aliás, alguns anos depois, na sua roda de comensais, Hitler mostrou-se várias vezes preocupado com a importância que a Igreja assumira por obra e graça do Caudillo[379]. Em sentido contrário, o representante diplomático português, Pedro Theotónio Pereira, incomodava-se com as palestras a favor do sindicalismo que Franco o obrigava a escutar quando o recebia. «O Generalíssimo», informou o diplomata com mal velado ressentimento num relatório de Agosto de 1939 dirigido a Salazar, «disse-me em tom de confidência: "Estou resolvido a fazer grandes reformas sociais. Hei-de elevar custe o que custar o nível de vida das classes trabalhadoras. E o meu receio é que em Portugal não nos possam acompanhar e haja depois um contraste" [...] Mais uma vez as ideias do Generalíssimo me pareceram bizarras [... ... ...] *Confesso a V. Ex.ª que cada vez tenho mais apreensão sobre as ideias do Generalíssimo*»[380]. Passados cinco anos, num relatório datado de Julho de 1944, o embaixador português só via motivos para confirmar as suas inquietações: «*Tenho impressão muito pouco favorável acerca da orientação que prevalece aqui na conduta da cha-*

---

377. Id., ibid., 159.
378. H. Thomas (1965) 421.
379. *Hitler's Table Talk...*, 515–516, 520, 538, 568, 607, 665.
380. Presidência do Conselho de Ministros, Comissão do Livro Negro sobre o Regime Fascista (org. 1987–1991) I 192–193, 195 (sub. orig.). Nas suas *Memórias*, Theotónio Pereira contou que dissera ao Generalíssimo, em Janeiro de 1938, que a Falange «dava às vezes a impressão de viver num horizonte de sindicalismo já ultrapassado que se harmonizava mal com as luzes do clima moral da Espanha e os laços de fraterna amizade com Portugal». Ver P. Th. Pereira (1973) II 56.

mada questão social». E o representante de Salazar comentou que «Franco tem deixado a Falange proceder como qualquer partido demagógico», o que para uma pessoa daquele meio e naquela época significava qualquer partido de esquerda. *«As cargas sociais sobre o salário já atingem 47% e o generalíssimo parece muito satisfeito com isso.* Di-lo no discurso de agora com perfeita inconsciência. *As massas operárias vão-se desabituando de trabalhar* e não creio nada que estejam mais conquistadas pela Falange que há quatro anos a esta parte. [...] O seguro de doença, agora estendido a todo o país, vai criar uma série de problemas que não terão solução fácil e que só concorrerão para tornar tudo mais complicado e difícil. Arrepia ver a inconsciência com que se assumiram tais responsabilidades apenas para que Franco possa dizer: criámos o seguro social na doença. O pior é o resto»[381].

Ao enviado do Führer com quem se encontrara nos primeiros dias de Outubro de 1936 Franco dissera que eram necessárias «luvas de veludo» para juntar numa ideologia comum as várias correntes políticas do levantamento nacionalista[382]. E sem dúvida o tecido com que deparava era delicado. A resolução do problema, facilitada pelas rivalidades entre facções, foi precipitada com a chegada a Salamanca, em Março de 1937, do cunhado do Generalíssimo, Ramón Serrano Súñer[383], fugido de uma prisão republicana, por quem José Antonio sentia uma amizade tão íntima que nas vésperas de ser fuzilado o nomeou como um dos seus dois executores testamentários. No início do ano anterior, enquanto dirigente das Juventudes de Acción Popular da CEDA, Serrano fundira-as com a Falange[384], e não

---

381. Presidência do Conselho de Ministros, Comissão do Livro Negro sobre o Regime Fascista (org. 1987-1991) IV 583 (subs. orig.).
382. Citado em H. Thomas (1965) 371.
383. Hitler detestava Serrano Súñer e no registo das suas conversas com o círculo de comensais talvez não haja, com excepção de Churchill e Roosevelt, ninguém que tivesse sido alvo de mais impropérios. Hitler insurgiu-se contra o facto de o embaixador do Reich em Madrid lhe ter apresentado Serrano como um germanófilo, quando ele seria na verdade um agente dos interesses da Igreja, com o objectivo de destruir a Falange e restaurar a monarquia. Ver *Hitler's Table Talk...*, 520, 568, 691 e 693. Ver ainda as págs. 133, 538, 570 e 608.
384. Segundo P. C. González Cuevas (2016) 133-134, as JAP tomavam como modelo o regime de Salazar e não o de Mussolini. Ainda a crer no mesmo autor (pág. 157), só a maioria das JAP se integrara na Falange, enquanto a minoria passara para os monárquicos.

duvidava agora da necessidade de prosseguir esta estratégia aglutinadora. Era indispensável reunir todas as correntes nacionalistas numa organização única e dar-lhes um projecto comum. O exército, e Franco, chefe do exército, tinham a força, que a desorganização e a incompetência política dos nacionalistas deixava sem restrições nem limites. O objectivo do fascismo permanecia o mesmo, a absorção do proletariado revolucionário no interior do quadro nacional, e a Falange forneceria a base para conjugar o corporativismo conservador com a promulgação de reformas destinadas a atenuar os conflitos de classe, sem pôr em risco a unidade da Espanha. Mas tornava-se necessário que a orientação social dos falangistas, em vez de antagonizar as camadas conservadoras, se harmonizasse com elas. Era este, segundo parece, o tema das conversas entre os dois cunhados em Salamanca, nos jardins do palácio episcopal. O mito da criação é sempre uma apologia da força. Fascistas, monárquicos de diversos matizes, Igreja, eram barro para amassar e receber outra forma. Franco tinha o poder das armas, o único que contava, seriam as suas mãos a moldar a figura da nova política. Serrano, o sopro inspirador.

Quando se apreciam os acontecimentos na posição confortável do historiador, de diante para trás, as decisões dos destinados à derrota parecem fadadas a servir apenas para a vitória dos outros. No começo de Dezembro de 1936 os carlistas haviam criado, à revelia do Generalíssimo, uma Real Academia Militar destinada à formação dos jovens oficiais requetés. Franco opôs-se a este assomo de independência, considerando-o uma tentativa de golpe de Estado, e decretou o exílio do principal dirigente carlista, Manuel Fal Conde. Os monárquicos tradicionalistas submeteram-se, nem podiam fazer outra coisa, mas a sua insatisfação com Franco aumentou, o que — mais um paradoxo do momento — os aproximou dos falangistas descontentes com a direcção do partido, assumida provisoriamente por Manuel Hedilla, já que José Antonio e os outros chefes de maior renome estavam mortos ou presos no território republicano. No início de 1937 alguns falangistas propuseram aos carlistas conversações acerca da possibilidade de fundir os dois movimentos. As negociações decorreram em Lisboa e, do lado carlista, participaram Fal Conde, o conde de Rodezno e Arauz de Robles e, vestindo as camisas azuis da Falange, Pedro Gamero del Castillo, José Luis Escario e Sancho Dávila. Não chegaram a acordo, mas separaram-se em bons termos. Tinham tentado encetar, contra Franco, exactamente aquilo que Franco pretendia que fosse feito, a unificação das várias correntes do nacionalismo.

Hedilla, presidente da Junta provisória de Comando da Falange, discordara das negociações e, embora as tivesse autorizado, foi mantido à margem e informado apenas do seu malogro. Era uma posição de fraqueza perante as duas facções que conspiravam para o remover. Uma delas reunia os nostálgicos de José Antonio e encabeçavam-na pessoas próximas do fuzilado: Rafael Garcerán Sánchez, seu antigo colaborador de confiança, Sancho Dávila, seu primo, Pilar Primo de Rivera, sua irmã, Agustín Aznar, que em breve casaria na família. Mas Hedilla deparava com a hostilidade de uma facção mais perigosa, os Camisas Novas, formada por membros recentes oriundos maioritariamente da tecnocracia monárquica e conservadora[385]. José Luis Escario e Gamero del Castillo, dois dos emissários às conversações de Lisboa, pertenciam a esta tendência, que incluía outros nomes de relevo, como Pedro González Bueno e Alfonso García Valdecasas[386]. Era esta a clivagem. Contra a demagogia populista de Hedilla, endereçada a uma base trabalhadora que havia sido arrebanhada pela força depois de liquidados os dirigentes da esquerda marxista e anarquista, e a quem era prometida a implantação de um Estado sindical, os tecnocratas recém-entrados na Falange preocupavam-se apenas com a criação de um forte partido único ao serviço dos homens de gabinete, com que pudessem implementar o modelo corporativo. Discretamente, como sempre, os gestores colocaram-se nos lugares decisivos do embrionário aparelho de Estado nacionalista e adquiriram a hegemonia nos vários Serviços Técnicos formados no interior da Falange, logo no começo da guerra civil, com a finalidade de resolver problemas de ordem económica e de administração pública[387]. Não devemos deixar que as linhas essenciais

---

385. S. G. Payne (1961) 128–129, 146–147, 152–154.
386. García Valdecasas, que abandonara a Falange pouco depois de ter participado na sua fundação, reintegrou-se no começo da guerra civil. Ver M. García Venero (1967) 287, 288 e S. G. Payne (1961) 153–154, 161. Note-se que L. M. Anson (1994) 285 incluiu García Valdecasas entre as «pessoas inteligentes e inactivas»; ver também as págs. 325 e 349.
387. M. García Venero (1967) 305.

deste confronto sejam obscurecidas por questões pessoais e pela ambição insatisfeita do pequeno círculo de saudosos de José Antonio. Sem a tecnocracia dos Camisas Novas, as manobras unificadoras de Franco e Serrano Súñer não teriam resultado, e foi a classe social dos gestores que forneceu a base mais sólida do novo fôlego da Falange.

Talvez Hedilla julgasse que não lhe seria difícil reafirmar a sua autoridade, porque contava com a maioria dos chefes provinciais e dos Camisas Velhas, e a 15 de Abril de 1937 anunciou a convocação de um Conselho Nacional. No dia seguinte a facção dos nostálgicos de José Antonio precipitou a crise, demitiu Hedilla e formou um triunvirato constituído por Aznar, Dávila e José Moreno, com Garcerán nas funções de secretário-geral. Hedilla fingiu recuar, correu a informar Franco do que se passava e preparou de imediato o contra-ataque, mobilizando para isso um corpo de milícias aquartelado próximo de Salamanca. Os seus fiéis tentaram prender Garcerán e os triúnviros dissidentes, houve tiroteio, numa situação difícil de deslindar e em que aparentemente a polícia se manteve passiva perante a acção dos hedillistas, e com tudo isto morreu um guarda-costas de Sancho Dávila e Hedilla perdeu um dos seus homens de confiança. Dávila foi preso e pouco depois Aznar e Garcerán foram detidos também. Estaria o caminho aberto para a confirmação de Hedilla à cabeça da Falange? No dia 18 de Abril reuniu-se o Conselho Nacional para eleger um novo chefe e foi Hedilla o escolhido, mas dos vinte e dois votos só dez lhe foram favoráveis; o resto manifestou-se em branco ou dispersou-se por candidaturas marginais. Num movimento autoritário, como ter um chefe sem autoridade? O sucessor de José Antonio vencia, perdendo. A Falange estava sem chefe.

Foi a oportunidade para juntar aquelas facções, tão fracas que nenhuma podia prevalecer, e para submetê-las todas a uma autoridade suprema. Na noite de 19 de Abril de 1937 Franco decretou a fusão da Falange e dos carlistas, além de outros movimentos menores, e alguns dias depois ordenou a integração também dos partidários de Afonso XIII. Não pediu a opinião às direcções dos movimentos, que estavam divididos ou acéfalos. Tinham o culto do chefe, haviam-no encontrado enfim. Os quatro pólos do fascismo estavam reunidos. Talvez não fosse imaginoso o nome que recebeu o partido único, mas era de certeza descritivo, como se alguém olhasse em redor e enunciasse os marcos da nova política — Falange Española Tradicionalista y de las Juntas de Ofensiva Nacional Sindicalista. No exacto centro, Francisco Franco, que a si mesmo se nomeara Chefe Nacional, e com ele, sua mão direita, Ramón Serrano Súñer, com poderes nebulosos, como convinha a quem dispunha de tantos. O cargo de secretário-geral foi deixado por preencher e os principais postos honoríficos distribuíram-se a um Secretariado ou Junta Política. Para além da periferia foram lançados os que não quiseram apagar-se na anonimidade da nova burocracia do nacionalismo. Fal Conde permaneceu no exílio português. Hedilla, recusando terminantemente o primeiro lugar na Junta Política, viu-se detido, condenado à morte, comutada a sentença por prisão perpétua, libertado em 1941 e colocado em residência fixa em Maiorca, indultado por fim em 1947 e remetendo-se ao silêncio daí em diante, um silêncio talvez não menos pesado do que aquele que sofrera em cela isolada, num cárcere das Canárias. Muitos outros falangistas foram detidos também, alguns condenados à prisão. Gil Robles, antigo chefe da CEDA, continuou a apoiar o levantamento, mas de fora do país[388].

As facções persistiram, e os descontentamentos, que não são apagados por decreto. Terminada a guerra civil, os conspiradores impenitentes voltaram a encontrar-se, a sondar o terreno, meditando as condições para um golpe que assegurasse a hegemonia à tradição radical do fascismo. Mas o poder conquistado tem mecanismos muito diferentes dos da conquista do poder, e nada há como a distribuição de benesses para amolecer aqueles que pareciam rijos enquanto se tratava de lutar pela satisfação das ambições. Entre os seus correligionários o Caudillo manobrou, e bem, com os compromissos, as compras, o isolamento de alguns, o fuzilamento de muito poucos. A burocratização do movimento encarregou-se do resto.

---

388. Para a descrição dos acontecimentos de Dezembro de 1936 até Abril de 1937 em Salamanca consultei: P. Broué et al. (1961) 394–399; M. García Venero (1967) 291–294, 323–330, 348–349, 353–420; G. Jackson (1967) 357; S. G. Payne (1961) 148–171; H. R. Southworth (1967) 179, 185, 187–238; H. Thomas (1965) 449, 527–534. Acerca do sucedido nos dias 16 e 17 de Abril a versão de Herbert Rutledge Southworth, op. cit., é a que me parece mais verosímil. A argumentação deste historiador (págs. 200, 220–224) mostra que Hedilla não se limitou a uma atitude defensiva e conciliatória, mas tomou a ofensiva contra o triunvirato, recorrendo para isto às milícias comandadas por Carl von Haartman.

Não foi preciso mais para assegurar a ordem no interior da Falange unificada[389].

6. BÉLGICA: O EIXO CONSERVADOR COMPROMETEU O EIXO RADICAL

A experiência do Rex contribui para esclarecer as atribulações na conjugação dos dois eixos do fascismo. Léon Degrelle, fundador e chefe do movimento, começara muito novo a sua actividade política na Acção Católica, e o nome do partido referia-se a *Christus Rex*[390]. Cristo chefe de milícias? «É bastante significativo reencontrarmos no rexismo», observou o fascista francês Brasillach, «muito mais do que qualquer parentesco com o fascismo italiano ou com o racismo nacional-socialista, as ideias que foram tão estimadas por La Tour du Pin, pelos tradicionalistas do século XIX, pela Action Française e, hoje, por Salazar ou pelo conde de Paris»[391]. Ao surgir em 1934-1935, o rexismo operou uma ruptura com o partido católico tradicional e abriu-se a pessoas de outras confissões ou sem religião, o que não o impediu de continuar a afirmar o seu catolicismo e de utilizar em boa medida os organismos da Acção Católica[392]. A isto se deveu o relativo êxito alcançado nas eleições legislativas de Maio de 1936, conseguindo em todo o país um voto em cada nove eleitores e, nas regiões de expressão francesa, um em cada seis eleitores, que lhe deram 10% dos deputados[393].

Porém, se a maior parte dos sufrágios no rexismo veio de pessoas que até então haviam apoiado o velho partido católico, tanto antes como durante a campanha eleitoral Degrelle não evocara os sentimentos religiosos e ocupara-se em denunciar a corrupção geral

---

389. Acerca das facções e conspirações no interior da Falange após o decreto de 19 de Abril de 1937 ver S. G. Payne (1961) 175, 212-215, 234-236, 264-266 e 294 nn. 21 e 23. Quanto às conspirações organizadas por certos meios falangistas durante a guerra mundial é interessante consultar Presidência do Conselho de Ministros, Comissão do Livro Negro sobre o Regime Fascista (org. 1987-1991) II 80, 304-308 e III 166, 175-176, 187-189, 192-193, 199.
390. R. Brasillach [s. d.] 14; F. L. Carsten (1967) 212; J. Stengers (1965) 157-158.
391. R. Brasillach [s. d.] 19.
392. Id., ibid., 15-16, 19; F. L. Carsten (1967) 213; J. Stengers (1965) 158-159.
393. M. Bardèche et al. (1969) 87; R. Brasillach [s. d.] 1; F. L. Carsten (1967) 215; J. Stengers (1965) 156, 159.

dos políticos e dos meios de negócios e o domínio do parlamento pela finança, o que lhe valeu, sobretudo em Bruxelas, a simpatia de liberais e mesmo de socialistas[394]. «O grande erro dos velhos partidos de direita, na Bélgica tal como em França», disse Degrelle a Brasillach, que o entrevistou um mês após as eleições, «foi o de não terem compreendido, de não se terem interessado pelo problema social»[395]. Degrelle, explicou o entrevistador, «compreendeu que o erro trágico dos partidos foi o de separar a nação e o trabalho: os homens de "esquerda" apoiavam os trabalhadores, e aliás somente os de uma única classe; os moderados de "direita" ignoravam-nos. Como quis segurar firmemente as duas pontas da corrente, a nacional e a social, Léon Degrelle foi imediatamente seguido com entusiasmo, tal como o foram, embora sendo muito diferentes, Hitler e Mussolini»[396]. «Em vez de ter receio dessa passagem de elementos de esquerda para as nossas fileiras, encorajei-a o mais que pude», lembrou Degrelle. «No início do rexismo dirigi o essencial da minha acção para a conquista das massas operárias e camponesas». Degrelle pretendeu que «o resultado desse esforço foi considerável: em 1935 e 1936 conquistei dezenas de milhares de trabalhadores. As bacias de Liège, Charleroi e Verviers tornaram-se bastiões rexistas, dando-nos só elas, ao mesmo tempo, seis deputados»[397]. Passados muitos anos, ele recordou que «só no reduto operário de Liège» Rex obtivera dois senadores e três deputados, um dos quais havia recentemente pertencido à direcção das juventudes socialistas[398].

O balanço feito por alguns historiadores é diferente, considerando que o operariado dos grandes centros industriais se manteve alheio a este fascismo nascente e que fracassaram as tentativas dos rexistas para fundarem os seus próprios sindicatos[399]. Afinal, talvez a discrepância não seja tanto de perspectivas como de cronologia, porque Degrelle reconheceu que perante a contra-ofensiva socialista

---

394. F. L. Carsten (1967) 213; J. Stengers (1965) 159–160. Acerca do ataque à corrupção ver especialmente R. Brasillach [s. d.] 16 e L. Degrelle (2000) 36 e segs.
395. R. Brasillach [s. d.] 27.
396. Id., ibid., 19.
397. L. Degrelle (1949 b) 95.
398. Id. (2000) 92.
399. F. L. Carsten (1967) 216; J. Stengers (1965) 160, 162. Embora reconhecendo que Degrelle não encontrara na classe operária a resposta que esperava, E. Weber (1964) 126 indicou que Charleroi, um grande centro fabril, elegeu um rexista em 1936.

e comunista «o nosso recrutamento popular foi travado»[400]. O certo é que a ampliação do espectro político, efectiva ou programada, incomodou as hierarquias eclesiásticas, tanto mais que o programa do Rex incluía numerosas reivindicações de carácter social. «Trabalhadores de todas as classes, uni-vos!», exclamavam os seus cartazes e proclamava o seu jornal na largura de toda a página[401], opondo ao antagonismo marxista entre exploradores e explorados a confusão fascista entre patrões empreendedores e operários esforçados. Degrelle recordaria, muitos anos depois, que «as três bases fundamentais do rexismo eram, além da paz religiosa, a paz linguística no federalismo e a paz social na colaboração das classes reconciliadas»[402].

Se bem que Degrelle fosse omisso quanto à maneira de implementar as reformas que propunha, não creio que o clero, ao ler as menções ao controle dos bancos e do capital, à protecção da classe média e da classe trabalhadora, à descentralização da riqueza e à entrega da terra aos camponeses[403], soubesse distinguir entre a demagogia e as ameaças. A Igreja sentia-se cada vez mais inquieta. Em 1937, no auge de uma campanha contra as instituições democráticas do reino, quando, na eleição parcial que ele mesmo provocara em Bruxelas, Degrelle se apresentou contra o primeiro-ministro, o velho partido católico juntou-se aos liberais e aos socialistas para apoiar o governante; e o cardeal-arcebispo de Mechelen, ou Malines, primaz da Bélgica, publicou uma declaração não só condenando o partido Rex e proibindo os católicos de votarem em Degrelle, mas considerando que até a abstenção seria um pecado[404]. Aliás, a oposição da Igreja poderia ter vindo de mais alto e parece que o papa só não atacou publicamente o rexismo porque Mussolini o dissuadiu[405], o que se compreende, pois desde 1936 ele subsidiava Degrelle[406]. Mesmo assim, o anátema do cardeal-arcebispo foi fatal. O primeiro-ministro obteve 80% dos votos e Degrelle os restantes 20%, e a partir de

---

400. L. Degrelle (1949 b) 95.
401. Citados em R. Brasillach [s. d.] 20 e E. Weber (1964) 47.
402. L. Degrelle (2000) 92.
403. R. Brasillach [s. d.] 20; F. L. Carsten (1967) 214.
404. F. L. Carsten (1967) 217; J. Stengers (1965) 163; E. Weber (1964) 128.
405. E. Weber (1964) 126.
406. Saint-Loup (1987) 16.

então o Rex declinou, limitando-se a 4% dos votos em Abril de 1939, quatro deputados quando três anos antes obtivera vinte e um[407]. Com a ascensão e a queda de Léon Degrelle, tão brusca uma como a outra, a hierarquia católica conseguira demonstrar os dividendos eleitorais da virtude da obediência.

Talvez Degrelle acabasse por não deixar outra marca para a posteridade além de ter inspirado a Hergé o personagem de Tintin[408], se não fosse a ocupação da Bélgica pelo Reich ter dado um novo impulso ao rexismo, desta vez não já por obra da Acção Católica, mas no quadro de outra grande instituição conservadora, o exército, naquele caso a Wehrmacht. Degrelle acreditava que se se tivesse encontrado com Hitler em Outubro de 1940, como estava previsto, talvez conseguisse formar, sob a égide do rei, um governo em conjunto com Henri de Man[409]. Todavia, e apesar de mais tarde o Führer ter dito a Degrelle que gostaria de ter um filho que se lhe assemelhasse[410], as autoridades militares germânicas nunca depositaram nele uma confiança excessiva e, pelo menos durante algum tempo, promoveram outros movimentos fascistas, especialmente os separatistas da Vlaams Nationaal Verbond, em que os rexistas da Flandres acabaram por se integrar, tal como promoveram igualmente alguns grupúsculos valões, enquanto estimulavam cisões no Rex[411].

Contudo, não faltavam a Degrelle nem ousadia nem capacidade de improvisação, e se as forças armadas do Reich lhe erguiam obstáculos, foi precisamente a elas que recorreu para consolidar a sua base política, fundando em 1941 um corpo militar destinado a combater na frente leste, a Légion Wallonie, que a partir de meados de 1943 constituiu uma unidade dos Waffen-ss. «Ele diz *Heil* Hitler, mas pensa "viva Degrelle"!», observou alguém que conheceu estes meandros[412]. Do Outono de 1941 até à Primavera de 1945 passaram

---

407. M. Bardèche et al. (1969) 87; F. L. Carsten (1967) 217; M. Mann (2004) 41; J. Stengers (1965) 163–164; E. Weber (1964) 128.
408. L. Degrelle (2000) 15 e segs. Há também quem defenda que a linguagem do capitão Haddock foi inspirada pelos panfletos anti-semitas de Céline. Ver A. Duraffour et al. (2017) 1046–1047 n. 144.
409. L. Degrelle (2000) 84, 173.
410. Id. (1949 a) 15, 381.
411. M. Bardèche et al. (1969) 87–88; L. Degrelle (1949 b) 52, 53, 56, 57, 62, 113, 219, 225–227, 242–244.
412. Saint-Loup (1987) 92.

pela Légion Wallonie seis mil voluntários, dos quais três quartos vinham do operariado[413].

Degrelle pretendeu que «logo na Primavera de 1943, depois da nossa epopeia no Cáucaso, Himmler deu-me da parte do Führer as garantias mais formais de que o meu plano político fora aceite em toda a sua amplitude»[414]. Afinal, traçando um balanço, considerou que as autoridades germânicas haviam desarticulado politicamente a VNV e anexado o movimento flamengo, o que ele não permitira que fizessem com o movimento valão[415]. Mas de que lhe valeu isto, já que a sua iniciativa política ficara dependente dos sucessos militares do Reich, cada vez menos tangíveis? É certo que aquando da campanha das Ardenas, derradeira ofensiva germânica no noroeste, no Inverno de 1944–1945, Degrelle recebeu do comandante-chefe destas operações militares o poder político completo no território belga reocupado. Porém, desabafou ele, «não era o momento para promulgar decretos e remodelar a Constituição!». Tudo o que o chefe do fascismo valão fez, segundo as suas próprias palavras, foi «proporcionar aos habitantes de Limerlé e de Steibach o reconforto da missa», rezada por um capelão dos SS[416]. Para quem concebera como programa a restauração da grande Borgonha[417], uma espécie de Lotaríngia moderna, parece-me pouco. E assim se extinguiu o rexismo, entre um poder fictício conferido por um exército moribundo e uma liturgia executada por um sacerdote militar.

7. ROMÉNIA: O EIXO RADICAL E O EIXO CONSERVADOR DESTRUÍRAM-SE MUTUAMENTE

Um caso extremo de fracasso na conjugação dos dois eixos políticos foi o da Roménia durante o reinado de Carol II e o governo do general Antonescu, quando a vertente conservadora do fascismo e a sua vertente radical se chacinaram uma à outra.

---

413. L. Degrelle (1949 a) 192–193.
414. Id. (1949 b) 251.
415. Id., ibid., 228.
416. Id. (1949 a) 393.
417. Id. (1949 b) 75, 133, 162, 184, 189, 191–192, 217, 244.

Corneliu Zelea Codreanu, a figura mais importante, ou mesmo obsessiva, do fascismo romeno, iniciou a actividade política em 1919 numa milícia destinada a combater os operários em greve, e em seguida procurou, com certo êxito, animar um fascismo de carácter religioso e anti-semita, que tomou corpo em 1923 na Liga de Defesa Nacional-Cristã[418]. Foi no final desse ano, na capela da prisão onde aguardava, junto com alguns correligionários, um julgamento de que todos sairiam absolvidos, que Codreanu começou a venerar São Miguel Arcanjo. Dizem os que têm a orelha fina para estas coisas que esse príncipe dos anjos, além de conhecer o segredo da palavra com que Deus criou o céu e a terra, é também grã-capitão das hostes celestiais, inspirando neste mundo os exércitos da Igreja contra os descrentes. Com tamanhas competências, não espanta que o arcanjo se visse, por inerência, chefe de milícias. E, posto em liberdade, Codreanu, ainda sem romper com a Liga, começou a formar Irmandades da Cruz, destinadas à acção nacionalista e colocadas sob o patrocínio do arcanjo[419].

Mas em Junho de 1927, perante a desintegração da Liga e a sua moderação nas questões sociais, Codreanu voltou-lhe costas e fundou a Legião do Arcanjo São Miguel, em que o anti-semitismo se confundia com a defesa da gente humilde dos campos[420]. A partir de 1930 a Legião foi complementada por uma organização de massas, a Guarda de Ferro, que seria a sua ala terrorista na luta contra o comunismo e o judaísmo, «uma nova organização nacional destinada a combater o comunismo judaico», como Codreanu a definiu[421]. «Quando digo "comunistas"», explicou ele para que as coisas ficassem bem claras, «quero dizer judeus»[422]. O anti-semi-

---

418. M. Bardèche et al. (1969) 11–12; F. L. Carsten (1967) 183–184; C. Z. Codreanu (1976) 19–20, 65–67; R. Haynes (2011) 171–172; Ch. Thorpe [s. d. 1] 2, 4; E. Weber (1965 c) 517–520; id. (1967) 130.
419. F. L. Carsten (1967) 184; C. Z. Codreanu (1976) 97, 100–101; R. Haynes (2011) 173; E. Weber (1965 c) 520.
420. F. L. Carsten (1967) 184; C. Z. Codreanu (1976) 154; S. Fischer-Galati (1971) 114; R. Haynes (2011) 173–174; Ch. Thorpe [s. d. 1] 6, 7–8; E. Weber (1964) 99; id. (1965 c) 527.
421. F. L. Carsten (1967) 187; R. Haynes (2011) 174; A. E. Ronnett et al. (1986) 6; Ch. Thorpe [s. d. 1] 8; E. Weber (1965 c) 544. A frase citada encontra-se em C. Z. Codreanu (1976) 193.
422. C. Z. Codreanu (1976) 193. A noção de que os judeus eram agentes do comunismo aparece nas págs. 16, 17, 19, 24, 29, 30, 31, 32, 34, 45, 84, 112, 190, 191 e 193.

tismo truculento foi o eixo constante da acção de Codreanu e dos seus seguidores, sendo a questão social confundida com a questão judaica[423].

Entretanto o rei Carol II, logo depois de se ter apoderado do trono em Junho de 1930 através de uma manobra traiçoeira que não importa aqui relatar[424], aplicou-se a enfraquecer os partidos conservadores, de maneira a ocupar-lhes o espaço e consolidar gradualmente a posição da coroa. Com este fim procurou aproveitar-se de Codreanu, que manifestava pela direita tradicional quase a mesma hostilidade que dedicava aos judeus e aos comunistas. Nas eleições gerais de Junho de 1931 os legionários não chegaram a reunir 2% dos votos[425], ainda que Codreanu tivesse conseguido entrar no parlamento graças a uma eleição parcial em Agosto[426]. Mas seis anos depois os legionários aliaram-se a algumas forças da direita conservadora para disputar as eleições legislativas, revelando um oportunismo táctico que lhes era tanto mais fácil quanto a Legião não tinha programa, pois afirmava Codreanu que «este país está a morrer por falta de homens, não por falta de programas. [...] não é de programas que precisamos, mas de homens, homens novos»[427]. Sem programa, nem sequer fictício, sem limites, nem mesmo formais, os homens do arcanjo podiam tomar posição contra todos e qualquer um, assim como podiam fazer o contrário, e graças a um pacto com os inimigos de ontem tornaram-se em 1937 o terceiro maior partido do país, obtendo mais de 15% dos sufrágios e mais de

---

O sintagma «judeo-comunista» ou variantes aparece nas págs. 13, 19, 29, 32, 34 e 104; note-se que nas págs. 68, 74, 140, 141, 147, 169 e 229 aparece o sintagma «judeo-maçónico» ou variantes, enquanto o sintagma «judeo-liberal» aparece na pág. 112, e na pág. 129 o sintagma «judeo-governamental».

423. Id., ibid., *passim*. Ver também: J. Evola (2004); Ch. Thorpe [s. d. 1] *passim;* id. [s. d. 2] *passim;* id. [s. d. 3] 1–4. Note-se que Christopher Thorpe, embora fornecesse numerosos dados sobre o anti-semitismo da Legião, pretendeu que se tratava de uma atitude racional e justificada pela própria presença e comportamento dos judeus.

424. Stanley Payne, que não é propriamente um regicida, chamou-lhe «o monarca mais cínico, corrupto e sequioso de poder que alguma vez lançou o descrédito sobre um trono em qualquer lugar na Europa do século XX». Ver S. G. Payne (2003 b) 278.

425. Id., ibid., 282; E. Weber (1967) 116.

426. A. E. Ronnett et al. (1986) 7.

427. C. Z. Codreanu (1976) 159. Ver também a n. 44 no capítulo 2 do livro *Uma política sem economia?*.

18% dos lugares, muito mais se não tivessem ocorrido as fraudes do costume[428].

O monarca percebeu então que o seu principal adversário passara a ser o fascismo radical e dissolveu o parlamento antes da sessão inaugural, suspendeu indefinidamente as eleições, proibiu a actividade de todos os partidos e em Fevereiro de 1938 promulgou por decreto uma nova constituição, de modelo corporativo[429]. Finalmente, em Abril de 1938 Codreanu foi detido e condenado a dez anos de prisão, enquanto centenas de outros chefes legionários ficaram confinados em campos de concentração[430].

E assim se votou ao fracasso esse ensaio de conjugação de um fascismo conservador com um fascismo radical. Os generais estavam, nem outra coisa seria de esperar, do lado da coroa. Entretanto a Igreja Ortodoxa, preferindo como todas as Igrejas a ordem à fé, pôs o seu mais alto dignitário, o patriarca, ao serviço do rei para chefiar o governo de Fevereiro de 1938, que implantou a versão conservadora do fascismo[431]. A Igreja deixou sem socorro nem consolo os devotos do arcanjo, apesar de este movimento ter um carácter tão religioso como político. No diário escrito na prisão Codreanu reagiu com amargura às declarações do patriarca, que acabara de condenar a Legião. Na página datada de 3 de Junho de 1938 comparou a atitude do chefe da Igreja à de um pai que em vez de acolher um filho o repele e o espanca, e desabafou: «é doloroso, extremamente doloroso!»[432]. Ao contrário de Salazar e de Dollfuss, que haviam instaurado modalidades de fascismo clerical aproveitando da Igreja o aparelho burocrático e da religião um certo número de princípios de ordem moral, Codreanu e os seus seguidores devotaram-se a um fascismo «místico, religioso e ascético», nas palavras de Julius Evola[433], e esta diferença correspondeu à oposição entre o fascismo

---

428. F. L. Carsten (1967) 188; S. Fischer-Galati (1971) 117; S. G. Payne (2003 b) 286; A. E. Ronnett et al. (1986) 13; M. Sturdza (1968) 102–103; E. Weber (1965 c) 550; id. (1967) 117.
429. F. L. Carsten (1967) 188; E. Weber (1965 c) 551–552.
430. E. Weber (1965 c) 552, 555.
431. M. Baumont (1951) 826.
432. C. Z. Codreanu (1986) 52–53. A frase citada vem na pág. 52.
433. J. Evola (2004). Segundo H. T. Hansen (2002) 80, Codreanu «foi sem dúvida, para Evola, um dos raros "heróis" e modelos indiscutíveis». Mircea Eliade, que se contou entre os legionários, classificou-os como «um movimento profundamente

conservador e o fascismo radical. «A oração é um elemento decisivo da vitória», escrevera Codreanu, que impusera um jejum de dois dias por semana à Guarda de Ferro, cujos chefes deviam abster-se de ostentar riquezas e de frequentar cinemas, teatros e outras diversões. Além disso, os dez mil legionários de uma força de choque especial obrigavam-se ao celibato[434].

Os homens do arcanjo consideravam-se a última trincheira antes do apocalipse, e só através da sua própria transfiguração espiritual eles restaurariam o povo romeno na fé de Deus. «O fim supremo da Nação», proclamara Codreanu, «deve ser a ressurreição em Cristo!»[435]. Para que este objectivo se realizasse seria necessário que dentro da alma de cada legionário o homem novo triunfasse do velho. O resto viria depois, porque «no movimento o fenómeno espiritual constitui a infra-estrutura, enquanto todas as outras realizações políticas, sociais, económicas, culturais são estratos acrescentados graças a um desenvolvimento orgânico que parte da alma e visa o mundo exterior», explicou Horia Sima, o principal dirigente da Legião depois de Codreanu. Não seriam os interesses materiais fugazes a mover o legionário, mas o amor de Cristo, fundamento eterno de tudo o mais. «O herói saído da escola legionária», escreveu Sima, «tende a transformar a nação segundo o modelo vivo da sua alma [...]»[436]. Era assim, tal e qual, que pensavam e falavam aqueles profissionais do atentado político e do *pogrom*, e a invocação obsessiva da pureza da alma e do amor divino serve para elucidar a função absolutória de certas abstracções.

Precipitados para a acção clandestina, os legionários que conseguiram escapar às perseguições votaram-se ainda mais fanaticamente ao terrorismo. Comentando a condenação de Codreanu,

---

cristão, justificando a sua doutrina no plano espiritual». Ver M. Eliade (1937) 1. Para ligarmos estas duas apreciações numa teia única, convém saber que Eliade, num artigo publicado em *Vremea*, 31 de Março de 1935, considerou que «Evola é um dos espíritos mais interessantes da geração da guerra». Citado por H. T. Hansen, op. cit., 46. E, para a teia ser completa, Eliade confirmou que Evola tinha grande admiração por Codreanu. Ver G. Stucco (2002) 31.
434. J. Evola (2004).
435. Citado em S. G. Payne (2003 b) 280 n. 51.
436. O misticismo político dos legionários encontra-se exposto em H. Sima (1964) 6–23. As passagens citadas vêm na pág. 12. Ver ainda R. Haynes (2011) 174–175 e 177–178.

Evola escreveu que «essa sentença ou era demasiado severa ou não o era suficientemente»[437]. Na noite de 29 para 30 de Novembro de 1938 Carol II deu ordens para que a polícia assassinasse Codreanu e outros legionários presos[438]. O rei procurava destruir os concorrentes para melhor impor a sua própria versão do fascismo, e em Dezembro desse ano, através do primeiro-ministro Armand Călinescu, criou um partido único, a Frente do Renascimento Nacional, e uma organização de juventude, que rivalizavam ambos com a Legião nos rituais, na hierarquia e nos uniformes. De igual modo, Călinescu começou a apropriar-se nos seus discursos de temas que até então haviam constituído a especialidade de Codreanu[439]. Os devotos do arcanjo viram o perigo e o seu aparelho clandestino redobrou as acções terroristas não só contra os judeus, como era habitual, mas igualmente contra os apoiantes do fascismo régio. E passados dez meses do assassinato de Codreanu, após vários ensaios frustrados, a Legião conseguiu vingar o seu chefe e matou Călinescu. Prosseguindo a escalada das represálias, o governo ordenou uma chacina de legionários[440]. Será que, liquidados há muito os comunistas e desarticulados os partidos conservadores, os dois fascismos continuariam a trucidar-se até desaparecer numa voragem toda a vida política do país, nada restando?

Mas perante a guerra mundial e o colapso do sistema internacional de alianças que garantira até então a integridade das fronteiras da Roménia, os chefes de ambos os fascismos perceberam a conveniência de suspender as hostilidades, se não queriam todos eles ser vítimas das ambições do Terceiro Reich e de outros vizinhos, de menor poder mas de dentes não menos aguçados. Em Janeiro de 1940 o governo começou a libertar os legionários presos — aqueles que não haviam sido massacrados na cadeia — e na Primavera estabeleceu contacto com os membros da Legião exilados em Berlim, até que em Junho o monarca acedeu em converter a Frente do Renascimento Nacional numa organização de carácter mais radical, o Partido da Nação. Por seu lado, Horia Sima, comandante da Legião após o assassinato de Codreanu, divulgou um manifesto con-

---

437. J. Evola (2004).
438. F. L. Carsten (1967) 188–189; R. Haynes (2011) 180; E. Weber (1965 c) 556.
439. E. Weber (1965 c) 554–555.
440. F. L. Carsten (1967) 189; R. Haynes (2011) 180; E. Weber (1965 c) 555–558.

vidando os seguidores a aderirem ao novo partido. No começo de Julho os legionários receberam alguns ministérios, e embora Sima se tivesse demitido rapidamente os seus companheiros permaneceram no governo[441].

Não se tratava, porém, de uma fusão dos dois movimentos fascistas, nem de uma trégua sequer, mas simplesmente de um jogo duplo, porque os legionários mobilizaram a opinião pública contra os resultados catastróficos da política externa da monarquia. Em Junho de 1940 a União Soviética, com a concordância de Hitler, ocupara a Bessarábia, que havia sido russa até 1918, e o norte da Bukovina, embora esta nunca tivesse pertencido à Rússia. Dois meses depois Hitler e Mussolini pressionaram a Roménia a restituir à Hungria a Transilvânia setentrional. E em Setembro foi perdido mais território, agora em benefício da Bulgária. Deste modo, três milhões e meio de cidadãos romenos ficaram sob a soberania soviética e quase dois milhões e meio foram incluídos no Estado húngaro. Apesar de serem entusiastas do nacional-socialismo germânico, sob cuja égide se fizera o rearranjo das fronteiras, os dirigentes da Legião não deixaram escapar uma tão boa oportunidade de pôr em xeque os seus rivais e encabeçaram os protestos contra aquelas cedências, exigindo a abdicação do monarca.

O desprestígio da coroa era total e a 3 de Setembro de 1940, numa conjuntura que lhes pareceu propícia, os legionários desencadearam uma insurreição em Bucareste e noutras duas cidades. O movimento triunfou na província e fracassou na capital, mas Carol II viu-se obrigado a recorrer ao exército e convidou a formar governo o general Ion Antonescu, que havia sido chefe do estado-maior e duas vezes ministro e além disso estivera próximo de Codreanu[442]. O rei esqueceu talvez, ou nem se quis lembrar, que quem recorre a um salvador lhe fica nas mãos. O general exigiu a abdicação de Carol, que entregou a coroa ao seu filho Mihai e abandonou o país no dia 6 de Setembro. Logo em seguida Antonescu apelou para a colaboração da Legião. «O Movimento tivera sempre a intenção de pôr um general à frente do primeiro governo legionário», recordou um antigo

---

441. A. E. Ronnett et al. (1986) 16–17; E. Weber (1965 c) 558.
442. E. Weber (1965 c) 559. «Antonescu tem o mérito de ter intervindo a favor de Codreanu», disse Hitler aos seus comensais em 17 de Outubro de 1941. Ver *Hitler's Table Talk…*, 67.

membro da Legião[443]. Um decreto real de 14 de Setembro estabeleceu o Estado Nacional Legionário, com Antonescu como chefe supremo e Sima como vice-primeiro-ministro, encontrando-se os legionários em maioria no governo[444]. Nestas circunstâncias Antonescu representava um conservadorismo agrário e paternalista, próximo do tipo de fascismo que Carol II pretendera instaurar, enquanto os fiéis do arcanjo defendiam os camponeses mais pobres e desejavam a destruição dos velhos partidos, a superação do sistema liberal e a implantação de uma economia dirigida pelo Estado[445]. Pensaria alguém que as duas correntes encontrariam um terreno de entendimento e se fundiriam gradualmente?

Que ilusão! Em vez de moderarem os seus métodos de actuação, os legionários multiplicaram as vítimas não só entre os judeus, mas igualmente nos meios conservadores, em especial durante a jornada de terror de 28 de Novembro de 1940. Antonescu protestou em Conselho de Ministros contra as expropriações de judeus e de conservadores pelos membros da Legião e contra o facto de estes se apoderarem dos bens dos inimigos. E embora Hitler pressionasse Antonescu a manter a colaboração com os legionários, nada parecia capaz de refrear os herdeiros de Codreanu, que ameaçavam levar a revolução até ao interior do exército e abolir o sistema de casta dos oficiais, substituindo-os por outros emanados do povo — decreto pelos soldados do arcanjo[446]. Seria impossível provocar mais directamente o general Antonescu, pondo em risco a sua principal base de sustentação. Em Janeiro de 1941, perante a excitação crescente da Legião, Antonescu decidiu contra-atacar, ou talvez provocar os adversários para o desfecho final, agora que parecia estar seguro do apoio de Hitler, e começou a tomar medidas para reduzir o poder dos legionários, substituindo-os nos cargos de responsabilidade por oficiais do exército[447]. A resposta não iria tardar.

---

443. M. Sturdza (1968) 167. Mas o príncipe Mihail Sturdza acrescentou logo em seguida que Antonescu «nunca tivera amizade pelo Movimento».
444. F. L. Carsten (1967) 190; A. E. Ronnett et al. (1986) 17–18; E. Weber (1965 c) 559–560.
445. E. Weber (1965 c) 560.
446. Id., ibid., 561–564.
447. F. L. Carsten (1967) 192; E. Weber (1965 c) 565–566. Hitler estimava muito Antonescu e considerava-o, logo após Mussolini, o mais notável dos aliados do Reich.

Em Bucareste, sob o comando de Sima, os legionários organizaram protestos que em 21 de Janeiro se transformaram numa insurreição, acompanhada pelos habituais *pogroms* e deixando pelo menos dois mil judeus mortos, mas ao fim de três dias a Legião ficou liquidada pelo exército[448]. Muitos legionários foram massacrados, muitos mais foram presos e alguns, entre os quais Sima, conseguiram fugir para o Reich, que nunca deixou aqui de jogar com um pau de dois bicos, acolhendo os fugitivos mas internando-os num campo de concentração[449]. O fascismo romeno passou a obedecer à hegemonia conservadora e nos últimos dias de Janeiro de 1941 constituiu-se um governo composto principalmente por militares. O Estado Nacional Legionário foi abolido a 15 de Fevereiro, sucedendo-lhe no mês seguinte o Estado Nacional e Social e, como os vencedores contam sempre com uma especial sedução, não foram poucos os antigos seguidores de Codreanu a exprimir o seu apreço pelo novo regime[450]. Mas seria simples demais que a história terminasse aqui e que, mesmo graças à chacina e aos campos de concentração, se conseguisse a pacificação interna do fascismo romeno.

Em Agosto de 1944 o rei Mihai, com o apoio de conservadores, sociais-democratas e comunistas, organizou um golpe de Estado, depôs Antonescu e transferiu o país para o campo dos Aliados, de cuja vitória já ninguém duvidava. Em resposta, Hitler mandou libertar os membros da Legião que em Janeiro de 1941 haviam con-

---

Ver *Hitler's Table Talk*..., 67, 180, 337, 387, 622 e 694. Ver também A. E. Ronnett et al. (1986) 18 e M. Sturdza (1968) 211 e segs.

448. L. Brenner (1983) 171; F. L. Carsten (1967) 192; R. Haynes (2011) 181; R. Hilberg (1961) 489; E. Weber (1965 c) 565–566. A respeito destes acontecimentos, H. G. Dahms (1968) I 226 pretendeu que os legionários contaram com o apoio de «operários de tendências comunistas das usinas Malaxa». Por seu lado, A. E. Ronnett et al. (1986) 20–26 e M. Sturdza (1968) 214 e segs. defenderam que não ocorrera nenhuma tentativa de insurreição por parte dos legionários.

449. E. Weber (1967) 122. «Se eu estivesse no seu lugar [de Antonescu]», disse Hitler num círculo de íntimos em 18 de Janeiro de 1942, «teria feito da Legião a base do poder, depois de ter fuzilado Horia Sima». Ver *Hitler's Table Talk*..., 223. M. Sturdza (1968) 242–243 contou que Sima estivera «em residência forçada nos arredores de Berlim», mas, depois de ter ido clandestinamente para a Itália, Ciano recambiou-o para o Reich, onde ele e cerca de quatrocentos outros legionários foram internados em Buchenwald e Dachau. Um relatório dos serviços secretos soviéticos, elaborado depois da guerra, afirmou que nos campos de concentração eles haviam beneficiado de «tratamento preferencial». H. Eberle et al. (org. 2005) 298.

450. E. Weber (1965 c) 566–567; id. (1967) 137.

seguido fugir para o Reich e aí permaneciam detidos, e Sima foi encarregado de formar em Viena um governo romeno no exílio, colaborando na desesperada busca de mão-de-obra e carne-de-canhão[451]. Um cadáver mal ressuscitado era tudo o que restava dos homens do arcanjo. Durante década e meia a vida política da Roménia havia sido mobilizada pelo fascismo, e no entanto a incapacidade de conjugar a vertente conservadora com a radical fez com que elas se destruíssem uma à outra.

8. ÁUSTRIA: UM EQUILÍBRIO ERRADO ENTRE AS INSTITUIÇÕES DO FASCISMO

Na Áustria e no Japão o confronto entre duas facções do fascismo, em vez de levar à sua aniquilação mútua, como na Roménia, ou, como em Espanha, à fusão de ambas, ocasionou a completa supremacia de uma sobre a outra.

O aparecimento dos corpos francos na Áustria logo a seguir ao final da Grande Guerra assemelhou-se em tudo ao sucedido na Alemanha. Contribuíram, por um lado, para preservar uma certa integridade territorial, já que nem as relações de força nem o contexto internacional se prestavam às ambições expansionistas que no íntimo norteavam os seus membros. Por outro lado, colocaram-se ao serviço da contra-revolução no interior do país. Aliás, os dois tipos de actividade completaram-se, por exemplo quando os corpos francos austríacos colaboraram no combate contra o exército vermelho húngaro ou contra a república dos conselhos bávara. Em retribuição, os corpos francos da Baviera prestaram uma ajuda substancial aos seus congéneres austríacos[452]. Numa época de revolução internacional, o processo contra-revolucionário não podia ter deixado de se internacionalizar também.

A derrota das revoluções na Europa central e a fiscalização exercida pelas grandes potências sobre as relações exteriores da Áustria levaram os corpos francos a cingirem-se à luta de classes dentro das fronteiras. Presentes em quase todas as localidades, os corpos francos, que acabaram por adoptar a denominação genérica de

---

451. Id. (1965 c) 567.
452. F. L. Carsten (1967) 223; M. Kitchen (1980) 54–56; A. Whiteside (1965) 330.

Heimwehr, converteram-se numa milícia ao serviço dos proprietários rurais e da Federação Central das Indústrias[453]. Entretanto, em 1923 o partido socialista e os sindicatos criaram a sua própria milícia, a Republikanischer Schutzbund, procedente da antiga Volkswehr que os socialistas haviam formado no final de 1918 para minar pela base as tentativas insurreccionais dos comunistas[454]. Só que agora já não era a esquerda mais extrema que inquietava os socialistas, mas a extrema-direita, e os repetidos confrontos armados nas ruas de Viena reflectiam o equilíbrio instável entre o reaccionarismo das províncias e o proletariado aguerrido da capital.

Durante uma década e meia a vida política austríaca caracterizou-se pela cisão entre, de um lado, o governo nacional, representante das regiões rurais, profundamente contra-revolucionárias e onde prevaleciam os pequenos proprietários, e, do outro lado, a cidade de Viena, à qual a constituição conferia um elevado grau de autonomia e onde o partido socialista, orientado à esquerda, realizou uma notável experiência de democracia operária e cultura de classe[455]. Mas como as transformações sociais ocorridas na capital não conseguiam estender-se ao resto do país e como os socialistas, que detinham a hegemonia absoluta em Viena, haviam sido afastados do governo central, esta dicotomia impedia as instituições estatais de cumprirem a sua habitual função de compromisso[456]. As duas milícias, a Heimwehr e a Schutzbund, assumiram assim um lugar muito considerável na vida política e graças a elas cada um dos lados marcava o limite até onde o outro podia avançar, assegurando um estranho equilíbrio, sempre ameaçado.

---

453. Benoist-Méchin (1964-1966) IV 405; F. L. Carsten (1967) 223; M. Kitchen (1980) 56; P. Milza (1999) 437; A. Whiteside (1965) 332.
454. M. Kitchen (1980) 97-98, 111 e segs.; G. Marramao (1977) 92-93.
455. M. Kitchen (1980) 16; G. Marramao (1977) 57-58, 91-92.
456. Otto Bauer, dirigente e teórico do partido socialista austríaco, procurou interpretar esta situação concebendo o Estado enquanto «resultado do equilíbrio das forças de classe», de maneira que nem se trataria de uma ditadura da burguesia sobre o proletariado nem de uma ditadura do proletariado sobre a burguesia. Bauer, porém, atribuiu a este equilíbrio um âmbito histórico muito mais amplo do que a experiência austríaca. «A crise geral do parlamentarismo tradicional», escreveu ele, «é uma das formas por que se manifesta o equilíbrio das forças de classe». Ver a este respeito G. Marramao (1977) 68-77; as passagens citadas vêm nas págs. 69 e 76.

As milícias da Heimwehr singularizavam-se entre as suas congéneres europeias pelo facto de não serem o órgão de nenhum partido nem sequer se fazerem acompanhar por um movimento político próprio, e as repetidas tentativas para se federarem num organismo partidário mais ou menos coerente não tinham alcançado êxito, talvez porque os seus membros se dividissem por origens bastante diferentes e por tradições ideológicas variegadas[457]. A Heimwehr revelou-se muito eficaz contra as greves e as milícias operárias, derrotando em 1927 o ensaio de greve insurreccional do proletariado austríaco e mantendo cada vez mais as ruas sob o seu controle[458]. Ao mesmo tempo, apoiou o patronato industrial na liquidação do sindicalismo socialista, e até do sindicalismo cristão, no interior de algumas das maiores fábricas e ajudou-o a instaurar relações fascistas nas empresa[459]. Não conseguiu, porém, converter esta vitória numa conquista do poder.

Em Setembro de 1930 o chefe nacional da Heimwehr e o seu chefe em Salzburgo receberam os Ministérios do Interior e da Justiça num governo presidido — tal como haviam sido todos nos últimos dez anos — por um chanceler social-cristão. Para disputar as eleições legislativas de Novembro desse ano a Heimwehr transformou-se em partido, mas ele foi desde início enfraquecido pelas habituais rivalidades internas. Além disso, o nacional-socialismo austríaco, que desde os meados da década de 1920 estava submetido à autoridade de Hitler[460], beneficiou do recente triunfo eleitoral dos seus correligionários alemães e revelou-se para a Heimwehr um sério concorrente. Nestas circunstâncias o sufrágio constituiu uma vitória para os nacionalistas conservadores, que obtiveram um aumento de lugares no parlamento igual ao número de lugares perdidos pelos sociais-cristãos, enquanto os socialistas recuperaram a posição de maior partido. Para a Heimwehr o fracasso foi considerável, contando apenas 6% dos votos e oito deputados eleitos[461]. Incapaz de ousar um golpe de Estado quando deteve as pastas cruciais do Interior e da Justiça, havia-se mostrado igualmente incapaz de tomar o

---

457. F. L. Carsten (1967) 226; A. Whiteside (1965) 330, 334, 336-337.
458. F. L. Carsten (1967) 224; M. Kitchen (1980) 57; A. Whiteside (1965) 334-335.
459. M. Kitchen (1980) 21-22, 25.
460. A. Whiteside (1965) 333-334, 339-340.
461. M. Kitchen (1980) 62; A. Whiteside (1965) 338.

poder por vias legais. Entretanto, com a sua disciplina e determinação e com o prestígio conferido pelos êxitos registados do outro lado da fronteira, os nacionais-socialistas beneficiaram do insucesso da Heimwehr e chegaram a resultados muito favoráveis nas eleições provinciais de 1932, em detrimento também dos sociais-cristãos e sobretudo dos nacionalistas conservadores[462]. Será que ninguém conseguiria impedir os nacionais-socialistas de alcançarem a hegemonia não só entre os fascistas mas ainda sobre aquela porção do eleitorado que havia até então dado a sua confiança aos conservadores? Engelbert Dollfuss tentou resolver a situação.

Membro do Partido Social-Cristão, Dollfuss encarregara-se em 1931 do Ministério da Agricultura e das Florestas. Não se tratava de um mero cargo técnico, pois a Liga Camponesa da Baixa Áustria, com cem mil filiados, e de que ele havia sido secretário antes de passar a dirigir a Câmara da Agricultura da Baixa Áustria, aderira em bloco à Heimwehr em 1929[463]. Afigura-se-me que as ligações de Dollfuss a esta milícia regional contribuíram para a sua entrada no governo. Além disso, se a extrema-direita austríaca tinha uma base de apoio predominantemente rural, o modelo corporativo de um governo de técnicos encontrava-se personificado num especialista de questões agrárias. Talvez se explique assim o motivo por que o padre Seipel, chefe do Partido Social-Cristão e chanceler até 1929, promoveu a ascensão de Dollfuss. «[…] o Dr. Dollfuss pôs em prática o que o Dr. Seipel havia planeado muito tempo antes», escreveu um biógrafo, na verdade hagiógrafo, de Dollfuss[464].

Quando o reverendo Seipel morreu, em Agosto de 1932, Dollfuss tinha sido nomeado chanceler três meses antes com o objectivo de desenvolver nos detalhes e implantar na prática o fascismo clerical que o seu mentor delineara em traços gerais. Nestas circunstâncias, o facto de o novo chefe do governo dispor de uma base de sustentação parlamentar muitíssimo precária talvez fosse mais benéfico do que prejudicial. Não sendo deputado e não estando, por isso, vinculado a uma instituição legislativa considerada decadente ou mesmo obsoleta, Dollfuss podia mais facilmente optar por uma linha de

---

462. M. Kitchen (1980) 63, 276; R. J. Rath (1971) 30; A. Whiteside (1965) 340.
463. G. Brook-Shepherd (1961) 33–45; A. Whiteside (1965) 336.
464. J. Messner (2004) 65–66. Ver ainda as págs. 86–87 e 145.

acção ditatorial. Os problemas surgiam de outro lado, porque exactamente na altura em que precisava do apoio unânime dos fascistas e da extrema-direita para o confronto inevitável com os socialistas, o chanceler via os membros da Liga Camponesa aderirem em massa ao nacional-socialismo[465]. Funesto presságio! Os sociais-cristãos eram os continuadores directos do partido de Karl Lueger, cuja eficácia um Hitler jovem apreciara antes da guerra nas ruas de Viena. E se recordarmos que, embora Lueger fosse apresentado nas páginas de *Mein Kampf* como modelo para os políticos de extrema-direita desejosos de mobilizar as massas, era também criticado por não ter compreendido a importância decisiva do germanismo[466], concluímos que a opinião do Führer a respeito de Seipel e Dollfuss estava já formada e que para ele o fascismo austríaco tinha de perecer diante de um fascismo de âmbito germânico.

Procurando ultrapassar em velocidade os rivais e os opositores, Dollfuss suspendeu as eleições legislativas por um período indeterminado e suspendeu em seguida o próprio parlamento, proibiu os desfiles e as assembleias políticas, proibiu as greves e pôs sistematicamente em causa as regalias económicas e organizativas que os trabalhadores haviam conquistado, ordenou a dissolução da Schutzbund, suspendeu as eleições municipais e, em geral, apoiou-se na Heimwehr para se bater simultaneamente contra os socialistas e contra os nacionais-socialistas[467]. Por fim, tentando conferir alguma faceta positiva a um governo que até então só tomara decisões negativas, Dollfuss fundou em Maio de 1933 a Frente Patriótica, destinada a liquidar violentamente a esquerda e a substituir os partidos da direita e o concorrente nacional-socialista.

Para um lado ou para outro, a cisão no interior do fascismo tinha de ser resolvida. Nem o novo regime podia tolerar a existência da secção austríaca do partido nacional-socialista alemão e das suas milícias, cada vez mais aguerridas e ampliando sem cessar a sua base de apoio[468], nem os nacionais-socialistas podiam manter indefinidamente a autonomia se o regime de Dollfuss se consolidasse.

---

465. A. Whiteside (1965) 341.
466. A. Hitler (1995) 90–92.
467. Benoist-Méchin (1964–1966) IV 411 e segs.; M. Kitchen (1980) 94, 138–139; A. Whiteside (1965) 342.
468. A. Whiteside (1965) 340 e segs.

Enquanto os partidários de Hitler preparavam à pressa um golpe de força que submetesse o país à hegemonia do Reich, Dollfuss antecipou-se e em Junho de 1933 dissolveu as organizações nacional-socialistas, fazendo um número tão grande de presos que teve de criar campos de concentração, aliás povoados também por membros do Partido Comunista, que havia sido proibido no mês anterior[469].

Mas os comunistas pouca ou nenhuma influência tinham no operariado austríaco e eram outros os inimigos que ameaçavam o chanceler no lado esquerdo do espectro político. Profundamente insatisfeitos com a atitude expectante e derrotista adoptada pela direcção do partido socialista, os operários mais combativos vinham desde há algum tempo a exigir que se passasse à acção[470]. Fizeram-no tarde e em péssimas condições. Em Fevereiro de 1934, depois de enfrentar insurreições em seis cidades, Dollfuss lançou o exército e a Heimwehr ao assalto do principal bairro proletário de Viena, coração do socialismo e da classe trabalhadora, sendo-lhe necessários quatro dias de combate e quatro centenas de mortos para esmagar o operariado da capital. Os dirigentes socialistas mais prestigiados foram presos ou dispersaram-se pelo exílio e os sindicatos socialistas foram dissolvidos e substituídos por uma formação sindical única, controlada pelo governo[471].

Com a nova base constituída pela Frente Patriótica, livre dos compromissos que haviam unido os sociais-cristãos ao conservadorismo tradicional e convencido de que conseguiria suprimir as permanentes rivalidades internas da Heimwehr e convertê-la numa formação paramilitar disciplinada e inteiramente ao seu serviço, Dollfuss escavou os alicerces de um fascismo católico. Em Abril de 1934 foi proclamada uma nova constituição, inspirada pelas teses defendidas nas encíclicas papais, nomeadamente a *Quadragesimo Anno*, que o chanceler classificou como «a *Magna Carta* da constitui-

---

469. Benoist-Méchin (1964–1966) IV 418–419, 426 n. 4; M. Kitchen (1980) 71; G. Marramao (1977) 97; A. Whiteside (1965) 343.
470. M. Kitchen (1980) 183 e segs., 228.
471. Benoist-Méchin (1964–1966) IV 422–426; F. L. Carsten (1967) 228; M. Kitchen (1980) 202 e segs.; J. A. Nunes (1982) 59–60; A. Whiteside (1965) 344. Um apologista de Dollfuss, J. Messner (2004) 84, mencionou 241 mortos, distribuídos igualmente por ambos os lados, e acrescentou (pág. 194) que «o chanceler Dollfuss era adverso ao uso da força».

ção austríaca»[472]. Mas nada neste projecto parecia convincente. Na Frente Patriótica, lançada sem ímpeto e desprovida de energia própria, inscreveram-se sobretudo funcionários do Estado, que viam na sua filiação mais um dever de ofício do que uma militância[473]. Assim Dollfuss, que para criar a nova organização deixara extinguir-se o velho Partido Social-Cristão em que até então se apoiara[474], ficou sem uma base viável de sustentação independente e passou a dever a sua sobrevivência apenas à Heimwehr. E se é certo que as rivalidades internas desta milícia davam ao chanceler amplas oportunidades de manobra, também não é menos exacto que os chefes da Heimwehr, enquanto conspiravam uns contra os outros, aguardavam todos a primeira oportunidade para se verem livres dele[475].

Além de se afigurar precária a estabilidade do regime, não haveria algo de errado naquela topografia? Ao longo da década de 1920 o fascismo italiano estendera progressivamente a sua influência ideológica sobre o Partido Social-Cristão[476] e entretanto, além de inspirar a Heimwehr, começara também a municiá-la e subsidiá-la com regularidade[477]. «Naquela época», recordaria Churchill alguns anos mais tarde, «o ministro da Itália em Viena era quase vice-rei da Áustria e a sua situação nessa capital era praticamente idêntica à que o alto-comissário britânico ocupava no Cairo»[478]. Este alinhamento internacional reflectia a hostilidade que opunha o

---

472. G. Brook-Shepherd (1961) 156–157, 170 e segs.; J. Messner (2004) 143 e segs.; R. J. Rath (1971) 24–25. A citação de Dollfuss encontra-se em John Rath, op. cit., 25. «As encíclicas papais relativas às questões sociais podem ser experimentadas com êxito num país como Portugal, onde não existe nenhum dos problemas da sociedade industrial moderna que as encíclicas se propuseram resolver», observou P. F. Drucker (1943) 84. «Aplicados, porém, a um país industrial como a Áustria, os seus ensinamentos apresentaram-se como uma reacção pseudo-romântica ou uma teorização desprovida de sentido, alheia às realidades efectivas».
473. M. Kitchen (1980) 173–174, 178, 278.
474. G. Brook-Shepherd (1961) 108–109; M. Kitchen (1980) 45, 175, 182.
475. Benoist-Méchin (1964–1966) IV 434, 436, 448.
476. M. Kitchen (1980) 39.
477. Benoist-Méchin (1964–1966) IV 416 n. 4, 418 n. 1; G. Brook-Shepherd (1961) 202; F. L. Carsten (1967) 224–227; M. Kitchen (1980) 57–59, 146; A. Lyttelton (1982) 687; P. Milza (1999) 437–438, 635; R. J. Rath (1971) 30.
478. Esta citação de um artigo publicado por Churchill no *Paris-Soir*, 19 de Maio de 1938, encontra-se em Benoist-Méchin (1964–1966) IV 102 n. 4. Quanto ao apoio diplomático dado pela Itália fascista à Áustria ver id., ibid., IV 415–416, M. Kitchen (1980) 147–148, 152 e P. Milza (1999) 642, 643.

regime de Dollfuss à secção austríaca do partido nacional-socialista alemão. Mas, aproximando-se demais do fascismo de Mussolini, estritamente social, o chanceler comprometia o projecto hitleriano de unificação de toda a população de origem germânica num Reich assente em critérios rácicos. Além disso, o papa Pio XI exaltou publicamente Dollfuss e apresentou-o como modelo de um político católico[479]. Ora, com esta simpatia pelo Vaticano Dollfuss optou por uma componente demasiado restrita do pólo religioso, pois a fusão entre a Alemanha e a Áustria, que apesar de proibida pelos tratados de Versailles e Saint-Germain nunca deixara de estar no horizonte de ambos os países, ficaria ainda mais dificultada se na Áustria se implantasse firmemente um Estado católico, quando quase dois terços da Alemanha eram protestantes e uma ala muito influente do nacional-socialismo era neopagã.

Ilegalizado, mas não menos activo por este motivo, o nacional-socialismo austríaco dedicou-se com exclusividade ao terrorismo e às manobras desestabilizadoras, esforçando-se por provocar o governo ou a um novo confronto ou a uma manifestação pública de impotência. E em 25 de Julho de 1934 Dollfuss foi surpreendido e alvejado na Chancelaria por um grupo de centena e meia de nacionais-socialistas, durante uma tentativa de golpe de Estado. Os assassinos deixaram-no a esvair-se em sangue, numa longa agonia de mais de três horas. Numa agonia igualmente demorada entrou o regime, que não ficou mais sólido pelo facto de o plano dos conspiradores ter fracassado e eles acabarem por ser presos e condenados. Depois de quase quatro anos de instabilidade e crises internas, que os nacionais-socialistas aproveitaram para ir gradualmente retirando a capacidade de manobra ao fascismo católico, Hitler resolveu a questão em 11 e 12 de Março de 1938, anexando a Áustria.

Dollfuss pagou com a vida os equilíbrios errados entre os quatro pontos cardeais do fascismo, e foi um fascismo diferente que se substituiu ao seu. Quem sabe se noutra época, ou com outro curso da história, a Igreja de Roma não o teria canonizado?

---

479. J. Medina (1998) 161.

9. JAPÃO: A HEGEMONIA DO EIXO CONSERVADOR SOBRE O EIXO RADICAL

Tal como sucedeu na Áustria, também no Japão o confronto entre duas modalidades de fascismo ocasionou a eliminação de uma delas, mas aqui foi a ala conservadora a afastar a ala radical, até obter uma completa hegemonia.

Na primeira guerra mundial o Japão mobilizara-se ao lado da *Entente* para ampliar a sua influência nas ilhas do Pacífico e obter a supremacia política e económica sobre a caótica China republicana. A sequência dos acontecimentos, porém, não correspondeu ao esperado. Dois anos depois de a conferência de Versailles ter satisfeito as pretensões territoriais nipónicas, a Grã-Bretanha cedeu às pressões norte-americanas e pôs termo à sua aliança com o Japão. Além disso, a adopção pelo governo dos Estados Unidos, em 1924, da nova lei sobre a imigração prejudicou seriamente os fluxos migratórios do Japão, com consequências negativas para a economia do país. Finalmente, após a ocupação da Manchúria em Setembro de 1931 a Sociedade das Nações, ainda que timidamente, levantou obstáculos ao expansionismo nipónico. Estes três factores estimularam a rivalidade do Japão com as grandes potências ocidentais[480] e, ao mesmo tempo, o poder emergente dos Estados Unidos no Oceano Pacífico reforçou entre os generais e almirantes japoneses e entre os dirigentes políticos mais aguerridos a convicção de que a participação do país no conflito mundial não dera os resultados desejados.

Neste contexto os grupos nacionalistas radicais encontraram oportunidades de propaganda e mobilização muito férteis e o número de associações patrióticas e anticomunistas aumentou significativamente[481]. Desde cedo se assinalou um literato que se convertera num «empresário do fascismo no Japão»[482] e era considerável a popularidade de Mussolini[483], além de se ter difundido a simpatia pelo nacional-socialismo com a chegada de Hitler à Chan-

---
480. W. M. Ball (1956) 17.
481. M. Maruyama (1963) 27–28; R. Storry (1957) 21.
482. Acerca de Shimoi Harukichi ver R. Hofmann (2015) 20 e segs. A expressão citada vem na pág. 67. Consoante o uso japonês, menciono o nome de família antes do nome próprio.
483. Id., ibid., 69 e segs.

celaria[484]. Numa primeira fase, para usar a periodização proposta por um ensaísta, o fascismo recrutava adeptos sobretudo entre os civis[485] e só mais tarde começaria a difundir-se entre os jovens oficiais do exército e da marinha. Os porta-vozes do fascismo radical propunham uma política externa que conjugasse o expansionismo territorial com o ataque ao colonialismo europeu e norte-americano na Ásia, e defendiam uma política interna que eliminasse a grande propriedade privada, garantisse o direito ao trabalho e ao cultivo da terra, abolisse o parlamento, onde tinham assento os partidos ligados aos maiores grupos empresariais, e instaurasse um capitalismo de Estado administrado por uma ditadura militar. Tratava-se, em suma, de um programa nacionalista e socialista[486]. Embora só então estas ideias tivessem alcançado uma verdadeira repercussão prática, elas eram defendidas desde há vários anos pelo fundador do fascismo japonês, Kita Ikki[487], que encetara como socialista a vida política[488]. Ao contrário do que sucedera com os restantes socialistas, ele apoiara a guerra de 1904–1905 contra a Rússia[489] e a partir de então evoluiu para posições nacionalistas cada vez mais extremas, tornando-se o mais influente dos pensadores fascistas do seu país.

Aliás, as condições em que se assinara a paz com a Rússia anteciparam o que haveria de suceder depois da conferência de Versailles. Embora em 1905 o Japão tivesse ganho a guerra, o conflito deixara o país exausto tanto financeira como militarmente, sem que a opinião pública o soubesse, porque o governo não se interessara em divulgar a situação real. Assim, quando foram conhecidos os termos do tratado de paz, uma boa parte da população achou que os resultados diplomáticos estavam longe de corresponder às vitórias conseguidas em terra e no mar, e grupos de nacionalistas extremistas agitaram

---

484. Id., ibid., 114 e segs.
485. M. Maruyama (1963) 26.
486. F. C. Jones (1954) 12–13; R. Storry (1957) 35 e segs.; id. (1990) 172, 173. Ver também Benoist-Méchin (1964–1966) IV 57 e M. Maruyama (1963) 31.
487. Maruyama Masao, uma autoridade nestes assuntos, considerou Kita como «o fundador do fascismo japonês» e outros autores têm concordado com esta classificação. Ver R. Storry (1957) 37 e (1990) 173. A tese de que Kita não foi fascista é defendida — na minha opinião muito mal defendida — por G. M. Wilson (1969) *passim*, sobretudo nas págs. 88 e segs.
488. G. M. Wilson (1969) 10 e segs.
489. Id., ibid., 18.

os habitantes de Tóquio contra o governo. As manifestações de protesto repetiram-se ao longo de seis dias, com destruições e violências que deixaram dezassete pessoas mortas e mais de duas mil feridas, a tal ponto que o governo se viu na necessidade de deslocar tropas para a capital e impor a lei marcial, procedendo a cerca de duas mil prisões[490].

Foi nestas condições que Kita Ikki escreveu a sua primeira obra, editada em 1906, onde argumentava que a guerra contra a Rússia «não fora travada para satisfazer as ambições dos militares nem o desejo de lucro dos capitalistas, mas fora na verdade travada para o [...] espírito do povo»[491]. Neste livro a defesa dos interesses imperialistas nipónicos, através de uma luta contra a penetração das potências ocidentais na Ásia, conjugava-se com um plano de reformas não violentas, assente numa campanha de esclarecimento que levasse à nacionalização da propriedade fundiária e do capital[492]. As ideias de Kita amadureceram e consolidaram-se, graças sobretudo ao contacto pessoal que manteve com o movimento revolucionário chinês[493], e no programa da associação política que fundou em 1919 encontramos de novo os dois grandes objectivos, a reforma interna do país e a emancipação dos povos asiáticos[494]. Num livro escrito nesse mesmo ano, embora publicado apenas em 1923, Kita convocou os jovens oficiais e os civis nacionalistas a realizarem um golpe de Estado que entregasse o poder às forças armadas e, abolindo o parlamentarismo e os partidos, estabelecesse uma relação directa entre o imperador e o povo[495]. Deste modo ele deu um sentido imediatamente operacional à tese que havia defendido no âmbito constitucional na sua obra de 1906, onde afirmara que a soberania residia no Estado e que os dois órgãos do Estado eram o imperador e o povo[496].

Para que a nova ordem política encontrasse uma ampla sustentação popular, Kita propunha um conjunto de medidas que constituía

---

490. W. G. Beasley (1981) 172; R. Storry (1990) 142; G. M. Wilson (1969) 16–18.
491. Citado em G. M. Wilson (1969) 35.
492. W. G. Beasley (1981) 190; G. M. Wilson (1969) 32.
493. G. M. Wilson (1969) 53.
494. M. Maruyama (1963) 28.
495. G. M. Wilson (1969) 67–69.
496. Id., ibid., 27–28, 30, 33.

a vertente socialista do seu programa. As maiores fortunas seriam confiscadas e seriam nacionalizados os maiores bancos e as maiores empresas industriais. As propriedades fundiárias acima de um certo montante, aliás bastante elevado, seriam igualmente apreendidas e a família imperial renunciaria ao seu vasto conjunto de terras, para as repartir entre os agricultores pobres. Além disso, Kita defendia a distribuição aos assalariados do sector privado de metade dos lucros líquidos das empresas, proporcionalmente ao montante da remuneração de cada um, e a concessão de um bónus semestral aos empregados do sector nacionalizado. Na indústria seria estabelecida uma jornada de trabalho de oito horas, proibido o trabalho infantil e regulamentado o trabalho feminino, e na agricultura seriam tomadas medidas para proteger os pequenos camponeses que cultivavam terras arrendadas. Como este conjunto de reformas não punha em causa a propriedade privada e apenas lesava os grandes grupos empresariais, era natural que, além de suscitar simpatias entre os trabalhadores, obtivesse o apoio de pequenos e médios capitalistas. Ao mesmo tempo, Kita pretendia aumentar a intervenção do Estado na vida económica e sugeria a criação de vários ministérios destinados a regulamentar a produção e as relações de trabalho, a gerir as empresas e as terras nacionalizadas e a organizar e planificar o conjunto da actividade produtiva. Capaz de mobilizar toda a economia em benefício do aparelho militar, o governo poderia então prosseguir uma política expansionista assente no estímulo dado às lutas dos povos asiáticos contra o colonialismo europeu e norte-americano[497]. Esta revisão nacionalista do socialismo, que teve uma influência muito profunda e durável sobre os oficiais de baixa patente[498], deve ser considerada como um dos clássicos do pensamento fascista mundial.

A situação interna da direita clarificou-se na década de 1920, quando declinou o poder político da elite militar e a direcção dos sucessivos governos foi entregue aos dois grandes partidos parlamentares, que tinham estreitas relações, tanto pessoais e familiares como financeiras, com os quatro maiores grupos empresariais, espe-

---

497. W. G. Beasley (1981) 239–240; R. Storry (1957) 37–38; id. (1990) 173; G. M. Wilson (1969) 70–71, 73–74; S. J. Woolf (1968) 127.
498. F. C. Jones (1954) 11.

cialmente, a partir de 1924, com o Mitsubishi[499]. Ora, estes grupos, em particular o Mitsubishi, defendiam a redução das despesas militares e a promoção de uma política externa conciliatória, sobretudo relativamente à China[500]. E assim, nos meados da década de 1920 a diplomacia japonesa propunha-se reforçar a ala anticomunista do Kuomintang e apoiar um influente chefe militar para manter a Manchúria pelo menos semi-independente[501]. Na política interna aqueles governos, ligados directamente aos maiores patrões, agravaram as medidas contra a extrema-esquerda e o movimento operário, prosseguindo a orientação repressiva que no começo do século levara à ilegalização das greves, à dissolução do Partido Social-Democrata logo após a sua criação e à recusa do parlamento em aceitar a introdução de uma legislação sobre assuntos laborais[502]. O grande capital tinha razões para se encontrar duplamente satisfeito, porque consolidava o sistema de exploração dentro do país e tecia com o estrangeiro as boas relações necessárias para estimular os negócios. Os nacionalistas radicais, pelo contrário, desejando colocar todas as potencialidades ao serviço do expansionismo territorial, que se orientava antes de mais em direcção à China[503], defendiam o controle integral do Estado sobre a economia, de maneira a aumentar as despesas militares. E como o liberalismo económico dos grupos empresariais se conjugava com uma política fortemente repressiva do operariado, a oposição à estratégia defendida e aplicada pelos governos do grande patronato contribuiu para interessar os fascistas por outra forma de abordagem dos problemas laborais.

Subjacente a esta divergência estava uma questão de fundo. A Restauração Meiji de 1867–1868 restabelecera os poderes do imperador e encetara a modernização económica e a industrialização num quadro de extremo conservadorismo social. Ora, a taxa necessária de crescimento ampliado do capital só podia ser alcançada através de um desenvolvimento da produtividade que exigia o aumento dos salários urbanos e dos rendimentos do pequeno campesinato. Perante o impasse, parecia atraente compensar a insuficiente acumu-

---

499. Id., ibid., 6; R. Storry (1990) 170. Ver também B. Moore Jr. (1974) 297.
500. R. Storry (1990) 169–170, 176–177.
501. N. Chomsky (1969) 174.
502. W. G. Beasley (1981) 189; R. Storry (1990) 170.
503. R. Storry (1990) 172.

lação interna com a tentativa de acumulação externa e lançar-se em aventuras bélicas além-fronteiras[504]. Para mais, a crise financeira japonesa de 1927 e, pouco depois, a crise económica mundial levaram à falência numerosíssimas pequenas e médias empresas, que os maiores grupos empresariais adquiriram a preços muito baixos, para escândalo e raiva dos patrões de menor envergadura[505]. E assim as dificuldades económicas, em vez de estimularem a oposição de classe do proletariado ao sistema capitalista, tornaram possível a conjugação de trabalhadores e pequenos patrões num movimento voltado apenas contra os maiores homens de negócios e destinado a substituir uma política externa conciliatória por uma política de espoliação imperialista. Estavam criadas as condições para difundir uma demagogia socialista ao serviço de um programa ultranacionalista, o que constitui o quadro gerador do fascismo.

No plano estritamente económico, todavia, a diferença entre o regime existente, dominado pelos quatro grandes grupos empresariais, e o regime de capitalismo de Estado proposto pela ala radical do fascismo era bastante menor do que poderia julgar-se, porque desde a sua formação aqueles grupos mantinham estreitas ligações com o Estado. A Restauração Meiji devera-se a uma aliança entre a corte imperial e alguns grandes feudatários descontentes com o sistema administrativo do shogun[506]. E apesar dos privilégios que lhe foram conferidos no texto da constituição e em outras leis, na prática o imperador só tomava decisões importantes depois de escutar os ministros, conselheiros e altos funcionários, que na esmagadora maioria eram membros de estatuto não muito elevado das famílias amplas de grandes feudatários que haviam apoiado a restauração[507]. Foi entre estes e os seus guerreiros e vassalos menores, os samurais, que surgiram inicialmente os novos profissionais da política e da burocracia governativa, tal como foi também nesse meio que na última década do século XIX apareceu a maior parte dos novos patrões da grande indústria[508]. Com raras excepções, quem estimulou os empreendimentos modernos e prosperou com eles não foram co-

---

504. Acerca da conjugação entre ambos os aspectos ver B. Moore Jr. (1974) 290-291.
505. R. Storry (1990) 172.
506. Id., ibid., 94 e segs.
507. W. G. Beasley (1981) 151, 177; R. Storry (1990) 35, 104, 182-183.
508. B. Moore Jr. (1974) 275-277, 287; R. Storry (1990) 108.

merciantes que haviam ligado os seus interesses económicos à velha ordem política e depois investiram sobretudo na aquisição de terras e na oferta de crédito usurário, mas samurais que tinham estado ao serviço dos feudatários aliados à corte imperial contra a administração do shogun e que na Restauração Meiji teceram relações estreitas com os meios governamentais[509]. O descontentamento manifestado por muitos samurais e as revoltas que por vezes ocasionaram, apesar de preencherem uma parte considerável da literatura e do cinema, restringiram-se aos excluídos deste sistema e não devemos subestimar o carácter burocrático da Restauração Meiji[510]. O motor inicial do capitalismo no Japão foi uma classe de gestores formada directamente pelo poder político e recrutada entre uma parte dos antigos samurais, e não a classe burguesa saída dos antigos comerciantes que haviam acumulado privadamente a sua fortuna.

Assente desde início em gestores ligados à esfera política, a economia japonesa moderna jamais deixou de ter as características de um capitalismo de Estado. O arranque industrial deveu-se à iniciativa do governo, que graças aos impostos cobrados aos camponeses gerou as condições políticas, sociais e financeiras necessárias para sustentar o crescimento da indústria e da economia urbana[511]. Os governantes tomaram medidas para criar e desenvolver os ramos de produção considerados prioritários ou mais importantes, que exigiam investimentos avultados e só a longo prazo seriam rentáveis[512].

---

509. W. G. Beasley (1981) 144–145, 177; R. Storry (1990) 108, 121, 123. Ver igualmente B. Moore Jr. (1974) 240, 245 e 287. Depois de afirmar que muitos dos primeiros empresários eram antigos samurais, William Gerald Beasley, op. cit., 151 acrescentou que outros vinham de famílias rurais abastadas das regiões do centro e do oeste, as quais contavam geralmente samurais entre os seus antecessores, havendo ainda alguns empresários que pertenciam a famílias de mercadores. Como exemplos, este autor mencionou (pág. 217) dois dos quatro maiores grupos empresariais, o Mitsui, fundado por uma família de comerciantes, e o Mitsubishi, criado por um antigo samurai. Todavia, segundo Barrington Moore Jr., op. cit., 277, a maior parte dos samurais não conseguiu encontrar lugar nos negócios.
510. B. Moore Jr. (1974) 236; R. Storry (1990) 108–109. Barrington Moore Jr., op. cit., 247–254, 268 e 279 sublinhou o carácter burocrático do regime do shogun e considerou que a Restauração Meiji prosseguira e ampliara as medidas centralizadoras tomadas por aquele regime.
511. W. G. Beasley (1981) 143–144, 150; B. Moore Jr. (1974) 270–271; R. Storry (1990) 121–122.
512. W. G. Beasley (1981) 144–146.

Com igual objectivo o Estado interveio no sector dos transportes marítimos, garantindo durante um certo período uma taxa de lucro fixa e concedendo várias formas de auxílio[513]. Por seu lado, os transportes ferroviários deveram o estímulo inicial ao governo, que, além disso, nacionalizou nos meados da primeira década do século XX praticamente a totalidade dos caminhos-de-ferro[514]. E depois de ter vendido ao desbarato, no início da penúltima década do século XIX, a maior parte das suas participações na indústria manufactureira, com excepção das fábricas de munições, o Estado recorreu a uma combinação de subsídios e encomendas para incentivar as empresas que haviam passado para o capital privado[515]. Embora sob novas formas, manteve-se a intervenção do poder político no capitalismo.

Assim, quando os fascistas radicais, sobretudo entre 1927 e 1936, reclamaram a instauração de um capitalismo de Estado, não se tratava de criar novos canais institucionais entre o governo e as empresas, porque era impossível estreitar mais as relações mantidas pelos chefes dos maiores grupos empresariais com os principais homens políticos e os membros das altas esferas da burocracia[516]. O que essa facção pretendia era inverter o sentido predominante em que funcionavam os canais já existentes. No Japão, como nos outros países, os fascistas desejavam uma sublevação no interior da ordem, que lhes conferisse a oportunidade de ocuparem lugares nas instituições vigentes. Em vez de os patrões dos maiores grupos empresariais enviarem para os ministérios pessoas da sua confiança, seriam as forças armadas, cujo sistema de promoções as imunizava em boa medida da interferência directa do capital privado, quem colocaria os seus agentes à frente do governo e da economia. Aliás, mesmo no sistema parlamentar as forças armadas exerciam na prática um veto sobre muitos aspectos da orientação política, porque em 1900, onze anos depois de conceder a constituição, o imperador estabelecera a regra de que os ministros da Guerra e da Marinha deviam ser generais e almirantes em serviço activo, designados pelos seus colegas de armas. Na prática, tanto o exército como a marinha de guerra

---

513. Id., ibid., 145–146.
514. Id., ibid., 146, 186.
515. Id., ibid., 148, 217; R. Storry (1990) 121, 123.
516. W. G. Beasley (1981) 217, 220, 226.

tinham o privilégio do acesso directo ao imperador e podiam violar as decisões do primeiro-ministro[517].

Em 1927 duas centenas de jovens oficiais, pertencendo alguns ao estado-maior general, fundaram uma sociedade secreta dedicada a preparar um golpe de Estado militar[518]. Calcula-se que nesta data cerca de um terço da oficialidade de baixa patente fosse oriunda de famílias de pequenos agricultores ou pequenos comerciantes, o que a tornava especialmente sensível às dificuldades da gente humilde[519]. Ora, em 1927 registou-se no Japão uma severa crise financeira, agravada depois pela crise mundial, e as penosas condições em que se encontraram o mundo rural e os sectores capitalistas mais débeis eram vistas com preocupação por aqueles oficiais, que a partir de então se interessaram pelo fascismo[520]. A situação foi-se tornando cada vez mais ameaçadora para o conservadorismo parlamentar, dominado pelos grandes grupos empresariais, e em Novembro de 1930 um terrorista feriu gravemente o primeiro-ministro, acabando o alvejado por morrer no ano seguinte das consequências do atentado[521]. Entre os oficiais a insatisfação era crescente e, como no final da década de 1920 a aversão ao parlamentarismo se instalara também entre as camadas mais jovens da burocracia civil, o ambiente propiciava a maquinação de intentonas e desenvolviam-se as condições favoráveis à implantação de um regime fascista[522].

Os acontecimentos precipitaram-se em 18 de Setembro de 1931, quando as forças militares que guardavam a via férrea da Manchúria meridional tomaram a iniciativa de ocupar a cidade de Mukden, levando em seguida à ocupação de toda a Manchúria. Impotente, o governo de Tóquio viu os oficiais radicais ditarem-lhe na prática a política externa, assim como os generais tradicionalistas ficaram obrigados a avalizar decisões que muitas vezes se deviam na rea-

---

517. Id., ibid., 251; Benoist-Méchin (1964–1966) IV 49; D. J. Steinberg (1967) 45; R. Storry (1990) 119, 128–129.
518. R. Storry (1990) 173–174. Ver igualmente id. (1957) 43 e 50–51.
519. B. Moore Jr. (1974) 303; R. Storry (1957) 42–43. Ver F. C. Jones (1954) 6–7 e M. Maruyama (1963) 45.
520. M. Maruyama (1963) 44–46; R. Storry (1957) 51–52; id. (1990) 172–173; G. M. Wilson (1969) 116.
521. R. Storry (1990) 179.
522. M. Maruyama (1963) 32; R. Storry (1990) 174, 179–180.

lidade a patentes inferiores[523]. Através de uma ampla penetração na oficialidade mais jovem, as associações patrióticas conseguiram agitar o centro da vida política e deram início à segunda fase do fascismo japonês, consoante a periodização que estou a seguir[524]. A ousadia dos planos terroristas de inspiração militar aumentou e era cada dia mais frágil a segurança dos governos civis, sem que os conspiradores ou mesmo os assassinos fossem punidos, salvo com penas ligeiras[525]. E a convicção pública de que a ala radical do fascismo iria encetar reformas económicas e sociais foi decerto reforçada na primeira metade da década de 1930, quando os próprios partidos socialistas, onde se reunia o operariado esclarecido, geraram facções internas que evoluíram em direcção ao fascismo e passaram a apoiar as posições nacionalistas da ala militar mais extrema[526].

Apesar de as forças armadas se esforçarem por apresentar uma fachada de unidade[527], as divergências a respeito das medidas necessárias para reorganizar o país dividiram-nas em duas facções. Uma, denominada Via Imperial, reunia a grande parte dos jovens oficiais favoráveis a uma segunda restauração, que prosseguisse a obra centralizadora da Restauração Meiji, suprimindo-lhe a componente parlamentar e partidária e reforçando a instituição imperial. Embora pudessem discordar das propensões insurreccionais dos elementos mais radicais, os chefes desta facção simpatizavam com os projectos de reforma que eles defendiam e deram-lhes durante algum tempo a oportunidade de ampliar a sua audiência e multiplicar a sua capacidade de acção[528]. A outra tendência, denominada Controle pelos adversários, mobilizava sobretudo oficiais de estatuto superior e constituía mais uma rede de grupos de pressão do que um movimento ideologicamente coerente. Os membros da facção Controle estavam de acordo com os radicais quanto ao carácter expansionista que devia imprimir-se à política externa, mas acha-

---

523. Benoist-Méchin (1964–1966) IV 57–58; R. Storry (1990) 184, 188–189.
524. M. Maruyama (1963) 26, 30.
525. R. Storry (1990) 189, 192, 196.
526. Benoist-Méchin (1964–1966) IV 52–53; M. Maruyama (1963) 31–32, 82; R. Storry (1957) 32; id. (1990) 194.
527. R. Storry (1957) 141.
528. W. G. Beasley (1981) 242; Benoist-Méchin (1964–1966) IV 59; F. C. Jones (1954) 14; R. Storry (1957) 138, 140; id. (1990) 193. Ver também R. Hofmann (2015) 9–10.

vam que a necessária instauração de uma economia de guerra ficaria prejudicada se o sistema existente fosse perturbado por grandes mudanças e defendiam a continuidade da aliança social procedente da Restauração Meiji. Os chefes desta facção propunham uma série de medidas que desse ao Estado a possibilidade de orientar de perto a actividade económica e de intervir nas empresas industriais e financeiras, com a condição de ser mantida a cooperação com os grandes empresários e os directores do aparelho burocrático. O objectivo dos militares do Controle não era transformar a estrutura económica existente, mas controlá-la[529].

Neste quadro o fracasso do fascismo radical estava ditado de antemão. «No Japão não havia um Führer ou um Duce plebeus», observou um sociólogo e historiador. «Em vez disso, o Imperador cumpria as funções de símbolo nacional de uma maneira muito semelhante»[530]. Ele era, para todas as correntes da direita e do fascismo, a fonte incontestada da autoridade, tanto mais que, embora a cultura nipónica tivesse sido profundamente influenciada pela chinesa, neste ponto os modelos políticos haviam divergido. Na China a tradição ideológica legitimara a função imperial através de dois conceitos, um carisma ou virtude pessoal e um mandato celeste, o que permitia justificar as mudanças dinásticas com o argumento de que o imperador perdera o carisma e deixara de beneficiar da confiança dos céus, atribuindo-se então ambos estes dons ao usurpador e, através dele, à nova dinastia. No Japão, pelo contrário, nenhuma argúcia ideológica consentia que se pusesse em causa a eterna legitimidade da família imperial, única e imutável, confundida com o próprio fundamento sagrado da autoridade[531]. E como a instituição familiar servia de célula e, ao mesmo tempo, de modelo da instituição estatal, a dinastia imperial era considerada como a família principal e o povo como um ramo colateral, o que reforçava os vín-

---

529. W. G. Beasley (1981) 242-243; Benoist-Méchin (1964-1966) IV 59-60; F. C. Jones (1954) 14-15; M. Maruyama (1963) 66 n.; R. Storry (1990) 200-201, 209.
530. B. Moore Jr. (1974) 304.
531. P. H. Clyde (1946) 580-581; P. J. Geary et al. (2015) 199; Ch. Holcombe (2015) 412; M. Roberts (1997) 1468-1469; X. Yao (2015) 446 e segs. Este quadro ideológico não impediu que houvesse no Japão rivalidades dinásticas, mas elas ocorriam entre diferentes linhas de sucessão da família imperial, como sucedeu no século XIV. Ver Patrick Geary et al., op. cit., 189.

culos entre os súbditos e o imperador[532]. A propensão plebiscitária do fascismo apresentou-se na sociedade nipónica sob a forma da exaltação do imperador e inspirou a propaganda em torno de uma segunda restauração.

No seu livro editado em 1906, Kita Ikki afirmara que o imperador e o povo constituíam os dois órgãos do Estado. Para um conservador que observasse só a letra das tradições a tese pareceria decerto iconoclástica, e nas controvérsias da época uma corrente de constitucionalistas defendia que o imperador era um órgão do Estado enquanto outra o colocava acima do Estado e considerava que ele não era responsável perante o povo[533]. Mas o jovem Kita estava na realidade a sustentar que todas as classes sociais e todos os individualismos se haviam já fundido numa unidade sem precedentes, em que a esfera do Estado ampliara à globalidade da população a soberania tutelar do imperador. O socialismo confundia-se com a autoridade imperial[534]. Não foi diferente a inspiração das reformas económicas e políticas que Kita propôs no seu livro publicado em 1923. Tratava-se de afastar as elites que se tinham introduzido entre o imperador e o povo e impediam a união de ambos[535]. Numa perspectiva idêntica, Takabatake Motoyuki, um antigo socialista e tradutor de *O Capital* que se transferira para o nacionalismo extremista, entendia que nacionalizar os grandes bancos e a grande indústria era entregá-los ao imperador, enquanto personificação do Estado. Deste modo, afirmava ele, os antagonismos sociais do capitalismo seriam superados pela unidade espiritual e económica do império[536].

Mas isto significava que os ideólogos e os militantes do fascismo radical, ao pretenderem reforçar a instituição imperial, obrigavam-se a reconhecer a supremacia do eixo conservador, já que na pessoa do imperador estavam reunidos o exército e a Igreja. Com efeito, detendo nominalmente o comando supremo das forças armadas, o imperador era apresentado como o objecto último da lealdade de

---

532. M. Maruyama (1963) 36-37.
533. R. Hofmann (2015) 78.
534. G. M. Wilson (1969) 22-24, 27-28, 30, 31, 33, 36.
535. Id., ibid., 67-68.
536. R. Storry (1957) 32-33.

todos os militares[537]. E enquanto herdeiro de uma dinastia que se julgava procriada com intervenção celestial ele era um imperador divino, que além disso desempenhava na religião shintoísta funções de tipo sacerdotal[538]. Tal como Evola observou com apreço, «no Japão a ideia religiosa e a ideia imperial são uma única, por isso o serviço do Imperador é considerado uma forma de serviço divino […]»[539].

Ora, a ligação do shintoísmo ao nacionalismo possuía raízes antigas. Várias décadas antes de os navios de guerra norte-americanos e russos terem forçado, em 1853, a abertura dos portos japoneses ao comércio ocidental, já o recrudescimento do interesse pelo shintoísmo estivera associado a um ressurgimento do nacionalismo tradicionalista[540]. Numa daquelas digressões que são a marca do grande historiador, um renomeado especialista da Revolução Francesa esboçou um paralelo entre o confronto que opunha na Europa o racionalismo jacobino ao irracionalismo tradicionalista e o embate ideológico que na mesma época se verificava no Japão. Contra os letrados budistas que aplicavam a razão para contestar a origem solar da família imperial e afirmar a igualdade de todos os seres humanos perante os deuses, os eruditos Kamo Mabuchi e Motoori Norinaga, à medida que avançava o século XVIII e até aos anos iniciais do século XIX, procederam a uma restauração do shitoísmo enquanto religião especificamente nacional e resgataram no plano místico a tradição que concebia a filiação divina do imperador, recusando por isso legitimidade ao shogun[541]. Estavam assim criados os precedentes para que a Restauração Meiji conferisse ao shintoísmo um

---

537. W. G. Beasley (1981) 131, 157; Benoist-Méchin (1964–1966) IV 48.
538. W. G. Beasley (1981) 151; R. Storry (1957) 1–3. Depois de insistir na precariedade das formas de coesão popular asseguradas apenas por uma coacção exterior, o general Ludendorff atribuiu um papel fundamental ao shintoísmo na coesão do povo japonês, já que nesta religião a experiência do divino se unia à devoção ao imperador e ao Estado. «Todavia», advertiu em seguida o general, que era tão místico como anti-religioso, «o shintoísmo, como qualquer religião, contém graves perigos para o povo japonês, que não me compete aqui assinalar». Ver Ludendorff (1936) 35–36; a citação encontra-se na pág. 36.
539. Julius Evola, «Volti dell'Eroismo», *Il Regime Fascista*, 19 de Abril de 1942, em J. Evola (2011) 120.
540. R. Storry (1990) 82.
541. G. Lefebvre (1953) 25.

lugar que o aproximava de religião do Estado[542], e mais tarde ele foi usado para cimentar a disciplina em algumas organizações fascistas radicais[543]. Aliás, como o culto shintoísta tinha um carácter mais estético e emocional do que moral[544], adaptava-se à política concebida pelos fascistas enquanto espectáculo. Através da primazia do imperador, o fascismo radical japonês reconhecia a hegemonia das instituições conservadoras e, portanto, condenava-se a não aspirar a nenhum papel autónomo.

As associações patrióticas dedicadas à promoção do expansionismo e à preparação de golpes de Estado reduziam-se a grupos de pressão no interior do exército e da marinha, atrelando os membros civis à condução dos oficiais, de quem dependiam para conquistar uma audiência de massas e atingir os centros de decisão política[545]. Desprovidas de capacidade aglutinadora própria, estas associações foram incapazes de se unificar e os repetidos ensaios de convergência organizacional e ideológica esboçados nos primeiros anos da década de 1930 não tiveram resultados duráveis[546]. Precários, com margens mal definidas, os grupos fascistas radicais multiplicaram-se a tal ponto que em 1936 chegaram a sete centenas e meia[547].

Neste contexto, percebe-se que os fascistas não tivessem sido capazes de dar corpo a organizações de carácter laboral. O volume da produção de aço mais do que duplicou entre 1913 e 1920 e a produção de energia eléctrica aumentou 140% no mesmo período, mas apesar disto as pequenas fábricas e oficinas continuaram a predominar[548]. Em 1930, 2.032.000 operários laboravam em oficinas com cinco ou mais assalariados e os trabalhadores sem emprego fixo atingiam 1.963.000; por outro lado, os empregados no sector comercial montavam a 2.200.000, os pequenos comerciantes somavam 1.500.000 e os funcionários do governo e das grandes companhias chegavam a 1.800.000[549]. Acresce que a idealização da sociedade

---

542. W. G. Beasley (1981) 156–157.
543. R. Storry (1957) 30.
544. Id. (1990) 30.
545. M. Maruyama (1963) 51–53, 65.
546. Id., ibid., 32–33; R. Storry (1957) 72–73, 147.
547. R. Storry (1957) 26.
548. B. Moore Jr. (1974) 288–289.
549. M. Maruyama (1963) 78.

campestre, talvez mais generalizada ainda entre os fascistas nipónicos do que entre os seus congéneres dos outros países[550], ajudou a relegar o operariado fabril para um lugar secundário. «Os chefes fascistas japoneses», observou um especialista, «mantiveram sempre um profundo pessimismo quanto ao valor dos trabalhadores da indústria e quanto à possibilidade de os aperfeiçoar espiritual e fisicamente»[551]. Mesmo um partidário do desenvolvimento industrial intensivo como Kita Ikki, embora nos seus vastos projectos de reforma de 1923 propusesse a participação de representantes dos trabalhadores na gestão das empresas, entregou exclusivamente ao Ministério do Trabalho o encargo de proteger os assalariados e resolver os conflitos laborais[552]. E na prática, enquanto não alcançavam — não alcançariam nunca — a tão ambicionada reforma radical das instituições, os fascistas japoneses promoveram a absorção da estrutura sindical pelas milícias.

«Quando observamos a constituição interna dos grupos de extrema-direita», escreveu o autor que citei há pouco, «descobrimos que a maioria tem uma organização paternalista de carácter patronal»[553]. A seguir à primeira guerra mundial, e ainda na década de 1920, a Kokusuikai, que reunia talvez sessenta mil membros e manifestava a sua presença em todas as prefeituras, poderia ter sido um modelo de sindicalismo patronal, já que os seus chefes provinciais eram geralmente empresários angariadores de mão-de-obra e os membros de base incluíam os próprios trabalhadores que eles assalariavam. Mas a hierarquia capitalista deu lugar neste caso a uma autoridade de tipo militar. A Kokusuikai procedeu exclusivamente como uma milícia e a sua intervenção nas questões laborais resumiu-se a furar greves e atacar operários e trabalhadores rurais de esquerda, sem possuir qualquer outro programa social nem alcançar

---

550. Id., ibid., 37–49; B. Moore Jr. (1974) 295–296, 302, 307–308. Não me parece que Maruyama Masao tivesse razão ao considerar que a importância do mito rural entre os fascistas nipónicos os distinguia dos seus correligionários europeus; é possível que aquele mito fosse especialmente forte no Japão, mas tratava-se de uma diferença mais de quantidade do que de qualidade.
551. M. Maruyama (1963) 49.
552. G. M. Wilson (1969) 73. Quanto às teses anti-ruralistas adoptadas por Kita ver M. Maruyama (1963) 42.
553. M. Maruyama (1963) 79.

horizontes políticos mais vastos[554]. O mesmo fenómeno se verificou com a Dai Nippon Seigidon, fundada nos meados da década de 1920 por um magnate dos caminhos-de-ferro e da construção, admirador de Mussolini, que a manteve sob o seu exclusivo controle financeiro e a chefiou ditatorialmente. Na medida em que este homem de negócios obrigava todos os seus empregados a inscreverem-se, a organização poderia ter constituído um sindicato patronal de grande amplitude, até porque no começo da década de 1930 os filiados em todo o país ultrapassavam os cem mil[555], um número notável quando sabemos que até à guerra o total de sindicalizados nunca excedeu quatrocentos e vinte mil[556]. Na prática, porém, não passou de um exército privado ao serviço do patrão. Se tivermos em conta o seu carácter profissional e a base do seu recrutamento, a Kokusuikai e a Dai Nippon Seigidon pareciam organizações sindicais; mas se observarmos a sua estrutura interna e a forma da sua actuação, vemos que se reduziam a milícias. E assim estes dois movimentos, não obstante o destaque que atingiram na repressão das vagas de greves, por exemplo em 1919 e em 1930[557], não tentaram sequer, ao contrário do que sucedeu em Itália, usar a força que haviam adquirido na rua e partir ao assalto do Estado.

Os grupos fascistas favoráveis a uma abordagem radical dos problemas económicos e sociais impuseram no terreno a escalada das operações militares contra o exército chinês, executaram com êxito acções terroristas que vitimaram diversos chefes de empresa e várias figuras políticas de primeiro plano e conseguiram perturbar a direita conservadora, mas apesar disto ficaram marginalizados depois de se ter frustrado a tentativa de insurreição militar, de que Kita Ikki foi um dos mentores[558]. Durante quase quatro dias, de 26 a 29 de Fevereiro de 1936, alguns regimentos pertencentes à facção Via Imperial ocuparam uma parte da capital e organizaram o assassinato

---

554. R. Storry (1957) 28–29.
555. Id., ibid., 29–30.
556. W. M. Ball (1956) 27.
557. R. Storry (1957) 27, 30.
558. Id., ibid., 46 afirmou que as ideias de Kita Ikki exerceram grande influência sobre os participantes nas insurreições militares da década de 1930, mas G. M. Wilson (1969) 110, 113–114 e 124–126 pretendeu que Kita não tivera qualquer participação pessoal na preparação destas insurreições nem sequer inspirara ideologicamente a sublevação de Fevereiro de 1936.

de políticos e chefes militares que lhes eram adversos. Sem iniciativa para mais e, acima de tudo, faltando-lhes apoio, os amotinados acabaram por se render e os responsáveis sofreram, pela primeira vez, castigos rigorosos, sendo dezoito condenados à morte, Kita entre eles[559]. Mas não foram os políticos civis e os parlamentares que suscitaram uma tal severidade nem dela se aproveitaram. A derrota dos fascistas radicais e principalmente o desprestígio daqueles membros da Via Imperial a quem faltara a coragem de sair em auxílio dos insurrectos assinalou o começo da terceira, e derradeira, fase do fascismo nipónico, consoante a periodização que estou a usar[560]. Esta fase caracterizou-se pela hegemonia da vertente conservadora, representada pelo Controle, ou talvez mais exactamente pelos seus continuadores, aos quais se juntaram, com a atracção que tantos sentem pelos vencedores, vários membros da ala derrotada[561]. A facção hegemónica passou a exercer sobre os militares e sobre a vida civil uma tutela cada dia mais completa, graças à aliança que manteve com a burocracia imperial, por um lado, e, por outro, com o grande capital, incluindo os administradores dos maiores grupos empresariais, e com os seus representantes políticos[562].

O triunfo da ala fascista conservadora foi reforçado pelo facto de a criação do partido único, em 1940, ter ocorrido no quadro das forças armadas, que controlavam totalmente o governo. Os partidos com assento parlamentar dissolveram-se ou aceitaram a dissolução, tanto mais facilmente quanto haviam sempre sido oligárquicos e alheios a quaisquer formalismos democráticos[563]. E se de início os temas de reforma económica e social, que tinham sido caros a Kita Ikki, encontraram eco na nova organização, depressa os velhos po-

---

559. W. G. Beasley (1981) 250; Benoist-Méchin (1964-1966) IV 63-69; R. Storry (1957) 180 e segs.; id. (1990) 198-199; G. M. Wilson (1969) 123-124.
560. M. Maruyama (1963) 26-27.
561. W. G. Beasley (1981) 250-251; Benoist-Méchin (1964-1966) IV 69; F. C. Jones (1954) 17; M. Maruyama (1963) 66 n., 68; R. Storry (1957) 191; id. (1990) 199-200, 205. Segundo Benoist-Méchin, op. cit., VI 307, a assinatura do tratado de não-agressão germano-soviético em Agosto de 1939 levou as duas facções militares a porem-se de acordo em defesa da manutenção da aliança com o Terceiro Reich, contra os políticos parlamentares de tendência pró-britânica, que viam naquele tratado uma traição aos interesses nipónicos.
562. F. C. Jones (1954) 17; M. Maruyama (1963) 27, 71, 72.
563. M. Maruyama (1963) 72, 80-81; R. Storry (1957) 278.

líticos conservadores e os administradores e homens de negócios, aliados à elite militar, puseram cobro a tais ilusões[564]. A fascização do Estado confundiu-se com a militarização da sociedade[565]. Simultaneamente foi assegurado ao shintoísmo um lugar predominante e alterou-se o programa escolar de maneira a aumentar o tempo dedicado à difusão da mitologia shintoísta[566]. Como observou um especialista, o ideal nipónico da unidade do governo e da religião esteve a ponto de se tornar uma realidade[567]. Todas as iniciativas práticas de reorganização social levadas a cabo pelo fascismo japonês iniciaram-se após a liquidação da ala radical e ocorreram sob a égide das duas grandes instituições conservadoras, articuladas num imperador ao mesmo tempo guerreiro e sagrado.

Só a partir de 1943, à medida que as dificuldades crescentes nas operações bélicas comprometeram o prestígio dos continuadores da facção Controle, é que recomeçaram a ascender os defensores da Via Imperial e se fizeram de novo ouvir as associações patrióticas civis de extrema-direita[568]. O destino paradoxal do fascismo radical nipónico levou-o a recobrar o alento quando era arrastado, junto com tudo o mais, para a catástrofe geral. Nada poderia ilustrar melhor a sua impotência.

10. FRANÇA: A IMPOSSIBILIDADE DE ARTICULAR O EIXO CONSERVADOR COM O EIXO RADICAL

A existência de uma pluralidade de partidos fascistas radicais, em concorrência assanhada tanto uns contra os outros como contra as facções conservadoras, não comprometia por si só a estabilidade de um regime fascista, como mostra o caso da Hungria. Na França vencida pelas tropas do Reich, porém, Pétain jamais conseguiu converter-se — ou ser convertido — num outro Horthy, e a vertente conservadora do fascismo, alojada em Vichy ao redor do velho marechal, nunca se articulou de maneira coerente com a vertente radical, estabelecida em Paris na proximidade dos ocupantes. Toda a vida

---

564. R. Storry (1957) 279–280. Ver igualmente M. Maruyama (1963) 73 e 80.
565. W. G. Beasley (1981) 254–257; R. Storry (1957) 281.
566. R. Storry (1990) 194–195.
567. Id. (1957) 3.
568. M. Maruyama (1963) 75; R. Storry (1957) 282.

política legal ficou repartida entre as duas alas do fascismo, sem que nenhuma delas pudesse destruir ou assimilar a outra, e talvez só a presença das autoridades germânicas tivesse impedido que ambas se aniquilassem reciprocamente, como sucedeu na Roménia[569]. É certo que até ao desembarque aliado no Norte de África, em Novembro de 1942, as tropas do Reich em França corresponderam a menos do dobro dos efectivos da polícia parisiense[570], mas foram o bastante para impedir uma guerra civil entre as várias correntes do fascismo.

Enumerando mais tarde os erros cometidos por Hitler, uma das figuras do extremismo, Lucien Rebatet, acusá-lo-ia de «ter tolerado Vichy até ao fim, em vez de ter encorajado uma revolução francesa»[571], mas não se lembrou de que com igual justiça poderia ter dito que Hitler tolerara os fascistas de Paris, em vez de ter encorajado a revolução conservadora de Vichy. O conflito entre as duas componentes do fascismo francês permaneceu em suspenso, até que o avanço dos Aliados e a Resistência no interior do país puseram cobro a uma história desprovida de epílogo.

Entre as duas guerras mundiais a impotente agitação das ligas fascistas[572], que não haviam conseguido converter numa vitória os seus indubitáveis sucessos, reflectira a situação dúbia da economia, estável de imediato, mas com um futuro sombrio. Por um lado, a França era considerada muito rica, sendo a quarta potência industrial e guardando no banco central, em 1932, mais de 1/4 das reservas de ouro mundiais; por outro lado, porém, o ritmo do crescimento industrial mantinha-se bastante mais lento do que o do Reino Unido, da Alemanha, dos Estados Unidos ou mesmo do Ja-

---

569. *Hitler's Table Talk...*, 22, 265, 345.
570. A. Beevor et al. (2012) 12.
571. L. Rebatet et al. (1999) 223.
572. Ph. Burrin (1986) 25 escreveu que a esquerda francesa daquela época considerava as ligas como fazendo parte do movimento fascista, mas que os historiadores actuais defendem uma opinião contrária. É interessante que o pensamento académico tenha chegado a um tal grau de petulância que se eleve a si próprio a um plano superior ao da opinião pública coeva, quando na verdade esta não é uma mera opinião, mas um facto histórico que contribuiu para gerar a história em curso, enquanto a análise universitária se limita a dissecar — pior ou melhor — a história passada. O que quer que as ligas houvessem sido inicialmente para os seus fundadores, bastava o embate com toda uma esquerda que as considerava fascistas para elas ocuparem o lugar do fascismo.

pão⁵⁷³. Tornou-se comum entre os historiadores, como já o era entre os contemporâneos, salientar as hesitações e as incoerências dos Croix-de-Feu do coronel de La Rocque, e muitos se espantam de que fosse, apesar disto, a liga com maior número de filiados. Do mesmo modo, era proverbial a timidez política da Action Française, que levou ao sistemático afastamento dos membros mais activos, apesar de todos eles venerarem em Charles Maurras o mestre a quem deviam a sua formação e o considerarem como a figura incontornável do pensamento de extrema-direita. Mas foram precisamente as ambiguidades da Action Française e dos Croix-de-Feu que converteram estas organizações na expressão mais adequada da situação francesa da década de 1930. Os problemas que as ligas denunciavam eram sem dúvida reais, mas a estabilidade económica não os deixava agravarem-se numa ameaça iminente e indicava que poderiam verosimilmente receber soluções a prazo, sem ser necessária a contra-revolução proposta pelo fascismo. Afinal, o carácter retardatário da França, onde, em 1931, 37% da população activa se dedicava ainda à agricultura e só 33% à indústria e ao comércio[574], poupou-a aos resultados mais catastróficos da crise mundial iniciada em 1929. Além disto, comentou um historiador, o facto de o país ser «relativamente menos dependente do comércio externo do que os outros grandes países industrializados, o montante das suas reservas de ouro, o carácter florescente do seu comércio, os seus excedentes orçamentais e a sua possibilidade de se concentrar no mercado colonial impediram que a crise económica mundial se propagasse à França de maneira imediata»[575].

O triunfo militar do Terceiro Reich ocasionou na política francesa uma curiosa inversão de psicologias. Nem o governo encarregado de aplicar as condições impostas pelo armistício nem a chusma de jornalistas e tribunos que se ofereciam, ou vendiam, como porta-vozes do ocupante se consideraram a si mesmos derrotados, mas vencedores. O descalabro exterior perante a Wehrmacht dera-lhes a oportunidade de alcançarem uma desforra no interior do país, aquela que verdadeiramente lhes interessava, contra o odiado Front Populaire e

---

573. I. Kolboom (1986) 39–41.
574. Id., ibid., 40.
575. Id., ibid., 47.

contra tudo o que, a seus olhos, ele havia representado. «Não quero ir combater por Hitler», escrevera Céline em 1937, «mas não quero ir contra ele, a favor dos judeus». E resumira o que muita gente pensava: «prefiro uma dúzia de Hitlers a um Blum omnipotente»[576]. «"Mais vale Hitler do que Léon Blum" converteu-se num slogan popular», observou um historiador[577]. Esta opinião colectiva foi expressa por um conhecido membro da Action Française, o escritor Thierry Maulnier, ao declarar, num artigo publicado em Novembro de 1938, que se as tropas do seu país ganhassem a próxima guerra, esta vitória «seria menos uma vitória da França do que uma vitória de princípios justamente considerados como devendo conduzir directamente à ruína da França e da própria civilização»[578]. Para estes profissionais do patriotismo o triunfo da sua classe social primava sobre o triunfo do seu país[579]. Aliás, existiam precedentes para esta atitude, porque em 1814 e em 1815 os Bourbons tinham sido trazidos na bagagem das tropas estrangeiras e os primeiros anos da Restauração confundiram-se com a ocupação de parte da França, o que não impediu então a direita de uma nação duas vezes derrotada de se considerar vencedora.

Pareciam estar reunidas as condições para que aquela vingança histórica não se realizasse como um mero triunfo da tradição conservadora, mas como um verdadeiro fascismo, em que o eixo polarizado pelo exército e pela Igreja se cruzaria com o eixo representativo de temas e métodos de actuação originários do radicalismo de esquerda. Ao esboçar-se em França na década de 1930, essa fusão

---

576. L.-F. Céline (1937) 317, 318. A mesma ideia encontra-se nas págs. 96 e 97.
577. R. A. Schermerhorn (1946) 462.
578. Citado por J. Benda (1977) 140 e E. Weber (1965 a) 111. É instrutivo recordar que já António Sardinha, discípulo português de Maurras e profeta do Integralismo Lusitano, afirmara durante a primeira guerra mundial que preferia assistir à vitória das Potências Centrais, contra as quais os soldados do seu país combatiam: «A nossa derrota será, latinos, a nossa salvação! Francófilo que me mostrei já em público, eu desejo agora veementemente a vitória da Alemanha. Só pela vitória dos Impérios centrais nós teremos, com a derrota da Maçonaria, o restabelecimento da ordem legítima que permitirá à França ressarcir-se, a nós outros curar-nos». Citado em H. Cristo (1935) 1.
579. I. Kolboom (1986) 349–350 observou que «os acontecimentos de 1939–1940 levaram a uma situação de política interna e social correspondente aos desejos da maioria das elites políticas e sociais francesas daquela época, em especial as elites do patronato». Ver igualmente C. Callil (2009) 202 e R. Wolin (2004) 284.

da ordem e da revolta dispersara-se por um sem número de ligas e grupos ínfimos, mais capazes de se caluniarem uns aos outros do que de prosseguirem em conjunto uma política própria. Mas a iminência da guerra alterou a situação e forneceu a oportunidade para uma vasta convergência entre a direita e a esquerda, pois o culto que uma prestava à ordem, representada acima de tudo pelo Führer e pelo Duce, permitia-lhe agora ultrapassar os limites habituais do seu nacionalismo, enquanto o tradicional antimilitarismo da outra levava-a a ver o fascismo como um mal menor do que a guerra.

Desde que a Alemanha de Bismarck desbaratara os exércitos da França em 1870-1871 e anexara a Lorena e a Alsácia, o patriotismo da direita francesa assumira a forma constante, se não mesmo monomaníaca, de um antigermanismo. Mas como podia ela ser agora inimiga de um Reich onde reinava a ordem garantida pelo nacional-socialismo, essa mesma ordem que a direita francesa ambicionava para o seu país? Quando o fascista Marcel Déat interrogava retoricamente, num artigo célebre de Maio de 1939, se valia a pena «morrer por Danzig», fazendo-se eco, aliás, da falta de vontade proclamada oito meses antes pelo semanário fascizante *Gringoire* de «morrer pelos Sudetas», ele estava a revelar a enorme relutância das classes dominantes francesas em se deixarem arrastar para aquela guerra[580]. Em 1939 os altos comandos militares e os políticos conservadores enfrentavam o Terceiro Reich paralisados por uma profunda cisão de vontades, entre o reflexo tradicional de combater o inimigo de além-Reno e o novo desejo de instaurar um regime à imagem do hitleriano. Por outro lado, a esquerda não estava menos repartida, pois o instinto antifascista que fora o motor e a razão de ser do Front Populaire, e que deveria levar agora a pegar em armas com entusiasmo para combater o Reich, deparava com uma tradição não menos forte e muito mais antiga, o antibelicismo, que denunciava nas ameaças de guerra as rivalidades dos capitalistas de

---

580. Citados em P. Ory (1976) 32. Se formos aferir as prioridades, recorde-se que já em Setembro de 1934 Déat escrevera: «Nós não aceitamos deixarmo-nos matar pelo corredor polaco, nem por Danzig, nem pela Áustria, nem pelo Sarre. E não aceitamos também morrer pelo Oriente chinês». Citado em Ph. Burrin (1986) 148; encontrei também uma citação abreviada e incorrecta em Pascal Ory, op. cit., 105 n. 1. E quando Mussolini lançou a Itália à conquista da Abissínia, houve na direita francesa quem perguntasse se valeria a pena «morrer pelo Negus». Ver J. C. Fest (1974) 845.

Paris, de Berlim e de Londres, apelando para que os trabalhadores se mantivessem afastados de um combate que não era o seu.

O acordo alcançado em Setembro de 1938 em Munique, quando os governos britânico e francês deixaram Hitler de mãos livres para desmembrar a Checoslováquia, teve como consequência dividir a SFIO em duas facções, uma encabeçada por Léon Blum, que encarava aquela diplomacia como uma derrota, na medida em que permitira a progressão do nacional-socialismo, e outra chefiada pelo secretário-geral do partido, Paul Faure, que a considerava um êxito, com o argumento de que ficara afastado o perigo de guerra[581]. Um dos porta-vozes da franja mais pacifista, dirigindo-se em Setembro de 1938 a Léon Blum — que era de etnia judaica — escreveu: «O povo de França não vos segue nem vos compreende. No seu íntimo, ele não quer deixar matar milhões de homens e destruir uma civilização para tornar a vida mais fácil aos cem mil judeus dos Sudetas». E o mesmo personagem exclamou publicamente no congresso socialista do Natal daquele ano: «Decerto não nos querem obrigar a entrar em guerra por causa de cem mil judeus polacos!»[582]. No congresso de Maio do ano seguinte outro destes pacifistas proclamou que quem «vota pela moção Blum são os judeus e os bolchevistas»[583]. É sugestivo que afirmações tão despudoradas pudessem ser proferidas em sucessivos congressos de um grande partido da esquerda. Aliás, mesmo Léon Blum e os seus seguidores não defendiam tanto uma preparação militar activa para um conflito que se julgasse inevitável e próximo, mas sobretudo a continuação da política de tratados e acordos diplomáticos, na esperança de imobilizar Hitler e impedi-lo de desencadear a guerra.

Situado mais à esquerda, o Parti Socialiste Ouvrier et Paysan reunia os militantes que haviam acompanhado Marceau Pivert quando, em meados de 1938, rompera com a SFIO. Ora, no começo de Setembro de 1938, ao se avolumarem as pressões de Hitler sobre a Checoslováquia, a imprensa desse partido afirmou, com uma ironia realista, mas que esquivava o problema: «Julgamos morrer pela pá-

---

581. D. Ligou (1962) 445-449.
582. Ludovic Zoretti citado em Ph. Burrin (1986) 240 e P. Ory (1976) 32.
583. Georges Barthélémy citado em P. Ory (1976) 32.

tria e em vez disso morremos pela Skoda»[584]. E, reagindo ao acordo de Munique, o PSOP apelou «para que os trabalhadores não se deixem hipnotizar pela ideia paralisante de que a guerra é fatal. [...] A partir do momento em que se aceita a defesa nacional e em que se quer rivalizar com as ditaduras fascistas no plano da preparação intensiva da guerra, é-se inevitavelmente levado a pedir aos trabalhadores para sacrificarem todas as conquistas sociais no altar da pátria. [...] A palavra de ordem imediata que os nossos militantes devem difundir incansavelmente entre as massas, e em especial nas organizações sindicais, é a de uma greve geral de vinte e quatro horas»[585].

Enquanto a esquerda do socialismo manifestava assim a hostilidade à guerra, mesmo que ela tivesse os fascismos como alvo, uma parte substancial dos sindicatos, sobretudo na ala anticomunista da CGT, defendia uma orientação favorável ao acordo de Munique[586]. Até o Sindicato Nacional dos Professores, de enorme importância devido à repercussão ideológica e social das posições tomadas pelo seus membros, apelou para uma mobilização dos trabalhadores contra a ameaça de guerra, e ainda no seu congresso de Julho de 1939 propôs a greve geral em caso de conflito[587]. Também para os anarquistas o confronto militar com o Reich hitleriano era o primeiro mal a evitar, e Louis Lecoin escreveu que preferia «um Munique de paz a um Munique de guerra»[588].

---

584. Citado em id., ibid., 30. Tratava-se, na verdade, de uma paráfrase de Anatole France, que a propósito da primeira guerra mundial havia declarado, a crer em A. Marty (1950) 52: «Julgamos morrer pela pátria e morremos pelos industriais». A sociedade francesa Schneider assumira em 1919 o controle da firma checoslovaca Skoda. Quando o tecnocrata Pierre Pucheu, um dos directores do cartel internacional do aço e representante discreto dos grandes grupos capitalistas junto ao PPF, usou toda a sua influência — sem efeito, aliás — para convencer Doriot a encetar uma propaganda belicista em defesa da integridade nacional da Checoslováquia, é curioso recordar que os germanófilos acusaram Pucheu de representar os interesses que a indústria pesada francesa tinha nas fábricas Skoda. A este respeito ver D. Wolf (1969) 283 n. 1.
585. Reproduzido em Groupe Puig Antich (Fédération Anarchiste de Perpignan) (1984) 33-34.
586. D. Ligou (1962) 451; P. Ory (1976) 29.
587. P. Ory (1976) 29.
588. Id., ibid., 30. A citação de Lecoin encontra-se em Groupe Puig Antich (Fédération Anarchiste de Perpignan) (1984) 34.

Mas eram grandes as discordâncias entre os militantes e activistas de esquerda favoráveis à paz, porque alguns limitavam-se a manifestar a esperança nas intervenções diplomáticas e até num desarmamento unilateral, remetendo os problemas para o domínio da política externa, enquanto outros defendiam que o conflito só poderia ser evitado graças a uma greve geral, eventualmente de carácter insurreccional, situando a política interna no âmago da questão e pretendendo antes de mais combater o fascismo dentro do próprio país. Entre estas duas posições abria-se um vasto leque onde cabia de tudo um pouco[589]. Ora, a greve geral de 30 de Novembro de 1938 fora um insucesso, ou pelo menos não fora um sucesso[590], o que deixava sem alternativas práticas os defensores revolucionários da paz. E mesmo que uma greve conseguisse mobilizar contra a guerra a esmagadora maioria dos trabalhadores franceses, a questão principal ficava por resolver, já que desta vez os intuitos bélicos vinham exclusivamente de além-Reno. A única greve geral insurreccional que impediria a militarização do conflito apenas poderia dever-se aos trabalhadores germânicos, e a esquerda francesa não só deixava sem solução este problema como fingia não dar por ele.

A assinatura do tratado de não-agressão germano-soviético em 23 de Agosto de 1939 agravou a divisão de vontades no interior da esquerda, porque os comunistas franceses, para justificarem a atitude tomada pelos seus patronos, denunciaram como imperialistas os beligerantes de ambos os lados. Em consequência disto o PCF foi ilegalizado em 26 de Setembro e muitos dos seus dirigentes foram presos, o que contribuiu mais ainda para minar na classe trabalhadora francesa qualquer vontade de se bater contra o Reich. Para situarmos a actuação dos comunistas no devido contexto convém não esquecer que ia já a guerra no décimo dia quando o anarquista Louis Lecoin redigiu um abaixo-assinado que intitulou *Paz Imediata*, onde apelou à deposição das armas pelos exércitos beligerantes, e de que foram distribuídos cem mil exemplares[591]. Mas como este voto pio só podia ter leitores do lado francês, ele correspondia a um incitamento à progressão das tropas germânicas. Caíam as bar-

---

589. P. Ory (1976) 29.
590. I. Kolboom (1986) 281, 349; D. Ligou (1962) 451–452; D. Wolf (1969) 231, 285.
591. Groupe Puig Antich (Fédération Anarchiste de Perpignan) (1984) 40; P. Ory (1976) 34.

reiras, aparentemente tão sólidas, que haviam separado a direita e a esquerda e que até então tinham limitado a audiência das ligas fascistas. Enquanto os comunistas de Moscovo e os fascistas de Berlim assinavam o célebre pacto, o panfleto de Lecoin — numa escala mais modesta, embora não menos simbólica — recolhia, ao lado das assinaturas de outros anarquistas, como Henry Poulaille, da personalidade mais destacada da extrema-esquerda socialista, Marceau Pivert, e de catorze sindicalistas, as assinaturas também de uma grande figura do fascismo, Marcel Déat, e de meia dúzia de personagens próximos de Bergery e do seu jornal *La Flèche*, promotores da constituição de um fascismo francês[592]. Em virtude desta iniciativa Lecoin foi preso a 29 de Setembro, o que mais ainda realça a simetria entre a actuação dos anarquistas e a dos comunistas.

Nas vésperas do conflito pareciam estar reunidas as condições necessárias para cruzar num vasto movimento à escala nacional o eixo da direita conservadora com o eixo onde se reflectiam certos temas e estilos de acção gerados na esquerda radical. A situação tornou-se ainda mais propícia ao desenvolvimento do fascismo durante a *drôle de guerre*, aquela guerra fingida que imobilizou os contendores na frente ocidental desde Setembro de 1939 até ao começo de Maio de 1940. Como podiam os generais franceses conduzir o combate e os governantes concitarem um verdadeiro esforço bélico, se tantos deles simpatizavam com o regime político e social do inimigo e sentiam uma profunda aversão pelo ânimo antifascista, o único capaz de mobilizar ideologicamente os soldados e entusiasmá-los para a luta? E como podiam os trabalhadores acreditar que valeria a pena morrer, se sabiam que o governo estava entregue a homens de direita e que à frente das operações militares estavam generais de extrema-direita? O uso concentrado da aviação e a penetração massiva dos blindados germânicos, que asseguraram a vitória do Reich em Junho de 1940, podem ter sido manobras talentosas, mas não obteriam resultados tão imediatos e tão vastos se não deparassem com uma sociedade duplamente paralisada. O fascismo francês não resultou de qualquer imposição dos ocupantes e teve raízes próprias e um perfil muito seu.

---

592. Ph. Burrin (1986) 315; P. Ory (1976) 34.

Paradoxalmente, talvez a ocupação da França pelas tropas germânicas, em vez de reforçar o fascismo, o tivesse impedido de se desenvolver num sistema coerente. Com efeito, ao obter o triunfo graças às armas alheias, o fascismo francês continuou a revelar uma fraqueza congénita. A junção dos conservadores fascizantes com os fascistas radicais operou-se de maneira distorcida, numa articulação mais geográfica do que política, mediante a tensão que ao mesmo tempo reunia e separava Vichy e Paris. O exército e a Igreja eram os dois pólos de Vichy[593], enquanto os colaboracionistas de Paris se entusiasmavam a fundar e refundar partidos e milícias, e alguns deles sonhavam com uma organização sindical da economia.

Vichy — «o jardim zoológico de Vichy», como lhe chamou Degrelle[594] — não conseguiu criar um partido único. Nos primeiros dias a seguir ao armistício Jacques Doriot, acompanhado por algumas centenas de fiéis, fez-se ver e ouvir nas ruas de Vichy; mas, sem ter seduzido nem atemorizado a gente que rodeava o marechal Pétain, não lhe restou outra alternativa senão a de ir embora e se instalar em Paris[595]. Entretanto, em Julho de 1940 formou-se junto a Pétain um Comité para a Constituição do Partido Nacional Único, e Marcel Déat, a quem Laval, vice-presidente do Conselho, prometera o cargo de secretário-geral do futuro partido, foi encarregado de apresentar um memorando sobre o assunto[596]. Dando a Déat uma posição de destaque procurava-se atrair aqueles que eram, ou em breve viriam a ser, os colaboracionistas de Paris e tentava-se, além disso, isolar Doriot. Sabedor da data e do local de um encontro destinado a discutir a formação do partido, Doriot apareceu de imprevisto e impôs a sua presença, mas que valia isso em Vichy, onde as decisões não eram tomadas nas salas de reunião e tudo se combinava nos corredores[597]? E como seria possível congregar o fas-

---

593. «[…] no seu primeiro período», observou E. Weber (1965 a) 97, Vichy foi «uma monarquia maurrasiana […]». Ver ainda a pág. 113.
594. L. Degrelle (1949 b) 211.
595. D. Wolf (1969) 321–323.
596. Ph. Burrin (1986) 343 e segs.; P. Ory (1976) 49–50. Note-se que, segundo a terminologia usada em Vichy até Abril de 1942, o primeiro-ministro tinha o título de vice-presidente do Conselho.
597. Ph. Burrin (1986) 344. D. Wolf (1969) 323 referiu que Doriot conseguira introduzir-se fugazmente no Comité, mas não salientou que aquele organismo se destinava a marginalizá-lo.

cismo se desde início se pretendia excluir Doriot, o único de todos os chefes fascistas a possuir uma verdadeira envergadura política e a ser capaz de mobilizar multidões? Previsivelmente, a tentativa não deu nenhum resultado. A corte conservadora que se mantinha em redor do velho marechal era tímida demais para promover uma organização de massas.

A gente de Vichy mostrava-se receosa até dos seguidores do coronel de La Rocque, marginalizando-os completamente[598], e isto apesar de eles parecerem a tal ponto moderados, por comparação com os membros das demais ligas, que algum ironista hábil lhes trocou as sílabas e converteu cruelmente os Croix-de-Feu em *froides queues*[599], os «pénis frios», notórios pela mole impotência com que se haviam comportado no 6 de Fevereiro de 1934. Antes da guerra, a organização chefiada por de La Rocque, que entretanto adoptara o nome de Parti Social Français, era a maior das ligas, reunindo um número de aderentes superior ao dos partidos comunista e socialista juntos[600]. Vichy nem sequer os aproveitou para insuflar na populaça um entusiasmo que os agentes da polícia e as engrenagens da

---

598. R. O. Paxton (1973) 240.
599. Id., ibid., 223.
600. C. Callil (2009) 141. Xavier Vallat, uma importante figura da extrema-direita, atribuiu ao PSF 750.000 filiados, o que seria certamente uma estimativa mínima, já que ele era adversário de La Rocque. Ao mesmo tempo, o dirigente comunista Jacques Duclos, decerto inclinado a exagerar o número de membros do seu partido, afirmou que o PCF tinha 450.000 filiados e 300.000 a SFIO. Parece verosímil, portanto, que o número dos inscritos no PSF ultrapassasse a soma dos pertencentes aos dois maiores partidos da esquerda. Ver a este respeito D. Wolf (1969) 254 e n. 3. Em 1935, G. Dimitrov (1972) 43 acusou as Croix-de-Feu de disporem de 300.000 homens armados, numa estimativa que se referia exclusivamente às milícias. Segundo um autor, as Croix-de-Feu tinham 300.000 filiados em 1935, mas outro mencionou cerca de um milhão. Ver Carmen Callil, op. cit., 603 n. 16. Mais modestos, A. Duraffour et al. (2017) 702 atribuíram 200.000 aderentes às Croix-de-Feu em 1934. Por seu lado, D. Orlow (2009) 28 atribuiu cerca de 650.000 filiados às Croix-de-Feu em 1936 e cerca de um milhão ao PSF antes da guerra; mas, depois de ter indicado que em 1938 o PSF anunciava 800.000 membros, S. G. Payne (2003 b) 295 preveniu que este número não foi sujeito a verificação. Também M. Angenot (2013) 170 afirmou que o PSF mobilizava um milhão de aderentes. M. Dobry (2011) 74 regeu-se por outra contabilidade ao escrever que nas vésperas do 6 de Fevereiro de 1934 o conjunto das organizações fascistas e da extrema-direita radical mobilizava cerca de 300.000 membros e Dietrich Orlow, op. cit., 24 invocou uma estimativa da polícia para afirmar que em Setembro de 1935 as principais ligas mobilizavam um pouco menos de 400.000 pessoas.

administração eram incapazes de transmitir, e tudo o que conseguiu foi, em Agosto de 1940, unificar as várias organizações de antigos combatentes numa Légion Française des Combattants. Mas estes nostálgicos das trincheiras nunca tinham sido capazes de se juntar e só o faziam agora graças a uma intervenção exterior[601]. Os antigos combatentes foram activos na esfera local, eram gente habituada a resolver discussões ao murro e tinham sobre a moral, a cultura e a sociedade opiniões que facilmente podemos imaginar. Mas muitos deles, que haviam sido a juventude da guerra anterior, estavam velhos demais para inspirar um ânimo novo ao país. Por comparação, observe-se que, dos participantes no congresso de 1938 do partido de Doriot, só um quinto tinha lutado na primeira guerra mundial[602]. Apesar da idade que começava a encanecer os antigos combatentes, os prefeitos sentiram-se incomodados com a rudeza de modos de que davam mostras e com as iniciativas que escapavam à administração regional, e os legionários foram colocados no devido lugar, que não era lugar nenhum[603]. Seria impossível animar assim qualquer movimento de massas.

As autoridades de Vichy nem sequer conseguiram fundir as diversas organizações de juventude católicas e conservadoras e limitaram-se a acrescentar-lhes outra, os Compagnons de France[604]. Afinal foi o exército quem criou na zona administrada por Vichy um movimento de juventude unificado, os Chantiers de Jeunesse, fundado logo a seguir ao armistício e destinado a substituir o recrutamento militar, que os ocupantes haviam proibido. Chegados aos vinte anos, todos os jovens do sexo masculino eram obrigados a passar nove meses num Chantier, fazendo de lenhadores e fabricando carvão de madeira numa parte do dia, e escutando na parte restante cursos sobre temas de ordem social e sobre episódios da história da França, vistos e revistos pela Action Française[605]. Mente sã em corpo são, haveria algo mais bucólico do que fainas rústicas entremeadas de evocações heróicas e apelos à disciplina? Até que em 1943 os Chantiers de Jeunesse foram incorporados no Serviço

---

601. R. O. Paxton (1973) 186–187, 239; D. Wolf (1969) 323–324.
602. D. Wolf (1969) 192.
603. R. O. Paxton (1973) 186–187; D. Wolf (1969) 344.
604. R. O. Paxton (1973) 160.
605. Id., ibid., 162–163.

de Trabalho Obrigatório e aquela tentativa de engenharia social e ideológica ficou reduzida ao trabalho forçado em benefício dos ocupantes[606]. Também não foi desta maneira que os cortesãos de Pétain puderam insuflar no conservadorismo nacionalista o radicalismo dos movimentos populares.

Vichy mostrou-se igualmente incapaz de enquadrar os trabalhadores num novo movimento sindical. As boas disposições que Léon Jouhaux, secretário-geral da CGT, manifestou nos primeiros meses para com o governo do marechal não foram aproveitadas[607] — e como poderiam tê-lo sido? Os tradicionalistas e os tecnocratas de Vichy não desejavam mobilizar os trabalhadores em nenhum tipo de sindicalismo e só queriam mantê-los desorganizados. A Carta do Trabalho, começada a elaborar em Setembro de 1940 e prometida por Pétain num discurso de Março de 1941, foi promulgada em Outubro desse ano e em vez de criar um sindicalismo fascista serviu, de facto, para impedir o funcionamento dos sindicatos[608]. Tanto na zona directamente administrada por Vichy como na que fora desde início ocupada pelas tropas vencedoras não escassearam antigos dirigentes sindicais ansiosos por se reempregar, nem houve falta em Paris de jornais destinados a um público popular e que se esforçavam por apresentar os temas do corporativismo e do nacional-socialismo numa perspectiva anticapitalista[609]. Mas nem o nacional-socialismo, o menos sindicalista dos fascismos, estava disposto a deixar esta gente e estes periódicos passarem da propaganda à prática nem Vichy lhes admitia as veleidades de doutrinação. Aliás, e foi este o factor decisivo, que nova experiência sindical se poderia inaugurar quando, em matéria laboral, tudo o que importava ao ocupante era requisitar mão-de-obra para trabalhar no Reich e tudo o que interessava a Vichy era arrebanhar os necessários contingentes

---

606. Id., ibid., 163.
607. R. Belin (1978) 161; R. O. Paxton (1973) 207.
608. R. Belin (1978) 162–163; R. O. Paxton (1973) 210. Na audiência de 3 de Agosto de 1945 do processo contra o marechal Pétain, ao depor como testemunha, Laval observou que «eu achava que não se pode fazer uma carta do trabalho sem uma colaboração activa dos sindicatos operários». Ver *Le Procès du Maréchal Pétain*, 532.
609. P. Ory (1976) 130–145.

de trabalhadores[610]? Em França o sindicalismo fascista chamou-se, na rude realidade, Serviço de Trabalho Obrigatório.

«O marechal estava rodeado por moderados, e eu era um revolucionário», exclamaria Joseph Darnand no tribunal que o julgou e condenou à morte depois da Libertação, ele, herói das duas guerras, antigo *cagoulard*, o homem da Milícia, o duro dos duros, o derradeiro ministro do Interior de Pétain[611]. E tinha razão, nos seus termos, ainda que aquela declaração pareça absurda, de tão extemporânea. Se, como confessou um antigo propagandista da Falange espanhola, os fascistas haviam chamado «revolução» a uma operação de polícia e a tinham vivido espiritualmente como se o fosse[612], não há que recusar o direito de autodenominar-se «revolucionário» a quem convertera uma milícia num enorme corpo policial e a lançara em verdadeiras operações militares contra a Resistência. Já não eram só as refregas de rua ou a baixa espionagem, as denúncias, as torturas à porta fechada, o assassinato de octogenários, mas as vastas campanhas sangrentas contra os *maquis*, deixando centenas de mortos. A Milícia teve a génese na esfera de Vichy no Verão de 1941, quando Darnand organizou brigadas de choque, o Service d'Ordre Légionnaire, na província onde comandava a Légion Française des Combattants. Mas rapidamente estes arruaceiros ultrapassaram os limites aceitáveis pela corte do marechal, e Darnand, desencantado, decidiu em 1942 transferir para Paris a sua base política. Foi deste modo que, em Janeiro do ano seguinte, o SOL se converteu em Milícia. Era bastante mais do que qualquer dos bandos de caceteiros à disposição de um ou outro chefe de grupúsculo, a quem serviam de guarda-costas e por vezes de outras coisas. Era uma Milícia com maiúscula, capaz de se impor no âmbito nacional e reforçada em Junho de 1943 com a criação da Franc-Garde, um corpo de choque seleccionado e de efectivos reduzidos[613]. Na atitude e nas orientações da Milícia reflectia-se o radicalismo político e social que existia com abundância entre os colaboracionistas de Paris.

Demasiada abundância, porque na capital ocupada proliferavam partidos únicos, todos subsidiados e tutelados pelo embaixador

---
610. Id., ibid., 144–145.
611. Citado em R. O. Paxton (1973) 278.
612. Dionisio Ridruejo citado por H. R. Southworth (1967) 13.
613. P. Ory (1976) 248–251.

Abetz e por diferentes serviços do Reich, e que tinham como objectivo principal, se não exclusivo, criar dificuldades recíprocas e impedir qualquer deles de se afirmar. Em Janeiro ou Fevereiro de 1941 Marcel Déat lançou o Rassemblement National Populaire, cuja primeira ambição era colocar de novo Pierre Laval à frente do governo. Déat ameaçava até com uma marcha sobre Vichy[614], a exemplo daquela que vinte anos antes havia levado os fascistas a Roma e Mussolini ao poder. Palavras no ar. As forças à sua disposição, que mesmo no apogeu não ultrapassaram vinte mil pessoas[615], nem para um passeio chegavam, muito menos para uma conquista, e o exército ocupante nunca permitiria tais aventuras. Por isso e por outras coisas, pelo seu radicalismo, pela sua ligação inicial ao antigo vice-presidente, Déat tornou-se abominado em Vichy e só muito tardiamente conseguiu impor a sua colaboração ao marechal. A debilidade de Déat mede-se duplamente, em primeiro lugar quando verificamos que ficaram sem êxito os seus esforços para atrair os amigos políticos de René Belin, antigo membro do secretariado da CGT e então ministro do Trabalho, e o fracasso foi tanto mais grave quanto eles se haviam situado antes da guerra em meios muito próximos[616]. É certo que o RNP criou no final de 1941 o Front Social du Travail, entregue ao antigo dirigente dos grupos de empresa da SFIO, e fundou igualmente um Centre Syndicaliste de Propagande, encabeçado por um antigo sindicalista[617], mas nada disto lhe assegurou a audiência operária que talvez tivesse conseguido com o apoio de Belin. O segundo indício de vulnerabilidade na posição de Déat constata-se ao recordarmos que ele incluiu na fundação do RNP o sinistro Deloncle, mestre da duplicidade e da traição, cliente, ou fornecedor, habitual dos serviços secretos.

Eugène Deloncle, diplomado pela ilustre École Polytechnique, fora a figura principal numa rede de organizações secretas fascistas,

---

614. J. Galtier-Boissière et al. (1949) IV 266. Todavia, Ph. Burrin (1986) 390 atribuiu a ideia dessa marcha a Eugène Deloncle, aparentemente com o desconhecimento de Déat.
615. J. Galtier-Boissière et al. (1949) IV 266; P. Ory (1976) 113; D. Wolf (1969) 343. Mais precisamente, Ph. Burrin (1986) 392 e 409 atribuiu ao RNP entre 10.000 e 15.000 membros no Verão de 1941, entre 15.000 e 20.000 no ano seguinte, e 10.000 em 1943.
616. P. Ory (1976) 106.
617. Id., ibid., 112–113.

civis e militares, a que os jornalistas dos anos imediatamente anteriores à guerra chamaram *La Cagoule*. Durante o Front Populaire os *cagoulards* tinham pretendido derrubar o regime através de um golpe de Estado que colocasse o exército no poder, com o apoio das ligas e dos partidos nacionalistas, à imagem do que Franco estava então a fazer em Espanha. Enquanto maquinavam estes objectivos e tomavam disposições para o banho de sangue que se seguiria, iam-se exercitando em pontarias singulares. Os *cagoulards* participaram na série de sabotagens e assassinatos destinada a obstruir o envio de material de guerra para os republicanos espanhóis e pagaram o apoio que Mussolini lhes dava em armas e dinheiro matando, em Junho de 1937, duas personalidades antifascistas italianas então refugiadas em França, os irmãos Rosselli[618]. No final de 1937 a polícia desarticulou a conspiração, prendendo ou dispersando os principais promotores, mas no terceiro trimestre de 1940, com o benefício daquela sombria experiência e o conhecimento que possuía desses meios, Deloncle fundou o Mouvement Social Révolutionnaire, apresentado como uma continuação da *Cagoule*[619].

O programa económico do MSR deveu-se ao presidente do seu comité executivo, um dos antigos financiadores da *Cagoule*, Eugène Schueller, personalidade suficientemente interessante para merecer aqui alguma atenção. Sem ter sido propriamente um magnate da indústria, Schueller foi um grande empresário activo em vários

---

618. Acerca da *Cagoule* consultei sobretudo Ph. Bourdrel (1992) *passim* e J.-C. Valla (2000) *passim*. A denominação *La Cagoule* foi lançada pejorativamente pelo director do jornal da Action Française, uma organização que jamais perdoou a concorrência que lhe era feita pelos outros grupos e grupúsculos da extrema-direita ou fascistas. Ver Philippe Bourdrel, op. cit., 58 e Jean-Claude Valla, op. cit., 51–52. Acerca da influência exercida pelo levantamento dos generais espanhóis sobre alguns meios militares franceses e sobre a conspiração da *Cagoule* ver Bourdrel, op. cit., 183–184, 194 e Valla, op. cit., 39. Bourdrel mencionou (págs. 162 e segs.) a estreita ligação dos *cagoulards* ao franquismo e a protecção de que gozavam na zona nacionalista da Espanha. Quanto às sabotagens e assassinatos ao serviço dos fascismos espanhol e italiano ver: Bourdrel, op. cit., 144 e segs., 150 e segs., 175–179; P. Milza (1999) 619; E. Santarelli (1981) II 311; Valla, op. cit., 75–77, 81–82. Bourdrel, op. cit., 94 e Valla, op. cit., 69, 77 e segs. referiram o tráfico de armas da Itália para França organizado pela *Cagoule*. Bourdrel acrescentou (págs. 143 e segs.) que haviam sido os conspiradores a tomar a iniciativa de contactar Roma, pedindo apoio e subsídios. A crer em Valla (págs. 10–11), o financiamento italiano fora menor do que esperavam os solicitantes, mas não será esta uma situação comum?
619. Ph. Bourdrel (1992) 295–296.

ramos da química, com interesses diversificados e inovador nas suas concepções, capaz de empregar formas complexas e massivas de publicidade para lançar marcas de cosméticos que ainda hoje se contam entre as mais vendidas em todo o mundo. Ao mesmo tempo investiu no celulóide, aproveitando os novos mercados abertos pela difusão da fotografia e pela indústria cinematográfica, bem como nos plásticos e vernizes. Criou até uma empresa de fotografia e de artigos plásticos na URSS, que o governo soviético adquiriu em 1933. E o seu empenho na publicidade levara-o não só à fundação de revistas de carácter profissional, mas inclusivamente à criação de uma firma editorial.

A actividade empresarial de Schueller foi inseparável das suas intervenções políticas e ideológicas. A enorme vaga de greves que saudara o triunfo eleitoral do Front Populaire colocara os patrões franceses perante um repto sem precedentes e mostrara aos mais lúcidos que não poderiam opor-se eficazmente à propaganda comunista sem aplicar uma política social própria. Mas revelara-lhes também a insuficiência das formas de associação que adoptavam. Foi neste contexto que Schueller lançou um jornal bimensal, *L'Action Patronale*, publicado desde o final de 1936 até ao final de 1938. Era um verdadeiro órgão de massas, incisivo, panfletário, que Schueller redigia praticamente sozinho, e o radicalismo dos seus artigos resultava do cruzamento de duas perspectivas. Por um lado, Schueller manifestava um paternalismo corrente entre os fascistas, vendo no patrão o chefe pessoal dos seus trabalhadores, e para melhor ligar cada um deles aos interesses do capital defendia que o salário fosse completado por um abono familiar e por uma participação nos lucros. Por outro lado, Schueller pretendia que os patrões agissem como verdadeiros organizadores das empresas. Encontra-se em *L'Action Patronale* o tema, tão caro à demagogia fascista, de uma oposição entre o capital industrial, que se arrogava o papel positivo de guia da sociedade, e o capital financeiro, apresentado como parasitário e, pior ainda, corruptor dos elos de solidariedade que deveriam existir entre cada patrão e os seus homens. Contra as teses habituais, herdadas de Saint-Simon, que consideram todos os patrões unidos por uma rede de carácter económico e, por conseguinte, conferem ao grande capital a direcção natural do pequeno e médio capital, Schueller, nos seus artigos jornalísticos, atribuía a condução dos interesses do capitalismo a uma vanguarda empresarial definida por critérios estritamente políticos. Perante a agudização da luta de classes, ele pretendeu imprimir aos patrões um radicalismo de actuação inspirado directamente pelas formas organizativas correntes entre o operariado, e a sua concepção de uma elite empresarial gerada pelo processo histórico reflectiu, com as inevitáveis transformações, a doutrina revolucionária da vanguarda proletária, que também ela era determinada exclusivamente pela luta social[620].

As ideias defendidas por Schueller não se situavam muito longe dos temas do corporativismo e da Economia Dirigida, que nos anos anteriores à guerra haviam sido discutidos no círculo político de Déat. Assim, estavam já lançadas algumas pontes entre o Mouvement Social Révolutionnaire de Deloncle e o Rassemblement National Populaire que Déat criou pouco depois. Ao transferir-se para o RNP, Deloncle não dissolveu a sua antiga organização e, passando a chamar-lhe Légion Nationale Populaire, encarregou-a da recolha de informações e do serviço de ordem do movimento de Déat[621]. Não podia estar tudo em melhores mãos! Para Déat a presença de Deloncle representava um perigo permanente, até que, tendo sérias razões para suspeitar que a sombra do *cagoulard* tivesse pairado sobre o atentado de 27 de Agosto de 1941, em que ele e Laval iam quase perdendo a vida, Déat mobilizou os seus próprios arruaceiros e conseguiu, em Novembro, expulsar Deloncle do RNP[622]. Novamente autónomo, o MSR deslocou-se para a esquerda — a esquerda do fascismo, entenda-se — e em Maio de 1942 Deloncle foi afastado num golpe interno conduzido por André Mahé, Georges Soulès e Jean Fil-

---

620. Acerca das actividades económicas, políticas e propagandísticas de Eugène Schueller ver I. Kolboom (1986) 263–281 e J.-C. Valla (2000) 73. Foi Schueller quem fundou a firma L'Oréal e quem conseguiu para o sabonete Monsavon a expansão conhecida por qualquer frequentador de supermercados parisienses. Ph. Bourdrel (1992) 296 n. pretendeu que Schueller se separara rapidamente do MSR. Todavia, Ph. Randa (1997) 305 incluiu-o em 1941 entre os dirigentes do RNP de Déat, para onde teria acompanhado Deloncle. A crer em Philippe Bourdrel, op. cit., 334–335, 338–339 e Jean-Claude Valla, op. cit., 73 n. 8, depois da guerra o grupo L'Oréal-Monsavon albergou antigos *cagoulards* e utilizou as suas filiais no estrangeiro para pôr a salvo alguns deles.
621. J. Galtier-Boissière et al. (1949) IV 266; P. Ory (1976) 99–100.
622. Ph. Bourdrel (1992) 299–301; Ph. Burrin (1986) 391–392; J. Galtier-Boissière et al. (1949) IV 266, 267, 274. Um autor próximo do fascismo, J.-C. Valla (2000) 12 e n. 4, pretendeu que continuava a não se saber se Deloncle organizara ou não o atentado.

liol. Curiosa conspiração, porque Mahé havia pertencido ao Partido Comunista até 1936 e circulara depois em torno de Gaston Bergery; e Soulès, que após o final da guerra se tornaria conhecido como romancista sob o nome de Raymond Abellio, integrara o aparelho governativo do Front Populaire e militara na franja esquerdista do socialismo; enquanto o antigo *cagoulard* Filliol era desde há vários anos um dos assassinos mais destemidos com que contava o fascismo francês, responsável entre muitas outras operações por aquela que custara a vida aos irmãos Rosselli[623]. Esta amizade ilustra a maneira como os intelectuais fascistas entendiam a acção prática, já que, como um deles mais tarde escreveria, «é pequena a diferença entre um assassino e um herói»[624]. Regressarei muitas páginas adiante[625] ao estranho fascínio que um assassino podia exercer sobre os fascistas. Quanto a Deloncle, isolado dos restantes colaboracionistas ou separando-se deliberadamente deles para participar em confusas conspirações contra Hitler[626], acabaria assassinado pela Gestapo em Janeiro de 1944, certamente para alívio geral.

A única personalidade de peso a enfrentar Déat era Jacques Doriot. Enquanto fora um dos principais dirigentes comunistas dedicara-se a uma persistente actividade antimilitarista e conduzira as campanhas contra a ocupação franco-belga do Ruhr e contra a guerra no Rif, o que lhe havia valido repetidas condenações à prisão e períodos de clandestinidade[627]. Para o velho marechal que agora fingia governar em Vichy era este o crime mais grave que alguém podia cometer. «Quando Doriot», narrou um dos seus biógrafos, «se esforçou por obter um cargo importante no partido único projectado no meio que rodeava Pétain, os seus projectos esbarraram sistematicamente com uma propaganda hábil, cujos lemas eram "Abd el-Krim" e "o caso do Rif"»[628]. Doriot tentou nos primeiros

---

623. Ph. Bourdrel (1992) 312; J. Galtier-Boissière et al. (1949) IV 267; P. Ory (1976) 99-100; Ph. Randa (1997) 151, 229, 629; J.-C. Valla (2000) 128. Jean Galtier-Boissière et al. situaram o golpe em Março.
624. M. Bardèche (1994) 67.
625. Ver capítulo 2 do livro *Fascismo como arte*.
626. É esta a versão defendida por Ph. Bourdrel (1992) 312-313 e Ph. Randa (1997) 130. Mas ver no capítulo 1 do livro *Metamorfoses do fascismo* as nn. 114 a 116.
627. D. Wolf (1969) 27-28, 33-36, 41-55, 69-71.
628. Id., ibid., 41. Todavia, este autor apresentou (págs. 339-340) um quadro mais ameno das relações entre Pétain e Doriot.

tempos colocar-se numa posição em que beneficiasse do prestígio de Pétain[629], mas isto pouco durou e os conservadores de Vichy privaram-se do apoio do Parti Populaire Français, fundado em 1936 e que era o mais activo e coeso partido fascista francês[630]. Parece certo que em Janeiro de 1938 o PPF contara praticamente trezentos mil membros, mais de metade dos quais eram operários da indústria[631], e uma percentagem muito considerável dos seus militantes e dirigentes vinha do Partido Comunista[632], seguindo o mesmo caminho que Doriot havia percorrido. Em França nenhuma organização levou a cabo melhor do que o PPF a fusão entre os valores conservadores e o radicalismo proletário, por isso qualquer política coerente teria de colocar este partido no centro da articulação entre as instituições exógenas do fascismo e as suas instituições endógenas.

Além destes três candidatos a partido único existia uma miríade de grupúsculos, alguns nascidos antes da guerra, naquela proliferação de ligas em que se repartia e digladiava o fascismo francês[633].

---

629. P. Ory (1976) 101–102; D. Wolf (1969) 339–341.
630. Ph. Burrin (1986) 440.
631. P. Ory (1976) 26 n. 1. Ver também C. Callil (2009) 207. No entanto, R. J. Soucy (1966) 30 afirmou que o PPF nunca teve mais de duzentos e cinquenta mil filiados e D. Orlow (2009) 30 e 31 atribuiu-lhe um pouco mais de cem mil membros em Novembro de 1936 e cinquenta mil em 1940.
632. Dos sete membros do *bureau* político do PPF constituído após o 1º Congresso Nacional, de Novembro de 1936, cinco tinham pertencido ao PCF, a crer em D. Wolf (1969) 186. Ainda segundo o mesmo autor (págs. 190–191), 85% dos 740 delegados a esse congresso responderam a um questionário acerca da sua proveniência política e, entre os 383 que declararam já haver tido uma militância organizada, 35% tinham passado pelo PCF, 14% pela SFIO e 39% por uma variedade de grupos da extrema-direita ou fascistas. Dos 7.198 delegados ao congresso do PPF realizado em Novembro de 1942, 4.187 já haviam sido membros de outras organizações e, destes, 37% eram originários do PCF, 14% da SFIO, 19% do PSF, 10% da Action Française e 8% dos Volontaires Nationaux. Estas percentagens foram calculadas com base em P. Ory (1976) 111. Ver ainda Dieter Wolf, op. cit., 367 n. 1. Assim, ao longo da sua existência o PPF parece ter mantido com notável regularidade, entre os seus militantes mais activos, as mesmas percentagens de oriundos dos vários quadrantes políticos. A continuidade, segundo Ph. Burrin (1986) 484 n. 15, caracterizaria também a relação entre o número de membros provenientes do PCF e o número total de membros do PPF: 18% em Janeiro de 1937, 19% em Abril do mesmo ano e 16% em Janeiro de 1938. Todavia, a fazer fé nas cifras indicadas por Pascal Ory, op. cit., 26, em Março de 1937 os antigos comunistas corresponderiam a 27% da totalidade dos inscritos.
633. Acerca destes pequenos grupos ver, em geral, Ph. Burrin (1986) 399–400, J. Galtier-Boissière et al. (1949) IV 268–270, D. Orlow (2009) 29 e P. Ory (1976) 25–

Na capital ocupada encontramos os Francistes, católicos devotos, chefiados por Marcel Bucard, que de início recebera subsídios de Mussolini e depois descobrira simpatia pelo dinheiro alemão — «Sigam o chefe que nunca se enganou!», proclamavam os seus cartazes — e que satisfazia nos seus grupos de choque uma predilecção pelos másculos efebos, para escândalo de muitos contemporâneos e maior proveito das chantagens policiais. Encontramos também a Ligue Française d'Épuration, d'Entraide Sociale et de Collaboration Européenne, completada mais tarde pelo Mouvement Social Européen, ambos dirigidos, ou inventados, por Pierre Costantini, bonapartista corso, autor de um livro sobre Napoleão, «à venda por todo o lado, o autor e a obra», a crer numa língua solta da propaganda da época, e pelos vistos afiada também[634]. Ou ainda Jean Boissel, «chefe perfeitamente inofensivo do fantasmático "Front Franc"», como lhe chamou um fascista com outras simpatias[635], defensor extremo do racismo e anti-semita rancoroso, que pelo menos desde 1935 mantinha estreitas relações com o nacional-socialismo germânico. Sem esquecer o Parti Français National-Collectiviste, de Pierre Clémenti, que depressa se incompatibilizou com os demais colaboracionistas da capital e se transferiu para Lyon. E havia o Parti, depois Bloc, Ouvrier et Paysan, onde se reuniam algumas pessoas que na véspera ou na antevéspera eram ainda dignitários do Partido Comunista, mas julgavam agora mais prudente passar para o lado dos ocupantes, e que se manteve praticamente inerte, reduzindo-se a escassas intervenções de propaganda, ou de intoxicação da informação, sem empreender nenhumas acções de massa. E o grupo Collaboration, que não pretendia ser um partido e se ocupava a promover as relações culturais, ideológicas e económicas com o Reich. Na cauda desta lista, Christian Message, que ignoro o que tivesse feito na vida além de ser patrão de *bistrot*, animador, se é este o termo, do mais que obscuro Parti National-Socialiste Français, «formação com

---

26, 62–64, 93–98, 129–130. Consultar ainda os verbetes respectivos em Ph. Randa (1997).

634. Jean Hérold-Paquis citado em J. Galtier-Boissière et al. (1949) IV 269 e Ph. Randa (1997) 101. Note-se que jornalistas e historiadores usualmente estropiam o nome do personagem, chamando-lhe Constantini.

635. L. Rebatet (2007) 131. Também A. Duraffour et al. (2017) 631 chamaram «fantasmático» ao Front Franc, mas sem citarem a proveniência do adjectivo.

doze membros, que desconhecíamos completamente até àquele dia», como escreveu mais tarde um fascista que em Fresnes aguardava com o *«gros compère»* Message e alguns outros uma condenação à morte, depois substituída por prisão[636]. De quantos me esqueci ou nem sequer conheço? Todos eles eram generosamente abastecidos de fundos pelos vários *guichets* do ocupante, que os sustentavam para os imobilizarem uns aos outros e para terem sempre de reserva, na ocasião oportuna, aquele que fosse mais conveniente.

Georges Oltramare, fascista suíço que emprestou os seus talentos ao colaboracionismo francês, queixar-se-ia mais tarde de que a embaixada do Reich em Paris «dispersou as forças de uma sã reacção subvencionando minúsculos círculos de desvairados»[637]. Se exceptuarmos Collaboration, com os seus interesses culturais e artísticos e as suas iniciativas elegantes, aqueles grupúsculos reduziam-se a bandos de facínoras extravagantes, capazes apenas de baixa espionagem e delação, de pancadaria, de um ou outro atentado, e nem sequer eram só verbais ou jornalísticas as rivalidades que os dividiam. Mesmo pondo de parte Deloncle, de quem todos suspeitavam e que parecia estar envolvido em todas as conspirações e tentativas de assassinato, convém saber que o PPF via ocasionalmente os seus comícios proibidos por ordem das autoridades ocupantes sob inspiração dos seus rivais, e que Marcel Bucard estava preso em Paris em Julho de 1944[638]. O jogo era arriscado. O que faltava na capital era um exército autóctone e prelados de espírito forte que impusessem ordem àqueles *condottieri* de aluguer e os submetessem ao comando de algum deles — mas quem?

A vida política da Paris colaboracionista era pautada pela hostilidade entre Déat e Doriot, que se paralisavam reciprocamente. Quando Déat fundou o Front Révolutionnaire National, em Setembro de 1942, para reunir em torno do seu movimento outros grupos fascistas, tê-lo-ia feito deliberadamente de modo a isolar o partido de Doriot, ou foi Doriot quem, recusando-se a integrar o FRN, com-

---

636. L. Rebatet (2007) 136.
637. G. Oltramare (1956) 134.
638. J. Galtier-Boissière et al. (1949) V 354, 370, 373.

prometeu as aspirações de Déat a uma chefia colectiva[639]? Pouco importa. Ambas as coisas, talvez. E não esqueçamos que em Julho de 1943 Doriot fez uma curta viagem a Paris, abandonando por alguns dias a frente leste, onde estava a combater, para expulsar do seu partido um dirigente que aceitara participar numa acção unitária encabeçada pelo RNP[640]. Em Paris, a única aliança sólida e durável que Doriot conseguiu foi com Pierre Costantini, talvez porque mais ninguém estivesse interessado em se juntar a esse excêntrico, um homem que em Agosto de 1940, depois do ataque britânico à esquadra francesa em Mers el-Kébir, declarara sozinho guerra à Inglaterra e proclamara-o em cartazes colados pelas ruas[641]. Com tais apoios Doriot, em vez de sair do isolamento, expunha-se à chacota.

Mas Doriot, um político mais competente do que a colecção dos restantes, talvez tivesse compreendido a necessidade da instituição militar para juntar aquele carnaval de grupúsculos. E se se unificassem só podia ser ele a chefiá-los todos, pela lei dos números, se não por outras. O certo é que num comício de propaganda do seu partido em Junho de 1941, um dia depois de o Reich ter iniciado o ataque à União Soviética, Doriot propôs a contribuição militar dos colaboracionistas para a cruzada antibolchevista. O momento era oportuno, e como podiam os rivais recusar a participação em tal causa? Reunidos a 18 de Julho numa manifestação pública, Doriot, Costantini, Déat, Deloncle, Boissel, Clémenti e Bucard anunciaram a constituição de uma Légion des Volontaires Français, disposta a partir para a frente leste[642]. Doriot tomara a iniciativa e não a perdeu, pois foi o único dos grandes chefes fascistas a acompanhar a LVF[643], dando assim um significado mais profundo à sua colaboração com o ocupante e projectando-se para o primeiro plano. De

---

639. Ph. Burrin (1986) 404–405; P. Ory (1976) 52; L. Rebatet (2007) 54–55; D. Wolf (1969) 386. Dieter Wolf chamou-lhe Front National Révolutionnaire e situou a sua fundação no começo de 1943.
640. Ph. Burrin (1986) 442; P. Ory (1976) 104; D. Wolf (1969) 387.
641. J. Galtier-Boissière (1994) 786; P. Ory (1976) 97–98; D. Wolf (1969) 357.
642. Ph. Bourdrel (1992) 295, 299; J. Galtier-Boissière et al. (1949) IV 270; P. Ory (1976) 241; D. Wolf (1969) 349. Ver também os verbetes respectivos em Ph. Randa (1997).
643. D. Wolf (1969) 349. Dos pequenos chefes, só Pierre Clémenti entrou em campanha na LVF, consoante indicou id., ibid., 355 n. 1. Aliás, ver a carta de Clémenti em J. Galtier-Boissière et al. (1949) V 401.

então em diante ele ficava numa indiscutível situação de vantagem em relação aos adversários. O projecto parecia não ter falhas, a propaganda em torno da LVF foi enorme, os fundadores prometeram grandes números, mas o recrutamento foi escasso e os resultados nulos. A LVF esteve duas semanas apenas na linha de frente, em Dezembro de 1941, e logo depois foi transferida para a retaguarda com duas centenas e meia de baixas[644]. Nas suas Memórias, redigidas na prisão, Fernand de Brinon, o representante de Vichy em Paris, afirmou que nunca houve mais de três mil voluntários, e tanto ele como alguns participantes na LVF mencionaram a baixa qualidade humana dos inscritos[645]. Que espanto! Não era essa mesma escumalha que povoava os grupos colaboracionistas de Paris? O próprio Doriot, em Janeiro de 1944, quando tudo se aproximava do fim, recordou a despedida dos primeiros legionários e evocou «a nossa lúgubre marcha de madrugada, entre duas alas de polícias que vigiavam as janelas dos prédios de Versailles. A campanha infamante que tinha precedido a nossa partida criara um tal ambiente de ódio que só escondidos pudemos levar a cabo um gesto heróico»[646]. Para os fascistas, que exigiam acções espectaculares, não podia haver maior fracasso do que o heroísmo secreto.

Esperar-se-ia que Pierre Laval, regressado à chefia do governo em Abril de 1942, fosse a partir desse momento o traço de união entre Paris e Vichy? De certo modo foi, mas uma união inteiramente negativa, suscitada pelo ódio que o marechal e a sua gente sentiam por aquele plebeu que ia mais longe do que eles pretendiam, e pela desconfiança que os fascistas radicais da capital manifestavam por aquele político formado na Terceira República e apegado aos hábitos e manigâncias do parlamentarismo. Era impossível que uma repulsa comum servisse de base para conjugar os dois eixos políticos. Déat viu deteriorarem-se pouco a pouco as suas relações com Laval[647], e perante Doriot ergueu-se até ao fim um obstáculo intransponível, a profunda aversão que por ele nutria Pétain.

---

644. P. Ory (1976) 239, 244–245.
645. J. Galtier-Boissière et al. (1949) IV 271. Por seu lado, P. Ory (1976) 243 escreveu que a LVF nunca teve em campanha mais de 2300 homens.
646. Jacques Doriot em *Je Suis Partout*, 14 de Janeiro de 1944, citado em J. Galtier-Boissière et al. (1949) IV 271.
647. Ph. Burrin (1986) 331, 402–403.

Em 11 de Novembro de 1942 a França foi totalmente ocupada pelas tropas germânicas, excepto o território situado a leste do Ródano, entregue aos italianos. E com a supressão do exército de armistício, duas semanas mais tarde, um dos dois pólos conservadores desapareceu, pelo menos no plano institucional, porque no plano ideológico as forças armadas mantinham uma certa existência, na medida em que, embora já não houvesse cadeia de disciplina, continuava em vigor o juramento de obediência que os oficiais haviam prestado ao marechal Pétain[648]. E assim se agravou o desmembramento político.

Os fascistas de Paris e os de Vichy haviam sentido o desastre militar do seu país como uma vitória política própria, e desperdiçaram-na em querelas tanto mais estéreis quanto nenhum deles tinha voz nas questões decisivas e eram os representantes do Reich quem ditava as regras do jogo. Só demasiado tarde, quando a derrota iminente dos ocupantes deu a toda aquela gente um susto mortal e os precipitou para os braços uns dos outros, é que os radicais de Paris foram incluídos no governo do État Français, que até então se reservara aos conservadores e tecnocratas de Vichy, e os dois eixos articularam-se enfim num centro comum. Joseph Darnand, o chefe da Milícia, foi nomeado secretário-geral da Manutenção da Ordem em Dezembro de 1943 e promovido em Janeiro do ano seguinte a secretário de Estado, ao mesmo tempo que outro membro da Milícia, Philippe Henriot, recebia a Secretaria de Estado da Informação e da Propaganda, e dois meses mais tarde Marcel Déat passou a encabeçar o Ministério do Trabalho e da Solidariedade Nacional. A distorcida geometria política conjugara-se numa geografia única, mas os títulos, os emblemas e os gestos dos fascistas franceses tinham já menos significado na história real do que nos mitos da história.

De nada lhes serviu. A tão recente articulação entre conservadores e radicais foi rompida pouco depois, em Junho de 1944, quando o RNP e o PPF, acobertados pela Milícia, pareciam ter-se unido contra Laval numa frente comum dos ultras, que aglutinava também uma miríade de políticos, jornalistas e personagens menores[649]. E em Agosto Laval demitiu-se, sentindo que se extinguira a sua estreita margem de manobra entre as pressões de uns e outros e vendo

---

648. R. O. Paxton (1973) 265.
649. J. Galtier-Boissière et al. (1949) v 372; D. Wolf (1969) 390.

o avanço das tropas aliadas e a crescente audácia dos *maquisards* e da Resistência urbana. A rivalidade habitual voltou então a separar Déat e Doriot. De novo se estilhaçara a conjugação dos dois eixos do fascismo, e foi assim, cada um amuado no seu canto, que as autoridades germânicas em retirada levaram consigo estes chefes singulares e os confinaram no exílio de Sigmaringen.

Nem sequer ali, nesse espaço de ficção, quando tão pouco tempo faltava para que tudo se encerrasse, o fascismo francês conseguiu superar as querelas de sempre. Os rivais de Doriot, que recorriam a qualquer coisa para o marginalizar, formaram sob os auspícios germânicos um derradeiro governo, a Comissão Governamental, presidida por Fernand de Brinon, o antigo representante de Vichy junto às autoridades ocupantes de Paris, e que incluía também Déat e Darnand — um governo sem governados e praticamente sem governantes, já que Laval e o próprio Pétain se recusavam a exercer funções. Mesmo assim, este fantasma viu-se confrontado com a sombra de uma oposição, pois o PPF, que as autoridades do Reich haviam alojado no Palatinado, hostilizava com emissões de rádio a Comissão Governamental de Sigmaringen. Seria possível que, prestes a expirar, o fascismo francês fizesse o que nunca tinha conseguido e se unificasse? Em 22 de Fevereiro de 1945 Doriot preparava-se para encontrar Déat e Darnand e discutir com eles a constituição definitiva de um Comité Francês de Libertação, que substituísse o governo de de Brinon. Mas a história erige em símbolos as pessoas que julgam jogar com ela, sujeitando-as à ineluctabilidade do destino. O automóvel onde seguia Doriot foi metralhado e Doriot foi morto. Sê-lo-ia por um avião de caça norte-americano ou britânico, um dos muitos que sulcavam então os céus do Reich, disparando contra tudo e todos? Ou por uma emboscada organizada pelos seus rivais? Pouco ou nada importa[650]. Estas manobras políticas não passavam de fantasias sem sentido e os seus promotores, ainda que se con-

---

650. Acerca do fascismo francês durante o exílio no Reich ver J. Galtier-Boissière et al. (1949) v 372–374 e D. Wolf (1969) 396–418. L.-F. Céline (1998) *passim* deixou um retrato inesquecível de Sigmaringen, que ele insistia em escrever «Siegmaringen», não sei se em virtude de qualquer obscura referência à raiz *Sieg*, tão fértil de evocações na mitologia germânica, se devido ao seu vício de deturpar os nomes próprios. Quanto à morte de Doriot, o jornalista que dirigia as emissões de rádio francesas de Sigmaringen afirmou mais tarde que a trajectória de algumas das balas que haviam perfurado a carroceria do automóvel onde seguia o chefe do PPF tinha um ponto

siderassem vivos, tinham viajado já para o reino das sombras. Os fascistas de Vichy e os de Paris, mesmo depois de encerrados num espaço exíguo, reproduziram as suas inimizades e aversões, até que o final da guerra os silenciou por uns tempos, ou lhes deu outra voz.

11. ARGENTINA: OS QUATRO PÓLOS DO FASCISMO SUCEDERAM-SE SEM SE CONJUGAR

Para muitos historiadores o peronismo é um assunto escorregadio, por isso evitam defini-lo de maneira límpida, e mesmo naquela época havia quem lhe acrescentasse um adjectivo, para esfumar os contornos. O principal chefe comunista, Codovilla, chamou-lhe em 1955 um «Estado corporativo de tipo fascista»[651] e para o sindicalista anarquista José Grunfeld tratou-se de «uma variante crioula do fascismo»[652].

O peronismo constituiu um caso limite no modelo que tenho vindo a testar, porque os quatro pólos indispensáveis à caracterização de qualquer regime fascista não se articularam simultaneamente, mas sucederam-se, e por isto, embora fosse um fascismo «a partir de cima», para empregar a classificação de um dos melhores estudiosos do tema, o peronismo depressa reuniu as características de um fascismo «a partir de baixo»[653]. «Ainda que o justicialismo esteja muito longe de ser um movimento de classe», recordou Perón num

---

de entrada mais baixo do que o ponto de saída, o que revelaria disparos a partir de terra e comprovaria, portanto, a tese do atentado. Ver este depoimento em Jean Galtier-Boissière et al., op. cit., v 374. Todavia, Louis-Ferdinand Céline, op. cit., 232 contou que o automóvel de Doriot permaneceu exposto ao público mais de uma semana, enquanto se procedia à investigação em justiça, e apesar de todos os seus delírios e más vontades o romancista não referiu nenhuns disparos que não tivessem sido feitos por um avião aliado. Mas as convicções têm pele dura e G. Oltramare (1956), depois de instalar a dúvida ao escrever (pág. 223) que o automóvel de Doriot «foi atacado duas vezes por um avião desconhecido», referiu-se misteriosamente (pág. 224) a um «assassinato». Note-se que Dieter Wolf, op. cit., 415–416 n. 1 se insurgiu contra a tese de que Doriot tivesse caído vítima de um atentado. É curiosa a relutância que alguns sentem em admitir que as figuras históricas possam ser atingidas pelo acaso, quando precisamente o acaso se carrega de uma dimensão histórica ao tocar tais figuras.
651. Citado em J. Godio (1973) 89.
652. Citado em L. Mercier Vega (1975) 94.
653. M. Maruyama (1963) 165–167.

opúsculo redigido em 1963, «a reacção oligárquica, com os seus preconceitos, as suas vinganças e os seus ardis, acabou por transformar o "caso argentino" numa luta de classes»[654].

Na origem do peronismo esteve o pólo do exército. O golpe militar de 1930, levado a cabo por uma minoria de elementos numa oficialidade que se mantinha predominantemente favorável ao presidente Yrigoyen e à sua Unión Cívica Radical[655], colocou na presidência o general José Uriburu, partidário de um fascismo conservador. Por um lado, era apoiado pela oligarquia agrária e por alguns dos maiores bancos[656], e os interesses industriais também não permaneceram alheios[657]. Mas, apesar de conservador, tratava-se de um fascismo truculento, mobilizando as diversas organizações e milícias do nacionalismo integralista, que adquiriram então pela primeira vez uma audiência em todo o país[658]. Além disso, o general Uriburu criou a Legión Cívica Argentina ou apoiou a sua criação, seguindo o modelo das milícias mussolinianas, e facultou-lhe a instrução militar em quartéis[659]. Por outro lado, o golpe militar ocorreu num momento em que o governo radical mostrara a intenção de adoptar uma política de concessões aos trabalhadores[660], e Uriburu pronunciou-se contra a lei do salário mínimo e outras leis laborais que haviam sido promulgadas por Yrigoyen[661]. Um historiador escreveu acerca do general que «a sua ignorância a respeito do mundo operário era total»[662] e assim, ao revelar-se favorável apenas à oligarquia,

---

654. J. Perón (1994) 160.
655. M. Goldwert (1972) XVI, 31. Num relato escrito em 1931 acerca da sua participação na revolução do ano anterior, Perón reconheceu que os oficiais insurrectos foram uma pequena minoria, embora acrescentasse que poderiam ser maioritários se o golpe tivesse sido mais bem preparado. Ver J. Perón (1994) 54 e 81. Quanto ao facto de os yrigoyenistas predominarem entre os oficiais do exército ver ainda R. Puiggrós (1988) 61.
656. G. I. Blanksten (1953) 37, 309, 370.
657. P. H. Lewis (1992) 85.
658. M. Goldwert (1972) 20, 39.
659. G. I. Blanksten (1953) 37, 223; R. H. Dolkart (1993) 68; M. Goldwert (1972) 39; P. H. Lewis (1992) 119.
660. M. Goldwert (1972) XVI, 21, 32.
661. G. I. Blanksten (1953) 36, 37, 223.
662. H. Campo (1983) 59.

o corporativismo que ele pretendia implantar[663] era congenitamente manco.

Minoritário no corpo de oficiais e com escasso apoio civil, Uriburu esteve menos de dois anos à frente do governo e o general Agustín Justo, que lhe sucedeu na presidência, instaurou progressivamente as bases de uma democracia civil tutelada pelos militares. Mas entretanto o nacionalismo integralista difundira-se entre os oficiais, especialmente nas patentes inferiores[664], e, perante o que muitos deles consideravam uma traição aos ideais de Uriburu, o golpe de 1930 foi reencenado em 4 de Junho de 1943, um novo golpe militar dentro do velho golpe militar.

Tal como nas bonecas russas, existia ainda outro golpe em gestação no interior daquele, porque o Grupo de Oficiales Unidos, que se apresentava como eixo do novo regime e vigilante da sua pureza, continuava a conspirar e tornara-se uma ameaça permanente. Quando ocorreu o golpe, em 4 de Junho, o GOU contava com cerca de 60% dos oficiais do exército no activo e em Novembro daquele ano um dos seus quatro chefes, o coronel Juan Domingo Perón, gabou-se a um jornalista de que controlava 3.300 dos 3.600 oficiais do exército no activo[665]. Em Abril de 1944 Perón, nomeado subsecretário da Guerra em Junho do ano anterior, assinou uma medida promovendo a brigadeiros-generais dezassete coronéis do GOU, que ficou assim com a maioria dos generais[666]. É certo que o Grupo se dissolvera formalmente em Fevereiro de 1944[667], mas isto não significa que desaparecessem na prática as redes de contactos que proporcionara.

O coronel Perón pensava que «nas revoluções os homens impõem-se a partir da segunda fila e não da primeira»[668] e, acumulando funções, passou também a ocupar-se em Outubro de 1943 do Departamento Nacional do Trabalho. No ano anterior 90% dos operários implicados em greves tinham visto os conflitos resolvidos

---

663. G. I. Blanksten (1953) 36; R. H. Dolkart (1993) 67.
664. R. H. Dolkart (1993) 91; M. Goldwert (1972) 32, 55, 56, 57, 68.
665. G. I. Blanksten (1953) 52; M. Goldwert (1972) 68, 87; L. Mercier Vega (1975) 32. Parece que a sigla poderia significar também *Grupo Obra Unificación* ou *¡Gobierno! ¡Orden! ¡Unidad!* Ver R. Puiggrós (1988) 125.
666. G. I. Blanksten (1953) 54-55.
667. Id., ibid., 313, 330. R. Puiggrós (1988) 135-136 afirmou que o GOU «deixara praticamente de funcionar» no final de 1943.
668. J. Perón (1994) 89.

graças à intervenção daquele Departamento, e se tomarmos como critério os movimentos de greve a percentagem é 55%, o que mostra que a intervenção ocorera sobretudo nos conflitos que mobilizavam maior número de operários[669]. Mas apesar disto o Departamento permanecera com um âmbito de acção reduzido, pois grande parte da legislação laboral não fora regulamentada nem era aplicada[670]. Ora, à frente dos serviços de estatística do Departamento sobressaía José Figuerola, um imigrado espanhol, doutrinador e prático do corporativismo, que fizera a aprendizagem no seu país natal durante o regime do general Primo de Rivera[671]. As relações estreitas que desde então até 1949 Perón estabeleceu com Figuerola representaram no plano pessoal a articulação do pólo do exército com o pólo dos sindicatos, que levaria Perón à presidência da República.

Rapidamente Perón dotou o Departamento Nacional do Trabalho de poderes efectivos e transformou-o em Novembro numa Secretaria do Trabalho e Previdência e depois num Ministério. Além de pôr em vigor leis laborais já existentes, acrescentou outras medidas, como férias pagas, regulamentação dos salários e do horário de trabalho, regulamentação do trabalho feminino e infantil e projectos habitacionais e programas educacionais destinados aos trabalhadores[672]. Ainda não passara um ano e já tinham sido promulgadas quase três dezenas de novas leis relativas a questões de trabalho e a Secretaria já se envolvera em mais de trezentos conflitos laborais, proporcionando a efectivação de cento e setenta e quatro acordos[673]. E como, a partir de Novembro de 1944, foi estabelecido um sistema de tribunais de trabalho munidos de poderes de arbitragem e conciliação nos conflitos laborais[674], sem que o nome surgisse era, na verdade, de um corporativismo que se tratava. Numa alocução proferida no começo de Dezembro de 1943, inspirando-se em «um dos imperativos categóricos da nossa época: *o imperativo da*

---

669. H. Campo (1983) 51. Ver igualmente P. H. Lewis (1992) 123 e C. H. Waisman (1987) 135.
670. G. I. Blanksten (1953) 261; P. H. Lewis (1992) 140.
671. G. I. Blanksten (1953) 299; H. Campo (1983) 52; P. H. Lewis (1992) 157; L. Mercier Vega (1975) 36, 69.
672. G. I. Blanksten (1953) 262.
673. M. Goldwert (1972) 88. Ver também L. Mercier Vega (1975) 41.
674. G. I. Blanksten (1953) 265.

organização», Perón delineou um quadro das relações entre patrões, operários e Estado que em nada diferia do corporativismo[675]. E no Primeiro de Maio de 1944 anunciou que «procuramos suprimir a luta de classes, superando-a por um acordo justo entre operários e patrões, sob a protecção da justiça que emana do Estado»[676]. Menos de quatro meses depois Perón explicou aos patrões, reunidos na Bolsa do Comércio, que o sindicalismo «é a forma de evitar que o patrão tenha de lutar com os seus operários; [...] é o meio de chegarem a um acordo, não a uma luta»[677]. Ele esforçava-se sem êxito por convencer o patronato a dotar-se de organizações correspondentes aos sindicatos operários[678], assim como mais tarde, já presidente, e apesar de ter recorrido a uma série de siglas, nunca conseguiu reunir os empresários industriais numa verdadeira organização de interesses[679]. Foi por não ter chegado a ser plenamente corporativista que o peronismo acabou por parecer um sindicalismo.

Quando uma discórdia entre oficiais levou ao afastamento de Perón e à sua prisão em 9 de Outubro de 1945, ele beneficiava já de uma enorme base de apoio na classe operária, que exigiu a sua libertação uma semana depois, na jornada de 17 de Outubro. Organizada pelos sindicatos, mas mobilizando também numerosos trabalhadores sem filiação sindical, esta jornada representou o plebiscito das ruas, que se encheram com duzentas mil pessoas e levaram o presidente da República a ceder e libertar Perón[680]. A determinação popular teve efeitos igualmente sensíveis sobre a esquerda, pois correspondeu ao fracasso do Partido Socialista, que se havia pronunciado contra aquela manifestação[681], e do Partido Comunista que, tentando afastar definitivamente Perón, se juntara à direita conservadora e radical[682]. Perón triunfou em ambos os lados do espectro político. Seria dele o poder.

---

675. J. Perón (1994) 99-108. A frase citada encontra-se na pág. 103 (sub. orig.).
676. Citado em H. Campo (1983) 139.
677. Citado em L. Mercier Vega (1975) 39. Ver também P. H. Lewis (1992) 145-146 e C. H. Waisman (1987) 170-171.
678. H. Campo (1983) 152-154, 160-164, 168; P. H. Lewis (1992) 147.
679. P. H. Lewis (1992) 155, 172-174; C. H. Waisman (1987) 185.
680. H. Campo (1983) 217-220, 239; M. Goldwert (1972) 91; L. Mercier Vega (1975) 48-49.
681. G. I. Blanksten (1953) 61; H. Campo (1983) 214.
682. R. Puiggrós (1988) 52, 55, 134, 138, 140, 142, 144.

Perón chegara ao Departamento Nacional do Trabalho numa época em que o movimento sindical argentino havia atingido um elevado grau de burocratização. O sindicalismo revolucionário evoluíra da exclusão para a integração ao mesmo tempo que os trabalhadores passavam do estatuto de imigrantes estrangeiros para o de cidadãos, pois se em 1914 mais de 30% da população tinha nascido fora do país, a percentagem descera para 15% em 1947[683]. Por si só, no entanto, uma correlação não é uma explicação. Ora, se o sindicalismo revolucionário mantivera a autonomia originária perante os partidos de esquerda, perdera a independência noutro lado, devido à necessidade de requerer o apoio informal de organismos estatais ou até de firmar acordos com o Estado. Foi como se a inspiração proudhoniana inicial retomasse a hegemonia na fase senil. A tradição sindicalista revolucionária constituiu um obstáculo à expansão sindical dos socialistas e dos comunistas, enquanto facilitou o enquadramento dos trabalhadores pelos governantes, acabando por degenerar num reformismo corporativo[684].

As relações já estabelecidas pelo Departamento Nacional do Trabalho com os sindicalistas revolucionários foram o campo onde se gerou o peronismo[685], mas se as bases da nova política estavam criadas, coube a Perón o mérito de as reconhecer e potenciar. Quando tomou conta da Confederación General del Trabajo, o sindicalismo estava minado pela burocratização, que levara ao caudilhismo dos dirigentes, e estava debilitado por cisões devidas a motivos de política partidária, feitas nas costas dos filiados de base. As assembleias eram cada vez menos frequentadas e, se adoptarmos o índice 100 para 1935, vemos que a participação caíra para um índice 27 em 1942 e 11 em 1943[686]. Perón não precisou de fundar instituições sindicais novas nem de inventar dirigentes operários, bastou-lhe facilitar a evolução que já se verificava. A Confederación General del Trabajo peronista foi chefiada em boa medida por homens que tinham dado provas no velho sindicalismo, e o expurgo que se efec-

---

683. L. Mercier Vega (1975) 66.
684. H. Campo (1983) 11 e segs., 47, 63-64, 92-94, 108 e segs., 119, 182, 192-193.
685. Id., ibid., 112, 121. «[...] muitos dos traços que haveriam de caracterizar o sindicalismo peronista», resumiu Hugo del Campo, op. cit., 116, «apareciam já no sindicalismo anterior [...]».
686. Id., ibid., 48.

tuou não atingiu toda a antiga geração de dirigentes, mas apenas os comunistas e alguns poucos socialistas, que se recusaram a colaborar com o novo regime[687]. A operação foi tanto mais simples quanto o Partido Comunista e o Partido Socialista se haviam colocado ao lado dos conservadores numa política de unidade nacional. Afinal, resumiu um historiador, «a maior parte do movimento sindical existente em 1943 acabou por prestar apoio a Perón»[688].

Esta continuidade no plano sindical reflectia uma certa continuidade no tecido da classe operária. É verdade que tinham ocorrido mutações. Enquanto a imigração oriunda da Europa diminuíra consideravelmente, aumentara a migração da província para a capital[689]. Entre 1914 e 1943 a população de Buenos Aires e arredores duplicou, passando de dois para quatro milhões[690]. Ora, na Argentina a migração interna tinha conotações culturais mais acentuadas do que noutras nações, porque a divisão entre *provincianos* e *porteños* (habitantes de Buenos Aires) era vincada e pressupunha tradições muito diferentes, a tal ponto que boa parte da história do país não pode compreender-se sem termos presente este contraste[691]. Apesar disso, os sindicatos continuaram a recrutar a maioria dos filiados na classe trabalhadora tradicional[692] e o operariado de novo tipo, mobilizado além dos limites habituais dos sindicatos, assinalou-se sobretudo em acções de massa como o 17 de Outubro de 1945[693]. Sem estarem enquadrados pelo aparelho sindical, os novos habitantes da grande cidade encontraram em Perón um representante e defensor, e só depois de ele se instalar no poder é que este operariado recente afluiu aos sindicatos[694].

---

687. Id., ibid., 119 e segs. *passim*. Numa perspectiva contrária, G. I. Blanksten (1953) 55–56 e 320–321 pretendeu que os dirigentes sindicais anteriores a 1943 se opuseram ao peronismo, tendo sido afastados dos seus postos, substituídos por fiéis ao novo regime e enviados para campos de concentração. Ver igualmente M. Goldwert (1972) 88 e L. Mercier Vega (1975) 42.
688. H. Campo (1983) 187. Ver também as págs. 191–192.
689. Id., ibid., 35; M. Goldwert (1972) 33; L. Mercier Vega (1975) 66, 74.
690. M. Goldwert (1972) 33.
691. G. I. Blanksten (1953) 17 e segs.
692. H. Campo (1983) 171 e segs., 191–192.
693. Id., ibid., 239.
694. Id., ibid., 37, 191; M. Goldwert (1972) 78, 96; P. H. Lewis (1992) 119. Todavia, C. H. Waisman (1987) 226–227 pôs em dúvida que os migrantes internos tivessem constituído a base mais significativa do peronismo.

A face de Perón voltada para os trabalhadores tinha um nome — Evita. «[...] iria ser precisamente a plenitude do poder o que impediria o Líder de se manter em contacto directo com o povo», escreveu ela. «Resolvi ser "Evita" para que, por meu intermédio, tivesse o povo, e especialmente os trabalhadores, desimpedido o caminho que levava ao Líder»[695]. O historiador não deve ter aqui medo de cair na *petite histoire*, porque Eva Perón pertence à verdadeira história. Não foi apenas uma mulher bonita. A tenacidade que demonstrara para subsistir como actriz de terceira ordem sem resvalar para outra profissão manifestou-a também para construir um aparelho político próprio[696], assente em dois pilares: a Fundação de Ajuda Social, criada em 1948, e o Partido Peronista Feminino, instituído no ano seguinte. Este partido assinalou a entrada oficial da mulher na política organizada, mas era um estranho feminismo, que desejava manter a mulher nas funções tradicionais, e para fixá-la ao lar Eva Perón concebeu o projecto, jamais realizado, de todas as mães de família receberem do Estado um salário pelas lides domésticas[697]. «O feminismo não é incongénere com a natureza da mulher», escreveu Eva Perón, mas que «natureza» seria essa? Considerando que «o natural na mulher é a entrega de si mesma, a entrega por amor», ela concluiu que «o melhor movimento feminista do mundo [...] seria [...] aquele que se entregasse por amor à causa e à doutrina de um *homem*», e que outro senão o general Perón? Para ser ainda mais clara, insistiu que «nenhum movimento feminista alcançará no mundo glória e eternidade se não se devotar à causa de um homem»[698]. Era a política transposta para o nível sentimental dos folhetins radiofónicos em que Eva Perón fizera carreira. Parece que a população confundia o Partido e a Ajuda Social, porque ela observou que «os "descamisados" não distinguem ainda a diferença que vai entre a organização política a que presido e a minha Fundação»[699]. As obras de benemerência estatal foram multiplicadas pela propaganda que as difundia, e o significado da relação entre Perón

---

695. E. Perón [s. d.] 79, 83. Ver também as págs. 98, 139 e 140.
696. G. I. Blanksten (1953) 323.
697. E. Perón [s. d.] 283, 287, 289–290, 311–312.
698. Id., ibid., 59–60 (sub. orig.). Para uma crítica ao tipo de feminismo proposto por mulheres que querem elas próprias ser homens ver a pág. 276.
699. Id., ibid., 304.

e Evita explica-se pela utilização das técnicas radiofónicas[700]. Evita foi um Goebbels muito mais eficaz. Foi uma voz que mobilizou os sem voz, as mulheres e os trabalhadores mais humildes, os *descamisados*. Na figura de Evita projectaram-se anseios sociais não formalizados pela consciência política, tal como em qualquer vedeta de nascimento modesto se corporalizam as aspirações de muita gente.

A legislação social que celebrizara a actuação de Perón na Secretaria e no Ministério do Trabalho não se interrompeu ao longo do regime. Aliás, durante a campanha para a eleição presidencial de Fevereiro de 1946 o presidente Farrell promulgou uma lei que Perón havia já anunciado alguns meses antes, fixando um salário mínimo, estabelecendo que todas as empresas industriais e comerciais pagassem anualmente aos seus empregados um subsídio equivalente ao montante do salário mensal e decretando outras medidas do mesmo teor[701]. Os sindicatos encontravam-se bem respaldados quando incluíram na plataforma eleitoral do Partido Laborista — que constituía então o principal esteio político de Perón — além da redução do horário de trabalho, a participação dos empregados nos lucros comerciais e industriais[702].

Em resposta ao decreto de Farrell, os patrões organizaram um *lock-out* que paralisou durante três dias a economia do país[703], assinalando-se a campanha eleitoral pelo embate entre a elite e os *descamisados*. E foi tanto mais fácil a Perón aparecer como o único defensor dos humildes quanto socialistas e comunistas se haviam juntado aos partidos burgueses, incluindo os conservadores que representavam os grandes proprietários rurais[704], numa coligação que, entre outras fontes de financiamento, recebera dinheiro da associação do grande patronato[705]. Naquela ocasião o Partido Comunista foi ao ponto de declarar que o *lock-out* «no seu conjunto e na sua grande

---

700. L. Mercier Vega (1975) 45.
701. G. I. Blanksten (1953) 69, 263; H. Campo (1983) 234.
702. G. I. Blanksten (1953) 64. Num discurso proferido diante de uma assembleia de patrões, em Agosto de 1944, Perón elogiara certos capitalistas europeus que, para converterem os seus operários em «verdadeiros colaboradores e cooperadores», «no final do ano, em vez de lhes darem um subsídio, dão-lhes uma acção da fábrica». Citado em L. Mercier Vega (1975) 41.
703. G. I. Blanksten (1953) 69; H. Campo (1983) 235.
704. R. Puiggrós (1988) 52-53, 142, 144; C. H. Waisman (1987) 174.
705. P. H. Lewis (1992) 154.

maioria, teve e tem um conteúdo de luta contra o fascismo»[706]. Mais tarde, Silvio Frondizi pretendeu que «a política do coronel Perón, de cariz francamente demagógico, consiste em empurrar a oposição, especialmente as forças de esquerda, em direcção à direita. Deste modo o peronismo surge como o único movimento social revolucionário do país […]»[707]. Talvez Frondizi tivesse razão, mas parece-me mais exacto dizer que as forças de esquerda se moveram para a direita por si próprias. Aliás, já anteriormente, enquanto Perón chefiara a Secretaria do Trabalho e Previdência, o Partido Comunista se esforçara vãmente por convencer os trabalhadores de que os sindicatos deviam abandonar as reivindicações imediatas de aumentos salariais e melhoria das condições de vida para se concentrarem na organização de uma greve geral, não contra os patrões, mas contra o governo[708]. Na óptica dos comunistas, chegara-se a uma situação em que os patrões seriam antifascistas e os trabalhadores, fascistas. Sem receio de ser desmentida, Eva Perón pôde ironizar: «Está vívida na memória de todos a obscura ligação desses pretensos próceres trabalhistas com a mais autêntica oligarquia. […] Deixaram com isso patente, aos olhos do povo, ser uma mentira grosseira a aversão que esses falsos dirigentes socialistas e comunistas votavam ao capitalismo»[709]. Perante a indefinição política e social da oposição, parecia clareza a ambiguidade do peronismo.

A jornada de 17 de Outubro permitiu a Perón chegar ao poder, mas não era apenas no apoio operário que ele queria alicerçar a sua presidência. Logo que triunfou nas eleições de Fevereiro de 1946 Perón pretendeu dar estabilidade a uma base social ampla que incluísse, além dos sindicatos e do exército, boa parte dos patrões. Com efeito,

---

706. Citado em H. Campo (1983) 236.
707. Transcrito em O. M. Pipino (1979) 201.
708. R. Puiggrós (1988) 55, 58, 138, 140.
709. E. Perón [s. d.] 111 (substituí uma palavra que não é usada em Portugal). «[…] aqui, no nosso país, dizer "oposição" vale como dizer "oligarquia"», escreveu Eva Perón, acrescentando que «quando falo em oligarquia abranjo todos os que, em 1946, se opuseram a Perón: conservadores, radicais, socialistas e comunistas». Ver as págs. 307 e 308 (introduzi algumas modificações na tradução brasileira para adaptá-la ao uso corrente em Portugal). Num opúsculo escrito em 1963 Perón vituperou «o demoliberalismo e a oligarquia autóctone, unidos ao comunismo e ao imperialismo capitalista, numa presumida *união democrática*, organizada e financiada a partir do exterior». Ver J. Perón (1994) 148 (sub. orig.).

o desenvolvimentismo e a industrialização trouxeram-lhe as simpatias de um sector empresarial novo, interessado nas operações do Instituto Argentino de Promoción del Intercambio, a quem competia o controle do comércio externo. Tal como funcionou até 1949, o IAPI fixava os preços internos de compra dos bens para exportação e negociava os seus preços de venda no mercado externo, assim como determinava quais os artigos a importar[710]. Isto significa que o IAPI, sendo o único comprador da produção agrícola do país e o seu único vendedor ao estrangeiro, podia desviar capitais da oligarquia agrária e dirigi-los para os investimentos industriais[711] e, se contava com a aprovação dos empresários emergentes, sofria por outro lado a hostilidade dos latifundiários. Em resposta à política de preços aplicada pelo IAPI, os criadores de gado diminuíram as vendas assim como os grandes proprietários de terras reduziram a superfície cultivada[712]. É certo que, apesar de muitas declarações azedas, convém não exagerar. Perón não levou a oligarquia rural à ruína nem fez a reforma agrária que prometera[713], e a oligarquia soube corresponder, como mostrou a mudança de direcção da associação dos grandes donos de terras e gado, a Sociedade Rural Argentina, que se mostrou disposta a colaborar com o regime[714]. Mas, feitas as contas, não há dúvida de que o peso económico e o prestígio político da oligarquia rural ficaram bastante afectados.

O exército contou-se entre os beneficiários da nova orientação económica, e desde o golpe de 1943 a militarização do regime implicara a militarização da produção industrial. Aliás, já a partir do final da década de 1920 o exército vinha a ampliar os seus interesses fabris[715] e em 1941 havia sido criada a Dirección General de Fa-

---

710. G. I. Blanksten (1953) 244-245; M. Goldwert (1972) 107-108; P. H. Lewis (1992) 160; L. Mercier Vega (1975) 72.
711. H. Gambini (1983) 123, 130; M. Goldwert (1972) 107-108, 152; P. H. Lewis (1992) 160.
712. P. H. Lewis (1992) 163, 189-190; C. H. Waisman (1987) 63. Numerosos dados em O. M. Pipino (1979) 130-134 e 153-158.
713. H. Gambini (1983) 115-117, 146; P. H. Lewis (1992) 203; L. Mercier Vega (1975) 125. No entanto, Paul Lewis, op. cit., 291-292 assinalou que as pressões exercidas pelo IAPI sobre o mercado levaram numerosos grandes proprietários a vender as terras aos caseiros.
714. G. I. Blanksten (1953) 249-251; H. Gambini (1983) 118-121; P. H. Lewis (1992) 155, 163; L. Mercier Vega (1975) 100.
715. P. H. Lewis (1992) 93.

bricaciones Militares, combinando capitais estatais e privados para proceder ao desenvolvimento de oitenta fábricas, cuja produção interessava às forças armadas[716]. Entre 1941 e 1946 a despesa pública aumentou 123,7% e as despesas militares, que em 1941 tinham sido responsáveis por 21,2% da despesa pública, subiram para 44,3% em 1946[717]. A chegada de Perón à presidência ampliou as oportunidades de intervenção económica das forças armadas, que através da Dirección General de Fabricaciones Militares desempenharam um papel de relevo no primeiro Plano Quinquenal[718].

Apresentado em Outubro de 1946, este Plano deveu-se em boa medida à inspiração de Figuerola[719]. Mas a figura central do desenvolvimentismo de 1946 até ao início de 1949 foi o empresário Miguel Miranda que, além de director do IAPI, foi nomeado presidente do Banco Central e depois presidente do Conselho Económico Nacional, ao qual cabia a coordenação da política económica e financeira. Foi ele a personalidade mais expressiva de uma nova camada de capitalistas devotados a Perón[720], que agrupava num extremo verdadeiros industriais e no outro simples cavalheiros de indústria[721]. Nas palavras de um historiador, coube-lhe organizar e dirigir «o financiamento de um programa destinado a conservar o apoio do exército, dos *descamisados* e da oligarquia industrial»[722]. Só o crescimento económico, permitindo o acréscimo dos lucros, possibilitaria o aumento dos salários e construiria as bases de uma harmonia social baseada na convergência de interesses entre os chefes de empresa, os militares e as burocracias sindicais.

Perón ditou pela primeira vez em Setembro de 1945 uma palavra de ordem que haveria de repetir frequentemente, «de casa para o tra-

---

716. M. Goldwert (1972) 83; R. Puiggrós (1988) 123.
717. M. Goldwert (1972) 83–84. Segundo P. H. Lewis (1992) 95, as despesas militares representaram 27,8% do orçamento do governo em 1942 e 50,7% em 1946.
718. M. Goldwert (1972) 101–102.
719. G. I. Blanksten (1953) 254, 299; H. Gambini (1983) 74–75; P. H. Lewis (1992) 157–158; L. Mercier Vega (1975) 37.
720. H. Gambini (1983) 122–123; M. Goldwert (1972) 107; P. H. Lewis (1992) 155–156, 178–179.
721. H. Gambini (1983) 152; M. Goldwert (1972) 105. C. H. Waisman (1987) 89, 138 e 184 defendeu que, entre os industriais, Perón contara apenas com o apoio de patrões das novas empresas médias e pequenas cuja produção se destinava a substituir as importações e só poderiam subsistir amparadas por um regime proteccionista.
722. M. Goldwert (1972) 107.

balho e do trabalho para casa»[723]. Já não seria necessário reivindicar nas ruas nem à porta das fábricas, porque o governo se encarregaria de realizar os anseios populares, e à legislação anterior somou-se em Maio de 1946 um sistema generalizado de segurança social[724]. De 1943 para 1946 o salário real médio na indústria aumentou cerca de 7%[725]; e calcula-se que o índice do custo de vida, sendo 100 em 1943, situar-se-ia entre 350 e 400 em 1950, mas entretanto o índice salarial dos trabalhadores da indústria, sendo 100 em 1943, teria subido para cerca de 500 em 1950[726]. Não espanta que se multiplicasse o número de filiados da Condeferación General del Trabajo[727]. É certo que continuava a haver greves e alguns sectores do operariado, junto a quem a influência socialista fora forte, mantinham-se hostis ao regime[728]. Mas pode afirmar-se que, em geral, os trabalhadores se identificavam com o peronismo.

Pareciam criadas as condições para a estabilização do regime, e com este objectivo Perón deu nova forma ao seu partido. Fundado em Novembro de 1945, na imediata sequência da jornada de 17 de Outubro, o Partido Laborista tinha uma base sindical, consoante

---

723. H. Campo (1983) 216. Ver também R. Puiggrós (1988) 176.
724. G. I. Blanksten (1953) 264.
725. P. H. Lewis (1992) 141.
726. G. I. Blanksten (1953) 269. No entanto, L. Mercier Vega (1975) 127 pretendeu que o índice do custo de vida passara de 100 em 1943 para 297 em 1950, 406 em 1951 e 563 em 1952, enquanto os salários teriam aumentado 310% no mesmo período. Por seu lado, P. H. Lewis (1992) 182 e 183 afirmou que entre 1946 e 1950 os salários reais na indústria aumentaram cerca de 33% e, se incluirmos os benefícios adicionais, o aumento teria sido de 70%. Mas os preços dos bens de consumo mais do que triplicaram entre 1946 e 1949.
727. Segundo M. Goldwert (1972) 33, a Confederación General del Trabajo teria cerca de 250.000 filiados em 1942, mas G. I. Blanksten (1953) 319 indicou que ela anunciara um pouco mais de 330.000 filiados por ocasião do golpe militar de 1943. Por seu lado, R. Puiggrós (1988) 174 pretendeu que no período entre 1943 e 1945 a Confederación passara de 80.000 filiados para 500.000. H. Gambini (1983) 150 escreveu que no final de 1951 estava sindicalizado 70% do operariado argentino, correspondente a cerca de 5 milhões de pessoas, e E. Perón [s. d.] 119 referiu 4 milhões de membros da Confederación General del Trabajo. Todavia, George Blanksten, op. cit., 322 considerou que no início da década de 1950 a central sindical contava com 800.000 filiados, cerca de dois terços do operariado. Segundo C. H. Waisman (1987) 189 e 193, o número de sindicalizados em 1945 era 20% superior ao que fora em 1941 e cresceu cerca de 600% entre 1945 e 1951.
728. G. I. Blanksten (1953) 326–327.

o modelo do trabalhismo britânico[729]. Mas Perón ampliou-lhe o escopo em Maio e Junho de 1946, convertendo-o em Partido Único de la Revolución Nacional e congregando todas as forças que o favoreciam, tanto os sindicalistas como os políticos oriundos do campo radical e os denominados independentes, e ainda os provenientes do nacionalismo[730]. No entanto, como o nome desta nova organização poderia evocar um sistema monopartidário quando a moda estava a ser ditada pelas democracias[731], alguns meses depois passou a chamar-se Partido Peronista[732]. Mais tarde, para mostrar que o regime não dispunha só de um homem mas ainda de uma doutrina, o nome mudou para Partido Justicialista. A lição destes baptismos sucessivos é que se recusara ao sindicalismo a função de suporte exclusivo do regime, e se por isso foi necessário afastar alguns adeptos da primeira hora, em geral os dirigentes operários acomodaram-se à convivência e viram-se gratificados com lugares no aparelho sindical e cargos no governo.

Todavia, a estabilidade pretendida, para a qual Perón parecia ter reunido todos os ingredientes, não se verificou, devido ao distanciamento dos militares. É certo que Perón cuidara de consolidar os seus apoios no exército e, sendo um dos chefes do Grupo de Oficiales Unidos, nomeado subsecretário da Guerra logo depois do golpe de 1943 e passando a ministro desta pasta em Maio de 1944, poderíamos supor que as forças armadas não lhe escapassem[733]. E se, por conveniências tácticas, Perón se manteve afastado do serviço activo após as aclamações entusiásticas de 17 de Outubro, uma vez ganhas as eleições o novo presidente assumiu o cargo já com o posto de brigadeiro-general[734]. Nem há razão para supor que um acordo entre militares e sindicatos fosse impossível ou sequer estranho. Se em

---

729. Acerca da influência exercida pelo modelo do Partido Trabalhista britânico na criação do Partido Laborista ver H. Campo (1983) 226. Consultar também L. Mercier Vega (1975) 53.
730. H. Campo (1983) 242 e segs.; H. Gambini (1983) 25-26; P. H. Lewis (1992) 214; L. Mercier Vega (1975) 55. G. I. Blanksten (1953) 330 afirmou que os nacionalistas foram os primeiros a ser submetidos ao processo unificador.
731. G. I. Blanksten (1953) 334-335.
732. H. Gambini (1983) 26.
733. No entanto, leio em C. H. Waisman (1987) 180 que só cerca de um terço dos generais no activo apoiava Perón no início de 1946.
734. G. I. Blanksten (1953) 71.

alguns países, como na França, havia uma tradição de hostilidade entre os trabalhadores e os oficiais, noutros países foram numerosos os pontos de contacto entre o exército e as burocracias sindicais, como sucedeu na Alemanha durante a primeira guerra mundial e em Espanha aquando do regime do general Primo de Rivera. Perón pretendeu efectuar a mesma convergência na Argentina. «Hoje o exército e os trabalhadores são ramos de uma só árvore: um, os trabalhadores que produzem a riqueza, e o outro, os soldados que vigilantemente a guardamos», disse ele em Julho de 1944[735], chegando a apresentar o exército, pelo seu instinto corporativo, como um verdadeiro modelo de sindicalismo. «O melhor sindicato, a entidade profissional mais poderosa e melhor organizada, somos nós, os militares. Somos os únicos que conseguiram o sindicalismo perfeito através dos séculos», discursou Perón aos ferroviários em Janeiro de 1944, e aconselhou-os a imitarem o exército «para conseguirem a coesão e a força que nós conseguimos»[736]. Mas não parece ter convencido uns nem outros, e a consolidação do pólo sindical do regime correspondeu ao esmorecimento do pólo militar.

Apesar da intervenção da Dirección General de Fabricaciones Militares no primeiro Plano Quinquenal e malgrado o crescimento das indústrias de guerra, as forças armadas não se sentiram ligadas ao peronismo. A hostilidade visível dos generais para com Evita e os seus apoiantes denotava a antipatia pelo carácter trabalhista do regime. E esta atitude foi tanto mais desastrosa para Perón quanto as forças armadas saíram triunfantes nas disputas de estratégia económica, conseguindo impor o prevalecimento da indústria pesada, aquela que directamente lhes interessava, sobre a indústria ligeira, defendida por Miguel Miranda e destinada ao mercado interno de consumo particular. No começo de 1949 Perón, para conciliar os oficiais, passou a apoiar a orientação económica que eles defendiam e afastou Miranda e os tecnocratas que lhe estavam ligados[737]. Mas não teve êxito. Nem sequer o teve quando, em Maio de 1952, decidiu ampliar o âmbito de acção económica dos militares, confe-

---

735. Citado em H. Campo (1983) 157.
736. Citado em id., ibid., 139. Encontra-se uma versão um pouco diferente em H. Gambini (1983) 27–28.
737. M. Goldwert (1972) 110–111. Já antes, segundo P. H. Lewis (1992) 195, o exército havia conseguido que as importações de carácter militar saíssem da alçada do IAPI.

rindo ao Ministério da Guerra os poderes necessários para alcançar a auto-suficiência das forças armadas, que se transformaram numa vasta empresa[738].

Se não conseguiu assim seduzir o exército, também não foi com a distribuição de benesses que Perón pôde cativar os oficiais[739] e muito menos os converteu ao sujeitá-los a um programa de doutrinação justicialista[740]. Diminuindo a sua confiança nas forças armadas, Perón reduziu-lhes a dimensão e multiplicou as polícias, cujos efectivos chegaram a mais do dobro dos militares[741]. Afinal, viu-se na necessidade de mobilizar as patentes subalternas contra os oficiais[742], mas este expediente contribuiu para minar a coesão do exército, enfraquecendo-o enquanto ambicionado suporte do regime. E no entanto fora o próprio Perón quem escrevera, acerca dos preparativos da revolução de 1930, que «julgar que com os oficiais subalternos é possível fazer as tropas saírem para a rua, num movimento armado, é, na minha opinião, desconhecer o exército. Eu pensava que sem o compromisso dos oficiais nada se faria»[743]. Mas também é verdade que Perón escrevera isto em 1931, e os tempos haviam mudado. Agora não era ele o conspirador, mas a vítima da conspiração. As forças armadas ergueram obstáculos sucessivos e aquele fascismo «a partir de cima», tendo perdido o apoio do campo social de onde partira, assumiu os traços de um fascismo «a partir de baixo». Foi por ter deixado de contar com os militares que Perón se viu no papel de condutor da plebe, até que finalmente as forças armadas o derrubaram numa série de acções sangrentas em que desempenhou a parte activa a marinha, onde a influência peronista fora sempre mais reduzida[744].

---

738. M. Goldwert (1972) 118–119.
739. Id., ibid., 102. Segundo P. H. Lewis (1992) 220–221, embora Perón tivesse diminuído consideravelmente a percentagem do orçamento do governo destinada às forças armadas, aumentou as remunerações dos oficiais e facilitou-lhes as promoções.
740. M. Goldwert (1972) 116, 119; P. H. Lewis (1992) 221.
741. M. Goldwert (1972) 103,113.
742. J. Godio (1973) 84; M. Goldwert (1972) 74, 103–104; P. H. Lewis (1992) 221–222; L. Mercier Vega (1975) 142.
743. J. Perón (1994) 28.
744. G. I. Blanksten (1953) 314. Segundo M. Goldwert (1972) 71, alguns autores atribuíram a hostilidade manifestada pela marinha de guerra perante o nacionalismo integralista e o peronismo ao recrutamento social dos seus oficiais, que seriam prove-

O mesmo distanciamento se verificou no outro pólo do eixo conservador. A Igreja havia apoiado Perón durante a campanha para a eleição presidencial de Fevereiro de 1946, emitindo uma carta pastoral em que aconselhava os fiéis a não se filiarem nem votarem em partidos que defendessem a separação da Igreja e do Estado, a educação secular e a autorização de os divorciados voltarem a casar-se, como faziam alguns incluídos na oposição unida contra Perón[745]. O clero tinha razões para estar grato, porque no final de 1943 fora promulgada uma lei estabelecendo nas escolas públicas o ensino religioso obrigatório, assim como se haviam tomado medidas para dificultar ainda mais o divórcio e se começara a afastar as mulheres dos postos de responsabilidade[746]. No entanto, já durante a campanha para a eleição presidencial seria possível detectar os gérmens da discordância futura, porque a hierarquia eclesiástica se opunha a quaisquer formas de feminismo e o Partido Laborista incluíra na sua plataforma a obtenção de direitos políticos para as mulheres[747]. Os motivos de conflito reproduziram-se com a concessão do direito de voto às mulheres em 1947 e com a formação do Partido Peronista Feminino dois anos mais tarde[748]. Apesar dos benefícios que recebera nos planos ideológico e pecuniário[749], compreende-se que a Igreja se sentisse incomodada quando Eva Perón se referiu a si mesma como «Santa Evita»[750] ou anunciou num discurso que «tampouco podia conceber o céu sem Perón»[751]. Mais preocupante ainda seria depois a propaganda em torno da defunta Evita, apresentada como uma nova santa, concorrente desleal das outras porque os seus milagres

---

nientes de estratos superiores aos do exército. Depois de ter prevenido que vários oficiais da marinha por ele entrevistados consideraram esta explicação um mito, Marvin Goldwert acrescentou que, independentemente da proveniência social dos oficiais da marinha, a maior parte dos argentinos lhes atribuía um estatuto superior ao dos oficiais do exército.

745. G. I. Blanksten (1953) 65-66, 233; H. Campo (1983) 234; J. Godio (1973) 19; M. Goldwert (1972) 92; P. H. Lewis (1992) 217; L. Mercier Vega (1975) 131; C. H. Waisman (1987) 174, 179.
746. G. I. Blanksten (1953) 188-189; M. Goldwert (1972) 82; L. Mercier Vega (1975) 32.
747. G. I. Blanksten (1953) 64.
748. M. Goldwert (1972) 110.
749. Id., ibid., 106.
750. P. H. Lewis (1992) 218.
751. E. Perón [s. d.] 254.

se mediam em moedas bem sonantes. Manuais escolares destinados à infância figuravam-na com um halo em torno da cabeça[752] e entretanto o sindicato da alimentação enviou ao papa um pedido de beatificação de Eva Perón e vendiam-se imagens de uma Evita aureolada em cujo pedestal se lia uma estranha oração: «Deus te salve, Maria Eva, cheia de graça» e assim por diante[753]. Que inesperada Maria Madalena! Entretanto, numerosos dirigentes sindicais, considerando a Igreja uma instituição anacrónica, reivindicavam a legalização do divórcio e da prostituição, o que assinalava mais uma dificuldade na conjugação dos pólos do regime, agravada pelo facto de o ensino do justicialismo ter começado a assumir nas escolas a proeminência que antes coubera à instrução religiosa[754].

Vários historiadores ficam perplexos perante a inesperada impetuosidade com que o regime peronista atacou a Igreja a partir dos últimos meses de 1954, intensificando-se o conflito até Junho do ano seguinte. A primeira medida francamente contrária às opiniões eclesiásticas foi a abolição da discriminação legal entre filhos legítimos e ilegítimos[755]. Em seguida legalizou-se a prostituição e o casamento de divorciados e Perón começou a advogar o lançamento de impostos sobre as propriedades eclesiásticas e uma reforma constitucional que separasse a Igreja e o Estado[756]. Penso que o súbito anticlericalismo se deveu à conveniência de atrair os operários numa ocasião em que o declínio económico iniciado em 1949 tornara mais difíceis as condições de vida. Entre 1948 e 1952 o Produto Nacional Bruto desceu 20% enquanto a população aumentou 17%[757], o que indica uma queda acentuada do rendimento *per capita*[758]. Foi precisamente então que a campanha pelo aumento da produtividade levou à intensificação dos ritmos de trabalho e à contenção dos salários, mas como agir de outro modo se de 1943 até 1953 os

---

752. P. H. Lewis (1992) 218.
753. L. Mercier Vega (1975) 138–139. Ver igualmente P. H. Lewis (1992) 218–219.
754. J. Godio (1973) 20; M. Goldwert (1972) 120.
755. L. Mercier Vega (1975) 136.
756. J. Godio (1973) 20; M. Goldwert (1972) 122.
757. M. Goldwert (1972) 115.
758. P. H. Lewis (1992) 208 afirmou que os salários reais diminuíram cerca de 32% entre 1949 e 1953, mas segundo M. Goldwert (1972) 147, mesmo apesar do declínio económico iniciado em 1949, no final de 1955 os salários dos trabalhadores qualificados e não qualificados tinham aumentado mais do que o custo de vida.

salários passaram do índice 100 para o índice 930, mas a produtividade só de 100 para 620[759]? Todavia, e os dirigentes sindicais fizeram-no notar, esse crescimento da produtividade era entendido mais como um aumento do esforço dos trabalhadores do que como uma modernização da maquinaria e das instalações[760]. Tratava-se de mais-valia absoluta e não de mais-valia relativa. A deterioração das condições económicas havia já levado a uma série de greves ilegais em Fevereiro de 1949[761], e em 1953 os *descamisados* ouviram uma linguagem nova, de apertar o cinto e trabalhar mais[762]. O número de grevistas aumentou consideravelmente em 1954 e neste ano a greve dos metalúrgicos foi dirigida por um comité exterior ao sindicato[763]. Nesta situação, uma guinada à direita na economia foi compensada por uma guinada à esquerda na ideologia e Perón manifestou-se interessado em promover a versão marxista do nacionalismo, que formava a ala esquerda do seu movimento[764]. Mas esta de pouco lhe servia, porque só contava com uma pequena audiência, e ao apelar para o anticlericalismo, muito difundido na classe operária, Perón podia imaginar que tinha ali um substituto barato do aumento das remunerações[765].

Barato em termos económicos mas não em termos políticos, porque a Igreja excomungou Perón em 16 de Junho de 1955, no próprio dia em que ocorria uma sublevação militar, e passou para o lado da oposição, levando consigo boa parte do nacionalismo integralista[766]. Derrotada a sublevação, Perón tentou aproximar-se do eixo conservador, deixou de hostilizar a Igreja e desembaraçou-se dos ministros associados mais de perto à campanha anticlerical[767], mas a cisão estava feita e nada podia colmatá-la.

---

759. L. Mercier Vega (1975) 105. Por seu lado, M. Goldwert (1972) 151 indicou que durante a década peronista a população aumentara 15%, mas a produtividade *per capita* crescera só 3,5%.
760. P. H. Lewis (1992) 210.
761. M. Goldwert (1972) 110.
762. Id., ibid., 123.
763. J. Godio (1973) 64–65; P. H. Lewis (1992) 208–209. Ver também L. Mercier Vega (1975) 218.
764. N. Galasso (1983) 79 e segs.
765. C. H. Waisman (1987) 181–182, 187.
766. R. J. Walter (1993) 114.
767. M. Goldwert (1972) 130; L. Mercier Vega (1975) 144.

A incapacidade do peronismo de mobilizar simultaneamente os quatro pólos do fascismo verificou-se também em relação às milícias. Antes de 1946 Perón podia julgar que não precisava delas porque tinha por detrás de si o exército, disciplinado e bem armado. As únicas milícias então existentes reuniam-se em torno de alguns grupos nacionalistas integralistas, que com maior ou menor convicção apoiavam a ditadura militar. Durante a campanha para a eleição presidencial de Fevereiro de 1946 a principal daquelas organizações, a Alianza Libertadora Nacionalista, agiu como força paramilitar contra os opositores a Perón[768]. Mas os grupos nacionalistas tornaram-se irrelevantes durante a década peronista e a própria Alianza, embora fizesse parte do regime e tivesse veleidades de usar armas para o defender nos estertores finais, nada contou[769].

Sem aproveitar as milícias da extrema-direita, Perón também não as formou na esquerda e refreou sempre os ímpetos truculentos dos sindicatos, cujos dirigentes, embora angariassem homens de mão e pistoleiros, estavam proibidos de formar hostes armadas. Em 1952, num ambiente de conluios militares, Eva Perón usou a Fundação de Ajuda Social para comprar cinco mil pistolas e duas mil espingardas, que foram entregues à Confederación General del Trabajo[770], mas três anos depois, quando a marinha, a aviação e até o exército conspiravam sem cessar e os trabalhadores queriam fazer um novo 17 de Outubro, desta vez armados, o exército opôs-se a que os arsenais fossem abertos aos filiados da confederação sindical e Perón não interveio, preferindo ceder às exigências dos inimigos do regime do que municiar os únicos que estavam dispostos a defendê-lo[771]. Neste fascismo paradoxal, foram os oficiais conspiradores quem dispôs do auxílio de milícias civis[772]. Aquando da frustrada sublevação militar de 16 de Junho de 1955, numa directiva endereçada aos seus subordinados o ministro da Guerra mandou «estabelecer contacto

---

768. R. J. Walter (1993) 109–110. Para a caracterização da Alianza Libertadora Nacionalista ver a pág. 100.
769. J. Godio (1973) 142; L. Mercier Vega (1975) 140; R. J. Walter (1993) 110–111.
770. M. Goldwert (1972) 117–118; L. Mercier Vega (1975) 142. Encontra-se mencionada uma quantidade menor de armas em O. M. Pipino (1979) 212. Ver também P. H. Lewis (1992) 222.
771. M. Goldwert (1972) 131–132; P. H. Lewis (1992) 222; O. M. Pipino (1979) 213.
772. J. Godio (1973) 135–136; L. Mercier Vega (1975) 139.

com a Confederación General del Trabajo (CGT) e evitar que o povo saia para a rua»[773]. «[...] peço-vos que estejam tranquilos», apelou Perón num discurso que proferiu pela rádio nesse dia, «que cada um vá para sua casa. A luta deve ser entre soldados»[774]. Falando depois de Perón, o secretário-adjunto da Confederación General del Trabajo convocou para o dia seguinte uma greve de protesto contra os insurrectos e deixou bem claro: «Essa greve, camaradas, devemos fazê-la recolhidos nas nossas próprias casas [...]»[775]. Foi ainda «de casa para o trabalho e do trabalho para casa» a palavra de ordem que prevaleceu[776]. Quando sentira o exército escapar-lhe, Perón fizera pairar a ameaça da criação de milícias operárias, tentando amedrontar os oficiais com uma sublevação dos *descamisados* que só ele seria capaz de conter[777]. A manobra parece inepta, porque deixara os inimigos indignados com a ideia de um populacho em armas, mas sem os atemorizar, já que as armas jamais foram distribuídas aos operários. Nem mesmo foi tomada qualquer medida para armar os trabalhadores em Agosto de 1955[778], quando Perón decidiu contra-atacar e declarou que «temos de responder à violência com uma violência maior» e que «só restam dois caminhos: para o governo, uma repressão adequada aos manejos subversivos, e para o povo, uma acção e uma luta correspondentes à violência a que o querem levar»[779]. No mês seguinte o peronismo foi derrubado por uma revolução militar.

Chegou a hora de fazer o balanço. Não creio que o estágio de Perón em Itália em 1939 e 1940 influísse na sua simpatia pelo fascismo.

---

773. A directiva do general Lucero vem citada em J. Godio (1973) 37.
774. Citado em id., ibid., 39.
775. Citado em id., ibid., 41.
776. Id., ibid., 32.
777. M. Goldwert (1972) XX, 100–101, 113–114, 116.
778. J. Godio (1973) 183 e segs. «A recente proposta da CGT [Confederación General del Trabajo] de pôr à disposição do exército as reservas operárias para defender a Constituição e as autoridades constituídas é o primeiro passo para a organização das milícias operárias armadas que hão-de constituir o bastião invencível da Revolução Popular Argentina», anunciou em Setembro de 1955, nos derradeiros dias do regime, o editorial de um dos órgãos da ala marxista do peronismo, uma esperança frustrada como todas as outras da extrema-esquerda nacionalista. Citado em N. Galasso (1983) 85.
779. Estas passagens do discurso pronunciado por Perón em 31 de Agosto de 1955 encontram-se em J. Godio (1973) 155.

Quantos tenentes-coronéis haviam sido destacados em serviço para aquele país sem que por isto se tivessem tornado mussolinianos? Mais significativas foram as relações mantidas durante alguns anos com Figuerola, o que situa Perón mais próximo do general Primo de Rivera do que de Mussolini ou de Hitler[780], até porque o regime de Primo de Rivera inspirara já as concepções de Uriburu[781].

O peronismo recebeu também influências autóctones. A extrema-direita assinalara-se na Argentina desde o começo do século XX, sobretudo desde a repressão à grande greve de Janeiro de 1919, e tornara-se mais activa a partir da presidência de Uriburu. A Liga Patriótica Argentina, fundada em 1919, e as organizações nacionalistas integralistas criadas ao longo da década de 1930 cobriam o leque que ia do conservadorismo truculento até ao fascismo com programa social, e desde as milícias até aos bandos de fura-greves e ao sindicalismo amarelo. Segundo alguns cálculos, o conjunto das organizações nacionalistas reunia em 1943 quarenta mil filiados[782]; e embora o presidente Ramírez, em Janeiro de 1944, tivesse ordenado a dissolução destas organizações, muitas continuaram a funcionar dissimuladamente[783]. E como no final da década de 1930 o catolicismo adquirira uma influência crescente entre os nacionalistas integralistas[784], estimulou-se o anti-semitismo[785], tanto mais fácil de se manifestar quanto só em duas outras cidades, Nova Iorque e Tel Aviv, havia uma concentração de judeus superior à que se encontrava em Buenos Aires[786]. A extrema-direita nacionalista apoiou a candidatura de Perón na eleição presidencial de 1946[787] e os actos

---

780. G. I. Blanksten (1953) 298 observou que a influência espanhola sobre o justicialismo decorreu muito mais da ditadura de Primo de Rivera do que da de Franco. Ver também a pág. 299.
781. M. Goldwert (1972) 19.
782. G. I. Blanksten (1953) 330. Todavia, R. H. Dolkart (1993) 72 preveniu que «o número total de membros dos nacionalistas não pode ser calculado com exactidão». Por seu lado, C. H. Waisman (1987) 177 sublinhou que a extrema-direita nacionalista e integralista não fora preponderante no golpe militar de 1943.
783. G. I. Blanksten (1953) 330–331.
784. M. Goldwert (1972) 69–70, 85.
785. G. I. Blanksten (1953) 223–224.
786. L. Mercier Vega (1975) 224.
787. G. I. Blanksten (1953) 66, 224. Todavia, segundo R. Puiggrós (1988) 90, em 1945 a Liga Patriótica Argentina aderiu à União Democrática, onde se reuniam as forças opostas ao peronismo.

de hostilidade aos judeus contam-se entre as numerosas violências então cometidas[788]. Mas Perón, pelo menos em público, pronunciou-se repetidamente contra o anti-semitismo[789] e no decorrer da sua presidência os judeus ascenderam a postos de responsabilidade no exército e no corpo diplomático, de que haviam antes sido afastados[790]. O nacionalismo de Perón era de carácter cultural e não racial. «A raça não é, para nós, um conceito biológico», declarou ele. «É um conjunto de nobres virtudes, que fazem de nós o que somos e nos encorajam a ser o que devemos ser»[791]. Perón aproveitou-se dos nacionalistas e do seu programa, mas marginalizou-os enquanto força política[792].

A preponderância que o nacionalismo integralista e católico havia tido no golpe militar de 1943 foi substituída no peronismo pela influência exercida por uma forma abastardada de sindicalismo revolucionário. E ainda aqui os fios da história se cruzaram, pois o modelo evocado pelos nacionalistas integralistas era o ditador Juan Manuel de Rosas[793], que, se é certo que representara os interesses das oligarquias da província contra as propensões centralizadoras dos *porteños*, também se gabara de ter compreendido os sentimentos e as necessidades dos gaúchos[794] e inaugurara um elitismo populista que desembocaria em Perón[795]. Entre os letrados, a apologia da tradição gaúcha nascera nos últimos anos do século XIX em reacção contra o modernismo positivista e cosmopolita imposto pela oligarquia. Foi naquele meio que surgiu o partido radical, em íntima ligação com a corrente propensa a reavaliar positivamente a ditadura de Rosas[796]. Assim, enquanto por um lado a dinâmica subjacente às referências ideológicas dos nacionalistas os dispunha a aceitar o peronismo, por

---

788. G. I. Blanksten (1953) 68; R. J. Walter (1993) 109, 110.
789. G. I. Blanksten (1953) 68, 225, 227–228.
790. R. J. Walter (1993) 112.
791. Citado em G. I. Blanksten (1953) 228.
792. R. J. Walter (1993) 99, 102, 110 e segs.
793. G. I. Blanksten (1953) 38; R. H. Dolkart (1993) 76; D. Rock (1993) 15.
794. G. I. Blanksten (1953) 26–27. Ver também A. Río (1968) 18 e 31.
795. M. Goldwert (1972) XVIII, 17, 19. G. I. Blanksten (1953) 318 comentou que «sob vários aspectos, o *descamisado* está para a Argentina de Perón como o gaúcho estava para o regime de Rosas». Para um exemplo de apologia conjunta de Rosas e Perón ver A. Río (1968) *passim*.
796. J. L. Romero (1983) 28 e segs.; C. H. Waisman (1987) 42.

outro lado o populismo de Rosas abria a Perón outros horizontes, voltados para a linhagem radical de Yrigoyen.

Com efeito, múltiplos elos ligaram duradouramente o peronismo à Unión Cívica Radical de Yrigoyen. Apesar de o golpe militar de 1943 se ter reclamado da inspiração originária dos insurrectos de 1930, que se haviam colocado ao lado da oligarquia agrária contra os radicais, Perón estava muito mais próximo da tradição de Yrigoyen do que do conservadorismo oligárquico[797]. Aliás, o Grupo de Oficiales Unidos surgira num meio ideológico yrigoyenista[798]. É certo que Yrigoyen autorizara, ou pelo menos aceitara, a repressão bárbara do movimento grevista na Semana Trágica de Janeiro de 1919 e a repressão não menos bárbara das greves na Patagónia em 1920 e 1921, mas distinguira-se dos conservadores por ter entendido as vantagens de governar com um movimento operário organizado em sindicatos e em várias ocasiões interviera a favor dos trabalhadores nos conflitos laborais. Habilmente, Yrigoyen mostrara-se conciliatório para com os sindicatos moderados e concentrara os ataques nos anarquistas[799]. Por tudo isto, e em geral pela indomável vocação populista, Perón mostrou que aprendera a lição de Yrigoyen[800]. Entretanto, no interior da Unión Cívica Radical tinham surgido tendências que juntavam a plebeização da vida política ao nacionalismo económico, contribuindo para compor um fascismo autóctone[801]. Em todas as fases da sua carreira política Perón procurou estabelecer acordos com a Unión Cívica Radical ou, pelo menos, com algumas das suas ramificações, e uma ala minoritária dos radicais apoiou-o na campanha para a eleição presidencial de 1946, recebendo em troca a vice-presidência da República[802]. No final, parece-me impossível traçar uma fronteira nítida entre justicialismo e radicalismo, tanto mais que do lado dos radicais a linha de demarcação não era clara também. O romancista e ensaísta Manuel

---

797. H. Campo (1983) 26 considerou a política de Yrigoyen como precursora da de Perón.
798. R. Puiggrós (1988) 125.
799. P. H. Lewis (1992) 112–115; C. H. Waisman (1987) 80, 148, 222–225.
800. M. Goldwert (1972) 92; L. Mercier Vega (1975) 46–47.
801. J. L. Romero (1983) 168–170.
802. G. I. Blanksten (1953) 64–65, 331–332; H. Campo (1983) 203–204; L. Mercier Vega (1975) 167; R. J. Walter (1993) 103, 107.

Gálvez, um dos intelectuais da extrema-direita nacionalista, considerava que os radicais do seu país estavam «não muito distantes» da versão italiana do fascismo porque eram «nacionalistas, acreditando em trabalhar pelo povo, com simpatia pelos procedimentos rápidos ou mesmo violentos»[803]. Numa posição simétrica à de Gálvez, os membros da extrema-esquerda nacionalista, que adoptavam o marxismo, reivindicavam a tradição que conduzira de Yrigoyen até Perón e prometiam levá-la adiante[804].

Perón preocupou-se em governar sob as formas da democracia. Só ele e Yrigoyen haviam alcançado a presidência graças a eleições livres e não fraudulentas[805], e o processo que levou à remodelação constitucional de Março de 1949 obedeceu a idêntico legalismo, respeitando os trâmites previstos pela constituição de 1853[806]. Entretanto, embora os presos políticos se contassem aos milhares, a partir de 1946 os campos de concentração criados três anos antes caíram gradualmente em desuso[807], e apesar de se acumularem perseguições, violências e restrições, os partidos da oposição não foram proibidos e continuaram, se não a viver, pelo menos a vegetar. É certo que o justicialismo foi na prática um regime de partido único. No Senado nunca se sentou ninguém que não fosse peronista, a maioria peronista na Câmara dos Deputados era tal que podia proceder como queria, ou antes, como lhe mandavam, e Perón domesticou o aparelho judiciário, inclusivamente mudando a totalidade dos membros do Supremo Tribunal de Justiça[808]. Como se isto não fosse suficiente, Perón retomou na nova constituição a figura do interventor, que existia já na constituição anterior, e usou-a com tal prodigalidade que conseguiu impor a autoridade central nas províncias e municípios e em órgãos que se julgariam autónomos[809]. Mas tudo isto foi feito sob os formalismos legais, o que constituiu outro modo de manter abertas as portas aos radicais, com a vantagem suplementar de não as fechar aos conservadores, pois embora

---

803. Citado em D. Rock (1993) 4.
804. N. Galasso (1983) 45, 47, 49, 54, 56, 108, 117, 126, 135, 136, 154.
805. G. I. Blanksten (1953) 260; M. Goldwert (1972) 92–93.
806. G. I. Blanksten (1953) 72 e segs., 135.
807. Id., ibid., 179, 182.
808. Id., ibid., 114, 115, 117, 122 e segs., 132; L. Mercier Vega (1975) 56–60.
809. G. I. Blanksten (1953) 136–137, 139–141, 153.

a partir de 1951 a oposição parlamentar se reduzisse aos radicais, de 1946 até 1951 os conservadores haviam detido alguns lugares na Câmara dos Deputados. O justicialismo foi um regime de partido único no poder, mas de variados partidos na oposição. E o Partido Comunista acabou por ajudar Perón neste propósito, porque depois de ter participado de 1944 até 1946 na união das forças de oposição, descobriu a partir de 1947 as virtudes do peronismo nos jogos da geopolítica anti-*yankee*[810].

A ampla síntese ideológica levada a cabo por Perón englobou outra síntese de escopo mais restrito, efectuada por Manuel Fresco enquanto fora governador da província de Buenos Aires, na segunda metade da década de 1930. Apoiando-se originariamente numa base conservadora, Fresco conseguira atrair os nacionalistas, cujas preocupações sociais levara para o campo do conservadorismo[811]. Era este o mecanismo constitutivo do fascismo, e desde a sua eleição para governador Fresco apresentara-se como fascista e tentara afirmar-se como chefe carismático de todas as correntes oriundas da extrema-direita[812]. Enquanto, por um lado, perseguira o comunismo, por outro lado procurara implantar na sua província um sistema corporativo, que teve como peça fundamental o Código do Trabalho, promulgado em 1937, estabelecendo a arbitragem obrigatória dos conflitos laborais. Centenas de conflitos foram resolvidos deste modo e Fresco gabava-se de ter conseguido aumentar os salários e melhorar as condições de trabalho. Entre os seus objectivos contara-se ainda a formação de organizações operárias controladas pelo Estado, mas para isto faltou-lhe o tempo ou a capacidade[813]. «[…] um nacionalismo sindicalista, hierarquizado e totalitário», foi nestes termos que um jornal enalteceu as ideias de Fresco[814]. O presidente Ortiz demitiu Fresco das funções de governador em 1940 e ele respondeu ao repto com a fundação de um novo partido e de um jornal, que dessem às suas ideias e propostas práticas uma audi-

---

810. Id., ibid., 394–397.
811. R. H. Dolkart (1993) 73, 83, 85.
812. Id., ibid., 84, 89. Acerca de Manuel Fresco ver também C. H. Waisman (1987) 241–243.
813. H. Campo (1983) 53–55; R. H. Dolkart (1993) 86.
814. Esta passagem do diário *Bandera Argentina*, 20 de Fevereiro de 1937, encontra-se citada em H. Campo (1983) 55.

ência nacional[815]. Os acontecimentos subsequentes ao golpe militar de 1943, porém, retiraram a Fresco a base social e o dinamismo político, e saiu da cena depois de ter apoiado a candidatura presidencial de Perón[816]. Mas muitas das suas teses acerca das relações laborais já tinham permeado o ideário de Perón, que haveria de as implementar[817].

O regime peronista percorreu os quatro pólos do fascismo, sem conseguir conjugá-los simultaneamente. Esta fragilidade teve raízes mais fundas do que a conjuntura económica, porque mesmo antes de as aspirações desenvolvimentistas ficarem comprometidas na passagem da década de 1940 para a década seguinte, e com elas a política de aumentos salariais, já o exército se havia revelado hostil à aliança com os sindicatos. Será que as cisões sociais eram demasiado marcadas na Argentina daquela época para que o regime conseguisse abranger todos os quadrantes ao mesmo tempo?

Mas como a ideologia não só reflecte a prática e permite também idealizá-la, foi no plano ideológico que Perón conseguiu a conjugação simultânea dos pólos extremos que lhe faltara noutro plano. O justicialismo, explicado pela primeira vez por Perón em Abril de 1949, pretendia manter um equilíbrio mutável entre o materialismo, o idealismo, o individualismo e o colectivismo[818]. Tratava-se de uma expressão perversa da realidade, que ao mesmo tempo lhe indicava os problemas e os esquivava num nível estritamente intelectual. Ali tudo era possível, mesmo o equilíbrio que na prática foi impossível, e só um regime fascista que não conseguiu conjugar as forças necessárias ao fascismo poderia inventar o justicialismo. Dançando ora num pé ora noutro, Perón procurou realizar diacronicamente uma articulação social e política que só em sincronia podia resultar. O peronismo foi uma fuga em frente, um fascismo «a partir de cima» que perdeu o eixo conservador e passou a evocar apenas o eixo radical, esforçando-se desde então por estabelecer o equilíbrio necessário ao fascismo enquanto regime, e jamais o conseguindo. Mas esta falta de consistência gerou paradoxalmente uma durabilidade histórica no plano da ideologia. E assim se enraizou entre os trabalhadores

---

815. R. H. Dolkart (1993) 90, 100.
816. H. Campo (1983) 55, 234.
817. R. H. Dolkart (1993) 100; C. H. Waisman (1987) 243.
818. Para uma exposição da doutrina justicialista ver G. I. Blanksten (1953) 281 e segs.

argentinos o mito do peronismo como bandeira da luta da sua classe, quando ele pretendera ser o quadro de conciliação das classes[819], um caso de distorção da memória único nos fascismos, a tal ponto que em nenhum outro se mantiveram alas marxistas, pouco significativas numericamente, mas persistentes e muito activas no plano ideológico[820]. O epitáfio, traçou-o um historiador ao assinalar que «o evidente conteúdo de classe adquirido pelo confronto desencadeado pelas ambições políticas de Perón levaria ao suicídio histórico das esquerdas argentinas, destinado a perdurar muitas décadas»[821].

---

819. P. H. Lewis (1992) 475 evocou a «luta de classes, que mostrou ser o legado mais duradouro que Perón deixou ao seu país» e C. H. Waisman (1987) 250 afirmou que «os adornos do fascismo existiam ali na ideologia, na relação entre o chefe e as massas e numa organização do tipo de "movimento", mas a substância tornou-se gradualmente muito diferente, a de um partido trabalhista de base sindical». «Perón lembra que o justicialismo nunca foi um movimento classista, mas que a reacção oligárquica acabou por dar ao caso argentino o carácter de luta de clases», observou L. Mercier Vega (1975) 201. Ou, nas palavras de H. Campo (1983) 7, «ao perder o apoio dos sectores militares [...], da Igreja [...] e das facções da burguesia [...], o peronismo passou a ser [...] um movimento de base quase exclusivamente operária». Ver também as págs. 149 e 151 e segs.
820. N. Galasso (1983) *passim*.
821. H. Campo (1983) 232.

Capítulo 4
As condições históricas dos fascismos

1. «O PARTIDO DA NAÇÃO EM CÓLERA»

A tensão estabelecida entre os dois pólos do eixo endógeno e a forma como era planeada a articulação deste eixo com o eixo exógeno servem para definir todos os tipos de movimento fascista, mas não bastam para explicar o seu triunfo e a conversão num regime, ou a sua derrota e a incapacidade de fundar um Estado. E para solucionar a questão é improcedente qualquer tentativa de definir uma base social comum a todos os regimes fascistas.

Na Itália, onde a maioria da população urbana era avessa ao fascismo[1], a componente agrária assumiu uma notável importância. No final de 1921, um ano antes da tomada do poder, entre os membros do partido fascista contavam-se menos de 3% de industriais e empresários, mas subiam a 12% os proprietários fundiários e os camponeses que cultivavam terras próprias, do mesmo modo que os operários da indústria compunham 16% dos filiados, enquanto os trabalhadores agrícolas representavam praticamente 25%[2]. Um autor pretendeu que a política agrária de Mussolini tivera como objectivo criar uma nova classe de pequenos proprietários agrícolas, para constituírem a base mais sólida do regime[3], e defendeu mesmo que a conquista da Abissínia e a fundação do Império se destinaram acima de tudo a obter espaços que pudessem ser colonizados por famílias de pequenos agricultores sem descontentar os latifundiários

---
1. Ver a n. 8 do capítulo 3 deste livro e a n. 13 do capítulo 2 do livro *Entre o nacional e o social*.
2. Estes dados resultam de um inquérito realizado pela direcção do Partido Nacional Fascista a uma amostragem de 150.137 membros, sobre um total de cerca de 320.000 inscritos. Ver G. Eley (1989) 83, 99 n. 41, P. Marion (1939) 147, E. Santarelli (1981) I 262 e D. Sassoon (2012) 100.
3. A. Pennacchi (2010) 223, 254–259. Ver igualmente as págs. 262–275.

italianos[4]. Também no Japão os pequenos camponeses detentores de terras, juntamente com os proprietários de pequenas empresas industriais e comerciais, forneceram uma base social ao militarismo fascista[5]. Esta situação reflectiu a estrutura global da sociedade nipónica, em que o proletariado industrial não só representava uma percentagem bastante reduzida da população activa como estava em boa medida disperso por empresas pouco concentradas[6]. E na Roménia, onde a população agrícola formava 4/5 do total[7] e a sua hostilidade à sociedade urbana assumia frequentemente a forma do ódio aos judeus, especialmente concentrados nas cidades[8], foi entre as massas rurais mais pobres que o fascismo radical e fanaticamente anti-semita de Corneliu Codreanu encontrou simpatia e fidelidades, embora mais tarde mobilizasse também um número significativo de operários[9]. Do mesmo modo, na Áustria o fascismo de Dollfuss tinha a sua base no meio rural[10].

Encontramos uma situação oposta na Argentina, onde a base social do peronismo, tal como pode ser analisada através dos resultados da eleição presidencial de 1946, era constituída acima de tudo pelo operariado das indústrias urbanas e acessoriamente pelos trabalhadores dos campos, enquanto os grandes proprietários de terras e gado e mesmo os pequenos patrões, os funcionários e os técnicos não se entusiasmaram com Perón ou adoptaram uma atitude francamente hostil[11].

---

4. Id., ibid., 268–270, 274. Mas, se assim foi, o resultado constituiu um fracasso, como se vê pelas nn. 220 a 224 do capítulo 3 do livro *Metamorfoses do fascismo*.
5. M. Maruyama (1963) 57, 60, 64; B. Moore Jr (1974) 290. No entanto, Barrington Moore Jr., op. cit., 307–308 considerou que o apoio fornecido ao fascismo pelos camponeses fora mais passivo do que activo.
6. M. Maruyama (1963) 78; B. Moore Jr. (1974) 288–289.
7. E. Weber (1967) 121.
8. Embora o número de judeus correspondesse a pouco mais de 4% da população total romena, na Moldávia eles formavam 24% da população urbana, 27% na Bessarábia e 30% na Bucóvina. Ver id., ibid., 131.
9. M. Bardèche et al. (1969) 14–15; F. L. Carsten (1967) 185–187; E. Weber (1967) 126–127, 130, 134, 135.
10. Segundo Otto Bauer, referido por G. Marramao (1977) 95, os nacionais-socialistas austríacos recebiam o apoio da indústria pesada, que era controlada por capitais alemães e, por isso, se mostrava favorável à ligação dos dois países, enquanto os proprietários rurais sustentavam o fascismo clerical, que encontrou o seu expoente em Dollfuss.
11. H. Campo (1983) 239; H. Gambini (1983) 111; M. Goldwert (1972) 96.

Na França de Vichy, pelo contrário, um relatório policial indicou no final de 1942 que os operários eram hostis à Revolução Nacional e permaneciam fiéis às ideias socialistas ou comunistas[12], o que ajuda a compreender que fossem operários da indústria mais de metade dos filiados no Parti Populaire Français, de Doriot[13], vigoroso representante do fascismo radical de Paris e adverso ao fascismo conservador reunido em torno do marechal Pétain. Por outro lado, depois dos acordos laborais do palácio Matignon, de 7 de Junho de 1936, assinados pela CGT e pelos representantes da grande indústria na presença de membros do governo do Front Populaire, o pequeno e o médio patronato consideraram-se sacrificados economicamente e passaram a votar às poderosas organizações dirigidas pelos maiores industriais a mesma aversão que já votavam ao proletariado revolucionário, criando assim as condições que permitiriam alguns anos depois à corte do marechal fundar o État Français e decretar a Revolução Nacional[14].

A base social do fascismo foi muito diversificada na Hungria, onde todas as facções tiveram em comum o apoio que lhes era prestado pelos funcionários do Estado e pelos oficiais do exército oriundos sobretudo da pequena fidalguia rural, a quem se juntavam, na ala conservadora, os maiores senhores da terra e os grandes patrões da indústria e da finança e, na ala radical, um número considerável de pequenos camponeses ou mesmo jornaleiros e de operários não qualificados[15]. Do mesmo modo, embora fosse o clero o principal sustentáculo do fascismo eslovaco, o apoio social de que beneficiava o Partido da Unidade Nacional, chefiado por monsenhor Tiso, incluía a burguesia e sobretudo a população rural, ou mesmo uma

---

12. R. G. Nobécourt (1962) 95–96.
13. P. Ory (1976) 26 n. 1.
14. I. Kolboom (1986) 111–171. Todavia, este autor afirmou (pág. 132) que «o problema dos encargos económicos efectivos continua hoje sem estar resolvido».
15. A respeito da base social comum a ambas as vertentes do fascismo húngaro e quanto às camadas sociais que sustentavam a sua ala conservadora ver: G. Barany (1971) 74–75, 78; G. Ránki (1971) 65, 68–71. Quanto ao apoio social de que o fascismo radical beneficiava entre as camadas mais pobres do campo e da cidade ver: George Barany, op. cit., 78; M. Bardèche et al. (1969) 19–21, 30; F. L. Carsten (1967) 174–175, 177–178; I. Deák (1965) 385–386, 392, 396–397; György Ránki, op. cit., 70, 71; E. Weber (1964) 54–55. W. Laqueur (1996) 49 considerou que entre 40% e 50% dos filiados no partido de Ferenc Szálasi eram operários.

parte do operariado¹⁶. Porém, outro exemplo do fascismo católico, o rexismo belga, parece ter depararado, pelo menos a prazo, com a indiferença do operariado dos grandes centros industriais[17].

Igualmente diversificada foi a base social do nacional-socialismo alemão. Alguns historiadores pretendem encontrar o segredo da ascensão do NSDAP no facto de em 1923 os desempregados constituírem 1/3 dos membros do partido, e 1/5 por ocasião da tomada do poder[18]. Todavia, será que isto ajuda a elucidar os motivos da entrada de Hitler na Chancelaria quando sabemos que, em 1931, 78% dos filiados no Partido Comunista da Alemanha estavam desempregados, uma cifra que subiu para 85% no ano seguinte[19]? Entretanto, nesses primeiros anos da década de 1930 os desempregados só formavam um pouco menos de 60% das SA de Hamburgo. O maior crescimento de membros do NSDAP não proveio das grandes cidades e zonas industriais, onde o desemprego mais se fazia sentir, mas das pequenas cidades e das áreas rurais[20]. Os desempregados, indicaram dois historiadores, «tenderam mais a aproximar-se dos comunistas do que dos nazis»[21]. Se servir para alguma coisa uma lista de cerca de duzentos membros do partido de Hitler nos seus primórdios, vemos que cobria todos os estratos profissionais da população de Munique[22], e o NSDAP pretendia que no amplo leque social da sua base se encontrava o microcosmo da comunidade nacional que haveria de instaurar[23].

---

16. M. Hájek (1965) 117-118; J. F. Zacek (1971) 59.
17. F. L. Carsten (1967) 216; J. Stengers (1965) 160, 162. Embora reconhecendo que Degrelle não encontrara na classe operária a resposta que esperava, E. Weber (1964) 126 indicou que Charleroi, um grande centro fabril, elegeu um rexista em 1936. Ver ainda as nn. 397 a 400 do capítulo 3 deste livro.
18. D. Schoenbaum (1979) 48; E. Weber (1967) 137.
19. J.-M. Vincent (1976) I 75. Todavia, H. Marcuse em R. Laudani (org. 2013) 299 indicou que em 1932 só três quintos dos membros do KPD estavam desempregados. Segundo Ph. Burrin (2000) 109, o KPD obteve melhores resultados eleitorais do que o NSDAP nas regiões com maior percentagem de desempregados.
20. J. C. Fest (1974) 461-462.
21. J. Noakes et al. (orgs. 2008-2010) I 81.
22. Id., ibid., I 18. Ver também J. C. Fest (1974) 247-248.
23. J. Noakes et al. (orgs. 2008-2010) I 75. G. Eley (1989) 84-85 considerou que um dos aspectos mais notáveis do NSDAP foi a capacidade de ampliar a sua base social em várias direcções.

Esta amplitude nunca deixou de caracterizar o nacional-socialismo germânico. «Eu disse e repeti aos meus apoiantes que a nossa vitória era uma certeza matemática, porque, ao contrário da social-democracia, não rejeitávamos ninguém que pertencesse à comunidade nacional», explicou Hitler aos comensais em Novembro de 1941[24]. Na mesma perspectiva, um estudioso da política observou que «a atracção do nazismo não se exerce sobre nenhum grupo social em particular, mas sobre certos elementos em todos os grupos»[25]. Sabe-se que o crescimento eleitoral do NSDAP se deveu sobretudo aos estratos intermédios, artesãos, pequenos comerciantes, funcionários, profissões liberais, que aliás constituíam entre os filiados do partido uma percentagem superior à que ocupavam na sociedade em geral. Mas também entre os camponeses os nacionais-socialistas obtiveram apoio, sobretudo em 1932 por parte dos pequenos agricultores do norte e do noroeste, embora pareça que mais como eleitores do que como membros do partido[26]. E apesar de o operariado ter permanecido em grande medida fiel aos candidatos social-democratas e comunistas, os nacionais-socialistas atraíram boa parte dele, sobretudo jovens empregados de pequenas oficinas localizadas em cidades secundárias. Nos três anos anteriores à ascensão de Hitler à Chancelaria e durante o Terceiro Reich, a classe operária, que representava quase metade da população, formava cerca de um terço dos membros do NSDAP, o que mostra que não foi desprezável a penetração nacional-socialista nesse meio[27].

Ora, o facto de a base do fascismo ter sido diferente consoante os países revela, sob um ponto de vista comparativo, o único proveitoso em história, que o fascismo atravessou todas as camadas da sociedade. Esta diversidade constata-se igualmente em cada país, e mesmo que um dado movimento se tivesse apoiado sobretudo num certo meio isto não o impedia de beneficiar de simpatias nas restantes camadas sociais.

---

24. *Hitler's Table Talk...*, 108.
25. H. J. Morgenthau (1946) 132. Ver igualmente J. C. Fest (1974) 459 e H. F. Ziegler (1989) 98–99, 116–118.
26. A. Bramwell (1985) 4, 86. Segundo B. Moore Jr. (1974) 449, nas eleições de Julho de 1932 o NSDAP contou, entre os camponeses, sobretudo com o apoio daqueles que detinham áreas relativamente pequenas e pouco rentáveis.
27. Ver no capítulo 3 deste livro a n. 355.

Têm sido muitos os autores a explicar o fascismo invocando a crise das camadas intermédias. Trata-se para uns de evitar a análise das contradições surgidas nos processos revolucionários, enquanto para outros é uma oportunidade de absolver o grande capital das suas responsabilidades históricas. E esta interpretação nem sequer se aplica a todos os casos, porque na Argentina o estrato intermédio não estava em risco de proletarização nem apoiou o peronismo[28]. Mas, se for bem utilizada, a perspectiva pode ser proveitosa e liga-se a um facto frequentemente assinalado pelos historiadores — a importância assumida pelo *lumpenproletariat* nos fascismos, mesmo quando mal se esboçavam as suas primeiras manifestações. As razões desta participação são simples. Qualquer que seja a sua origem, os *déclassés* mantêm-se socialmente individualizados, excluídos de um tecido de relações próprias, e ainda que economicamente tenham sido precipitados na classe trabalhadora, no plano político, tal como no ideológico, procuram recusar este facto, e esquecê-lo quando não o podem esconder.

«A pequena burguesia italiana está hoje cheia de rancor mais ou menos contra todos», escreveu com notável acuidade Adriano Tilgher no final de 1919. «Contra o governo, que a deixa agonizar na fome e no abandono e que, em Versailles, não soube realizar nem o programa expansionista nem o democrático; contra os novos-ricos, que sugaram o seu sangue e dele fizeram ouro; contra o proletariado, que não quis a guerra e que, todavia, saiu dela enriquecido, robustecido e politicamente triunfante. Os pequeno-burgueses nunca olharam os proletários com tanto rancor como hoje, quando eles próprios são mais proletários do que os proletários. Este estado de espírito explica o furor anti-socialista dos *arditi* e dos Fasci di Combattimento, cujos membros pertencem quase todos às classes médias»[29]. Rancor e fúria tanto maiores, decerto, quanto o governo

---

28. H. Campo (1983) 239; M. Goldwert (1972) 96.
29. Adriano Tilgher, «Piccoli Borghesi al Bivio», *Tempo*, 7 de Dezembro de 1919, citado em R. De Felice (1978) 195 (procedi a ligeiras modificações na tradução). «Era a pequena e média burguesia quem, simpatizando profundamente com as ideias do nacionalismo, trazia ao fascismo um pouco dessa sua inclinação nacionalista, atraindo a mãos cheias sobre si o sarcasmo dos liberais e filo-socialistas como Adriano Tilgher e Luis Salvatorelli, dois escritores muito lidos que viam representados nessa categoria o parasitismo social e o patriotismo retórico», escreveu o historiador fascista G. Volpe

dissolvera em Janeiro de 1919 as unidades de *arditi*[30]. Nestas condições, embora a perda de status suscitasse atitudes de revolta, a ausência de inserção num quadro de classe, ou mesmo num simples quadro profissional, fazia com que tais formas de contestação se processassem obrigatoriamente no âmbito da sociedade em geral. Ora, na dinâmica das lutas, quando a sociedade não é rompida pelas clivagens de classe reconstitui-se com um grau superior de coesão, por isso os *déclassés* divulgaram as formas mais paradoxais do radicalismo conservador e contribuíram para o restabelecimento das hierarquias. Quando foram eles a conduzir o movimento, animaram uma revolta aristocrática feita por não-aristocratas.

O caso alemão é dos mais sugestivos. Os *déclassés*, observou Ernst von Salomon, que se considerava um deles, «eram provavelmente a única classe que tinha um verdadeiro interesse em superar a luta de classes»[31]. Os assalariados de colarinho branco arvoravam pretensões sociais desprovidas de qualquer justificação económica e, embora as suas remunerações não fossem muito superiores às do operariado ou pudessem até ser inferiores, o traje, o estilo de vida, os gostos culturais aproximavam-nos do comportamento das classes dominantes[32]. Mas cada um apresenta-se de uma certa maneira menos para revelar aquilo que é do que para se destacar daquilo que não deseja ser. O facto de os empregados de colarinho branco tomarem aquelas atitudes significaria que todos eles pertenciam à classe capitalista dos gestores, mesmo situando-se nos seus níveis mais baixos? Ou quereria simplesmente dizer que a maior parte se recusava a assumir a integração no proletariado? «Geralmente o processo é parafraseado como correspondendo a uma proletarização tendencial dos estratos sociais médios», escreveu um economista alemão.

(1941) 49-50 (introduzi pequenas alterações na tradução). Os *arditi*, secções de assalto do exército empregues durante a guerra para operações arriscadas, inspiraram o fenómeno do *arditismo civile*, que constituiu uma das origens das milícias fascistas. Mussolini, num discurso pronunciado em Dezembro de 1918, chamou aos *arditi* «a mais bela e mais corajosa aristocracia das trincheiras», consoante se lê em P. Milza (1999) 235.
30. P. Milza (1999) 234-235.
31. E. Salomon (1993) 343-344.
32. Estes aspectos foram salientados pelo jornalista social-democrata Hans Georg, pseudónimo usado por Erwin Schoettle, num artigo publicado em 1921 e reproduzido em A. Kaes et al. (orgs. 1995) 182-183.

«Mas esta proletarização foi precedida pela repulsa que suscitou, pelo temor que inspirou e pelas emoções geradas por essa ameaça, com as quais estava paradigmaticamente relacionada a mentalidade emocionalmente prevertida de Hitler»[33]. Uma coisa é pertencer ao estrato inferior de uma classe dominante e outra, muitíssimo diferente, é viver no ressentimento de ter sido lançado na classe explorada. Neste último caso as posições políticas da grande maioria dos trabalhadores de colarinho branco assentariam na falsidade e eles constituiriam, por conseguinte, um material humano facilmente atraído pelos demagogos. Quem vota nos nacionais-socialistas, explicou naquela época Henri de Man, são as «classes ditas médias», já proletarizadas ou correndo o risco de o ser. Talvez mais numerosos ainda fossem os membros da «pequena burguesia dita nova», os empregados e os funcionários. E havia ainda «os agricultores que, cada vez mais empobrecidos e endividados, se vêem abruptamente privados da crença tradicional na ordem de coisas estabelecida». «Sob o ponto de vista estatístico», resumiu de Man, «não nos enganaríamos muito se disséssemos que o nacionalismo fascista é um movimento típico das classes médias e dos proletários de colarinho branco»[34].

A crise económica alemã precipitada em 1923 pela ocupação franco-belga do Ruhr esclareceu a situação dessa gente. Em 1924 cerca de duzentos mil empregados bancários haviam sido lançados no desemprego e, nesse ano, o número de assalariados activos no ramo dos seguros representava pouco mais de um terço do número de 1918. Em meados de 1924 o número de funcionários públicos dependentes do governo central havia caído para cerca de 32% do que fora no início do ano anterior, e os empregados de colarinho branco nos serviços de assistência pública em Outubro de 1924 correspondiam a cerca de 2% do que tinham sido em Outubro de 1919. Quanto ao número dos seus colegas empregados pelos estados e pelos municípios, a crise ocasionou uma diminuição para metade. Calculou-se também que no sector comercial a quantidade de funci-

---

33. A. Sohn-Rethel (1987) 132.
34. H. Man (1933) 200–201, 203. O autor acrescentou (pág. 201) que «é certo que o movimento obtém filiados de outras proveniências também, por motivos que não decorrem tão directamente dos efeitos da crise económica actual». Traduzi «*prolétaires en faux-col*» por «proletários de colarinho branco».

onários encarregados das vendas se tivesse reduzido cerca de 25%[35]. O fascismo pôde surgir a estas camadas sociais como uma esperança contra a ameaça iminente de proletarização[36]. «Com uma situação tão desesperada no mercado de trabalho é natural que proliferem as agências de emprego fraudulentas», observou em 1924 Fritz Schröder, dirigente sindical socialista que treze anos mais tarde, depois de se ter exilado, haveria de regressar clandestinamente ao seu país para ser preso pouco depois e desaparecer sem deixar traço. Mas ele não sabia então o que a luta política lhe reservava, e podia prosseguir com humor, dando o exemplo de «um vigarista de Hamburgo que publicou um anúncio oferecendo lugares para engenheiros na América do Sul e num único dia recebeu mais de quatro mil respostas»[37]. Embora numa escala muitíssimo mais considerável e com repercussões de outra dimensão, foi semelhante a trapaça em que os desempregados de colarinho branco se viram envolvidos por Adolf Hitler[38].

Na relutância em se identificarem com quem ganhava a vida numa fábrica, as camadas intermédias em crise manifestavam o apego aos valores tradicionais e a recusa de uma situação social potencialmente subversiva, opondo-lhe uma vocação de ordem. Ao mesmo tempo, porém, a proletarização só poderia ser sustida mediante a inversão dos processos económicos, e devemos entender esta aspiração como um prevertido desejo de revolta contra alguns mecanismos do capital. Evitar a proletarização era sair da ordem para melhor entrar na ordem. Todavia, a ordem é implacável nos seus efeitos. E os não-aristocratas que conduziram rebeliões aristocráticas destinadas a salvar os colarinhos brancos da proletarização converteram-se, no dia seguinte, numa nova elite presidindo a uma massa de neoproletários.

---

35. Estes dados encontram-se num artigo do dirigente sindical socialista Fritz Schröder, publicado em 1924 e antologiado em A. Kaes et al. (orgs. 1995) 184–185.
36. J. Droz [s. d.] 23–24.
37. Fritz Schröder numa passagem de um artigo reproduzida em A. Kaes et al. (orgs. 1995) 185.
38. É muitíssimo curiosa a analogia estabelecida por Raul Proença — e J. Medina (1978) 137 n. 14 cont., que a referiu, sublinhou a «estranha perspicácia» de Proença — quando comparou o tipo humano de Mussolini ao do português Alves dos Reis, responsável pela colossal burla do Banco de Angola e Metrópole.

A iminência da proletarização dos estratos intermédios só poderia ser um factor significativo na mobilização fascista se se repercutisse no resto da sociedade[39]. Um comentador observou que «não tem sentido averiguar qual a classe que pôs o fascismo no poder. Não houve nenhuma classe que, sozinha, tivesse podido pôr o fascismo no poder»[40]. À mesma conclusão chegou, mas seguindo um percurso inverso, um economista alemão: «[…] o que caracteriza a natureza fascista do nacional-socialismo é a falta de uma base social de poder. Como o fascismo não possui alicerces sociais específicos que por si próprios, e sem Hitler, possam sustentar o nacional-socialismo, ele não dispõe efectivamente de opção: ou se apodera da *integralidade do poder*, conseguindo mediante o controle do aparelho de Estado o que lhe falta em raízes sociais, ou a sua força se desintegra contra a estrutura social […]»[41]. A revolta efectuou-se na ordem porque a sociedade foi afectada globalmente e na mesma direcção. Em 1935 um dos principais ideólogos do fascismo espanhol, Ledesma Ramos, diagnosticou que o fascismo mobilizava «pessoas descontentes com a mesquinhez da sua pátria, com a vulnerabilidade dos seus pequenos patrimónios ou negócios, com a ganância e a ineficácia dos partidos, com a impotência do Estado demo-burguês face aos conflitos sociais e à crise, com a monotonia e o vazio da vida nacional escarnecida e, por fim, com o facto de se sentirem preteridos ou subestimados pela injustiça dos poderes dominantes». E acrescentou que essas pessoas se caracterizavam, entre outros aspectos, pelo «sentido da autoridade, da disciplina e da violência»[42].

O fascismo aproveitou uma conjuntura histórica que em certos países se fez sentir com efeitos convergentes na totalidade dos níveis sociais, e só onde a sociedade foi abalada ao mesmo tempo de cima a baixo é que o fascismo triunfou e se converteu num regime. Depois da segunda guerra mundial Maurice Bardèche, o mais sábio dos

---

39. «Apesar de nos partidos fascistas a pequena burguesia estar sobre-representada», preveniu G. Eley (1989) 82-83, «o seu recrutamento social foi sempre mais ecléctico do que grande parte da literatura nos faria supor». E este autor acrescentou (pág. 86) que «a especificidade do movimento fascista consistiu numa aptidão especial para uma mobilização popular de base ampla […]».
40. P. F. Drucker (1943) 104.
41. A. Sohn-Rethel (1987) 123 (sub. orig.).
42. Ramiro Ledesma Ramos, *¿Fascismo en España?*, 1935, citado em P. C. González Cuevas (2016) 138.

fascistas franceses, prolongou a lição de Ledesma Ramos chamando a atenção para «a impossibilidade de o fascismo se desenvolver fora dos períodos de crise. Porque ele não tem um princípio fundamental. Porque não tem uma clientela natural. É uma solução heróica. […] É o partido da nação em cólera. E principalmente […] dessa camada da nação que usualmente se satisfaz com a vida burguesa, mas que as crises perturbam, que as atribulações irritam e indignam, e que intervém então brutalmente na vida política com reflexos puramente passionais, quer dizer, a classe média. Mas essa cólera da nação é indispensável ao fascismo»[43].

É certo que aquela situação de crise colocava problemas distintos a cada uma das classes e das camadas sociais, mas o fascismo pretendia possuir uma solução comum para esta diversidade de questões. Quando Hitler se orgulhava de ser o único orador que, ao discursar para um público variado, conseguia fazer com que cada pessoa escutasse as mesmas palavras consoante os seus anseios próprios[44], ele estava a evocar, para além da sua indubitável destreza demagógica, a amplitude social do movimento que chefiava. «A grande habilidade do partido nazi antes de 1933», observou Simone Weil, «foi a de se apresentar aos operários como um partido especificamente operário, aos camponeses como um partido especificamente camponês, aos pequeno-burgueses como um partido especificamente pequeno-burguês, etc. Isto era-lhe fácil, porque mentia a toda a gente»[45]. A filósofa enganou-se, porém, ao julgar que seria fácil mentir a toda a gente.

O fascismo não se pode entender como um movimento de classe, mas como um movimento social global, triunfante graças a uma conjuntura que só se gerou em certos países. É esta conjuntura que cabe definir.

---

43. M. Bardèche (1961) 93-94.
44. A. Hitler (1995) 108, 310.
45. S. Weil (1950) 74. Compare-se com o que Alexandre Zévaès escreveu, no capítulo 2 deste livro, acerca do general Boulanger.

2. REINO UNIDO: «SOMOS A VANGUARDA DE UM FUTURO QUE NÃO SE MATERIALIZOU»

Para analisar as condições necessárias ao triunfo do fascismo começo por considerar o Reino Unido, que durante muito tempo foi um exemplo de estabilidade das instituições e moderação política, mas onde, apesar disto, não faltou nenhum dos ingredientes do fascismo.

Na direita conservadora e tradicionalista destacava-se uma ala radical, que só considerava viável a manutenção do império se se procedesse na metrópole a uma profunda reforma social. Na origem desta ala encontrava-se Joseph Chamberlain, e se a sua campanha a favor do estabelecimento de tarifas proteccionistas no âmbito do império se destinava, por um lado, a consolidar as relações da metrópole com as colónias e com as entidades autogovernadas, por outro lado este sistema aduaneiro não poderia vigorar sem que, no interior do país, se inaugurasse uma série de reformas. Joseph Chamberlain acenara aos empresários com o estímulo que, segundo a sua ardente convicção, as barreiras tarifárias dariam à indústria britânica, e acenara aos trabalhadores com a perspectiva, ou a miragem, de se pôr assim cobro ao desemprego e se iniciar um regime de bem-estar social[46]. Não se tratava ainda, para estes *tories* radicais, de conjugar o nacionalismo com o socialismo, mas ficava aberto um espaço para que alguém o fizesse, e mais tarde os fascistas reivindicariam a herança política de Joseph Chamberlain[47].

O outro dos progenitores da direita radical britânica foi Alfred Milner, depois visconde Milner, e é sugestivo que na sua perspectiva a necessária remodelação do império não pudesse ser feita com os partidos políticos. Milner não criou nenhum movimento suprapartidário e actuou nos bastidores, confiando mais nos especialistas do que nos políticos[48] e lançando — no próprio país onde nascera o sistema parlamentar — a ideia de um governo autoritário de tecnocratas. Ele conseguiu antever em 1905 o que década e meia depois seria um movimento fascista. «Um dia, talvez, poderá destacar-se algum grande charlatão (um saltimbanco da política, um palhaço,

---

46. J. R. Jones (1965) 41.
47. Th. Linehan (2000) 18, 91.
48. J. R. Jones (1965) 37; Th. Linehan (2000) 20–21.

um mentiroso, um orador de praça pública ou qualquer outro favorito do público); apesar disso, ele poderá ser um homem de Estado — a combinação não é impossível — que, tendo obtido o poder graças a uma qualquer acção popular, poderá utilizá-lo para objectivos nacionais», escreveu Milner numa carta a uma amiga. «Seria um verdadeiro acaso, mas não vejo nenhuma outra saída»[49].

Ligado ao conservadorismo e ao liberalismo por uma teia de afinidades e simpatias políticas, o fascismo poderia ascender de modo mais ou menos legal no interior das instituições vigentes. E como, do outro lado do espectro, não rareava na esquerda quem estivesse disposto a conceder a prioridade ao nacionalismo e à missão imperial de que a Grã-Bretanha se investira, as perspectivas de reforma social previstas pela ala radical do Partido Conservador poderiam ser preenchidas pelo socialismo reformista, já que ambos os campos estavam unidos por um comum nacionalismo.

Também da parte do exército não faltavam disposições apropriadas. Poucos meses antes de deflagrar a primeira guerra mundial o governo do Partido Liberal enfrentou uma ameaça de insurreição dos protestantes unionistas do Norte da Irlanda, opostos a um projecto que, para minorar as razões de descontentamento da comunidade católica, visava conceder à ilha uma autonomia moderada. Foi então que numerosos generais, incluindo o comandante-chefe na Irlanda, fizeram saber ao ministro da Guerra que não estavam dispostos a obedecer às ordens do governo se fosse decidido o emprego da violência contra súbditos protestantes, monárquicos, patrióticos e, o que sem dúvida pesou na alma dos oficiais, providos de milícias bem armadas[50]. Em Março de 1914 mais de oitenta por cento dos oficiais da principal base militar nas imediações de Dublin comunicaram ao governo que preferiam demitir-se a marchar contra as milícias protestantes do norte da ilha[51]. «Foi um golpe muito prejudicial para a democracia na Grã-Bretanha», comentou um jornalista e historiador do jornalismo[52]. A questão do Ulster era então, como continuou depois a ser, uma das principais pedras-de-toque

---

49. Esta passagem de uma carta de Alfred Milner à sua futura esposa vem citada em R. P. Dutt (1936) 382.
50. G. Dangerfield (1961) 340–345.
51. J. Simpson (2011) 90.
52. Id., ibid., 90.

da direita britânica, e a sua ala radical buscava inspiração — e possivelmente mesmo inspiração prática — nas milícias de voluntários unionistas que se opunham aos desejos de autonomia da maioria católica da população irlandesa. Assim, ao ameaçarem amotinar-se, as chefias militares alinharam de maneira explícita com a direita radical, e esta atitude só não teve consequências graves porque a guerra mundial veio colocar problemas mais urgentes e restabeleceu a união do exército com os governantes.

Mas decerto os políticos mais atentos da época não esqueciam que as altas patentes haviam sido capazes de anunciar à autoridade civil que lhe desobedeceriam se recebessem ordens para reprimir a extrema-direita. Em condições propícias, não poderiam os generais insubordinar-se de novo, imobilizando os liberais e os conservadores moderados e facilitando aos fascistas a ascensão ao poder? Um antigo deputado conservador por Belfast escreveu em 1933, quando era já um dos seguidores de Mosley na British Union of Fascists: «Imediatamente antes da guerra um vasto movimento dirigido contra o parlamento, em conjugação com o lealismo do Ulster, assumiu em menos de dois anos proporções consideráveis. Este movimento, psicologicamente limitado e dirigido apenas para salvaguardar alguns objectivos determinados, ter-se-ia convertido — se não fosse a intervenção da guerra — numa formidável revolta contra toda a teoria democrática e todo o sistema democrático na Inglaterra. Na realidade, o movimento do Ulster foi o primeiro movimento fascista na Europa»[53].

Até o facto singular de a Inglaterra possuir uma Igreja de Estado, encabeçada pelo monarca, faria com que também deste lado o fascismo não enfrentasse oposições, se fosse favorecido pela benevolência da coroa — o que sucedeu em 1936, durante o curto reinado de Eduardo VIII[54]. Referindo-se aos políticos britânicos, Ribbentrop disse ao Führer, numa nota de Janeiro de 1938, que «Eduardo VIII

---

53. Esta passagem da obra de W. E. D. Allen, *Fascism in Relation to British History and Character*, encontra-se citada em R. P. Dutt (1936) 354–355.
54. Acerca da simpatia que Eduardo VIII, primeiro como rei e, depois da sua abdicação, como duque de Windsor, nutria pelo regime hitleriano ver W. L. Shirer (1995) I 326, 655 n. e II 176–184. Ver também H. G. Dahms (1968) I 165 e N. Lochery (2011) 82–84, 91–95, 100–105. Ainda príncipe de Gales e herdeiro do trono, o futuro Eduardo VIII fora contrário às sanções com que a Sociedade das Nações pretendera punir a Itália fascista pela guerra contra a Etiópia. Consultar a este respeito P. Milza (1999)

teve de abdicar porque eles não tinham a certeza de que cooperasse com uma orientação hostil à Alemanha»[55]. «O verdadeiro motivo da destruição do duque de Windsor», confidenciou o Führer aos íntimos em 31 de Agosto de 1942, «foi, tenho a certeza, o seu discurso no encontro de veteranos em Berlim, quando declarou que efectuar uma reconciliação entre a Grã-Bretanha e a Alemanha seria a tarefa da sua vida»[56].

Mesmo na direita católica sobressaíam figuras como Hilaire Belloc e os dois irmãos Chesterton, que propunham uma versão medievalizante do corporativismo e davam continuidade à crítica da economia industrial que havia sido feita — mas na extrema-esquerda marxista — por William Morris[57]. Esta junção do nacionalismo com as questões sociais no quadro do corporativismo levou Belloc e G. K. Chesterton a mostrarem depois uma notória simpatia pelo fascismo italiano. Neste contexto é significativo mencionar que Arthur Kenneth Chesterton, primo dos outros dois, se contou entre os principais dirigentes da ala mais radical e anti-semita do fascismo britânico, promovendo, em alternativa à sociedade moderna, uma versão musculada e truculenta do cristianismo[58].

---

674. Já depois de ter abdicado, o duque de Windsor percorreu o Reich em Outubro de 1937 para se inteirar da situação dos trabalhadores, sendo guiado nessa singular visita por Robert Ley. Ver W. L. Shirer (2011) 98. O príncipe Mihail Sturdza, diplomata e fascista romeno, escreveu mais tarde que entre os partidários da aproximação do Reino Unido à Alemanha se contara «o príncipe de Gales, que organizara os contactos entre os britânicos e os antigos combatentes alemães e que mais tarde teve de pagar com a coroa a franqueza da sua declaração ao sr. Stanley Baldwin: "Enquanto eu aqui estiver não haverá guerra"». Ver M. Sturdza (1968) 81. Na sua autobiografia Oswald Mosley, o principal expoente do fascismo britânico dessa época, identificou o desejo de paz com o Terceiro Reich e a vontade de manter Eduardo no trono. Ver O. Mosley (2006) 312.

55. Antologiado em J. Noakes et al. (orgs. 2008–2010) III 88.

56. *Hitler's Table Talk*..., 678.

57. J. R. Jones (1965) 54–57. É interessante saber que, segundo P. C. González Cuevas (2016) 87, as obras de Cecil Chesterton e de Hilaire Belloc contribuíram para que Ramiro de Maeztu evoluísse de posições próximas da Fabian Society para um caminho que o levaria ao fascismo. A crer com P. A. Oliveira (2000) 191, nos anos anteriores à guerra Hilaire Belloc mantinha relações cordiais com o embaixador português em Londres, Armindo Monteiro. Passados alguns anos, o principal partido fascista britânico, a British Union of Fascists, tentou também apropriar-se da tradição de William Morris. Ver a este respeito Th. Linehan (2000) 31–32, 203 e 258.

58. Th. Linehan (2000) 99, 144, 193, 195.

É sempre na vanguarda artística que primeiro se detectam as novas preocupações, antes de se terem tornado conscientes nas outras áreas da sociedade. Seria importante reler nesta perspectiva a obra de T. E. Hulme, onde a ameaça de decadência civilizacional e um anti-humanismo de carácter irracionalista se juntaram a uma estética rigorosamente objectiva[59], mas ele morreu durante a primeira guerra mundial nas trincheiras da França, depois de ter feito a apologia do militarismo, e foram alguns dos seus amigos que desenvolveram aqueles temas. Nos últimos meses de 1913 a insatisfação com as boas maneiras do grupo de Bloomsbury, que apesar de algumas ousadias jamais deixou de estar preso a cânones de beleza convencionais, deu a Ezra Pound, Wyndham Lewis, Gaudier-Brzeska, Epstein, David Bomberg e outros vanguardistas de menor envergadura o incentivo para se reunirem num movimento comum. De início puderam ser confundidos por certo público com os futuristas, que desde 1909 vinham a operar no plano estético uma ruptura com todas as tradições e a praticar um activismo ao mesmo tempo elitista e agressivamente contrário à elite dominante, ajudando a preparar um novo espaço ideológico. Em visita a Londres, porém, o chefe do futurismo, Marinetti, avançou sem tacto e depressa demais ao anunciar publicamente os nomes daqueles vanguardistas, como se a ruptura com os salões de Bloomsbury implicasse por si só a adesão ao seu movimento, o que permitiu a Wyndham Lewis canalizar o ressentimento dos seus amigos e convencê-los, nas vésperas da guerra, a formarem um novo grupo artístico, o vorticismo, de que ele mesmo se proclamou mentor[60].

Subjacente a estas questiúnculas existia uma divergência de fundo, e os vorticistas faziam notar que o entusiasmo do futurismo pelas máquinas, compreensível numa sociedade como a italiana, em boa medida arcaica, aparecia um tanto ingénuo na Grã-Bretanha, onde a revolução industrial ocorrera há mais de um século e os motores eram uma presença quotidiana. Um bom conhecedor da obra de Wyndham Lewis observou que, ao contrário da «romantização

---

59. Note-se que, segundo P. C. González Cuevas (2016) 87, a amizade com Hulme contribuiu para que Ramiro de Maeztu evoluísse em direcção ao fascismo.
60. Acerca das fricções entre Marinetti e a vanguarda artística londrina e da forma como Wyndham Lewis se aproveitou da situação para lançar o movimento vorticista ver R. Cork (1974) 19-20.

futurista da máquina», ele «teve sempre consciência do seu custo potencial»[61]. Certamente por isso não partilhou o irrestrito entusiasmo que Marinetti manifestava pela guerra da era mecânica[62]. No primeiro número da *Blast*, o órgão do grupo, publicado no início de Julho de 1914, os vorticistas mencionaram a «caça às máquinas» como o seu «desporto favorito». «Nós inventamo-las e depois caçamo-las impiedosamente»[63]. Já quatro anos antes Gaudier-Brzeska confessara, ao lado do seu ódio ao parlamentarismo burguês, a sua aversão às máquinas, «que têm de ser totalmente destruídas»[64]. Anunciando a superação da civilização mecânica, estes artistas pretendiam situar-se além da velocidade, no vórtice, o fulcro imóvel do turbilhão. «É no repouso que o vorticista atinge o ponto máximo da energia», proclamaram na *Blast*[65]. Entendida desta maneira, a noção de dinamismo dos vorticistas destacava-se do futurismo e aceitava formalmente a lição estática do cubismo. A dinâmica essencial não resultava para eles da velocidade, mas da energia íntima; e opunham à multiplicação das formas, tão característica do estilo futurista, a representação de formas únicas, claramente delineadas, que só internamente se desdobravam em planos nítidos e geométricos, dispostos angularmente ou intersecionados[66].

Se esta divergência de atitudes explica a singularidade artística do vorticismo, politicamente, todavia, ele identificava-se com o futurismo, porque ambos entendiam o dinamismo enquanto forma estética da violência, destinada a derrubar a elite estabelecida e a substituí-la por uma nova elite. «Mercenários Primitivos no Mundo Moderno» — foi assim, e com maiúsculas, que os vorticistas se apresentaram no primeiro número da *Blast*[67], confundindo a estética e a política nos mesmos termos guerreiros. A consequência desta identificação foi obrigatoriamente o fascismo. As etapas do percurso estão assinaladas, para quem as saiba ler, na correspondência de

---

61. P. Edwards (2010) 27.
62. J. Bonilla (2010) 58 e segs.
63. Citado em R. Cork (1974) 22 e A. Danchev (org. 2011) 82.
64. Esta passagem de uma carta de 4 de Outubro de 1910 assinada por Henri Gaudier, que pouco depois juntaria ao seu apelido o de Sophie Brzeska, encontra-se citada em H. S. Ede (1987) 31.
65. Citado em R. Cork (1974) 22 e A. Danchev (org. 2011) 82.
66. R. Cork (1974) 22, 25.
67. Citado em id., ibid., 21, A. Danchev (org. 2011) 77 e *Wyndham Lewis...*, 344.

Gaudier-Brzeska, que levara consigo de Paris para Londres uma simpatia pelo sindicalismo anarquista e uma admiração pelos tribunos operários, mas que sob a influência de T. E. Hulme e de Ezra Pound começou a interessar-se por modalidades elitistas do activismo. E assim Gaudier-Brzeska, que em 1912 se recusara a regressar ao seu país e a prestar o serviço militar e não escondera as suas opiniões acerca de um exército «assassino dos árabes»[68], endereçando até uma carta ao presidente da câmara da sua localidade natal onde afirmara que «é triste, lamentável, que a juventude francesa não se revolte em massa contra esse recrutamento infame»[69], passados dois anos alistou-se no exército francês e gabou-se, em correspondência enviada aos amigos, do número de soldados alemães que ele e os seus colegas de companhia haviam abatido[70]. Até que finalmente esta figura maior da escultura moderna, um artista que se conta entre os grandes criadores daquela época, morreu numa trincheira, em 1915, com vinte e três anos.

O vorticismo terminou igualmente cedo, em 1915 também, liquidado pelas divergências entre os seus membros. Algumas personalidades significativas do movimento, como Epstein e Bomberg, que embora sem se incluírem entre os onze signatários do manifesto inicial haviam estado muito próximos do grupo, evoluíram para formas menos inovadoras. Entre os que se mantiveram na linha da frente dos combates estéticos, a hostilidade manifestada por Wyndham Lewis à democracia liberal e ao trabalhismo e o entusiasmo estridente com que celebrou o nacional-socialismo alemão ou o apoio dado aos generais espanhóis no começo da guerra civil — mesmo que depois tivesse escrito um livro contra o anti-semitismo e oferecido uma obra para um leilão em benefício da república espanhola[71] — haveriam de o forçar ao exílio durante a segunda guerra

---

68. Esta passagem de uma carta de 6 de Janeiro de 1913 encontra-se em H. S. Ede (1987) 135.
69. Este extracto de uma carta de 16 de Outubro de 1912 vem transcrito em id., ibid., 97.
70. Ver a correspondência de 1 de Outubro de 1914 e 26 de Fevereiro de 1915 em id., ibid., 157 e 159. Ezra Pound recordaria muito mais tarde que Gaudier-Brzeska usava a expressão «impertinência judaica». Ver L. W. Doob (org. 1978) 34. Mas, dada a tradição de anti-semitismo em certa extrema-esquerda francesa, é difícil extrair dali conclusões políticas unívocas.
71. *Wyndham Lewis…*, 14, 226.

mundial, remetendo a um lugar definitivamente incómodo na vida cultural do seu país aquele que foi um dos grandes artistas da época. A duradoura adesão de Wyndham Lewis aos temas do fascismo não foi uma derrapagem de intelectual ingénuo e encontra as raízes no vorticismo, assim como datam de então as oblíquas obsessões que levaram Ezra Pound a defender Mussolini e a assinalar por detrás de todos os dramas da sua época a mão oculta da finança internacional, uma finança que ele supunha evidentemente judaica[72]. Entre 1941 e 1943 Pound realizou aos microfones da Rádio Roma mais de uma centena de emissões de propaganda fascista e anti-semita em inglês[73]. Depois da vitória dos Aliados, a justiça norte-americana prendeu numa jaula de pouco menos de dois metros por pouco mais de metro e meio[74] aquele que foi talvez o maior poeta do século — sem qualquer dúvida um dos maiores — e condenou-o a doze anos de internamento em hospital psiquiátrico[75], dando um epílogo grotesco, o único de que foi capaz, a uma evolução que tivera a génese no vorticismo. Tal como Pound recordou na palestra radiofónica de 26 de Abril de 1942, provinham da *Blast* as raízes do seu apreço pela concepção de acção e de equidade do fascismo[76].

Anunciado na vanguarda estética londrina antes do começo da Grande Guerra, o fascismo desabrochou nos meios políticos britânicos logo após o final das hostilidades e foi ali que pela primeira vez surgiu fora de Itália um movimento de inspiração mussoliniana, os British Fascisti[77]. De então em diante não faltaram grupos

---

72. «As ideias de Pound acerca da sociedade são inseparáveis das suas ideias acerca da arte», afirmou V. C. Ferkiss (1955) 173.
73. L. W. Doob (org. 1978) *passim*.
74. P. Morrison (1996) 19.
75. Mas é verdade que Ezra Pound, na sua emissão na Rádio Roma em 9 de Abril de 1942, disse que o presidente Franklin D. Roosevelt devia ser internado num manicómio. Ver L. W. Doob (org. 1978) 50. Também o romancista norueguês Knut Hamsun, apesar de ter recebido um prémio Nobel e beneficiar de celebridade mundial, foi internado depois da guerra num hospital psiquiátrico devido à sua activa promoção do nacional-socialismo, enquanto multidões furiosas lhe queimavam os livros, o mesmo que os nacionais-socialistas haviam feito aos livros dos outros.
76. Id., ibid., 61–63.
77. Tanto quanto conheço, o primeiro partido de clara inspiração mussoliniana surgido fora da Itália foram os British Fascisti, uma organização fundada na Grã-Bretanha em Maio de 1923 por Rotha Lintorn-Orman. Ver Th. Linehan (2000) 61 e segs. e B. Rubin (2010) 324.

e grupúsculos representativos de todas as variantes do fascismo e da extrema-direita radical e implantados de um a outro extremo do leque social. Não é no seu isolamento recíproco que os podemos compreender, como se por si só cada um fosse alguma coisa, mas devemos considerá-los todos juntos — e agregar-se-iam decerto se o fascismo tivesse triunfado no Reino Unido ou se, pelo menos, conseguisse aproximar-se do poder. O cenário estava pronto, não faltavam acessórios nem figurantes nem personagens secundários, só que por enquanto eram muitos os chefes e demasiado poucos os seguidores.

Mas eis que de súbito surge no palco o candidato a Duce, ou a Führer, Sir Oswald Mosley, unindo ele mesmo os dois extremos do leque político. Quando Wyndham Lewis, num livro publicado em 1926, defendeu para a Grã-Bretanha qualquer tipo de síntese entre o comunismo soviético e o fascismo italiano[78] — o seu quadro de 1936, *Red and black principle*, personificaria o fascismo e o comunismo em duas figuras semelhantes como imagens num espelho — ele abriu o caminho que poucos anos depois haveria de ser seguido pelo mais notável dos políticos fascistas britânicos. Nascido e criado numa família da nobreza, e este não é um detalhe ocasional, pois nunca deparei com um populista que descrevesse com tanto gosto a sua frequentação da alta sociedade[79], Mosley estreou-se no parlamento em 1918 como deputado conservador e aderiu seis anos depois ao Partido Trabalhista Independente e ao Partido Trabalhista[80], onde se situou na ala esquerda, fazendo parte do governo formado em 1929. Desiludido, porém, com a timidez do programa governamental nas questões económicas e sociais, apresentou a demissão em 1930 e, após ter tentado mobilizar a esquerda do socialismo, derivou rapidamente para o fascismo, criando em 1931 o New Party, a que no ano seguinte, depois de o reorganizar, deu o nome de British Union of Fascists.

Sob a histriónica chefia de Mosley, e atraídos pelos clamores de patriotismo e ordem e ao mesmo tempo pelos projectos de reforma

---

78. Acerca do livro de Wyndham Lewis, *The Art of Being Ruled*, ver A. Gaşiorek (2010) 71.
79. O. Mosley (2006) *passim*.
80. Id., ibid., 146 explicou que nessa época era permitida a adesão a ambos os partidos simultaneamente.

social e ataque à pobreza, juntaram-se militantes de vários grupúsculos fascistas ou de extrema-direita, que até então não haviam tido mais do que uma existência vegetativa, e pessoas originárias da esquerda ou da extrema-esquerda, insatisfeitas com a inveterada moderação do trabalhismo. Um homem como Mosley, dirá Hitler em Janeiro de 1942, podia resolver os problemas sociais da Grã-Bretanha «encontrando um compromisso entre o conservadorismo e o socialismo, abrindo o caminho às massas mas sem privar a elite dos seus direitos»[81]. A todos o novo chefe inspirou um surto de vigor e prometeu conduzi-los à vitória. Afinal levou-os, a eles e a si próprio, a um beco sem saída, incapaz de converter as suas milícias numa ameaça real e sem jamais conseguir qualquer intervenção significativa na vida política[82]. Os jornais de Mosley contaram com os artigos de Ezra Pound[83] e mais tarde, na época desolada das recordações, Wyndham Lewis desabafaria com uma exclamação que desde há várias décadas me ecoa na memória: «Somos a vanguarda de um Futuro que não se materializou. Fazemos parte de uma "grande época" que não "surgiu"»[84].

Não foi por falta de ingredientes que o fascismo britânico ficou condenado à nulidade. Só não singrou devido à esterilidade das condições vigentes no país. Apesar de ter sido ultrapassada pela economia norte-americana, apesar de suster cada dia com maior dificuldade as forças centrífugas do império, apesar de sofrer bloqueios sociais provocados pela importância anacrónica da nobreza, apesar de deparar com o desemprego e a miséria suscitados pela crise económica mundial, apesar de tudo isto a Grã-Bretanha continuava a ser um dos principais países capitalistas e o maior centro financeiro. Mosley, a quem não faltavam inteligência nem outras coisas, fez mais tarde o balanço e entendeu o motivo por que não fora dele o destino. «A tentativa fracassou então porque a profundidade da crise era insuficiente para conseguir uma transformação com aquela amplitude», escreveu ele acerca da sua demissão do Partido Trabalhista e do lançamento do Novo Partido. «O nosso país nunca chegou a uma situação tão grave como a que prevalecia no

---

81. *Hitler's Table Talk*…, 254.
82. J. R. Jones (1965) 62–67; Th. Linehan (2000) 84–114.
83. V. C. Ferkiss (1955) 175, 186.
84. Citado em A. Gaşiorek (2010) 75 e *Wyndham Lewis*…, 324.

resto da Europa»[85]. O pior para o fascismo britânico foi que aquela conjuntura se prolongou nos anos seguintes: «Na década de 1930 quatro acontecimentos foram responsáveis pelo adiamento da crise económica: a desvalorização da libra em 1931, a duplicação do preço do ouro por Roosevelt em 1934, o surto de armamento e a segunda guerra mundial»[86]. Neste contexto, comparando a ascensão veloz do nacional-socialismo na Alemanha com a estagnação do fascismo no seu país, Mosley chamou a atenção para a disparidade dos números: «Desde a fundação do nosso partido em 1932 até à deflagração da guerra em 1939, o desemprego na Grã-Bretanha reduziu-se cerca de 50%. Desde 1927 até à tomada do poder pelo movimento nazi em Janeiro de 1933, o desemprego na Alemanha aumentou quatro vezes e meia»[87].

O declínio da Grã-Bretanha era lento, não sendo necessário apelar para a conjugação de um autoritarismo exacerbado no topo e um desespero social na base que noutros países deu aos fascistas a oportunidade do triunfo. A superação dos problemas económicos e dos obstáculos sociais pôde obedecer aos termos propostos por Keynes e foi graças às instituições da democracia que se inaugurou um novo ciclo de prosperidade. É certo que tanto no interior do Partido Trabalhista como durante a sua reencarnação fascista Mosley defendeu medidas em parte semelhantes às avançadas por Keynes[88], o estímulo ao consumo das camadas mais pobres para garantir um mercado interno e uma política governamental de despesas públicas e facilitação do crédito para impulsionar a economia e absorver o desemprego, e parece que Keynes as aprovou[89]. Mas enquanto Keynes criticava acerbamente as ilusões de autarcia e o seu programa de reformas internas era indissociável do incentivo ao comércio mundial e ao estreitamento das relações económicas entre os vários

---

85. O. Mosley (2006) 220. Ver também as págs. 225, 229 e 239.
86. Id., ibid., 226. Ver ainda a pág. 259.
87. Id., ibid., 232.
88. Id., ibid., 150 e 174 reconheceu a influência das conversas tidas com Keynes, mais do que a da leitura dos seus textos, mas considerou (págs. 151, 153, 206, 211) que tinha ido além de Keynes. Foi esta também a opinião de B. Rubin (2010) 330 ao escrever que «o âmbito das ideias de Mosley antecipou até o próprio Keynes». Note-se que O. Mosley (2006) 150, 164, 174 e 175 afirmou que metade das suas ideias económicas se devia a Keynes e a outra metade aos técnicos da Reserva Federal norte-americana.
89. O. Mosley (2006) 198-199, 211.

países, Mosley reclamava a autarcia no âmbito do império britânico, assegurada pela imposição de pautas aduaneiras selectivas[90]. Os traços deste programa detectam-se já nas posições defendidas por Mosley quando foi candidato a deputado conservador e se lançou na campanha eleitoral de 1918 com o lema «imperialismo socialista», ou «socialismo imperial», o que era naturalmente o nacional-socialismo do Império[91]. «A divisão entre socialismo internacional e socialismo imperial era inevitável», escreveu Mosley muito mais tarde. «Internacionalismo e socialismo eram uma contradição nos termos»[92]. «Salários elevados proporcionarão um mercado vasto», prometeu ele em 1936 a quem o escutava, «e a exclusão das importações do estrangeiro proporcionará um mercado assegurado»[93]. Afinal, porém, em vez do proteccionismo alfandegário originariamente defendido por Joseph Chamberlain[94], que pressupunha uma forma autoritária de governo, os sectores mais lúcidos das classes dominantes conceberam e realizaram a abertura internacional da economia e, internamente, a conciliação dos conflitos sociais[95].

Foi precisamente isto que não se conseguiu em alguns outros países, onde os movimentos fascistas encontraram condições para se converter em regimes fascistas.

---

90. Th. Linehan (2000) 85–90. Ver ainda B. Rubin (2010) 328–330 e 348. Nas eleições de 1923, porém, que disputou como candidato independente nas listas trabalhistas, Mosley defendeu uma posição pragmática, considerando que o proteccionismo era conveniente apenas em circunstâncias propícias, e acrescentou que a adopção de taxas de câmbio flutuantes pelos outros países deixava sem efeito as medidas proteccionistas. Mosley explicou que o proteccionismo era viável no âmbito do Império, que dispunha do vasto leque de matérias-primas necessárias, mas não no âmbito da ilha. Ver O. Mosley (2006) 140–141, 156, 206 e 233–234.
91. O. Mosley (2006) 77–79. A primeira versão do lema encontra-se na pág. 78, mas é «*socialistic imperialism*», que se distingue de *socialist* e me parece impossível traduzir para português. Mosley mencionou (pág. 85) «a tentativa de combinação de "socialismo" e "imperialismo" na eleição de 1918», mas aqui já escreveu «*socialism*», até porque seria mais difícil mudar a forma do substantivo do que a do adjectivo. Ver também a pág. 86. A segunda versão do lema aparece nas págs. 210–211.
92. Id., ibid., 214.
93. Id. (1936) § 38.
94. Mosley considerou que as raízes do seu programa provinham da «combinação de radicalismo e imperialismo» defendida por Joseph Chamberlain. Ver id. (2006) 78.
95. Para as críticas feitas na época ao programa de autarcia defendido por Mosley ver B. Rubin (2010) 331–332. Mas não me parece que Bret Rubin (pág. 333) distinguisse claramente a questão da autarcia da questão do financiamento pelo deficit.

3. O FASCISMO COMO VIA PARA SUPERAR UMA ECONOMIA BLOQUEADA

Os partidos fascistas só chegaram ao poder quando a articulação do eixo radical com o eixo conservador se efectuou numa conjuntura de bloqueio ao desenvolvimento económico. Não se tratou de uma condição suficiente, nem creio que tal exista em história, mas foi uma condição necessária.

Mihail Manoilescu, o principal teórico fascista do corporativismo, considerou que este sistema correspondia a uma situação em que a crise mundial provocara a redução drástica do comércio externo. Cada nação deveria organizar-se economicamente perante as outras do mesmo modo que uma fortaleza cercada[96], e por isso estaria destinado a prevalecer no mercado internacional o sistema de compensação, mediante o qual se importava de um dado país somente se houvesse a garantia de exportações equivalentes. Ora, «a influência exercida por estes novos métodos comerciais sobre a organização económica interna de cada país é tão vasta como profunda», impondo a coordenação da economia no âmbito nacional. O sistema de compensação exigia que o Estado interviesse para fornecer créditos, exigia a padronização da produção para aumentar a produtividade e a capacidade concorrencial, exigia acordos entre exportadores para que os preços não baixassem bruscamente no mercado mundial, exigia a adaptação da capacidade de produção à capacidade de compra, exigia a especialização das instituições de crédito e tudo isto implicava uma economia organizada. O corporativismo era, para Manoilescu, a «forma natural» da economia organizada. «*Querer organizar a ordem social é, portanto, querer o Estado corporativo*»[97]. E um dos mais estranhos panegiristas do Terceiro Reich, Emanuel Moravec, sub-homem entoando loas à raça dos senhores, afirmou repetidamente que a autarcia implantada pelo nacional-socialismo só pudera vingar nas condições de crise económica deflagradas em 1929[98].

---

96. M. Manoïlesco (1936) 35.
97. Id., ibid., 118–122. As frases citadas encontram-se respectivamente nas págs. 119, 122 e 126 (sub. orig.).
98. E. Moravec (1941) 25, 35, 46.

Neste contexto de bloqueio ao desenvolvimento económico distingo três tipos de situação. De uma maneira flagrante, o crescimento da economia podia deparar com obstáculos motivados pela derrota militar, o que correspondeu especialmente aos casos da Alemanha, da Hungria e da Áustria após a primeira guerra mundial. Num segundo tipo de situações, de que o Japão e a Itália foram exemplos clássicos, dificuldades económicas estruturais eram atribuídas ao facto de a vitória na guerra não ter ocasionado os resultados que se ambicionavam. Num terceiro tipo de situações, países que ocupavam uma posição marginal ou subordinada na economia mundial, como sucedia com algumas nações europeias e, do outro lado do mar, com o Brasil de Getúlio Vargas ou com a Argentina de Perón, recorreram ao fascismo para criar um sistema de economia organizada, que lhes permitisse proceder a um arranque industrial sustentável. Por vezes as situações sobrepunham-se, como sucedeu com Portugal, que, além de ocupar uma posição económica secundária, participara na guerra ao lado dos vencedores e saíra como um vencido[99]. Os regimes fascistas implantaram-se apenas em países que se encontravam em qualquer destas condições. Para estudar um movimento fascista basta-nos o contexto social e o quadro institucional que analisei em capítulos anteriores. Mas para estudar um regime fascista temos de analisar o inter-relacionamento das instituições radicais e das conservadoras numa das três conjunturas de bloqueio sócio-económico, que tornavam difícil transitar de um para outro ciclo da mais-valia relativa ou impossibilitavam até a ultrapassagem dos limites da mais-valia absoluta. Vou deter-me um pouco nesta questão.

A acumulação do capital nas economias desenvolvidas tem como suporte directo o progresso técnico e o aumento da produtividade. Por um lado, na mesma jornada de trabalho, ou numa jornada reduzida, os trabalhadores executam operações que requerem uma qualificação superior e um desempenho mais intensivo, ou seja, durante o mesmo número de horas do relógio realizam uma actividade de complexidade crescente, que equivale a um tempo de trabalho

---

99. «[…] Portugal contava-se entre os países vencedores. Sob muitos aspectos, era na realidade um país vencido […]», escreveu A. J. Telo (1980–1984) I 11. Ver também no vol. I as págs. 132–133.

superior àquele que era executado com menores qualificações e com capacidades técnicas menos evoluídas. Tudo o que no capitalismo se chama progresso consiste, afinal, em realizar durante o período de uma hora um trabalho cada vez mais complexo, que representa um número crescente de horas de trabalho simples. Por outro lado, os patrões podem pagar mais aos trabalhadores em termos da quantidade de bens e serviços que estes adquirem com o salário, porque lhes pagam menos em termos do tempo de trabalho incorporado nesses bens e serviços. O crescimento da produtividade permite aumentar o número de bens postos à disposição da classe trabalhadora e simultaneamente reduzir o valor de cada um desses bens, medido em tempo de trabalho. Enquanto os trabalhadores podem julgar que estão trabalhando menos e ganhando mais — e estão-no decerto, numa perspectiva estritamente formal ou material — são os patrões quem lucra nos únicos termos que realmente contam no capitalismo, a apropriação de tempo de trabalho e a sua conversão em capital. Este sistema, em que aquilo que se afigura aos trabalhadores ser menos trabalho e mais salário reverte para a empresa na apropriação de mais tempo de trabalho e no pagamento de uma soma equivalente a menos tempo de trabalho, esta transformação do parecer em ser é o único milagre da nossa época e deve-se aos mecanismos da mais-valia relativa.

 Pelo contrário, a mais-valia absoluta constitui uma modalidade de exploração muito elementar e limitada. Se o crescimento da produtividade deparar com obstáculos, internos ou externos, o aumento dos lucros só poderá provir de uma ampliação da jornada de trabalho ou de uma redução do número de bens a que o salário dá acesso. Qualquer destas alternativas encontra limites inultrapassáveis, visto que ninguém consegue prescindir de um certo tempo de sono nem de uma certa quantidade de alimentos. Além disso, um trabalhador explorado em sistema de mais-valia absoluta deteriora gradualmente as qualificações que de início podia ter e diminui a rentabilidade do seu trabalho. Enquanto a mais-valia relativa tende a reproduzir-se numa espiral em ampliação, a mais-valia absoluta tende para a forma oposta, uma espiral que se aproxima do centro e ameaça entrar em colapso. Um país onde prevaleça esta modalidade de exploração verá a sua posição decair em comparação com os países cuja economia se reja pela mais-valia relativa. Nesta perspectiva, concluo que o fascismo triunfou onde se erguiam obstáculos duráveis ao desenvolvimento da mais-valia relativa, e não onde o capitalismo pôde realizar na prática as suas tendências íntimas de crescimento[100].

Depois de chamar a atenção para as condições de troca desigual prevalecentes no mercado mundial entre países com diferentes graus de desenvolvimento, observando que nestas trocas o trabalho de um operário dos países industrializados equivalia ao esforço de vários trabalhadores dos países agrícolas[101], Mihail Manoilescu considerou que a diminuição de custos, necessária para aumentar a competitividade, só poderia resultar da diminuição dos lucros dos patrões e dos salários dos trabalhadores, e acrescentou que, na sua opinião, era sobre os lucros que poderiam operar-se as maiores reduções[102]. Isto dever-se-ia ao facto de o sistema corporativo pressupor a ascensão da classe dos gestores, indispensável a uma economia organizada, e o correspondente declínio dos proprietários capitalistas e dos seus interesses particulares, o que teria como efeito uma diminuição dos lucros, imposta pelo Estado[103]. Todavia, como Manoilescu não demonstrou que a soma das remunerações dos gestores fosse inferior aos lucros antes atribuídos aos proprietários, parece-me que a única redução de custos com resultados práticos incidiria nos salários. «A crise do Ocidente, que é [...] uma *crise de inadaptação*, não poderia continuar se *a grande quantidade* de operários industriais deixasse de aterrorizar o Estado e — permitindo a diminuição dos salários — tornasse possível a redução dos preços industriais. *A impotência comercial dos países industriais é pois, em boa medida, um efeito da ditadura da quantidade*»[104]. Manoilescu não concebia que os custos de produção pudessem baixar devido a um aumento da produtividade, mas unicamente devido à redução dos salários. Por isso, «entre as funções sociais das cor-

---

100. A. Sohn-Rethel (1987) 69–71 considerou que o fascismo se implantara quando o sistema de mais-valia relativa deixara de poder exercer-se e fora necessário um sistema de mais-valia absoluta, que implicava a liquidação de todas as organizações de reivindicação salarial. Ver também as págs. 83, 89 e 93.
101. M. Manoïlesco (1936) 63–66.
102. Id., ibid., 52–54.
103. Id., ibid., 17, 45, 55–56, 68–69.
104. Id., ibid., 329 n. 1 (subs. orig.).

porações económicas existe uma com uma importância especial: *é a regulamentação do mercado de trabalho*»[105]. Esta incapacidade de o fascismo transitar para um sistema de mais-valia relativa está pressuposta no que Manoilescu escreveu a respeito da Itália: «Se o corporativismo italiano organizou alguma coisa foram sem dúvida as relações de trabalho e os contratos de trabalho»[106]. A crise do Ocidente obrigaria os países europeus a obter o máximo de resultados económicos num espaço restrito e com meios restritos, o que tornava necessária uma economia organizada. Fora assim que a organização prevalecera na Itália fascista e começara a predominar também na Alemanha, com a chegada dos nacionais-socialistas ao poder[107]. «Por que motivo, entre todos os grandes países europeus, este regime [o corporativismo] surgiu apenas na Itália? Porque ali *o problema da subsistência da nação* já não podia ser resolvido de maneira automática. As condições económicas são tão difíceis na Itália que *o problema da subsistência (ou seja, o problema de alimentar uma grande população num território limitado e pobre) constitui um problema para a colectividade e, por conseguinte, para o Estado*»[108]. A relação entre penúria, economia organizada e fascismo ficou claramente estabelecida na obra de Manoilescu, confirmando-se que os regimes fascistas só se implantaram em países onde se erguiam obstáculos ao desenvolvimento capitalista.

Todavia, no período que mediou entre as duas guerras mundiais era corrente na extrema-esquerda a convicção de que a evolução natural do capitalismo conduziria ao fascismo. Supondo que o capitalismo estava a atravessar uma crise económica estrutural, impossível de solucionar com os seus próprios recursos, Palme Dutt, ideólogo oficial do Partido Comunista britânico, pretendeu numa obra publicada pela primeira vez em 1934 que o fascismo era a única alternativa de que os capitalistas dispunham, já que implicava a instauração ditatorial de limites permanentes ao desenvolvimento das forças produtivas[109]. Na realidade, porém, países como os Estados

---

105. Id., ibid., 278 (sub. orig.).
106. Id., ibid., 363.
107. Id., ibid., 46–47, 53.
108. Id., ibid., 66–67 (subs. orig.).
109. R. P. Dutt (1936) *passim*. O autor sintetizou a sua argumentação ao escrever (pág. 19) que «a tentativa de resolver o problema, fundamentalmente contraditório,

Unidos, o Reino Unido e as nações escandinavas encontraram expedientes internos para retomar o crescimento económico. Mesmo aqui alguns marxistas detectaram uma ameaça igualmente grave. Max Adler, um dos teóricos mais em vista da ala esquerda da social-democracia, afirmou numa obra de 1933 que o desenvolvimento das instituições democráticas reforçava a posição política do proletariado, pondo em risco os privilégios da burguesia, e que por isso «a partir da democracia burguesa desenvolve-se necessariamente o fascismo»[110]. Mas sucedeu exactamente o contrário do previsto por estas pitonisas da história, e o fascismo jamais se estabeleceu nos países onde a mais-valia relativa norteava o crescimento económico. Não foi a evolução da democracia capitalista, mas o bloqueio oposto a essa evolução, que constituiu o terreno fértil para o triunfo dos fascismos.

Aliás, os sociais-democratas entre as duas guerras mundiais enganaram-se duplamente, porque também previram que a evolução do capitalismo pressionaria a democracia a abrir-se de maneira crescente à participação política dos trabalhadores. Hilferding, o principal teórico da social-democracia alemã durante a república de Weimar, dava o tom ao considerar que a formação de vastos cartéis e a intervenção dos governos na organização económica corresponderia ao avanço do socialismo. O que na verdade aconteceu foi que o desenvolvimento da mais-valia relativa levou o capitalismo a incorporar os mecanismos do totalitarismo, mas sem precisar para isso de alterar substancialmente as instituições da democracia representativa. Em vez de conduzi-la ao fascismo, a evolução da democracia capitalista permitiu-lhe alcançar de um modo completamente diferente — discreto e subtil — alguns dos objectivos do fascismo, sem lhe copiar as formas nem os métodos de actuação. E se reflectirmos que a lição dos acontecimentos, apesar de ser bastante clara, não instruiu certa extrema-esquerda nossa contemporânea, que continua a imaginar que o capitalismo desenvolvido está sempre à beira das modalidades clássicas de fascismo, devemos concluir que não se

---

do capitalismo planificado só pode ser prosseguida mediante o fascismo: limitação das forças produtivas e repressão do proletariado».
110. A obra de Max Adler, *Linkssozialismus. Notwendige Betrahtungen über Reformismus und revolutionären Sozialismus*, encontra-se parcialmente reproduzida em G. Marramao (1977) 258–286, podendo ler-se a passagem referida na pág. 267 n. 9.

trata de um mero equívoco explicável por circunstâncias episódicas, mas de algo mais profundo.

4. DA GUERRA MUNDIAL À REVOLUÇÃO INTERNACIONAL

Sempre que lhes pareceu ser materialmente possível, os regimes fascistas pretenderam resolver mediante a expansão externa as limitações surgidas ao desenvolvimento interno. Um historiador defendeu que estava subjacente ao fascismo uma noção de império anterior a qualquer expansão territorial, que «exprimia fundamentalmente o propósito de criar uma nova civilização, que devia elevar-se no século XX a modelo universal [...]»[111]. «Temos vontade de Império», proclamou o programa da Falange[112], numa voz que ecoava a dos seus congéneres. Mesmo os fascistas da minúscula Holanda, não satisfeitos com as enormes extensões coloniais que o país já possuía, sonhavam anexar a África do Sul sob a égide dos seus antigos compatriotas *afrikaners*[113]. Até em Portugal, onde o império estava feito desde há muito, as cobiças que a Alemanha, a Itália e a União Sul-Africana manifestavam por Angola e Moçambique e as ameaças de fiscalização da Sociedade das Nações relativamente ao trabalho forçado dos nativos foram um factor que contribuiu para o golpe militar de 28 de Maio de 1926 e para a consequente implantação do fascismo[114]. Durante o Estado Novo português a evocação obsessiva das glórias da expansão ultramarina não atendeu a finalidades apenas ideológicas, mas destinou-se igualmente a garantir o império. Pobre império, aliás, ou império pobre, porque a depauperada metrópole fraca figura fazia no que então se chamava o concerto

---

111. E. Gentile (2010) 198-199. Ver igualmente Ph. Burrin (2000) 78-80 e J. B. Whisker (1983) 9. «Para os fascistas, o imperialismo ocupava o centro da matriz fascista», considerou F. Finchelstein (2017) 106.
112. Citado em A. Río Cisneros et al. (orgs. 1945) 519. Também o generalíssimo Franco, como se vê em L. M. Anson (1994) 151, 196-201 e 205, proclamou repetidamente a sua aspiração ao Império. H. R. Southworth (1967) 66 resumiu a diferença entre Ortega y Gasset e os fascistas ao escrever que um sonhava com um Estado que fosse já imperialista e que, por isso, podia ser liberal, enquanto os outros desejavam lutar por um império e precisavam, para tal, de um Estado totalitário.
113. D. Orlow (2009) 36, 146.
114. V. Alexandre (1993) 1118-1123.

das nações[115]. Em Barcelona, em Maio de 1937, nas vésperas de ser assassinado, Camillo Berneri detectou uma «diferença de estilo» entre o «imperialismo faminto» da Itália e da Alemanha e o «imperialismo saciado» da Grã-Bretanha e da França[116]. Com efeito, o imperialismo das metrópoles mais ricas podia perpetuar-se através dos mecanismos do mercado, mas países que deparavam com bloqueios exteriores ou sofriam debilidades estruturais e ocupavam uma posição secundária na economia internacional só conseguiriam realizar a expansão mediante o recurso à guerra. Para os fascismos a intervenção bélica substituiu a acumulação interna do capital, e foi a primeira guerra mundial que lhes deu o carácter de movimento de massas[117].

Esta génese não podia ter sido mais contraditória porque, se a guerra serviu de modelo aos fascismos para a resolução dos problemas económicos, devia recordar-lhes igualmente tudo o que desejariam evitar. É um lugar-comum da historiografia afirmar que o entusiasmo popular animara em Julho e Agosto de 1914 os principais beligerantes, deixando isolados e expostos a ataques e baixas calúnias os internacionalistas e os pacifistas. Mas até que ponto é isto verdade? Na Alemanha, o país clássico da social-democracia, os estratos cimeiros do SPD e dos sindicatos adoptaram orientações nacionalistas ou francamente militaristas, passando a grande maioria das figuras conhecidas para o campo patriótico, mas isto revelou sobretudo a burocratização dos dirigentes e a sua ligação cada vez mais estreita aos aparelhos do poder[118]. Há indícios de que a situação teria sido diferente do outro lado da fronteira, em França. O sindicalista Alphonse Merrheim, que defendeu durante o conflito posições internacionalistas e foi um dos dois representantes france-

---

115. P. A. Oliveira (2000) 93 chamou-lhe «um colonialismo essencialmente retórico».
116. Citado em G. Carrozza (2001) 35.
117. R. De Felice (1978) 173-178.
118. Procedendo a um estudo detalhado do caso alemão nos anos imediatamente anteriores à primeira guerra mundial, P. Broué (2006) 20 e segs. retomou uma análise de Zinoviev para mostrar que a direcção do SPD representava cada vez menos as bases operárias e que, além disso, por ocasião das votações no interior do partido as camadas populares que por motivos sociais ou profissionais adoptavam tendências mais conservadoras beneficiavam de um número desproporcionado de delegados relativamente aos trabalhadores industriais não qualificados. Ignoro se para a situação francesa foi levada a cabo qualquer análise nesta perspectiva.

ses na conferência de Zimmerwald, escreveu que «a classe operária, entusiasmada por uma formidável vaga de nacionalismo, não teria deixado às forças da ordem a tarefa de nos fuzilar e tê-lo-ia feito ela própria», e outro sindicalista, Pierre Monatte, cujo internacionalismo foi ainda mais intransigente, declarou também que a opinião contrária à guerra se viu então remetida a uma situação de completa impotência[119].

Mas estas afirmações parecem menos credíveis quando recordamos que em França as eleições de Abril e Maio de 1914, a escassos dois meses do começo do conflito, e cujo tema principal fora a ampliação do período de recrutamento obrigatório e, portanto, a preparação para um massacre que se previa iminente, haviam dado uma clara maioria às forças políticas contrárias à extensão do serviço militar e favoráveis a uma conciliação com a Alemanha[120]. Aliás, com cento e três deputados eleitos, nunca os socialistas franceses haviam obtido uma tão expressiva votação[121]. Por seu lado, na Alemanha as greves espontâneas, organizadas fora do aparelho social-democrata, tinham-se tornado cada vez mais frequentes e amplas nos anos anteriores à guerra[122], o que indica a perda de influência dos dirigentes socialistas e sindicais, aqueles mesmos que haveriam de optar pelo campo patriótico. Aliás, parece que neste país, nos primeiros tempos do conflito, o entusiasmo bélico caracterizou sobretudo os intelectuais e não a classe operária[123]. E na Itália, antecipando-se aos confrontos nos campos de batalha, os trabalhadores desencadearam em Junho de 1914 um enorme movimento antimilitarista, com que procuraram garantir a manutenção da neutralidade do país. Durante esta Semana Vermelha, tal como ficou depois conhecida, foi declarada uma greve geral que contou com adesões massivas e que em alguns lugares se abeirou da insurreição[124]. Igualmente

---

119. Estas citações encontram-se em D. Ligou (1962) 241–242, e outras no mesmo sentido vêm na pág. 277.
120. Ch. S. Maier (1988) 48; M. Reclus (1945) 275.
121. A. Zévaès (1951) 236. Porém, M. Reclus (1945) 275 mencionou cento e quatro eleitos.
122. P. Broué (2006) 38.
123. P. Watson (2011) 531.
124. G. Bortolotto (1938) 226–227; F. L. Carsten (1967) 45; A. Lyttelton (1982) 37; P. Milza (1999) 159–160; Z. Sternhell et al. (1994) 139.

no Reino Unido o entusiasmo popular pela guerra parece ter sido pouco visível[125]. Mas foi sobretudo a partir de 1916 que se desencadeou o movimento social de hostilidade à guerra.

Já no final da reunião de urgência do *Bureau* Socialista Internacional em Bruxelas, a 29 de Julho de 1914, poucos dias faltavam para o conflito se generalizar, Jean Jaurès fizera um discurso profético, o último que proferiu antes de ser assassinado: «Até para os senhores absolutos o terreno está minado. Na exaltação inconsciente e no entusiasmo dos primeiros combates eles conseguirão arrebatar as massas. Mas à medida que o tifo completar a obra dos obuses, à medida que a morte e a miséria espalharem a devastação, os homens desenganados hão-de fitar os dirigentes franceses, russos, alemães, austríacos, italianos e todos lhes perguntarão como podem justificar todos esses montões de cadáveres. E então a revolução em fúria dir-lhes-á: "Vai-te, e pede perdão a Deus e aos homens!"»[126]. Menos lírica mas igualmente profética foi a minoria na conferência de Zimmerwald. Nesta povoação suíça haviam-se reunido em Setembro de 1915 trinta e oito delegados, representando os socialistas internacionalistas de onze países. Uma maioria de dezanove votos, os de Kautsky, Trotsky, Martov e Rakovsky entre eles, sem esquecer Tchernov, o socialista-revolucionário russo, apelava para a interrupção imediata das hostilidades e uma paz negociada, sem anexações territoriais nem indemnizações económicas. Os doze votos da minoria, entre os quais o de Lenin, pretendiam ir mais longe e propunham uma estratégia que convertesse a guerra em revolução, transformando o conflito entre nações num conflito entre classes.

Com efeito, perante o impasse que imobilizara as principais frentes de batalha e desmentira o triunfalismo inicial dos governantes e dos chefes militares, esmoreceu qualquer eventual empenho dos operários em participar no esforço de guerra. No lado das Potências Centrais, de 1915 a 1916 o número de dias de trabalho perdidos por greve na Alemanha aumentou 500%, e 700% de 1916 a 1917, quando atingiu dois milhões[127]. As greves de Abril de 1917 em Berlim mobilizaram entre 200.000 e 300.000 trabalhadores[128]. Na mesma altura

---
125. D. Sassoon (2012) 27.
126. Transcrito em A. Zévaès (1951) 247.
127. A. Marwick (1974) 847.
128. P. Broué (2006) 93–94; O. K. Flechtheim (1972) 48.

uma vaga de greves agitou o operariado do Império Austro-Húngaro[129] e em Novembro desse ano cem mil operários manifestaram-se em Budapeste a favor de uma paz imediata[130]. Entretanto as greves e os motins provocados pela fome tornaram-se cada vez mais frequentes em Budapeste e em Viena, ficando a situação tão crítica que em Janeiro de 1918 as autoridades se viram obrigadas a retirar sete divisões das frentes de combate para imporem a ordem nas ruas[131]. Ao mesmo tempo que aumentava a agitação nas fábricas, reforçavam-se os desejos de emancipação das minorias nacionais incluídas no Império Austro-Húngaro, a ponto de em Maio de 1918 algumas tropas eslovenas estacionadas na Áustria se terem insurreccionado e declarado a intenção de regressar à sua região de origem, sucedendo depois o mesmo com tropas ruténicas, sérvias e checas e mais tarde, em Outubro, com tropas croatas e até húngaras[132].

No lado da *Entente*, de 1915 a 1916 o número de movimentos grevistas em França subiu 220% e a quantidade de participantes aumentou mais de 340%, sendo as cifras correspondentes entre 1916 e 1917 de cerca de 120% e de 610%[133]. Entretanto o rendimento do trabalho diminuiu 15% nas fábricas de material de guerra da região de Paris e 50% nas de Bourges[134]. Na Rússia, em Janeiro de 1916 mais de 10.000 operários entraram em greve numa base naval do Mar Negro, um movimento que depressa atravessou o país, paralisando 45.000 trabalhadores do porto de Petrogrado, e calcula-se que em Outubro desse ano cerca de 200.000 operários estivessem a participar em 177 greves de carácter político[135]. No Reino Unido, tal como

---

129. G. Marramao (1977) 22-23.
130. M. Gilbert (2011 a) II 472.
131. Id., ibid., II 482-483.
132. Id., ibid., II 518-519, 592, 595, 603.
133. D. Ligou (1962) 277 n. 1. A. Marwick (1974) 846 parece situar em 1916 os números que Daniel Ligou atribuiu a 1915. Para a comparação de 1917 com 1916 ver igualmente A. Marty (1950) 59. Segundo Daniel Ligou e Arthur Marwick, teria havido 293.810 grevistas em 1917. A dimensão deste movimento pode avaliar-se por comparação com os grandes confrontos laborais de 1904-1906. Z. Sternhell (1978) 321 indicou que em 1904 se registaram em França 271.097 grevistas e 438.500 em 1906, quando esse movimento atingira o auge. Para um país em guerra, com uma grande parte da força de trabalho mobilizada, os quase trezentos mil grevistas de 1917 constituem, portanto, um número impressionante.
134. Estes números foram fornecidos por G. Pedroncini (1999) 44, sem indicar datas.
135. M. Gilbert (2011 a) I 278, II 362.

sucedeu no Império Austro-Húngaro, a agitação durante os anos de guerra desdobrou-se em duas vertentes, nacionalista e operária. Por um lado, agudizou-se o conflito irlandês, precipitando-se o proletariado da ilha, junto com a restante população católica, numa luta armada pela independência. Por outro lado, na Grã-Bretanha as greves de 1916 e 1917 suscitaram a expansão e a generalização dos *shop stewards*, membros dos sindicatos eleitos pelos trabalhadores no quadro das unidades de produção e que defendiam naquela época as posições da base operária, frequentemente em oposição às direcções sindicais[136]. Um relatório secreto britânico de Janeiro de 1918, baseado numa minuciosa avaliação da correspondência interceptada, revelou um grande aumento do número de pessoas favoráveis a uma paz imediata[137]. E na Itália a insatisfação generalizou-se em 1917 entre operários e camponeses, culminando em Agosto numa revolta de cinco dias em Turim, reprimida com uma violência tal que se contaram cerca de cinquenta mortos e duzentos feridos e mais de oito centenas de presos. Foi então que começaram a aparecer no norte do país as comissões internas de fábrica, cujas implicações só se iriam manifestar plenamente durante as grandes greves de Agosto e Setembro de 1919[138].

A contestação económica estimulou, por seu turno, a insatisfação das tropas. Jean Galtier-Boissière, que assim como apreciava os trabalhadores isolados e irónicos desconfiava deles quando os via revolucionários e todos juntos, contou nas suas Memórias: «Ah! Como estava longe o dia inesquecível em que partíramos da caserna parisiense — "a viagem de férias até Berlim" — banhados pelo sol, rodeados por um entusiasmo delirante, as espingardas floridas. Agora as partidas realizavam-se de noite, muitas vezes ao som lúgubre da *Internacional* [...]»[139]. Um dos principais motivos de preocupação dos generais franceses eram os contactos que durante os períodos de licença na retaguarda os soldados mantinham com os operários grevistas[140]. Os generais britânicos não estariam decerto menos apreensivos com as canções entoadas em coro pelos soldados que

---

136. A.-L. Morton et al. (1963) 350 e segs.
137. M. Gilbert (2011 a) II 487.
138. A. Lyttelton (1982) 43–44; P. Milza (1999) 205; E. Santarelli (1981) I 73–74, 133.
139. J. Galtier-Boissière (1994) 240.
140. G. Pedroncini (1999) 93, 97–98, 141, 160–161, 282–283, 295, 304.

regressavam de licença ao país, exprimindo em termos claros o desejo de não morrer nem voltar à frente de batalha[141], e proibiram os jornais socialistas, mesmo moderados, de circularem entre as tropas britânicas estacionadas em França[142].

Entretanto tornara-se cada vez mais frequente a fraternização nas trincheiras entre soldados da *Entente* e das Potências Centrais. Já no Natal de 1914, ainda não haviam decorrido cinco meses desde o início do conflito, as tropas britânicas e alemãs arranjaram maneira de se comunicar e estabeleceram uma trégua para celebrar o dia, trocando presentes, cantando em conjunto e mesmo jogando futebol ou caçando lebres onde antes se haviam caçado uns aos outros. Esta fraternização «deveu-se quase sempre à iniciativa das tropas alemãs», especificou um historiador, e o movimento ampliou-se às trincheiras francesas, embora atingisse aí proporções muito menores. Logo que tomou conhecimento do que se passava, o comandante-chefe da Força Expedicionária Britânica adoptou medidas para restabelecer a disciplina[143], mas o impulso à fraternização nunca cessou.

Bom conhecedor da linha de frente durante os primeiros tempos da guerra, Galtier-Boissière enunciou uma das regras básicas do comportamento das tropas: «Fora dos ataques ordenados pelos comandantes, era raro que a infantaria dos dois campos procurasse exterminar-se. Quando por acaso deparávamos com um inimigo entregue tranquilamente às suas ocupações, não ocorreria a nenhum dos meus camaradas a ideia extravagante de lhe acertar com um tiro na cabeça. Qualquer rapaz bem formado consideraria um gesto desses como uma espécie de assassinato». Habituados a verem-se quotidianamente, ou pelo menos a sentirem a presença recíproca, não espanta que os homens enterrados nas trincheiras de um e outro lado estreitassem os elos de convivência. «No planalto de Vimy, sobranceiro a Souchez», recordou Galtier-Boissière, «testemunhei várias vezes actos de fraternização durante o Inverno de 1915–1916»[144]. Em Novembro de 1915 as chuvas e a lama foram tantas e tão grande o desconforto que houve casos em que os ale-

---

141. M. Gilbert (2011 a) I 274.
142. J. Simpson (2011) 156.
143. M. Gilbert (2011 a) 143–146. A frase reproduzida encontra-se na pág. 144. Ver ainda J. Simpson (2011) 134–136.
144. J. Galtier-Boissière (1994) 346, 347.

mães, pedindo aos gritos que os inimigos não disparassem, subiram para cima das trincheiras para se secarem, até que, como habitualmente, aparecessem ordens superiores contra a fraternização[145]. Situações idênticas ocorreram noutros lugares, provocando pânico entre os oficiais. «Contava-se que na noite de Natal de 1915, no sector do forte de Brimont, entre Reims e Berry-au-Bac, os soldados da infantaria francesa e da alemã haviam abandonado em massa as trincheiras e se lançaram nos braços uns dos outros», relatou Galtier-Boissière. «Os comandantes perderam a cabeça e para obrigar os adversários, reconciliados durante um breve instante, a reintegrar as trincheiras respectivas foi necessário que de ambos os lados se recorresse à ameaça de ordenar que a artilharia disparasse sobre as tropas amalgamadas»[146].

No sector britânico o alto comando estava decidido a não permitir a repetição do que se passara no ano anterior, e em Dezembro de 1915 deu ordem para que no dia de Natal houvesse tiros de artilharia incessantes contra as trincheiras alemãs[147]. Apesar destas tentativas de intimidação, e de outras decerto, os comandantes não conseguiram pôr cobro às fraternizações. «Em certos pontos da frente estabeleceram-se relações entre militares franceses e alemães», lê-se num documento emanado em Setembro de 1916 do alto-comando do exército francês, que advertiu em seguida que atitudes de tal tipo eram passíveis de pena de morte[148]. E André Marty, que se destacaria em 1919 na revolta dos marinheiros franceses no Mar Negro, recordou que «no início do Inverno de 1916-1917, especialmente por ocasião do Natal, ocorreram numerosos casos isolados de fraternização, em sectores tranquilos da linha de frente»[149]. Situações como estas não eram desconhecidas no outro lado da Europa, e em Abril de 1916 os soldados de quatro regimentos russos estabeleceram uma trégua com tropas do Império Austro-Húngaro para festejarem em conjunto a Páscoa ortodoxa[150].

---

145. M. Gilbert (2011 a) I 268.
146. J. Galtier-Boissière (1994) 346-347.
147. M. Gilbert (2011 a) I 270-271.
148. Citado em G. Pedroncini (1999) 34.
149. A. Marty (1950) 54. No entanto, M. Gilbert (2011 a) II 375 pretendeu que na frente ocidental a fraternização foi impedida no Natal de 1916.
150. M. Gilbert (2011 a) I 292.

Nas palavras de Galtier-Boissière, o soldado francês «detestava muito menos os alemães do que os polícias»[151], por isso não espanta que em França a deserção crescesse e fosse até organizada à luz do dia[152]. Nas suas Memórias um general, companheiro devoto de Pétain, indignou-se: «Em Paris, especialmente na Gare de l'Est [estação ferroviária que assegurava os contactos com a frente], o apelo à deserção era feito em grande escala. Nas imediações funcionavam agências de deserção»[153]. O movimento de hostilidade à guerra avolumou-se e consolidou-se até que entre Abril e Setembro de 1917 uma onda de revolta se propagou nas trincheiras francesas, atingindo o auge em Maio e na primeira metade de Junho. Durante estas seis semanas amotinou-se a maior parte do exército francês. Cinquenta e quatro divisões sublevaram-se contra os comandantes, elegeram representantes, hastearam bandeiras vermelhas e ameaçaram marchar sobre a capital para derrubar o governo[154]. Leio nas Memórias de um jornalista arguto e íntegro: «Na Primavera de 191[7] André Maginot [um dos políticos franceses mais ligados aos altos comandos militares] reconheceu em sessão secreta da Câmara que entre a cidade de Paris e a linha de combate só restava uma divisão em que o governo podia depositar absoluta confiança. [...] Um rumor subterrâneo de descontentamento alastrava pelo exército. Rebentaram revoltas. De uma feita estiveram envolvidos oitenta e sete regimentos franceses, de outra cento e quinze»[155]. As deserções tornaram-se massivas e um relatório do serviço de informações do exército referiu em Julho de 1917 a presença de dez mil desertores

---

151. J. Galtier-Boissière (1994) 358-359.
152. G. Pedroncini (1999) 11, 24-25; J. Williams (1974) 762.
153. Esta passagem do livro do general Bernard Serrigny, *Trente Ans avec Pétain*, encontra-se citada em G. Pedroncini (1999) 258. Acerca da propaganda contra a guerra e do apoio à deserção efectuados na Gare de l'Est ver ainda as págs. 259, 261 e 264.
154. Acerca dos motins na linha de frente francesa ver M. Gilbert (2011 a) II 410-411, G. Pedroncini (1999) *passim* e J. Williams (1974) 760-763. Guy Pedroncini, op. cit., 63-64 calculou que a agitação tivesse atingido quase dois terços do exército francês, sendo os actos de indisciplina colectiva particularmente sérios em mais de um quarto das grandes unidades. Quanto às eleições de delegados pelas tropas revoltosas ver Pedroncini na pág. 297.
155. P. van Paassen (1941) 73-74. Escreveu A. Marty (1950) 57 que «segundo [o ministro da Guerra] Painlevé, a 4 de Junho [de 1917], entre Soissons e Paris só restam duas divisões fiéis ao governo» e M. Gilbert (2011 a) II 412 confirmou esta versão.

na região parisiense[156]. Aliás, o movimento não se limitou à frente ocidental e em Julho de 1917 amotinaram-se as tropas francesas na frente de Salónica[157].

As greves e a agitação anarquista e socialista contra a guerra influenciaram sem dúvida os soldados nas trincheiras francesas[158], mas a partir do momento em que se iniciaram os motins a repercussão fez-se sentir igualmente em sentido inverso, e um dos aspectos mais reveladores do carácter assumido pela sublevação nas linhas da frente foram os numerosos apelos dos amotinados à solidariedade dos grevistas e do movimento operário em geral. Os serviços militares de censura do correio encontraram em muitas cartas estes pedidos de auxílio[159]. Aliás, é esclarecedora a terminologia empregue pelos soldados insurrectos, designando como «greve» aquele movimento de desobediência militar colectiva, e nos seus relatórios os oficiais superiores usaram um vocabulário semelhante[160]. Seria difícil ilustrar melhor a identidade profunda que ligava a insatisfação no exército e nas fábricas. Um relatório secreto enviado por oitenta e três prefeitos ao ministro do Interior em Junho de 1917 considerou que o moral da população francesa era «mau» ou «medíocre» em cinquenta e quatro capitais de departamento e estava «contaminado» em trinta e seis capitais[161].

O movimento de revolta nas trincheiras atingiu proporções tais e a repressão foi tão sangrenta que passadas várias décadas ainda os investigadores se queixavam de que a documentação continuasse oculta nos arquivos. «O segredo oficial a respeito dos motins

---

156. G. Pedroncini (1999) 175, 258 n. 1, 284; J. Williams (1974) 762–763.
157. M. Gilbert (2011 a) II 429.
158. G. Pedroncini (1999) 37–51, 116–117, 120–121, 134 n. 3, 153, 254, 256, 258–271, 298. Ver igualmente M. Gilbert (2011 a) II 385 e J. Williams (1974) 762–763. Com completa arbitrariedade, Guy Pedroncini pôs inteiramente de lado a lição que deve extrair-se dos incontáveis documentos em que as mais altas patentes militares e o serviço central de informações insistiram no papel desempenhado pela propaganda pacifista e internacionalista.
159. G. Pedroncini (1999) 6 n. 2.
160. Id., ibid., 99, 123, 154, 157, 188, 283. Ver igualmente J. Williams (1974) 762. Note-se que na Itália o general Cadorna, demitido do supremo comando do exército em virtude do desastre de Caporetto, atribuiu as culpas da derrota ao levantamento operário ocorrido pouco tempo antes em Turim e disse que na verdade se tinha tratado de uma «greve militar». Ver A. Lyttelton (1982) 45.
161. M. Gilbert (2011 a) II 417.

nunca foi descuidado», escreveu um especialista quase sessenta anos depois dos acontecimentos. «Os arquivos militares franceses são inacessíveis e a história da guerra, tal como é oficialmente relatada pelos franceses [...], revela poucos detalhes»[162]. É certo que um historiador defendeu uma posição contrária, afirmando que nove décimos da documentação respeitante aos conselhos de guerra da época foram conservados e são públicos[163]. Mas foi ele precisamente o primeiro autorizado a consultar os arquivos militares[164] e a sua obra é um exemplo de como não se deve fazer história[165].

Durante sete meses, entre o início de Junho de 1917 e o final de Dezembro, as condenações à morte em conselho de guerra atingiram

---

162. J. Williams (1974) 761. Richard Watt, outro especialista que se debruçou sobre estes acontecimentos, foi da mesma opinião, consoante pode verificar-se pela passagem citada em G. Pedroncini (1999) 4.

163. G. Pedroncini (1999) 4-5.

164. Id., ibid., 7, 287 n. 2.

165. Na obra de Guy Pedroncini, pior do que um critério incorrecto, há uma verdadeira candura em restringir a documentação aos arquivos militares do exército e em admitir como definitiva e incontestável a versão que eles fornecem dos acontecimentos, deprezando o que a imprensa política e sindical da época possa oferecer como informação e perspectivas de análise. Além disso, Pedroncini pôs sistematicamente de lado toda a documentação militar que invoca problemas mais amplos do que os estritamente castrenses. Como se uma tal atitude não bastasse, apesar das numerosíssimas referências que os documentos do exército fazem aos contactos entre soldados descontentes e grevistas, sindicalistas e militantes políticos opostos à guerra, e não obstante a grande quantidade de relatórios em que os oficiais superiores e até os generais mais graduados consideraram com enorme inquietação essas relações, e desprezando mesmo as afirmações taxativas do serviço central de informações do exército, que atribuiu uma grande parte da responsabilidade pela crescente indisciplina à propaganda adversa à guerra, Pedroncini explicou arbitrariamente os motins através de razões de ordem estritamente militar, como uma mera revolta contra o tipo de táctica que até então fora adoptada pelo estado-maior. Não tenho memória de uma tal razia de fontes como a efectuada por este autor com o material de pesquisa. No seu livro ele dedicou-se mais à história da aplicação de certos regulamentos militares do que propriamente à história dos motins, encerrando-se num círculo vicioso, pois na medida em que usou apenas a documentação do exército e excluiu deste acervo tudo o que dizia respeito à movimentação política e social não espanta que chegasse à conclusão que os motins tiveram causas somente militares. A propósito de autores como este é flagrante a justiça das palavras de Simone Weil ao escrever que «pela natureza das coisas, os documentos emanam dos poderosos, dos vencedores. Assim, a história não é mais do que uma compilação dos depoimentos feitos pelos assassinos relativamente às suas vítimas e a eles próprios». Com a feroz lucidez que a caracterizava, ela concluiu que «o espírito histórico consiste em acreditar no que dizem os assassinos». Ver S. Weil (1950) 192 e 196.

um número igual ou superior ao registado durante os trinta e quatro meses anteriores, desde que a guerra começara em Agosto de 1914[166]. «Os conselhos de guerra funcionavam noite e dia», recordou um jornalista. «Por um simples murmúrio de desagrado dizimava-se uma companhia inteira. Enviavam-se divisões propositadamente à linha de combate, para serem chacinadas, esmagando-se assim o espírito de derrotismo»[167]. Na verdade, a desarticulação dos motins deveu-se a uma conjugação bem ponderada de repressão e cedências. Colocado à frente do exército francês em Maio de 1917, Pétain isolou as unidades revoltadas[168], mandou embarcar para as colónias milhares de soldados que tinham participado no movimento[169], fez condenar à morte os cabecilhas e os elementos mais activos, massacrou as tropas mais indisciplinadas, obrigando-as a avançarem contra o fogo do inimigo[170], e ao mesmo tempo alterou a táctica dos

---

166. G. Pedroncini (1999) 4.
167. P. van Paassen (1941) 73–74.
168. G. Pedroncini (1999) 91, 94, 97, 151.
169. Só entre Junho e Agosto de 1917 mil e quinhentos soldados foram enviados para as colónias, segundo indicou id., ibid., 184 n. 2.
170. Baseando-se apenas nos arquivos referentes aos conselhos de guerra e na documentação militar, id., ibid., 9 negou que os revoltosos tivessem sido dizimados massivamente e escreveu (pág. 185) que «a repressão de alguns motins pela artilharia não nos parece suficientemente demonstrada para que devamos referi-la [...]». Mas é claro que se regimentos ou divisões fossem enviados deliberadamente para serem chacinados pelo fogo alemão, isto seria apresentado na documentação do exército como o resultado de opções tomadas por motivos estritamente militares e não como um acto punitivo. Guy Pedroncini afirmou (págs. 165, 184) que os disparos sobre a retaguarda dos insurrectos se deveram a «erros da artilharia» e a «erros de tiro» e não a operações deliberadas para os obrigar a marcharem contra o fogo inimigo. Todavia, na penumbra discreta de uma nota de rodapé (pág. 165 n. 4) ele admitiu que talvez estes bombardeamentos tivessem «uma função intimidadora». Os precedentes não faltavam e em Março de 1916, segundo M. Gilbert (2011 a) I 287, aquando dos mortíferos confrontos junto a Mort-Homme, durante a batalha de Verdun, depois de 1.200 soldados franceses se terem rendido, o general comandante do 7º Corpo de Exército preveniu que a artilharia e as metralhadoras tomariam como alvo as unidades militares que recuassem. Ora, ao ler em Guy Pedroncini, op. cit., 212–215 que os altos comandos protestaram contra o que consideravam ser a excessiva indulgência dos conselhos de guerra, não posso deixar de reflectir que lhes era fácil ampliar a repressão através de manobras ofensivas contra as linhas alemãs, decididas sem qualquer interferência da justiça militar. Podia aliás suceder que os oficiais de patente inferior dessem mostras de uma sensatez ou de um espírito humanitário que faltavam aos generais, e J. Galtier-Boissière (1994) 294 contou o sucedido num «batalhão de bastante má reputação», em que uma das companhias se recusara a tomar de assalto

ataques massivos e extremamente mortíferos, que havia catalisado as indignações, e iniciou um novo tipo de operações, reduzindo o número de baixas no exército francês.

Os motins tiveram sérias repercussões nas classes dominantes. Quando se sabe que dois generais conceberam a ideia de aproveitar a insatisfação dos soldados para organizar um pronunciamento militar que entregasse o poder a Joseph Caillaux e criasse condições para pôr cobro à guerra[171], podemos avaliar o grau atingido pela inquietação, ou mesmo pelo desespero, de alguns altos responsáveis. Caillaux, um político brilhante, antigo primeiro-ministro, que também se encarregara várias vezes da pasta das Finanças, havia procurado evitar as hostilidades mediante um acordo com a Alemanha. Victor Serge, nas suas Memórias, chamou-lhe «o chefe quase oficial» do «partido da paz em branco»[172], e se os socialistas internacionalistas e os anarquistas desconfiavam dele, com razão, considerando-o demasiado moderado e defensor lúcido do capitalismo, para amplas camadas da população o seu nome simbolizava a vontade de paz. Com efeito, dois regimentos sublevaram-se em Janeiro de 1918 gritando «Abaixo Clemenceau! Viva Caillaux!»[173]. E é elucidativo o contexto em que o fizeram, porque pouco tempo antes as facções políticas mais belicistas haviam começado a acusar de

---

uma trincheira inimiga que conservava intacta a sua protecção de arame farpado. «O general de brigada começou por ordenar à artilharia francesa que exterminasse esses cobardes, mas o coronel de artilharia não acedeu e exigiu uma ordem escrita. O general teve então a ideia de fazer passar a companhia pelo campo de acção de uma metralhadora. Finalmente, perante as súplicas dos oficiais, decidiu simplesmente que em cada secção se sortearia um homem, para ser executado a título de exemplo». As execuções feitas à margem dos tribunais militares eram suficientemente conhecidas para que na época ninguém duvidasse delas e permaneceram vivazes na memória popular. Numa peça de teatro ligeiro publicada no começo de 1922, o escritor e boémio René Kerdyk pôs um dos mais rodados ministros da Terceira República a distribuir a torto e a direito condecorações a personagens ignóbeis, perguntando de cada vez quem havia praticado as malfeitorias que iam ser premiadas, e todos em coro reivindicavam a recompensa. «Quem é que não fez a guerra? Quem é que traiu? Quem é que mandou fuzilar sem julgamento soldados franceses?». E «uma centena de vozes» responde: «Eu! Eu! Eu!». Citado em Jean Galtier-Boissière, op. cit., 487.
171. J. Caillaux (1942–1947) III 193.
172. As Memórias de Victor Serge foram publicadas postumamente com o título *Mémoires d'un Révolutionnaire, 1905–1941* e encontram-se em J. Rière et al. (orgs. 2001) 495–825. As considerações citadas podem ler-se na pág. 551.
173. G. Pedroncini (1999) 174.

traição e conivência com o inimigo Caillaux e Malvy, conseguindo em seguida que ambos fossem condenados. Malvy, que detivera a pasta do Interior desde antes do início da guerra até ao último dia de Agosto de 1917, adoptara uma atitude conciliatória perante os movimentos de greve que, como vimos, se conjugavam intimamente com o antimilitarismo[174]. Já nos primeiros tempos da guerra, quando o estado-maior pretendeu que fossem encarcerados todos os militantes operários incluídos nos ficheiros da polícia, Malvy se opusera firmemente em conselho de ministros, chegando a um entendimento pessoal com representantes socialistas e sindicais, sobre cujos termos, aliás, as partes envolvidas mantiveram o mais absoluto silêncio[175]. Depois, quando nas trincheiras parecia estar-se a um passo da revolução e os conflitos laborais ameaçavam generalizar-se na retaguarda, alguns dos intervenientes naquelas conversações foram detidos, ou assassinados na prisão como sucedeu a Almereyda, muito próximo dos anarquistas e dos sindicalistas, próximo também de Malvy, e que estivera a certa altura ligado política e pecuniariamente a Caillaux[176]. A repressão abateu-se sobre uns e outros, procurando enredar revolucionários, ex-revolucionários e representantes da ala não belicista das classes dominantes numa teia comum de suspeitas. Foi uma época de histeria, inventando-se em todo o lugar os mais inverosímeis espiões.

Ao mesmo tempo a vaga revolucionária propagou-se às tropas de outros países da *Entente*. Até no âmbito do comando britânico, onde os soldados se mostraram geralmente respeitadores da hierarquia, ocorreu durante vários dias, em Setembro de 1917, um motim de australianos e neozelandeses, submetido à custa de trezentas prisões e do fuzilamento de um dos cabecilhas. O carácter de classe deste

---

174. Ch. S. Maier (1988) 100 indicou que, durante o seu processo, Malvy foi acusado de favorecer os trabalhadores nos conflitos laborais.
175. D. Ligou (1962) 244.
176. J. Caillaux (1942–1947) III 156–157. Segundo Y. Guchet (2001) 95, poucos anos antes do começo da guerra relatórios de polícia apontavam para a existência de relações entre a Action Française e alguns anarquistas do grupo de *La Guerre Sociale*, entre os quais Almereyda. Nas suas Memórias (págs. 523–524, 552) Victor Serge relatou como Almereyda se fora gradualmente aproximando de certos meios do poder e escreveu que ele «tornara-se *condottiere*» da facção favorável à paz; «em caso de sucesso», acrescentou, «ele teria sido um ministro popular, capaz de explorar sincera e perfidamente os sentimentos das massas». Ver J. Rière et al. (orgs. 2001) 551.

movimento torna-se nítido quando sabemos que ao seleccionarem os quatrocentos soldados encarregados de o reprimir, as autoridades zelaram por que entre eles não houvesse ninguém de origem operária[177]. Também o Corpo Expedicionário Português ficou dependente do comando britânico, e a indisciplina já se alastrara nas tropas antes de seguirem para França, chegando então a revoltar-se um regimento de infantaria[178]. A mesma insatisfação, que contaminou vários oficiais, persistiu nas trincheiras[179]. E em Abril de 1918, quando o CEP sofreu todo o peso de uma grande ofensiva alemã, os soldados portugueses em fuga atacaram os reforços britânicos para lhes roubar as bicicletas e, nas palavras de um historiador, «fugir mais depressa». De então em diante o CEP manteve-se avesso à disciplina, sucedendo-se insubordinações e revoltas, a ponto de uma unidade sublevada ter numa ocasião corrido a tiro o comandante de divisão, general Gomes da Costa, que em 1926 haveria de chefiar o golpe militar que instaurou o fascismo no seu país[180]. No livro que escreveu acerca da guerra, Gomes da Costa, sob o verniz usual nesse tipo de obras, depois de recordar «a má vontade com que a grande maioria dos soldados embarcou para França», referiu o «estado de fraqueza moral e numérica» das suas tropas e mencionou «os soldados com o moral abatido» e «a desmoralização», «a ponto de produzir casos como o da 2ª Brigada, onde o 7 de infantaria se recusou a entrar nas trincheiras [...]»[181].

A insubordinação alastrou-se também do outro lado da linha de frente. A circulação de propaganda política nas trincheiras alemãs tornou-se tão alarmante que o quartel-mestre general Ludendorff deu ordem para que fosse rigorosamente fiscalizada a correspondência recebida pelos soldados[182]. A marinha alemã amotinou-se no Verão de 1917, sendo condenados à morte e executados os dois principais dirigentes do levantamento[183], assim como foram executados

---

177. J. Simpson (2011) 156.
178. J. Pabón (1941–1945) I 260.
179. Id., ibid., I 261, 263.
180. A. J. Telo (1980–1984) I 133. Ver também J. Pabón (1941–1945) I 330.
181. G. Costa [s. d.] 40, 62, 65, 66, 67.
182. M. Gilbert (2011 a) II 429.
183. P. Broué (2006) 100; O. K. Flechtheim (1972) 49; M. Gilbert (2011 a) II 436; A. Marty (1950) 37.

quatro dirigentes do motim ocorrido em navios austro-húngaros em Fevereiro de 1918, tendo um dos couraçados chegado a hastear a bandeira vermelha[184]. E em Itália as deserções tomaram proporções tão impressionantes que no final da guerra havia pendentes um milhão e cem mil processos por deserção, o que significa que a quinta parte dos soldados abandonara as fileiras[185]; perante a impossibilidade prática de serem levados a julgamento, acabaram por beneficiar de uma amnistia em 1919[186].

Mesmo entre os beligerantes periféricos se fazia sentir o descontentamento e em Fevereiro de 1918 amotinaram-se algumas tropas gregas[187]. Até no longínquo Canadá, em Outubro de 1917 e Janeiro de 1918, pediram dispensa mais de 90% dos convocados para irem servir na frente francesa[188]. E como o governo tivesse mandado prender quem se recusava a cumprir o serviço militar, no Québec manifestantes destruíram e incendiaram o edifício que alojava o departamento de registos do exército e atacaram com tiros e pedras a tropa enviada para os dispersar, ficando quatro civis mortos. Para acalmar os ânimos o governo achou mais sensato suspender o aprisionamento dos desertores[189].

O movimento de hostilidade à guerra atingiu o auge na derrocada da frente russa. Em Julho de 1915 um relatório secreto do exército russo havia afirmado que «é necessário um esforço sobre-humano para manter os homens nas trincheiras» e o ministro da Guerra prevenira os seus colegas de que «a desmoralização, as rendições e a deserção estão a assumir enormes proporções»[190]. Em Setembro soldados reservistas e outros convalescentes juntaram-se aos protestos populares, entrando mesmo em confronto com a polícia, e no final do ano os marinheiros amotinaram-se em dois navios de guerra[191]. A situação agravou-se de então em diante, culminando na revolução de Fevereiro de 1917. Depois, na nova Rússia surgida

---

184. M. Gilbert (2011 a) II 488-489; A. Marty (1950) 37, 62.
185. F. Neumann (1943) 99. Ver igualmente Ch. S. Maier (1988) 66-67.
186. M. Baumont (1951) 156.
187. M. Gilbert (2011 a) II 488.
188. Id., ibid., II 464.
189. Id., ibid., II 509.
190. Citados em id., ibid., I 216.
191. Id., ibid., I 238, 253-254.

da queda do czarismo de nada valia decretar a reforma agrária sem pôr termo à guerra, porque os soldados, que na esmagadora maioria eram camponeses, queriam a paz para poderem regressar às suas aldeias, repartir e ocupar as terras dos grandes proprietários e começar a cultivá-las. A questão militar e a questão agrária estavam indissoluvelmente ligadas, e os soldados amotinavam-se e desertavam colectivamente para ajudarem a retalhar os latifúndios[192].

Foi esta pulsão social que levou um poeta de génio a registar, como um sismógrafo, o súbito desencadear de forças que até então haviam permanecido subterrâneas e a escrever nesse momento único a epopeia de toda uma classe, com palavras que não eram já as suas, porque eram a voz colectiva dos deserdados, de todos juntos, e a voz de cada um deles também. Um tal ponto extremo de condensação ideológica conseguiu-o Aleksandr Blok em *Os Doze*, a obra-prima literária da revolução[193]. Com uma espontaneidade elementar que os torna indestrutíveis, os doze soldados, «os doze apóstolos do novo Evangelho», como então lhes chamou Victor Serge[194], percorrem a Rússia no Janeiro gélido de 1918, e a bandeira vermelha é para eles o símbolo das antigas aspirações milenaristas à justiça. Ziguezagueiam na espessura da neve, não vêem para diante nem para trás, erram e pecam, mas prosseguem sempre, sem nunca falharem o alvo da história, porque são eles a própria história. Foi gente assim, com esta força própria, que em 1917 e 1918 deu alma e corpo à revolução e lhe edificou os alicerces. Os camponeses e ope-

---

192. A. Nove (1978) 48.
193. Dois anos mais tarde, Blok explicaria que durante os vinte e um dias em que escreveu o poema «eu senti, ouvi fisicamente, um grande barulho em redor, um barulho confuso, sem dúvida o barulho do velho mundo a desabar». E outro escritor russo, Kornei Tchukovsky, recordou que «depois de ter escrito *Os Doze*, Blok tentou compreender a sua obra. [...] Escutava atentamente os comentários que lhe eram feitos, como se esperasse que alguém lhe fosse enfim revelar o sentido daquele poema, que não era para ele inteiramente compreensível! Como se não tivesse sido responsável pela sua criação! Como se se tivesse limitado a transcrever o que alguém lhe ditasse!». Ambas estas citações encontram-se em A. Robin (org. 1949) 14.
194. A reportagem de Victor Serge, *Pendant la Guerre Civile. Petrograd, Mai-Juin 1919. Impressions et Réflexions*, foi escrita em Janeiro de 1920 e encontra-se incluída em J. Rière et al. (orgs. 2001) 103-127. A frase citada vem na pág. 127. Serge considerou *Os Doze* um «poema nobre e claro». Em Fevereiro de 1942 Vasily Grossman escreveria: «Nós, os russos, não sabemos viver como santos. Só sabemos morrer como santos». Ver A. Beevor et al. (orgs. 2015) 106-107.

rários armados — soldados que haviam desertado da guerra para abrirem a nova frente dos conflitos sociais e milícias criadas por comités de fábrica que assumiam o poder nos locais de trabalho — constituíram a primeira versão do Exército Vermelho. Em seguida Lenin e Trotsky viraram-no do avesso, liquidaram-lhe a espontaneidade e hierarquizaram-no sob o comando de dezenas de milhares de antigos oficiais czaristas, controlados por comissários políticos bolchevistas[195].

Noutros países beligerantes as insurreições militares tiveram também consequências políticas e sociais muito profundas. Em Janeiro de 1918, poucos dias depois de ter terminado uma vaga de greves que, reivindicando a paz imediata, paralisara as duas capitais do Império Austro-Húngaro, começou em Berlim e estendeu-se a meia centena de cidades alemãs uma série de greves que mobilizou várias centenas de milhares de operários e foi acompanhada por manifestações contra a guerra. Tanto nas cidades alemãs como em Budapeste e Viena a agitação operária deu lugar à criação de conselhos, assembleias de base que não alienavam o controle exercido sobre o processo de luta e podiam em qualquer momento revocar o mandato dos delegados eleitos[196]. Na Hungria, em Maio de 1918, dois mil soldados insurreccionaram-se, recusando-se a seguir para a frente de combate, e receberam o apoio dos trabalhadores das minas de carvão vizinhas[197]. Era impossível separar a agitação nas fábricas do descontentamento das tropas, a tal ponto que houve quem o denominasse «greve militar dissimulada»[198], tal como os soldados franceses haviam chamado «greve» ao seu movimento de desobediência colectiva, e sucedeu que soldados alemães retirados da frente de batalha insultassem de «fura-greves» aqueles que os iam substituir[199]. Greves violentas e manifestações contra a fome ocorreram em Viena e Budapeste em Junho de 1918[200], e em Se-

---

195. Ver no capítulo 2 do livro *Entre o nacional e o social* as nn. 201 a 208.
196. P. Broué (2006) 104 e segs.; E. H. Carr (1966) III 47–48, 61; O. K. Flechtheim (1972) 49, 57; M. Gilbert (2011 a) II 487; N. Howard (2004) 13; G. Marramao (1977) 23, 27.
197. M. Gilbert (2011 a) II 527.
198. N. Howard (2004) 14.
199. Id., ibid., 15.
200. M. Gilbert (2011 a) II 532.

tembro calculava-se em quatrocentos mil o número de desertores do exército austro-húngaro[201]. Em Outubro desse ano, na frente do Piave, partes de duas divisões austro-húngaras amotinaram-se e negaram-se a contra-atacar[202]. Noutra das Potências Centrais, a Bulgária, a linha de frente desintegrou-se completamente em Setembro de 1918, quando os soldados se recusaram em massa a prosseguir o combate, o que, em conjunto com a agitação popular, propiciou uma tentativa insurreccional, derrotada com a ajuda das tropas britânicas[203]. E nas batalhas do Verão e do Outono desse ano sucedeu que milhares de soldados alemães se entregassem como prisioneiros sem oferecer resistência, sem disparar um tiro[204]. Calcula-se que o número de desertores atingisse então na Alemanha mais de setecentos e cinquenta mil[205]. «O mau moral veio primeiro do interior e afectou o exército», confidenciou o quartel-mestre general Ludendorff nos meados de Outubro de 1918, «mas sei perfeitamente que, em sentido inverso, era péssimo o moral que os soldados de licença levavam para o interior»[206].

Nas forças alemãs a deserção alastrava e os motins generalizavam-se, tendo atingido uma dimensão crítica entre as tropas que ocupavam a Bélgica. Em suma, o terreno estava preparado quando a revolta dos marinheiros da armada alemã do Báltico, no final de Outubro de 1918, se estendeu rapidamente em Novembro por todo o país e sublevou os restantes soldados e os trabalhadores da indús-

---

201. Id., ibid., II 560.
202. Id., ibid., II 596.
203. Id., ibid., II 567–569; A. Marty (1950) 37.
204. E. O. Volkmann (1933) 124.
205. N. Howard (2004) 13. Ver também as págs. 14–16.
206. Citado em Benoist-Méchin (1964–1966) I 46. Alguns anos mais tarde Ludendorff recordou os acontecimentos por uma ordem inversa, escrevendo que se vira obrigado a desmobilizar e enviar para a retaguarda dezenas de milhares de operários qualificados, que rapidamente haviam passado a participar nos movimentos de protesto e de boicote à produção, o que fizera diminuir o rendimento das indústrias de guerra e levara à desmobilização de mais operários, num círculo vicioso; a situação agravara-se, acrescentou Ludendorff, quando as autoridades puniram os agitadores e chefes operários enviando-os para a frente de batalha, onde eles contribuíram para minar o moral das tropas. Ver Ludendorff (1936) 95. E o antigo quartel-mestre general lamentou (pág. 122 n. 1) que em 1918 os conselhos de guerra alemães tivessem condenado os desertores a penas de prisão, em vez de os mandarem fuzilar como sucedia em França.

tria[207], dando início à revolução dos conselhos, que ressurgiu em repetidas ocasiões nos anos seguintes e deixou na classe trabalhadora marcas muito duradouras, liquidadas apenas com a ascensão dos nacionais-socialistas ao poder.

O alto comando alemão não estava inteiramente errado ao pretender que não havia sido vencido pelo inimigo nos campos de batalha, mas no interior do país, por uma «punhalada nas costas», desferida pelo descontentamento dos soldados e dos trabalhadores. E quando mais tarde, já na fase declinante de toda esta agitação, muita gente de esquerda preferiu esquecer que pela sua participação no movimento revolucionário contribuíra para a desagregação das forças armadas alemãs e para o fim da guerra, um publicista corajoso, especializado aliás em história da arte e não em doutrinação política, escreveu que a «punhalada nas costas» fora um acto de legítima autodefesa praticado pela população contra uma elite militar apostada a todo o custo em prolongar a carnificina[208]. Era preciso então alguma ousadia para afirmar que a revolução havia efectivamente ocorrido e que fora ela a pôr cobro à guerra. Podemos medir a extensão de um percurso de falências ideológicas e renúncias práticas ao lermos no Manifesto de Praga, de 1934, onde o Partido Social-Democrata alemão apresentou o seu programa de oposição ao nacional-socialismo, que «o regime imperial não foi eliminado graças a uma luta revolucionária organizada, preparada e desejada pela classe operária, mas graças à derrota nos campos de batalha»[209]. E nos seus comentários a este programa Rudolf Hilferding empregou uma formulação idêntica[210]. Como derradeiro insulto ao proletariado alemão, os dirigentes social-democratas atribuíram-lhe postumamente a fraqueza que só a eles havia caracterizado nas jornadas decisivas de 1918.

Também a revolução iniciada em Março de 1919 na Hungria e as esperanças que animaram o proletariado agrícola e industrial da

---

207. N. Howard (2004) 14–22.
208. Willi Wolfradt num artigo publicado em *Die Weltbühne*, 15 de Junho de 1922, reproduzido em A. Kaes et al. (orgs. 1995) 16–18.
209. O Manifesto de Praga, publicado em Janeiro de 1934 com o título *Luta e Objectivos do Socialismo Revolucionário. A Política do SPD*, encontra-se reproduzido em G. Marramao (1977) 287–296. A passagem citada vem na pág. 290.
210. O artigo de Hilferding, «Revolutionärer Sozialismus», publicado na emigração em Fevereiro de 1934 sob o pseudónimo de Richard Kern, está antologiado em id., ibid., 297–305. A passagem referida pode ler-se nas págs. 303–304.

Itália em 1919 e 1920, incluindo a difusão das comissões de fábrica e os movimentos de ocupação, estiveram na imediata continuidade da agitação social que encerrara a guerra.

Não menos importantes, pelas suas repercussões, foram os levantamentos militares ocorridos nas tropas da *Entente* estacionadas na Rússia durante a guerra civil, quando os governos dos principais países aliados ajudavam os adversários do bolchevismo com dinheiro, material e homens. Antes ainda de terminada a guerra mundial já o chefe do estado-maior britânico considerava que o maior inimigo não era o Kaiser, mas a revolução bolchevista[211]. Ora, a opinião dos soldados foi diferente e no final de 1918 os regimentos norte-americanos recusaram-se a combater e tiveram de ser retirados[212]. Nos primeiros meses do ano seguinte revoltaram-se numerosos soldados franceses que haviam sido enviados para a Ucrânia, e os marinheiros da frota francesa que actuava no Mar Negro hastearam bandeiras vermelhas nos navios, o que levou as tropas estrangeiras a evacuar o sul da Ucrânia em Abril[213]. Também em 1919 os expedicionários britânicos se negaram a embarcar para a Rússia e exigiram a desmobilização[214], enquanto ocorriam motins e levantamentos nas tropas de várias nacionalidades estacionadas sob comando britânico no norte da Rússia[215]. Narrando a ofensiva frustrada do exército branco contra Petrogrado em Setembro e Outubro de 1919, Victor Serge recordou que «a frota inglesa não interveio porque a opinião operária inglesa não teria admitido a sua intervenção»[216]. Com efeito, uma grande parte dos trabalhadores europeus e norte-americanos opunha-se à concessão de qualquer apoio às forças contra-revolucionárias russas. Em Itália, por exemplo, os trabalhadores dos portos e dos transportes ferroviários e marítimos procederam em 1919 a acções conjuntas contra o envio de soldados e armas destinados a

---

211. E. Weber (1965 b) 20.
212. W. Duranty (1946) 81; M. Sayers et al. (1947) 103-104. No entanto, em Fevereiro de 1920 A. Berkman (1987) 57 escrevia como se houvesse ainda tropas dos Estados Unidos na Sibéria.
213. M. Baumont (1951) 21; E. H. Carr (1966) III 134; W. Duranty (1946) 81; S. V. Lipitsky (1974) 1051; A. Marty (1950) 41 e segs.
214. A.-L. Morton et al. (1963) 369-370.
215. E. H. Carr (1966) III 134; M. Sayers et al. (1947) 104.
216. A reportagem de Victor Serge, *La Ville en Danger*, encontra-se incluída em J. Rière et al. (orgs. 2001) 63-101. A passagem citada vem na pág. 101.

reforçar os exércitos brancos[217] e o mesmo fizeram os estivadores dos portos ingleses[218].

Um movimento tão considerável levou os governos ocidentais a desistirem da intervenção, facilitando a vitória bolchevista. O primeiro-ministro britânico Lloyd George era um demagogo useiro e vezeiro nos efeitos de oratória, mas não exagerou muito quando em Janeiro de 1919, na conferência de paz de Paris, declarou aos seus pares que «se propusesse agora enviar um milhar de soldados britânicos para a Rússia o exército se amotinaria» e que «se se iniciasse uma operação militar contra os bolchevistas isto levaria a Inglaterra a tornar-se bolchevista e um soviete a instalar-se em Londres»[219]. No final de 1919 o marechal Sir Henry Wilson, chefe do estado-maior britânico, que não era decerto propenso a hipérboles, confessou num documento oficial acerca da participação na guerra civil: «As dificuldades com que a *Entente* deparou para exprimir a sua política a respeito da Rússia foram de facto insuperáveis, já que não houve em nenhum dos países aliados uma opinião pública suficientemente forte para justificar a intervenção contra os bolchevistas numa escala decisiva. A consequência inevitável desta situação foi a falta de coesão e de objectivo das operações militares»[220].

Mas será que os governos britânico e francês tinham aprendido definitivamente a lição? Em 1920, quando o Exército Vermelho se viu obrigado a entrar em campanha contra a Polónia e a enfrentar no sul a última das tentativas militares brancas, os trabalhadores alemães no porto da Cidade Livre de Danzig entraram em greve para não descarregar munições destinadas ao exército polaco, ao mesmo tempo que em vários lugares da Alemanha a acção dos operários impedia que chegassem à Polónia comboios carregados de munições; e na Grã-Bretanha os trabalhadores, além de se oporem ao envio de material de guerra para a Polónia, formaram Conselhos de Acção e ameaçaram encetar um movimento revolucionário se o governo de Londres decidisse intervir directamente contra as

---

217. E. Santarelli (1981) I 191.
218. W. Duranty (1946) 85.
219. Citado em E. H. Carr (1966) III 133.
220. Citado em M. Sayers et al. (1947) 130.

tropas soviéticas na Polónia, ou mesmo indirectamente em auxílio da contra-revolução no sul da Rússia[221].

A guerra civil russa foi na verdade uma revolução internacionalista, e o seu último episódio marca o encerramento da grande vaga de insurreições militares. Com a liquidação dos exércitos contra-revolucionários na Rússia europeia deixara de ter validade o pretexto até então invocado pelos bolchevistas para manterem o regime de terror. Nesta nova conjuntura, em Março de 1921 os marinheiros de alguns navios da armada do Báltico e a guarnição da importantíssima base naval de Kronstadt, juntamente com a numerosa população operária dos seus estaleiros e oficinas, sublevaram-se em apoio ao movimento grevista que a partir dos últimos dias de Fevereiro alastrara em várias fábricas e estabelecimentos industriais da vizinha cidade de Petrogrado e ainda noutros grandes centros urbanos[222]. Relatando a situação em Petrogrado, o dirigente menchevista Fyodor Dan afirmou que «a 20 de Fevereiro o movimento assumira a forma de uma greve geral»[223] e, recordando o ambiente naquela cidade durante o primeiro dia da insurreição, Victor Serge escreveu que «a greve era quase geral. Não se sabia se os carros eléctricos funcionariam»[224]. A insatisfação nos centros urbanos era, aliás, inseparável da agitação nos campos, e durante o Inverno de 1920-1921 centenas de milhares de camponeses, desmobilizados após o final da guerra civil, dedicaram-se a actividades que Lenin classificou como banditismo, mas que revelavam um descontentamento social muito profundo. «Sabíamos que havia, só na parte europeia da Rússia, cerca de cinquenta focos de insurreição camponesa», recordou Serge[225].

---

221. Benoist-Méchin (1964-1966) IV 234 n. 1, VI 167-168 n. 4; E. H. Carr (1966) III 216, 325; Th. Linehan (2000) 41; I. Maiski [s. d.] 35.
222. Acerca da insurreição de Kronstadt segui sobretudo I. Mett (1949) *passim* e Voline (1972) II 173-252, III 13-30. Consultei acessoriamente: A. Berkman (1987) 259-269; E. H. Carr (1966) II 271; F. I. Dan (2016) 101-106, 111, 119, 128-130, 205, 207, 209-210; S. M. Petritchenko (1975) *passim*; Victor Serge, *Mémoires d'un Révolutionnaire, 1905-1941*, em J. Rière et al. (orgs. 2001) 603-609; A. Shub [s. d.] 20-22.
223. F. I. Dan (2016) 101.
224. Victor Serge, *Mémoires d'un Révolutionnaire, 1905-1941*, em J. Rière et al. (orgs. 2001) 603. Na pág. 607 Serge voltou a referir-se à «greve quase geral».
225. Id., ibid., 606.

Ora, Kronstadt possuía uma tradição revolucionária própria, a tal ponto que aquando da revolução de Outubro de 1917, e não obstante a influência que o partido bolchevista aí exercia, os marinheiros e os trabalhadores desta base defenderam um sistema de democracia socialista em que todos os partidos operários estivessem representados no governo[226]. Em seguida, durante a guerra civil, a marinha conseguiu resistir ao modelo de burocratização e disciplina autoritária que presidiu à reorganização do Exército Vermelho levada a cabo pelos dirigentes bolchevistas. Como explicou uma autora que analisou os acontecimentos de Kronstadt, «uma reorganização deste tipo era impossível na marinha, por razões puramente técnicas, visto que os elementos dotados de certas qualificações técnicas não podiam ser substituídos por novos recrutas. Foi por este motivo que perduraram aqui os antigos hábitos revolucionários e que os marinheiros beneficiavam ainda de um resto das liberdades adquiridas em 1917»[227]. Ao amotinarem-se em 1921, os marinheiros e operários de Kronstadt deram voz aos anseios mais profundos do proletariado russo. Retomando as suas reivindicações de 1917, pronunciaram-se contra a burocratização da actividade política e contra o regime de partido único e exigiram o regresso ao sistema originário dos sovietes, enquanto genuínos conselhos deliberativos, e a

---

226. G. Katkov (1965) 141.
227. I. Mett (1949) 24. Esta explicação desmistifica as calúnias de Trotsky. Enumerando os seus desacordos com Trotsky nos anos finais da década de 1930, Victor Serge escreveu que «ele se recusava a admitir que no terrível episódio de Kronstadt 1921 as responsabilidades do comité central bolchevista tivessem sido enormes». Ver *Mémoires d'un Révolutionnaire, 1905–1941*, em J. Rière et al. (orgs. 2001) 793. Na época a que Serge se referia, Trotsky pretendia que os amotinados seriam todos recrutas de fresca data, enquanto os velhos marinheiros revolucionários ou teriam morrido na guerra civil ou se encontravam noutros lugares. Trotsky empregou este argumento pelo menos em dois textos, datados de 1937 e 1938, onde defendeu sem nenhumas restrições a repressão à revolta de Kronstadt e reproduziu todas as velhas falsidades que haviam sido propaladas acerca dos insurrectos. Ver G. Breitman e E. Reed (orgs. 1970) 159–164 e consultar também I. Deutscher (1972) II 422. Aliás, Ida Mett, op. cit., 36-37 afirmou que os membros do Comité Revolucionário Provisório, eleito pelos amotinados, eram na sua maior parte marinheiros com um longo tempo de serviço. De qualquer modo, observou com pertinência Victor Serge, «se, como Trotsky indica, os marinheiros [de Kronstadt] tinham mudado desde 1918 e já não exprimiam senão as aspirações do campesinato atrasado, é preciso reconhecer que, por seu lado, também o poder tinha mudado». Ver *Trente Ans après la Révolution Russe*, em Jean Rière et al., op. cit., 860.

instauração de uma democracia dos trabalhadores, com liberdade de expressão para todas as forças de esquerda operárias e camponesas. Além disso, reivindicaram a liberdade de organização sindical e o controle dos trabalhadores sobre as unidades de produção, e pediram igualmente a liberdade económica dos pequenos camponeses que não empregassem assalariados e o reconhecimento legal do pequeno comércio de víveres e produtos artesanais[228]. Graças a distribuições de panfletos, este programa tornou-se rapidamente conhecido nos bairros operários de Petrogrado, o que deixava sem efeito as calúnias difundidas pela imprensa bolchevista[229]. Entretanto, e passando das palavras aos actos, os insurrectos dotaram-se de instituições onde a base podia exprimir as suas deliberações.

A grande maioria dos membros do Partido Comunista presentes em Kronstadt, somando várias centenas de pessoas, juntou-se à insurreição[230], o que tornava a situação ainda mais crítica para os dirigentes bolchevistas. As propostas de diálogo dos marinheiros foram sistematicamente recusadas e a sublevação foi esmagada,

---

228. A resolução adoptada a 28 de Fevereiro de 1921 pela tripulação do navio de guerra Petropavlovsk, que constitui um dos documentos básicos dos insurrectos, reclamava no artigo 8º a imediata supressão dos destacamentos militares que impediam a pequena permuta de bens entre os camponeses e a população urbana; no artigo 11º exigia a liberdade de acção económica dos camponeses que não explorassem mão-de-obra assalariada; e, no artigo 15º, a autorização do fabrico artesanal sem exploração de assalariados. Estas reivindicações encontram-se em I. Mett (1949) 31. Subjacente a esses artigos do programa dos insurrectos estava, em primeiro lugar, uma crítica ao facto de o Partido Comunista ter passado a confundir os pequenos camponeses com os *kulaki* e a hostilizar a esmagadora maioria da população rural; em segundo lugar, a necessidade de tomar medidas urgentes contra a fome, já que os camponeses, em resposta às requisições de produtos agrícolas impostas pelo governo soviético, haviam reduzido drasticamente as áreas semeadas; e, em terceiro lugar, o interesse do proletariado urbano em pôr cobro ao mercado negro, que levava a um grande aumento dos preços em benefício apenas dos especuladores e das camadas privilegiadas. Note-se, porém, que, segundo Ida Mett, op. cit., 81, as *Izvestia* de Kronstadt publicaram, no seu número de 14 de Março, que «Kronstadt exige não a liberdade de comércio, mas o verdadeiro poder dos sovietes». O certo é que, suprimida a revolta, o Partido Comunista instaurou a NEP e, em vez de autorizar apenas o pequeno comércio, como pretendiam os marinheiros insurrectos, estimulou igualmente o grande comércio.
229. Victor Serge, *Mémoires d'un Révolutionnaire, 1905–1941*, em J. Rière et al. (orgs. 2001) 604.
230. F. I. Dan (2016) 119, 129; Victor Serge, *Mémoires d'un Révolutionnaire, 1905–1941*, em J. Rière et al. (orgs. 2001) 604.

ocorrendo de ambos os lados uma terrível matança. Mas nestas coisas o número de mortos pouco conta. Mais grave foi sepultarem-nos sob um epitáfio de calúnias, cindindo a memória do movimento operário e destruindo-lhe as raízes. E se, por um lado, os próprios comunicados oficiais reconheceram a má vontade das tropas vermelhas em atacar os seus irmãos de armas[231], não é menos certo que os representantes de todas as facções do Partido Comunista apoiaram a repressão aos insurrectos e muitos participaram pessoalmente no ataque à base naval, mesmo os porta-vozes da Oposição Operária e do grupo Centralismo Democrático, que nesse preciso momento, quando ocorriam os debates do 10º Congresso, se opunham a Lenin em defesa de uma maior autonomia dos trabalhadores[232].

«Depois de muitas hesitações e com uma angústia inexprimível, os meus amigos comunistas e eu próprio pronunciámo-nos finalmente a favor do partido», recordou mais tarde Victor Serge, que apesar de ter passado do anarquismo ao bolchevismo não perdera o agudo sentido crítico nem o entranhado amor à liberdade. «Eis o motivo. Kronstadt tinha razão. Kronstadt começava uma nova revolução libertadora, a da democracia popular. [...] Ora, o país estava completamente esgotado, a produção praticamente parada, não restavam reservas de espécie nenhuma, nem sequer reservas nervosas na alma das massas. O proletariado de elite, formado pelas lutas durante o antigo regime, havia literalmente sido dizimado. O partido, aumentado pelo afluxo dos que se haviam juntado ao poder, inspirava pouca confiança. Dos outros partidos restavam apenas quadros ínfimos, com uma capacidade mais do que duvidosa. [...]

---

231. I. Mett (1949) 50–54. Ver também A. Berkman (1987) 272, F. I. Dan (2016) 102–103 e Victor Serge, *Mémoires d'un Révolutionnaire, 1905–1941*, em J. Rière et al. (orgs. 2001) 608.

232. J. Barrot (1972) 66–67; M. Brinton (1972) 78; I. Deutscher (1972) II 423; I. Mett (1949) 78; A Velha Toupeira (1973) 10–11. A ambiguidade da atitude assumida pela Oposição Operária foi desvendada por J.-M. Gélinet (1974) 37 ao escrever que, «apesar de reprovar confidencialmente as medidas tomadas quanto aos insurrectos, a Oposição enviou os seus melhores elementos para o combate, onde figuraram entre os mais ferozes». E Victor Serge narrou nas *Mémoires d'un Révolutionnaire, 1905–1941*, em J. Rière et al. (orgs. 2001) 607–608: «O [10º] Congresso mobilizou os seus membros — e entre eles muitos partidários da oposição — para a batalha contra Kronstadt! O ex-marinheiro de Kronstadt Dybenko, da extrema-esquerda, e o dirigente do grupo "centralismo democrático" Bubnov [...] vieram bater-se no gelo contra insurrectos aos quais, no seu foro íntimo, eles davam razão».

Se a ditadura bolchevista caísse, rapidamente ocorreria o caos, através do caos o avanço dos camponeses, o massacre dos comunistas, o regresso dos emigrados e finalmente, pela força das coisas, uma outra ditadura antiproletária. [...] Nestas condições o partido devia ceder, reconhecer que o regime económico era intolerável, mas não abandonar o poder»[233]. O dirigente menchevista Fyodor Dan procedeu a uma análise semelhante e também ele considerou que uma expansão da revolta contra o poder soviético só teria levado ao caos e, naquelas circunstâncias, a uma ditadura dos militares[234].

O vazio que a ferocidade repressiva dos bolchevistas havia criado em seu redor serviu de justificação para mantê-los no poder. Mesmo para aqueles dos seus membros que não duvidavam da necessidade de restaurar os princípios originários da democracia operária, o Partido Comunista continuava a ser o detentor da legitimidade de 1917; e a defesa da sua hegemonia enquanto instituição burocrática primava sobre quaisquer outras considerações, confirmando-se plenamente que, por este lado, a revolução estava encerrada. Encerrara-se também do lado do proletariado, já que, a crer em Dan, «o movimento de Kronstadt não encontrou nenhum apoio entre os operários de Petrogrado»[235].

Em suma, o que sucedeu de 1916 até 1921, ou até 1923 se fundarmos a cronologia nos acontecimentos da Alemanha, foi um processo revolucionário único, à escala europeia e com repercussões nos Estados Unidos e no Canadá. A insurreição bolchevista foi um mero episódio, que se distinguiu por um detalhe — ter vencido. Mas o declínio do movimento internacionalista e a evolução posterior das lutas sociais converteram numa profunda derrota aquela vitória inicial dos trabalhadores russos. Acima de tudo, o facto de uma vaga de agitação que começara ultrapassando as fronteiras ter triunfado apenas num país contribuiu decisivamente para desarticular o movimento. Ao ocuparem o poder de Estado e implantarem uma economia estatal, os bolchevistas abandonaram as posições inter-

---

233. Victor Serge, *Mémoires d'un Révolutionnaire, 1905–1941*, em J. Rière et al. (orgs. 2001) 606.
234. F. I. Dan (2016) 105, 214.
235. Id., ibid., 105. Fyodor Dan, que nas prisões soviéticas conheceu alguns dos insurrectos de Kronstadt, registou (pág. 128) a indignação com que eles recordavam a falta de apoio dos operários de Petrogrado.

nacionalistas e passaram a defender interesses nacionais russos. A inversão da revolução e a desagregação do impulso internacionalista são as responsáveis pela deturpação destes acontecimentos, já que geralmente a revolução bolchevista é apresentada pelos historiadores como exclusivamente russa e as insurreições militares são reduzidas a episódios isolados ou votadas a um esquecimento tanto mais deliberado quanto é ajudado pelo ocultamento dos arquivos. A dinâmica daquela época só pode ser entendida por quem tiver em conta o carácter internacional do processo ocorrido entre 1916 e 1921.

E assim, contrariamente ao que eles mesmos gostavam de afirmar, não foi a primeira guerra mundial que deu aos fascistas a possibilidade de inaugurarem um movimento de massas. Tal como, dentro de cada país, sempre que deparou com uma situação revolucionária o fascismo só adquiriu força significativa depois de o movimento operário estar minado por dentro, também no âmbito mundial ele só se expandiu com o esmorecimento da ampla vaga insurreccional que de um lado ao outro da Europa convertera a guerra numa revolução. Apenas então os fascistas puderam transpor os princípios militares para a sociedade civil.

5. A «TRINCHEIROCRACIA»

O fascismo, enquanto caso extremo de conjugação de classes antagónicas, requeria forças capazes de contrariarem as inevitáveis tendências centrífugas. Para isso recorreu à guerra, experiência de coesão entre pessoas dos mais variados grupos sociais perante um inimigo comum. O modelo do conflito entre nações seria usado como antídoto à hostilidade entre classes e, ao mesmo tempo, serviria para superar as barreiras com que se defrontava o desenvolvimento económico. Mas inspirar-se na guerra para resolver os problemas nacionais, quando ela fora tão obviamente uma ocasião de ruptura dos consensos e fornecera a oportunidade para avolumar e internacionalizar a agitação social, exigia a adulteração da verdade, a conversão da história em ficção. A guerra alimentou a mitologia política do fascismo.

Os nacionalistas alemães dedicaram-se com afã a esquecer as contradições da época imperial e o impasse a que havia chegado a condução da guerra para melhor concentrarem os ódios na revolução dos conselhos. Foi para isto que serviu a tão difundida tese da «punhalada nas costas»[236] ou, na fórmula de um literato que mais tarde haveria de ser especialmente apreciado pelos nacionais-socialistas, «Siegfried foi assassinado por Hagen»[237]. Um marechal francês e membro da Academia, no prefácio que escreveu a uma tradução do primeiro dos romances de Ernst Jünger, teve a prosápia de converter esses traumas em lei histórica, afirmando que «a vitória será sempre determinada pela acção dos combatentes da linha de frente. O drama é que essa vitória é muitas vezes perdida pelos da retaguarda»[238]. «É uma verdade axiomática», ironizou um conhecido intelectual, «que nunca um exército perde uma guerra. Os seus corajosos soldados e os seus omniscientes generais são apunhalados nas costas por civis traiçoeiros»[239]. Esta alegre divisão das responsabilidades permitiu que o estado-maior da Reichswehr e os seus ideólogos se proclamassem ao longo dos anos de Weimar como herdeiros de uma vitória, ainda que espiritual, e portanto mensageiros de novos e maiores triunfos. Também os nacionalistas italianos se sentiam espoliados, já que durante as negociações de Paris os principais países da *Entente* se haviam apoderado dos frutos suculentos e sobrara para a Itália, na frase de D'Annunzio, uma «vitória mutilada»[240]. Uma vez mais, os diplomatas e os políticos, para nem falar nos grevistas que minaram o moral da pátria, teriam traído os feitos de armas, aliás tanto mais mitificados quanto, no caso dos generais italianos, eram francamente duvidosos.

Para ambas estas versões, a dos derrotados e a dos frustrados vencedores, a guerra era idealizada como experiência redentora. A fraternidade do perigo, estabelecida entre os homens no campo de batalha, passou a servir de modelo às relações sociais. «A trincheirocracia», proclamou Mussolini antes ainda de terminado o conflito, «é a aristocracia das trincheiras. É a aristocracia de amanhã! É a

---

236. Benoist-Méchin (1964–1966) I 45–49, 74, II 76.
237. Ludwig Finckh num artigo de Janeiro de 1919, em A. Kaes et al. (orgs. 1995) 415.
238. A. Juin (1987) 12.
239. N. Chomsky (1969) 384.
240. Citado em M. Angenot (2013) 129 n. 221 e R. Hofmann (2015) 41.

aristocracia em acção. Ela surge das profundezas. Os seus pergaminhos são de um esplêndido vermelho, cor do sangue»[241]. A esta nova elite chamou Ernst Jünger *Arbeiter-Soldat*, operário e soldado fundidos num sintagma[242], e talvez ninguém tivesse exprimido com um lirismo mais elegante a brutalidade desta ideia, numa passagem onde ouço a certo momento o eco das palavras que Balzac, em *Une Ténébreuse Affaire*, colocou na boca de Napoleão mostrando à jovem Laurence de Cinq-Cygne as tropas prontas a travar batalha junto a Jena. «[…] este é o homem novo, o pioneiro da tempestade, a elite da Europa Central», escreveu Jünger. «Uma raça completamente nova, inteligente, enérgica, forte e voluntariosa. O que aqui se revela como uma visão será amanhã o eixo em torno do qual a vida há-de girar cada vez mais veloz. O caminho nem sempre terá de ser aberto, como aqui, pelas crateras das bombas, pelo fogo e pelo aço, mas a marcha acelerada a que os acontecimentos aqui se desenrolam, o ritmo habituado ao ferro, esse manter-se-á o mesmo. A luminosidade crepuscular de uma era em declínio é de súbito uma alvorada em que nos armamos para novas e mais duras batalhas. Lá atrás, muito longe, as cidades gigantescas, as hostes de máquinas, os impérios, cujos elos mais íntimos se romperam na tempestade, aguardam os homens novos, os homens sagazes e testados no campo de batalha, impiedosos para com eles próprios e para com os outros. Esta guerra não representa o fim da violência, mas o seu prelúdio. É a forja em que a golpes de martelo se criarão no novo mundo novas fronteiras e novas comunidades. Há novas formas, esperando ser preenchidas com sangue, e o poder será mantido por um punho duro. A guerra é uma grande escola, e o homem novo ostentará a nossa marca. […] É isto a guerra. Tudo o que há de melhor e mais valioso, a mais elevada emanação da vida, serve apenas para ser lançado nas suas goelas vorazes. Basta uma metralhadora, basta uma fita de munições a deslizar suavemente durante um segundo, e vinte e cinco homens — podia cultivar-se com eles uma ilha de boas dimensões — ficam pendurados no arame farpado, em massas es-

---

241. Benito Mussolini em *Il Popolo d'Italia*, 15 de Dezembro de 1917, antologiado em R. Griffin (org. 1995) 28. Consultar igualmente P. Milza (1999) 213 e J. Ploncard d'Assac (1971) 107. Quanto às origens do ideal político da «trincheirocracia» ver E. Santarelli (1981) I 78 e M. Sznajder (2002) 426.
242. D. Pels (1998) 8–9, 14.

farrapadas que se decomporão lentamente. São estudantes universitários, jovens oficiais orgulhosos de um nome de família com velhas tradições, mecânicos, herdeiros de férteis fazendas, insolente ralé das grandes cidades e alunos de institutos especializados [...]»[243].

Ernst Jünger estava próximo do nacional-bolchevismo e era amigo de Niekisch[244], mas do outro lado do fascismo, na sua vertente conservadora, Alfred Rosenberg escreveu também, nove anos depois de terminada aquela guerra: «Os homens de cinzento [a cor do uniforme dos soldados alemães] trouxeram algo de novo do campo de batalha: o sentido da coesão social e nacional das várias classes»[245]. Mais tarde, na prisão de Nuremberga, nas páginas em que à beira da morte reflectiu sobre a sua vida, Rosenberg insistiu no mito: «A camaradagem transcendendo todas as classes e todos os partidos foi sem dúvida uma grande experiência. Daí nasceu o Socialismo da Frente. E tranformá-lo em Nacional-Socialismo foi a tarefa que o soldado, cabo e sargento Adolf Hitler definiu para si próprio»[246]. Outro dos sempre fiéis seguidores do Führer, Robert Ley, escreveu em 1935 que «a revolução alemã», ou seja, a ascensão dos nacionais-socialistas ao poder, «começou nos dias de Agosto de 1914» e explicou: «As granadas e as minas não perguntavam se tínhamos nascido na elite ou na plebe, se éramos ricos ou pobres nem a que religião ou grupo social pertencíamos. Pelo contrário, este foi um magnífico e poderoso exemplo do significado e do espírito de comunidade»[247].

Situado a meio entre Jünger e Ley ou Rosenberg no leque do fascismo, Gregor Strasser, a figura mais proeminente da ala populista do nacional-socialismo, proclamou num discurso em 1927 que a guerra demonstrara na prática a necessidade de integrar a classe trabalhadora no todo nacional. «Como nos tornámos nacionalistas nas trincheiras, não podíamos deixar de nos tornar socialistas nas trincheiras», disse ele[248]. E num discurso pronunciado no final de

---

243. Ernst Jünger em *Der Kampf als inneres Erlebnis*, antologiado em A. Kaes et al. (orgs. 1995) 19–20.
244. J. Herf (1986) 100.
245. Citado em R. Cecil (1973) 70.
246. A. Rosenberg [s. d. 1] 77.
247. Citado em J. Herf (1986) 38 n. 57.
248. Citado em J. Noakes et al. (orgs. 2008–2010) I 42.

1933 Ernst Röhm, chefe das SA, que politicamente estivera, ou estava ainda, muito próximo de Gregor Strasser, considerou os soldados das trincheiras de um e outro lado das frentes de batalha, na Itália ou na Alemanha, como geradores do fascismo[249]. Nas palavras de Maurice Bardèche, decano do fascismo francês do pós-guerra, «o verdadeiro socialismo é a lei do soldado»[250].

Contra o marxismo, que apresenta a actividade na esfera da produção como a condicionante de todo o relacionamento humano, determinando a solidariedade entre os explorados e as clivagens sociais devidas à exploração, os nacionalismos irredentistas e imperialistas proclamavam a guerra como o fundamento real de um paradigma oposto. Quando os ideólogos e os políticos da direita radical e do fascismo enunciavam a absoluta necessidade de uma hierarquia e, ao mesmo tempo, afirmavam que ela constituía o quadro mais sólido para a fusão de todas as pessoas numa comunidade nacional, estavam a introduzir no âmbito da sociedade civil a experiência da guerra. O fogo inimigo não escolhia as vítimas, e embora o exército apresentasse a forma mais extrema e explícita de gradação hierárquica, a morte surgia ali como a justiça nas alegorias, de olhos vendados, e a sua grande foice era o agente democratizador, irmanando ricos e pobres, oficiais e soldados, num mesmo amanhã de sangue. Agostino Lanzillo, fidelíssimo discípulo italiano de Sorel e apoiante de Mussolini desde 1914, escreveu que a guerra «destruíra os aspectos mais visíveis e dramáticos da divisão de classes, juntando todas as classes num corpo único, sustentado por um ideal transcendente e capaz da suprema abnegação — a morte»[251].

Isto era palavreado para o grande público. Mais reservadamente, a primeira guerra mundial fornecera a oportunidade de levar a planificação central da economia a um ponto até então inatingido e abrira aos gestores possibilidades de actuação muitíssimo amplas. O conflito serviu, assim, não só de modelo para renovar as relações sociais nacionalistas, mas igualmente de experiência de reorganização económica estatal. Este processo verificou-se em todos os países be-

---

249. E. Röhm (1975) 3–4, 6–7, 9. Trata-se de um discurso pronunciado por Röhm em Berlim, perante o corpo diplomático, em 7 de Dezembro de 1933.
250. M. Bardèche (1994) 74.
251. Citado em Z. Sternhell et al. (1994) 180. Para a caracterização política de Lanzillo ver a pág. 192.

ligerantes, mas foi sobretudo notável na Alemanha, cujo isolamento geográfico entre potências hostis e cuja escassez de matérias-primas obrigaram a um aproveitamento rigoroso e sistemático de todos os recursos. A economia de guerra do estado-maior alemão inspirou as medidas de planificação nos demais países, desde os capitalismos democráticos até à Rússia leninista[252].

O fascismo pôde ser a revolta no interior da coesão social, a revolução dentro do conservadorismo, porque transpôs para a sociedade civil a experiência que os seus fundadores haviam encontrado nos campos de batalha. Como escreveu um historiador, invertendo uma fórmula célebre, tratou-se de «prosseguir a guerra na política com meios praticamente inalterados»[253]. Organizar a nação consoante princípios de obediência tão fortes e indisputados como os que presidem às cadeias de comando militares e, ao mesmo tempo, proceder a uma mistificação de igualdade formal entre as pessoas de todas as classes sociais tão ilusória e poderosa como a democratização suscitada pela presença iminente da morte nas trincheiras — este paradoxo, que o fascismo conseguiu implantar na realidade, só era possível depois da guerra e em função dela. O segredo da política interna fascista consistiu em fomentar um espírito de guerra em tempo de paz. Um crítico sagaz do nacional-socialismo observou que «a Alemanha aprendeu as lições de 1914, compreendeu que a preparação para a guerra tem de começar durante a paz, que guerra e paz deixaram de ser duas categorias distintas e constituem duas expressões de um mesmo fenómeno — o fenómeno da expansão»[254].

Walter Benjamin foi, como tantas vezes era, muito lúcido quando, ao comentar a prosa de Ernst Jünger e dos seus émulos, advertiu que «na verdade, as virtudes que eles celebram, da dureza, da discrição e da implacabilidade, não caracterizam tanto o soldado como o militante de classe experiente. O que aqui se desenvolveu, primeiro sob a aparência do voluntário da Grande Guerra e depois com o mercenário do pós-guerra, foi na verdade o convicto combatente de

---

252. «A máxima formulada durante a guerra por Walther Rathenau para o "novo sistema económico" alemão e que entre nós é tão impopular, "o indivíduo deve ficar pobre na colectividade rica", querem aplicá-la integralmente os dirigentes do regime bolchevista», observou A. Feiler (1932) 93.
253. J. C. Fest (1974) 172.
254. F. Neumann (1943) 232.

classe fascista. E quando aqueles autores referem a nação, o que eles querem dizer é uma classe dominante apoiada nessa casta [...]»[255]. A percepção foi justa, porque mais tarde os ss haveriam de se proclamar «soldados políticos». Se, como tinham previsto Jaurès e a minoria de Zimmerwald, o conflito entre nações se transformara numa guerra de classes, agora, depois da derrota do internacionalismo revolucionário, eram os outros guerreiros de classe que surgiam, dissimulados sob o mito da fraternidade das armas.

A visão mussoliniana de uma «trincheirocracia» realizou-se na vida política da Itália quando os *arditi*, caçadores alpinos empregues durante a guerra em operações de assalto arriscadas, deram lugar ao fenómeno do *arditismo civile*, directamente inspirador das milícias fascistas[256]. Na génese dos Fasci di Combattimento os ex-combatentes, muitos deles ainda mobilizados, constituíram uma das forças principais[257], e mais ainda pelo facto de os restantes componentes dos Fasci terem procurado naqueles corpos militares a inspiração para as suas formas de organização e para os seus métodos de actuação. A violência que deles emanava foi um factor decisivo na radicalização das correntes conservadoras, e assim, no vertiginoso jogo de enganos a que se resumiu a elaboração ideológica do fascismo, estes militantes da direita mais extrema situaram-se na ponta esquerda da geografia interna dos Fasci, pressionando os avanços de Mussolini e procurando erguer-lhe obstáculos sempre que ele recorria a medidas conciliatórias[258]. Até a ideia da Marcha sobre Roma, tão importante na preparação da conquista do Estado e que ocupou mais tarde um lugar central na mitologia fascista, nasceu entre os ex-combatentes[259]. Do mesmo modo, na Alemanha de Weimar foram os antigos soldados e oficiais enquadrados nos corpos

---

255. Walter Benjamin num artigo publicado em 1930, antologiado em A. Kaes et al. (orgs. 1995) 163. Numa perspectiva convergente ver D. Pels (1998) 14.
256. E. Santarelli (1981) I 95–97, 102, 145. Os *arditi* constituíram um «fenómeno guerreiro mais urbano do que rural, mais operário do que camponês, e por isso mais sensível e aberto às repercussões da luta política sobre o estado de espírito dos combatentes», recordou G. Bottai (1949) 9. «Muitos, naquelas formações de voluntários do perigo, eram oriundos de partidos extremistas ou de posições intelectuais extremas: ex-anarquistas, socialistas, sindicalistas, nacionalistas integrais [...]».
257. S. G. Payne (2003 b) 90; E. Santarelli (1981) I 96–97, 145.
258. E. Santarelli (1981) I 183.
259. Id., ibid., I 124–125 n. 1.

francos quem primeiro forneceu a Hitler as milícias[260], animando de então em diante a tradição radical do nacional-socialismo.

Fardadas, perfiladas, desfilando, gesticulando e gritando em uníssono, ouvindo discursos não como pessoas em assembleias mas como soldados na parada, que batalhas travavam estas multidões recentes, reunidas, quando não arrebanhadas, pelos homens de mão dos novos chefes? Para o fascismo a paz era uma guerra suspensa. As técnicas de mobilização, que os estados-maiores haviam reservado a quem constasse das listas do recrutamento, expandiram-se a toda a população e converteram-se em modelo do Estado totalitário ou da raça de senhores. Foi mediante esta mobilização geral que se disseminaram os aspectos principais da ideologia fascista, o culto da virilidade, o amor do risco, a apologia da morte, o fascínio pela vertente destruidora da civilização mecânica, o afã sádico de mandar e o paradoxal prazer masoquista da obediência, a exaltação da novidade sem ultrapassar as sombras da tradição. Que prosaico! Será que a mística do irracionalismo não foi mais do que uma psicologia de sargento?

---

260. E. K. Bramstedt (1945) 227; A. Bullock (1972) 67, 73; J. Droz [s. d.] 10; K. Heiden (1934) 86, 89.

Capítulo 5
Perspectivas de crítica ao fascismo

1. A CRÍTICA DO FASCISMO REQUER UMA CRÍTICA DO CAPITALISMO E UMA AUTOCRÍTICA DO MOVIMENTO OPERÁRIO

Na encruzilhada da ordem e da revolta, o fascismo é penoso de explicar porque exige uma visão crítica tanto da sociedade capitalista como dos movimentos anticapitalistas. «A história do fascismo, de que ninguém se ocupa, é a história do antifascismo, com todos os seus erros», observou uma escritora italiana antes de ela própria se tornar um erro do antifascismo[1]. Foram poucos os que sentiram a urgência de situar no mesmo campo histórico o fascismo e a luta contra o fascismo, e menos ainda os que se lançaram a um esforço de pesquisa tão complexo e multifacetado. Geralmente o fascismo é analisado ou por autores que pretendem ilibar o capitalismo liberal das suas consequências mais perversas e mais odiadas ou por autores que procuram atribuir apenas às formas tradicionais de capitalismo a responsabilidade do fascismo, ocultando a participação de importantes vertentes do movimento anticapitalista na génese e na consolidação do fascismo e a ajuda que em várias ocasiões lhe foi prestada pelo capitalismo de Estado soviético.

São raros os historiadores situados na esquerda que chamem a atenção para a partilha de quadros ideológicos e muito menos de quadros organizacionais por certas vertentes do fascismo e por sectores, por vezes significativos, do movimento revolucionário, bem como para a circulação de pessoas entre os dois campos opostos, e que procurem nesta funesta inter-relação o segredo de tantos e repetidos fracassos da esquerda. Decerto, o estabelecimento de filiações ideológicas pode ser um exercício sem fim, e com imaginação

---

1. M.-A. Macciocchi (1976 d) II 335.

e alguma erudição pode-se ir até épocas cada vez mais remotas, deixando então as conclusões de ser pertinentes. Mas o que aqui me ocupa são filiações ideológicas que, por vias directas ou sinuosas, correspondem a um substrato organizacional. Não se trata de coincidências nem de temas que, embora formalmente comuns, tivessem sido glosados de maneiras diferentes em épocas e meios sociais diferentes. Trata-se de raízes e teias ideológicas que supõem a existência subjacente de nexos práticos. A especificidade do fascismo consistiu na forma como alguns temas da extrema-esquerda encontraram eco na extrema-direita, mas esta receptividade não poderia verificar-se se o movimento operário não tivesse começado já a dar a esses temas outra conotação e se entre ambos os extremos não houvesse um encadeado de acções e uma circulação de figuras políticas. Todavia, quando não são inteiramente escondidos, os traços da inspiração revolucionária sem a qual o fascismo não teria conseguido nascer e desenvolver-se são relegados pela generalidade dos historiadores de esquerda para as notas de rodapé e esquecidos nas conclusões. Quanto àqueles poucos autores que possuíram a coragem intelectual de evidenciar a participação de sectores do movimento anticapitalista na génese do novo tipo de nacionalismo radical, o silêncio com que a sua obra tem sido coberta funciona como a mais eficaz das censuras. E se o silêncio for impossível, o escândalo serve para a atenuar a repercussão desses historiadores incómodos.

Como lhe sucedeu tantas vezes, George Orwell foi muito perspicaz, num dos seus ensaios, ao observar a surpreendente variedade das figuras de renome que apoiaram o fascismo, vindas de todos os quadrantes da sociedade e representativas das mais diversas correntes políticas, comportamentos pessoais e atitudes estéticas[2]. Em vez de se localizarem numa área restrita, as raízes do fascismo projectavam-se, pelo contrário, em todas as direcções. Por isso, qualquer estudo do fascismo que não seja ao mesmo tempo uma crítica do capitalismo liberal e uma autocrítica do movimento anticapitalista fica condenada a falhar nas questões fundamentais.

---

2. «Looking Back on the Spanish War», em G. Orwell (1998 a) 1–22. A passagem a que me refiro encontra-se na pág. 19.

2. AS DEMOCRACIAS REFIZERAM UMA VIRGINDADE

O passado das democracias condiciona as interpretações propostas pela historiografia liberal ou conservadora, que apresenta o fascismo como um facto sem origem, uma ocorrência abrupta, mal explicada por psicologias patológicas, individuais ou de massas.

Ivanoe Bonomi e Benedetto Croce defenderam que o fascismo fora «um parêntesis» na história da Itália[3], Meinecke, já muito idoso, escreveu que o nacional-socialismo tinha sido imposto aos alemães a partir do exterior[4] e Ernst Cassirer sustentou que Hitler fora um erro na história da Alemanha[5]. Por outros caminhos chegou-se a um resultado idêntico no Oriente logo após a guerra, quando «a aliança nascente entre o Japão e os Estados Unidos teve como premissa uma revisão da história japonesa que deixou de lado o fascismo»[6]. Mais recentemente, ao analisar a postura ideológica de José María Aznar, primeiro-ministro da democracia espanhola, um historiador considerou que para ele o regime de Franco seria «uma espécie de parêntesis, de anomalia histórica»[7]. Num plano grotesco, o juiz Mornet, que, apesar de ter sido nomeado pelo governo de Vichy para a comissão que cancelou a nacionalidade francesa aos refugiados recentes, se encarregou da acusação nos processos contra Pétain e Laval, escreveu um livro com o título de *Quatro Anos a Riscar da Nossa História*[8].

Se bem que a função da história consista em situar os acontecimentos na profundidade do tempo e em desenhar-lhes o contexto e a estrutura, os autores que abordam o fascismo numa perspectiva liberal ou conservadora esmeram-se em isolar o objecto de estudo. Aliás, a doutrina hoje prevalecente é que não existiu fascismo, apenas regimes distintos que não cabe inserir num quadro comum, mesmo que os contemporâneos os apresentassem a todos como fascismos. Daí a sensação de insuficiência que estas obras inevitavelmente oca-

---

3. M. Angenot (2013) 207; R. De Felice (1978) 36, 50; A. Lyttelton (1982) 6; Z. Sternhell et al. (1994) 3.
4. W. Lepenies (2006) 195.
5. Id., ibid., 77.
6. R. Hofmann (2015) 236.
7. P. C. González Cuevas (2016) 228.
8. R. O. Paxton (1973) 317–318.

sionam, passando ao lado do fundamental e deixando o fascismo por explicar. O leitor fica sem entender como foi possível que tanta gente adquirisse ideias para as quais não são apresentadas filiações e os seus chefes obtivessem o apoio de abundantes seguidores, quando se afirma que tudo os distanciava da velha cultura burguesa e das novas formas organizativas e ideológicas preconizadas pela tecnocracia. Chega-se a uma situação estranha. Em cada país onde vigorou, o fascismo procurou legitimar-se com o argumento de que era indispensável ao restabelecimento do passado heróico nas ambicionadas dimensões e ao mesmo tempo correspondia às exigências modernas da sociedade. Mas depois de passar pelas mãos, ou antes pelos cérebros, daqueles historiadores, o fascismo ficou desprovido dos elos que o haviam ligado tanto à tradição como à modernidade. Para a cultura liberal ou conservadora a história do fascismo tem sido, acima de tudo, o melhor pretexto para reinventarem a sua própria história, adquirindo neste exercício um verniz de inocência.

E assim, após o termo da segunda guerra mundial o conhecimento público dos horrores do fascismo, sobretudo do nacional-socialismo, permitiu ao capitalismo democrático refazer uma virgindade, disfarçando as suas formas próprias de totalitarismo, directamente empresariais, e encobrindo os vínculos económicos e políticos que têm sempre ligado as várias modalidades de realização do capital. Com efeito, os principais regimes parlamentares europeus e a grande democracia norte-americana nunca teriam deixado o Duce ampliar a sua esfera de influência no Mediterrâneo e em África nem teriam permitido o programa de militarização e as iniciativas diplomáticas que colocaram o Führer em situação ideal para desencadear a guerra se não tivessem sérias razões para lhes estarem gratos.

Os regimes parlamentares de carácter conservador ou liberal saudaram em Mussolini o homem que teria posto termo à subversão e insuflado na classe trabalhadora a necessária disciplina[9]. Pois não eram essas mesmas democracias que se esforçavam por amordaçar e desarticular o movimento operário? Em França, por ocasião da greve dos transportes em Maio de 1920, antes mesmo de os fascistas italianos terem começado a dar o exemplo do emprego sistemático de milícias contra as organizações de trabalhadores, o governo dis-

---

9. P. Milza (1999) 406, 410, 415; E. Santarelli (1981) I 489, 490, 492.

tribuiu verbas consideráveis à associação dos antigos combatentes para que ajudasse a manter a ordem e, também sob tutela governamental, formaram-se milícias de voluntários destinadas a substituir os grevistas. Parece que os seus serviços foram pouco utilizados, mas isto não retira importância ao facto de mais de quinze mil pessoas se terem oferecido para fazer funcionar os transportes públicos urbanos, imobilizados pela greve[10]. Será que os processos empregues por um regime tão resolutamente democrático como o francês contribuíram para inspirar ao fascismo italiano a violência antidemocrática dos *squadristi*?

Na realidade as influências ocorreram em ambos os sentidos. Considerando que «a Itália nos deu o antídoto necessário contra o veneno vermelho»[11], Winston Churchill, ministro do Tesouro no governo chefiado por Baldwin, não poupou termos entusiásticos para elogiar Mussolini numa conferência de imprensa realizada em Janeiro de 1927: «É completamente absurdo pretender que o governo italiano não assenta numa base popular e não emana do consenso activo e prático das grandes massas. […] Se eu fosse italiano, tenho a certeza de que estaria inteiramente ao vosso lado, desde o começo até ao fim da vossa luta vitoriosa contra os apetites bestiais e as paixões do leninismo»[12]. Nesse mesmo ano de 1927, decerto para refrear a bestialidade dos apetites, o governo britânico promulgou uma nova legislação proibindo as greves gerais, dificultando a convocação de greves de solidariedade e estabelecendo um sistema oficial de arbitragem nos conflitos[13]. Um artigo publicado então num dos órgãos doutrinários mais importantes do fascismo italiano considerou que aquela legislação encetara uma linha que, a desenvolver-se, resultaria em algo de semelhante à *Carta del Lavoro*[14]. Meia dúzia de anos mais tarde, em 1933, quando já não ocupava nenhuma posição governamental, de novo Churchill classificou o

---

10. Ch. S. Maier (1988) 200.
11. Citado em M. Baumont (1951) 368.
12. Citado em P. Milza (1999) 422. Ver igualmente R. P. Dutt (1936) 384, R. Griffin (2011) 100 e G. Lukacs (2011) 42. Por seu lado, segundo J. Goldberg (2009) 33, a esposa de Churchill, Clementine, apreciava os «belos olhos penetrantes e castanho-dourados» de Mussolini.
13. E. Santarelli (1981) I 490.
14. Id., ibid., I 499 n. 1.

Duce como «o maior legislador vivo»[15]. Aliás, convém recordar que na Grã-Bretanha uma lei destinada a restringir os direitos políticos, promulgada em 1936 com o pretexto de limitar a liberdade de acção de que beneficiava o movimento fascista, foi aplicada pela primeira vez no ano seguinte, mas contra os mineiros do Nottinghamshire em greve[16].

Por seu lado, a tradição democrática dos Estados Unidos não impediu que a AFL mantivesse relações cordiais com os Fasci criados entre os imigrantes de origem italiana[17]. Um historiador evocou «a consideração gozada pelo ditador latino nos Estados Unidos durante os quinze primeiros anos da era fascista, tanto junto aos dirigentes políticos e aos homens de negócios como entre vastos sectores da opinião pública»[18]. Para esta popularidade contribuía sem dúvida o afã com que William Randolph Hearst, detentor da maior rede de periódicos norte-americana, conduzia uma campanha em prol de Mussolini[19]. Neste contexto, talvez não fosse uma simples palhaçada o facto de o presidente Hoover ter saudado com o braço estendido o notório chefe *squadrista* Dino Grandi, então ministro dos Negócios Estrangeiros[20]. E também o seu sucessor, Franklin Delano Roosevelt, manifestou uma certa convergência de pontos de vista e uma certa comunidade de interesses com o Duce e o seu regime[21].

Na Alemanha, a lei destinada a proteger as instituições da república de Weimar, promulgada contra a extrema-direita e os fascistas após o assassinato de Rathenau, passou depois a aplicar-se aos comunistas, precisamente quando o partido nacional-socialista crescia ameaçadoramente[22]. Se foi esta a atitude da própria democracia alemã, compreende-se que a lista dos financiadores e simpatizantes estrangeiros com que Hitler contava, sobretudo nos três primei-

---

15. Citado em S. G. Payne (2003 b) 218.
16. *The Economist*, 22 de Março de 1986, pág. 63. Ver também D. Botsford (1998) 5. Th. Linehan (2000) 121 n. 124 observou que «na opinião da esquerda, a nova Lei da Ordem Pública constituía fundamentalmente um ataque às liberdades cívicas em geral». Parece que a esquerda tinha razão.
17. E. Santarelli (1981) I 479 n. cont.
18. P. Milza (1999) 623. Ver no mesmo sentido J. Goldberg (2009) 26–30.
19. P. Milza (1999) 624.
20. Id., ibid., 517.
21. J. Goldberg (2009) 122–123, 147–148, 156, 295; P. Milza (1999) 625.
22. E. Salomon (1993) 115–116.

ros anos da década de 1930, incluísse alguns dos principais chefes de indústria e proprietários de importantes cadeias de informação das outras democracias, por exemplo o director-geral do grupo de companhias petrolíferas Royal Dutch-Shell, Sir Henri Deterding, ou Lord Rothermere, o magnate da imprensa britânica, ou ainda o seu equivalente norte-americano, Randolph Hearst, e parece que também o grande patrão da indústria automobilística, Henry Ford[23]. Eles mais não faziam, aliás, do que ecoar os relatórios emanados das embaixadas em Berlim, geralmente favoráveis aos projectos que previam a inclusão de Hitler num futuro governo[24]. Não espanta que os investimentos estrangeiros na indústria alemã, expressão económica da credibilidade política, tivessem aumentado após a nomeação de Hitler para a Chancelaria em Janeiro de 1933[25].

Aliás, desde há muito que os capitalistas alemães haviam estabelecido relações estreitas com o capital britânico. O aparelho repressivo nacional-socialista pôde consolidar-se e o Reich conseguiu prosseguir sem obstáculos o seu rearmamento e alcançar consideráveis triunfos diplomáticos porque os sucessivos governos de Londres serviram os interesses daqueles homens de negócios para quem eram muito valiosas as relações com a economia alemã e que haviam assistido com grande satisfação à derrota do movimento operário. Lloyd George preveniu, num discurso pronunciado em Setembro de 1933:

---

23. L. I. Guintsberg (1957) 172, 174–175. Quanto a Lord Rothermere, proprietário do *Daily Mail*, ver igualmente A. Bullock (1972) 161 e L. Waddington (2007) 66. Acerca da influência exercida por Sir Henri Deterding sobre Hitler consultar H. Rauschning (1939) 82–83. Por seu lado, H. A. Turner Jr. (1985) 270 considerou que apenas em 1936, já aposentado das funções de director da Shell, Deterding teria começado a manter relações estreitas com o NSDAP e que só então lhe entregara alguns subsídios, mas este historiador estava sempre pronto a pôr em dúvida a simpatia que os grandes homens de negócios pudessem sentir por Hitler e presumia que todos os financiamentos políticos deixassem obrigatoriamente traços na documentação das empresas. Algumas dúvidas se levantam a respeito das relações financeiras entre Henry Ford e o partido de Hitler, como pode ver-se em K. Heiden (1934) 147, A. Hitler (1995) 583 n. 2 e M. Sayers et al. (1947) 177–178. É curioso que na obra anti-semita de que tomou a iniciativa e que assinou com o seu nome, Henry Ford tivesse escrito ou mandado escrever que Hearst era «um agitador perigoso» e que «rodeou-se de um estado-maior de judeus, favoreceu-os e tratou-os com luvas de veludo». Ver H. Ford (1932) 331. Ver ainda no capítulo 2 do livro *Do racismo democrático ao racismo fascista* a n. 41.
24. L. I. Guintsberg (1957) 173–174, 177–180, 185.
25. Ch. Bettelheim (1971) I 94.

«Se as potências conseguissem abater o nazismo na Alemanha, o que é que o substituiria? Não um regime conservador, nem socialista, nem liberal, mas o comunismo absoluto. Decerto não é isto que elas pretendem»[26]. O entusiasmo pelo anticomunismo de Hitler levou Lloyd George, três anos depois, a equiparar o *Mein Kampf* à Magna Carta[27] e em Novembro de 1939, derrotada a Polónia, Hitler confidenciou a Rosenberg que o único político que poderia levar a Grã-Bretanha a assinar a paz com o Reich seria Lloyd George[28]. Em Julho de 1940 o Führer continuava a interessar-se pelas posições de Lloyd George, considerando possível que ele se juntasse a Chamberlain e Halifax para formar um gabinete[29], e ainda o elogiava em 1942, entre os íntimos. «Infelizmente», suspirou ele, «tem vinte anos a mais»[30]. Mas aquela voz, apesar do prestígio de que beneficiava, pertencia a uma figura da oposição.

A questão tornava-se verdadeiramente séria quando as mesmas ideias eram expressas por membros do governo. Ao visitar o Reich no início de 1936, o marquês de Londonderry, que de 1931 até 1935 fora secretário de Estado da Aviação, elogiou a atitude robusta da Alemanha perante o bolchevismo[31]. Mais significativo foi o caso de um dos ministros de maior peso no governo de Baldwin, o visconde de Halifax, que comunicou pessoalmente ao Führer a gratidão que sentia pelo facto de ele ter destroçado o comunismo e obstruído o caminho da revolução na Europa ocidental[32]. A táctica de concessões ao nacional-socialismo, aplicada ainda mais sistematicamente pelo governo seguinte, torna-se compreensível se soubermos que a família do primeiro-ministro Neville Chamberlain tinha uma participação significativa nas filiais inglesas de importantes firmas alemãs, como a Mannesmann e a Siemens[33]. Aliás, não seria o anti-semitismo a

---

26. Citado em R. P. Dutt (1936) 325. Em 1934 Lloyd George fez novos elogios a Hitler, como se lê em W. Laqueur (1996) 71.
27. J. Lukacs (2011) 138 n.
28. J. Noakes et al. (orgs. 2008–2010) III 151.
29. Id., ibid., III 180.
30. Em 6 de Janeiro de 1942, em *Hitler's Table Talk*..., 184. Mais elogios em 27 de Janeiro e 22 de Agosto de 1942, nas págs. 259–260 e 657.
31. L. Waddington (2007) 66-67, 71-72.
32. Id., ibid., 2; E. Weber (1965 b) 20. Ver igualmente J. Lukacs (2011) 48.
33. Ch. Bettelheim (1971) I 95. É curioso saber que até 1937, enquanto morava na residência oficial destinada ao ministro das Finanças, Chamberlain alugou a sua casa

distanciar Chamberlain do regime nacional-socialista[34]. Nos primeiros dias de Setembro de 1938, enquanto a diplomacia britânica se esforçava, com inteiro sucesso, por obrigar a Checoslováquia a entregar-se a Hitler, o encarregado de negócios germânico em Londres contactou secretamente o ministro dos Negócios Estrangeiros, Halifax, em nome do grupo de generais da Wehrmacht que, sem grande empenho, conspirava para derrubar o regime nacional-socialista e evitar a guerra. Mas ao ser informado do encontro Neville Chamberlain manifestou pouco entusiasmo, argumentando: «E se esses cavalheiros conseguirem o que pretendem, quem me garante que a Alemanha não caia no comunismo?»[35]. Do mesmo modo fracassaram todas as outras tentativas da oposição conservadora para fazer com que o governo britânico se opusesse claramente aos desígnios expansionistas de Hitler, já que havia o receio de que os conspiradores ligados ao Ministério dos Negócios Estrangeiros e à Wehrmacht fossem nostálgicos da orientação pró-soviética que caracterizara a Reichswehr[36].

As democracias não se inquietaram com a expansão dos fascismos porque haviam visto com bons olhos a sua política interna, e manifestaram repetidamente confiança na diplomacia de Mussolini[37]. Aliás, conduzindo directa ou indirectamente o Ministério dos Negócios Estrangeiros, o Duce prosseguiu durante muito tempo uma orientação exterior desprovida de carácter ideológico específico, preocupando-se apenas com a inserção do seu país na rede de alianças tecida pelas democracias e indo ao ponto, por exemplo, de aprovar a ocupação franco-belga do Ruhr[38]. Apesar do seu anticomunismo, o governo da Itália fascista contou-se em Fevereiro de 1924, ao lado do governo britânico, entre os primeiros a reconhe-

---

particular ao embaixador alemão Ribbentrop. Ver a este respeito J. Lukacs (2011) 54 n.
34. Acerca do anti-semitismo de Neville Chamberlain ver J. Lukacs (2011) 43.
35. Citado em Benoist-Méchin (1964–1966) VI 340 n. cont. J. C. Fest (1974) 964 atribuiu a Chamberlain uma frase idêntica, mas numa conversa com o general Gamelin, chefe do estado-maior da Defesa Nacional francesa, em Setembro de 1938.
36. J. C. Fest (1974) 960–965.
37. P. Milza (1999) 404 e segs.; E. Santarelli (1981) II 84.
38. P. Milza (1999) 407–408; E. Santarelli (1981) I 344.

cerem *de jure* o regime soviético[39] e em Setembro de 1933 assinou com a União Soviética um pacto de amizade, não-agressão e neutralidade[40]. Entretanto a rede de consulados italianos na União Soviética tornara-se mais vasta do que a de qualquer outro país[41]. Stalin reconheceu em 1934 que «o fascismo italiano não impediu a Rússia de estabelecer as melhores relações com esse país»[42].

Por outro lado, desde o bombardeamento e a invasão de Corfu, em Agosto de 1923, os governos francês e britânico aceitaram que o novo regime italiano manifestasse agressividade fora das fronteiras, temendo que uma derrota diplomática acarretasse a sua queda[43]. A conquista da Etiópia, a mais notável expressão do imperialismo italiano até ao começo da segunda guerra mundial, foi preparada pelo acordo firmado em 1925 com o governo britânico, destinado a dividir aquele país em duas zonas de influência[44], tal como em Janeiro de 1935 o ministro dos Negócios Estrangeiros francês, Pierre Laval, deu o último impulso ao expansionismo fascista ao prometer a Mussolini que a França renunciava aos seus interesses económicos na Etiópia[45]. Três meses depois, nas conversações de Stresa,

---

39. M. Baumont (1951) 369; H. J. Burgwyn (2012) 206; P. Milza (1999) 421; S. G. Payne (2003 b) 126, 227. A Alemanha havia já assinado em 1922 um tratado reconhecendo *de jure* o governo soviético.
40. M. Baumont (1951) 369; H. J. Burgwyn (2012) 206; S. G. Payne (2003 b) 229; E. Santarelli (1981) II 99.
41. S. G. Payne (2003 b) 227-228.
42. Citado em I. Deutscher (1964) 499. Sobre as boas relações entre o governo soviético e o fascismo italiano ver ainda S. G. Payne (2003 b) 229-230. Este mesmo argumento servia àqueles que no Terceiro Reich defendiam a aliança com a União Soviética e se opunham à política antieslava prosseguida pelo Führer. No relatório que apresentou ao governo em Abril de 1933, o ministro dos Negócios Estrangeiros, von Neurath, disse que «a luta vigorosa contra os comunistas e o bolchevismo cultural na Alemanha não implica que se ponham em causa as relações germano-russas a longo prazo, tal como mostra o exemplo da Itália». Ver J. Noakes et al. (orgs. 2008-2010) III 48.
43. P. Milza (1999) 415, 417-418, 422-423. Ver igualmente H. J. Burgwyn (2012) 68-69 e M. R. D. Foot (2008) 285. Passados muitos anos, O. Mosley (2006) 118 considerou que com o bombardeamento de Corfu Mussolini destruíra na prática a Sociedade das Nações.
44. P. Milza (1999) 417-418.
45. Acerca do lugar ocupado pela questão etíope nas conversações travadas por Pierre Laval e Mussolini em Janeiro de 1935 ver id., ibid., 651. Alguns meses mais tarde Laval desculpou-se dizendo que apenas admitira a penetração económica da Itália na Etiópia e não uma conquista militar, enquanto Mussolini proclamava que os acordos

quando levantou a questão etíope perante os primeiros-ministros e os ministros dos Negócios Estrangeiros da França e do Reino Unido, Mussolini interpretou logicamente como um consentimento das suas ambições o silêncio que eles então mantiveram[46].

Mesmo as sanções aplicadas pela Sociedade das Nações à Itália a partir de Novembro de 1935 devido à guerra de conquista da Etiópia tiveram uma amplitude muito limitada. Um político e diplomata francês daquela época chamou-lhes «um sistema de sanções irrisórias»[47]. Numa carta secreta enviada no mês anterior ao ministro dos Negócios Estrangeiros da França, Mussolini suplicara-lhe que fizesse tudo para «evitar que o petróleo fosse incluído na lista das matérias-primas sujeitas ao embargo»[48]. Com efeito, não se declararam impedimentos ao comércio petrolífero, deixando-se portanto livre o envio dos corpos expedicionários, e também alguns produtos metálicos necessários para o fabrico de armamento não estavam mencionados na lista[49]. Para facilitar, o canal do Suez continuou

---

de Janeiro de 1935 diziam respeito a uma acção militar. Quanto a esta diferença de pontos de vista ver id., ibid., 652–654. Na audiência de 3 de Agosto de 1945 do processo contra o marechal Pétain, onde depôs como testemunha, Laval garantiu que «as concessões que fiz ao sr. Mussolini eram de carácter puramente económico» e afirmou que tentara dissuadi-lo de entrar em guerra com a Etiópia; em seguida informou que estabelecera acordos militares secretos com a Itália, mas destinados apenas à Europa. Ver *Le Procès du Maréchal Pétain*, 502. Segundo Benoist-Méchin (1964–1966) IV 106, é incontestável que uma convenção militar secreta acompanhara os acordos públicos franco-italianos de 7 de Janeiro de 1935, mas os seus termos continuam desconhecidos. Apesar disso, afirmou Jacques Benoist-Méchin, as declarações de Mussolini a um jornalista britânico e as Memórias publicadas mais tarde pelo general De Bono permitem pensar que o governo francês, por intermédio de Laval, abrira o caminho à acção militar da Itália na Etiópia. Contudo, não parece possível ter uma opinião definitiva sobre o assunto, pois, segundo R. O. Paxton (1973) 38, ainda hoje se ignora o que Laval disse exactamente ao Duce a propósito da Etiópia, e Pierre Milza, op. cit., 652 confirmou que a documentação existente não esclarece o problema.
46. M. Baumont (1951) 691; Benoist-Méchin (1964–1966) IV 113–114. O então embaixador soviético em Londres, Ivan Maisky, afirmou que a conferência de Stresa «deu a entender a Mussolini que a Inglaterra não impediria a conquista da Etiópia pela Itália [...]». Ver I. Maiski [s. d.] 54–55.
47. G. Bonnet (1949) 50.
48. Citado em Benoist-Méchin (1964–1966) IV 155.
49. M. Baumont (1951) 693; Benoist-Méchin (1964–1966) IV 157; Ch. F. Delzell (org. 1971) 195; I. Maiski [s. d.] 57–58; P. Milza (1999) 675; E. Santarelli (1981) II 176, 178, 179.

aberto aos navios italianos[50]. Além disso, as sanções foram logo de início violadas por numerosos países membros da Sociedade das Nações, nomeadamente pela União Soviética, que garantiu ainda o fornecimento de petróleo à Itália durante todo o conflito[51]. Entretanto, outros países, que diziam respeitar as sanções, na prática não o faziam, e o Reich nacional-socialista, que havia abandonado a Sociedade das Nações, prontificou-se a abastecer a Itália com produtos interditos. Também nos Estados Unidos, que nunca tinham pertencido àquela organização mundial, o Congresso, fiel aos interesses das companhias petrolíferas, impediu que o governo executasse uma política de sanções[52], e apesar de o secretário de Estado ter anunciado o «embargo moral» a um conjunto de artigos que incluía o petróleo, as exportações deste produto dos Estados Unidos para a Itália triplicaram no último trimestre de 1935[53]. Apressando-se igualmente a desmentir as palavras com os actos, os governantes do Reino Unido e da França procuraram antes de mais chegar a um compromisso com o governo de Roma[54]. E nos primeiros meses de 1936, quando os britânicos encararam a hipótese de incluir o petróleo entre os produtos que a Itália estava proibida de receber, foram de novo os franceses a opor-se[55]. É certo que as sanções suscitaram efeitos negativos sobre a economia italiana, reduzindo cerca de 20% as importações do país e 35% as exportações[56], mas apesar disto o seu objectivo central fracassou, pois não conseguiram impedir que um país membro da Sociedade das Nações conquistasse outro país membro.

Consumada a pilhagem em Maio de 1936, as duas principais democracias europeias apressaram-se a dar o caso por encerrado e a

---

50. E. Gentile (2010) 123.
51. P. Milza (1999) 675; E. Santarelli (1981) II 175.
52. Benoist-Méchin (1964-1966) IV 158, 177; G. Bortolotto (1938) 594; P. Milza (1999) 675, 679; E. Santarelli (1981) II 175, 179.
53. W. E. Leuchtenburg (1963) 220-221.
54. Benoist-Méchin (1964-1966) IV 160 e segs.; I. Maiski [s. d.] 58; P. Milza (1999) 674, 678-679; E. Santarelli (1981) II 176, 178-179.
55. Benoist-Méchin (1964-1966) IV 169, 172.
56. E. Santarelli (1981) II 287. No entanto, Ch. F. Delzell (org. 1971) 138 defendeu que «o primeiro ano do conflito na Etiópia e a fase inicial das sanções impostas pela Sociedade das Nações tiveram como resultado estimular a economia italiana, mas após 1936 a guerra provocou graves efeitos negativos».

restabelecer a normalidade das relações com Roma[57]. Léon Blum, recém-nomeado primeiro-ministro do Front Populaire, proferiu uma declaração pública sobre este assunto e, com o espantoso argumento de que a França não poderia tomar nenhuma atitude que comprometesse a aliança com o Reino Unido, o chefe de um governo em que se consubstanciavam as esperanças da esquerda alienou a iniciativa diplomática a um governo profundamente conservador[58]. Os britânicos, com os franceses na sua esteira, pronunciaram-se pela abolição das sanções, que foram oficialmente levantadas em 15 de Julho[59]. Quando, duas semanas antes, Haile Selassie, o imperador etíope fugitivo, discursara perante a Assembleia Extraordinária da Sociedade das Nações, a sua proposta apelando para que não fosse reconhecida a anexação italiana recolhera apenas um solitário voto favorável[60]. Aliás, já em 1925 ele havia pedido a intervenção da Sociedade das Nações contra o acordo ítalo-britânico que dividia o seu país em duas zonas de influência, também sem obter nenhum resultado[61]. A este extremo chegara a complacência das democracias para com o imperialismo fascista. E as democracias ficaram ainda indiferentes perante o destino da pequena Albânia, que de qualquer modo era já um protectorado de Roma, quando Mussolini decidiu acrescentá-la ao seu império, em Abril de 1939.

A agressividade fascista foi novamente legitimada pelo acordo de não-intervenção estabelecido para evitar as implicações exteriores da guerra civil espanhola, que atribuiu aos generais rebeldes o mesmo estatuto prático concedido ao governo legal eleito, e o Comité de Não-Intervenção fechou os olhos à participação massiva em homens e material com que as autoridades germânicas, italianas e portuguesas sustentaram a vitória de Franco. A neutralidade assumida pelas democracias implicou a colocação de ambas as partes

---
57. Benoist-Méchin (1964–1966) IV 176.
58. D. Ligou (1962) 422 citou a proclamação em que Blum declarara que «poria fim à obstrução [das decisões da Sociedade das Nações] praticada pelos seus predecessores, e ou cooperaria na aplicação das sanções, quaisquer que elas fossem, ou consentiria no seu levantamento, consoante os desejos do governo britânico […]». Lê-se e não se acredita.
59. Benoist-Méchin (1964–1966) IV 176; G. Bortolotto (1938) 606–607; E. Santarelli (1981) II 205.
60. P. Milza (1999) 683; E. Santarelli (1981) II 205–206.
61. P. Milza (1999) 418.

no mesmo plano. Ficou assim anunciado o destino que seria dado à Checoslováquia. Hoje é um lugar-comum pretender que o Reino Unido e a França cederam perante as pressões de Hitler na conferência de Munique, em Setembro de 1938, e o deixaram desmembrar a Checoslováquia. Mas as manobras diplomáticas ao longo daquele ano indicam que foram os próprios governantes britânicos e franceses quem metodicamente bloqueou as possibilidades de saída da crise e entregou aos nacionais-socialistas uma Checoslováquia a que haviam sido retiradas quaisquer possibilidades de defesa. A conferência de Munique serviu apenas para validar um facto consumado e iludir a opinião pública.

A política externa do Reino Unido e da França nos anos que precederam a segunda guerra mundial parece uma sucessão de inépcias e é assim que frequentemente os historiadores a apresentam. Tudo se esclarece, porém, ao recordarmos que a perseguição feita pelo fascismo às organizações da classe trabalhadora constituía o seu principal título de glória aos olhos do capitalismo democrático. Foi esta a razão da confiança que os fascismos inspiraram às democracias. A ingenuidade da orientação seguida pelo governo de Chamberlain, com frequência evocada por historiadores e jornalistas, não consistiu em tentar apaziguar as tendências bélicas do nacional-socialismo, mas em acreditar que podia orientá-las exclusivamente contra a URSS sem que o *bureau* político stalinista reagisse[62]. Procurando desenvolver as relações amistosas com o Reich e recorrendo ao mesmo tempo a todo o tipo de pretextos para adiar indefinidamente a conclusão do pacto tripartido de assistência mútua entre a União Soviética, o Reino Unido e a França, que o Kremlin vinha insistentemente a propor, Chamberlain e Halifax não imaginaram que com este jogo duplo estavam a precipitar Stalin para uma duplicidade ainda maior, levando-o a preparar em segredo o tratado de não-agressão com o governo de Berlim. O pacto germano-soviético,

---

62. Segundo J. Lukacs (2011) 44 n., em 1939 o ministro dos Negócios Estrangeiros britânico, visconde de Halifax, recebeu inúmeras cartas de outros membros da nobreza argumentando que o Reino Unido devia evitar a guerra e orientar o Reich para atacar a União Soviética. W. L. Shirer (2011) 560 interrogou retoricamente em 1941: «Não procurara a política de Chamberlain incentivar a máquina militar alemã a orientar-se para Leste contra a Rússia?». Ver ainda H. Eberle et al. (org. 2005) 73–74 e I. Kamenetsky (1956) 12–17.

geralmente usado para condenar Stalin, deve sobretudo servir para condenar a democracia britânica, que com subterfúgios e expedientes dilatórios se revelou desinteressada pela aliança que os soviéticos lhe propunham[63]. Chamberlain pretendera que o Terceiro Reich e a URSS se anulassem reciprocamente, e o colapso desta diplomacia não se deveu ao desencadeamento da guerra, mas ao facto de a guerra ter como primeiras vítimas a França e o Reino Unido e não a União Soviética.

O prestígio que os métodos de Hitler alcançaram junto às democracias avalia-se ao verificarmos que eram em tudo copiados dos seus congéneres nacional-socialistas os campos de concentração onde, no começo de 1939, o governo francês internou os anarquistas, comunistas e outros republicanos espanhóis, que depois de defenderem do avanço das tropas de Franco os últimos territórios livres do seu país haviam procurado refúgio do lado de lá dos Pirenéus[64]. Aqueles homens bravos, resistentes durante quase três anos à crueza das batalhas e ao pavor das cidades bombardeadas, sem se vergarem às maiores privações, foram em pouco tempo de regime concentracionário francês transformados em destroços. Arthur Koestler cruzou-se com alguns em Outubro de 1939, quando estava a ser transportado para o campo de Le Vernet junto com outros refugiados antifascistas. «Seriam cerca de trinta», recordou ele. «Levavam pás ao ombro e eram escoltados por guardas munidos de chicotes de couro. Tinham as cabeças rapadas, mas nas faces via-se uma barba de vários dias. As suas roupas estavam esfarrapadas, alguns caminhavam na lama de chinelos, outros com os dedos saindo dos sapatos, outros calçavam galochas de borracha nos pés nus. Era evi-

---

63. Ivan Maisky, que o Kremlin enviou em 1932 como embaixador para o Reino Unido e ali permaneceu dez anos, narrou em detalhe como o governo britânico se esquivou à aliança que os soviéticos propunham às duas grandes potências ocidentais daquela época. Ver I. Maiski [s. d.] *passim*. Esta versão é confirmada pelo que escreveu Georges Bonnet, ministro francês dos Negócios Estrangeiros em 1938 e 1939. Ver G. Bonnet (1949) 397–439 e 499–516. Ver igualmente I. Deutscher (1964) 504–523 e J. C. Fest (1974) 1004–1006, 1014, 1018–1019, 1024. W. L. Shirer (2011) 178 relatou que em Julho de 1939 o embaixador soviético em Washington lhe dissera que os governantes de Moscovo se aliariam aos de Londres e Paris contra o Terceiro Reich com a condição de acreditarem que não estavam apenas a ser empurrados para entrar em guerra sozinhos, mas que do lado ocidental as negociações não progrediam.
64. C. Callil (2009) 275–276.

dente que estavam a ser conduzidos de regresso do trabalho para o campo de concentração. Horrorizados, tínhamos os olhos fixos naqueles crânios rapados e éramos incapazes de resistir ao desespero. Eles olharam-nos e um interesse superficial perpassou nas suas faces apáticas. Alguns tentaram falar-nos quando nos cruzaram, mas rapidamente os guardas, brandindo os chicotes, reduziram-nos ao silêncio». Koestler conheceu em Le Vernet outros antigos combatentes, voluntários acorridos de todo o mundo que haviam ajudado a defender contra a grande aliança dos fascismos as linhas da república espanhola. «[...] o Pavilhão 32 era o verdadeiro inferno. A escuridão era completa e o cheiro nauseabundo. Nenhum dos que lá vivia tinha uma muda de roupa ou meias suplementares, e muitos haviam literalmente vendido a última camisa em troca de um maço de cigarros, e andavam nus sob um casaco fino e esfarrapado. O pavilhão estava infestado de parasitas e doenças. Fora das horas de trabalho, os seus reclusos prestavam pequenos serviços aos demais prisioneiros, lavando-lhes a roupa a troco de algumas fatias de pão, remendando sapatos, limpando botas. Não recebiam cartas nem as escreviam. Vagueavam pelo campo de concentração, procurando pontas de cigarro na lama e no chão de cimento das latrinas, onde era mais fácil encontrá-las. Mesmo os mais miseráveis dos outros pavilhões os olhavam com um misto de horror e desalento. Estes cento e cinquenta homens, que povoavam a chamada Caserna dos Leprosos, eram o que restava das Brigadas Internacionais — que constituíram outrora o orgulho do movimento revolucionário europeu, a vanguarda da esquerda»[65].

Mas que faziam Koestler e tantos outros como ele por detrás de arame farpado no sul da França? Logo a partir dos primeiros dias de Setembro de 1939, quando declarou guerra ao Reich, o governo francês confinou em estádios e depois em campos de detenção não só os estrangeiros suspeitos, mas igualmente os antifascistas alemães, italianos e da Europa central, mesmo oriundos de países então neutrais, que haviam julgado encontrar na velha democracia uma garantia de liberdade[66]. «Polícias de capacete, as armas carregadas, cercam os cafés de estudantes do *boulevard* Saint-Michel», contou Victor

---

65. A. Koestler (1991) 92–93, 114.
66. O método seguido nas detenções, o estilo em que eram conduzidos os interrogatórios, os vexames, as condições de encarceramento e a vida naqueles campos de

Serge, um revolucionário de sempre. «Os estrangeiros que não tenham os documentos em ordem são metidos em camiões e levados para a sede da polícia. Muitos são refugiados antinazis, porque os outros estrangeiros têm, evidentemente, os documentos em ordem. [...] Os refugiados antinazis e antifascistas vão conhecer novas prisões, as da república que foi o seu último asilo neste continente e que agora agoniza e perde a cabeça. Espanhóis e combatentes das brigadas internacionais que venceram o fascismo junto a Madrid são tratados como se tivessem a peste... Com os documentos em ordem e a carteira bem recheada, os falangistas espanhóis, os fascistas italianos, que eram ainda neutrais, os russos brancos — e quantos nazis autênticos a coberto destas camuflagens fáceis? — passeiam-se livremente por toda a França. A "defesa do interior" é uma farsa odiosamente simbólica»[67].

Enquanto durava a guerra com a França, a imprensa oficial do Terceiro Reich publicou uma lista de escritores antinazis que as autoridades francesas haviam internado em campos de concentração, perguntando-lhes no fim, com o pesado sarcasmo dos factos indesmentíveis em que desejaríamos não acreditar, se continuavam convencidos das benesses da democracia[68]. A resposta fora dada já pela inscrição que um refugiado espanhol gravara na cruz erguida sobre a sepultura de um camarada seu em Le Vernet: «*Adiós*, Pedro. Os fascistas queriam queimar-te vivo mas os franceses deixaram-te morrer de frio em paz. *Pues viva la democracia*»[69].

A inércia das tropas francesas durante a *drôle de guerre*, evitando penetrar nas fronteiras do Reich e abstendo-se de conduzir uma ofensiva, entende-se melhor se soubermos que enquanto eram atribuídas responsabilidades aos oficiais que tinham participado na *Cagoule* e eram incorporados no exército antigos dirigentes desta

---

concentração franceses foram minuciosamente descritos por Arthur Koestler, op. cit., *passim*. E. Salomon (1993) 268 recordou o caso de um literato judeu alemão que sofreu o mesmo destino, apesar de o seu filho se ter alistado no exército francês. Léon Degrelle, um dos raros fascistas que passou alguns dias nesses campos em 1940, expedido pela polícia belga, mencionou trezentos mil detidos, seis mil só em Le Vernet. Ver L. Degrelle (1949 b) 47.
67. Victor Serge, *Mémoires d'un Révolutionnaire, 1905–1941*, em J. Rière et al. (orgs. 2001) 800.
68. A. Koestler (1991) 133.
69. Citado em id. (1961) 79–80.

conspiração[70], decidia-se aprisionar pessoas que haviam mostrado serem adversárias decididas do nacional-socialismo. Só quando o descalabro era iminente e o exército germânico se aproximava de Paris, o ministro do Interior ordenou a captura de meia dúzia de jornalistas e políticos, partidários notórios de Hitler. Tarde e sem efeito. Tanto mais que na mesma ocasião, a escassos dias da derrota total, os poucos refugiados políticos alemães e austríacos que tinham entretanto sido libertados voltaram a ser detidos, incluindo todos os dirigentes e figuras significativas da oposição ao nacional-socialismo. Em Junho de 1940, quando os generais franceses assinaram o armistício após quatro semanas de fulgurante ofensiva da Wehrmacht, os presos antinazis ou foram entregues às autoridades ocupantes ou permaneceram sob o controle do governo fascista de Vichy, conseguindo uns poucos escapar e suicidando-se outros, alguns grandes nomes entre eles.

Koestler contou-se entre os que fugiram, e acabou por chegar à Inglaterra, para ser de novo internado durante seis semanas. Apesar disto, e apesar dos bombardeamentos aéreos a que se encontrou exposto na prisão, «eu senti-me *em segurança* pela primeira vez desde o desencadear da guerra», escreveu ele no epílogo da sua odisseia de antifascista perseguido pela democracia[71]. Mas será que outros poderiam dizer o mesmo? Em Outubro de 1939 as autoridades do Reino Unido haviam decretado a detenção imediata dos residentes estrangeiros de origem alemã e austríaca considerados perigosos para a segurança do país, apesar de os fascistas britânicos, mesmo os apologistas de Hitler, permanecerem em liberdade e continuarem a beneficiar de amplas possibilidades de organização. Só em Maio de 1940 foi decidida a prisão de alguns dirigentes e militantes fascistas, mas Sir Oswald Mosley, chefe do principal movimento fascista britânico, recordou que nessa data «quatro em cada cinco dos nossos chefes distritais […] estavam nas forças armadas e só muito poucos foram alguma vez detidos»[72]. Entretanto havia sido ordenado o internamento em campos de concentração de todos os adultos de sexo masculino originários da Alemanha e da Áustria e residentes

---

70. Ph. Bourdrel (1992) 267 e segs.; J.-C. Valla (2000) 123 e n. 1.
71. A. Koestler (1991) 249 (sub. orig.).
72. O. Mosley (2006) 336.

no sudeste e no leste da Grã-Bretanha, uma medida que em Junho, com a entrada da Itália na guerra, passou a aplicar-se igualmente aos italianos que vivessem no país há menos de vinte anos, acima de quatro mil no total. E o ministro do Interior determinou que as autoridades detivessem em toda a ilha pessoas originárias dos países inimigos, ainda que sobre elas não pesasse nenhuma suspeita especial. Em Julho contavam-se já vinte e sete mil e duzentos detidos, e se alguns eram reconhecidamente partidários de Hitler e de Mussolini, muitos outros haviam emigrado por razões políticas e eram antifascistas de longa data ou judeus fugidos do Reich. Quase sete mil e quinhentos foram mandados para o Canadá e a Austrália, e quando um submarino germânico atacou e afundou um navio que transportava cerca de mil e duzentos deportados, mais de metade morreu, incluindo judeus e vários antifascistas conhecidos, e aliás o navio não dispunha de um número suficiente de barcos salva-vidas. Num relatório apresentado pelo comandante das tropas encarregadas de escoltar até à Austrália cerca de dois mil e quinhentos detidos, os de persuasão nacional-socialista foram elogiados pelo bom porte e pela honestidade e disciplina, enquanto os judeus foram apelidados de mentirosos e subversivos, afinal uma opinião não muito diferente da de Hitler. Multiplicaram-se na Grã-Bretanha os campos de internamento destinados a estrangeiros e a Ilha de Man converteu-se num complexo concentracionário[73]. «Depois do colapso da França houve uma súbita vaga de apreensão. [...] aumentaram as suspeitas», escreveu um psicanalista naquela época. «Como sempre sucede, foram exigidos bodes expiatórios [...] De repente, começámos a internar as antigas vítimas do nazismo a quem havíamos concedido um asilo generoso. [...] não podemos conservar a simpatia de um grande número de refugiados, que tiveram a desventura de ser mais patrióticos do que nós próprios. É muito pesado o preço que se paga em termos de perda de prestígio e de idealismo»[74]. Todavia, apesar de vários órgãos de informação britânicos, tanto da direita conservadora como da esquerda trabalhista, conduzirem uma campanha alarmista contra os imigrados e os refugiados, uma parte considerá-

---

[73]. A. Calder (1991) 110–118. Ver ainda M. Gilbert (2011 b) I 106, 127 e P. Watson (2011) 745. Mas note-se que, segundo Martin Gilbert, op. cit., I 134, havia em 1940 três mil alemães antinazis a receber treino militar na Grã-Bretanha.
[74]. E. Glover (1940) 58–59.

vel da população revelou-se hostil às medidas de encarceramento e as autoridades libertaram gradualmente os estrangeiros detidos, poucos restando no final da guerra.

Que pudor as democracias têm em falar hoje de tudo isto! Quando se folheiam alguns catálogos de exposições de artes plásticas, quando se lêem os resumos biográficos de certos autores consagrados, poucos compreenderão que aquelas referências apressadas e confusas a uma permanência em campos de concentração franceses durante a guerra não indicam que o pintor ou o escritor tivessem sido encarcerados pelos ocupantes nacional-socialistas ou pelos seus acólitos de Vichy, mas, antes disso, pelas legítimas autoridades democráticas[75]. Sobre os detidos em campos de concentração britânicos o silêncio é ainda mais opaco.

Mesmo o racismo hitleriano não era preocupante para as democracias se pudesse pensar-se que as vítimas seriam, além dos eslavos, apenas os judeus orientais, gente pobre e de hábitos extravagantes, desprezada também pelos seus correligionários ocidentalizados[76]. Este racismo perturbava tanto menos quanto o anti-semitismo grassava em vastas camadas sociais da França e da Grã-Bretanha, e estes dois modelos de parlamentarismo aplicavam contra as populações autóctones dos seus espaços coloniais uma discriminação racial igualmente severa. O único motivo de conflito entre os regimes parlamentares e os regimes fascistas surgiu dos expansionismos germânico e nipónico, que puseram em causa o equilíbrio internacional, e só a necessidade de entusiasmar a população trabalhadora pelo esforço de guerra levou os governos aliados a dar um verniz antifascista ao que na realidade constituía apenas uma preservação de

---

75. Muitos anos depois, o antigo chefe do fascismo valão divertir-se-ia a recordar que o regime de Vichy herdara da democracia os seus campos de concentração. Ver L. Degrelle (2000) 94–97. Em contraste, é elucidativo considerar que mesmo um autor que analisou o fascismo numa perspectiva favorável às teses do Partido Comunista de Itália afirmou que o aprisionamento dos exilados políticos e dos membros das antigas Brigadas Internacionais no campo de concentração de Le Vernet se devera às autoridades de Vichy. Ver E. Santarelli (1981) II 380. Não são só as máscaras que a democracia tem, mas a arte de se mascarar, com que parece iludir até os menos incautos.

76. H. Arendt (1994) 131; E. Black (1999) 30; G. Perrault et al. (1989) 29; Sh. Sand (2010) 251 n. 1.

esferas de influência[77]. Os seis anos de morticínio serviram depois para que as democracias, adulterando o seu passado, apresentassem como uma incompatibilidade o que fora uma estreita colaboração com o fascismo, prosseguida mesmo além do dia 3 de Setembro de 1939.

3. TOTALITARISMO E AUTORITARISMO

A necessidade sentida pelos apologistas das democracias parlamentares de negar a trama que as relacionou com a génese ideológica do fascismo e com a sua ascensão prática levou-os a recorrer a uma distinção entre as categorias de *totalitarismo* e *autoritarismo*. A designação do regime de Mussolini como «totalitário» deveu-se originariamente ao político liberal Giovanni Amendola, em 1924, e em seguida os fascistas, com a habitual arrogância, apropriaram-se da palavra que havia sido criada para os criticar[78]. «[…] a minha feroz vontade totalitária», proclamou Mussolini num discurso em Junho de 1925[79]. Os políticos, e os teóricos da política, liberais toleram os regimes designados como autoritários, considerando que levam a extremos talvez inconvenientes, embora legítimos, os valores da ordem e do respeito pela hierarquia inerentes ao liberalismo; mas recusam o direito de existência aos regimes ditos totalitários, uma categoria em que reúnem o fascismo com o comunismo soviético. Procedem assim a uma tripla operação.

Em primeiro lugar, o fascismo fica reduzido às experiências italiana e alemã, o que por si só bastaria para invalidar esta abordagem, já que as diferenças são enormes entre aqueles dois casos. As demais variantes são classificadas como regimes autoritários e confundidas com outros tipos de ditadura. Desestrutura-se deste modo o fascismo enquanto categoria política, o que torna a história muitíssimo mais confortável na perspectiva liberal. Alguns autores ilibam mesmo a Itália fascista do epíteto de totalitária, reservando-o ao Ter-

---

77. D. Guérin (1969) II 13-14.
78. E. Gentile (2010) 63-64; S. G. Payne (2003 a) 133; id. (2003 b) 121. Porém, M. Angenot (2013) 5 n. 1, 144 e J. C. Isaac (2003) 183 dataram de 1923 o uso do termo por Amendola. Marc Angenot, op. cit., 145-146 acrescentou que a palavra *totalitarismo* foi empregue pela primeira vez em Janeiro de 1925 pelo socialista Lelio Basso.
79. Citado em M. Angenot (2013) 146.

ceiro Reich, e Hannah Arendt foi ao ponto de afirmar que o regime de Mussolini não era «completamente totalitário» porque na Itália «as condenações políticas foram muito pouco numerosas e relativamente ligeiras»[80]. Além de ter evocado a acção repressiva do Estado sem levar em conta o terror oficioso das milícias, parece estranho o recurso ao critério da contabilidade prisional da parte de quem adoptou uma perspectiva moralista na abordagem dos fenómenos políticos.

Em segundo lugar, o conceito de regime totalitário pressupõe que o Estado detenha o monopólio da iniciativa política e que perante ele a população fique passiva. Hannah Arendt pretendeu até que este tipo de regimes liquidara e pulverizara as classes sociais, deixando as elites dirigentes enfrentarem uma massa de «indivíduos atomizados, indefiníveis, instáveis e fúteis»[81]. Já durante a guerra Franz Neumann, Herbert Marcuse e Otto Kirchheimer, conhecidos membros da Escola de Frankfurt que desempenhavam funções de análise e avaliação de informações na Research and Analysis Branch do OSS, os serviços de espionagem dos Estados Unidos, haviam defendido que o nacional-socialismo pulverizara a população e destruíra os relacionamentos exteriores ao poder político, o que aliás os levava a concluir que os efeitos psicológicos do bombardeamento dos grandes centros urbanos do Reich não se repercutiam de imediato na solidez do regime[82].

---

80. H. Arendt (1972) 30, 242 n. 11. Também Augusto Del Noce, referido por R. De Felice (1978) 99 e 118-119, se recusou a classificar como totalitário o regime de Mussolini. Por seu turno, P. Milza (1999) 569 afirmou que o fascismo italiano «em momento nenhum terá dado origem a um verdadeiro Estado policial». E, no entanto, na pág. anterior este historiador informou que no começo da década de 1930 se calcula que a polícia procedesse em média a vinte mil intervenções por semana, incluindo todos os tipos de acção, e que desde os meados de 1930 até ao termo de 1934 a OVRA efectuou cerca de seis mil prisões. É pena que Pierre Milza se tivesse esquecido de definir o limiar de repressão a partir do qual um Estado pode ser classificado como «verdadeiramente policial».
81. Para a tese que apresenta como base do totalitarismo uma massa de indivíduos atomizados e isolados ver sobretudo H. Arendt (1972) 27-50. A passagem citada encontra-se na pág. 84. Para uma análise crítica desta tese ver Sh. Fitzpatrick et al. (2009) *passim*.
82. R. Laudani (org. 2013) 49-51, 167-168, 179-187, 189-196, 200-203, 213. Num relatório secreto de 21 de Setembro de 1943 Franz Neumann, Herbert Marcuse e Felix Gilbert afirmaram (pág. 201) que «a sociedade foi completamente pulverizada

Ora, esta visão das massas atomizadas é partilhada pelo fascismo, o que torna impossível usá-la como elemento de crítica. Com efeito, a definição da elite como uma minoria organizada, deixando as massas desprovidas de organização, encontra-se na obra do fundador da teoria moderna das elites, Gaetano Mosca[83], que embora não fosse fascista influenciou decisivamente a formação do pensamento fascista. Quando leio um certo tipo de análise política que tem na obra de Hannah Arendt um dos seus modelos exemplares encontro apenas uma diferença de postura moral relativamente aos textos que fizeram parte do movimento fascista. Em ambos existe a mesma caracterização das massas e a mesma maneira de conceber a posição dos chefes, só que uns aceitam as consequências práticas destas teses e os outros se recusam a fazê-lo. O diagnóstico da realidade é idêntico, não sendo alterado pela adopção de postulados morais diferentes, a tal ponto eles são exteriores à análise.

Afinal de contas, é uma perspectiva bastante ingénua, porque se detecta na população comum dos regimes totalitários não a dissolução dos elos sociais, mas uma reorganização das redes de relacionamento a níveis muito profundos. Hitler, que nunca perdia a ocasião para se gabar de ser o maior, ou até o único, conhecedor do assunto, explicou uma vez: «Para dirigir as massas tenho de arrancá-las à apatia. As massas só se deixam conduzir quando estão fanatizadas. Apáticas e amorfas, as massas representam o maior dos perigos para qualquer comunidade política. A apatia constitui uma das formas de defesa das massas. É um refúgio provisório, um entorpecimento de forças que de súbito explodirão em acções e reacções inespera-

---

nos seus átomos individuais, que são então organizados e manipulados de cima para baixo e não de baixo para cima», e noutro relatório secreto, de 16 de Setembro de 1943, Herbert Marcuse, Franz Neumann e Hans Meyerhoff escreveram (pág. 195) que «apatia, cansaço e desconfiança são as características mais notórias das massas». Franz Neumann concluiu (pág. 181), num relatório secreto datado de 25 de Junho de 1943, que «uma boa parte do génio nazi consistiu na construção de uma sociedade que, no que diz respeito ao moral, é tão imune quanto possível».

83. R. Bellamy (2003) 90–91; 92; T. B. Bottomore (1967) 12, 42. É curioso recordar que durante a sua encarnação ultra-autoritária Trotsky, num discurso no 2º Congresso do Komintern, em 1920, distinguiu entre o partido comunista e a classe trabalhadora «enquanto massa caótica e sem forma»; citado em E. H. Carr (1966) I 226. A vanguarda bolchevista havia-se já convertido numa elite.

das»⁸⁴. Outro irrefreável demagogo, Juan Perón, tentou convencer os patrões reunidos na Bolsa do Comércio de Buenos Aires de que «a massa mais perigosa é a massa inorgânica. A experiência moderna demonstra que as massas operárias melhor organizadas são, sem dúvida, as que podem ser dirigidas e melhor conduzidas em todos os domínios»⁸⁵. Estes especialistas práticos consideraram que as massas compostas por «indivíduos atomizados» seriam apoios pouco sólidos e esperavam que a exaltação superasse a atomização.

A clivagem operada entre o totalitarismo e o autoritarismo serve, em terceiro lugar, para situar o totalitarismo no capítulo das anomalias da história, como se tivesse constituído um hiato no desenvolvimento do capitalismo e não fosse uma das várias consequências lógicas do seu processo de evolução. É interessante verificar que para Hannah Arendt «as massas», tal como as definiu, compostas por indivíduos atomizados e isolados, «não resultaram de uma crescente igualdade de condições nem do desenvolvimento da instrução geral, que inevitavelmente implica um rebaixamento do nível e uma vulgarização do conteúdo. A América, exemplo clássico da igualdade das condições e da instrução geral, com todas as suas insuficiências, é talvez, de todos os países do mundo, o menos representativo da psicologia das massas»⁸⁶. O irrealismo desta afirmação aparece hoje flagrante, mas já na época em que Hannah Arendt escreveu aquele seu livro começara a divulgar-se uma corrente de crítica social que denunciava na democracia norte-americana uma massa de consumidores isolados e atomizados perante a potência invasora dos meios de persuasão e das tecnologias de condicionamento⁸⁷.

---

84. Citado em H. Rauschning (1939) 238. «O objectivo de todas as organizações de massa nacional-socialistas é o mesmo», observou um dos relatórios mensais do SPD no exílio, «não os deixar [aos alemães] entregues a si mesmos e, se possível, impedi-los completamente de pensar». Ver J. Noakes et al. (orgs. 2008-2010) II 381. Tim Mason em J. Caplan (org. 1995) 216 e 233 considerou que a mobilização política permanente se tornara em si mesma um objectivo e noutro artigo chamou a atenção para o afã sistemático com que o nacional-socialismo procurava destruir os elos básicos de solidariedade da classe trabalhadora, mas não relacionou os dois aspectos.
85. Citado em H. Campo (1983) 152-153. Ver ainda L. Mercier Vega (1975) 39.
86. H. Arendt (1972) 39.
87. Num artigo publicado em 1950 Raymond Aron apresentou a União Soviética como o único modelo disponível de uma sociedade em que as classes teriam sido abolidas e criticou um regime desse tipo afirmando que «uma sociedade sem classes

Aliás, a própria Hannah Arendt reconheceu a influência que a publicidade comercial norte-americana exercera sobre a propaganda nacional-socialista[88].

Ernst von Salomon foi um dos muitos activistas que entre os quatro pontos cardeais do fascismo alemão urdiram uma teia em cujo centro cada um deles pensava instalar-se, mas que Hitler acabou por monopolizar. Convicto de que o seu desgosto pelos caminhos seguidos pelo Terceiro Reich o absolvia de ter contribuído para a sua implantação, Salomon soube conjugar a sua profunda ligação ao nacionalismo germânico com a aversão que lhe inspiravam os devotos do Führer. Esta elegante ambiguidade permitiu-lhe, em matéria de estilo, a ironia. E se for exacto, como me parece ser, que os SS eram totalmente desprovidos de ironia[89], até porque não se trata de uma arma de vencedores, entendemos em que plano se situava a oposição íntima de Salomon ao nacional-socialismo. Finda a guerra, ele foi insuperavelmente irónico ao longo das seis ou sete centenas de páginas de uma obra onde, aparentando levar a sério um interminável questionário distribuído pelas autoridades norte-americanas aos habitantes da sua zona de ocupação, fez o balanço do fascismo germânico e, nele, da sua própria vida. Obra hábil também, porque se esquivou a confissões funestas. Mas não creio que a sua perícia consistisse em silenciar algumas das coisas que viu. A omissão foi mais profunda, porque olhou só para aquilo que quis — ou podia querer — olhar. E foi com um tal golpe de vista que Salomon encontrou num antigo manuscrito seu a reflexão «A totalidade é uma peste!»[90].

Essa brevíssima definição sugere uma lição interessante de teoria política. A antipatia de Salomon pelo totalitarismo provinha exclusivamente de um individualismo elitista, o mesmo motivo que o havia levado a ele e ao seu amigo político e confidente ideológico

---

é uma massa sem defesa possível contra a sua elite», o que corresponde à crítica feita por Hannah Arendt aos regimes totalitários. Ora, depois de transcrever (pág. 151) a passagem de Aron que acabei de citar, T. B. Bottomore (1967) 152 observou «que existem semelhanças flagrantes entre a sociedade sem classes da URSS, tal como Aron a descreve, e a sociedade de massas que C. Wright Mills nos mostra em processo de desenvolvimento nos Estados Unidos».
88. H. Arendt (1972) 70.
89. J. Billig (2000) 232.
90. E. Salomon (1993) 177.

Hartmut Plaas a procurarem a todo o custo evitar a conversão do nacionalismo radical num movimento de massas[91]. Por isso Salomon, defensor de uma concepção de Estado estritamente hierárquica, considerou «como traição infame ao verdadeiro objectivo qualquer tentativa de deslocar o acento tónico do Estado para o povo, da autoridade para a totalidade»[92]. Ora, esta repugnância pelos movimentos de massas, que mantivera Ernst von Salomon afastado dos nacionais-socialistas, fizera-o também desprezar os liberais, e vemos assim como, em nome precisamente do antitotalitarismo, um homem lúcido pôde meter o nacional-socialismo e a democracia no mesmo saco[93]. Uma operação de tipo idêntico foi efectuada mais recentemente pelo neofascista italiano Adriano Romualdi, que, seguindo o seu mestre Julius Evola, defendeu a formação de «uma nova aristocracia política» capaz de criar um Estado que não seja totalitário, porque o totalitarismo seria um «instrumento daquele processo de massificação que se chama "modernidade"»[94].

A distinção entre totalitarismo e autoritarismo foi inventada pelo fascismo católico de Salazar, em Portugal, e de Schuschnigg, na Áustria, para se destacar dos regimes fascistas italiano e alemão[95]. Com efeito, já em 1935, num discurso ao 1º Congresso da União Nacional, Salazar definira o seu regime como «autoritário», opondo-o àqueles que promoviam um «Estado totalitário»[96]. E esta distinção representava a tal ponto uma diferenciação no interior do quadro geral do fascismo que Marcel Déat a empregou, mas no seu caso com sinal contrário, fazendo a apologia do totalitarismo de Hitler e dos fascistas radicais de Paris, contra o conservadorismo que impediria os governantes de Vichy de serem mais do que meramente autoritários[97]. O facto de o pensamento liberal usar, para conceber a sua oposição ao fascismo, as mesmas noções que os fascistas empregaram para explicar as suas divisões internas é revelador daquilo

---

91. Id., ibid., 106–107.
92. Id., ibid., 618. Na pág. 335 este autor escreveu: «O Estado totalitário é o exacto contrário do Estado autoritário, cujas características [...] não são democráticas mas hierárquicas».
93. Id., ibid., 334–335.
94. Citado em F. Germinario (2001) 47 e n. 77.
95. Benoist-Méchin (1964–1966) IV 460.
96. Citado em F. Nogueira [1977–1985] II 268–269.
97. Ph. Burrin (1986) 401.

que se pretende obnubilar, a profunda relação ideológica entre liberalismo e fascismo. Por isso aqueles conceitos foram usados para justificar a política ocidental ao longo da Guerra Fria, quando as democracias se aliavam a regimes classificados como autoritários para combater regimes classificados como totalitários[98]. A função ideológica deste par de conceitos não consiste em desvendar a realidade do fascismo, mas em iludir as responsabilidades do liberalismo.

Paradoxalmente, as implicações da noção de totalitarismo ficam elucidadas se verificarmos que ela serve de utensílio eficaz na crítica das sociedades democráticas. Hannah Arendt mostrou a crescente proliferação dos órgãos de poder nos Estados totalitários e a ausência de uma hierarquia entre eles[99] e, referindo-se à instauração do franquismo em Espanha, um historiador considerou que «longe de ser monolítico, o novo regime foi, de facto, múltiplo, um emaranhado inextricável de organizações rivais, que se hostilizavam entre si»[100]. Mas este é o modelo do pluralismo democrático, pois desde que deixaram de definir a democracia em função da soberania popular, os seus apologistas passaram a caracterizá-la através do equilíbrio recíproco de vários centros de poder, e viram nisto a garantia da liberdade. Ora, dificilmente se encontrará na sociedade moderna um regime em que a multiplicação de órgãos de poder

---

98. J. C. Isaac (2003) 200; J.-W. Müller (2010) 10. Por seu lado, F. Finchelstein (2017) *passim* distinguiu entre populismo e fascismo, pretendendo vincar (pág. 20) «as diferenças significativas entre o populismo, enquanto forma de democracia, e o fascismo, enquanto forma de ditadura». Segundo este autor (pág. 17), «o populismo projecta uma noção plebiscitária da política e rejeita a forma fascista de ditadura. O populismo é uma forma autoritária de democracia». Ora, como Federico Finchelstein considerou (pág. 17) que «podemos compreender melhor o populismo se o concebermos como uma reformulação histórica original do fascismo, que começou a alcançar o poder após 1945» — aliás, todo o livro constitui uma defesa desta cronologia — o lugar que ele atribuiu ao populismo na Guerra Fria corresponde ao que outros autores atribuíram ao autoritarismo. Finchelstein esclareceu os termos quando, depois de observar (pág. 207) que «a ditadura é um dos alicerces do populismo moderno, sem que no entanto o populismo seja uma ditadura», explicou: «No contexto do período inicial da Guerra Fria este paradoxo expressou-se na rejeição de um governo ditatorial pelo populismo moderno, o que por sua vez deu origem a uma nova forma de regime autoritário da democracia». Assim, não me parece que a divisão conceptual estabelecida por Finchelstein entre populismo e fascismo contribua para esclarecer a dialéctica entre autoritarismo e totalitarismo no interior do fascismo.
99. H. Arendt (1972) 122 e segs.
100. P. C. González Cuevas (2016) 163.

concorrentes tivesse sido prosseguida com tanta diligência como no Terceiro Reich[101], um «caos controlado», como o definiu um ensaísta[102], e um historiador chamou-lhe «anarquia autoritária» e «caos burocrático»[103].

O nacional-socialismo, que no plano económico, como mostrarei adiante[104], pretendeu regressar a uma Alta Idade Média de fantasia, quis fazer o mesmo no plano político e é nesta perspectiva que deve ser entendido o *Führerprinzip*. Contra a noção moderna de uma sociedade inserida numa ramificação de poder única, o nacional-socialismo instaurou uma pluralidade de corpos dotados de relativa autonomia e obedecendo cada um deles ao respectivo Führer. Por sua vez, estes corpos — ou partes deles, o que complicava o quadro — inseriam-se em corpos mais vastos, vinculados também a Führers próprios. Todos eles eram Führers de alguma coisa, até que no topo o Führer propriamente dito, o Führer sem mais qualificações, assegurava a unidade íntima do organismo social. A função de cada um dos Führers menores não se resumia à transmissão de ordens, como sucede nas modernas sociedades burocráticas. Competia-lhes proceder como achavam que o Führer procederia naquela situação, ou seja, representarem-se como a sua imagem. Por isso cada um destes Führers menores, se detinha a completa autoridade sobre a esfera que chefiava, era também completamente responsável, respondendo pelas violações cometidas pelos seus subordinados[105]. Tratava-se, afinal, de encenar o sistema arcaico em que uma pluralidade de *communitates*, dotada cada uma de chefia própria e de autonomia para a regulação dos seus assuntos internos, estava encimada por um

---

101. J. Noakes et al. (orgs. 2008–2010) II 8–64, IV 1, 24, 27, 50, 66. Observaram estes dois historiadores, op. cit., II 385 que «a complexidade e a opacidade do próprio regime, em que poder e influência mudavam permanentemente de lugar, tornava difícil que mesmo os iniciados se orientassem politicamente, quanto mais os que não tinham acesso aos bastidores». D. Orlow (2010) 836 mencionou o carácter «centrífugo» do regime. Ver também: J. Caplan (org. 1995) 50, 214; L. Degrelle (1949 b) 243; J. C. Fest (1974) 714–715, 735–736; Y. Gorlizki et al. (2009) 66; W. Laqueur (1996) 38; S. G. Payne (2003 b) 180–181; A. C. Pinto (2011) 204.
102. S. Haffner (2011) 43.
103. J. C. Fest (1974) 714, 715.
104. Ver capítulo 5 do livro *Uma política sem economia?*.
105. O. Kirchheimer et al. em R. Laudani (org. 2013) 762–776; H. Marcuse em id., ibid., 788. Ver também J. C. Fest (1974) 759.

imperator. Mas como este feudalismo nebuloso[106] operava numa sociedade moderna e industrial, os efeitos de um *Führerprinzip* que pressupunha não a concentração, mas a multiplicação das esferas de poder devem ser avaliados no contexto das organizações políticas contemporâneas. E assim se abre uma perspectiva funesta para o liberalismo.

O que muitos autores afirmam a respeito dos regimes totalitários aplica-se em boa medida às democracias. «Parece que a Okhrana, que precedeu a GPU na época do czarismo, teria inventado um novo sistema de classificação», explicou Hannah Arendt, que sem o dizer se inspirou em Victor Serge. «Cada suspeito figurava num grande mapa, no centro do qual se destacava o seu nome, rodeado de um círculo vermelho; os seus amigos políticos eram designados por círculos vermelhos menores, e as pessoas com quem tinha contactos de carácter não político eram designadas por círculos verdes; círculos castanhos indicavam os elementos próximos dos amigos do suspeito, mas que este não conhecia directamente; as ligações entre, por um lado, os amigos do suspeito, tanto políticos como não-políticos, e, por outro lado, os amigos dos seus amigos eram representadas por linhas unindo os círculos respectivos. É evidente que o único limite deste método consiste na dimensão dos mapas e, teoricamente, uma folha gigantesca poderia mostrar as relações, e a ligação entre relações, de toda a população. E é precisamente este o objectivo utópico da polícia secreta totalitária»[107].

---

106. Quanto ao feudalismo como modelo do *Führerprinzip* ver K. A. Schleunes (1990) 261.

107. H. Arendt (1972) 167. Embora Hannah Arendt não o dissesse, ela reproduziu aqui, com algumas inexactidões menores, a descrição feita por Victor Serge do gráfico que sintetizava as relações directas e indirectas estabelecidas em torno de Boris Savinkov. Serge sabia do que falava porque, como contou nas suas Memórias, desempenhara durante a guerra civil russa, entre outras funções, a de «comissário para os arquivos do ex-Ministério do Interior, isto é, da ex-Okhrana». Serge descreveu também outro tipo de gráficos, onde as linhas que relacionavam pessoas indicavam as datas e as horas em que elas se haviam encontrado. «Este quadro permite seguir, hora a hora, a actividade de uma organização», comentou Serge, o que mais ainda aproxima o sistema da Okhrana daquele que hoje executam os computadores. Ver o livro de Victor Serge, *Les Coulisses d'une Sûreté Générale. Ce que tout Révolutionnaire Devrait Savoir sur la Répression*, incluído em J. Rière et al. (orgs. 2001) 217–289. A descrição dos gráficos encontra-se nas págs. 245–247 e a frase citada vem na pág. 246. A citação acerca das funções de comissário para os arquivos da antiga Okhrana

É precisamente esta também a meta — não ideal, mas muito real — da vigilância informatizada. A fase transitória foi ocupada pelo sistema de cartões perfurados que a IBM criou e desenvolveu, sem o qual as autoridades do Terceiro Reich não teriam conseguido proceder ao cruzamento metódico de informações exigido pela execução da sua política racial[108]. Com a experiência adquirida a IBM encontrava-se na posição óptima para dominar o desenvolvimento dos computadores. A difusão desta tecnologia, a generalização dos programas de fichagem electrónica, a possibilidade de estabelecer com eles todo o tipo de relações e o seu acesso público na internet democratizaram, afinal, o totalitarismo. Esta democratização progrediu e atingiu uma dimensão universal quando cada pessoa, através das redes sociais, tomou a iniciativa de tornar públicas as suas opiniões a respeito de tudo e de todos e as suas filiações e relações. É isto a democracia.

4. O MITO DA CRUZADA CONTRA O BOLCHEVISMO

Um historiador alemão, Ernst Nolte — que eu caracterizaria como saudosista não do passado que existiu, mas do que ele imagina que poderia ter ocorrido se a história não fosse perversa — pretendeu explicar o nacional-socialismo invocando uma guerra civil europeia contra o bolchevismo, que se convertera num conflito de nações mediante o confronto final entre o Terceiro Reich e a União Soviética. Iniciado como uma reacção contra o marxismo, o hitlerismo teria sofrido a influência dos seus opositores, transmutando-se em formas novas[109]. Nolte esqueceu, todavia, alguns aspectos fundamentais.

---

encontra-se na obra de Serge publicada com o título *Mémoires d'un Révolutionnaire, 1905–1941*, em Jean Rière et al., op. cit., 575. Ver também a pág. 580.
108. E. Black (2003) 289–291, 309–311.
109. Esta tese foi exposta sobretudo em E. Nolte (1989) *passim*, mas alguns dos seus traços encontravam-se já em obras anteriores do mesmo autor, como pode constatar-se resumidamente em R. De Felice (1978) 111–115. Aliás, E. Nolte (1965) *passim* pretendeu que a direita teve sempre origem num ataque iniciado pela esquerda, absorvendo neste confronto algumas das ideias da esquerda e tornando-se assim mais radical.

Antes de tudo, a democracia era considerada por Hitler como um sistema estreitamente aparentado com o marxismo, ambos acusados de defenderem a supremacia corruptora das massas sobre a elite, da quantidade sobre a qualidade. A mitologia racial do nacional-socialismo confundia esses dois regimes, que tanto na prática como nas suas inspirações profundas sempre se haviam apresentado como antagónicos, porque o mesmo judaísmo que recorreria ao capitalismo liberal para dissolver as relações de confiança e fidelidade que teriam reinado entre os trabalhadores e os patrões e substituí-las pela luta das classes procederia também ao agravamento dos conflitos sociais através da difusão do marxismo no proletariado. Os ataques políticos lançados por Hitler contra o marxismo adquiriam o verdadeiro sentido no plano racial, enquanto defesa da coesão do povo contra a actividade dissolvente atribuída aos judeus.

Em segundo lugar, e não se trata de um detalhe mas talvez da fragilidade mais grave das teses de Nolte, o marxismo entre as duas guerras mundiais não se identificava apenas com o comunismo soviético, já que a maior parte da social-democracia se afirmava como a verdadeira continuadora da tradição de Marx. «Tomei a resolução de ser o aniquilador do marxismo»[110], proclamou Hitler no seu julgamento em Fevereiro de 1924, e perseguiu todos os tipos de marxismo, incluindo no mesmo ódio o KPD e o SPD. O facto de os comunistas alemães terem considerado a social-democracia como um inimigo mais perigoso do que o nacional-socialismo e terem-na hostilizado com virulência não impediu que todos eles, comunistas e sociais-democratas, sofressem depois de Janeiro de 1933 iguais ignomínias e partilhassem os mesmos campos de concentração. Se o fascismo se explicasse por uma cruzada contra o comunismo soviético, então teria procurado na social-democracia um auxiliar, em vez de a converter num inimigo. A aversão de Hitler e dos seus seguidores a todas as modalidades de marxismo mostra que, contrariamente às suposições de Nolte, a transformação das clivagens sociais em imaginárias oposições de raça foi um postulado inaugural do nacional-socialismo e não uma reacção de medo perante uma guerra civil europeia promovida pelos bolchevistas russos.

---

110. Citado em J. Noakes et al. (orgs. 2008–2010) I 34.

Aliás, o que distinguiu as concepções de Hitler e os métodos por ele preconizados das demais versões do fascismo foi o facto de atribuir às lutas sociais um valor efémero e considerar o combate entre raças como o eterno motor da história. Nunca se tratou para o nacional-socialismo de uma guerra civil, mas sempre de um confronto racial. O marxismo, tal como o liberalismo, eram vistos pelo racismo hitleriano e rosenberguiano como expressões do carácter judaico. Em vez de ser o antimarxismo a transmutar-se em anti-semitismo no quadro de uma guerra civil, como pretendeu Nolte, foi a hostilidade de princípio ao Judeu Errante a inspirar a aversão a qualquer forma de pensamento crítico, enquanto consequência da exaltação mítica de uma raça de senhores. E foi a ilusão de que os vizinhos de Leste eram racicamente inferiores que levou o Führer a precipitar para lá o grosso dos seus exércitos e a ser, afinal, esmagado.

Embora Nolte considerasse que a abordagem dos conjuntos populacionais consoante pressupostos rácicos era logicamente equivalente à sua análise em termos de classe, para o nacional-socialismo o choque ideológico foi um mero resultado secundário de um conflito entendido sempre no plano racial. Já há várias décadas o autor de uma obra notável, e insuficientemente lida, observou que Hitler não conduziu apenas uma guerra contra o regime soviético, mas igualmente contra o povo russo[111]. Esse livro é um dos mais eficazes desmentidos da tese defendida por Nolte, e a propósito dos predecessores desta orientação ideológica escreveu o autor: «As próprias declarações públicas de Hitler e a sua prática demonstram amplamente que o seu objectivo na guerra não era, como alguns apologistas tardios gostariam de nos convencer, uma tentativa generosa de "libertar a Europa do bolchevismo". [...] Os objectivos da invasão [da União Soviética] foram essencialmente a liquidação do bolchevismo, a destruição da União Soviética enquanto Estado e a obtenção de uma vasta área destinada à exploração colonial e ao povoamento. [... ... ...] A sua [de Hitler] estranha dialéctica partia do postulado de um conflito inexorável entre germanos e eslavos, superiores e inferiores»[112].

---

111. A. Dallin (1957) 44-45.
112. Id., ibid., 660, 662.

Em terceiro lugar, todos os fascismos partilharam um mesmo quadro. Desde o salazarismo, um regime clerical que procurou reduzir as mobilizações de massas a encenações históricas, até ao hitlerismo, em cujo âmbito progrediu o neopaganismo e que convocou as multidões para enormes festivais políticos, desde o populismo plebeu de Doriot até à teatralidade sofisticada de um *dandy* como D'Annunzio, desde o fanatismo anti-semita de Codreanu e da sua Legião do Arcanjo São Miguel até à judeofilia de muitos fascistas espanhóis, todas estas manifestações ocorreram em parâmetros comuns e cada uma delas é inexplicável se atentarmos somente nas suas peculiaridades. O hitlerismo não serve de exemplo dos demais fascismos nem é «a forma fenoménica mais radical» do fascismo[113]. Aquilo que houve de específico em cada variante do fascismo só pode ser entendido pelos contrastes dentro de um mesmo quadro geral.

Em quarto lugar, os temas ideológicos e as modalidades de prática que estiveram na origem dos fascismos foram criados, se nos limitarmos às personalidades mais representativas, por Sorel e Corradini, e por Kita Ikki no lado oposto do globo, anteriormente à primeira guerra mundial e, portanto, antes dos motins de soldados e marinheiros que em 1917 e 1918 propagaram a revolução à escala europeia.

Finalmente, em quinto lugar, como expliquei abundantemente[114], nos casos em que os movimentos fascistas depararam com organizações marxistas fortes só conseguiram ascender e conquistar o Estado depois de o movimento operário ter sido abalado e paralisado por contradições internas. Isto explica que o fascismo não tivesse a sua génese no contexto de uma guerra civil lançada pela esquerda contra a direita, pelos internacionalistas contra os patriotas, mas precisamente no seu oposto, numa deliberada convergência de alguns sectores de ambos os campos políticos. É interessante observar o cuidado com que Ernst Nolte evitou analisar as implicações do nacional-bolchevismo. Nenhum fascismo se limitou a ser uma resposta da ordem à revolução. Todos eles foram, antes de mais, uma revolta dentro da ordem, e por isso começaram por procurar na es-

---

113. E. Nolte (1989) 95.
114. Ver capítulo 1 deste livro.

querda uma inspiração que permitisse renovar a direita, ao mesmo tempo que transportaram para a esquerda alguns temas gerados na direita. O cruzamento entre correntes da direita e da esquerda e a sua acção recíproca não foram o resultado de um processo, mas a condição prévia desse processo.

5. ENSAIOS DE EXPLICAÇÃO MARXISTA DO FASCISMO

1

No 7º Congresso do Komintern foi abandonada a tese do «social-fascismo», que identificava a social-democracia com o fascismo ou a considerava até o elemento mais nocivo do fascismo, e adoptou-se outra interpretação. «Não será sem resistências nem rapidamente», afirmou um estudioso, que a nova orientação «conseguirá vingar. Tanto assim que o Congresso, inicialmente previsto para a segunda metade de 1934, teve de ser adiado para meados do ano seguinte»[115]. Num extenso relatório, o novo secretário-geral do Komintern, Georgi Dimitrov, começou por retomar a definição formulada no ano anterior pela 13ª reunião plenária do comité executivo daquela organização, caracterizando o fascismo como «a ditadura terrorista declarada dos elementos mais reaccionários, mais agressivamente nacionalistas e mais imperialistas do capital financeiro»[116]. Esta tese possuía uma longa genealogia. Já numa colectânea editada em Moscovo em 1923 praticamente todos os artigos haviam considerado o fascismo como o instrumento da grande burguesia nas lutas sociais[117] e no ano seguinte o 5º Congresso do Komintern definira o fascismo como a arma a que recorria a grande burguesia na luta contra o proletariado quando não lhe bastavam os meios legais[118]. Mas Dimitrov preferiu esquecer que a 13ª reunião plenária continuara a acusar os sociais-democratas de exercerem «a função de *principal* apoio social da burguesia mesmo nos países onde vigora explicita-

---

115. J. A. Nunes (1982) 62.
116. Citada em G. Dimitrov (1972) 6 e B. R. Lopukhov (1965) 239.
117. B. R. Lopukhov (1965) 242.
118. Id., ibid., 239.

mente uma ditadura fascista»[119], embora nas discussões restritas que acompanharam a elaboração do seu relatório ele tivesse posto francamente em dúvida a tese que considerava a social-democracia como o principal sustentáculo da burguesia e a definia como um social-fascismo[120].

Porém, o facto de em público os aspectos mais polémicos ficarem apenas implícitos não impediu que o relatório de Dimitrov suscitasse no movimento comunista mundial uma nova viragem de cento e oitenta graus, ao definir como eixo estratégico da luta contra o fascismo a aliança com os partidos social-democratas, precisamente aqueles que na véspera haviam constituído para o Komintern o pior dos fascismos. Os dirigentes socialistas passaram a ser criticados por se terem recusado a aceitar a unidade de acção de todos os trabalhadores contra o fascismo — uma unidade de acção inviabilizada pela tese do «social-fascismo» — e por terem preferido colaborar com os partidos da democracia burguesa. Em suma, a social-democracia deixou de ser social-fascista para ser social-democrata, exactamente aquilo que sempre fora e jamais deixaria de ser. Os mestres da dialéctica procediam tardiamente a esta profunda descoberta.

Segundo a tese apresentada por Dimitrov, eram as formas de exercício do Estado burguês, e não a sua base social, que o fascismo remodelava. «O fascismo», explicou ele, «não é um poder acima das classes nem é o poder da pequena burguesia ou do *lumpenproletariat* sobre o capital financeiro. O fascismo é o poder do próprio capital financeiro»[121]. Esta definição vigorou entre os comunistas ortodoxos até à desagregação final dos regimes soviéticos, e ainda hoje inspira um bom número de historiadores influenciados pelo marxismo. Dificilmente se acharia alguém mais qualificado do que Walter Ulbricht para expressar a perspectiva da ortodoxia, consi-

---

119. Citado por L. Trotsky, «Are there no Limits to the Fall? A Summary of the Thirteenth Plenum of the Executive Committee of the Communist International», *The Militant*, 10 de Março de 1934, reproduzido em G. Breitman et al. (orgs. 1972) 211 (sub. orig.). Ver igualmente J. A. Nunes (1982) 57.
120. Em J. A. Nunes (1982) 65–67 encontra-se um texto redigido por Dimitrov em Junho de 1934 e destinado a preparar o relatório apresentado ao congresso do ano seguinte.
121. G. Dimitrov (1972) 7.

derando o regime hitleriano como «a forma de domínio do capital monopolista alemão no período da sua decadência»[122].

À primeira vista, nada mais plausível. Os partidos fascistas receberam subsídios de grandes capitalistas antes de chegarem ao poder, e depois de hegemonizarem o Estado serviram com afinco os interesses económicos das classes dominantes e deram livre curso às tendências mais repressivas do patronato. Todavia, se o fascismo se tivesse limitado a ser a expressão directa do grande capital, qual o motivo por que não prevaleceu em países como os Estados Unidos ou o Reino Unido, onde não era menor a hegemonia da alta finança e da grande indústria e onde as organizações operárias eram mais timoratas do que haviam sido o socialismo italiano ou a social-democracia alemã? Se for certo, como pretenderam e continuam a pretender vários autores marxistas, que o grande capital tenda para o fascismo, será impossível explicar que desde o final da segunda guerra mundial, e apesar de repetidas previsões em contrário, as democracias parlamentares tenham possibilitado nos países mais desenvolvidos a intensificação dos mecanismos da mais-valia relativa e uma acumulação de lucros sem precedentes.

Apesar das aparências, a definição de fascismo adoptada no 7º Congresso do Komintern deixou em aberto um espaço onde era possível inserir a velha tese do «social-fascismo» e a Guerra Fria veio dar novo vigor às antigas interpretações. É interessante considerar, por exemplo, que para Walter Ulbricht «aquilo que se chamou democracia de Weimar não foi mais do que a ditadura disfarçada do capitalismo monopolista»[123]. Será verdade, então, que a nomeação de Hitler para a Chancelaria se limitou a fazer cair os disfarces? Mas já um universitário soviético observara, num livro publicado em 1928, que a diferença entre a ditadura fascista da burguesia e a sua ditadura democrática não podia resumir-se ao pretenso carácter explícito do terror fascista, porque também este não dispensou a cobertura ideológica[124]. Se fosse correcto considerar que o domínio do grande capital monopolista não havia sido menor no regime instaurado em Weimar do que viria a ser durante o Terceiro Reich,

---

122. W. Ulbricht (1957) 117.
123. Id., ibid., 121.
124. Andrei Piontkovsky citado em B. R. Lopukhov (1965) 253.

devíamos então deduzir que o principal sustentáculo político da república de Weimar, o Partido Social-Democrata, se limitara a servir de agente directo, embora dissimulado, do grande capital. Mas era precisamente isto que repetiam antes do 7º Congresso do Komintern as pitonisas de Moscovo e Berlim quando caracterizavam como «sociais-fascistas» os sociais-democratas. E entretanto os verdadeiros fascistas aproximavam-se gradualmente do poder, até que por fim encerraram nas mesmas prisões e nos mesmos campos de concentração todas as *nuances* do marxismo, para que aí prosseguissem, se tivessem vida e forças para tanto, o debate teórico.

Apesar de as formulações de Dimitrov terem aparentemente abandonado a tese do «social-fascismo», entre ambas as versões mantiveram-se elos ideológicos estreitos. A nova definição de fascismo oficializada no 7º Congresso do Kremintern continha ecos da estratégia anteriormente seguida pelos comunistas; e era enganador caracterizar a social-democracia como um agente do capitalismo monopolista sem ao mesmo tempo recordar que os partidos comunistas, ou até outros sectores da esquerda, haviam procurado repetidamente aproximar-se das alas do fascismo mais radicais e populistas e atraí-las a si. Trotsky chamou algumas vezes a atenção para a complementaridade entre a tese do «social-fascismo» e as tentativas de sedução da extrema-direita e do fascismo que caracterizavam a actuação do KPD[125].

Mas os comunistas ortodoxos não foram os únicos a permanecer enleados nas suas confusões. A falência ideológica do Partido Social-Democrata alemão acarretada pela vitória de Hitler pode avaliar-se ao verificarmos que no seu novo programa, exposto num Manifesto publicado em Praga em 1934, a definição de fascismo não era muito diferente daquela que os comunistas adoptariam. Com efeito, os socialistas mencionavam «a arbitrariedade do grande capi-

---

125. L. Trotsky, *The Turn in the Communist International and the German Situation*, publicado em 1930, reproduzido em *The Rise of German Fascism*…, especialmente as págs. 47–48 e 50–51, e parcialmente antologiado em G. L. Weissman (org. 1970) 11–12; id., entrevista publicada em *The New Leader*, 13 de Outubro de 1933, reproduzida em G. Breitman et al. (orgs. 1972) 60; id., «Objections et Réponses: La Milice du Peuple», *La Vérité*, 2 de Novembro de 1934, reproduzido em P. Broué (org. 1967) 478.

tal, a cujo serviço a ditadura colocou o poder de Estado»[126]. Para a semelhança com a tese do Komintern ser completa faltava situar aquela operação na fase de declínio do capitalismo, mas um grupo de socialistas de esquerda, que alguns meses depois, e também na emigração, propôs uma plataforma de frente única que unisse o SPD e o KPD, remediou a lacuna e juntou-se ao coro. «O Estado totalitário fascista é a última e a mais forte concentração das forças capitalistas. [...] depois de ter conquistado o poder e destruído as organizações operárias, o fascismo retira a sua máscara social-revolucionária e revela-se como o sistema da ditadura do grande capital e da grande renda fundiária», afirmou aquela plataforma. «O fascismo é um produto degenerescente da decadência do capitalismo. O facto de o capitalismo se servir do fascismo no exercício do poder de Estado prova que ele se encontra na fase de declínio»[127].

Afinal, quando recordamos que Mussolini tomou o poder no país onde eram mais numerosos os socialistas de esquerda e que a derrota mais esmagadora do proletariado perante o fascismo ocorreu na Alemanha, onde o SPD era o maior partido da II Internacional[128] e o KPD se havia tornado o maior partido da III Internacional[129], salvo a excepção evidente do Partido Comunista soviético, compreendemos que a catástrofe atingiu as principais tendências do marxismo e as deixou incapazes de procederem a uma análise rigorosa, ou sequer convincente, do fenómeno fascista. Para quem assentava a legitimidade na suposta capacidade de prever o curso da história e nele intervir com eficácia, a bancarrota não podia ter sido mais completa. A definição de fascismo feita pelos dois marxismos oficiais é uma meia verdade, o que, em termos conceptuais rigorosos, corresponde a uma mentira completa. O fascismo foi uma ditadura do grande capital, mas se tivesse sido apenas isto não se diferenciaria das formas parlamentares de domínio desse mesmo

---

126. O Manifesto de Praga foi publicado pela primeira vez em Janeiro de 1934 com o título *Luta e Objectivos do Socialismo Revolucionário. A Política do SPD* e encontra-se reproduzido em G. Marramao (1977) 287-296. A passagem citada vem na pág. 288.
127. A proposta de plataforma para uma frente única antinazi elaborada pelo Círculo dos Socialistas Revolucionários, *Der Weg zum sozialistischen Deutschland*, publicada em 1934, encontra-se transcrita em id., ibid., 306-354. A passagem citada pode ler-se nas págs. 332-333.
128. É o que indica Max Adler numa obra de 1933 em id., ibid., 261.
129. O. K. Flechtheim (1972) 17; H. Weber (1979) 61.

grande capital. É impossível compreender o fascismo sem atribuir uma importância primordial à mobilização popular que ele gerou e sem constatar — facto que hoje as direitas lamentam e as esquerdas se esforçam por esquecer — que essa mobilização transportou para o meio operário os temas nacionalistas das esferas conservadoras e conferiu ao fascismo um dinamismo político que até então fora apanágio da base trabalhadora animada pela esquerda.

2

Neste contexto deve prestar-se uma atenção especial à teoria do fascismo que Leon Trotsky começou a elaborar depois de ter sido expulso da União Soviética em 1929[130]. É certo que ele considerava também o fascismo como um movimento dirigido e financiado pelo grande capital e situava-o igualmente na época de declínio do capitalismo, mas introduziu dois aspectos que deram maior rigor à definição e subtileza à análise: a capacidade do fascismo para mobilizar vastíssimas massas populares; e as etapas sucessivas do processo que levava à formação do fascismo e o converteria depois em outra entidade política.

«O fascismo», escreveu Trotsky, «é uma forma específica de mobilização e organização da pequena burguesia consoante os interesses sociais do capital financeiro»[131]. Assim resumida a definição não era original. Já em 1923, num livro publicado em Moscovo, um historiador havia considerado o fascismo como um movimento da pequena burguesia, usado pela grande burguesia na luta contra o proletariado revolucionário[132]. E cinco anos depois outro historiador soviético detectara no PNF, junto com a herança do antigo partido nacionalista, representante do grande capital industrial, a herança do fascismo original, que corresponderia aos anseios da

---

130. Para conhecer as teses de Trotsky acerca do fascismo pode consultar-se G. L. Weissman (org. 1970), uma antologia breve e bem elaborada. Sobre o fascismo alemão deve consultar-se *The Rise of German Fascism*…, uma extensa recolha de textos de Trotsky em que uma grande parte é dedicada às polémicas no interior do movimento comunista.
131. L. Trotsky, «Bonapartism and Fascism», *The New International*, Agosto de 1934, reproduzido em G. Breitman et al. (orgs. 1971) 55.
132. Antonov referido por B. R. Lopukhov (1965) 241.

pequena burguesia e de uma parte dos trabalhadores semiproletarizados[133]. Mas Trotsky levou estas teses por novos caminhos. Enquanto arruinava a pequena burguesia, o grande capital lançava-a contra os trabalhadores, assegurando assim um controle directo e completo de todas as instituições e liquidando formas de organização típicas da fase parlamentar, nomeadamente os sindicatos e os partidos operários. Como Trotsky salientou, este modelo de análise, em que o fascismo sucedia à fase histórica ocupada pela social-democracia, contrapunha-se à tese do «social-fascismo», e numa obra escrita em Setembro de 1932 ele recordou que três anos antes sustentara «a incompatibilidade da social-democracia e do fascismo» e «com esta base rejeitara a teoria do social-fascismo»[134]. A forma como eram abordados os problemas internos da pequena burguesia diferenciava claramente as teses trotskistas das teses stalinistas.

Ora, para os marxistas a categoria social da pequena burguesia era — continua a ser — um saco sem fundo. Cabiam ali os representantes da sociedade pré-capitalista, tais como pequenos camponeses, artesãos e pequenos comerciantes, que no período entre as duas guerras mundiais se mantinham ainda em número apreciável e assinalavam-se politicamente. A seu lado estavam os herdeiros de estratos sociais que haviam sido mais ou menos privilegiados antes do advento do capitalismo, mas corriam então o risco de perder definitivamente o estatuto ou já se tinham tornado *déclassés*. Dentro da pequena burguesia — ou classes médias, como Trotsky por vezes lhe chamava — incluíam-se também a tecnocracia e a burocracia, o que tornava a classificação muitíssimo confusa, pois os outros elementos eram caracterizadamente pré-capitalistas e encontravam-se em crise, enquanto estes não só eram gerados no capitalismo como se encontravam em rápida ascensão nas sociedades modernas mais evoluídas[135].

---

133. Slobodskoi referido por id., ibid., 246.
134. L. Trotsky, *Germany: The Only Road*, antologiado em *The Rise of German Fascism...*, 335 e segs. A citação encontra-se na pág. 360. Ver também Leon Trotsky em id., ibid., 353 e em G. L. Weissman (org. 1970) 16. Na mesma perspectiva ver L. Trotsky, «Are there no Limits to the Fall? A Summary of the Thirteenth Plenum of the Executive Committee of the Communist International», *The Militant*, 10 de Março de 1934, reproduzido em G. Breitman et al. (orgs. 1972) 211.
135. Numa carta de 15 de Novembro de 1931, publicada em *The Militant*, 16 de Janeiro de 1932, e antologiada em G. L. Weissman (org. 1970) 5, Trotsky reconhecera

É certo que na penumbra, do outro lado da fronteira que separava a ortodoxia das heterodoxias, vários militantes e teóricos dissecavam, de uma maneira ou outra, aquela pequena burguesia nos seus elementos componentes e identificavam a especificidade da tecnocracia e da burocracia. Foram as contradições suscitadas pelo conceito de pequena burguesia e as catástrofes práticas resultantes da sua aplicação à análise dos confrontos políticos que levaram à difusão do conceito de gestores ou outros análogos. Mas para isso foi necessário estabelecer a diferença entre relações jurídicas de propriedade e relações sociais de produção, bem como entre forças produtivas materiais e relações de trabalho, e desenvolver a problemática do controle enquanto mecanismo de exploração. Uma actividade teórica deste tipo não podia ocorrer no âmbito da burocracia social-democrata, que passara a ter interesses económicos directos e se havia convertido num elemento indispensável aos sistemas parlamentares, nem no quadro do regime soviético, que implantara um capitalismo de Estado. Não podia prosseguir também na área política submetida à influência de Trotsky, que até ao último dia de vida atribuiu um carácter socialista aos fundamentos da economia soviética. Ora, a URSS só podia ser classificada como socialista se o facto de a propriedade dos meios de produção pertencer juridicamente ao Estado servisse para esquecer as relações sociais no processo de trabalho. E se, apesar de todas as suas desigualdades, a União Soviética continuasse a ser socialista, como Trotsky pretendia, então a burocracia privilegiada definia-se como uma elite e não tinha o estatuto de classe social, sendo portanto impossível pensar a existência dos gestores como uma classe específica e considerar o exercício do controle como uma condição suficiente para a apropriação de mais-valia. Na esquerda, só alguns teóricos isolados e um pequeno número de grupúsculos heterodoxos e marginais concebe-

---

que «é possível afirmar, e em certa medida com razão, que a nova classe média, os funcionários do Estado, os administradores privados, etc., podem constituir uma base [do fascismo]. Mas esta é uma questão nova, que tem de ser analisada». Trotsky, porém, escusou-se a prosseguir qualquer análise deste tipo e não poupou insultos e sarcasmos a quem pretendia desenvolver uma teoria dos gestores enquanto grupo social específico. Trotsky apercebeu-se de que, se admitisse que os gestores constituíam uma base social do fascismo, dificilmente lhes poderia recusar a mesma posição no regime stalinista, cujos fundamentos sempre considerou socialistas.

ram os gestores como classe — ou capitalista ou que ultrapassara o capitalismo — e puderam explicar o fascismo de maneira coerente, enquanto ditadura que ao mesmo tempo visava os trabalhadores e toda a velha burguesia.

A pequena burguesia era uma estranha categoria, lançada para a margem dos grandes mecanismos económicos, mas inflando no entanto os seus efectivos até se tornar mais numerosa do que o proletariado. Nos escritos de Trotsky a situação da pequena burguesia ficava mais paradoxal ainda, porque embora fosse capaz de se agitar com enorme violência e apesar de a sua mobilização ser indispensável para definir o fascismo, ela limitar-se-ia a seguir o apelo do mais forte. Sem uma actuação independente na dialéctica das classes, não teria projecto político próprio nem interesses sociais específicos, e a sua atitude final dependeria do extremismo com que fossem formulados os programas alheios e do vigor com que fossem postos em prática. E assim aquele agregado social esvaziava-se de conteúdo político no preciso momento em que seria necessário defini-lo. Trotsky afirmou repetidamente que a pequena burguesia hesitava entre o proletariado e o fascismo, mas a simetria é coxa. O proletariado é uma classe social e o fascismo é um movimento político. Se a pequena burguesia podia hesitar perante o fascismo, é porque não era ela a dar-lhe uma base social própria e autónoma, e então quem lha dava?

Foi talvez para compensar as limitações subjacentes ao conceito de pequena burguesia que Trotsky assinalou uma sequência no processo de fascização. Numa primeira fase, quando a actividade dos bandos fascistas começava a pôr em risco o funcionamento da democracia, o parlamento abdicava os seus poderes efectivos num chefe que, apoiado directamente na burocracia, no exército e na polícia, governava acima das instituições democráticas e mantinha um equilíbrio precário entre elas e o fascismo. A este regime chamava Trotsky «bonapartismo»[136], e deixou bem claro que, embora

---

[136]. Trotsky negava-se a classificar como fascistas as ditaduras do general Primo de Rivera e de Dollfuss e, embora atribuísse um carácter fascista ao regime de Piłsudski, considerava que existia nele uma componente bonapartista muito mais pronunciada do que nos fascismos italiano e alemão. Igualmente bonapartistas seriam, entre vários outros, os governos pré-hitlerianos de Brüning, de von Papen e de von Schleicher. Ver a este respeito os textos de Trotsky reproduzidos em G. Breitman et al. (orgs. 1971) 52,

oscilasse entre as classes sociais e estivesse politicamente acima delas, o bonapartismo não se situava socialmente acima nem fora das classes, pois tinha uma base burguesa perfeitamente caracterizada e assentava no capital financeiro.

É elucidativo comparar a interpretação de Trotsky com a proposta por Thalheimer[137], para quem tanto o bonapartismo como o fascismo como outras modalidades políticas que talvez viessem a surgir constituíam manifestações da forma última do poder de Estado burguês. Sempre que a sobrevivência da sociedade burguesa era posta em risco por uma investida do proletariado e a burguesia conseguia triunfar mas ficava exausta, então, afirmava Thalheimer, o poder político era entregue a uma autoridade executiva que o exercia de maneira independente, instaurando uma ditadura explícita do capital com o apoio dos *déclassés* e do *lumpenproletariat*. O bonapartismo e o fascismo relacionavam-se estreitamente, enquanto variantes daquela forma comum.

A análise de Trotsky foi mais sofisticada, pois distinguiu o tipo progressivo de bonapartismo, que havia caracterizado o capitalismo em ascensão, quando o chefe supremo estabelecera o equilíbrio entre as novas instituições e as remanescentes do *Ancien Régime*, e o bonapartismo típico da época de declínio do capitalismo, em que o equilíbrio se estabelecia entre o fascismo e um proletariado que nem triunfara nem fora ainda esmagado, neutralizando-se ambos. Este carácter instável condenava o bonapartismo a não ser mais do que uma fase de transição ou para a revolução proletária ou para a reacção fascista. Assim, ao mesmo tempo que chamou a atenção para os elementos de convergência entre o bonapartismo e o fascismo, Trotsky preocupou-se em distinguir os dois regimes e em delimitá-los com rigor, o que lhe evitou cair na funesta confusão do «social-fascismo». O conceito de bonapartismo deu-lhe também azo para analisar os perigos do fascismo segundo uma perspectiva que

---

56, em id. (orgs. 1972) 107, em *The Rise of German Fascism*... 174, 181–183, 342–348, 357–359, 366, 395, 422–429, 430–436, 544–545, 598–608 e em G. L. Weissman (org. 1970) 5, 15. Trotsky recusou a denominação de fascismo mesmo ao governo de Vichy, incluindo-o entre as formas senis do bonapartismo, como se lê em «Bonapartism, Fascism and War» («His Last Article»), *Fourth International*, Outubro de 1940, em G. Breitman et al. (orgs. 1969) 123 e em *The Rise of German Fascism*..., 622.
137. A. Thalheimer (1930).

abria um espaço mais amplo às iniciativas do proletariado e às suas possibilidades de resistência, e levou-o a conceber uma estratégia de frente unida dos trabalhadores que se opunha a uma aliança com os meios democráticos burgueses enleados no bonapartismo. Para compreender o pensamento e a orientação política de Trotsky na década de 1930 é indispensável ter em conta a diferença entre os seus conceitos de bonapartismo e de fascismo, e o seu relacionamento complexo.

O carácter transitório e instável atribuído aos regimes bonapartistas precursores do fascismo serviu a Trotsky para indicar a existência de semelhanças profundas entre a elite burocrática da União Soviética e o estrato social dominante do bonapartismo. A burocracia stalinista é «a *forma soviética do bonapartismo*», escreveu ele[138], iludindo assim as pressões daqueles teóricos que detectavam no próprio fascismo e no stalinismo uma base social comum. Mas, sendo o bonapartismo definido como um sistema político que oscilava entre as classes, quais eram as classes que condicionavam a oscilação do bonapartismo soviético, se a burocracia não formava para Trotsky uma classe social e se os camponeses proprietários de terras e os comerciantes privados haviam sido liquidados precisamente pelo stalinismo? A posição ambígua de Trotsky perante o regime de Stalin, rejeitando-o politicamente mas aceitando-lhe os fundamentos económicos, esteve no centro das contradições que enfermaram então o trotskismo no plano teórico e das hesitações que lhe amputaram a prática.

Segundo Trotsky, o fascismo triunfante não podia sobreviver muito tempo sem desmobilizar as massas da pequena burguesia que, com a sua violência e os seus desmandos, o impediam de governar. Passando a apoiar-se na burocracia e eliminando a componente pequeno-burguesa, o regime fascista decairia então num novo tipo de bonapartismo, distinto do anterior bonapartismo pré-fascista por ser dotado de um grau de estabilidade muitíssimo superior. O bonapartismo pós-fascista assemelhar-se-ia às outras formas de ditadura militar e policial, e o ditador fascista ficaria convertido no

---

138. L. Trotsky, «Where Is the Stalin Bureaucracy Leading the USSR?», *The New International*, Março de 1935, reproduzido em G. Breitman et al. (orgs. 1971) 162 (sub. orig.).

fiel de uma nova balança, equilibrando de um lado o capitalismo e do outro a insatisfação de uma pequena burguesia desiludida por aquela experiência política. Nesta perspectiva, os regimes fascistas seriam obrigatoriamente fugazes e corresponderiam a uma fase transitória, de que emanava um sistema mais sólido. Para Trotsky, o fascismo não era tanto um regime como sobretudo um estado de mobilização da pequena burguesia.

3

A complexidade de análise resultante da articulação dos conceitos de bonapartismo e fascismo convinha à riqueza de experiências de um processo que não se encerrara ainda, e neste panorama ideológico, tendo de se submeter à definição oficial de fascismo, mas decerto inspirando-se dissimuladamente nalguns aspectos da análise trotskista, Palmiro Togliatti, o secretário-geral exilado do Partido Comunista de Itália, apresentou o problema de maneira inovadora durante um curso dado a compatriotas imigrados em Moscovo, nos meados da década de 1930[139]. Togliatti partiu da definição adoptada na 13ª reunião plenária do comité executivo do Komintern, que considerava o fascismo como uma ditadura terrorista dos elementos mais reaccionários do grande capital. Mas sensatamente calou o facto de as resoluções daquela reunião terem confirmado a tese do «social-fascismo» e, embora usando a prudência necessária ao lugar e à época, colocou em confronto duas interpretações elabo-

---

139. As *Oito Lições* analisadas em seguida encontram-se em P. Togliatti (1971) 5–15. Acerca destas *Oito Lições* escreveu R. De Felice (1978) 233–234 que «quando se tratava de analisar e estudar "para uso interno" o fenómeno fascista […], o grupo dirigente comunista italiano era bastante mais livre e realista do que se poderia supor com base apenas nas suas tomadas de posição públicas, e dava-se claramente conta da complexidade da realidade fascista e da parcialidade e fraqueza de certas esquematizações […] As *Lições* de Togliatti são do maior interesse por duas ordens de razões: porque, sendo para uso exclusivamente "interno", se ressentem de uma menor prudência política e, sobretudo, porque dizem respeito principalmente não tanto aos primeiros anos do fascismo como aos do regime, cuja análise abordam sob o aspecto mais importante e característico do regime reaccionário de massa, valorizando realisticamente todos os seus elementos constitutivos […]» (procedi a algumas pequenas modificações na tradução). Para a compreensão das *Oito Lições* no contexto dos debates internos do Partido Comunista de Itália é interessante ler J. A. Nunes (1982) 41–42 n. 4.

radas na década anterior. Por um lado, a de Amadeo Bordiga, que assimilara a ditadura fascista às modalidades de poder de Estado dos regimes parlamentares. E se os ouvintes soubessem reflectir certamente a achariam bastante próxima da versão até então proposta — ou, mais exactamente, imposta — pelo Komintern, ambas insistindo no carácter repressivo do aparelho político, em detrimento dos restantes aspectos. Por outro lado, Clara Zetkin havia destacado a dimensão pequeno-burguesa do fascismo. Ora, para Togliatti seria precisamente esta a concepção dos sociais-democratas, que apresentariam o fascismo como um movimento de massas exclusivamente pequeno-burguês, voltado contra o grande capital.

Com efeito, era assim que pensava Otto Bauer, um dos principais representantes da social-democracia austríaca, negando que o fascismo fosse uma ditadura da burguesia e considerando que, à maneira do que havia sucedido com o bonapartismo, a burguesia cedia aos fascistas o poder político para preservar o poder económico frente à ameaça do proletariado[140]. Mas vimos que outras correntes da social-democracia, como o SPD com o seu Manifesto de 1934, e mesmo círculos que, tal como Bauer, ou mais ainda do que ele, se situavam na ala esquerda do socialismo, davam do fascismo uma definição em que a pequena burguesia não tinha lugar. O que me importa aqui considerar, no entanto, é a perspectiva adoptada por Togliatti e não a parcial inexactidão das suas reflexões sobre as teses alheias. E se, entre as definições de fascismo propostas no âmbito da social-democracia, o dirigente comunista italiano salientou aquela que insistia no carácter pequeno-burguês do movimento, fê-lo como prelúdio às suas próprias concepções, para as preparar através de uma simetria de teses opostas. Carregou ainda os tons do quadro ao pretender que iria na mesma veia da social-democracia a interpretação avançada pelos trotskistas, que veriam no fascismo um tipo de bonapartismo e, portanto, uma forma de ditadura que subjugaria inclusivamente o grande capital. Nada disto correspondia às ideias de Trotsky, que distinguiu bonapartismo e fascismo, como acabei de mostrar, mas em Moscovo toda a prudência era pouca e tratava-se

---

140. D. S. Linton (1989) 119–123; G. Marramao (1977) 77, 111–113. Acerca da evolução posterior das teses de Bauer sobre o fascismo ver M. Kitchen (1980) 271–274.

de evitar as más-línguas. Nos procedimentos bizantinos que caracterizaram a corte de Stalin era corrente caluniar um inimigo para com maior impunidade lhe pilhar as ideias.

Togliatti criticou nas teses de Bordiga e de Clara Zetkin a incapacidade de articularem a «ditadura da burguesia» e o «movimento das massas pequeno-burguesas». «Sob o ponto de vista teórico», prosseguiu ele, «a dificuldade consiste em compreender claramente a conexão entre esses dois elementos»[141]. Numa época em que o imperialismo exacerbava o carácter reaccionário de todas as manifestações do grande capital, a sua ditadura, para ser eficaz, exigia a mobilização massiva da pequena burguesia. Só existe fascismo, afirmou Togliatti, «quando a luta contra a classe operária se desenvolve sobre uma nova base de massas de carácter pequeno-burguês [...]»[142]. A mesma constatação fora feita pelo comunista húngaro Djula Šaš, num livro publicado na URSS em 1929: «A razão das rápidas vitórias do fascismo reside no facto de que as organizações fascistas tinham a possibilidade de desenvolver a sua actividade num clima em que beneficiavam da simpatia de um sector considerável das massas populares italianas pertencentes a vários grupos sociais de classe»[143]. Nas suas palestras moscovitas Togliatti analisou detalhadamente a forma como se efectuara essa articulação social, mostrando que as milícias haviam assegurado a mobilização e o enquadramento da pequena burguesia no âmbito do grande capital. No caso italiano, «os proprietários fundiários forneceram a forma de organização por *squadre* e os industriais aplicaram-na em seguida nas cidades»[144]. Esta mobilização da pequena burguesia «continha elementos que reforçavam a burguesia, na medida em que lhe permitia governar com métodos diferentes dos democráticos»[145].

Nestas condições, a actuação dos partidos comunistas no seio da pequena burguesia tornava-se imprescindível para derrubar o

---

141. P. Togliatti (1971) 5, 6.
142. Id., ibid., 9.
143. Este extracto da obra de Djula Šaš, publicada sob o pseudónimo de Akuila Julio, encontra-se em B. R. Lopukhov (1965) 247. Basta a leitura desta curta passagem para verificar como é preconceituoso o resumo das teses de Šaš feito por A. J. Gregor (2000 a) 26–27.
144. P. Togliatti (1971) 15.
145. Id., ibid., 11.

fascismo ou para impedi-lo de se implantar. «Nós não tínhamos compreendido», penitenciou-se o dirigente do Partido Comunista de Itália, «que os antigos combatentes, os *déclassés*, não eram indivíduos isolados, mas uma *massa*, e que representavam um fenómeno com aspectos de classe. [...] A nossa obrigação teria sido conquistar uma parte dessa massa e neutralizar a outra parte, para impedi-la de se tornar uma massa de manobra da burguesia. Mas desprezámos estas tarefas»[146]. Foi a mobilização da pequena burguesia, concluiu Togliatti, que conferiu ao fascismo uma ideologia ecléctica e sempre fluida, onde soavam temas oriundos de uma pluralidade de esferas sociais opostas e de uma variedade de meios políticos antagónicos.

O somatório paradoxal implícito no conceito de pequena burguesia servia à generalidade dos marxistas ortodoxos para manterem esclerosado o texto da doutrina e, ao mesmo tempo, caucionarem uma actuação prática maleável ou francamente ziguezagueante. No contexto do movimento comunista da época, porém, das suas polémicas e das suas perspectivas que se revelaram trágicas, Togliatti usou aquele conceito de uma maneira que lhe permitiu compreender as potencialidades de acção do fascismo. Recusando-se a reduzir o fascismo a um mero instrumento do grande capital e insistindo na especificidade originada pelas novas formas de mobilização de numerosos estratos sociais, Togliatti deslocou o problema para o único plano em que deve ser abordado. Além disso, detectando na pequena burguesia interesses e comportamentos próprios e não a resumindo a um meio social estéril e difuso, apenas capaz de ser movido por outras classes, evitou cair num dos paradoxos que enfermaram as teses de Trotsky. Pode discordar-se da análise de classes em que a interpretação de Togliatti se fundamentou, mas ele conseguiu apresentar uma visão realista da complexidade do fascismo, o que não foi comum entre os marxistas ortodoxos. Quanto às implicações práticas das suas teses, porém, não tentaram os comunistas alemães conquistar para o comunismo uma parte dessa pequena burguesia, dos membros dos antigos corpos francos, dos *déclassés*, quando, a coberto dos pretextos ideológicos do «social-fascismo», se esforçaram por competir em nacionalismo com os nacionais-so-

---

146. Id., ibid., 9 (sub. orig.).

cialistas? E não fora este o caminho mais seguro para a catástrofe? Parecia não haver saída em tal jogo de enganos.

6. O MARXISMO FOI INCAPAZ DE EXPLICAR O NACIONALISMO E O RACISMO

O nacionalismo é uma armadilha, já que pela sua própria presença confere uma justificação prática àquilo que não é capaz de explicar no plano teórico. A mera existência de uma nação é usada como demonstração da sua razão de ser íntima, quando na realidade constitui apenas um sintoma da actuação de um Estado, quer se trate de um Estado vigente e reconhecido como tal, quer da persistência de tradições herdadas de um Estado já desaparecido, quer das pretensões de um governo regional a erigir-se em Estado autónomo, quer da conversão de um grupo de oposição político-militar em aparelho de Estado alternativo. Em qualquer caso a nação é construída a partir de um centro de poder, a cuja acção se deve a homogeneização de culturas e tradições. O nacionalismo unifica os diferentes estratos sociais e as classes sociais antagónicas que se encontram dentro de dadas fronteiras, ou numa dada região e sonhando com fronteiras próprias. Deste modo cada nacionalismo faz pairar uma ameaça sobre outros povos. Basta uma afirmação de nacionalismo para excitar nacionalismos rivais, que primeiro surgem numa forma defensiva, mas que depois, em virtude das reacções que eles mesmos suscitam, aparecem inevitavelmente de maneira agressiva[147]. Este círculo vicioso foi detectado por um diplomata norte-americano que representara o seu país em Belgrado. «A fragmentação da Jugoslávia», escreveu ele em 1995, «constitui um exemplo clássico de um nacionalismo operando de cima para baixo. Fomentou-se o nacionalismo numa região onde, ao longo da história, a paz prevalecera sobre a guerra e onde um quarto da população havia procedido a casamentos mistos. Os responsáveis por esta actuação apoiaram a violência étnica, quando não a provocaram, com o intuito de gerar ódios que podiam então ser amplificados pela imprensa, abrindo o

---

147. Ver neste sentido R. Jervis (2010) 28–29.

caminho para novas violências»[148]. É assim que os nacionalismos se autolegitimam.

O mesmo sucede com o racismo, enquanto transposição do nacionalismo para o plano biológico, ou pretensamente biológico. Ludwig Gumplowicz, um dos introdutores do racismo moderno na área da cultura germânica, depois de se ter esforçado, num livro de 1875, por explicar os conflitos sociais em moldes estritamente raciais, observou noutra obra que «nos países da Europa ocidental as classes sociais deixaram desde há muito de representar raças antropológicas [...] e apesar disto comportam-se entre si como raças e prosseguem uma luta racial social [...] renunciei ao conceito antropológico de raça, mas a luta racial permaneceu idêntica, se bem que há muito tempo já as raças não sejam antropológicas. Mas é a *luta* que conta [...]»[149]. Nesta perspectiva só o confronto entre grupos sociais convictos da sua existência no plano racial confere realidade às raças. A partir do momento em que um dado conjunto de pessoas se assume como raça e, portanto, exalta ideologicamente os caracteres — reais ou fictícios — que o diferenciam e atribui a essa biologia verdadeira ou inventada a responsabilidade por comportamentos e culturas, todas as pessoas que não possuam esses caracteres são pressionadas a precipitar-se em processos equivalentes. Podemos comprová-lo hoje nos movimentos identitários, que analisarei no final desta obra[150]. Quando se trata de povos, se um deles vê as suas características biológicas degradadas aos olhos de outro, a reacção compreensível, que é neste caso a de se enaltecer biologicamente, dá origem a uma nova manifestação de racismo. Assim como um antinacionalismo afirmado dentro de quadros nacionais é outro nacionalismo, também um anti-racismo promovido no interior de um quadro étnico constitui outro racismo.

As décadas de 1920 e 1930 forneceram a mais flagrante, e mais trágica, confirmação desta análise, porque sem a forma extrema de

---

148. Warren Zimmermann num artigo publicado na *Foreign Affairs*, Março-Abril de 1995, citado em V. Tismaneanu (1998) 90.
149. Citado em G. Lukács (1980) 694 (sub. orig.). Note-se que, segundo D. Bell (2002) 448, Gumplowicz exerceu uma influência determinante sobre os fundadores da sociologia norte-americana. Assim, talvez a sua linhagem ideológica se encontre hoje mais facilmente nos Estados Unidos do que na Alemanha ou na Áustria.
150. Ver capítulo 3 do livro *Metamorfoses do fascismo*.

nacionalismo constituída pelos fascismos e sem a forma extrema de racismo constituída pelo fascismo germânico os demais povos não teriam sido precipitados na competição nacionalista e racista que levou à segunda guerra mundial. Mas, antes disso, sem a afrontosa prepotência dos tratados de Versailles e de Saint-Germain, impostos pelo nacionalismo agressivo dos países da *Entente*, jamais Hitler teria conseguido o apoio massivo de que veio a gozar na Alemanha e na Áustria. Enquanto fenómeno de massas, o nacional-socialismo foi a consequência mais contraditória das espoliações e dos limites de soberania impostos em Junho e Setembro de 1919 pelas democracias vencedoras, e os efeitos que por sua vez suscitou não foram menos contraditórios.

Em França, numa época em que a extrema-direita e os fascistas cobriam de ódio o primeiro-ministro judeu do Front Populaire, vemos Kahnweiler, famoso negociante de cultura que foi o primeiro *marchand* dos pintores cubistas, alemão de origem judaica, naturalizado francês mas cosmopolita acima de tudo, escrever numa carta destinada a Max Jacob, um francês católico, poeta célebre e semita como ele: «Eu não sabia que era judeu. Nunca mo tinham dito ou, pelo menos, o facto de ser judeu parecia-me não ter importância, porque não acredito nas "raças". Vejo agora que estava enganado, que era judeu e que havia raças… Isto não me converterá num "patriota", mas não tenho vocação para mártir, tenho a intenção de me defender e responder às agressões. E para isso o melhor meio parece-me ser o de apoiar os que não me consideram diferente deles, os partidos de esquerda, a Frente Popular, e de lutar com eles contra o nosso inimigo comum, o "fascismo", para o designar pelo nome habitual»[151]. Foi aproximadamente o mesmo que Max Born confessou a Einstein numa carta em 2 de Junho de 1933[152] e uma austríaca que fugira à integração do seu país no Terceiro Reich declarou: «Só quando Hitler me disse que eu era judia, é que eu passei a sê-lo de facto»[153]. Nunca encontrei expressa com tanta candura a perversa armadilha resultante da invenção do racismo pelos racistas.

---

151. Esta passagem de uma carta de 27 de Novembro de 1936 encontra-se em P. Assouline (1990) 504.
152. Um extracto dessa carta encontra-se em Ph. Ball (2014) 103.
153. Grete Friman citada em I. F. Pimentel (2006) 70.

Como evitar a cilada? Só negando internamente os mitos nacionais e os mitos étnicos é que o círculo vicioso pode ser quebrado, e foi este caminho que o judeu alemão Victor Klemperer tentou percorrer durante o Terceiro Reich. Em 1935, quando esperava ainda obter um posto de professor universitário no estrangeiro para escapar às perseguições, Klemperer escreveu no seu currículo em língua francesa que «não posso nem quero ser senão um alemão», mas, achando a afirmação demasiado nacionalista, corrigiu para «nunca pensei ser senão um alemão»[154]. Não foi facilmente que chegou a esta formulação, porque passados dois meses proclamava ainda «serei para sempre alemão, "nacionalista" alemão», e acrescentava «os nazis são não-alemães»[155]. Uma grande mudança ocorreu em 1937, quando Klemperer se resignou a escrever: «Cada vez mais acredito que Hitler encarna realmente o espírito do povo alemão, que ele representa realmente a "Alemanha" [...] Por isso não foi só nas aparências exteriores que perdi a minha pátria»[156]. «Que loucura foi, e é, os nacionais-socialistas obrigarem os judeus a renunciar ao seu patriotismo alemão», exclamaria Klemperer em 1943[157]. Mas, ao contrário do que sucedeu com muitos dos seus correligionários, ele não evoluiu do patriotismo germânico para o sionismo, que considerava como uma forma de nacionalismo não menos extrema e perniciosa[158], e elevou-se a outro plano. No final de 1938, depois de insistir que «ninguém me pode roubar o meu carácter alemão», Klemperer

---

154. Esta passagem da entrada do diário de Victor Klemperer correspondente ao dia 15 de Maio de 1935 encontra-se em M. Chalmers (org. 2006 a) 141-142.
155. Na entrada de 21 de Julho de 1935 em id., ibid., 148. Ver outras afirmações dos sentimentos germânicos de Klemperer nas entradas de 6 de Outubro de 1935 e 18 de Outubro de 1936, respectivamente em id., ibid., 155 e 230.
156. Entrada de 17 de Agosto de 1937 em id., ibid., 273. «Agora nunca mais poderei deixar de sentir relativamente à Alemanha desprezo, repulsa e uma desconfiança profunda. E, no entanto, em 1933 eu estava tão certo de ser um alemão», escreveu Klemperer no dia 27 de Outubro de 1937 em id., ibid., 281. Encontram-se outras declarações de renúncia ao patriotismo alemão em 11 e 18 de Janeiro, 23 de Fevereiro, 5 de Abril e 24 de Agosto de 1938, respectivamente em id., ibid., 288, 291, 293 e 307. E em 25 de Outubro de 1941 Klemperer meditou de novo: «Pergunto sempre a mim próprio: quem, entre os alemães "arianos", permaneceu realmente imune ao nacional-socialismo? O contágio grassa em todos eles, e talvez não se trate de contágio, mas da natureza germânica básica». Ver id., ibid., 511.
157. Na entrada de 5 de Fevereiro de 1943 em id. (org. 2006 b) 231.
158. Klemperer considerava o sionismo tão nocivo como o nacional-socialismo, como pode ver-se pelas passagens do seu diário transcritas em id. (org. 2006 a) 78,

mostrou toda a extensão entretanto percorrida ao afirmar: «[…] perdi para sempre o meu nacionalismo e o meu patriotismo. O meu pensamento é agora completamente um cosmopolitismo voltairiano. Qualquer fronteira nacional me parece bárbara»[159]. Encontramos a mesma atitude em meados de 1942: «Não posso escapar ao meu carácter alemão. Mas estou bastante para além do nacionalismo»[160]. Todavia, como não ignorava as raízes germânicas do hitlerismo, ao enfrentar o espelho que eram as páginas do seu diário Klemperer nunca interrompeu a penosa introspecção civilizacional. «Eu *penso* como alemão, eu *sou* alemão», reafirmou em 1942, e insistiu no mesmo ano «eu sou alemão, são os outros que não são alemães» e, de novo, «a nação alemã dos nossos dias não é toda a Alemanha»[161]. A partir de Setembro de 1941, quando foi obrigado a usar a estrela amarela, Klemperer voltou muitas vezes à questão de saber qual era a verdadeira *vox populi* da Alemanha, a dele ou a dos outros, a das pessoas que o insultavam na rua e perseguiam e exterminavam os seus correligionários ou a daquelas que não perdiam a oportunidade de manifestar simpatia pelos judeus e tentavam auxiliá-los? Bastava que esta questão fosse colocada para ficar comprometida a ideia fundamental do nacionalismo ou do racismo, de que cada povo ou etnia se distingue por uma cultura homogénea. Quantos outros judeus teriam pensado também que a única solução consistia em situar-se acima de todas as estreitezas nacionalistas, sem que o saibamos, porque não registaram o seu percurso em páginas de diários?

135, 231, 337-339, 396, 423 e 521. Em 19 de Janeiro de 1942, Klemperer registou, a propósito de um livro que acabara de ler: «Pela primeira vez percebi que *o sionismo é um humanismo*». Ver id. (org. 2006 b) 7 (sub. orig.). Mas esta observação não alterou a sua opinião negativa acerca do sionismo e continuou a equipará-lo ao nacional-socialismo, como se verifica em id. (org. 2006 b) 53, 99, 100 e 104.

159. Esta passagem da entrada de 9 de Outubro de 1938 encontra-se em id. (org. 2006 a) 318. A 15 de Maio de 1941, Klemperer reafirmou o seu comprometimento com a civilização alemã; fê-lo no calor de uma discussão com um sionista, mas mesmo em tais circunstâncias parece ter evitado as declarações de patriotismo extremo que noutros tempos havia proferido. Ver id., ibid., 444.

160. Esta passagem da entrada de 18 de Maio de 1942 encontra-se em id. (org. 2006 b) 62.

161. Estas passagens relativas aos dias 27 de Março, 11 de Maio e 28 de Junho de 1942 encontram-se em id., ibid., 37 (subs. orig.), 59 e 102, respectivamente.

Para assumir uma dimensão política, no entanto, aquela atitude teria de ser partilhada por vastas camadas da população. O nacionalismo só pode ser eficazmente combatido através de uma acção antinacionalista dentro do país que se revelar mais nacionalista, e o racismo só pode ser eficazmente combatido mediante uma acção anti-racista no seio do povo que se mostrar mais racista. Mas a questão, colocada assim, é insolúvel, pois um país afirma-se como o mais nacionalista precisamente porque no seu interior as tendências antinacionalistas foram derrotadas, e se um povo se apresenta como o mais racista isto demonstra a marginalização dos factores de anti-racismo. No confronto entre a divisão em classes sociais e a unificação em nações ou em pretensas raças, a vitória prática tem cabido repetidamente ao nacionalismo e ao racismo, ou seja, na realidade, ao Estado enquanto instituição básica da nação e emanação suprema do mito racial. Este círculo vicioso faz com que o nacionalismo e o racismo dispensem uma fundamentação racional e, do outro lado, contribui para explicar as limitações com que tem deparado a crítica teórica ao nacionalismo e ao racismo.

O marxismo fornece instrumentos adequados para desvendar as contradições da sociedade e para analisá-la nos grupos e classes que a compõem. Em sentido contrário, porém, todas as correntes marxistas têm revelado grandes dificuldades na interpretação do nacionalismo[162]. Pode argumentar-se que as outras ideologias têm sido igualmente incapazes de o fazer, mas para elas o problema é menor ou nem sequer chega a ser um problema, porque consideram o nacionalismo como um reflexo natural; enquanto para o marxismo a classe trabalhadora só no plano supranacional tem identidade, e haveria então que explicar não só por que os trabalhadores aceitam as fronteiras entre países mas sobretudo por que as reforçam. É um estranho paradoxo, ser capaz de mostrar as forças escondidas por detrás de uma nação que o Estado mantém coesa e não conseguir explicar o funcionamento do nacionalismo enquanto mito da coesão social.

Para o marxismo clássico, a existência de um nacionalismo de massas num dado país revelava o atraso do processo histórico, indicando que a revolução burguesa ainda não ocorrera e que o de-

---

162. A. J. Gregor (2000 b) 51–52, 173.

senvolvimento económico ainda não proporcionara o crescimento do proletariado industrial. Os bolchevistas encararam a questão deste modo e a política de nacionalidades em que assentou a República Federal Soviética e depois a União Soviética decorria da tese de que, devido à desigualdade no desenvolvimento histórico, era aconselhável que o proletariado das regiões mais avançadas procurasse a aliança das nacionalidades oprimidas pelo antigo império dos czares, de maneira a acelerar aí o processo de evolução e permitir que as regiões retardatárias passassem da emancipação nacional à emancipação social. Mas como explicar que nas repúblicas mais desenvolvidas da União Soviética o nacionalismo se tivesse igualmente afirmado enquanto fenómeno de massas, gozando de um amplo apoio na classe trabalhadora? O mesmo sucedeu noutros países económica e politicamente evoluídos, que haviam já completado há muito o estádio burguês da revolução e dispunham de um operariado numeroso e coeso. Foi esta a questão crucial no período entre as duas guerras mundiais, e para ela os marxistas não encontraram uma resposta teórica nem um antídoto prático.

Se o problema do nacionalismo suscita sérias dificuldades à teoria marxista, os obstáculos parecem intransponíveis no que se refere ao racismo. O racismo é a forma extrema do nacionalismo, consistindo na atribuição de um fundamento biológico a características, verdadeiras ou imaginárias, que decorrem exclusivamente dos planos político e cultural. Quem é incapaz de explicar o nacionalismo mais dificilmente ainda poderá interpretar a sua versão rácica. Por isso, se são em geral deficientes as análises marxistas do fascismo enquanto nacionalismo, elas tornam-se deveras insatisfatórias perante o nacional-socialismo germânico, que foi estritamente racial. Aqui, mais do que um problema de análise, trata-se de um problema de visão, pois os teóricos marxistas, para aplicarem os modelos com que estão habituados a lidar, subestimam e marginalizam as manifestações do racismo. Ora, como os mitos raciais ocuparam o lugar central no regime hitleriano, inspirando-lhe a totalidade da sua actividade prática e da sua produção ideológica, os marxistas deixam sem esclarecer aquilo mesmo que pretendem criticar.

«No plano político, o racismo é uma insípida e bombástica variedade de patrioteirismo conjugado com a frenologia», escreveu Trotsky num panfleto apesar de tudo brilhante. «Tal como a nobreza arruinada se consolava com a pureza do seu sangue, também a pequena burguesia pauperizada se ilude com contos de fadas acerca da especial superioridade da sua raça»[163]. Mas por que motivo os nacionais-socialistas recorreram ao racismo quando outros fascistas atingiram os mesmos objectivos com um simples nacionalismo? E quando lhe perguntaram por que razão Hitler perseguia os judeus, Trotsky, que decerto se recordava de ser um deles, respondeu que «era isso a única coisa que lhe restava para "resolver" os problemas internos. Defendendo o capitalismo quando prometeu destruí-lo, Hitler é obrigado a desviar a atenção das massas das questões sociais e a virá-la para os problemas nacionais e raciais»[164]. Mas esta resposta não respondeu a nada e confundiu tudo, pois a questão consistia em saber por que motivo Hitler não se limitou a prosseguir uma demagogia nacionalista e teve de transpô-la para uma demagogia anti-semita, se bem que outros fascismos não tivessem usado o racismo, e menos ainda o anti-semitismo, como factor de mobilização da plebe. Do outro lado do espectro da esquerda a insuficiência teórica não foi menor. Ao ler o Manifesto publicado em Praga em 1934, onde o Partido Social-Democrata alemão apresentou a sua nova orientação nas condições criadas pela ditadura hitleriana, o que mais me choca é a ausência de qualquer programa de luta anti-racista[165], como se não fosse precisamente no quadro do racismo que os nacionais-socialistas haviam conseguido um apoio de massas e se dedicavam a reorganizar o Estado. Estes viviam na emigração, mas mesmo no interior da Alemanha tanto a Resistência socialista como o Partido Comunista clandestino deram pouco relevo ao anti-semitismo do regime[166].

---

163. L. Trotsky, «What Is National Socialism?», em *The Rise of German Fascism*..., 523-524.
164. Respostas de Leon Trotsky a uma série de questões colocadas por Anita Brenner, 13 de Novembro de 1933, em G. Breitman et al. (orgs. 1972) 143.
165. Uma das medidas propostas pelo Manifesto de Praga anunciava: «Igualdade completa dos direitos civis, sem distinção de raça nem de religião. Separação da Igreja e do Estado». Ver G. Marramao (1977) 290. A própria formulação mostra que estava longe de se conceber a especificidade do racismo hitleriano, que nada tinha em comum com a discriminação religiosa. Mais à frente (pág. 294) o Manifesto mencionou de passagem a «loucura racista», reduzida a uma dimensão psicológica porque era acompanhada pela «megalomania» e pela «mania do poder».
166. H. Mommsen (2009) 253, 254, 268.

A abordagem da questão foi igualmente insatisfatória num dos monumentos da análise marxista, *A Destruição da Razão*, uma obra maciça completada por Lukács em 1952. Apesar de ter estudado detalhadamente o desenvolvimento das correntes irracionalistas no pensamento germânico e a sua precipitação na ideologia e na prática dos nacionais-socialistas, Lukács não detectou no mito racial a função de catalisador. Deixando de lado o problema do racismo na linguística romântica alemã e começando a ocupar-se dele apenas a propósito dos autores que transferiram para a sociologia e a história alguns conceitos que Darwin havia criado para a biologia, Lukács perdeu o fio condutor daquela evolução ideológica e, afinal, não conseguiu expor a estrutura interna do racismo nacional-socialista nem discriminar as suas consequências práticas.

Talvez possa apresentar-se como simetricamente oposto à *Destruição da Razão* o livro de Adorno e Horkheimer *Dialéctica do Iluminismo*, que localiza o irracionalismo fascista nos limites inerentes ao racionalismo burguês[167]. Embora se trate de uma obra demasiado especulativa para ser de qualquer utilidade na análise histórica do fascismo, importa aqui assinalar que a certo passo Adorno e Horkheimer argumentaram que os trabalhadores não têm consciência das relações de exploração no verdadeiro lugar onde elas ocorrem, no processo de produção, e por isso atribuem aos comerciantes a responsabilidade pela sua miséria. Nesta perspectiva o anti-semitismo resultaria da aceitação do lugar-comum que considerava os judeus como representantes, pelo menos no plano simbólico, do capital comercial[168]. Se não fosse a celebridade que aqueles dois filósofos conservam em alguns meios, não valeria sequer a pena evocar uma tese que cai pela base ao recordarmos que a esmagadora maioria das lutas operárias no período entre as duas guerras mundiais assumiu a forma de greves e não de assaltos a lojas. E quando os proletários italianos saquearam milhares de estabelecimentos comerciais, em Junho e Julho de 1919, lançaram as bases de

---

167. J. Herf (1986) 10, 35, 47–48 e 234 atingiu esta obra no ponto nevrálgico quando chamou a atenção para o facto de o iluminismo nunca ter penetrado completamente na sociedade alemã, de modo que ali o nacionalismo e o iluminismo se mantiveram separados. Adorno e Horkheimer, considerou Jeffrey Herf (pág. 10), «culparam o iluminismo pelo que na realidade era resultante da sua debilidade».
168. Th. W. Adorno et al. (1997) 174–175.

um movimento de greves e ocupações de fábricas e terras que nesse ano e no ano seguinte colocou o socialismo como uma alternativa prática. Tudo isto significa que os conflitos sociais se centraram no processo de produção e não na esfera comercial assimilada, real ou miticamente, ao judaísmo.

Durante a guerra Albert Norden, comunista alemão exilado, que fora o último director do principal órgão do KPD e ascenderia depois ao *bureau* político na República Democrática, explicou a perseguição aos judeus pelo desejo de lhes retirar a propriedade de grandes armazéns, alguns bancos de segunda ordem e outras firmas pouco importantes e entregá-la a consideráveis grupos económicos não judaicos[169]. Se assim fosse, os motivos dessa perseguição permanecem tanto mais obscuros quanto a grande maioria das vítimas não era constituída por capitalistas. Aliás, é pouco convincente que uma acção de tal magnitude se destinasse apenas a acelerar a concentração do capital num ramo secundário da economia e mediante a absorção de firmas menores, sobretudo porque ao longo do seu livro Norden mostrou que as empresas alemãs tinham já alcançado um alto grau de concentração. Nesta mesma perspectiva, o economista marxista Charles Bettelheim revelou-se incapaz de explicar o anti-semitismo num estudo que se desejava exaustivo dos mecanismos económicos do Terceiro Reich, limitando-se a considerar que a expropriação da burguesia judaica acelerara a concentração do capital. Ora, devido ao elevadíssimo grau de concentração que as firmas alemãs haviam já atingido em todos os sectores decisivos, aquelas expropriações tiveram um efeito sensível apenas no fabrico de vestuário e na produção e comercialização de bens de consumo em grandes lojas de departamentos[170], com repercussões económicas marginais. Por outro lado, convém ainda chamar a atenção para o facto de tanto Bettelheim como Adorno e Horkheimer terem dei-

---

169. A. Norden (1943) 10-11.
170. Ch. Bettelheim (1971) I 129, 130 n. 3. Quanto ao relevo assumido pelos judeus na alfaiataria e nas lojas de departamentos ver K. A. Schleunes (1990) 41 e 42. Charles Bettelheim, op. cit., I 65 e 72 n. 30 referiu ainda o anti-semitismo em contextos que lhe retiram qualquer especificidade. É curioso verificar que G. Aly et al. (2006) 31 continuaram a admitir que as medidas de expropriação das empresas judaicas adoptadas em 1938 pelas autoridades do Reich se destinaram a desenvolver a concentração da propriedade e a racionalizar a economia.

xado sem nenhuma menção o estatuto de sub-humanidade a que o racismo nacional-socialista remetia os eslavos. Esta miopia dos precursores ilustres tornou-se regra em todos os que lhes seguiram as pegadas.

Enquanto os comunistas ortodoxos definiam o fascismo, em especial a sua variante hitleriana, como a ditadura directa do grande capital financeiro, é deveras curioso que antes da guerra os principais responsáveis pela política económica do Terceiro Reich tivessem repetidamente alertado as autoridades nacional-socialistas para as repercussões negativas da perseguição aos judeus sobre a vida industrial e financeira do país[171]. Como pode interpretar-se em termos marxistas não só o facto de tais advertências terem aquela origem, mas sobretudo não surtirem nenhum efeito? Se as análises económicas elaboradas na perspectiva marxista desprezam os dois postulados raciais em que assentaram tanto a teoria como a prática política de Hitler — o anti-semitismo e o antieslavismo — concluo que ou a economia não desempenhou no Terceiro Reich o papel determinante que os marxistas em todos os casos lhe atribuem, e temos então aqui uma importante limitação à validade teórica do marxismo, ou os modelos económicos marxistas são estruturalmente incapazes de tomar o racismo em consideração, e então ficam postas em causa as capacidades de análise do marxismo no próprio campo económico, que constitui a sua área privilegiada. Haverá alguma maneira de resolver o dilema?

Curiosamente, uma tentativa de solução deveu-se a Henri de Man, talvez o mais esclarecido dos dirigentes e teóricos social-democratas em ruptura com o marxismo e, sem dúvida, o mais importante dos sociais-democratas que haveriam futuramente de oferecer a sua colaboração às autoridades do Terceiro Reich. Sabemos[172] que de Man identificou como base principal do nacional-socialismo alemão os *déclassés* das antigas classes médias e os novos proletários da actividade intelectual, empregados e funcionários, cuja situação se agravava com a crise económica. E assim como Marx não havia pre-

---

171. E. Black (1999) 51–53, 57–59, 97, 129, 220; R. Hilberg (1961) 21 e segs.; R. Laudani (org. 2013) 78; D. E. Lipstadt (1986) 83; D. Marsh (1992) 113–115; J. Noakes et al. (orgs. 2008–2010) II 339, 358; K. A. Schleunes (1990) 93, 138, 140, 143, 150–154, 214, 222, 230.
172. Ver o capítulo 4 deste livro.

visto que o desenvolvimento do capitalismo levasse o proletariado de colarinho branco a crescer mais depressa do que o operariado industrial, também do empobrecimento do proletariado «não se conclui que ocorra, por essa mesma necessidade natural, um progresso correspondente da consciência de classe dos proletários»[173].

Foi aqui que de Man, seguindo as ideias de Siegfried Kracauer, introduziu a noção de falsa consciência, «a consciência dita falsamente burguesa»[174]. Trata-se de uma consciência negativa, cujo objectivo é impedir a percepção da situação real, mas que por aí mesmo denuncia qual é esta situação real. A revolta dos *déclassés* e dos proletários de colarinho branco contra as suas condições económicas assumia a forma de uma recusa ideológica da proletarização. Eles idealizavam-se como burgueses precisamente quando haviam deixado de sê-lo, por isso a sua consciência era «falsamente burguesa». A consciência de classe dos trabalhadores socialistas e comunistas partia da consideração de uma situação económica e atribuía as responsabilidades da degradação social a factores de ordem económica. Era uma consciência objectiva e não desviada[175]. Para os *déclassés* e para o proletariado de colarinho branco o processo era oposto. Ao rejeitarem ideologicamente a proletarização, recusavam-se a conceber a clivagem social realmente existente e a levar em conta os factores económicos dessa proletarização. A função da sua falsa consciência era ocultar as divisões sociais e os mecanismos da economia, servindo-se para isso do nacionalismo e do racismo. «O complexo de inferioridade social da classe média em declínio» ilude a objectividade porque «de acordo com a situação económica objectiva, ela já se tornou proletária ou está em vias de se tornar. Por isso precisa de transferir o seu próprio ressentimento económico, tanto quanto possível, para objectos não económicos. Resulta daqui a tendência, que por todo o lado caracteriza o naci-

---

173. H. Man (1933) 206.
174. Id., ibid., 206. Kracauer observara esta «falsa consciência» num livro editado em 1930, *Die Angestellten*, e num artigo publicado em 1932, que se encontram em parte antologiados em A. Kaes et al. (orgs. 1995) 189–191 e 216–218.
175. H. Man (1933) 209. Nesta perspectiva, até o comunismo deparou com a benevolência de de Man. «Por mais primitivo que seja o mundo das ideias comunistas», escreveu ele (pág. 234), «apesar disso distingue-se favoravelmente da ideologia fascista do proletariado de colarinho branco, porque não é, como esta, subconsciente, não económica e, por conseguinte, irracional».

onalismo fascista, a permitir que factores extra-económicos ditem a sua posição relativamente às questões económicas. O principal papel é desempenhado pela transferência de ressentimentos económico-sociais para ressentimentos de raça, como no anti-semitismo, e ressentimentos político-nacionais, como no nacionalismo»[176].

Fica assim respondida a questão de saber por que motivo a falsa conciência das classes médias proletarizadas escolheu aqueles dois planos ideológicos, o nacionalismo e o racismo, que é uma forma extremada de nacionalismo. Fê-lo porque estes planos estão nos antípodas da consciência de classe proletária, constituindo o refúgio lógico, por assim dizer, da falsa consciência, que acima de tudo evita ser uma consciência verdadeira. O nacionalismo é «o meio ideológico de desviar um rancor de origem económica e social para um objecto que não só é completamente diferente dos objectos de rancor do proletariado industrial como além disso simboliza a mais vincada contradição com a consciência de classe do proletariado socialista»[177]. Do mesmo modo, a hostilidade que estas camadas sociais manifestavam contra o marxismo provinha de ele ser a expressão ideológica e política de uma realidade que os recém-proletarizados desejavam acima de tudo não conceder. «O que precisamente caracteriza o proletário de colarinho branco é não querer ser proletário, e querê-lo tanto menos quanto mais o for. O que é verdade acerca dos proletários de colarinho branco é-o por maioria de razão acerca de secções da verdadeira classe média [...] O ódio ao marxismo é, por este motivo, o símbolo ideológico daquela resistência [...]»[178].

Não pode fazer-se a crítica ao fascismo em geral se não o reconhecermos como um nacionalismo de base proletária. Nem é possível estudar criticamente o fascismo hitleriano se não o abordarmos desde início como o mais consequente dos racismos.

---

176. Id., ibid., 209-210. Ver também as págs. 216, 218 e 221-222.
177. Id., ibid., 210.
178. Id., ibid., 207. Tal como noutras passagens, traduzi «*prolétaire en faux-col*» e «*prolétaire en veston*» por «proletário de colarinho branco». Ver igualmente as págs. 200 e 204.

Siglas e nomes

Abwehr: Contra-Espionagem.
Action Française: Acção Francesa.
AEV: Acção Escolar Vanguarda.
AFL: ver American Federation of Labor.
AIT: Associação Internacional dos Trabalhadores [1 Internacional].
Algemeyner Yidisher Arbeter Bund in Lite, Poylin und Russland: União Geral dos Trabalhadores Judaicos da Lituânia, Polónia e Rússia.
Alianza Libertadora Nacionalista: Aliança Libertadora Nacionalista.
Alleanza Nazionale: Aliança Nacional.
Ältestenrat: Conselho de Anciãos.
America's Council for Environmental Quality: Conselho Americano para a Qualidade Ambiental.
American Breeders Association: Associação Americana de Criadores de Gado.
American Eugenics Society: Sociedade Americana de Eugenia.
American Federation of Labor: Federação Americana do Trabalho.
American Genetic Association: Associação Americana de Genética.
American Ophtalmologic Society: Sociedade Americana de Oftalmologia.

American Protective League: Liga de Protecção Americana.
Los Amigos de Durruti: Os Amigos de Durruti.
Arditi: Comandos.
Arditi del Popolo: Comandos do Povo.
Armée des Volontaires: Exército dos Voluntários.
La Banda Negra: O Bando Negro.
BBC: ver British Broadcasting Corporation.
BCRA: ver Bureau Central de Renseignements et d'Action.
Betar: ver Brit Trumpeldor.
Black Cross Navigation and Trading Company: Companhia de Navegação e Comércio Cruz Negra.
Black Star Steamship Line: Linha de Navegação Estrela Negra.
Bloc Ouvrier et Paysan: Bloco Operário e Camponês.
BPI: Banco de Pagamentos Internacionais.
Brit Trumpeldor: Liga de Trumpeldor.
British Broadcasting Corporation: Sociedade Britânica de Rádio.
British Fascisti: Fascistas Britânicos.
British Union of Fascists: União Britânica dos Fascistas.
British Union of Fascists and National Socialists: União Britânica dos Fascistas e Nacionais-Socialistas.
BUF: ver British Union of Fascists.

Bund: ver Algemeyner Yidisher Arbeter Bund in Lite, Poylin und Russland.
Bureau Central de Renseignements et d'Action: Departamento Central de Informações e de Acção.
CADC: Centro Académico de Democracia Cristã.
La Cagoule: O Capuz.
Carnegie Institution: Instituição Carnegie.
Carta del Lavoro: Carta do Trabalho.
CEDA: ver Confederación Española de Derechas Autónomas.
Central Intelligence Agency: Departamento Central de Informações.
Central Nacional Sindicalista: Central Nacional-Sindicalista.
Central-Verein deutscher Staatsbürger jüdischen Glaubens: Associação Central dos Cidadãos Alemães de Confissão Judaica.
Centre de Renseignements et d'Informations Sociales et Économiques: Centro de Informações e de Estudos Sociais e Económicos.
Centre Syndicaliste de Propagande: Centro Sindicalista de Propaganda.
CEP: Corpo Expedicionário Português
CEPAL: Comissão Económica para a América Latina e o Caribe ou Comisión Económica para América Latina y el Caribe.

Cercle Aryen: Associação Ariana.
Cercle Franco-Musulman: Associação Franco-Muçulmana.
Cercle Proudhon: Associação Proudhon.
Ceux de la Libération: Os da Libertação.
Ceux de la Résistance: Os da Resistência.
CGL: ver Confederazione Generale del Lavoro.
CGT: ver Confédération Générale du Travail.
Chantiers de Jeunesse: Estaleiros da Juventude.
CIA: ver Central Intelligence Agency.
CNS: ver Central Nacional Sindicalista.
CNT: ver Confederación Nacional del Trabajo.
Collaboration: Colaboração.
Combat: Combate.
Comité d'Action Antibolchevique: Comité de Acção Antibolchevista.
Comité de Prévoyance et d'Action Sociales: Comité de Previdência e Acção Sociais.
Comité Général d'Études: Comité Geral de Estudos.
Compagnons de France: Companheiros de França.
Confederación de Obreros Nacional-Sindicalistas: Confederação de Operários Nacional-Sindicalistas.
Confederación Española de Derechas Autónomas: Confederação Espanhola de Direitas Autónomas.
Confederación General del Trabajo: Confederação Geral do Trabalho.
Confederación Nacional del Trabajo: Confederação Nacional do Trabalho.
Confédération Générale du Travail: Confederação Geral do Trabalho.
Confederazione Generale dell'Industria: Confederação Geral da Indústria (depois Confederazione Generale Fascista dell'Industria Italiana: Confederação Geral Fascista da Indústria Italiana).
Confederazione Generale del Lavoro: Confederação Geral do Trabalho.
Confindustria: ver Confederazione Generale dell'Industria.
CONS: ver Confederación de Obreros Nacional-Sindicalistas.
Croix-de-Feu: Cruzes de Fogo.
Dai Nippon Seigidon: Liga Japonesa de Justiça Política.
Défense de la France: Defesa da França.
Deutsche Volkspartei: Partido Popular Alemão.
Deutscher Vortrupp - Gefolgschaft deutscher Juden: Vanguarda Alemã – Judeus Alemães Seguidores.
Dirección General de Fabricaciones Militares: Direcção-Geral das Indústrias Militares.
DVP: ver Deutsche Volkspartei.
Einsatzgruppen: Comandos de Acção Especiais.
Eugenics Education Society: Sociedade de Educação Eugenista.
Eugenics Record Office: Arquivo Eugenista.
Eugenics Research Association: Associação de Pesquisa Eugenista.
Esquerra Republicana de Catalunya: Esquerda Republicana da Catalunha.
Estat Català: Estado Catalão.
État Français: Estado Francês.
FAI: ver Federación Anarquista Ibérica.
Faisceau: *Fascio* (Liga).
Falange Española: Falange Espanhola.

Falange Española Auténtica: Falange Espanhola Autêntica.
Falange Española de las Juntas de Ofensiva Nacional Sindicalista: Falange Espanhola das Juntas de Ofensiva Nacional-Sindicalista.
Falange Española Tradicionalista y de las Juntas de Ofensiva Nacional Sindicalista: Falange Espanhola Tradicionalista e das Juntas de Ofensiva Nacional-Sindicalista.
FAO: ver Food and Agriculture Organization of the United Nations.
Fasci Italiani di Combattimento: Ligas Italianas de Combate.
Fasci Politici Futuristi: Ligas Políticas Futuristas.
Fascio Rivoluzionario d'Azione Internazionalista: Liga Revolucionária de Acção Internacionalista.
FE de las JONS: ver Falange Española de las Juntas de Ofensiva Nacional Sindicalista.
Federación Anarquista Ibérica: Federação Anarquista Ibérica.
Federal'naya Sluzhba Bezopasnosti Rossiyskoi Federatsii: Serviço Federal de Segurança da Federação Russa.
FFI: ver Forces Françaises de l'Intérieur.
FLN: ver Front de Libération Nationale.
Food and Agriculture Organization of the United Nations: Organização das Nações Unidas para a Alimentação e a Agricultura.
Food Standards Agency: Departamento de Normas Alimentares.
Forces Françaises de l'Intérieur: Forças Francesas do Interior.
Forward Bloc: Bloco Avante.

Franc-Garde: Guarda Franca.
Franc-Tireurs et Partisans Français: Franco-Atiradores e Guerrilheiros Franceses.
La France Intérieure: A França Interior.
France Libre: França Livre.
Francistes: Francistas.
Frente Español: Frente Espanhola.
Freundeskreis Adolf Hitler: Círculo dos Amigos de Adolf Hitler.
Freundeskreis der Wirtschaft: Círculo dos Amigos da Economia.
Freundeskreis Reichsführer-ss: Círculo dos Amigos do Reichsführer-ss.
FRN: ver Front Révolutionnaire National.
Front Commun: Frente Comum.
Front de Libération Nationale: Frente de Libertação Nacional.
Front Franc: Frente Franca.
Front National: Frente Nacional.
Front Populaire: Frente Popular.
Front Révolutionnaire National: Frente Revolucionária Nacional.
Front Social: Frente Social.
Front Social du Travail: Frente Social do Trabalho.
FSB: ver Federal'naya Sluzhba Bezopasnosti Rossiyskoi Federatsii.
FTPF: ver Franc-Tireurs et Partisans Français.
Geheime Staatspolizei: Polícia Secreta do Estado.
German-American Bund: Liga Germano-Americana.
Gestapo: ver Geheime Staatspolizei.
Gosudarstvennoe Polititcheskoe Upravlenie: Administração Política do Estado.
GOU: ver Grupo de Oficiales Unidos.

GPU: ver Gosudarstvennoe Polititcheskoe Upravlenie.
Grupo de Oficiales Unidos: Grupo de Oficiais Unidos.
Ha'avara: Transferência.
Heimwehr: Defesa da Pátria.
Hijos de la Noche: Filhos da Noite.
Hukbalahap: ver Hukbo ng Bayan Laban sa Hapon.
Hukbo ng Bayan Laban sa Hapon: Exército Popular Antijaponês.
IAPI: ver Instituto Argentino de Promoción del Intercambio.
IFL: ver Imperial Fascist League.
Instituto Argentino de Promoción del Intercambio: Instituto Argentino para a Promoção do Intercâmbio.
Immigration Restriction League: Liga para a Limitação da Imigração.
Imperial Fascist League: Liga Fascista do Império.
Industrial Workers of the World: Operários de Todo o Mundo.
Intelligence Service: Departamento de Informações.
International Brotherhood of Teamsters, Chauffeurs, Warehousemen and Helpers of America: Confraria Internacional dos Camionistas, Motoristas, Guardas de Armazém e Auxiliares da América.
Invisible Empire of the South: Império Invisível do Sul.
Irgun Z'vai Le'umi: Organização Nacional Militar.
IRI: ver Istituto per la Ricostruzione Industriale.
Istituto per la Ricostruzione Industriale: Instituto de Reconstrução Industrial.
IWW: ver Industrial Workers of the World.
JAP: ver Juventudes de Acción Popular.
JONS: ver Juntas de Ofensiva Nacional Sindicalista.

Judenrat: Conselho Judaico.
Juni-Klub: Clube de Junho.
Juntas Castellanas de Actuación Hispánica: Juntas Castelhanas de Acção Hispânica.
Juntas de Ofensiva Nacional Sindicalista: Juntas de Ofensiva Nacional-Sindicalista.
Juventudes de Acción Popular: Juventudes de Acção Popular.
KAPD: ver Kommunistische Arbeiterpartei Deutschlands.
KGB: ver Komitet Gosudarstvennoy Bezopasnosti.
Kokusuikai: Pureza Nacional.
Komintern: ver Kommunistitcheskii Internatsional.
Komitet Gosudarstvennoy Bezopasnosti: Comité para a Segurança do Estado.
Kommunistische Arbeiterpartei Deutschlands: Partido Comunista Operário da Alemanha.
Kommunistische Partei Deutschlands: Partido Comunista da Alemanha [Até Novembro de 1920 foi usada a denominação Kommunistische Partei Deutschlands (Spartakusbund), Partido Comunista da Alemanha (Liga Spartakus), e desde então até meados de 1921 usou-se a denominação Vereinigte Kommunistische Partei Deutschlands, Partido Comunista da Alemanha Unificado, recorrendo-se de então em diante ao nome Kommunistische Partei Deutschlands. Neste livro uso indiferentemente a forma simplificada].
Kommunistitcheskii Internatsional: Internacional Comunista [III Internacional].
KPD: ver Kommunistische Partei Deutschlands.
Krasnyi Internatsional Professional'nykh Soyuzov:

Internacional Sindical Vermelha.
Ku Klux Klan: ver Invisible Empire of the South.
Kuomintang: Partido Nacional Popular.
Legión Cívica Argentina: Legião Cívica Argentina.
Légion des Volontaires Français: Legião dos Voluntários Franceses.
Légion Française des Combattants: Legião Francesa dos Combatentes.
Légion Nationale Populaire: Legião Nacional Popular.
Légion Wallonie: Legião Valónia.
Leninbund: Liga Lenin.
Libération Nord: Libertação Norte.
Libération Sud: Libertação Sul.
Ligue Française d'Épuration, d'Entraide Sociale et de Collaboration Européenne: Liga Francesa de Depuração, Solidariedade Social e Colaboração Europeia.
Likud: Coligação.
Luftwaffe: Arma Aérea.
LVF: ver Légion des Volontaires Français.
Milizia Volontaria per la Sicurezza Nazionale: Milícia Voluntária de Segurança Nacional.
Mouvement Social Européen: Movimento Social Europeu.
Mouvement Social Révolutionnaire: Movimento Social Revolucionário.
Mouvement Synarchique d'Empire: Movimento Sinárquico de Império.
MSR: ver Mouvement Social Révolutionnaire.
MVSN: ver Milizia Volontaria per la Sicurezza Nazionale.
Narodny Komissariat Vnutrennikh Del: Comissariado do Povo para os Assuntos Internos.

Nationalsozialistische Betriebszellen-Organisation: Organização das Células de Empresa Nacional-Socialistas.
Nationalsozialistische Deutsche Arbeiterpartei: Partido Nacional-Socialista Alemão dos Trabalhadores.
Natsionalno-Trudovoi Soiuz: União Nacional-Trabalhista.
Negro Factories Corporation: Companhia Industrial Negra.
Néo-Destour: Neo-Constituição.
NEP: ver Novaya Ekonomitcheskaya Politika.
New Party: Novo Partido.
Niños de la Noche: Meninos da Noite.
NKVD: ver Narodny Komissariat Vnutrennikh Del.
Novaya Ekonomitcheskaya Politika: Nova Política Económica.
NSBO: ver Nationalsozialistische Betriebszellen-Organisation.
NSDAP: ver Nationalsozialistische Deutsche Arbeiterpartei.
NTS: ver Natsionalno-Trudovoi Soiuz.
Office of Intelligence Research: Departamento de Pesquisa de Informações.
Office of Strategic Services: Departamento de Serviços Estratégicos.
Okhrana: ver Otdeleniye po Okhraneniyu Obchtchestvennoy Bezopasnosti i Poryadka.
ONM: ver Irgun Z'vai Le'umi.
ONU: Organização das Nações Unidas.
Opera Volontaria per la Repressione dell'Antifascismo ou Organizzazione di Vigilanza per la Repressione Antifascista ou Organo di Vigilanza dei Reati Antifasciti [o nome desta instituição nunca foi definido com precisão]: Organização Voluntária para a Repressão do Antifascismo ou Organização de Vigilância para a Repressão do Antifascismo ou Órgão de Vigilância dos Crimes Antifascistas.
Organisation Civile et Militaire: Organização Civil e Militar.
Orgesch: Organização Escherich.
OSS: ver Office of Strategic Services.
Otdeleniye po Okhraneniyu Obchtchestvennoy Bezopasnosti i Poryadka: Departamento de Defesa da Segurança Pública e da Ordem.
OVRA: ver Opera Volontaria per la Repressione dell'Antifascismo.
Parti Communiste Français: Partido Comunista Francês.
Parti Français National-Collectiviste: Partido Francês Nacional-Colectivista.
Parti National-Socialiste Français: Partido Nacional-Socialista Francês.
Parti Ouvrier Belge: Partido Operário Belga.
Parti Ouvrier et Paysan: Partido Operário e Camponês.
Parti Populaire Français: Partido Popular Francês.
Parti pour l'Unité Prolétarienne: Partido de Unidade Proletária.
Parti Social Français: Partido Social Francês.
Parti Socialiste Ouvrier et Paysan: Partido Socialista Operário e Camponês.
Parti Socialiste Ouvrier Révolutionnaire: Partido Socialista Operário Revolucionário.
Partido Comunista Español: Partido Comunista Espanhol.
Partido Laborista: Partido Trabalhista.

Partido Socialista Obrero Español: Partido Socialista Operário Espanhol.
Partido Socialista Unificado de Cataluña: Partido Socialista Unificado da Catalunha.
Partido Único de la Revolución Nacional: Partido Único da Revolução Nacional.
Partit Obrer de Unificació Marxiste: Partido Operário de Unificação Marxista.
Partito Nazionale Fascista: Partido Nacional Fascista.
Partito Popolare Italiano: Partido Popular Italiano.
Partito Socialista Italiano: Partido Socialista Italiano.
PCE: ver Partido Comunista Español.
PCF: ver Parti Communiste Français.
PCP: Partido Comunista Português.
Pembela Tanah Air: Defensores da Pátria.
Peta: ver Pembela Tanah Air.
Les Petites Ailes de France: As Asinhas de França.
Philippine Commonwealth: Comunidade das Filipinas.
PNF: ver Partito Nazionale Fascista.
POB: Parti Ouvrier Belge.
POUM: ver Partit Obrer de Unificació Marxiste.
PPF: ver Parti Populaire Français.
PPI: ver Partito Popolare Italiano.
Profintern: ver Krasnyi Internatsional Professional'nykh Soyuzov.
Propaganda Abteilung: Serviços de Propaganda.
PSF: ver Parti Social Français.
PSI: ver Partito Socialista Italiano.
PSOE: ver Partido Socialista Obrero Español.
PSOP: ver Parti Socialiste Ouvrier et Paysan.

PSOR: ver Parti Socialiste Ouvrier Révolutionnaire.
PSUC: ver Partido Socialista Unificado de Cataluña.
PUP: ver Parti pour l'Unité Prolétarienne.
RAF: ver Royal Air Force.
Rassemblement National Populaire: União Nacional Popular.
Reichsbank: Banco do Reich [banco central].
Reichssicherheitshauptamt: Departamento Central de Segurança do Reich.
Reichstag: Parlamento.
Reichsvereinigung der Juden in Deutschland: Associação do Reich dos Judeus na Alemanha.
Reichsvertretung der Juden in Deutschland: Representação do Reich dos Judeus na Alemanha.
Reichswehr: Defesa do Reich [exército alemão entre 1919 e 1935].
Renovación Española: Renovamento Espanhol.
Republikanischer Schutzbund: Liga de Defesa da República.
Requetés: [milícias carlistas].
Research and Analysis Branch: Secção de Pesquisa e Análise.
RFB: ver Roter Frontkämpferbund.
RNP: ver Rassemblement National Populaire.
Rockefeller Foundation: Fundação Rockefeller.
Rote Kapelle: Orquestra Vermelha.
Roter Frontkämpferbund: Liga dos Combatentes da Frente Vermelha.
Royal Air Force: Real Força Aérea.
RSHA: ver Reichssicherheitshauptamt.
SA: ver Sturmabteilung.
Sakdal: Protesto.
SAP: ver South African Party.

Schutzbund: ver Republikanischer Schutzbund.
Schutzstaffeln: Esquadrões de Protecção.
SD: ver Sicherheitsdienst.
Section Française de l'Internationale Ouvrière: Secção Francesa da Internacional Operária [Partido Socialista francês].
Service d'Ordre Légionnaire: Serviço de Ordem Legionário.
Servicio de Investigación Militar: Departamento de Investigação Militar.
Servicio Nacional de Propaganda: Departamento Nacional de Propaganda.
SFIO: ver Section Française de l'Internationale Ouvrière.
Sicherheitsdienst: Serviço de Segurança.
SIM: ver Servicio de Investigación Militar.
Sindicatos Libres: Sindicatos Livres.
SOE: ver Special Operations Executive.
SOL: ver Service d'Ordre Légionnaire.
Solidarité Française: Solidariedade Francesa.
Sonderkommando: Comando Especial.
South African Party: Partido Sul-Africano.
Sozialdemokratische Partei Deutschlands: Partido Social-Democrata da Alemanha [denominação do SPD após 1922].
Sozialistische Partei Deutschlands: Partido Socialista da Alemanha [denominação do SPD até 1922].
SPD: ver Sozialdemokratische Partei Deutschlands e Sozialistische Partei Deutschlands.
Special Operations Executive: Direcção das Operações Especiais.
Squadra d'Azione: Brigada de Acção.

Squadrista: [membro de uma *squadra d'azione*].
ss: ver Schutzstaffeln.
Stahlhelm: Capacete de Aço.
Station for Experimental Evolution: Centro de Evolução Experimental.
Sturmabteilung: Secções de Assalto.
Tcheka: ver Tchrezvytchainaya Komissiya.
Tchrezvytchainaya Komissiya: Comissão Extraordinária.
Teamsters: ver International Brotherhood of Teamsters, Chauffeurs, Warehousemen and Helpers of America.
Thule Gesellschaft: Sociedade Tule.
Trade Union Congress: Congresso dos Sindicatos.
TUC: ver Trade Union Congress.
UGT: ver Unión General de Trabajadores.
UIL: ver Unione Italiana del Lavoro.
Unabhängige Sozial-Demokratische Partei Deutschlands: Partido Social-Democrata Independente da Alemanha.
UNESCO: ver United Nations Educational, Scientific and Cultural Organization.
UNIA: ver Universal Negro Improvement Association.
Unión Cívica Radical: União Cívica Radical.
Union Française: União Francesa.
Unión General de Trabajadores: União Geral de Trabalhadores.
Unión Nacional: União Nacional.
Unione Italiana del Lavoro: União Italiana do Trabalho.
Unione Sindacale Italiana: União Sindical Italiana.
United Nations Educational, Scientific and Cultural Organization: Organização das Nações Unidas para a Educação, a Ciência e a Cultura.
Universal Negro Improvement Association: Associação Universal para a Promoção dos Negros.
US Holocaust Memorial Council: Conselho Norte-Americano em Memória do Holocausto.
USI: ver Unione Sindacale Italiana.
USPD: ver Unabhängige Sozial-Demokratische Partei Deutschlands.
Viet Minh: ver Viet Nam Doc Lap Dong Minh Hoi.
Viet Nam Doc Lap Dong Minh Hoi: Liga para a Independência do Vietname.
Vlaams Nationaal Verbond: Liga Nacional Flamenga.
VNV: ver Vlaams Nationaal Verbond.
Volkswehr: Defesa Popular.
Volontaires Nationaux: Voluntários Nacionais.
Waffen-ss: ss Armados.
Wandervögel: Aves Migratórias.
War Refugee Board: Comissão para os Refugiados de Guerra.
Wehrmacht: Força de Defesa [exército alemão de 1935 até ao final do Terceiro Reich].
Zentrumspartei: Partido do Centro.

Referências bibliográficas

A ordenação dos nomes segue o uso de cada país. Os nomes começados na forma abreviada Mc consideram-se como se estivessem escritos na forma completa Mac.

Harry Burrows ACTON (2002 b). «La Philosophie Anglo-Saxonne», em Yvon Belaval (org.) *Histoire de la Philosophie*, tomo III, vol. I: *Le XIXe Siècle. Le XXe Siècle*, [Paris]: Gallimard (Folio).

Armando d'AGUIAR (1934). *Oliveira Salazar, o Homem e o Ditador. A sua Vida e a sua Obra*, Rio de Janeiro: Civilização Brasileira, São Paulo: Companhia Editora Nacional.

Jean ALAZARD (1922). *Communisme et "Fascio" en Italie*, Paris: Bossard.

Víctor ALBA (2000). *Histoire du P. O. U. M. Le Marxisme en Espagne (1919-1939)*, Paris: Ivrea.

Valentim ALEXANDRE (1993). «Ideologia, Economia e Política: A Questão Colonial na Implantação do Estado Novo», *Análise Social*, XXVIII, nº 123-124.

Götz ALY e Susanne HEIM (2006). *Les Architectes de l'Extermination. Auschwitz et la Logique de l'Anéantissement*, Paris: Calmann-Lévy.

João AMEAL (org. 1956). *Anais da Revolução Nacional*, 5 vols., [s. l.]: Majesta.

Marc ANGENOT (2013). *Fascisme, Totalitarisme, Religion Séculière: Trois Concepts pour le XXe Siècle. Notes d'Histoire Conceptuelle*, vol. I: *Catégories et Idéaltypes. Fascisme*, Montréal: Discours Social.

Antonio ANIANTE (1933). *Italo Balbo, Maréchal de l'Air*, Paris: Bernard Grasset.

Luis María ANSON (1994). *Don Juan*, Barcelona: Plaza & Janés.

Hannah ARENDT (1972). *Le Système Totalitaire*, Paris: Seuil.

Hannah ARENDT (1994). *Eichmann in Jerusalem. A Report on the Banality of Evil* (ed. rev. e ampl.), Harmondsworth: Penguin.

Lopes ARRIAGA (1976). *Mocidade Portuguesa. Breve História de uma Organização Salazarista*, Lisboa: Terra Livre.

Pierre ASSOULINE (1990). *L'Homme de l'Art. D.-H. Kahnweiler, 1884-1979*, [s. l.]: Balland (Folio).

W. MacMahon BALL (1956). *Nationalism and Communism in East Asia*, Melbourne: Melbourne University Press.

Philip BALL (2014). *Serving the Reich. The Struggle for the Soul of Physics under Hitler*, Chicago e Londres: The University of Chicago Press [e-book]. Disponível online.

Balzac (1976–1981). *La Comédie Humaine*, ed. org. por Pierre-Georges Castex, 12 vols., [Paris]: Gallimard (Bibliothèque de la Pléiade).

George Barany (1971). «The Dragon's Teeth: The Roots of Hungarian Fascism», em Peter F. Sugar (org.) *Native Fascism in the Successor States, 1918–1945*, Santa Barbara: American Bibliographical Center - Clio.

Maurice Bardèche (1961). *Qu'Est-ce que le Fascisme?*, Paris: Les Sept Couleurs.

Maurice Bardèche (1994). *Sparte et les Sudistes*, [s. l.]: Pythéas. Disponível online.

Maurice Bardèche, François Duprat, François Solchaga, Henri Guiraud e Lyder L. Unstad (1969). «Les Fascismes Inconnus», *Défense de l'Occident*, XVII, nº 81.

J. Barrot (1972). *Notas para uma Análise da Revolução Russa*, Lisboa: Cadernos de Hoje.

Jacques Barzun (1965). *Race: A Study in Superstition*, Nova Iorque: Harper & Row.

Maurice Baumont (1949). *L'Essor Industriel et l'Impérialisme Colonial (1878–1904)*, Paris: Presses Universitaires de France.

Maurice Baumont (1951). *La Faillite de la Paix (1918–1939)*, 2 vols., Paris: Presses Universitaires de France.

W. G. Beasley (1981). *The Modern History of Japan*, Nova Iorque: St. Martin's Press.

Antony Beevor e Artemis Cooper (2012). *Paris after the Liberation, 1944–1949*, Londres: The Folio Society.

Antony Beevor (2017). *Berlin. The Downfall, 1945*, Londres: The Folio Society.

René Belin (1978). *Du Secrétariat de la C. G. T. au Gouvernement de Vichy (Mémoires 1933–1942)*, Paris: Albatros.

Daniel Bell (2002). «Afterword (2001). From Class to Culture», em *The Radical Right* (3ª ed.), New Brunswick e Londres: Transaction.

Richard Bellamy (2003). «The Advent of the Masses and the Making of the Modern Theory of Democracy», em Terence Ball e Richard Bellamy (orgs.) *The Cambridge History of Twentieth-Century Political Thought*, Cambridge: Cambridge University Press.

Charles Bettelheim (1971). *L'Économie Allemande sous le Nazisme. Un Aspect de la Décadence du Capitalisme*, 2 vols., Paris: François Maspero.

Joseph Billig (2000). *L'Hitlérisme et le Système Concentrationnaire*, Paris: Presses Universitaires de France.

Edwin Black (1999). *The Transfer Agreement. The Dramatic Story of the Pact between the Third Reich and Jewish Palestine* (ed. rev. e ampl.), Washington: Dialog.

Edwin Black (2003). *War against the Weak. Eugenics and America's Campaign to Create a Master Race*, Nova Iorque e Londres: Four Walls Eight Windows.

Paul W. Blackstock e Bert F. Hoselitz (orgs. 1952). *The Russian Menace to Europe, by Karl Marx and Friedrich Engels*, Glencoe: The Free Press.

George I. Blanksten (1953). *Perón's Argentina*, Chicago: The University of Chicago Press.

Juan BONILLA (2010). «Wyndham Lewis and Modern War», em *Wyndham Lewis (1882–1957)*, Madrid: Fundación Juan March.

Georges BONNET (1949). *Como Declarei a Guerra*, 2 vols., Lisboa: Difusão do Livro.

Guido BORTOLOTTO (1938). *Storia del Fascismo*, Milão: Ulrico Hoepli.

David BOTSFORD (1998). «British Fascism and the Measures Taken against it by the British State», *Historical Notes*, nº 28.

Giuseppe BOTTAI (1933). *Il Consiglio Nazionale delle Corporazioni*, Verona: A. Mondadori.

Giuseppe BOTTAI (1949). *Vent'Anni e un Giorno*, [s. l.]: Garzanti.

T. B. BOTTOMORE (1967). *Élites et Société*, Paris: Stock.

Philippe BOURDREL (1992). *La Cagoule. Histoire d'une Société Secrète du Front Populaire à la Ve République*, Paris: Albin Michel.

E. K. BRAMSTEDT (1945). *Dictatorship and Political Police. The Technique of Control by Fear*, Londres: Kegan Paul, Trench, Trubner & Co.

Anna BRAMWELL (1985). *Blood and Soil. Richard Walther Darré and Hitler's "Green Party"*, Abbotsbrook: Kensal.

Robert BRASILLACH [s. d.] *Léon Degrelle et l'Avenir de «Rex»*, Madrid: Asociación Cultural «Amigos de Léon Degrelle».

George BREITMAN e Bev SCOTT (orgs. 1971). *Writings of Leon Trotsky (1934–35)*, Nova Iorque: Pathfinder.

George BREITMAN e Bev SCOTT (orgs. 1972). *Writings of Leon Trotsky (1933–34)*, Nova Iorque: Pathfinder.

George BREITMAN e Evelyn REED (orgs. 1970). *Writings of Leon Trotsky (1937–38)*, Nova Iorque: Pathfinder.

George BREITMAN e Evelyn REED (orgs. 1969). *Writings of Leon Trotsky (1939–40)*, Nova Iorque: Merit.

Lenni BRENNER (1983). *Zionism in the Age of the Dictators*, Londres e Canberra: Croom Helm, Westport: Lawrence Hill.

Maurice BRINTON (1972). *The Bolsheviks & Workers' Control, 1917 to 1921. The State and Counter-Revolution*, Londres: Solidarity, Detroit: Black & Red.

Gordon BROOK-SHEPHERD (1961). *Dollfuss*, Londres: Macmillan, Nova Iorque: St Martin.

Pierre BROUÉ e Émile TÉMIME (1961). *La Révolution et la Guerre d'Espagne*, Paris: Minuit.

Pierre BROUÉ (2006). *The German Revolution, 1917–1923*, Londres: The Merlin Press.

Alan BULLOCK (1972). *Hitler. A Study in Tyranny*, Harmondsworth: Penguin.

H. James BURGWYN (2012). *Mussolini Warlord. Failed Dreams of Empire, 1940–1943*, Nova Iorque: Enigma [e-book]. Disponível online.

Philippe BURRIN (1986). *La Dérive Fasciste. Doriot, Déat, Bergery. 1933–1945*, Paris: Seuil.

Philippe BURRIN (2000). *Fascisme, Nazisme, Autoritarisme*, Paris: Seuil [e-book]. Disponível online.

Rohan D'O. BUTLER (1943). *Raíces Ideológicas del Nacional-Socialismo*, México: Fondo de Cultura Económica.

Manuel Villaverde CABRAL (1976). «Sobre o Fascismo e o seu Advento em Portugal: Ensaio de Interpretação a Pretexto de alguns Livros Recentes», *Análise Social*, XII, nº 48.

Manuel Villaverde CABRAL (1982). «O Fascismo Português numa Perspectiva Comparada», em *O Fascismo em Portugal. Actas do Colóquio Realizado na Faculdade de Letras de Lisboa em Março de 1980*, Lisboa: A Regra do Jogo.

Joseph CAILLAUX (1942-1947). *Mes Mémoires*, 3 vols., Paris: Plon.

Arlindo Manuel CALDEIRA (1986). «O Partido de Salazar: Antecedentes, Organização e Funções da União Nacional (1926-34)», *Análise Social*, XXII, nº 94.

Angus CALDER (1991). *The Myth of the Blitz*, Londres: Jonathan Cape.

Carmen CALLIL (2009). *Má Fé. Uma História Esquecida de Pátria e Família*, Colares: Pedra da Lua.

Hugo del CAMPO (1983). *Sindicalismo y Peronismo. Los Comienzos de un Vínculo Perdurable*, Buenos Aires: Consejo Latinoamericano de Ciencias Sociales.

Jane CAPLAN (org. 1995). *Nazism, Fascism and the Working Class. Essays by Tim Mason*, Cambridge: Cambridge University Press.

Edward Hallett CARR (1966). *A History of Soviet Russia. The Bolshevik Revolution, 1917-1923*, 3 vols., Harmondsworth: Penguin.

F. L. CARSTEN (1967). *The Rise of Fascism*, Londres: B. T. Batsford.

Robert CECIL (1973). *Il Mito della Razza nella Germania Nazista. Vita di Alfred Rosenberg*, Milão: Feltrinelli.

Louis-Ferdinand CÉLINE (1937). *Bagatelles pour un Massacre*, Paris: Denoël.

Louis-Ferdinand CÉLINE (1941). *Les Beaux Draps*, Paris: Nouvelles Éditions Françaises.

Louis-Ferdinand CÉLINE (1942). *L'École des Cadavres*, Paris: Denoël.

Louis-Ferdinand CÉLINE (1998). *D'un Château l'autre*, [Paris]: Gallimard (Folio).

Martin CHALMERS (org. 2006 a) *I Shall Bear Witness. The Diaries of Victor Klemperer, 1933-1941*, Londres: The Folio Society.

Noam CHOMSKY (1969). *American Power and the New Mandarins*, Nova Iorque: Pantheon.

Paul H. CLYDE (1946). «Far East», em Joseph S. Roucek (org.) *Twentieth Century Political Thought*, Nova Iorque: Philosophical Library.

Corneliu Zelea CODREANU (1976). *For My Legionaries*, Madrid: Libertatea.

Corneliu Zelea CODREANU (1986). *Journal de Prison*, Puiseaux: Pardès.

Édouard CONTE e Cornelia ESSNER (1995). *La Quête de la Race. Une Anthropologie du Nazisme*, [Paris]: Hachette.

Richard Cork (1974). «Introduction. Vorticism and its Allies», em *Vorticism and its Allies*, Londres: Arts Council of Great Britain.

General Gomes da Costa [s. d.] *A Grande Batalha do C. E. P. (A Batalha do Lys). 9 de Abril de 1918*, Lisboa: Francisco Franco.

Homem Cristo (1935). «Maus e Estúpidos», *O Diabo*, I, nº 42.

Manuel Braga da Cruz (1978). «As Origens da Democracia Cristã em Portugal e o Salazarismo», *Análise Social*, XIV, nº 54, 55.

Manuel Braga da Cruz (1982 a). «O Integralismo Lusitano nas Origens do Salazarismo», *Análise Social*, XVIII, nº 70.

Manuel Braga da Cruz (1982 b). «Notas para uma Caracterização Política do Salazarismo», *Análise Social*, XVIII, nº 72-74.

Hellmuth Günther Dahms (1968). *A Segunda Guerra Mundial*, 2 vols., Rio de Janeiro: Bruguera.

Alexander Dallin (1957). *German Rule in Russia, 1941-1945. A Study of Occupation Policies*, Londres: Macmillan.

Fedor Il'ich Dan (2016). *Two Years of Wandering. A Menshevik Leader in Lenin's Russia*, Londres: Lawrence & Wishart.

Alex Danchev (org. 2011). *100 Artists' Manifestos. From the Futurists to the Stuckists*, Londres: Penguin.

George Dangerfield (1961). *The Strange Death of Liberal England*, Nova Iorque: Capricorn.

Renzo De Felice (1978). *Explicar o Fascismo*, Lisboa: Edições 70.

István Deák (1965). «Hungary», em Hans Rogger e Eugen Weber (orgs.) *The European Right. A Historical Profile*, Berkeley e Los Angeles: University of California Press.

F. W. Deakin (1966). *The Last Days of Mussolini*, Harmondsworth: Penguin.

I. C. B. Dear e M. R. D. Foot (orgs. 1995). *The Oxford Companion to the Second World War*, Oxford e Nova Iorque: Oxford University Press.

Léon Degrelle (1949 b) *La Cohue de 1940*, Lausanne: Robert Crauzaz. Disponível online.

Léon Degrelle (2000). *Tintin, Mon Copain*, Klow, Syldavie: Pélicain d'Or.

Charles F. Delzell (org. 1971). *Mediterranean Fascism, 1919-1945*, Nova Iorque: Walker.

Isaac Deutscher (1964). *Staline. Biographie Politique*, Paris: Gallimard (Le Livre de Poche).

Isaac Deutscher (1972). *Trotsky. I: Le Prophète Armé (1879-1921)*, 2 vols., Paris: Julliard e Union Générale d'Éditions (10/18).

Georges Dimitrov (1972). «L'Offensive du Fascisme et les Tâches de l'Internationale Communiste dans la Lutte pour l'Unité de la Classe Ouvrière contre le Fascisme. Rapport au VIIe Congrès Mondial de l'Internationale Communiste, presenté le 2 Août, 1935», em *Œuvres Choisies*, vol. II, [Sofia]: Sofia-Presse.

Michel DOBRY (2011). «Desperately Seeking 'Generic Fascism': Some Discordant Thoughts on the Academic Recycling of Indigenous Categories», em António Costa Pinto (org.) *Rethinking the Nature of Fascism. Comparative Perspectives*, Basingstoke: Palgrave Macmillan.

Ronald H. DOLKART (1993). «The Right in the Década Infame, 1930–1943», em Sandra McGee Deutsch e Ronald H. Dolkart (orgs.) *The Argentine Right. Its History and Intellectual Origins, 1910 to the Present*, Wilmington, Delaware: Scholarly Resources.

Leonard W. DOOB (org. 1978). *"Ezra Pound Speaking". Radio Speeches of World War II*, Westport, Connecticut: Greenwood.

J. DROZ [s. d.] *Le National-Socialisme*, Paris: Centre de Documentation Universitaire (Les Cours de la Sorbonne, policop.).

Jacques DROZ (1966). *Le Romantisme Allemand et l'État. Résistance et Collaboration dans l'Allemagne Napoléonienne*, Paris: Payot.

Peter F. DRUCKER (1943). *The End of Economic Man. A Study of the New Totalitarianism*, [s. l.]: The British Publishers Guild.

Foster Rhea DULLES (1966). *Labor in America. A History*, Nova Iorque: Thomas Y. Crowell.

Annick DURAFFOUR e Pierre-André TAGUIEFF (2017). *Céline, la Race, le Juif. Légende Littéraire et Vérité Historique*, [Paris]: Fayard.

Walter DURANTY (1946). *Histoire de la Russie Soviétique*, Paris: Stock.

R. Palme DUTT (1936). *Fascisme et Révolution. Étude des Tendances Politiques et Économiques des Derniers Stades de la Décomposition du Capitalisme*, Paris: Éditions Sociales Internationales.

Henrik EBERLE e Matthias UHL (org. 2005). *The Hitler Book. The Secret Dossier Prepared for Stalin from the Interrogations of Hitler's Personal Aides*, Nova Iorque: Public Affairs [e-book]. Disponível online.

H. S. EDE (1987). *Savage Messiah*, Londres: Gordon Fraser.

Paul EDWARDS (2010). «"Creation Myth": The Art and Writing of Wyndham Lewis», em *Wyndham Lewis (1882–1957)*, Madrid: Fundación Juan March.

Geoff ELEY (1989). «What Produces Fascism: Preindustrial Traditions or a Crisis of the Capitalist State?», em Michael N. Dobkowski e Isidor Wallimann (orgs.) *Radical Perspectives on the Rise of Fascism in Germany, 1919–1945*, Nova Iorque: Monthly Review.

Mircea ELIADE (1937). «Liberty», *Iconar*.

Friedrich ENGELS (1954). *L'Origine de la Famille, de la Propriété Privée et de l'État*, Paris: Éditions Sociales.

Julius EVOLA (2002). *Men among the Ruins. Postwar Reflections of a Radical Traditionalist*, Rocheter, Vermont: Inner Traditions.

Julius EVOLA (2004). «The Tragedy of the Romanian "Iron Guard": Codreanu», *Evola As He Is*. Disponível online.

Julius EVOLA (2011). *Metaphysics of War. Battle, Victory and Death in the World of Tradition*, [s. l.]: Arktos.

Jean Pierre FAYE (1972). *Théorie du Récit. Introduction aux Langages Totalitaires. Critique de la Raison – l'Économie – Narrative*, Paris: Hermann.

Jean -Pierre FAYE (1974). «"Da Linguagem como Meio de Repressão" ou "Do Conceito de Totalidade do Fascismo"» (entrevista), *Seara Nova*, nº 1550.

Jean Pierre FAYE (1980). *Langages Totalitaires. Critique de la Raison – l'Économie – Narrative* (ed. corr.), Paris: Hermann.

Artur FEILER (1932). *A Experiência do Bolchevismo*, Lisboa: Empresa Nacional de Publicidade.

Victor C. FERKISS (1955). «Ezra Pound and American Fascism», *The Journal of Politics*, XVII, nº 2.

António FERRO (1933). *Salazar. O Homem e a sua Obra*, [s. l.]: Empresa Nacional de Publicidade.

Joachim C. FEST (1974). *Hitler*, Orlando: Harcourt [e-book]. Disponível online.

Federico FINCHELSTEIN (2017). *From Fascism to Populism in History*, Oakland, Cal.: University of California Press [e-book]. Disponível online.

Stephen FISCHER- GALATI (1971). «Fascism in Romania», em Peter F. Sugar (org.) *Native Fascism in the Successor States, 1918–1945*, Santa Barbara: American Bibliographical Center - Clio.

Sheila FITZPATRICK e Alf LÜDTKE (2009). «Energizing the Everyday. On the Breaking and Making of Social Bonds in Nazism and Stalinism», em Michael Geyer e Sheila Fitzpatrick (orgs.) *Beyond Totalitarianism. Stalinism and Nazism Compared*, Cambridge: Cambridge University Press.

Ossip K. FLECHTHEIM (1972). *Le Parti Communiste Allemand (K. P. D.) sous la République de Weimar*, Paris: François Maspero.

M. R. D. FOOT (2008). *SOE. An Outline History of the Special Operations Executive, 1940–1946*, Londres: The Folio Society.

Henry FORD (1932). *El Judío Internacional. Un Problema del Mundo*, Leipzig: Hammer.

Saul FRIEDLÄNDER (2008). *The Years of Extermination. Nazi Germany and the Jews, 1939–1945*, [s. l.]: HarperCollins e-books. Disponível online.

Werner FRITZSCHE (1941). *A Evolução da Política Social Alemã*, Berlim: [s. ed.].

Norberto GALASSO (1983). *La Izquierda Nacional y el FIP*, Buenos Aires: Centro Editor de América Latina.

Jean GALTIER-BOISSIÈRE e Charles ALEXANDRE (1949). *Histoire de la Guerre, 1939–1945*, vols. IV e V, Paris: Crapouillot.

Jean GALTIER- BOISSIÈRE (1994). *Mémoires d'un Parisien*, Paris: Quai Voltaire.

Hugo GAMBINI (1983). *Las Presidencias Peronistas. La Primera Presidencia de Perón. Testimonios y Documentos*, Buenos Aires: Centro Editor de América Latina.

Maximiano García Venero (1967). *La Falange en la Guerra de España: La Unificación y Hedilla*, [s. l.]: Ruedo Ibérico.

Christine Garnier (1952). *Férias com Salazar*, Lisboa: Parceria António Maria Pereira.

Andrzej Gaşiorek (2010). «Wyndham Lewis and Politics», em *Wyndham Lewis (1882-1957)*, Madrid: Fundación Juan March.

Patrick J. Geary, Daud Ali, Paul S. Atkins, Michael Cooperson, Rita Costa Gomes, Paul Dutton, Gert Melville, Claudia Rapp, Karl-Heinz Spiess, Stephen

Jean-Maurice Gélinet (1974). «L'Opposition Ouvrière ou le Guetteur Mélancolique», em Alexandra Kollontai, *L'Opposition Ouvrière*, Paris: Seuil.

Giovanni Gentile (1929). *Origini e Dottrina del Fascismo*, Roma: Littorio.

Emilio Gentile (2010). *Fascismo di Pietra*, Roma e Bari: Laterza.

Francesco Germinario (2001). *Estranei alla Democrazia. Negazionismo e Antisemitismo nella Destra Radicale Italiana*, Pisa: Biblioteca Franco Serantini.

Amedeo Giannini (1931). «The Conciliation between Italy and the Vatican», em Tomaso Sillani (org.) *What is Fascism and Why?*, Nova Iorque: Macmillan.

Martin Gilbert (2011 a) *The First World War*, vol. I: *From the Origins of the War to Verdun and the Somme, 1914-1916*, vol. II: *The Widening War to Remembrance and Aftermath, 1917-1919*, Londres: The Folio Society.

Martin Gilbert (2011 b) *The Second World War*, vol. I: *From the Coming of War to Alamein and Stalingrad, 1939-1942*, vol. II: *From Casablanca to Post-War Repercussions, 1943-1945*, Londres: The Folio Society.

Edward Glover (1940). *The Psychology of Fear and Courage*, Harmondsworth e Nova Iorque: Pen-guin e Allen Lane.

Julio Godio (1973). *La Caída de Perón, de Junio a Setiembre de 1955*, Buenos Aires: Granica.

Jonah Goldberg (2009). *Liberal Fascism. The Secret History of the Left from Mussolini to the Politics of Meaning*, Londres: Penguin.

Marvin Goldwert (1972). *Democracy, Militarism, and Nationalism in Argentina, 1930-1966. An Interpretation*, Institute of Latin American Studies, University of Texas, Austin e Londres: The University of Texas Press.

Pedro Carlos González Cuevas (2016). *El Pensamiento Político de la Derecha Española en el Siglo xx. De la Crisis de la Restauración (1898), a la Crisis del Estado de Partidos (2015)*, (2ª ed. corr. e aument.), Madrid: Tecnos.

A. James Gregor (1979). *Italian Fascism and Developmental Dictatorship*, Princeton, Nova Jersey: Princeton University Press.

A. James Gregor (2000 a). *The Faces of Janus. Marxism and Fascism in the Twentieth Century*, New Haven e Londres: Yale University Press.

A. James Gregor (2000 b). *A Place in the Sun. Marxism and Fascism in China's Long Revolution*, Boulder, CO e Cumnor Hill, Oxford: Westview Press.

A. James GREGOR (2005). *Mussolini's Intellectuals. Fascist Social and Political Thought*, Princeton, Nova Jersey e Oxford: Princeton University Press [e-book]. Disponível online.

Roger GRIFFIN (2011). «Fascism and Culture: A Mosse-Centric Meta-Narrative (or how Fascist Studies Reinvented the Wheel)», em António Costa Pinto (org.) *Rethinking the Nature of Fascism. Comparative Perspectives*, Basingstoke: Palgrave Macmillan.

Roger GRIFFIN (org. 1995). *Fascism*, Oxford e Nova Iorque: Oxford University Press.

GROUPE PUIG ANTICH (FÉDÉRATION ANARCHISTE DE PERPIGNAN) (1984). *1944. Les Dossiers Noirs d'une Certaine Résistance. Trajectoires du Fascisme Rouge* (suplemento a *Infos et Analyses Libertaires*, nº 13), Perpignan: Cercle d'Études Sociales.

Daniel GUÉRIN (1969). *Sur le Fascisme*, vol. I: *La Peste Brune*, vol. II: *Fascisme et Grand Capital*, Paris: François Maspero.

L. I. GUINTSBERG (1957). «Les Liaisons des Milieux Réactionnaires Américains et Anglais avec le Parti Hitlérien (1930 - Janvier 1933)», *Recherches Internationales à la Lumière du Marxisme*, nº 1.

Sebastian HAFFNER (2003). *Histoire d'un Allemand. Souvenirs 1914–1933*, Arles: Actes Sud.

Sebastian HAFFNER (2011). *The Meaning of Hitler*, Londres: The Folio Society.

Milos HÁJEK (1965). «Le Caratteristiche del Fascismo in Cecoslovacchia», *Rivista Storica del Socialismo*, VIII, nº 24.

H. T. HANSEN (2002). «Introduction: Julius Evola's Political Endeavors», em Julius Evola, *Men among the Ruins. Postwar Reflections of a Radical Traditionalist*, Rocheter, Vermont: Inner Traditions.

Jan HAVRÁNEK (1971). «Fascism in Czechoslovakia», em Peter F. Sugar (org.) *Native Fascism in the Successor States, 1918–1945*, Santa Barbara: American Bibliographical Center - Clio.

Rebecca HAYNES (2011). «Corneliu Zelea Codreanu: The Romanian "New Man"», em Rebecca Haynes e Martyn Rady (orgs.) *In the Shadow of Hitler. Personalities of the Right in Central and Eastern Europe*, Londres e Nova Iorque: I. B. Tauris.

Konrad HEIDEN (1934). *Histoire du National Socialisme. 1919–1934*, Paris: Stock.

Jeffrey HERF (1986). *Reactionary Modernism. Technology, Culture, and Politics in Weimar and the Third Reich*, Cambridge: Cambridge University Press.

Raul HILBERG (1961). *The Destruction of the European Jews*, Londres: W. H. Allen.

Adolf HITLER (1995). *Mein Kampf*, Londres: Pimlico.

Hitler's Table Talk, 1941–1944. His Private Conversations, Nova Iorque: Enigma, 2000.

Reto HOFMANN (2015). *The Fascist Effect. Japan and Italy, 1915–1952*, Ithaca e Londres: Cornell University Press [e-book]. Disponível online.

Charles HOLCOMBE (2015). «East Asia», em Merry E. Wiesner-Hanks (org.) *The Cambridge World History*, vol. IV: Craig Benjamin (org.) *A World with States, Empires, and Networks, 1200 BCE – 900 CE*, Cambridge: Cambridge University Press.

Roger W. HOLMES (1937). *The Idealism of Giovanni Gentile*, Nova Iorque: Macmillan.

Nick HOWARD (2004). «The German Revolution Defeated and Fascism Deferred. The Servicemen's Revolt and Social Democracy at the End of the First World War, 1918-1920», em Tim Kirk e Anthony McElligott (orgs.) *Opposing Fascism. Community, Authority and Resistance in Europe*, Cambridge: Cambridge University Press.

Marian D. IRISH (1946). «Fascism», em Joseph S. Roucek (org.) *Twentieth Century Political Thought*, Nova Iorque: Philosophical Library.

Jeffrey . C. ISAAC (2003). «Critics of Totalitarianism», em Terence Ball e Richard Bellamy (orgs.) *The Cambridge History of Twentieth-Century Political Thought*, Cambridge: Cambridge University Press.

Gabriel JACKSON (1967). *The Spanish Republic and the Civil War, 1931-1939*, Princeton, Nova Jersey: Princeton University Press.

Karl JASPERS (1948). *La Culpabilité Allemande*, Paris: Les Amis des Éditions de Minuit.

Robert JERVIS (2010). «Identity and the Cold War», em Melvyn P. Leffler e Odd Arne Westad (orgs.) *The Cambridge History of the Cold War*, vol. II: *Crises and Détente*, Cambridge: Cambridge University Press.

F. C. JONES (1954). *Japan's New Order in East Asia. Its Rise and Fall, 1937-45*, Londres, Nova Iorque e Toronto: Oxford University Press.

J. R. JONES (1965). «England», em Hans Rogger e Eugen Weber (orgs.) *The European Right. A Historical Profile*, Berkeley e Los Angeles: University of California Press.

A. JUIN (1987). «Avant-Propos», em Ernst Jünger, *Orages d'Acier. Journal de Guerre*, [Paris]: Christian Bourgois (Folio).

Anton KAES, Martin JAY e Edward DIMENBERG (orgs. 1995). *The Weimar Republic Sourcebook*, Berkeley, Los Angeles e Londres: University of California Press.

Ihor KAMENETSKY (1956). *Hitler's Occupation of Ukraine (1941-1944). A Study of Totalitarian Imperialism*, Milwaukee: Marquette University Press.

George KATKOV (1965). «Fontes Históricas Soviéticas na Era Pós-Stalin», em John Keep e Liliana Brisby (orgs.) *História Contemporânea na Concepção Soviética*, Rio de Janeiro e São Paulo: Record.

Martin KITCHEN (1980). *The Coming of Austrian Fascism*, Londres: Croom Helm, Montreal: McGill - Queen's University Press.

Arthur KOESTLER (1991). *Scum of the Earth*, Londres: Eland, Nova Iorque: Hippocrene.

Eugen KOGON (2002). *L'État SS. Le Système des Camps de Concentration Allemands*, Paris: Seuil.

Ingo KOLBOOM (1986). *La Revanche des Patrons. Le Patronat face au Front Populaire*, [Paris]: Flammarion.

J. KUCZYNSKI e M. WITT (1942). *The Economics of Barbarism. Hitler's New Economic Order in Europe*, Nova Iorque: International Publishers.

Simon KUIN (1993). «A Mocidade Portuguesa nos Anos 30: Anteprojectos e Instauração de uma Organização Paramilitar da Juventude», *Análise Social*, XXVIII, nº 122.

Melissa LANE (2003). «Positivism: Reactions and Developments», em Terence Ball e Richard Bellamy (orgs.) *The Cambridge History of Twentieth-Century Political Thought*, Cambridge: Cambridge University Press.

Walter LAQUEUR (1996). *Fascism: Past, Present, Future*, Nova Iorque e Oxford: Oxford University Press.

Raffaele LAUDANI (org. 2013). *Secret Reports on Nazi Germany. The Frankfurt School Contribution to the War Effort*, Princeton, Nova Jersey e Oxford: Princeton University Press [e-book]. Disponível online.

Lucien LAURAT (1934). *Économie Dirigée et Socialisation*, Paris e Bruxelas: L'Églantine.

Gustave LE BON (1980). *Psicologia das Multidões*, [s. l.]: Roger Delraux.

Le Procès du Maréchal Pétain. Compte Rendu Sténographique, 2 vols., Paris: Albin Michel, 1945.

Georges LEFEBVRE (1953). *Napoléon*, Paris: Presses Universitaires de France.

Wolf LEPENIES (2006). *The Seduction of Culture in German History*, Princeton, Nova Jersey e Oxford: Princeton University Press [e-book]. Disponível online.

Daniel LERNER (1951). *The Nazi Elite*, Stanford: Stanford University Press.

William E. LEUCHTENBURG (1963). *Franklin D. Roosevelt and the New Deal. 1932–1940*, Nova Iorque: Harper & Row.

Paul H. LEWIS (1992). *The Crisis of Argentine Capitalism*, Chapel Hill e Londres: The University of North Carolina Press.

Daniel LIGOU (1962). *Histoire du Socialisme en France (1871–1961)*, Paris: Presses Universitaires de France.

Thomas LINEHAN (2000). *British Fascism, 1918–39. Parties, Ideology and Culture*, Manchester e Nova Iorque: Manchester University Press.

Derek S. LINTON (1989). «Bonapartism, Fascism, and the Collapse of the Weimar Republic», em Michael N. Dobkowski e Isidor Wallimann (orgs.) *Radical Perspectives on the Rise of Fascism in Germany, 1919–1945*, Nova Iorque: Monthly Review.

S. V. LIPITSKY (1974). «A Guerra Civil», em *História do Século 20*, vol. III: *1919/1934*, São Paulo: Abril.

Deborah E. LIPSTADT (1986). *Beyond Belief. The American Press and the Coming of the Holocaust, 1933–1945*, Nova Iorque: The Free Press [e-book]. Disponível online.

Neill LOCHERY (2011). *Lisbon. War in the Shadows of the City of Light, 1939–1945*, Nova Iorque: Public Affairs [e-book]. Disponível online.

Boris R. LOPUKHOV (1965). «Il Problema del Fascismo Italiano negli Scritti di Autori Sovietici», *Studi Storici*, VI, nº 2.

Manuel de LUCENA (1984). «Interpretações do Salazarismo: Notas de Leitura Crítica», *Análise Social*, XX, nº 83.

LUDENDORFF (1936). *La Guerre Totale*, Paris: Flammarion.

Georg LUKÁCS (1980). *The Destruction of Reason*, Londres: The Merlin Press.

John LUKACS (2011). *Five Days in London, May 1940*, Londres: The Folio Society.

Adrian LYTTELTON (1982). *La Conquista del Potere. Il Fascismo dal 1919 al 1929*, Roma e Bari: Laterza.

Maria-Antonietta MACCIOCCHI (1976 b). «Les Femmes et la Traversée du Fascisme», em *Éléments pour une Analyse du Fascisme. Séminaire de Maria-A. Macciocchi, Paris VIII - Vincennes, 1974-1975*, 2 vols., Paris: Union Générale d'Éditions (10/18).

Maria-Antonietta MACCIOCCHI (1976 d). «Rapport sur un Cours Universitaire à Vincennes, sur le Fascisme ou: "Les Stalino-Refoulants" dans une *Joyeuse* Année d'Études sur le Fascisme», em *Éléments pour une Analyse du Fascisme. Séminaire de Maria-A. Macciocchi, Paris VIII - Vincennes, 1974-1975*, 2 vols., Paris: Union Générale d'Éditions (10/18).

Charles S. MAIER (1988). *La Refundación de la Europa Burguesa. Estabilización en Francia, Alemania e Italia en la Década Posterior a la I Guerra Mundial*, Madrid: Ministerio de Trabajo y Seguridad Social.

I. MAISKI [s. d.] *Quien Ayudó a Hitler*, Moscovo: Progreso.

Curzio MALAPARTE (1998). *Technique du Coup d'État*, Paris: Bernard Grasset.

Henri de MAN (1933). *Le Socialisme Constructif*, Paris: Félix Alcan.

Michael MANN (2004). *Fascists*, Cambridge: Cambridge University Press.

Mihaïl MANOÏLESCO (1936). *Le Siècle du Corporatisme. Doctrine du Corporatisme Intégral et Pur*, Paris: Félix Alcan.

Paul MARION (1939). *Leur Combat. Lénine - Mussolini - Hitler - Franco*, Paris: Arthème Fayard.

Fernando Moreira MARQUES (2003). *Os Liceus do Estado Novo. Arquitectura, Currículo e Poder*, Lisboa: Educa.

Giacomo MARRAMAO (1977). *Austromarxismo e Socialismo di Sinistra fra le Due Guerre*, Milão: La Pietra.

David MARSH (1992). *The Bundesbank. The Bank that Rules Europe*, Londres: Heineman.

André MARTY (1950). *La Révolte de la Mer Noire*, Paris: L'Avant-Garde.

Masao MARUYAMA (1963). *Thought and Behaviour in Modern Japanese Politics*, Londres: Oxford University Press.

Arthur MARWICK (1974). «O Bloqueio Fere Profundamente», em *História do Século 20*, vol. II: *1914/1919*, São Paulo: Abril.

Karl MARX (1971). *À Propos de la Question Juive (Zur Judenfrage)*, Paris: Aubier Montaigne.

Karl MARX (1982). *À Propos de la Question Juive*, em Maximilien Rubel (org.) *Karl Marx. Œuvres*, vol. III: *Philosophie*, [Paris]: Gallimard (Bibliothèque de la Pléiade).

Pier Carlo MASINI (1999). *Mussolini. La Maschera del Dittatore*, Pisa: Biblioteca Franco Serantini.

João MEDINA (1978). *Salazar e os Fascistas. Salazarismo e Nacional-Sindicalismo. A História dum Conflito, 1932/1935*, Lisboa: Bertrand.

João MEDINA (1998). «Salazar na Alemanha: Acerca da Edição de uma Antologia Salazarista na Alemanha Hitleriana», *Análise Social*, XXXIII, nº 145.

Piero MELOGRANI (1980). *Gli Industriali e Mussolini. Rapporti tra Confindustria e Fascismo dal 1919 al 1929*, Milão: Longanesi.

Jordana MENDELSON (2007). «Los Laboratorios de la Propaganda: Artistas y Revistas durante la Guerra Civil Española», em *Revistas y Guerra, 1936–39*, [Madrid]: Museo Nacional Centro de Arte Reina Sofía.

Louis MERCIER VEGA (1975). *Autopsia de Perón, Balance del Peronismo*, Barcelona: Tusquets.

Johannes MESSNER (2004). *Dollfuss. An Austrian Patriot*, Norfolk, Virginia: Gates of Vienna Books [e-book]. Disponível online.

Ida METT (1949). *La Commune de Cronstadt. Crépuscule Sanglant des Soviets*, Paris: Spartacus.

Albert MILHAUD [s. d.] *La Lutte des Classes à travers l'Histoire et la Politique*, Paris: Librairie Scientifique et Philosophique.

Pierre MILZA (1999). *Mussolini*, [Paris]: Fayard.

Hans MOMMSEN (2009). *Germans against Hitler. The Stauffenberg Plot and Resistance under the Third Reich*, Londres e Nova Iorque: I. B. Tauris.

Barrington MOORE JR. (1974). *Social Origins of Dictatorship and Democracy. Lord and Peasant in the Making of the Modern World*, Harmondsworth: Penguin.

Emanuel MORAVEC (1941). *Rumos da Estratégia Contemporânea. Sentido e Significado da Guerra Actual*, Lisboa: Alma.

Hans J. MORGENTHAU (1946). «Naziism», em Joseph S. Roucek (org.) *Twentieth Century Political Thought*, Nova Iorque: Philosophical Library.

Paul MORRISON (1996). *The Poetics of Fascism. Ezra Pound, T. S. Eliot, Paul de Man*, Nova Iorque e Oxford: Oxford University Press.

A.-L. MORTON e George TATE (1963). *Histoire du Mouvement Ouvrier Anglais*, Paris: François Maspero.

Oswald MOSLEY (2006). *My Life*, Londres: Friends of Oswald Mosley.

Jan-Werner MÜLLER (2010). «The Cold War and the Intellectual History of the Late Twentieth Century», em Melvyn P. Leffler e Odd Arne Westad (orgs.) *The Cambridge History of the Cold War*, vol. III: *Endings*, Cambridge: Cambridge University Press.

Benito MUSSOLINI (1935). *A Doutrina do Fascismo*, Florença: Vallecchi.

Benito MUSSOLINI (1951). «Lo Sciopero Generale e la Violenza», em Edoardo Susmel e Duilio Susmel (orgs.) *Opera Omnia di Benito Mussolini*, vol. II: *Il Periodo Trentino verso la Fondazione de "La Lotta di Classe" (6 Febbraio 1909 - 8 Gennaio 1910)*, Florença: La Fenice.

Franz NEUMANN (1943). *Behemoth. Pensamiento y Acción en el Nacional-Socialismo*, México: Fondo de Cultura Económica.

Allan NEVINS e Frank Ernest HILL (1957). *Ford. Expansion and Challenge, 1915-1933*, Nova Iorque: Charles Scribner's Sons.

J. NOAKES e G. PRIDHAM (orgs. 2008-2010). *Nazism 1919 - 1945. A Documentary Reader*, vol. I: *The Rise to Power 1919-1934*, vol. II: *State, Economy and Society 1933-1939*, vol. III: *Foreign Policy, War and Racial Extermination*, vol. IV: *The German Home Front in World War II*, Exeter: University of Exeter Press.

R. G. NOBÉCOURT (1962). *Les Secrets de la Propagande en France Occupée*, Paris: Arthème Fayard.

Franco NOGUEIRA [1977-1985] *Salazar*, 6 vols., Coimbra: Atlântida, Porto: Civilização.

Ernst NOLTE (1965). «Germany», em Hans Rogger e Eugen Weber (orgs.) *The European Right. A Historical Profile*, Berkeley e Los Angeles: University of California Press.

Ernst NOLTE (1989). *Nazionalsocialismo e Bolcevismo. La Guerra Civile Europea, 1917-1945*, Florença: Sansoni.

Albert NORDEN (1943). *The Thugs of Europe. The Truth About the German People and its Rulers*, Nova Iorque: German American League for Culture.

João Arsénio NUNES (1982). «Da Política "Classe contra Classe"às Origens da Estratégia Antifascista: Aspectos da Internacional Comunista entre o VI e o VII Congressos (1928-1935)», em *O Fascismo em Portugal. Actas do Colóquio Realizado na Faculdade de Letras de Lisboa em Março de 1980*, Lisboa: A Regra do Jogo.

Pedro Aires OLIVEIRA (2000). *Armindo Monteiro. Uma Biografia Política (1896-1955)*, Venda Nova: Bertrand.

Georges OLTRAMARE (1956). *Les Souvenirs nous Vengent*, Genebra: L'Autre Son de Cloche.

Dietrich ORLOW (2009). *The Lure of Fascism in Western Europe. German Nazis, Dutch and French Fascists, 1933-1939*, Nova Iorque: Palgrave Macmillan.

Dietrich ORLOW (2010). *The Nazi Party 1919-1945. A Complete History*, Nova Iorque: Enigma [e-book]. Disponível online.

George ORWELL (1998 a). *Funny, but not Vulgar, and other Selected Essays and Journalism*, Londres: The Folio Society.

Pascal ORY (1976). *Les Collaborateurs, 1940-1945*, Paris: Seuil.

Richard OVERY (2015). «Global War 1914-45», em Merry E. Wiesner-Hanks (org.) *The Cambridge World History*, vol. VII: J. R. McNeill e Kenneth Pomeranz (orgs.) *Production, Destruction, and Connection, 1750 - Present*, Parte II: *Shared Transformations?*, Cambridge: Cambridge University Press.

Pierre VAN PAASSEN (1941). *Estes Dias Tumultuosos*, Porto Alegre: Globo.

Jesús PABÓN (1941-1945). *La Revolución Portuguesa*, vol I: *De Don Carlos a Sidonio Paes*, vol. II: *De Sidonio Paes a Salazar*, Madrid: Espasa-Calpe.

José Machado PAIS, Aida Maria Valadas de LIMA, José Ferreira BAPTISTA, Maria Fernanda Marques de JESUS e Maria Margarida GAMEIRO (1976-1978) «Elementos para a História do Fascismo nos Campos: A "Campanha do Trigo", 1928-38», *Análise Social*, XII, nº 46, XIV, nº 54.

Jean-Michel PALMIER (1976 b). «Der Jude Süss (Le Juif Süss) de Veit Harlan, 1940», em *Éléments pour une Analyse du Fascisme. Séminaire de Maria-A. Macciocchi, Paris VIII - Vincennes, 1974-1975*, 2 vols., Paris: Union Générale d'Éditions (10/18).

Jean-Michel PALMIER (1976 c). «Quelques Tracts du Groupe "Foudre d'Intervention Culturelle" ou l'Impuissance d'une Prétendue Extrême-Gauche à Comprendre la Nécessité d'Analyser le Fascisme», em *Éléments pour une Analyse du Fascisme. Séminaire de Maria-A. Macciocchi, Paris VIII - Vincennes, 1974-1975*, 2 vols., Paris: Union Générale d'Éditions (10/18).

Anabela B. PARREIRA, Arlindo M. CALDEIRA, Carlos C. MAURÍCIO, João C. CABRAL e José PISCO (1982). «O I Congresso da União Nacional», em *O Fascismo em Portugal. Actas do Colóquio Realizado na Faculdade de Letras de Lisboa em Março de 1980*, Lisboa: A Regra do Jogo.

Robert O. PAXTON (1973). *La France de Vichy, 1940-1944*, Paris: Seuil.

Stanley G. PAYNE (1961). *Falange. A History of Spanish Fascism*, Stanford: Stanford University Press.

Stanley G. PAYNE (2003 b). *A History of Fascism, 1914-1945*, [s. l.]: Taylor & Francis e-Library. Disponível online.

Guy PEDRONCINI (1999). *Les Mutineries de 1917*, Paris: Presses Universitaires de France.

Dick PELS (1998). «Fascism and the Primacy of the Political», *Telos*, nº 110. Disponível online.

Antonio PENNACCHI (2010). *Fascio e Martello. Viaggio per le Città del Duce*, Roma e Bari: Laterza.

Pedro Theotónio PEREIRA (1973). *Memórias. Postos em que Servi e algumas Recordações Pessoais*, 2 vols., [Lisboa]: Verbo.

Eva PERÓN [s. d.] *A Razão de Minha Vida*, Rio de Janeiro: Freitas Bastos.

Juan PERÓN (1994). *Tres Revoluciones Militares*, Buenos Aires: Corrientes.

Gilles PERRAULT e Jean-Pierre AZEMA (1989). *Paris under the Occupation*, Londres: André Deutsch.

S. M. PETRITCHENKO (1975). *A Verdade sobre Cronstadt*, [Lisboa]: A Batalha.

António Costa PINTO e Nuno Afonso RIBEIRO (1982). «Fascismo e Juventude nos Primórdios do Estado Novo: A Acção Escolar Vanguarda (1933-1936)», em *O Fascismo em Portugal. Actas do Colóquio Realizado na Faculdade de Letras de Lisboa em Março de 1980*, Lisboa: A Regra do Jogo.

António Costa PINTO (1992). «As Elites Políticas e a Consolidação do Salazarismo: O Nacional Sindicalismo e a União Nacional», *Análise Social*, XXVII, nº 116-117.

António Costa PINTO (2011). «Ruling Elites, Political Institutions and Decision-Making in Fascist-Era Dictatorships: Comparative Perspectives», em António Costa Pinto (org.) *Rethinking the Nature of Fascism. Comparative Perspectives*, Basingstoke: Palgrave Macmillan.

Ovidio Mauro PIPINO (1979). *1946-1955: La Década Fatal. Origen del Colapso Nacional*, Córdoba: ed. do autor.

Jacques PLONCARD D'ASSAC (1971). *Doctrinas del Nacionalismo*, Barcelona: Acervo.

John F. POLLARD (2005). *The Vatican and Italian Fascism, 1929-32. A Study in Conflict*, Cambridge: Cambridge University Press.

Nikos POULANTZAS (1976). «À Propos de l'Impact Populaire du Fascisme», em *Éléments pour une Analyse du Fascisme. Séminaire de Maria-A. Macciocchi, Paris VIII - Vincennes, 1974-1975*, 2 vols., Paris: Union Générale d'Éditions (10/18).

Horatius M. PREMOLI (1930). *Histoire de l'Église Contemporaine (1900-1925)*, Turim e Roma: Marietti.

PRESIDÊNCIA DO CONSELHO DE MINISTROS, COMISSÃO DO LIVRO NEGRO SOBRE O REGIME FASCISTA (org. 1987-1991). *Correspondência de Pedro Teotónio Pereira para Oliveira Salazar*, 4 vols., [Lisboa].

Rodolfo PUIGGRÓS (1988). *El Peronismo: Sus Causas*, Buenos Aires: Puntosur.

Anne QUINCHON-CAUDAL (2013). *Hitler et les Races. L'Anthropologie Nationale-Socialiste*, Paris: Berg International.

Martyn RADY (2011). «Ferenc Szálasi, "Hungarism" and the Arrow Cross», em Rebecca Haynes e Martyn Rady (orgs.) *In the Shadow of Hitler. Personalities of the Right in Central and Eastern Europe*, Londres e Nova Iorque: I. B. Tauris.

Philippe RANDA (1997). *Dictionnaire Commenté de la Collaboration Française*, Paris: Jean Picollec.

György RÁNKI (1971). «The Problem of Fascism in Hungary», em Peter F. Sugar (org.) *Native Fascism in the Successor States, 1918-1945*, Santa Barbara: American Bibliographical Center - Clio.

R. John RATH (1971). «Authoritarian Austria», em Peter F. Sugar (org.) *Native Fascism in the Successor States, 1918-1945*, Santa Barbara: American Bibliographical Center - Clio.

Hermann RAUSCHNING (1939). *Hitler m'a dit. Confidences du Führer sur son Plan de Conquête du Monde*, Paris: Coopération.

Lucien REBATET (2007). *Lés Mémoires d'un Fasciste*, vol. II: *1941-1947*, [s. l.]: Pilon.

Lucien REBATET e Pierre-Antoine COUSTEAU (1999). *Dialogue de «Vaincus»*, Paris: Berg International.

Maurice RECLUS (1945). *Une Grande Époque. La Troisième République de 1870 à 1918*, Paris: Arthème Fayard.

Gunter W. REMMLING (1989). «The Destruction of the Workers' Mass Movements in Nazi Germany», em Michael N. Dobkowski e Isidor Wallimann (orgs.) *Radical Perspectives on the Rise of Fascism in Germany, 1919-1945*, Nova Iorque: Monthly Review.

Manuel RIBEIRO (1930). *Novos Horizontes. Democracia Cristã*, Lisboa: Guimarães.

Jean RIÈRE e Jil SILBERSTEIN (orgs. 2001). *Victor Serge. Mémoires d'un Révolutionnaire et autres Écrits Politiques. 1908-1947*, Paris: Robert Laffont.

Agustín del Río Cisneros e Enrique Conde Gargollo (orgs. 1945). *Obras Completas de José Antonio Primo de Rivera*, Madrid: Vicesecretaria de Educación Popular de F. E. T. y de las J. O. N. S.

Abel del Río (1968). «Rosas y Perón», *Biblioteca*, I, nº 1.

Bruno Rizzi (1976). *L'u.r.s.s.: Collectivisme Bureaucratique (La Propriété de Classe)*, Paris: Champ Libre [1ª ed.: *La Bureaucratisation du Monde*, 1ª Parte, Paris, 1939].

Moss Roberts (1997). «Afterword: About *Three Kingdoms*», em *Three Kingdoms. A Historical Novel*, 3 vols., Pequim e Berkeley, Los Angeles: Foreign Languages Press e University of California Press.

Armand Robin (org. 1949). *Quatre Poètes Russes. V. Maïakovsky, B. Pasternak, A. Blok, S. Essénine*, Paris: Seuil.

David Rock (1993). «Antecedents of the Argentine Right», em Sandra McGee Deutsch e Ronald H. Dolkart (orgs.) *The Argentine Right. Its History and Intellectual Origins, 1910 to the Present*, Wilmington, Delaware: Scholarly Resources.

Luís Nuno Rodrigues (1995). «"A Gravidade da Hora que Passa!": A Criação da Legião Portuguesa em 1936», *Análise Social*, xxx, nº 130.

Ernst Röhm (1975). *Why s.a.?*, Metairie, Louisiana: Sons of Liberty.

José Luis Romero (1983). *El Desarrollo de las Ideas en la Sociedad Argentina del Siglo xx*, Buenos Aires: Solar.

Alexander E. Ronnett e Faust Bradescu (1986). «The Legionary Movement in Romania», *The Journal of Historical Review*, vii, nº 2.

Fernando Rosas (2001). «O Salazarismo e o Homem Novo: Ensaio sobre o Estado Novo e a Questão do Totalitarismo», *Análise Social*, xxxv, nº 157.

Fernando Rosas, Fernando Martins, Luciano do Amaral e Maria Fernanda Rollo [s. d.] *O Estado Novo (1926–1974)*, em José Mattoso (org.) *História de Portugal*, vol. vii, [Lisboa]: Estampa.

Mark Roseman (2012). *The Wannsee Conference and the Final Solution. A Reconsideration*, Londres: The Folio Society.

Alfred Rosenberg (1986). *Le Mythe du xxe Siècle. Bilan des Combats Culturels et Spirituels de Notre Temps*, Paris: Avalon.

Alfred Rosenberg [s. d. 1] *Memoirs*. Disponível online.

Alfred Rosenberg [s. d. 2] *The Myth of the Twentieth Century. An Evaluation of the Spiritual-Intellectual Confrontations of Our Age*. Disponível online.

Karl Heinz Roth e Angelika Ebbinghaus (2011). *El "otro" Movimiento Obrero y la Represión Capitalista en Alemania (1880–1973)*, Madrid: Traficantes de Sueños.

Louis Rougier (1938). *Les Mystiques Économiques. Comment l'on Passe des Démocraties Libérales aux États Totalitaires*, Paris: Librairie de Médicis.

Bret Rubin (2010). «The Rise and Fall of British Fascism: Sir Oswald Mosley and the British Union of Fascists», *Intersections*, xi, nº 2.

Saint-Loup (1987). *Les s.s. de la Toison d'Or. Flamands et Wallons au Combat, 1941–1945*, Paris: Trident.

Claude-Henri de SAINT-SIMON (1966 c) *Le Parti National ou Industriel Comparé au Parti Anti-National*, em *Œuvres*, vol. II-a, Paris: Anthropos.

Claude-Henri de SAINT-SIMON (1966 d) *Du Système Industriel*, em *Œuvres*, vols. III-a e III-c, Paris: Anthropos.

Salvatore SALADINO (1965). «Italy», em Hans Rogger e Eugen Weber (orgs.) *The European Right. A Historical Profile*, Berkeley e Los Angeles: University of California Press.

Ernst von SALOMON (1993). *Le Questionnaire*, [Paris]: Gallimard.

Enzo SANTARELLI (1981). *Storia del Fascismo*, 2 vols., Roma: Editori Riuniti.

Fernando Pireira dos SANTOS (1982). «O Fascismo em Portugal: Conceito e Prática», em *O Fascismo em Portugal. Actas do Colóquio Realizado na Faculdade de Letras de Lisboa em Março de 1980*, Lisboa: A Regra do Jogo.

J. Silva SARAIVA (1953). *O Pensamento Político de Salazar*, [Coimbra]: Coimbra Editora.

Donald SASSOON (2012). *Mussolini and the Rise of Fascism*, Londres: Harper Press [e-book]. Disponível online.

Michel SAYERS e Albert E. KAHN (1947). *La Grande Conspiration contre la Russie*, Paris: Hier et Aujourd'hui.

R. A. SCHERMERHORN (1946). «French Political Thought», em Joseph S. Roucek (org.) *Twentieth Century Political Thought*, Nova Iorque: Philosophical Library.

Karl A. SCHLEUNES (1990). *The Twisted Road to Auschwitz. Nazi Policy toward German Jews, 1933-1939*, Urbana e Chicago: University of Illinois Press.

Carl T. SCHMIDT (1939). *The Corporate State in Action. Italy under Fascism*, Nova Iorque e Toronto: Oxford University Press.

David SCHOENBAUM (1979). *La Révolution Brune. Une Histoire Sociale du IIIe Reich (1933-1939)*, Paris: Robert Laffont.

George SELDES (1935). *Sawdust Caesar. The Untold History of Mussolini and Fascism*, Nova Iorque e Londres: Harper & Brothers.

George SELDES (1943). *Facts and Fascism*, Nova Iorque: In Fact.

Paul SÉRANT (1959). *Le Romantisme Fasciste. Étude sur l'Œuvre Politique de quelques Écrivains Français*, Paris: Fasquelle.

William L. SHIRER (1995). *The Rise and Fall of the Third Reich. A History of Nazi Germany*, 2 vols., Londres: The Folio Society.

William L. SHIRER (2011). *Berlin Diary. The Journal of a Foreign Correspondent, 1934-1941*, Nova Iorque: Rosetta Books [e-book]. Disponível online.

Anatole SHUB [s. d.] *Le Mouvement Ouvrier dans le Monde Soviétique*, Paris: Comité Syndical pour la Libération des Syndicalistes et Socialistes Emprisonnés.

Joel Frederico da SILVEIRA (1982). «Alguns Aspectos da Política Económica do Fascismo: 1926-1933 (Da Crise de Sobreprodução ao Condicionamento Industrial)», em *O Fascismo em Portugal. Actas do Colóquio Realizado na Faculdade de Letras de Lisboa em Março de 1980*, Lisboa: A Regra do Jogo.

Horia SIMA (1964). *El Hombre Nuevo. Elementos de Doctrina Legionaria*, Munique: Vestitorii.

John SIMPSON (2011). *Unreliable Sources. How the 20th Century Was Reported*, Londres: Pan Macmillan.

Robert Michael SMITH (2003). *From Blackjacks to Briefcases. A History of Commercialized Strikebreaking and Unionbusting in the United States*, Athens: Ohio University Press.

Álvaro Manuel Viegas SOARES (1942-1943). *Do Corporativismo Português como Realidade Sócio-Económica e como Teoria Económica*, Lisboa: [policop.].

Alfred SOHN-RETHEL (1987). *The Economy and Class Structure of German Fascism*, Londres: Free Association Books.

Robert J. SOUCY (1966). «The Nature of Fascism in France», *Journal of Contemporary History*, I, nº 1.

Herbert Rutledge SOUTHWORTH (1967). *Antifalange. Estudio Crítico de «Falange en la Guerra de España: La Unificación y Hedilla» de Maximiano García Venero*, [s. l.]: Ruedo Ibérico.

Albert SPEER (1979). *Au Coeur du Troisième Reich*, [Paris]: Fayard (Le Livre de Poche).

Oswald SPENGLER (1920). *Prussianism and Socialism*. Disponível online.

Oswald SPENGLER (1942-1944). *La Decadencia de Occidente. Bosquejo de una Morfología de la Historia Universal*, 4 vols., Madrid: Espasa-Calpe.

G. S. SPINETTI (org. 1938). *Mussolini. Spirito della Rivoluzione Fascista*, Milão: Ulrico Hoepli.

Maxime STEINBERG (1967). «Belgique: La Crise Congolaise dans le Parti Ouvrier Belge (1907-1908)», em Georges Haupt e Madeleine Rebérioux (orgs.) *La Deuxième Internationale et l'Orient*, Paris: Cujas.

David Joel STEINBERG (1967). *Philippine Collaboration in World War II*, Ann Arbor: University of Michigan Press.

Jean STENGERS (1965). «Belgium», em Hans Rogger e Eugen Weber (orgs.) *The European Right. A Historical Profile*, Berkeley e Los Angeles: University of California Press.

Zeev STERNHELL (1978). *La Droite Révolutionnaire, 1885-1914. Les Origines Françaises du Fascisme*, Paris: Seuil.

Zeev STERNHELL, Mario SZNAJDER e Maia ASHERI (1994). *The Birth of Fascist Ideology. From Cultural Rebellion to Political Revolution*, Princeton, Nova Jersey: Princeton University Press.

Richard STORRY (1957). *The Double Patriots. A Study of Japanese Nationalism*, Londres: Chatto and Windus.

Richard STORRY (1990). *A History of Modern Japan*, Harmondsworth: Penguin.

Otto STRASSER (1940). *Hitler and I*, Boston: Houghton Mifflin.

Robert STRAYER (2015). «Communism and Fascism», em Merry E. Wiesner-Hanks (org.) *The Cambridge World History*, vol. VII: J. R. McNeill e Kenneth Pomeranz (orgs.) *Production, Destruction, and Connection, 1750 – Present*, Parte I: *Structures, Spaces, and Boundary Making*, Cambridge: Cambridge University Press.

Michel STURDZA (1968). *The Suicide of Europe*, Boston e Los Angeles: Western Islands.

Mario SZNAJDER (2002). «Nietzsche, Mussolini, and Italian Fascism», em Jacob Golomb e Robert S. Wistrich (orgs.) *Nietzsche, Godfather of Fascism? On the Uses and Abuses of a Philosophy*, Princeton, Nova Jersey e Oxford: Princeton University Press

António José TELO (1980–1984). *Decadência e Queda da I República Portuguesa*, 2 vols., Lisboa: A Regra do Jogo.

António José TELO (1982). «As Associações Patronais e o Fim da República», em *O Fascismo em Portugal. Actas do Colóquio Realizado na Faculdade de Letras de Lisboa em Março de 1980*, Lisboa: A Regra do Jogo.

August THALHEIMER (1930). «On Fascism». Disponível online.

The Rise of German Fascism. Leon Trotsky. A Complete Collection of Trotsky's Writings on Germany Covering the Years 1930 through 1940, [s. l.]: [s. ed.], 2013 [-book]. Disponível online.

Hugh THOMAS (1965). *The Spanish Civil War* (ed. rev.), Harmondsworth: Penguin.

Christopher THORPE [s. d. 1] *The History of Corneliu Z. Codreanu & the Legionary Movement*. Disponível online.

Palmiro TOGLIATTI (1971). «Huit Leçons», *Recherches Internationales à la Lumière du Marxisme*, XI, nº 68.

Adam TOOZE (2006). *The Wages of Destruction. The Making and Breaking of the Nazi Economy*, Londres: Allen Lane.

Léon TROSTKY (1969 a). *Bilan et Perspectives*, em *1905, suivi de Bilan et Perspectives*, Paris: Minuit.

Léon TROSTKY (1969 c). *1905*, em *1905, suivi de Bilan et Perspectives*, Paris: Minuit.

Léon TROTSKY (1969 b). *L'Internationale Communiste après Lénine, ou Le Grand Organisateur des Défaites*, 2 vols., Paris: Presses Universitaires de France.

Henry Ashby TURNER JR. (1985). *German Big Business and the Rise of Hitler*, Nova Iorque e Oxford: Oxford University Press.

Walter ULBRICHT (1957). «Sur la Nature du Fascisme Hitlérien», *Recherches Internationales à la Lumière du Marxisme*, nº 1.

Jean-Claude VALLA (2000). *La Cagoule, 1936–1937*, Paris: Librairie Nationale.

A VELHA TOUPEIRA (1973). «Introdução», em Alexandra Kollontai, *A Oposição Operária, 1920/21*, Porto: Afrontamento.

Luís VIANA (2001). *A Mocidade Portuguesa e o Liceu. Lá Vamos C[a]ntando… (1936–1974)*, Lisboa: Educa.

Jean-Marie VINCENT (1976). «Sur la Montée et la Victoire du Nazisme», em *Éléments pour une Analyse du Fascisme. Séminaire de Maria-A. Macciocchi, Paris VIII - Vincennes, 1974–1975*, 2 vols., Paris: Union Générale d'Éditions (10/18).

VOLINE (1972). *La Révolution Inconnue*, vol. II: *Du Pouvoir Bolcheviste à Cronstadt*, vol. III: *La Fin de Cronstadt et l'Insurrection Paysanne en Ukraine*, Paris: Pierre Belfond.

E. O. VOLKMANN (1933). *La Révolution Allemande. 9 Novembre 1918 - 17 Mars 1920*, Paris: Plon.

Gioacchino VOLPE (1931). «The Italian Royal Academy», em Tomaso Sillani (org.) *What is Fascism and Why?*, Nova Iorque: Macmillan.

Gioacchino VOLPE (1941). *História do Movimento Fascista*, Roma: Novissima (ano XIX).

Lorna WADDINGTON (2007). *Hitler's Crusade. Bolshevism and the Myth of the International Jewish Conspiracy*, Londres e Nova Iorque: Tauris Academic Studies.

Carlos H. WAISMAN (1987). *Reversal of Development in Argentina. Postwar Counterrevolutionary Policies and their Structural Consequences*, Princeton, Nova Jersey: Princeton University Press.

Richard J. WALTER (1993). «The Right and the Peronists, 1943–1955», em Sandra McGee Deutsch e Ronald H. Dolkart (orgs.) *The Argentine Right. Its History and Intellectual Origins, 1910 to the Present*, Wilmington, Delaware: Scholarly Resources.

Peter WATSON (2011). *The German Genius. Europe's Third Renaissance, the Second Scientific Revolution, and the Twentieth Century*, Londres: Simon & Schuster.

D. Cameron WATT (1995). «Introduction», em Adolf Hitler, *Mein Kampf*, Londres: Pimlico.

Eugen WEBER (1964). *Varieties of Fascism. Doctrines of Revolution in the Twentieth Century*, Princeton, Nova Jersey: D. van Nostrand.

Eugen WEBER (1965 a) «France», em Hans Rogger e Eugen Weber (orgs.) *The European Right. A Historical Profile*, Berkeley e Los Angeles: University of California Press.

Eugen WEBER (1965 b) «The Right. An Introduction», em Hans Rogger e Eugen Weber (orgs.) *The European Right. A Historical Profile*, Berkeley e Los Angeles: University of California Press.

Eugen WEBER (1965 c) «Romania», em Hans Rogger e Eugen Weber (orgs.) *The European Right. A Historical Profile*, Berkeley e Los Angeles: University of California Press.

Eugen WEBER (1967). «Gli Uomini dell'Arcangelo», *Dialoghi del XX*, nº 1.

Hermann WEBER (1979). *La Trasformazione del Comunismo Tedesco. La Stalinizzazione della KPD nella Repubblica di Weimar*, Milão: Feltrinelli.

Simone WEIL (1950). *L'Enracinement. Prélude à une Déclaration des Devoirs envers l'Être Humain*, [Paris]: Gallimard.

George Lavan WEISSMAN (org. 1970). *Leon Trotsky. Fascism. What it Is, How to Fight it. A Revised Compilation*, Nova Iorque: Pathfinder.

David WELCH (2002). *The Third Reich. Politics and Propaganda*, Londres e Nova Iorque: Routledge.

James B. WHISKER (1983). «Italian Fascism: An Interpretation», *The Journal of Historical Review*, IV, n° 1.

Andrew WHITESIDE (1965). «Austria», em Hans Rogger e Eugen Weber (orgs.) *The European Right. A Historical Profile*, Berkeley e Los Angeles: University of California Press.

John WILLIAMS (1974). «Os Motins do Exército Francês», em *História do Século 20*, vol. II: *1914/1919*, São Paulo: Abril.

George M. WILSON (1969). *Radical Nationalist in Japan: Kita Ikki, 1883–1937*, Cambridge, Mass.: Harvard University Press.

Dieter WOLF (1969). *Doriot. Du Communisme à la Collaboration*, Paris: Fayard.

S. J. WOOLF (1968). «Did a Fascist Economic System Exist?», em S. J. Woolf (org.) *The Nature of Fascism. Proceedings of a Conference Held by the Reading University Graduate School of Contemporary European Studies*, Londres: Weidenfeld and Nicolson.

Xinzhong YAO (2015). «Regional Study: Confucianism and the State», em Merry E. Wiesner-Hanks (org.) *The Cambridge World History*, vol. IV: Craig Benjamin (org.) *A World with States, Empires, and Networks, 1200 BCE – 900 CE*, Cambridge: Cambridge University Press.

Joseph F. ZACEK (1971). «Czechoslovak Fascisms», em Peter F. Sugar (org.) *Native Fascism in the Successor States, 1918–1945*, Santa Barbara: American Bibliographical Center - Clio.

Miklós ZEIDLER (2011). «Gyula Gömbös: An Outsider's Attempt at Radical Reform», em Rebecca Haynes e Martyn Rady (orgs.) *In the Shadow of Hitler. Personalities of the Right in Central and Eastern Europe*, Londres e Nova Iorque: I. B. Tauris.

Alexandre ZÉVAÈS (1930). *Au Temps du Boulangisme*, Paris: Gallimard.

Alexandre ZÉVAÈS (1951). *Jean Jaurès*, Paris: La Clé d'Or.

Herbert F. ZIEGLER (1989). *Nazi Germany's New Aristocracy. The SS Leadership, 1925–1939*, Princeton, Nova Jersey: Princeton University Press.

Lista dos personagens

Os personagens que fizeram parte da história da época não são referidos quando aparecem só como autores, mas são referidos autores enquanto figurantes da história da época. A ordenação dos nomes segue o uso de cada país. Os nomes começados na forma abreviada Mc consideram-se como se estivessem escritos na forma completa Mac. Os personagens designados indiretamente são incluídos como se estivessem designados pelo nome, por exemplo, Duce como Mussolini ou Führer como Hitler ou irmã de Nietzsche como Elisabeth Förster-Nietzsche.

Abd el-Krim el-Khattabi, 236
Otto Abetz, 232
duque de Aosta, 105
Max Adler, 301, 374
Theodor Wiesengrund Adorno, 393, 394
Afonso XIII, 173, 178
William Edward David Allen, 286
António José de Almeida, 129
Miguel Almereyda, 315
João Ameal, 19, 31, 129, 130, 132, 135, 141, 142, 145, 147, 150
Giovanni Amendola, 357
Ion Antonescu, 63, 184, 190–192
José María Arauz de Robles, 176
Hannah Arendt, 26, 156, 157, 356, 358–361, 363, 365
Raymond Aron, 360
Agustín Aznar Gerner, 177, 178
José María Aznar López, 339

Franz Xaver von Baader, 82, 83
Isaak Emmanuilovitch Babel, 26
Karl Bachem, 163
Pietro Badoglio, 119, 122
Italo Balbo, 93, 94, 103, 112
Stanley Baldwin, 286, 341, 344
Honoré de Balzac, 64, 82, 83, 331

Georges Barthélémy, 223
Lelio Basso, 357
Otto Bauer, 33, 194, 274, 382
René Belin, 230, 232
Hilaire Belloc, 287
Julien Benda, 221
Walter Benjamin, 334, 335
Harry Bennett, 77
Jacques Benoist-Méchin, 19, 51, 151, 156, 168, 194, 197–199, 202, 209–211, 213, 217, 320, 324, 330, 345, 347–349, 362
Gaston Bergery, 226, 236
Alexander Berkman, 322, 324, 327
Camillo Berneri, 303
Wilhelm Berning, 164
Charles Bettelheim, 168, 343, 344, 394
Bruno Biagi, 98
Michele Bianchi, 31
Otto von Bismarck, 162, 222
Auguste Blanqui, 88
Ernst Bloch, 26
Aleksandr Aleksandrovitch Blok, 318
Léon Blum, 221, 223, 349
Jean Boissel, 238, 240
David Bomberg, 288, 290

Georges BONNET, 347, 351
Ivanoe BONOMI, 112, 115, 339
Amadeo BORDIGA, 46, 382, 383
Martin BORMANN, 161
Max BORN, 387
Guido BORTOLOTTO, 18, 31, 36, 40, 42, 43, 47–49, 91, 96, 100, 102, 103, 105, 106, 108, 110, 113, 117, 126, 304, 348, 349
Zoltán BÖSZÖRMÉNY, 79
Giuseppe BOTTAI, 29, 30, 96–100, 112, 114, 117–119, 335
Georges BOULANGER, 87–89, 283
Robert BRASILLACH, 180–182
Aristide BRIAND, 29
Fernand de BRINON, 241, 243
Heinrich BRÜNING, 378
Sophie BRZESKA, 289
Andrei Sergueievitch BUBNOV, 327
Marcel BUCARD, 238–240

Luigi CADORNA, 102, 103, 311
Julius CÆSAR, 88
Marcello CAETANO, 133, 148
Joseph CAILLAUX, 314, 315
Armand CĂLINESCU, 144, 189
Manuel de Brito CAMACHO, 129
Elias CANETTI, 45
Mario CARLI, 173, 174, 176, 178, 403
Óscar de Fragoso CARMONA, 135, 136, 138
CAROL II, 63, 184, 186, 189–191
Ernst CASSIRER, 339
Louis-Ferdinand CÉLINE, 23, 24, 183, 221, 243
Manuel Gonçalves CEREJEIRA, 134, 136, 138
Houston Stewart CHAMBERLAIN, 159
Joseph CHAMBERLAIN, 284, 295
Neville CHAMBERLAIN, 344, 345, 350, 351
Arthur Kenneth CHESTERTON, 287
Cecil CHESTERTON, 287
Gilbert Keith CHESTERTON, 287
Clementine CHURCHILL, 341

Winston CHURCHILL, 175, 199, 341
Galeazzo CIANO, 192
Georges CLEMENCEAU, 314
Pierre CLÉMENTI, 238, 240
Victorio CODOVILLA, 244
Corneliu Zelea CODREANU, 63, 71, 185–192, 274, 369
Henrique Trindade COELHO, 145
Luís Pinto COELHO, 147
Enrico CORRADINI, 18, 369
Filippo CORRIDONI, 94
Manuel de Oliveira Gomes da COSTA, 316
Pierre COSTANTINI, 238, 240
Francesco CRISPI, 110
Benedetto CROCE, 114–116, 339
Oliver CROMWELL, 88, 98
José Maria Braga da CRUZ, 72, 127, 133, 137–140, 144, 145

George DANGERFIELD, 285
Gabriele D'ANNUNZIO, 106, 111, 330, 369
Joseph DARNAND, 231, 242, 243
Richard Walther DARRÉ, 159, 160
Charles DARWIN, 393
Sancho DÁVILA Y FERNÁNDEZ DE CELIS, 177, 178
Emilio DE BONO, 103, 346
Giuseppe DE FALCO, 94
Cesare Maria DE VECCHI, 103, 114
Marcel DÉAT, 222, 226, 227, 232, 235, 236, 239–243, 362
Jacques DEBÛ-BRIDEL, 29
Léon DEGRELLE, 180–184, 227, 276, 352, 356, 364
Augusto DEL NOCE, 358
Humberto DELGADO, 142
Eugène DELONCLE, 232, 233, 235, 236, 239, 240
Henri DETERDING, 343
Georgi DIMITROV, 228, 370, 371, 373
Engelbert DOLLFUSS, 86, 133, 144, 146, 187, 196–200, 274, 378

Jacques DORIOT, 69, 224, 227–229, 236, 237, 239–241, 243, 275, 369
Alfred DREYFUS, 90
Teófilo DUARTE, 141
Jacques DUCLOS, 228
Buenaventura DURRUTI DUMANGE, 399
Rajani Palme DUTT, 36, 46, 103, 285, 286, 300, 341, 344
Pavel Efimovitch DYBENKO, 327

Mestre ECKHART, 158, 160
EDUARDO VIII, duque de Windsor, 286
Hermann EHRHARDT, 151, 152
Albert EINSTEIN, 387
Dwight EISENHOWER, 157
Mircea ELIADE, 187
Friedrich ENGELS, 20, 88
Jacob EPSTEIN, 288, 290
José Luis ESCARIO, 177
Julius EVOLA, 58, 59, 112, 186–189, 213, 362

Manuel FAL CONDE, 176, 179
Roberto FARINACCI, 93, 101, 102
Edelmiro Julián FARRELL, 252
Élie FAURE, 23, 24
Paul FAURE, 223
Luigi FEDERZONI, 101
António Júlio Castro FERNANDES, 141
Artur Ivens FERRAZ, 135, 136
António FERRO, 128, 129, 132, 133, 137, 138, 143, 147
Johann Gottlieb FICHTE, 114
Mário de FIGUEIREDO, 134
José Miguel FIGUEROLA Y TRESOLS, 247, 255, 265
Jean FILLIOL, 236
Ludwig FINCKH, 330
Joaquim Diniz da FONSECA, 138
Henry FORD, 76, 77, 343
Elisabeth FÖRSTER-NIETZSCHE, 160
Anatole FRANCE, 224

Francisco FRANCO BAHAMONDE, 64, 173–179, 233, 265, 302, 339, 349, 351
Vicente de FREITAS, 135, 136
Manuel FRESCO, 269, 270
Grete FRIMAN, 387
Werner von FRITSCH, 154, 155
Silvio FRONDIZI, 253

Jean GALTIER-BOISSIÈRE, 232, 235–243, 307–310, 314
Manuel GÁLVEZ, 268
Maurice GAMELIN, 345
Pedro GAMERO DEL CASTILLO, 176, 177
Asclepia GANDOLFO, 103
Rafael GARCERÁN SÁNCHEZ, 177, 178
Alfonso GARCÍA VALDECASAS, 177
Maximiano GARCÍA VENERO, 177, 179
Giuseppe GARIBALDI, 94
Henri GAUDIER-BRZESKA, 288–290
Giovanni GENTILE, 18, 114, 115
José María GIL ROBLES, 173, 179
Giovanni GIOLITTI, 43, 109–113
Josef GOEBBELS, 70, 121, 252
Karl Friedrich GOERDELER, 157
Gyula GÖMBÖS, 79
Pedro GONZÁLEZ BUENO, 177
Hermann GÖRING, 156
Antonio GRAMSCI, 46
Dino GRANDI, 93–95, 119, 342
Rodolfo GRAZIANI, 122
Vasily Semyonovitch GROSSMAN, 318
José GRUNFELD, 244
Francisco Nobre GUEDES, 148, 149
Daniel GUÉRIN, 41, 44, 48, 49, 92, 95, 97, 99, 103, 115, 117, 166, 167, 357
GUILHERME II, 84
Ludwig GUMPLOWICZ, 386

Carl von HAARTMAN, 179
Sebastian HAFFNER, 45, 46, 364
Herbert HAGEN, 330

Haile Selassie, 349
Daniel Halévy, 68
visconde de Halifax, 344, 345, 350
Dashiell Hammett, 74
Knut Hamsun, 291
Veit Harlan, 419
William Randolph Hearst, 342, 343
Manuel Hedilla Larrey, 176-179
Georg Wilhelm Friedrich Hegel, 114, 123
Henri de Orléans, 180
Philippe Henriot, 242
Hergé (Georges Prosper Remi), 183
Jean Hérold-Paquis, 238
Rudolf Hilferding, 301, 321
Heinrich Himmler, 156-159, 184
Adolf Hitler, 51, 58, 62-64, 70, 71, 85, 87, 98, 120, 143, 150-168, 173-175, 181, 183, 184, 190-192, 195, 197, 198, 200, 201, 211, 219, 221-223, 236, 265, 276, 277, 280-283, 286, 287, 292, 293, 332, 336, 339, 340, 342-346, 350, 351, 354, 355, 359, 361, 362, 367, 368, 372, 373, 387, 388, 392, 395
Andrej Hlinka, 86
Herbert Hoover, 342
Max Horkheimer, 393, 394
Miklós Horthy, 78, 80, 218
Thomas Ernest Hulme, 288, 290

Max Jacob, 387
Karl Jaspers, 26, 163
Jean Jaurès, 305, 335
Quirino de Jesus, 144
Léon Jouhaux, 230
Juan, conde de Barcelona, 405
Alphonse Juin, 330
Ernst Jünger, 330-332, 334
Agustín Pedro Justo, 246

Daniel-Henry Kahnweiler, 387
Kamo Mabuchi, 213
Karl Kautsky, 305

Wilhelm Keppler, 164
René Kerdyk, 314
John Maynard Keynes, 60, 294
Otto Kirchheimer, 358, 364
Kita Ikki, 426
Kita Ikki, 202-204, 212, 215-217, 369
Victor Klemperer, 155, 388, 389
Arthur Koestler, 351-354
Siegfried Kracauer, 396
Béla Kun, 80

Robert Marion La Follette Jr., 75, 76
François de La Rocque, 220, 228
François René de La Tour du Pin, 180
Agostino Lanzillo, 333
Francisco Largo Caballero, 81
Pierre Laval, 29, 227, 230, 232, 235, 241-243, 339, 346
Gustave Le Bon, 89, 90, 98
Francisco da Cunha Leal, 136
Leão XIII, 84, 85
Louis Lecoin, 224-226
Ramiro Ledesma Ramos, 139, 282, 283
Gottfried Wilhelm Leibniz, 12
Vladimir Ilyitch Lenin, 60, 69, 98, 305, 319, 324, 327
Wyndham Lewis, 17, 288-293
Robert Ley, 56, 57, 167, 286, 332
Fernando Pires de Lima, 141
Eduard Limonov, 20
Rotha Lintorn-Orman, 291
David Lloyd George, 323, 343, 344
marquês de Londonderry, 344
Francisco Craveiro Lopes, 138
Franklin Lucero, 264
Irmã Lúcia dos Santos, 134
Erich Ludendorff, 161, 213, 316, 320
Karl Lueger, 85, 197
György Lukács, 386, 393
João Pinto da Costa Leite (Lumbrales), 141

Ramiro de MAEZTU Y WHITNEY, 287, 288
André MAGINOT, 310
André MAHÉ, 235, 236
Ivan Mikhailovitch MAISKY, 347, 351
Louis MALVY, 315
Henri de MAN, 183, 280, 395, 396
Thomas MANN, 26
Mihail MANOILESCU, 59, 61, 62, 95, 296, 299, 300
Jean-Paul MARAT, 37
Herbert MARCUSE, 276, 358, 364
MARIA ANTONIETA, 133
Vasile MARIN, 71
Filippo Tommaso MARINETTI, 288, 289
Paul MARION, 36, 69, 94, 103, 105, 112, 273
Julius Ossipovitch MARTOV, 305
André MARTY, 224, 306, 309, 311, 316, 317, 320, 322
Karl MARX, 25, 367, 395
Giacomo MATTEOTTI, 101, 102, 108, 114, 116, 118
Thierry MAULNIER, 221
Charles MAURRAS, 127, 128, 220, 221
Friedrich MEINECKE, 339
Alphonse MERRHEIM, 303
Christian MESSAGE, 238, 239
MIGUEL I, 140
MIHAI I, 190, 192
C. Wright MILLS, 361
Alfred MILNER, 284, 285
Miguel MIRANDA, 255, 258
Pierre MONATTE, 304
George MONK, 88
Alberto de MONSARAZ, 138
Armindo MONTEIRO, 287
Emanuel MORAVEC, 54, 296
José MORENO MORENO, 178
André MORNET, 339
William MORRIS, 287
Gaetano MOSCA, 359
Oswald MOSLEY, 286, 292–295, 346, 354

MOTOORI Noringa, 213
Benito MUSSOLINI, 18, 24, 29, 30, 36, 40–43, 45, 47–49, 62, 64, 78, 91–95, 97–127, 143, 175, 181, 182, 190, 191, 200, 201, 216, 222, 232, 233, 238, 265, 273, 278, 281, 291, 330, 333, 335, 340–342, 345–347, 349, 355, 357, 358, 374

NAPOLEÃO I, 238, 331
NAPOLEÃO III, 89
Julio NAVARRO Y MONZÓ, 72
Franz NEUMANN, 55, 58, 165–167, 169, 317, 334, 358
Konstantin von NEURATH, 346
Ernst NIEKISCH, 332
Ernst NOLTE, 84, 366–369
Albert NORDEN, 54, 56, 394

Angelo Oliviero OLIVETTI, 95
Gino OLIVETTI, 38
Georges OLTRAMARE, 32, 239, 243
José ORTEGA Y GASSET, 302
Roberto Marcelino ORTIZ, 269
George ORWELL, 338

Paul PAINLEVÉ, 310
Sidónio PAIS, 129
Sergio PANUNZIO, 95
Franz von PAPEN, 378
PAVEL (Francisco Paula de Oliveira), 142
Pedro Theotónio PEREIRA, 132, 141, 146, 174
Juan Domingo PERÓN, 19, 71, 244–271, 274, 297, 360
María Eva Duarte de PERÓN, 251–253, 258, 260, 261, 263
Philippe PÉTAIN, 127, 218, 227, 230, 231, 236, 237, 241–243, 275, 310, 313, 339, 346
Józef PIŁSUDSKI, 143, 378
Allan PINKERTON, 72, 73
Francisco Correia PINTO, 133
PIO X, 85

Pio XI, 107, 109, 200
Pio XII, 164
Marceau PIVERT, 223, 226
Hartmut PLAAS, 362
Jacques PLONCARD D'ASSAC, 19, 331
Johannes POPITZ, 156, 157
Charles PORTAL, 46
Henry POULAILLE, 226
Ezra POUND, 17, 288, 290, 291, 293
Francisco Rolão PRETO, 19,
    138–142, 147
José Antonio PRIMO DE RIVERA Y
    SÁENZ DE HEREDIA, 17,
    72, 170–172, 175–178
Miguel PRIMO DE RIVERA Y
    ORBANEJA, 80, 81, 172,
    247, 258, 265, 378
Pilar PRIMO DE RIVERA Y SÁENZ DE
    HEREDIA, 177
Raul PROENÇA, 281
Giacomo PUCCINI, 73
Pierre PUCHEU, 224

Khristian Georgievitch RAKOVSKY,
    305
Pedro Pablo RAMÍREZ, 265
Hipólito RAPOSO, 144
Walther RATHENAU, 334, 342
Hermann RAUSCHNING, 160, 162,
    343, 360
Lucien REBATET, 219, 238–240
José Pequito REBELO, 19, 139, 145
Onésimo REDONDO ORTEGA, 139
Sidney REILLY, 76
Artur Virgílio Alves dos REIS, 281
Joachim von RIBBENTROP, 286, 344
Manuel RIBEIRO, 36
Dionisio RIDRUEJO JIMÉNEZ, 31, 32,
    231
Alfredo ROCCO, 18
conde de RODEZNO, 176
António Augusto Gonçalves
    RODRIGUES, 141
Manuel RODRIGUES, 141
Karl Anton, príncipe de ROHAN, 18
Ernst RÖHM, 154, 156, 333
Adriano ROMUALDI, 362

Franklin Delano ROOSEVELT, 175,
    291, 294, 342
Juan Manuel de ROSAS, 266, 267
Alfred ROSENBERG, 54, 151,
    158–161, 332, 344
Gerhard ROSSBACH, 151
Carlo ROSSELLI, 233, 236
Nello ROSSELLI, 233, 236
visconde de ROTHERMERE, 343
Jean-Jacques ROUSSEAU, 133

Claude-Henri de SAINT-SIMON, 83,
    234
Antonio SALANDRA, 109, 110, 112
António de Oliveira SALAZAR, 19, 31,
    63, 86, 127–148, 150,
    174, 175, 180, 187, 362
Ernst von SALOMON, 18, 51, 151, 156,
    279, 342, 352, 361, 362
Luigi SALVATORELLI, 278
Guermann Borisovitch
    SANDOMIRSKI, 117
António SARDINHA, 127, 221
Djula ŠAŠ, 383
Boris Viktorovitch SAVINKOV, 365
Max Erwin von SCHEUBNER-
    RICHTER, 154
Kurt von SCHLEICHER, 378
Charles SCHNEIDER, 224
Fritz SCHRÖDER, 281
Eugène SCHUELLER, 233–235
Kurt von SCHUSCHNIGG, 62, 362
Alfredo Ildefonso SCHUSTER, 123
Ignaz SEIPEL, 196, 197
Victor SERGE, 74, 75, 117, 314, 315,
    318, 322, 324–328, 353,
    365
Ramón SERRANO SÚÑER, 175, 176,
    178, 179
Giacinto SERRATI, 46
Bernard SERRIGNY, 310
SHIMOI Harukichi, 201
Emmanuel Joseph SIEYÈS, 89
António Maria da SILVA, 136
Horia SIMA, 63, 188–193
Alfred SOHN-RETHEL, 168, 280, 282,
    299

Georges SOREL, 115, 139, 333, 369
Georges SOULÈS, 235, 236
Albert SPEER, 162
Oswald SPENGLER, 70
Iosif Vissarionovitch STALIN, 32,
    346, 350, 351, 380, 383
Adolf STÖCKER, 83, 84
Gregor STRASSER, 165, 167, 332, 333
Otto STRASSER, 159
Mihail STURDZA, 187, 191, 192, 286
Luigi STURZO, 107
Ferenc SZÁLASI, 78–80, 275

TAKABATAKE Motoyuki, 212
Eusébio TAMAGNINI, 141
Gabriel TARDE, 98
Viktor Mikhailovitch TCHERNOV,
    305
Kornei Ivanovitch TCHUKOVSKY,
    318
August THALHEIMER, 33, 379
Adriano TILGHER, 278
Paul TILLICH, 162
Jozef TISO, 86, 87, 275
Palmiro TOGLIATTI, 48, 91, 92, 96,
    115, 381–384
Lev Davydovitch TROTSKY, 32–34,
    91, 305, 319, 325, 359,
    371, 373, 375–382, 384,
    391, 392

Walter ULBRICHT, 371, 372
Miguel de UNAMUNO Y JUGO, 170
José Félix URIBURU, 245, 246, 265

Xavier VALLAT, 228
Georges VALOIS, 139
Getúlio VARGAS, 297
Emile VERVIERS, 85, 181
VÍTOR EMANUEL III, 104
VOLIN (Vsevolod Mikhailovitch
    Eikhenbaum), 324
Gioacchino VOLPE, 19, 42, 49, 104,
    106, 107, 110–112, 114,
    115, 278

Simone WEIL, 283, 312
George Washington WILLIAMS,
    310–312
Henry WILSON, 323
Woodrow WILSON, 60
Willi WOLFRADT, 321

Hipólito YRIGOYEN, 245, 267, 268

Clara ZETKIN, 33, 35, 382, 383
Warren ZIMMERMANN, 386
Grigori Evseevitch ZINOVIEV, 32,
    303
Ludovic ZORETTI, 223

COLEÇÃO «HEDRA EDIÇÕES»

1. *A metamorfose*, Kafka
2. *O príncipe*, Maquiavel
3. *Jazz rural*, Mário de Andrade
4. *O chamado de Cthulhu*, H. P. Lovecraft
5. *Ludwig Feuerbach e o fim da filosofia clássica alemã*, Friederich Engels
6. *Hino a Afrodite e outros poemas*, Safo de Lesbos
7. *Prœterita*, John Ruskin
8. *Manifesto comunista*, Marx e Engels
9. *Rashômon e outros contos*, Akutagawa
10. *Memórias do subsolo*, Dostoiévski
11. *Teogonia*, Hesíodo
12. *Trabalhos e dias*, Hesíodo
13. *O contador de histórias e outros textos*, Walter Benjamin
14. *Diário parisiense e outros escritos*, Walter Benjamin ✓
15. *Don Juan*, Molière
16. *Contos indianos*, Mallarmé
17. *Triunfos*, Petrarca
18. *O retrato de Dorian Gray*, Wilde
19. *A história trágica do Doutor Fausto*, Marlowe
20. *Os sofrimentos do jovem Werther*, Goethe
21. *Dos novos sistemas na arte*, Maliévitch
22. *Metamorfoses*, Ovídio
23. *Micromegas e outros contos*, Voltaire
24. *O sobrinho de Rameau*, Diderot
25. *Carta sobre a tolerância*, Locke
26. *Discursos ímpios*, Sade
27. *Dao De Jing*, Lao Zi
28. *O fim do ciúme e outros contos*, Proust
29. *Pequenos poemas em prosa*, Baudelaire
30. *Fé e saber*, Hegel
31. *Joana d'Arc*, Michelet
32. *Livro dos mandamentos: 248 preceitos positivos*, Maimônides
33. *Eu acuso!*, Zola | *O processo do capitão Dreyfus*, Rui Barbosa
34. *Apologia de Galileu*, Campanella
35. *Sobre verdade e mentira*, Nietzsche
36. *Poemas*, Byron
37. *Sonetos*, Shakespeare
38. *A vida é sonho*, Calderón
39. *Sagas*, Strindberg
40. *O mundo ou tratado da luz*, Descartes
41. *Fábula de Polifemo e Galateia e outros poemas*, Góngora
42. *A vênus das peles*, Sacher-Masoch
43. *Escritos sobre arte*, Baudelaire
44. *Cântico dos cânticos*, [Salomão]
45. *Americanismo e fordismo*, Gramsci
46. *Balada dos enforcados e outros poemas*, Villon
47. *Sátiras, fábulas, aforismos e profecias*, Da Vinci
48. *O cego e outros contos*, D.H. Lawrence
49. *Imitação de Cristo*, Tomás de Kempis
50. *O casamento do Céu e do Inferno*, Blake
51. *Flossie, a Vênus de quinze anos*, [Swinburne]
52. *Teleny, ou o reverso da medalha*, [Wilde et al.]

53. *A filosofia na era trágica dos gregos*, Nietzsche
54. *No coração das trevas*, Conrad
55. *Viagem sentimental*, Sterne
56. *Arcana Cœlestia e Apocalipsis revelata*, Swedenborg
57. *Saga dos Volsungos*, Anônimo do séc. XIII
58. *Um anarquista e outros contos*, Conrad
59. *A monadologia e outros textos*, Leibniz
60. *Cultura estética e liberdade*, Schiller
61. *Poesia basca: das origens à Guerra Civil*
62. *Poesia catalã: das origens à Guerra Civil*
63. *Poesia espanhola: das origens à Guerra Civil*
64. *Poesia galega: das origens à Guerra Civil*
65. *O pequeno Zacarias, chamado Cinábrio*, E.T.A. Hoffmann
66. *Um gato indiscreto e outros contos*, Saki
67. *Viagem em volta do meu quarto*, Xavier de Maistre
68. *Hawthorne e seus musgos*, Melville
69. *Ode ao Vento Oeste e outros poemas*, Shelley
70. *Feitiço de amor e outros contos*, Ludwig Tieck
71. *O corno de si próprio e outros contos*, Sade
72. *Investigação sobre o entendimento humano*, Hume
73. *Sobre os sonhos e outros diálogos*, Borges | Osvaldo Ferrari
74. *Sobre a filosofia e outros diálogos*, Borges | Osvaldo Ferrari
75. *Sobre a amizade e outros diálogos*, Borges | Osvaldo Ferrari
76. *A voz dos botequins e outros poemas*, Verlaine
77. *Gente de Hemsö*, Strindberg
78. *Senhorita Júlia e outras peças*, Strindberg
79. *Correspondência*, Goethe | Schiller
80. *Poemas da cabana montanhesa*, Saigyō
81. *Autobiografia de uma pulga*, [Stanislas de Rhodes]
82. *A volta do parafuso*, Henry James
83. *Ode sobre a melancolia e outros poemas*, Keats
84. *Carmilla — A vampira de Karnstein*, Sheridan Le Fanu
85. *Pensamento político de Maquiavel*, Fichte
86. *Inferno*, Strindberg
87. *Contos clássicos de vampiro*, Byron, Stoker e outros
88. *O primeiro Hamlet*, Shakespeare
89. *Noites egípcias e outros contos*, Púchkin
90. *Jerusalém*, Blake
91. *As bacantes*, Eurípides
92. *Emília Galotti*, Lessing
93. *Viagem aos Estados Unidos*, Tocqueville
94. *Émile e Sophie ou os solitários*, Rousseau
95. *A fábrica de robôs*, Karel Tchápek
96. *Sobre a filosofia e seu método — Parerga e paralipomena (v. II, t. 1)*, Schopenhauer
97. *O novo Epicuro: as delícias do sexo*, Edward Sellon
98. *Sobre a liberdade*, Mill
99. *A velha Izerguil e outros contos*, Górki
100. *Pequeno-burgueses*, Górki
101. *Primeiro livro dos Amores*, Ovídio
102. *Educação e sociologia*, Durkheim
103. *A nostálgica e outros contos*, Papadiamántis
104. *Lisístrata*, Aristófanes
105. *A cruzada das crianças/ Vidas imaginárias*, Marcel Schwob
106. *O livro de Monelle*, Marcel Schwob
107. *A última folha e outros contos*, O. Henry

108. *Romanceiro cigano*, Lorca
109. *Sobre o riso e a loucura*, [Hipócrates]
110. *Ernestine ou o nascimento do amor*, Stendhal
111. *Odisseia*, Homero
112. *O estranho caso do Dr. Jekyll e Mr. Hyde*, Stevenson
113. *Sobre a ética — Parerga e paralipomena (v. II, t. II)*, Schopenhauer
114. *Contos de amor, de loucura e de morte*, Horacio Quiroga
115. *A arte da guerra*, Maquiavel
116. *Elogio da loucura*, Erasmo de Rotterdam
117. *Oliver Twist*, Charles Dickens
118. *O ladrão honesto e outros contos*, Dostoiévski
119. *Sobre a utilidade e a desvantagem da história para a vida*, Nietzsche
120. *Édipo Rei*, Sófocles
121. *Fedro*, Platão
122. *A conjuração de Catilina*, Salústio
123. *Escritos sobre literatura*, Sigmund Freud
124. *O destino do erudito*, Fichte
125. *Diários de Adão e Eva*, Mark Twain
126. *Diário de um escritor (1873)*, Dostoiévski
127. *Perversão: a forma erótica do ódio*, Stoller
128. *Explosao: romance da etnologia*, Hubert Fichte

COLEÇÃO «METABIBLIOTECA»

1. *O desertor*, Silva Alvarenga
2. *Tratado descritivo do Brasil em 1587*, Gabriel Soares de Sousa
3. *Teatro de êxtase*, Pessoa
4. *Oração aos moços*, Rui Barbosa
5. *A pele do lobo e outras peças*, Artur Azevedo
6. *Tratados da terra e gente do Brasil*, Fernão Cardim
7. *O Ateneu*, Raul Pompeia
8. *História da província Santa Cruz*, Gandavo
9. *Cartas a favor da escravidão*, Alencar
10. *Pai contra mãe e outros contos*, Machado de Assis
11. *Democracia*, Luiz Gama
12. *Liberdade*, Luiz Gama
13. *A escrava*, Maria Firmina dos Reis
14. *Contos e novelas*, Júlia Lopes de Almeida ✓
15. *Iracema*, Alencar
16. *Auto da barca do Inferno*, Gil Vicente
17. *Poemas completos de Alberto Caeiro*, Pessoa
18. *A cidade e as serras*, Eça
19. *Mensagem*, Pessoa
20. *Utopia Brasil*, Darcy Ribeiro
21. *Bom Crioulo*, Adolfo Caminha
22. *Índice das coisas mais notáveis*, Vieira
23. *A carteira de meu tio*, Macedo
24. *Elixir do pajé — poemas de humor, sátira e escatologia*, Bernardo Guimarães
25. *Eu*, Augusto dos Anjos
26. *Farsa de Inês Pereira*, Gil Vicente
27. *O cortiço*, Aluísio Azevedo
28. *O que eu vi, o que nós veremos*, Santos-Dumont
29. *Poesia Vaginal*, Glauco Mattoso

COLEÇÃO «QUE HORAS SÃO?»

1. *Lulismo, carisma pop e cultura anticrítica*, Tales Ab'Sáber
2. *Crédito à morte*, Anselm Jappe
3. *Universidade, cidade e cidadania*, Franklin Leopoldo e Silva
4. *O quarto poder: uma outra história*, Paulo Henrique Amorim
5. *Dilma Rousseff e o ódio político*, Tales Ab'Sáber
6. *Descobrindo o Islã no Brasil*, Karla Lima
7. *Michel Temer e o fascismo comum*, Tales Ab'Sáber
8. *Lugar de negro, lugar de branco?*, Douglas Rodrigues Barros
9. *Machismo, racismo, capitalismo identitário*, Pablo Polese
10. *A linguagem fascista*, Carlos Piovezani & Emilio Gentile
11. *A sociedade de controle*, J. Souza; R. Avelino; S. Amadeu (orgs.)
12. *Ativismo digital hoje*, R. Segurado; C. Penteado; S. Amadeu (orgs.)
13. *Desinformacao e democracia*, Rosemary Segurado
14. *Labirintos do fascismo, vol. 1*, João Bernardo
15. *Labirintos do fascismo, vol. 2*, João Bernardo
16. *Labirintos do fascismo, vol. 3*, João Bernardo
17. *Labirintos do fascismo, vol. 4*, João Bernardo
18. *Labirintos do fascismo, vol. 5*, João Bernardo
19. *Labirintos do fascismo, vol. 6*, João Bernardo

COLEÇÃO «MUNDO INDÍGENA»

1. *A árvore dos cantos*, Pajés Parahiteri
2. *O surgimento dos pássaros*, Pajés Parahiteri
3. *O surgimento da noite*, Pajés Parahiteri
4. *Os comedores de terra*, Pajés Parahiteri
5. *A terra uma só*, Timóteo Verá Tupã Popyguá
6. *Os cantos do homem-sombra*, Mário Pies & Ponciano Socot
7. *A mulher que virou tatu*, Eliane Camargo
8. *Crônicas de caça e criação*, Uirá Garcia
9. *Círculos de coca e fumaça*, Danilo Paiva Ramos
10. *Nas redes guarani*, Valéria Macedo & Dominique Tilkin Gallois
11. *Os Aruaques*, Max Schmidt
12. *Cantos dos animais primordiais*, Ava Ñomoandyja Atanásio Teixeira
13. *Não havia mais homens*, Luciana Storto

COLEÇÃO «NARRATIVAS DA ESCRAVIDÃO»

1. *Incidentes da vida de uma escrava*, Harriet Jacobs
2. *Nascidos na escravidão: depoimentos norte-americanos*, WPA
3. *Narrativa de William W. Brown, escravo fugitivo*, William Wells Brown

COLEÇÃO «ANARC»

1. *Sobre anarquismo, sexo e casamento*, Emma Goldman ✓
2. *O indivíduo, a sociedade e o Estado, e outros ensaios*, Emma Goldman
3. *O princípio anarquista e outros ensaios*, Kropotkin
4. *Os sovietes traídos pelos bolcheviques*, Rocker
5. *Escritos revolucionários*, Malatesta

6. *O princípio do Estado e outros ensaios*, Bakunin
7. *História da anarquia (vol. 1)*, Max Nettlau
8. *História da anarquia (vol. 2)*, Max Nettlau
9. *Entre camponeses*, Malatesta
10. *Revolução e liberdade: cartas de 1845 a 1875*, Bakunin
11. *Anarquia pela educação*, Élisée Reclus

Adverte-se aos curiosos que se imprimiu este livro na gráfica Meta Brasil, em 14 de junho de 2022, em papel pólen soft, em tipologia Swift Neue e Minion Pro, com diversos sofwares livres, entre eles, LuaLaTeX, git.
(v. 1d2501a)